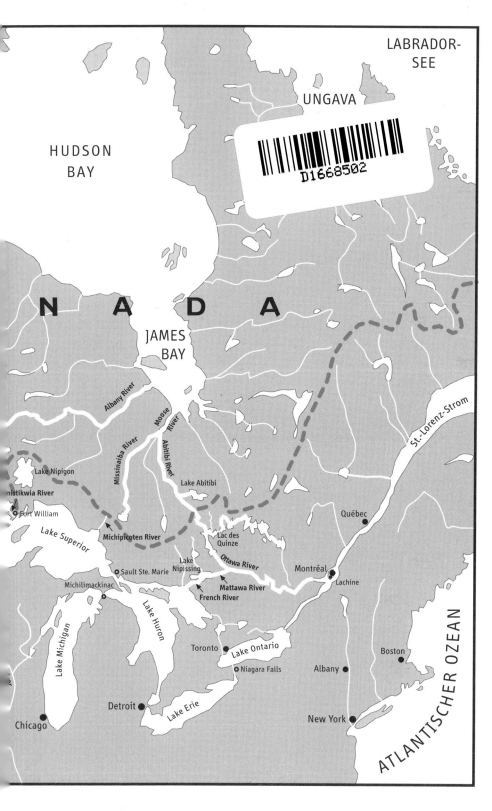

Wälder jenseits der Wälder

A. E. JOHANN

WÄLDER JENSEITS DER WÄLDER

THIENEMANN

There is land where the mountains are nameless
and the rivers all run God knows where

Dort ist das Land, wo die Berge noch keinen Namen haben,
und die Flüsse alle fließen, Gott weiß wohin

Robert W. Service, *Songs of a Sourdough,* Toronto 1907

Erstes Buch
Stromaufwärts

1

Noch ehe das Boot der Uferkante nahe kam und den kieseligen Flussgrund berührte, stieg William Corssen vom Bug aus ins flache Wasser. Die Außenhaut des Kanus* war genauso empfindlich wie die aller mit Birkenrinde überspannten indianischen Kanus, und die beiden Männer, der blutjunge und der gereifte, wollten und durften ihr Fahrzeug unter keinen Umständen gefährden. Vierzehn Tage lang waren sie jetzt von der Nordküste der gewaltigen Fundy-Bucht her nord- und nordwestwärts unterwegs, immer ankämpfend gegen die nur mäßig starke Strömung des St. John*, und nicht ein einziges Mal hatten sie die weißliche Rindenhaut ihres Gefährtes zu flicken brauchen. Das wäre zwar nicht schwierig gewesen, aber es hätte sie aufgehalten. Ein Töpfchen mit Fichtenharz stand im Heck des Bootes stets bereit. Das dunkelbraune Harz war mit Bärenfett angereichert, um es ein wenig geschmeidiger zu machen. Alle feinen Risse in der Birkenrinde ließen sich mit der Mischung, sobald sie erhitzt wurde, leicht verschließen. Über größere Lecks mussten Flicken aus Rinde geklebt und vernäht werden, was nur von geschickten und sorgsamen Fingern verrichtet werden konnte. Aber Walther Corssen war ein gelehriger Schüler seiner indianischen Freunde gewesen und sein Sohn William gab sich Mühe, es ihm gleichzutun.

William war barfuß ins Wasser gestiegen und hatte sich die Hosen hochgekrempelt. Spann, Knöchel und die halbe Wade wurden von der klaren Flut angenehm gekühlt. Der Bursche

---

* Die mit Sternchen gekennzeichneten Begriffe sind im Glossar erklärt.

war nur mittelgroß. Aber unter dem ledernen Hemd wölbten sich kräftige Schultern und die Hände, die den Bug des Bootes umklammerten, waren braun und hart wie die eines Mannes. Seinem merkwürdig schmalen, von dunklen Augen und dunklem wirrem Haar beherrschten Gesicht waren die nur fünfzehn Lenze, die er zählte, nicht abzulesen. Die Züge waren von einem frühen Ernst geprägt, der ihn älter erscheinen ließ, als er war. Es lag auf der Hand, dass ihm schon vieles zugemutet werden konnte, was sonst nur ein Mann zuwege brachte.

William hob den Bug des Bootes auf die dick bemooste Uferkante und zog das Kanu einen Schritt weit aus dem Wasser. Um ihm dies zu erleichtern, war Walther Corssen, sein Vater, ins hintere Ende des Fahrzeugs getreten. Er störte jedoch das Gleichgewicht des schwankenden Bootes nicht und brauchte darauf auch gar nicht mehr zu achten. Dass diese außerordentlich leichten, kiellosen Kanus stets gleichmäßig ausgelastet zu halten waren, wenn sie nicht kippen sollten, war den beiden Männern längst in Fleisch und Blut übergegangen.

Walther Corssen sprang an Land und blickte sich um. Er wies auf den Ansatz der bewaldeten Landzunge, die stromaufwärts weit in den hier aus Norden heranziehenden Strom vorstieß: »Da ist er wieder, der Rauch!«

Über dem dunklen Streifen des fernen Waldes stieg ein milchiges Wölkchen in die blaue Luft, sehr zart, aber deutlich erkennbar. Weitere folgten ihm nach – wie von einem kräftig genährten Feuer aus nicht ganz trockenem Holz gespeist. William fasste in Worte, was der Ältere dachte. Es war ein Zeichen seiner Jugend, dass er das eigentlich Selbstverständliche glaubte aussprechen zu müssen:

»Indianer sind das nicht. Die machen kein Feuer, dessen Rauch zu sehen ist, es sei denn, sie wollen ein Signal geben. Aber das da ist kein Signal. Es dringt ja immerwährend Rauch nach. Ob wir die Siedlung, die wir suchen, endlich erreicht haben, Vater?«

»Ich denke, so ist es, William. Aber wir müssen uns vorsichtig heranmachen. Vielleicht sind die Leute misstrauisch. Sie dürfen uns nicht für Feinde halten. Das könnte gefährlich werden. Sie werden sicherlich erfahren haben, dass der Krieg zu Ende ist und dass der König von Frankreich ihn verloren hat. Die akadischen Franzosen hatten mit dem König von Frankreich nie viel im Sinn. Aber den König von England lieben sie erst recht nicht – und das mit gutem Grund, weiß Gott!«

Jedem Lauscher wäre die Unterhaltung zwischen den beiden Männern, dem blutjungen und dem gut vierzigjährigen, merkwürdig vorgekommen. Die zwei Waldläufer* allerdings schienen nichts Ungewöhnliches dabei zu empfinden. William nämlich sprach Französisch, das harte Französisch aus der Bretagne und der Normandie, das die Siedler in Neufrankreich am unteren St.-Lorenz-Strom sprachen und das auch die Franzosen in Akadien gesprochen hatten, den Gebieten um die Bay of Fundy und südlich der St.-Lorenz-Mündung am Atlantik. Walther Corssen aber hatte auf Deutsch geantwortet. Offenbar gebrauchte jeder von beiden die Sprache, die ihm von klein auf am geläufigsten war. Aber sie billigten nicht nur gegenseitig »ihre« Sprache, sondern sie verstanden sie auch genauso gut wie die eigene.

Der ältere Corssen fuhr fort: »Komm, Sohn, wir wollen uns etwas zu essen machen. Dies ist ein guter Platz. Er ist vom Wasser her nicht einzusehen, wenn wir uns dort hinter den Büschen halten. Das Kanu bringen wir ein paar Schritte in den Wald hinein. Wir müssen überlegen, wie wir es am besten anfangen, uns mit den Leuten jenseits der Landzunge bekannt zu machen. Gebe Gott, dass es die Akadier sind, die wir suchen!«

Bald brannte ihr kleines rauchloses Feuer, das sie mit Feuerstein, Zunder, ein paar Spänen leicht zu entflammender Birkenrinde und etwas trockenem Reisig schnell in Gang gebracht hatten. In der Pfanne brutzelten weiße Bohnen mit Speck und beide kauten an kräftigen Stücken schieren, luftgetrockneten Wildfleischs, das fast wie kräftiges altes Brot zu essen war und auch ähnlich schmeckte.

Sie wurden kaum noch von Mücken, Fliegen oder anderem Ungeziefer belästigt. Das Jahr 1765 neigte sich in die zweite Hälfte des Augusts. Der Sommer begann bereits müde zu werden und mit ihm die Angriffslust der Insekten. Das wilde Land leuchtete weit umher im warmen Licht des Nachmittags. Ein sanfter Wind kräuselte die Oberfläche des St. John, des großen Stromes, der immer wieder von leisen, aus der Tiefe dringenden Wallungen überwandert wurde. Über flache Hügel floss der Wald – eine dunkle, schwere Flut – zu den Ufern des gemach ziehenden Gewässers hinunter. In der Ferne, jenseits der lautlos wandernden Strömung, war er nur ein schwarzer Strich über dem schattenfarbenen Nass. In ihrer Nähe aber erstreckte sich eine sanft durchrauschte Galerie aus üppigem Unterholz und weit darüber hinausragenden schwarzen Fichten. Im unermesslichen Blau der Höhe zogen traumhaft langsam zwei strahlend weiße Haufenwolken ostwärts – mit lichtblauen Schattierungen in den runden Locken. Ein vollkommener Tag.

Das Feuer war gelöscht und seine Spur getilgt. Die Pfanne und der Proviant wurden wieder im Heck des Kanus verstaut. William schien mit sich ins Reine gekommen zu sein.

»Soll ich es nicht zuerst allein versuchen, Vater? Wenn es die akadische Siedlung ist, die wir finden müssen, dann klingt mein Französisch echter als das deine. Wenn ich heute nicht mehr zurückkommen kann, dann komme ich morgen, du brauchst dich nicht zu beunruhigen. Ist dies nicht der Platz, den wir suchen, kehre ich noch heute Nacht zurück. Ich werde sehr vorsichtig sein.«

Walther Corssen blickte zu der lang gestreckten Landzunge hinüber, hinter welcher noch immer ab und zu blasser Rauch aufschwebte, um dann zwei Handbreit über der Kimm* spurlos zu vergehen. Er erwiderte:

»Vielleicht hast du recht. Du sprichst das akadische Französisch. Demnächst werden wir übrigens Englisch sprechen müssen. Dann werde ich dir auszuhelfen haben, mein Junge. Nun gut, geh also! Ich werde hier auf dich warten. Aber nur bis morgen Mittag. Dann werde ich dich suchen. Und nochmals: Riskiere nichts! Beobachte zuerst aus der Ferne. Wenn du nicht ganz sicher bist, dass du die Leute vor dir hast, die wir suchen, dann kehre um, damit wir uns erst beraten. Versprich mir äußerste Vorsicht, William!«

»Ich verspreche es, Vater!«

Der junge Bursche blickte den schon um die Schläfen ergrauenden Mann aus großen dunklen Augen an. Und wenn der Ältere den Worten des Jüngeren vielleicht nicht unbedingt vertrauen mochte, so überzeugten doch der Ernst und die Wahrhaftigkeit in diesen braunen Augen.

Walther Corssen fügte hinzu: »Ich glaube, du solltest keine Waffe mitnehmen. Man wird dir dann eher glauben, meine ich.«

»Ich hätte auch keine mitgenommen. Mach dir keine Sorgen. Ich weiß, was auf dem Spiel steht.«

»Gut, mein Junge!«

William war mit einem leichten Schlag auf die Schulter entlassen und wenig später im Unterholz verschwunden.

William hielt lauschend inne. Er hatte sich vorsichtig durch dichtes Gestrüpp geschoben und einige Lichtungen umschritten. Dort hatten die Biber ein Bachtal abgedämmt und ein weites Sumpfland geschaffen. Preiselbeeren, großfruchtig und prall, reiften in Fülle. William hatte die Augen offen gehalten und sich fast so lautlos fortbewegt wie ein Indianer. Ein paarmal waren dabei seine Gedanken zu Indo geglitten, dem verlorenen indianischen Ziehbruder, den er in der Heimat Nova Scotia zurückgelassen hatte, ebenso wie die kleine Schwester, die zärtlich geliebte, und all die anderen Jugendfreunde und Gefährten und – das Grab der Mutter. Indo hatte ihm oft genug bewiesen, dass man im wilden Wald nur dann einigermaßen leise und schnell vorankam, wenn man nicht die harten, schweren Schuhe der Europäer, sondern die leichten, weichen Mokassins der Indianer an den Füßen trug. Und wie viel angenehmer die zu tragen waren!

Wenn er sich nicht in der Entfernung verschätzt hatte, musste er den Waldstreifen der Landzunge bald durchquert haben. Jetzt war noch größere Vorsicht geboten. Er hielt inne und regte sich nicht. Sonderbare Töne waren an sein Ohr geweht, Töne, die nicht in diese Einsamkeit und Wildnis zu passen schienen. Er lauschte angestrengt.

Ohne dass er es wusste, stahl sich ein Lächeln auf sein Gesicht. Freundlichere Klänge ließen sich kaum denken, um ihn auf seiner gespannten und unsicheren Erkundung zu begrüßen. Er kannte das Liedchen, das da gesungen wurde. Er hatte es mehr als einmal mitgesungen, als die alte Heimat Kagetoksa auf der Höhe der großen Halbinsel Neuschottland noch so sicher wie in Abrahams Schoß inmitten der unermesslichen Wälder, der Seen, Flüsse, Ströme und Felsenhügel zu ruhen schien. Zwar hatte er nicht recht begriffen, warum sich die Älteren bei den Worten des Textes so gern anlachten, aber eine Stimme in seinem Innern hatte ihm zugeflüstert: Warte nur, es dauert nicht mehr lange, und du begreifst es auch.

Die Stimme im Wald, ohne Zweifel die eines Mädchens, machte ihm plötzlich den Hals ein wenig eng. Er schluckte. Was war das? Fing etwas Neues an? Offen war er ganz und gar. Durstig auf alle Zukunft, jung!

Die Stimme setzte noch einmal an, begann wieder von vorn. William hatte sich ihr genähert, immer noch lautlos.

Vielleicht kannte das Mädchen nur den ersten Vers. Er unterschied schon die Worte. Er würde der Sängerin notfalls mit dem Text des zweiten und dritten und vierten Verses aushelfen können.

*Mon père et ma mère
n'ont que moi d'enfant.
Encore ils m'ont fait faire
un bon cotillon blanc.
Je n'aimerai jamais
qu'à l'âge de quinze ans.*

*Mein Vater und meine Mutter
haben nur mich als Kind.
Überdies haben sie mich einen
schönen weißen Unterrock machen lassen.
Ich werde mich keineswegs verlieben,
ehe ich nicht fünfzehn Jahre alt bin.*

»Quinze ans«, sieh einer an, fünfzehn Jahre also, ja, das war William auch! Er schob sich sachte vorwärts, hielt sich aber im Schutz der Gebüsche und überblickte die mit hohem Gras und Gestrüpp bestandene moorige Lichtung. An ihrem Rand bückte sich die Sängerin nach rechts, nach links, sammelte Beeren in einen aus Rohr geflochtenen Korb, der ihr am linken Arm hing, und sang, dass es schallte – ganz unbekümmert um Wildnis, Stille und Einsamkeit: »*Je n'aimerai jamais qu'à l'âge de quinze ans.*« War sie erst vierzehn?

Sie machte eine Pause, stellte den Korb ab, um das rote Tuch fester zu binden, das ihr schwarzbraunes Haar umschloss und offenbar die schweren Zöpfe hindern sollte, nach vorn zu fallen.

William, vergnügt und heiter wie seit vielen Wochen nicht mehr, konnte der Versuchung nicht widerstehen und stimmte lauthals in die Stille hinein ein anderes der Liedchen an, die damals in dem jungen französischen Volk am unteren St. Lorenz, im Annapolis-Tal und am unteren Restigouche gesungen wurden:

> *Quand j'étais chez mon père,*
> *petite et jeunetton,*
> *m'envoie à la fontaine*
> *pour pecher du poisson.*
>
> *Als ich bei meinem Vater war,*
> *klein noch und blutjung,*
> *schickt' er mich zum Bach hinunter,*
> *einen schönen Fisch zu fangen.*

Die Beerensammlerin schien gute Nerven zu haben. Sie erschrak nicht, als die fremde Stimme vom Waldrand zu ihr hinüberschall. Sie unterließ es nur ein paar Herzschläge lang, an ihrem Kopftuch zu knüpfen, und drehte sich langsam nach dem Sänger um, ohne die Arme sinken zu lassen. Sie wusste nicht, dass sie ein Bild bot, das sich in seiner kunstlosen Anmut dem jungen Burschen unverwischbar einprägte.

William schritt auf das Mädchen zu. »Du singst hier im Wald, als wärst du allein auf der Welt.«

Sein Lächeln weckte das ihre. »So kann man sich täuschen. Aber wer bist du? Wo kommst du her? Ich habe dich noch nie gesehen.«

»Das glaube ich gern. Ich bin zum ersten Mal in dieser Gegend. Aber ich bin froh, dich getroffen zu haben. Und dass wir dieselben Lieder kennen!«

»Ja, das gefällt mir auch! Wie heißt du?«

»Ich heiße William Corssen und komme aus der akadischen Siedlung Kagetoksa im innersten Neuschottland. Mein Vater und ich mussten fliehen, da sich mein Vater schon vor mehreren Jahren dem Kommando der Engländer entzogen hat.«

Jedes Lächeln war aus dem Gesicht des Mädchens fortgewischt. Ihre Brauen hatten sich leicht zusammengezogen, ihre Augen verdunkelten sich in einem Ernst, der dem auf dem Gesicht des Jungen seltsam entsprach und die beiden einander ähnlich machte, so verschieden sie auch auf den ersten Blick erscheinen mochten. Die Heiterkeit, die als Abglanz der liebenswürdigen Lieder ihre Gemüter erhellt hatte, war verflogen. Die Umstände, unter denen sich William und dieses Mädchen trafen, waren keine glücklichen. Beide wussten es, wenn er auch noch ein halber Knabe war und sie ein junges Ding, das nach Mädchenart in diesem Alter aber wahrscheinlich einen Schritt weiter in Wissen und Ahnung war als er.

Sie blickten sich an, als wollten sie sich bis auf den Grund durchdringen. Das Mädchen hielt es schließlich nicht mehr aus, ihre Augen glitten ab. Halb geistesabwesend begann sie wiederum, Beeren in ihren Korb zu sammeln.

William regte sich: »Ich helfe dir! Damit du schneller fertig wirst und den Korb voll bekommst.«

Sie war in ihren Gedanken nicht beim Beerenpflücken, sondern noch bei dem, was der Fremdling mitgeteilt hatte. Sie stellte fest, immer noch ein wenig scheu: »Wir stammen auch aus Akadien, das du Neuschottland nennst. Ich weiß, so heißt es jetzt, seit die Engländer uns vertrieben haben – vor zehn Jahren. Ich war damals ein kleines Kind, kann mich nur noch an lauter Angst und Not erinnern. Meine beiden kleineren Geschwister, ein und zwei Jahre alt, starben auf See und wurden in das brausende Wasser geworfen. Das war das Allerschrecklichste! Schließlich blieben wir hier bei dem Grande Chute, dem Großen Wasserfall. Und da sind wir noch heute.«

Williams Herz zitterte. Also nicht nur seinen Leuten war schrecklich mitgespielt worden! Auch die Freunde und Nachbarn waren entwurzelt und abermals entwurzelt worden, als wären Menschen wie Unkraut.

Schon sprach er davon – und während der Weidenkorb sich langsam füllte, tasteten sich die beiden einander näher. Er erfuhr bald, dass sie Martine hieß, Martine Leblois, und keine Eltern mehr hatte – die seien kurz hintereinander vor einem halben Jahr an einem »Gehirnfieber« gestorben. Es gebe ja keinen Arzt in Grande Chute. Sie habe nur noch einen älteren Bruder, Justin sei sein Name. Sie hausten nun beide allein auf dem elterlichen Hof.

Sie hatte den gefüllten Korb aufnehmen wollen. Doch schien sie es ganz natürlich zu finden, dass William ihn an seinen Arm hängte. Sie ist kräftig, dachte er. Man merkte ihr gar nicht an, dass der Korb so schwer ist.

Martine brauchte nicht erst zu fragen, ob der Junge, den sie da aufgelesen hatte, sie ins heimatliche Dorf bei dem Grande Chute begleiten wollte. Nach einer Weile – als hätte sie nicht gleich gewagt, es auszusprechen – legte sie mit unsicher gewordener Stimme ein fast beschämtes Geständnis ab. Sie sagte zu diesem dunkeläugigen Fremden, der ihr so merkwürdig vertraut vorkam:

»Wir sind gar nicht gut daran, Justin und ich, unter den Leuten von Grande Chute. Wir werden mit dem Hof nicht fertig. Justin hat nie Lust gehabt, Bauer zu werden, und der Vater hat ihn niemals streng herangenommen. Es zieht ihn mit Macht in die Wälder. Das kann ich gut verstehen. Wir haben keinen einzigen Blutsverwandten mehr im ganzen Dorf, seit Vater und Mutter tot sind. Die sind alle nach der Vertreibung unterwegs gestorben – auf dem Schiff. Oder sie sind auf andere Schiffe verladen worden. Niemals war zu erfahren, wo sie wieder an Land gesetzt worden sind. Vielleicht tausend Meilen weiter im Süden an der Atlantikküste, vielleicht sogar erst im mexikanischen Golf. Das wurde im vergangenen Sommer bei uns erzählt von Leuten aus Québec. Grande Chute war niemals ganz ohne Verbindung mit Québec. Und wenn man keine Verwandten hat weit und breit – du weißt vielleicht, William, wie es dann geht!«

Ja, das wusste er, der junge Waldläufer. Obwohl als Sohn deutscher Eltern auf die Welt gekommen, war er in einem akadischen, einem französischen Dorf groß geworden und selbst mit Leib und Seele Akadier geworden. Die französischen Bauernsippen hielten zusammen wie Pech und Schwefel. Aber wer das Unglück hatte, keiner solchen Sippe anzugehören, der war wie ein loser Stein auf schlechter Straße, wurde hierhin geschoben und dorthin gestoßen, und es sah sich kaum einer um, wenn er unter die Räder geriet.

William berichtete vom Schicksal seiner jüngeren Schwester Anna, die noch zu jung gewesen war, auf die weite Reise, die heimliche Flucht, mitgenommen zu werden. Auch sie besitze keinen einzigen Blutsverwandten unter den Leuten von Kagetoksa. Aber Anna sei schon als kleines Kind in die Familie ihrer Busenfreundin, der gleichaltrigen Danielle Maillet, aufgenommen worden. Dort werde sie es gut haben, sicherlich – wenn sie auch die Mutter ganz gewiss entbehre. Aber die liege seit sechs Wochen schon unter der kühlen Erde. Und wenn nicht ein paar befreundete Micmac-Indianer das Grab pflegten, so würde es bald zuwachsen und nicht mehr zu erkennen sein.

Die beiden wanderten an einem schnellen Bach entlang, der sicherlich zum großen St.-John-Fluss hinunterstrebte, und gingen zuweilen auf längeren Strecken im feuchten, festen Sand des Bachufers zwischen felsigen Kanten nebeneinanderher. In ihrem Gespräch gerieten sie bald in ein sich immer dichter zusammenziehendes Netz von Traurigkeiten, Ängsten, auch Hoffnungen und Sehnsüchten, als hätten sie aufeinander gewartet. Sie fragte schließlich:

»Du wirst doch früher oder später dorthin zurückkehren, woher du gekommen bist, um zu sehen, wie es deiner Schwester geht? Deinem Vater mögen die Engländer vielleicht noch nachstellen und ihn zur Verantwortung ziehen. Aber dir, William, können sie nichts vorwerfen. Du könntest dich in ein paar Jahren um deine Schwester kümmern.« Das hatte er noch nicht bedacht. Aber da dies Mädchen es von ihm erwartete, sagte er, seiner Sache sicher: »Um meine Schwester kümmern? Meinst du? Ja, das werde ich wohl tun. Nein, ganz gewiss werde ich es tun, sobald ich frei dafür bin. Aber fürs Erste muss ich bei meinem Vater bleiben.«

Bedrückt erörterten sie die böse Zeit, in die sie ohne ihr Zutun geworfen waren und die ihnen Schuld und Verantwortung aufbürdete, obwohl sie ganz gewiss nicht danach verlangten. Doch wurde die Stunde auch von einem ungewissen Glück durchweht. Sie waren nicht mehr allein. Sie gingen nebeneinanderher und ihre Hände streiften sich manchmal, unabsichtlich.

Der Bach trat aus den Wäldern. Eine Flussebene öffnete sich. Sie wurde im Norden von einer felsigen Riffkante eingegrenzt. Über diese Kante wälzte sich schimmernd gewölbt der große Strom, stürzte in breiter Front die mächtige Stufe hinunter und schäumte silbern. Bei seinem Aufprall rauschte er donnernd und versprühte schleiernden Staub. Er überstürzte sich in hoch aufspringenden Schwällen und tobte weiter talwärts, um den aus der Höhe ständig nachdrängenden Fluten so eilig wie möglich Platz zu machen. Das waren sie: *les grandes chutes*, die großen Fälle!

»Du solltest sie sehen, wenn im Frühling das Eis bricht und das Hochwasser herunterkommt. Es ist fast zum Grausen, und man kann sein eigenes Wort nicht verstehen vor fürchterlichem Getöse. Jetzt läuft der Strom nur mit halber Kraft.«

William glaubte es gern. Wasserfälle waren ihm nichts Neues. Aber noch nie hatte er einen Fall von solcher Breite und Gewalt zu Gesicht bekommen. Doch wie alle Menschen, die nicht in Städten geboren sind, nahm er die Natur und ihre

Wunder nur als das große Ringsum, als die mehr zufällige Bühne, auf der sich das Eigentliche, das Menschliche, erst abzuspielen hatte. Er wollte vor allem wissen, wo das Dorf läge, in das seine neu gewonnene Freundin gehörte. Sein Vater wartete auf Botschaft.

Martine erklärte: »Hier war es unseren Leuten zu laut und auch zu nass vor ewigem Gischt in der Luft. Wir haben noch eine Weile zu gehen. Um die nächste Biegung, dann kommen die ersten Häuser in Sicht. Gleich eines der ersten ist unser Haus. Justin wird vielleicht schon da sein. Er hat dem Nachbarn beim Pflügen geholfen mit unseren zwei Ochsen. Es wird ja schon Abend.«

Die Sonne hatte sich in den Westen geneigt. Goldenes Gespinst zog durch die Wipfel der Fichten am Waldrand. Die Felder der Siedlung lagen am Fluss gereiht. Die Blockhütten duckten sich mit schindelgedeckten Giebeln unter Weiden und Ahorn, als wären sie nicht gebaut, sondern gewachsen. Die meisten Felder waren leer, abgeerntet und viele bereits frisch gepflügt. Auf den blanken, umgeworfenen Erdschollen fing sich hier und da rötlicher Abendglanz.

Justin war schon heimgekehrt, hob gerade den Ochsen das Joch von den Nacken und schickte die braunbunten Tiere erst zur Tränke, ehe er sie auf die Weide hinter dem Hof zum Wald hinauf entließ. Justin Leblois sah seiner Schwester ähnlich, mochte aber drei oder vier Jahre älter sein als sie und William. Er war nur mittelgroß, aber sehr stämmig und hatte offenbar eiserne Muskeln. Auch Martine war von kräftigem Wuchs, doch zugleich von angenehmem Ebenmaß der Glieder. Sie hatte nichts Elfenhaftes. Eher mochte man an eine Amazone denken. Dazu passte auch ihr Gesicht. Die fast senkrecht gestellte, schön geflügelte Nase ging beinahe ohne Einbuchtung in die geräumige Stirn über, die von lichtbraunem Haar, das unnötig straff gespannt und im Nacken zu einem üppigen, festen Knoten gebunden war, schmal eingerahmt wurde. Ein kräftig gezeichneter Mund mit vollen Lippen über einem deutlich betonten Kinn und einem festen Hals vollendeten dies verlässliche Gesicht zu einfacher und klarer Schönheit.

Der viel dunklere William Corssen war zwar eine Handbreit höher gewachsen als die Geschwister Leblois, wirkte aber beinahe zierlich neben ihnen mit seinen schlanken Gliedern und schmalen Hüften.

Justin zeigte sich zunächst misstrauisch und hörte sich aufmerksam an, was William über das Woher und Wohin berichtete. Er konnte offenbar keine Widersprüche entdecken und so entspannte auch er sich allmählich: »Ich bringe dich zu unserem Bürgermeister, zu Albin Tronçon. Der mag entscheiden, ob wir dich und deinen Vater beherbergen dürfen. Ich kann das natürlich nicht. Wir müssen sehr vorsichtig sein. Die Engländer werden auch hier bald auftauchen. Und du weißt ja, wie es ist: Die Leute ahnen nicht, was die Zukunft bringen mag, und keiner will sich Scherereien machen.«

Martine mischte sich ein: »Was redest du, Justin! William und sein Vater sind Akadier wie wir. Sie sollten sich erst einmal ausruhen nach der langen Flucht und Reise. Dann wird man weitersehen. Und warum sollten sie nicht erst einmal bei uns wohnen? Wir haben Platz genug.«

Doch Justin sagte dazu nichts. Wortlos griff er nach seiner Mütze und winkte William: Komm mit!

Justin hatte richtig vorausgesehen, wie sich die Leute von Grande Chute, vertreten durch ihren Bürgermeister Tronçon, verhalten würden, wenn ihnen in dieser ungewissen und sorgenvollen Zeit nach verlorenem Krieg ein Fremder in die ohnehin gefährdete Gemeinschaft schneite.

Justin hielt sich abseits in dem lang gestreckten, niedrigen Raum mit den Wänden aus entrindeten Fichtenstämmen. Er wollte nichts weiter sein als ein stummer Zeuge der Verhandlung vor dem Bürgermeister. Er hatte diesen Fremdling hierhergebracht, der seiner Schwester im Wald zugelaufen war. Er würde auch dafür verantwortlich sein, ihn wieder aus der Gemeinde fortzuschaffen, sollten er und sein Vater in Grande Chute nicht erwünscht sein.

William hatte in dem dunklen Raum sein Sprüchlein aufgesagt, hatte dem feindseligen Blick des massigen Mannes standgehalten. Riesige schwarze Brauen wölbten sich über diesen mitleidlos prüfenden Augen, so buschig und struppig, als wollten sie den rotbraunen Schnurrbart des Bürgermeisters noch übertrumpfen.

Nachdem der Alte alles erfragt hatte, was ihm zu wissen notwendig schien, schwieg er eine Zeit lang, starrte mit über der Brust gekreuzten Armen vor sich hin. Die Sonne war untergegangen. Der Bürgermeister ragte wie ein breiter, schattenhafter Turm im Hintergrund des Raums. Der Schatten sprach schließlich das Urteil mit rauer, keine Spur von Freundlichkeit verratender Stimme: »Ihr seid Akadier, ja, aber nicht französischer Herkunft. Dein Vater ist als Untertan des Königs von England auf unserer Seite gewesen, muss also Verfolgung befürchten. Wir haben dasselbe getan wie eure Leute, sind der Deportation durch die Engländer ausgewichen. Uns hat man noch nicht zur Rechenschaft gezogen. Wir wissen nicht, ob und wann dies geschehen wird. Wir werden alles daransetzen, hier zu bleiben, damit man uns nicht auch zum zweiten Mal vertreibt, wie euch. Ihr müsst es einsehen: Wir können uns keine weitere Verantwortung aufladen. Ihr könnt also nicht hierbleiben. Aber es wird keiner etwas dagegen haben, wenn ihr ein paar Tage verweilt, um euch etwas auszuruhen und mit neuem Proviant zu versehen. Keiner soll hungrig von hier weiterfahren, und schon gar kein Akadier, den das gleiche Schicksal wie uns getroffen hat.«

William entgegnete mit gepresster Stimme: »Danke, Bürgermeister. Das ist genug fürs Erste. Mein Vater hat nicht daran gedacht, sich hier auf die Dauer niederzulassen. Aber er hofft, jemanden zu finden, der über die Wege oder die Kanurouten Bescheid weiß, die weiter ins Landesinnere führen. Nicht nach Québec. Dort wird es von englischem Militär und englischen Beamten wimmeln. Aber vielleicht weiter den St. Lorenz aufwärts, nach Montréal, und über Montréal hinaus nach Westen. Dort sollte man wieder unter Franzosen sein. Die Engländer verstehen nicht viel von den Wäldern und der Wildnis und von Kanus noch weniger.«

Der Bürgermeister erwiderte, nun beinahe freundlich: »Wir haben die Routen längst erkundet, brauchten ja wie ihr Anschluss zur Außenwelt. Aber nicht zur Küste. Dort wären wir den Engländern in die Arme gelaufen. Zum St. Lorenz also, wo unsere Landsleute saßen und sitzen seit mehr als hundert Jahren. Der Mann, der dich hergebracht hat, Justin Leblois, der hat die Routen zum Rivière du Loup, dem ›Wolfsfluss‹, und nach Trois Pistoles, Québec und Montréal mehr als einmal befahren.«

»Ich werde also morgen meinen Vater hierherbringen. Unser Kanu ist gut instand.«

»Gut, gut, ihr seid uns willkommen.«

Justin ließ sich jetzt zum ersten Mal vernehmen, seit er den Fremdling vorgestellt hatte: »Martine meinte, die beiden könnten bei uns wohnen. Ich bin einverstanden. Unser Haus liegt weit draußen, und der Wald ist nicht fern. Sollte sich etwas Unerwünschtes ereignen, so können sie schnell im Wald untertauchen. Ihr Kanu müssten sie allerdings vorher versteckt haben.«

Aus dem Dunkel kam die Stimme des Bürgermeisters, ungeduldig: »Davon will ich nichts wissen, Justin. Und je weniger Leute sonst davon wissen, desto besser. Geht jetzt!«

Die beiden jungen Männer stolperten auf dem zerfahrenen, groben und holprigen Karrenweg heimwärts. Das Haus des Bürgermeisters lag gut eine halbe Stunde von dem Anwesen der Geschwister Leblois entfernt. Die Nacht hatte ihre samtene, mit vielen Sternen glitzernd geschmückte Fahne längst voll entfaltet. Doch nahmen die beiden Wanderer nicht viel wahr von der quellklaren Kühle, die von den Flussauen herüberwehte, und selbst den Sternschnuppen, die, wie immer um diese Zeit des späten Sommers, ihre Silberpfeile durch den Himmel schossen, gelang es nicht, sie von ihren trüben Vorstellungen abzulenken. Im Grunde war nichts entschieden. Alles, worauf es wirklich ankam, hing nach wie vor in der Schwebe.

William konnte das bedrückte Schweigen nicht länger aushalten. Er fragte – nur um etwas zu sagen: »Seid ihr gut mit den Indianern ausgekommen oder habt ihr Schwierigkeiten gehabt, als ihr vor zehn Jahren hier in der Wildnis anfingt?«

»Wir können uns nicht beklagen. Die Maleciten, die hier weit verstreut beheimatet sind, gehören zu den Micmacs und haben sich stets als Freunde der Franzosen betrachtet, ebenso die Abenakis, die ihnen benachbart sind. Die Irokesen weiter im Süden, die gefürchteten ›Sechs Nationen‹, sind ihre Todfeinde – und die Irokesen sind die bösen Bundesgenossen der Engländer. Den Micmacs hier blieb gar nichts anderes übrig, als zu den Franzosen zu halten. Wenn sie Gewehre, Pulver und Blei haben wollten, um sich gegen die von den Engländern ausgerüsteten Sechs Nationen zu wehren, dann mussten sie bei den Franzosen Anschluss suchen. Nein, wir hatten gar keine Schwierigkeiten. Wir verdanken den Indianern sogar sehr viel.«

William hatte sich von der eigenen Ungewissheit ablenken lassen. Er erzählte, dass er mit einem Indianer, der bei der Geburt die Mutter verloren hatte, zusammen aufgewachsen war. Der Stamm, dem dieser Ziehbruder angehört habe, sei durch eine von Europa eingeschleppte Seuche so gut wie aufgerieben worden. Doch habe der Vater seines Ziehbruders, den sie Indo genannt hätten, zu den wenigen Überlebenden gehört.

Kokwee habe er geheißen. Ohne diesen aus der Häuptlingsfamilie stammenden Mann hätten seine Leute, die sich nicht von den Engländern deportieren lassen wollten, niemals den wunderbaren Flecken Erde auf der Höhe Akadiens oder Neuschottlands gefunden, wo sie sich zehn Jahre lang vor den Engländern versteckt gehalten hatten und von wo sie dann wieder hatten weichen müssen, da ihr Geheimnis nicht mehr länger vor den Engländern zu bewahren gewesen war.

William war ins Erzählen geraten. Justin erkannte, wie eng ihre akadischen Schicksale verwandt, wie ähnlich die Leblois und die Corssens davon geprägt waren. Freundschaft keimte auf zwischen den beiden, und fast hatten sie ihre Bedrücktheit vergessen, als der Giebel der heimatlichen Hütte, ein schwarzer Schattenriss, vor ihnen auftauchte.

Martine hatte einen Teil der am Nachmittag gesammelten Wildbeeren gekocht und mit Honig gesüßt. Dazu gab es eine sämige Gerstengrütze, die leicht gesalzen war. Zusammen ergab das eine Speise von ungemein kräftigem und ermunterndem Geschmack. Dann briet sie noch ein paar gekochte Kartoffeln mit einigen Scheiben durchwachsenen Specks, bis der Speck rösch und beinahe trocken geworden war. Der hungrige William bekannte, so Wohlschmeckendes noch nie gegessen zu haben. Aber Martine meinte, er müsse sich täuschen. Er habe wohl allzu lange mit der eintönigen Kost der Kanureise vorlieb nehmen müssen. Deshalb allein komme ihm die süße Beerengrütze wie ein Festmahl vor.

Ihr schönes, klares Gesicht wurde vom Schein des Herdfeuers angestrahlt. Das rötliche Flackerlicht zeichnete die Konturen ihres Kopfes mit dem Haarknoten im Nacken zärtlich gegen den dunklen Hintergrund des Hüttenraums. Es gab kein anderes Licht als das des Herdfeuers, William nahm all dies in sich auf. Ihm war, als hebe sich ein Vorhang, um ihm den Ausblick auf ein Land freizugeben, von dem er bislang nichts geahnt hatte. Das konnte nur Martine bewirkt haben. Sie sagte:

»Ihr werdet also nicht hierbleiben. Der Bürgermeister will es nicht. Die anderen werden es dann auch nicht wollen. Es ist alles unsicher. Jeder ist sich selbst der Nächste. Wir haben das Gleiche erfahren, seit die Eltern gestorben sind. Aber, natürlich, von hier vertreiben hat uns niemand wollen oder können.«

Nach diesen Worten schwiegen alle drei eine lange Zeit. Sie waren müde und satt und sonderbar traurig. Zuweilen knackte eines der Fichtenscheite, die Martine in den Herd gelegt hatte, um den großen Wasserkessel zu erhitzen. Es war noch einiges abzuwaschen und dann wollte jeder sich reinigen nach dem bewegten Tag.

Nach einer Weile räusperte sich Justin und fragte: »Was habt ihr überhaupt vor? Wisst ihr schon Genaueres? Dein Vater will hier in Grande Chute nicht bleiben, wie du dem Bürgermeister erklärt hast.«

William hatte bis dahin unentwegt aus den Augenwinkeln Gesicht und Hände des Mädchens beobachtet, hatte den Blick auf ihrem Haar, dem der Widerschein des Herdfeuers manchmal ein messingfarbenes Flimmern entlockte, ruhen lassen. Ein kleiner Seufzer schlüpfte ihm über die Lippen. Dann war er wieder gegenwärtig:

»Mein Vater spricht nicht viel. Wir waren auch zu sehr damit beschäftigt, erst einmal eine gehörige Strecke zwischen uns und die alte Heimat zu legen. Quenneville, der Schiffshändler aus Annapolis Royal, der all die Jahre zu uns gehalten hat und die Brücke nach draußen gewesen ist, hat uns über die Fundy-Bay gesegelt. Dann mussten wir uns an den Engländern vorbeidrücken, die sich an der Mündung des St. John sehr breitmachen. Und dann ging's den St. John aufwärts bis hierher. In einem Dorf der Maleciten haben wir glücklicherweise das Kanu kaufen können, ein gutes Boot. Die Indianer halfen uns gern. Sie erzählten uns von Grande Chute und dass die Leute hier auch aus Akadien stammen. Das hatten wir schon von Quenneville erfahren. Der weiß seit jeher alles, was sich in und um Akadien abspielt. Er kommt mit seinen kleinen Seglern in jeden Küstenwinkel. Jetzt haben wir also Grande Chute erreicht. Es ist für uns nur eine Zwischenstation auf dem langen Weg in den Westen, weit über Montréal hinaus, wo nur die Franzosen Bescheid wissen. Dorthin also, wo die Waldläufer, die *coureurs de bois,* die Pelze einkaufen, die dann für viel Geld nach Frankreich verkauft werden oder nach Deutschland und Spanien. Mein Vater versteht sich auf den Fang von Pelztieren und auch darauf, wie die Felle aufbereitet werden müssen, ehe man sie auf dem Markt anbieten kann. Am wichtigsten ist ihm wohl, einen Ort zu finden, wo ihm keine Offiziere und Beamten, keine Verordnungen, Auflagen und Vorschriften das Dasein verbauen, wo er selbst beschließen kann, was er machen will, solange er keinem anderen in die Quere kommt. Und ich bin der gleichen Meinung, lasse mir auch nicht gern was vorschreiben.«

Wenn die Geschwister Leblois nicht ebenso alt oder nur wenig älter gewesen wären als der, der so stolze Reden führte, dieser ihnen zugelaufene und so schnell vertraut gewordene William Corssen, so hätten sie wohl seine allzu vollmundigen Aussagen belächelt. Aber sie waren jung wie er, nahmen seine Worte so ernst und wichtig wie er selbst. Martine blickte den Gast sogar mit verstohlener Bewunderung an. Zögernd ergriff sie das Wort und sagte nachdenklich:

»Wir sind hier allein auf uns angewiesen, haben eigentlich keinen festen Stand mehr in dieser Gemeinde, seit die Eltern tot sind. Man hat uns geraten, wir sollten bei anderen Familien unterkriechen, den eigenen Hof aufteilen und verkaufen. Aber dagegen hat sich Justin ebenso gewehrt wie ich. Man ist uns jetzt gram deswegen und lässt uns links liegen.«

Justin schien nicht recht zugehört zu haben. Er meinte, als spräche er zu sich selbst: »Wenn ich könnte, wie ich wollte, würde ich mit euch in den fernen Westen gehen. Ich finde keinen Spaß an der Bauernwirtschaft. Aber was wird dann aus Martine?«

Martine, mit plötzlichem Trotz in der Stimme: »Das wäre sehr einfach. Ich ziehe mir Männerhosen an und komme mit.«

Die beiden jungen Männer starrten das Mädchen an, als hätten sie nicht recht begriffen. Martine stand neben dem Herdfeuer, voll vom roten Flackerlicht beglänzt. Kraft, ein beinahe übermütiges Selbstvertrauen, strahlte von ihr aus. Ihre schimmernden Augen waren weit offen. Um ihre starken Lippen huschte ein Lächeln, furchtsam war dieses Mädchen nicht.

William sog das Bild in sich auf. So etwas gab es also: Mädchen, die kühn waren, ohne Angst vor der Fremde und dem Unbekannten! Das erfuhr er hier und jetzt zum ersten Mal, und es riss ihn fort. Er war zu keiner Antwort fähig.

Justin dagegen hatte seinen anfänglichen Schreck schnell überwunden und stellte mit gut brüderlicher Grobheit fest: »Du bist verrückt, Martine! Ein Mädchen und endlose Reisen im Kanu, ins Ferne und Wilde? Gewiss, du weißt mit einem Paddel umzugehen, aber bestehst du das auch zwölf Stunden am Tag und länger? Bei Regen, Kälte, Hitze, bei Tag und Nacht – und immer im Freien? Du weißt nicht, was du redest, Martine. Und außerdem: Glaubst du etwa, dass Williams Vater sich mit einem Mädchen belasten würde, auf weiter Fahrt und ungewisser Route? Das halte ich für ausgeschlossen. Was ist deine Meinung, William?«

Der Angesprochene hätte lieber nichts gesagt. Aber Justin ließ nicht locker. William hatte schließlich zu bekennen: »Ich glaube, mein Vater würde Nein sagen. Ein Mädchen am Paddel im Kanu, das würde er wohl für unmöglich halten.« Er wagte nicht aufzusehen nach diesen Worten, saß da, in lauter Unglück getaucht, hilflos, fühlte sich elend. Und noch elender wurde ihm, als Martine den Kopf aufwarf, sich abwandte, die Tür der Kammer hinter sich zuzog und hörbar verriegelte.

Justin suchte bald in einem Winkel des großen Hüttenraums die Pritsche auf, die ihm als Nachtlager diente. Für den Gast war ein Strohsack in einem anderen Winkel schon bereitgelegt.

Missmutig, kaum noch ein Wort wechselnd, gingen die beiden jungen Männer schlafen.

2

Es gab in Grande Chute unterhalb der großen Fälle des St.-John-Flusses unter den Siedlern mehr als einen, der gar nichts dagegen gehabt hätte, wenn sich die beiden Corssens vielleicht nicht in ihrer Mitte, aber wenigstens am Rand des Dorfes niedergelassen hätten. Es sprach sich nämlich schnell herum, dass der ernste, wildniskundige Mann, der da zu ihnen gestoßen war, sehr genau über die Zeitläufe Bescheid wusste.

Die Leute von Grande Chute saßen seit mehr als zehn Jahren weitab vom Schuss. Die Küste der Bay von Fundy lag außerhalb ihres Bereichs. Dorthin dachte niemand. Dort lief man den Engländern in die Arme, deren kalte Unerbittlichkeit die Akadier fürchten gelernt hatten. Also waren nur nach Neufrankreich, nach Québec am großen St.-Lorenz-Strom, vorsichtig die Fühler ausgestreckt worden. In Québec wurde Französisch gesprochen, und zwar von gleichgesinnten Menschen. Aber auch dort traf man auf Beamte, französische diesmal, die eindringliche Fragen stellten und Auskunft darüber verlangten, ob die entlegene Siedlung nicht steuerlich herangezogen werden müsste. Überhaupt sei es nicht erlaubt, dass Franzosen, wie und wo auch immer, sich dem Zugriff und der Befehlsgewalt des Allerchristlichsten Königs entzögen und auf eigene Fasson selig würden. Wenn Grande Chute nicht so weit entlegen gewesen wäre und so schwierig und nur quer durch ungebrochene Wildnis zu erreichen, so hätte der königlich französische Gouverneur der Gebiete im Tal des St. Lorenz, welche die Franzosen Kanada nannten, gewiss die gepuderten Locken seiner Perücke energisch geschüttelt und von der Zitadelle in Québec einen Steuereinnehmer nach Grande Chute geschickt. Es musste schließlich auch dort irgendetwas zu holen sein. Aber Grande Chute versteckte sich weit außerhalb des St.-Lorenz-Tals im leeren, dunklen Niemandsland des ungeheuren, noch kaum erforschten Kontinents. Man ließ die Leute dort am besten ungeschoren – vorläufig, bis sie entweder umgekommen waren oder sich wider Erwarten durchgesetzt hatten. Dann blieb immer noch Zeit, ihnen klarzumachen, dass auch sie der Ehre teilhaftig zu sein hätten, zum Ruhm und zu den Einkünften des Königs von Frankreich, zur silbernen Pracht des Lilienbanners, ihr bescheidenes Scherflein beizutragen.

Die Leute von Grande Chute waren Akadier, wie es auch die von La Have und Kagetoksa in Nova Scotia gewesen waren, das heißt: Die zwei, drei Generationen, die auf amerikanischem Boden groß geworden oder schon in die amerikanische Erde gesunken waren, hatten die für den Menschen aus dem alten Erdteil zunächst ganz unerhörte Weite und Freiheit des neuen Kontinents allmählich begriffen. Auf geheime Weise war solche Unabhängigkeit schließlich zu einem Teil ihrer selbst geworden. Zwar konnte man sich der Gewalt der alten Mächte jenseits des großen atlantischen Meeres auch hier kaum entziehen – noch nicht! –, aber man verlernte es, sie als »von Gottes Gnaden« hinzunehmen. Man unterlief sie, wo man konnte, wich ihr aus, wenn es sich einrichten ließ, in die grenzenlose Leere, in die waldigen, schattendunklen Einöden der gewaltigen neuen Heimat.

Die Leute von Grande Chute hatten also ihre Besuche von Québec-Stadt oder Rivière du Loup, überhaupt des französischen Kanada, auf das Notwendigste beschränkt, nach der alten, bewährten Regel, dass Regierungen und Verwaltungen umso erträglicher werden, je seltener man auftaucht und je größer der Zwischenraum ist, den man zwischen sie und sich zu legen imstande ist. Die Leute von Grande Chute hatten sich zwar »draußen« gelegentlich mit Werkzeugen und Geräten für den Alltag versorgen müssen, hatten aber bei ihren kurzen und möglichst unauffälligen Besuchen in der französischen Kolonie am unteren St. Lorenz nicht allzu viel und nur wenig Verbürgtes vom Lauf der Welt erfahren.

Dann hatten die Engländer in einem einzigen Anlauf die Zitadelle von Québec und die Stadt dazu erobert und sich schließlich überall in Neufrankreich durchgesetzt. Das Lilienbanner war in den Staub gesunken. Neufrankreich hatte aufgehört zu existieren – was jedoch durchaus nichts daran änderte, dass die Bewohner dieser Gebiete Franzosen waren, sich als solche und dazu als gute und treue Katholiken fühlten und hartnäckig fortfuhren, Französisch zu sprechen und vom Englischen so wenig wie möglich Notiz zu nehmen.

Die Leute von Grande Chute hatten sich also auf sich selbst zurückgezogen, hatten gehofft, dass auch die neuen Herren im fernen Québec sie nicht bemerken und behelligen würden, befürchteten aber im Geheimen doch, eines hässlichen Tages aufgestöbert und an eine behördliche Kette gelegt zu werden.

Walther Corssen, wie sich bald ergab, nachdem er erst einmal bei den Geschwistern Leblois mit seinem Sohn William Quartier bezogen hatte, wusste über die alten und neuen Umstände im Land Genaueres zu berichten. Er schien sich sowohl in den englischen wie den französischen Verhältnissen zuverlässig auszukennen. Obendrein war er vertraut mit allen Künsten der Wildnis, sprach halbwegs gut Micmac, konnte offenbar auch Englisch und war im Übrigen ein besonnener und vernünftiger Mann, der Vertrauen erweckte und sympathisch war. Würde er in Grande Chute bleiben wollen, so meinten viele, wäre es unklug, ihn abzuweisen, auch wenn er bei den Engländern schlecht gelitten wäre. Es brauchte ja keinem Außenstehenden auf die Nase gebunden zu werden, dass er nicht von Anfang an zu Grande Chute gehört hatte. Doch waren solche Überlegungen eine Rechnung ohne den Wirt, wie sich bald herausstellte.

Walther Corssen hatte gleich am Anfang dafür gesorgt, dass sein Kanu nicht etwa bei den Leblois versteckt wurde, das heißt unterhalb der Fälle. Sollten er und sein Sohn gezwungen sein, ohne Aufenthalt das Weite suchen zu müssen, so würden sie dann nur stromabwärts fliehen können. Dorthin also, woher sie gekommen waren. Walther Corssen aber wollte nach Westen, ins Ferne, Unbekannte. Seit er seine Frau begraben hatte, seit er aus der neuen Heimat als ein Ausgestoßener hatte fliehen und die kleine Tochter Anna bei guten Freunden und Nachbarn zurücklassen müssen, weil er ihr die Flucht durch ungebändigte Wildnis nicht zumuten konnte, mochte er nirgendwo mehr sesshaft werden. Nachdem ihm die neue Heimat, die die geliebte Frau mit der ganzen Kraft und Unbedingtheit ihres Herzens ersehnt und auch erschaffen hatte, abermals zerstört worden war, fragte Walther Corssen nicht mehr danach, ob, wie und wo er wiederum Wurzeln in die amerikanische Erde treiben konnte. Er war verwurzelt gewesen war, hatte den Wurzelgrund aber nicht halten können.

Das unbezwingbare Verlangen, das ihn und die Geliebte über das große Wasser nach Westen gezogen hatte, war darauf gerichtet gewesen, das in der bäuerlichen Welt verankerte Dasein, aus dem man sie herausgerissen hatte, in der neuen Welt neu zu begründen. Bei ihm war das Verlangen schwächer ausgeprägt, bei Anke aber, seiner an ihrem dritten Kind und vielleicht an geheimer Schuld gestorbenen Frau, war es ungemein stark. Der Versuch war fehlgeschlagen. Nicht, weil sie sich der Mühe der Siedler verweigert hätten, sondern weil die Bösartigkeit der alten Welt mit über den Ozean gefahren war und hier auf die alte Weise kalt und erbarmungslos zugestoßen hatte. Anke, die geliebte Frau, war jäh erloschen, wie ein Licht von hartem Windstoß ausgeblasen wird. Und mit ihr die

Sehnsucht, neue feste Wurzeln in eine neue warme Erde zu treiben. Walther Corssen hatte sich aufrichten und um seiner und des Sohnes Freiheit und Sicherheit willen den Blick in die dunkle Unermesslichkeit dieses noch weithin herrenlosen Erdteils wenden müssen. Wenn sich schon kein Siedelboden bieten wollte, den die alten Herren aus Europa ihm nicht jederzeit neiden, mit Steuern schmälern oder gar abjagen würden, dann wollte er sich lieber der Vogelfreiheit des leeren, fernen Westens ausliefern, wollte, mehr oder weniger bewusst, dem Schicksal entsprechen, das im Grunde allen Menschenkindern vorgezeichnet ist: nur Gast zu sein, wo auch immer man weilt.

Walther hatte also nicht lange darüber nachzudenken, wo sein Kanu zu verbergen war, als der Sohn ihm die Nachricht brachte, dass ihr erstes Ziel am großen St. John erreicht war: die akadische Flüchtlingssiedlung bei den Großen Fällen. Walther, William und der hilfsbereite Justin hatten zunächst das Gepäck über die Landzunge hinweg zu dem Anwesen der Geschwister Leblois getragen. Das Kanu aber hob der ältere Corssen mit dem Sohn allein aus dem Wasser. Sie stülpten sich das Boot kieloben auf die Schultern und suchten mühselig einen Weg durch Wald und Dickicht, um es oberhalb der großen Wasserfälle hinter Busch- und Laubwerk in einem geschützten Felsenwinkel zu verstecken. Damit war, nach menschlichem Ermessen, ihre Weiterreise den St. John River* aufwärts gesichert.

Die Corssens hätten die schwierige Portage, die Tragestrecke über die bewaldete Landzunge zu dem Versteck oberhalb der Fälle, vermeiden können, wenn sie das Boot mit allem Gepäck zu Wasser um das geräumige Vorgebirge herum an die gut ausgebaute Bootslände* von Grande Chute gepaddelt hätten und dort an Land gestiegen wären. Das aber hätte sich vor aller Augen vollzogen. Nach dem Verbleib des Bootes wäre sicherlich gefragt worden, wenn es eines Tages nicht mehr an seinem Pfahl geschaukelt hätte.

Walther Corssen aus der Lüneburger Heide war es in den sechzehn Jahren, die er in den Wildnissen Neuschottlands zugebracht hatte und in denen er ein aufmerksamer Schüler seines indianischen Freundes Kokwee gewesen war, längst in Fleisch und Blut übergegangen, sich so unauffällig wie möglich zu bewegen, seine Spuren zu verwischen und seine Absichten und Ziele unbestimmt zu lassen. Es war besser, zu fragen, als befragt zu werden. Es empfahl sich eher, Antworten herauszulocken, als selbst zu antworten.

Und darauf kam es an. Bildete doch Grande Chute die erste Siedlung, den äußersten Rand der Gebiete des nun schon »ehemaligen« Neufrankreichs am unteren St. Lorenz, das die Franzosen Kanada nannten – ein indianisches Wort, das etwa »Heimat« oder »unser Land« bedeutet. Walther Corssen hatte von vornherein an dieser Stelle rasten wollen, um vielleicht einige Auskünfte über das nun von den Engländern eroberte »Nouvelle France« einzuheimsen – oder sich auch notfalls warnen zu lassen.

Noch war nicht entschieden, ob er sich mit seinem Sohn von diesem Ort aus nach Westen wenden sollte, in eine Richtung also, die von den Franzosen, wie er gehört hatte, schon seit mehr als hundert Jahren erkundet worden war, oder ob es sich empfahl, den Südwesten oder gar Süden anzustreben. Hierhin wurden von den älteren, weiter im Süden an der atlantischen Küste Amerikas gelegenen englischen Kolonien, tastende Vorstöße ins Landesinnere unternommen. Dies allerdings – so glaubte Corssen – längst nicht mit dem gleichen Wagemut, der gleichen Vorsicht und der gleichen Fähigkeit, sich die Freundschaft der indianischen Ureinwohner des weiten Hinterlandes zu sichern, die bis dahin die kühnen Vorstöße der französischen Waldläufer in die verschleierte Tiefe des Kontinents ausgezeichnet hatten.

Das Herz zog Walther in die »französische« Richtung, nach Westen, wo sich dem Kanu ein weit gespanntes Netz von Wasserstraßen anbieten sollte. Die Vernunft empfahl jedoch, sich eher nach Süden oder Südwesten in Gebiete zu wenden, die von jeher unbestritten unter englischem Einfluss standen. Dort würden er und sein Sohn nicht nach dem Woher und Wohin gefragt werden. Dort hatte der nun mit dem englischen Triumph abgeschlossene Krieg, der sieben Jahre gewährt hatte, sich nur wenig bemerkbar gemacht.

Im Norden sahen sich die Engländer auch nach dem militärischen Sieg einer weit überlegenen Zahl französischer Siedler gegenüber, die schon seit drei und mehr Generationen im Land saßen und mit ruhigem bäuerlichem Selbstbewusstsein auf ihrem Erstgeburtsrecht in diesem sommerwarmen, strahlend schönen, aber auch grimmig winterharten Land bestanden. Dort würden, musste Walther Corssen sich sagen, die Engländer noch in Jahren nicht aufhören, nach Leuten zu fahnden, die, obgleich hannoversche Untertanen des Königs von England, sich auf die französische Seite geschlagen, also sozusagen Fahnenflucht begangen hatten.

Walther Corssen war englischer Soldat gewesen, hatte allerdings die Zeit, für die er sich als junger Kerl im Braunschweigischen hatte anwerben lassen, regelrecht und nicht ohne Anstand abgedient. Erst danach hatte er sein Schicksal mit dem der akadischen Franzosen in Neuschottland vereinigt. Für die Engländer musste es aber so scheinen, als hätte er sich damit auch mit den Frankokanadiern, mit Québec, und auf diesem Umweg auch mit den Lilien von Frankreich verbündet, die in Amerika nun gebrochenen und endgültig welk waren.

Walther kannte die Engländer: Mit kalter, zäher Gründlichkeit würden sie die neu gewonnenen Gebiete am unteren St.-Lorenz-Strom durchkämmen, um all der Personen habhaft zu werden, die ihnen nicht genehm waren, die sich aktiv gegen sie gewendet hatten und ihnen vielleicht in Zukunft noch gefährlich werden konnten. Doch dies Land war riesengroß. Es war wild und unerschlossen. Nachrichten und Anordnungen kamen nur langsam voran. Walther und William Corssen waren der behördlichen Gewalt, die ihnen auf dem Boden Neuschottlands sicherlich gedroht hätte, mit weitem Vorsprung ausgewichen, hatten schon zwei Dutzend Tagesreisen zwischen sich und möglicherweise lästig werdende Befrager gelegt und hatten sich auf einem sehr schnellen, bisher unerforschten Weg – den St. John aufwärts – aus dem Staub gemacht. Sie würden den vorgeschobenen Posten im Südwesten des französischen Kanada, die Ausfallspforte in den Westen und fernen Westen, das Städtchen Montréal, viele Monate, wahrscheinlich sogar ein Jahr eher, erreichen als jede Anweisung der englischen Administration. Mochten sie also getrost nach einem gewissen Walther Corssen, gebürtig aus den Celle-Lüneburger Stammlanden Seiner Majestät des Königs von England, später in Diensten der englischen Kolonialverwaltung in Halifax, fahnden!

Wenn es je so weit kommen sollte, dann wollte Walther Corssen längst mit seinem Sohn William in den dunklen, unabsehbaren Hintergründen des Westens verschwunden sein, die, wenn überhaupt irgendjemandem, dann nur den Indianern gehörten.

Selbst wenn man ihm goldene Brücken gebaut hätte, wäre Walther Corssen nicht versucht gewesen, in Grande Chute zu bleiben – und damit sein Schicksal zum zweiten Mal mit der ungewissen Zukunft einer akadischen Siedlung zu verquicken. Gewiss, seinem Sohn William hatte er das so eindeutig noch nicht klargemacht, vielleicht hatte er es noch nicht einmal sich selbst mit letzter Folgerichtigkeit vor Augen geführt. Nach wenigen Tagen in Grande Chute aber wusste er: Mit leichtem Gepäck will ich fortan reisen. Ich will nicht wieder das Herz an eine neue Heimstatt hängen. Ich will die Früchte dieses Erdteils pflücken, wo immer sie sich bieten, auch wo ich vorher nicht gepflügt und gepflanzt habe. Unterwegs sein – so soll meine Heimat heißen, und Beute machen will ich, wo immer sie sich anbietet.

Er hätte es nicht aussprechen können, aber es blieb wahr: Mit der geliebten Frau war ihm die alte Heimat – und der Versuch, eine neue zu gewinnen – ins Grab gesunken. Jetzt erst war er ein Mensch des neuen Erdteils, war er zum Amerikaner geworden.

Zwei unerwartete, von außen in seine Kreise stoßende Ereignisse trugen dazu bei, ihm Grande Chute lediglich als den ersten Rastort zu weisen auf einem Weg, dessen Ende noch völlig im Dunkel lag.

Eines Abends, Mitte August, saßen die Geschwister Leblois mit ihren Gästen vor der Hütte, um nach der Hitze des Tages die Kühle zu genießen. Die beiden Corssens arbeiteten mit auf dem kleinen Bauernhof, auch um sich den Proviant zu verdienen, den sie für die Weiterreise brauchten. So entsprach es der Sitte in diesen bäuerlichen Bereichen, in denen Bargeld nur eine geringe Rolle, geleistete Arbeit eine umso wichtigere spielte.

Die vier waren miteinander vertraut geworden. Man hatte aneinander nichts Falsches entdeckt. Es schien sogar, als räumten die Geschwister, denen die Eltern allzu früh gestorben waren, dem erfahrenen, besonnenen Mann, der ihnen ins Haus gefallen war, eine Art Vaterstelle ein – gerade weil er nichts dergleichen beanspruchte, seine beiden Gastgeber durchaus für voll und gleichrangig nahm und seinen Rat nur anbot, wenn er darum gefragt wurde.

Auch wenn die vier Menschen unter dem weit ausladenden Hüttendach nur von alltäglichen Dingen sprachen, so nahmen sie doch den schönen Glanz des Augustabends weit geöffnet in sich auf. Aus der Ferne drang als dunkle Grundmelodie und sehr verhalten der Gesang der Wasserfälle herüber. Wie das unablässige Summen der tief gestimmten Saiten eines Kontrabasses schwebte der Ton in der milden, von Düften beladenen Luft. Nach dem Harz der Fichten roch es hier, nach den Kräutern, Gräsern und Blumen auf der schon halb abgeweideten Wiese und nach den frischen Wassern des Stroms, die zwei Steinwürfe weit unterhalb der Hütte vorbeiflossen. Sie strudelten noch immer unruhig dahin, hier und da mit schaumigem Silber gesprenkelt, vom Sturz über die hohe Felsenstufe erregt. Und es roch auch nach brennendem, frischem Holz. Am Flussufer, etwas abseits, stand das Räucherhaus des Dorfes. Am vergangenen Nachmittag hatten zwei Familien einen großen Fang von Lachsen und Forellen zum Räuchern eingehängt und im Räucherofen das Feuer aus feuchtem Eichenholz in Gang gebracht, das den Fischen, wenn sie richtig eingesalzen sind, so herzhaften Geschmack verleiht und sie den ganzen Winter über genießbar macht. Der aus dem Schornstein dringende weißliche Rauch – bei unbewegter Luft steigt er hoch auf und bleibt erstaunlich lange als blasses Wölkchen sichtbar –, war es gewesen, der vierzehn Tage zuvor die beiden Corssens hatte hoffen lassen, das erste vorläufige Ziel ihrer gehetzten Reise im Kanu könne erreicht sein.

Während ihrer dahinplätschernden Unterhaltung schauten sie, als gäbe es keine andere Wahl, auf die rastlos wallende Fläche des großen Stroms hinunter. Die nie sich erschöpfende, in ihren Mustern und Formen sich nie wiederholende Bewegung der wandernden Wasser zog die Blicke an wie ein starker Magnet, ein Gleichnis des Stroms, in den alles menschliche Dasein verwoben ist.

Jenseits der schwarz-grünlich-gläsernen Flut lag die breite Bordüre des Waldes, flossen die Wipfel der abertausend Fichten wie zu üppigem Samt zusammen, viel schwärzlicher noch und schattendichter als die Wasser des Stroms. Über allem wölbte sich ein welthoher Himmel, der von der sachte verglimmenden Nachglut der schon versunkenen Sonne bis hoch in den Zenit rotgolden erhellt war. Bald würde er zu sanfteren Farben erblassen. Denn von Osten her hob sich schon – in veilchenfarbenen Tönen und dann zu immer tieferem Blau verschwebend – langsam das vollkommene Rund der Nacht und sog die letzten Lichter des Tages unmerklich sachte, doch unwiderstehlich in sich auf. Die erste Hälfte der Nacht würde mondlos sein. Schon ließen sich Sterne ahnen, zarteste Silberstäubchen. Ein warmer Spätsommertag war vergangen, eine kühle Spätsommernacht kündigte sich an mit ihrer makellosen, ihrer prachtvoll durchfunkelten Stille, mit unendlicher Ruhe über Strom, Wäldern und über nie verletzter Wildnis.

Martine Leblois saß ganz am Ende der Bank neben ihrem Bruder Justin und so weit entfernt wie nur möglich von dem gleichaltrigen William. Der junge Bursche, der sie beim Beerensammeln vor zwei Wochen im Wald überrascht hatte, versetzte sie in eine sonderbare und beunruhigende Spannung, wenn sie nicht vermeiden konnte, mit ihm allein zu sein. Er verführte sie aber trotzdem, das Alleinsein mit ihm zu suchen. In einer Pause des Gesprächs, das bis dahin fast ausschließlich von Justin und dem alten Corssen bestritten worden war, ergriff Martine das Wort:

»Ihr redet so, als sei es schon fest abgesprochen, dass Justin sich anschließt, wenn ihr euch demnächst wieder auf den Weg macht, weiter den St. John aufwärts, um Montréal zu erreichen und schließlich das Pays d'en haut*. Und was wird dann aus mir?«

Walther Corssen und Justin schwiegen. Es war zu spüren, dass sie diese Frage offenbar noch nicht genügend bedacht hatten. Vom anderen Ende der Bank her ließ William sich hören. Er hatte sich bis dahin an der Unterhaltung kaum beteiligt:

»Ja, das frage ich mich schon eine ganze Weile. Martine kann hier doch nicht allein bleiben, falls Justin mit uns reisen sollte. Ohne Hilfe kann sie den Hof unmöglich allein bewirtschaften. Wir müssen natürlich bei all unseren Plänen auch an sie denken.«

Justin fühlte sich betroffen. Aber er hatte sich gefasst und erwiderte unwillig, beinahe barsch: »Ich habe ihr schon hundertmal gesagt, dass ich hier nicht auf die Dauer bleiben will. Nun bietet sich mir endlich die Gelegenheit, auf die ich gewartet habe: Ich kann Grande Chute verlassen. Unsere Nachbarn, die Marsaults, würden unseren Hof gern mit dem ihren zusammenlegen. Sie mögen dich, Martine, das weißt du. Und Jean Marsault ist der einzige Sohn. Wie oft haben er und seine Eltern nicht schon angedeutet, dass sie sich glücklich schätzen würden, wenn du …«

Er kam nicht weiter. Martine fuhr ihm dazwischen: »Hör auf, Justin! Du weißt, und wenn du es nicht wissen willst, dann sage ich es jetzt noch einmal vor Zeugen, dass ich darüber nicht mit mir reden lasse. Jean Marsault ist ein braver junger Mann und seine Eltern sind brave Leute, ganz gewiss. Ich habe auch gar nichts gegen sie. Aber da einheiraten – nein, keine zehn Pferde kriegen mich so weit!«

Walther Corssen hörte mit Schrecken, wie da ein Streit aufflammte, der wohl schon lange unter der Decke schwelte. Und der junge Corssen am Ende der Bank saß wie versteinert. Ihm war, als hätte sich ihm eine eiserne Klammer um den Hals gelegt: Oh, Martine, man kann dich doch nicht zwingen …

Doch, man kann! Justin fühlte sich auf seine Weise ebenso in die Enge getrieben, wie Martine sich auf die ihre. Auch an Justin zerrten die Wünsche in diese, die Verpflichtungen jedoch in jene Richtung. Kaum verhohlene Wut, sogar Bosheit schwang in den Worten, mit denen er nach nur kurzem Zögern antwortete:

»Zehn Pferde vielleicht nicht, Martine. Aber dir ist ja wohl klar, dass ich dein Vormund und an Vaters Stelle getreten bin. Niemand im Dorf, weder der Bürgermeister noch sonst wer – ich habe auch schon mit Tronçon gesprochen –, wird etwas einzuwenden haben, wenn ich sage: Du heiratest Jean Marsault. Und das erst recht, wenn ich weiter sage, dass ich nicht in Grande Chute bleiben will.«

Martine war ein kluges Mädchen. Sie hatte sich plötzlich in der Gewalt. Sie erwiderte leise, scheinbar gleichmütig: »Du willst fort, Justin, und ich muss heiraten. Das ist ganz einfach, nicht wahr? Nun ja, vielleicht gibt es keine andere Wahl.«

Walther Corssen spürte, dass sein Sohn William nebenan auf der Bank vor Erregung bebte. Vorsichtig wollte er seine Hand auf die des Jungen legen. Es empfahl sich nicht, in den Streit der Geschwister einzugreifen. Doch William schien die leichte Berührung, mit welcher der Vater ihn zu beruhigen trachtete, eher wie den Stich einer Tarantel zu empfinden. Er riss seine Hand an sich und sprang auf: »Keine andere Wahl? Das ist ja Unsinn! Warum keine andere Wahl? Wenn Justin mit uns mitkommt, warum soll dann nicht auch Martine mitkommen können, das möchte ich wissen!«

Justin fühlte sich wie vor den Kopf geschlagen. Er hatte den um Jahre jüngeren William noch als ein halbes Kind genommen. Das schien plötzlich nicht mehr zu stimmen. Der Eigenwille, die zornige Kraft, die von dem jungen Corssen ausging und aus seinen Worten klang, waren ganz unverkennbar. Justin würde mit William rechnen müssen, wenn er sich den Corssens anschloss. Martine schien recht zu haben, wenn sie bezweifelte, dass die Dinge »einfach« lägen. Er suchte nach einer Antwort.

Auch Walther Corssen war von Williams Reaktion überrascht worden. Sein Ausbruch bestürzte ihn. William war doch noch zu jung, als dass er …

Die Nacht hatte in aller Stille ihre Herrschaft angetreten. Das war so langsam vor sich gegangen, dass die Augen sich mühelos hatten anpassen können. Auch in dem zarten Sternenlicht, das nun die Stunde regierte, ließ sich weit sehen.

Bevor noch den beiden anderen Männern eine Antwort auf Williams auftrumpfende Rede einfiel, wurde die Aufmerksamkeit der vier abgelenkt. Martine hatte den Kopf erhoben. Halblaut sagte sie: »Es kommt jemand den Pfad herauf.«

Der Pfad, das war der dicht über dem Flussufer verlaufende Fußweg, an dem in weiterem oder näherem Abstand alle Gehöfte der Siedlung Grande Chute aufgereiht lagen. Es ging sich besser auf ihm als auf der oberhalb der Höfe verlaufenden und manche Umwege machenden Karrenstraße.

Ja, es kam jemand vom Fluss herauf. Der sich ruhig nähernde Schatten war immer deutlicher zu erkennen. Justin erhob sich und ging dem späten Besucher einige Schritte entgegen. Er war hier der Hausherr. William hatte plötzlich an Bedeutung verloren.

Der näher Kommende rief verhalten durchs Dunkel: »Ich bin es, ein guter Freund, Pancrace Matthieu. Wollte sehen, ob ich noch einen wach finde bei euch.«

»Komm nur, Pancrace, du bist willkommen. Wir sitzen alle noch vor dem Haus. Für dich ist auch Platz.«

Der Besucher war von gedrungener Gestalt, war eher zu klein als zu groß geraten. Aber seine Schultern wuchteten gewaltig aus, und auch im unsicheren Licht der Nacht schien unverkennbar, dass dieser Pancrace Matthieu über Kräfte verfügte wie ein Stier. Die Corssens hatten ihn in den vergangenen zwei Wochen schon kennengelernt. Matthieu hatte sich früh mit Walther Corssen bekannt gemacht und ihn über den großen St. John River befragt, den die Corssens von der fernen Küste der Bay von Fundy aufwärts im Kanu bezwungen hatten. Sehr bald hatte er begonnen, mit Corssen Erfahrungen und Erlebnisse beim Fang von Pelztieren und beim Pelzhandel auszutauschen. Er hatte sich erstaunt gezeigt, dass in Neuschottland überhaupt noch Pelztierfang mit einiger Aussicht auf Erfolg und Gewinn betrieben werden konnte. Anfangs wollte er es nicht recht glauben, hatte dann aber doch den sehr genauen Angaben Walther Corssens Vertrauen geschenkt.

Matthieu gehörte nur ganz am Rande zu den Leuten von Grande Chute, obwohl er mit ihnen aus Neuschottland vertrieben worden war. 1755 hatten die Engländer die Französisch sprechenden und meist auch französisch denkenden Akadier, soweit sie ihrer habhaft werden konnten, von ihren Farmen gerissen, auf Schiffe gepackt wie eine Herde Vieh und bis in den Golf von Mexiko hinunter verfrachtet. Nur wenigen dieser Unglückseligen war es damals gelungen, sich der brutalen Enteignung und Zerstreuung in alle Winde zu entziehen. So den Leuten von La Have an der Atlantikküste von Nova Scotia, bei denen die Corssens eine neue Heimat gefunden hatten. Sie waren durch Walther Corssen früh gewarnt worden, waren heimlich mit Sack und Pack geflohen und hatten sich im unerforschten Inneren weiter im Süden der gewaltigen neuschottischen Halbinsel, am Kagetoksa-See, in der Verschwiegenheit der Wälder eine neue Siedlung geschaffen. Nach der Niederlage Frankreichs im Siebenjährigen Krieg und nach dem Sieg der Engländer, der diesen die Oberherrschaft im ganzen Osten und Nordosten Nordamerikas sicherte, hatten die Leute von Kagetoksa geglaubt, das Geheimnis ihres Wohnorts preisgeben zu müssen. Doch war ihnen keine Milde gewährt worden. Abermals wurden sie entwurzelt und an die Südwestküste der Halbinsel Nova Scotia verpflanzt, ob sie wollten oder nicht – und sie wollten nicht. Dort waren so gefährliche und eigenwillige Leute nach Meinung der Engländer besser unter Kontrolle zu halten.

Die Akadier, die schließlich in Grande Chute einen neuen Standort und Schutz vor ihren Verfolgern gefunden hatten, stammten, anders als die Leute von Kagetoksa, nicht alle aus dem gleichen akadischen Dorf. Man hatte die Menschen im oberen Annapolis-Tal zusammengetrieben, wie es gerade kam, und an der Westküste des Minas-Beckens auf Transportschiffe verteilt, ohne Rücksicht darauf zu nehmen, dass viele Familien dabei auseinandergerissen wurden. Auf dem Schiff aber, auf dem auch Pancrace Matthieu – ein Einzelgänger, mitgefangen, mitgehangen – einem unbekannten Ziel überantwortet werden sollte, hatte es eine Rebellion gegeben. Der englische Kapitän, Offiziere und Mannschaft hatten sich allzu sicher gefühlt und geglaubt, dass »dies französische Bauernpack« nicht fähig sei, den Seeleuten Seiner Majestät Widerstand entgegenzusetzen. Aber unter dem »Bauernpack« gab es Männer wie Pancrace Matthieu, die mit allen Schlichen und Pfiffen zwar nicht der hohen See, aber der ebenso gefährlichen und noch viel unzuverlässigeren Wildnis vertraut waren. Die Mutigsten unter den Zwangsverschifften taten sich heimlich zusammen und fielen, als der Segler schon den offenen Atlantik gewonnen hatte, urplötzlich über die Mannschaft her. Sie nahmen den Kapitän und einige Maate* und Matrosen als Geiseln in ihr stinkiges Zwischendeck, in das die meisten von ihnen gepfercht waren, und zwangen die übrigen Offiziere, auf Gegenkurs zu wenden und zur Bay von Fundy, aus der man erst zwei Tage zuvor herausgesegelt war, zurückzukehren. In der Nähe der Mündung des St. John ließen sich die Akadier an Land setzen. Sie hatten es sorgsam vermieden, ihren Geiseln ein ernsthaftes Leid anzutun, und der Kapitän war froh, die gefährlichen Passagiere loszuwerden. Er war ohnedies dem Befehl, so harmlose Menschen abzutransportieren wie Vieh, nur mit geheimem Widerwillen gefolgt. Mehr als einem englischen Kapitän erging es ähnlich.

Die Flüchtigen zogen dann in mühseliger Reise, aber doch mit unwahrscheinlichem Glück den St.-John-Strom aufwärts, nachdem sie ihre geringe Habe auf schnell zusammengeschlagenen Flößen und in einigen groben Booten verstaut hatten. So drangen sie immer tiefer ins Innere des Landes vor, bis ihnen schließlich fern der Küste, an der englische Kontrolle und Gewalt herrschten, die großen Wasserfälle, über die der Strom sich ihnen donnernd entgegenstürzte, Halt geboten.

Pancrace Matthieu war einer der Anführer des Aufstands auf dem Schiff wie auch des Zuges ins Landesinnere gewesen, Albin Tronçon ein anderer. Tronçon, von Herkunft Bauer, war zum Bürgermeister gewählt worden, hatte Fäden nach Trois Pistoles und Québec zu knüpfen gewusst und schließlich die lang gestreckte Siedlung am Fluss auf bescheidene Weise zum Blühen gebracht.

Pancrace Matthieu aber war kein Bauer. Er stammte von normannischen Fischern und Seeleuten ab. Unruhe saß ihm im Blut. Es hielt ihn nicht in Grande Chute. Die unsägliche tägliche Mühe um Acker und Brot war nicht nach seinem Geschmack. Als Bürgermeister Albin Tronçon und die drei Männer des Dorfrats nach dem ersten schweren Jahr beschlossen, Boten auszusenden, um die Hauptstadt von Neufrankreich, Québec, zu erreichen, hatte der bärenstarke und furchtlose Pancrace Matthieu sich sofort angeboten, die kleine Gruppe von Männern zu begleiten. Er war sogar unter allgemeiner Zustimmung zum Anführer gewählt worden. Man brauchte, fast dringender noch als das tägliche Brot, eiserne Nägel, auch waren ein paar Äxte gesprungen, und ein halbes Dutzend sorgfältig geschränkter Zweimannsägen würde wahre Wunder verrichten in der werdenden Siedlung. Deshalb wurden damals die ersten zaghaften Fühler nach draußen ausgestreckt.

Mit Umsicht, List und Mut hatte Pancrace Matthieu seine vier Leute auch wirklich nach Québec-Stadt gebracht. Aber dann, als nach seinen Anweisungen alles Notwendige eilig und unauffällig beschafft war, als man so nebenbei erfahren hatte, was inzwischen an Unerfreulichem in der großen Welt geschehen war, überraschte er seine Gefährten aus Grande

Chute mit der Ankündigung, dass sie den Rückweg in die ferne Verborgenheit am mittleren St. John auch wohl ohne ihn finden würden. Er wünsche ihnen und der ganzen Siedlung alles Gute, er selbst aber ziehe es vor, ein anderes Glück als das des Pflügens und Ackerns, Säens und Erntens zu suchen. Unermesslich dehnten sich kaum erforschte Gefilde weiter und weiter nach Westen – und er, Pancrace, wolle erkunden, was es mit ihnen auf sich habe. Außerdem solle dort nicht schlecht zu verdienen sein.

Die guten Leute von Grande Chute, die froh waren, zunächst wieder einmal Boden unter den Füßen gefunden zu haben, nahmen die Nachricht, dass Pancrace sich davongemacht hatte, halb mit Entrüstung, halb mit Erheiterung auf. So ist es eben: Es gibt Leute, denen juckt ewig das Fell. Sie haben kein Sitzfleisch und bringen es nie zu etwas. Pancrace Matthieu war nach einiger Zeit so gut wie vergessen. Die Leute hatten in der Tat drängendere Sorgen. Zudem brauchte man gerade Akadiern – und das waren die Leute von Grande Chute aus vollem Herzen! – nicht zu sagen, dass man in einem neuen, jungen, freien Land lebte, in dem jeder tun und lassen mochte, was er wollte, solange er keinen anderen damit belästigte.

Als aber der Siebenjährige Krieg zwischen England und Frankreich 1763 zu Ende gegangen und das weite Tal des unteren St. Lorenz, das bis dahin großartig offiziell Neufrankreich, weniger großartig Kanada geheißen hatte, endgültig unter englische Herrschaft geraten war und der ganze Osten Nordamerikas von der Hudson Bay bis hinunter zum Mexikanischen Golf vom englischen Union Jack überflattert wurde, war der breitschultrige Pancrace wie aus dem Nichts wieder aufgetaucht. Noch selbstbewusster und selbstsicherer, als er je gewesen war, aber zugleich auch wortkarger, ja finsterer war er zu Beginn des Winters 1763/64 nach Grande Chute zurückgekehrt. Er hatte sich schnell Respekt erworben, als bald herumgeflüstert wurde, dass er zwei schwere Gürtel voll mit Goldstücken um die Hüften getragen habe, als er den St. John abwärts gepaddelt kam.

Bargeld war knapp in Grande Chute, und Leute, die in bar bezahlten, wurden mit aufrichtigem Respekt behandelt. Im Übrigen hatte Pancrace einen jungen, leicht angetrunkenen Fant*, der sich erdreistet hatte, Pancrace wegen seiner langen Abwesenheit zu hänseln, ohne ein weiteres Wort beim Kragen und Hosenboden gepackt, den Strampelnden hoch über sich gehoben und vor der Tür des Wirtshauses von Grande Chute in eine hohe Schneewehe geworfen. Als der Frechling prustend und strampelnd und halb erstickt aus dem Schnee wieder zum Vorschein kam, hatte ihm Pancrace Matthieu empfohlen, ihm nicht noch einmal in die Quere zu kommen, sofern er Wert auf seine heilen Knochen lege. Mit Pancrace war schlecht Kirschen essen, ohne Zweifel. Der eher kleinwüchsige Mann besaß unheimliche Kräfte, besonders in den Armen, den Schultern und im Nacken.

»Das kommt vom vielen Paddeln im Kanu«, meinte Albin Tronçon – und meistens stimmte, was der Bürgermeister sagte.

Auf Pancrace Matthieu hatte es von Anfang an besonderen Eindruck gemacht, dass dieser Fremdling, der akadisches Französisch sprach wie ein Akadier, aber doch nicht beanspruchte, ein richtiger Akadier zu sein, offenbar ganz auf eigene Faust den St. John aufwärts gefahren war, mehr noch, dass er aus dem entlegenen Inneren Akadiens – Neuschottlands – und dann über die offene See, die Fundy Bay, an die Küste des Festlands gelangt war, um sich der polizeilichen Neugier der verfluchten Engländer zu entziehen. Pancrace hatte daher schon einige Male die Gesellschaft des ernsten und nicht sehr redelustigen Walther Corssen gesucht und dabei festgestellt, dass dieser frankokanadisch eingefärbte deutsche Untertan des Kurfürsten von Hannover, alias Königs von

England, sehr viel vom Pelztierfang, viel auch vom Handel und einiges davon verstand, wie ein Rindenkanu zu bauen und zu regieren wäre. Offenbar war er ein äußerst gelehriger Schüler der Indianer gewesen.

Dieser Pancrace Matthieu also war es, der an jenem späten Abend im August dem bescheidenen Haus der Geschwister Leblois und ihren Gästen einen unerwarteten Besuch abstattete.

Martine hatte sich erhoben und war ins Haus gegangen. Nach kurzer Zeit erschien sie wieder und setzte vor dem Ankömmling einen Topf mit Milch ins Gras und reichte ihm ein Stück kräftig duftendes Gerstenbrot. Der Gastlichkeit war damit Genüge getan.

Nicht ganz! Walther Corssens Herz hatte ein wenig schneller geschlagen, als der Besucher seinen Namen nannte. Er wusste, dass er es war, dem der Besuch galt. Er schloss sich Martine an: »Wie wär's, Pancrace, wenn ich dir einen Schuss Rum zu deiner Milch holte? Ich tränke auch noch ganz gern einen Schluck – und vielleicht macht auch Justin mit.«

William dachte: Mich nennt er nicht. Ich bin ihm noch zu jung für Rum, verdammt! Doch hielt er seine Zunge im Zaum.

»Milch ist gut, Walther, Rum ist besser. Beides zusammen am besten.«

Walther wusste genau, wo in seinem Gepäck die Flasche versteckt war, er fand sie auch im Dunkeln. Er bückte sich und goss Rum in den Topf mit Milch, bis der fast überlief.

»Genug, genug!«, rief Pancrace. »Man kann ja auch nachgießen!«

»Sicherlich, Pancrace! Deine Gesundheit!«

Walther setzte die Flasche an, nahm einen kräftigen Schluck und reichte sie Justin. Der tat es dem Älteren nicht nach, sondern kostete nur eben, gab aber dann, als müsste es so sein, die Flasche an William weiter. Der Vater widersprach nicht. Der Junge ließ sich nicht lumpen. Er hob die Flasche und genehmigte sich einen gewaltigen Zug. Das nahm ein schlechtes Ende. Der starke Trank brannte wie Feuer in der ungeübten Kehle. William musste husten, husten, ganz erbärmlich. Die anderen lachten, während ihm die Tränen in die Augen traten. Der Vater meinte gutmütig: »Aller Anfang ist schwer, mein Junge. Aber du wirst es schon lernen. Wir haben's ja auch gelernt. Rum ist in Wahrheit eine gute Sache!«

»Eine sehr gute Sache sogar!«, fiel der späte Besucher ein, der seinen Topf auf einen Zug geleert hatte und nun zu unvermischtem Rum überging. »Die Indianer wissen den Rum ebenfalls zu schätzen, und das umso mehr, je reichlicher sie ihm zusprechen. Zwei Biberpelze für einen Becher Rum. Das hab ich mehr als einmal eingetauscht. Man muss nur weit genug nach Westen reisen. Ihr wollt auch in den Westen, hat mir Justin neulich erzählt. Stimmt das, Walther Corssen, oder ist das nur so ein Gerede?«

Das war mit ruhiger Stimme vorgebracht worden, so wie man des Abends unter guten Bekannten eine nicht sehr belangvolle Frage stellt.

Kühl nun, beinahe kalt, wehte ein Luftzug vom Fluss her. Alle schwiegen und warteten auf seine Antwort. Der Tag war vergangen, ganz und gar. Die Nacht hatte sich durchgesetzt, hatte ihren uralt herrlich funkelnden Schmuck auf schwarzblau samtenen Kissen ausgelegt. Kein Laut war vernehmbar, nur manchmal ein Seufzen im Laub der Gebüsche am Giebelende des Hauses.

Walther Corssen hatte diese Frage erhofft – und gefürchtet. Hier war ein Mann von etwa gleichem Kaliber wie er selbst: vertraut mit der Wildnis, vernarrt in die aberhundert wilden und gefährlichen Chancen dieser unerschlossenen Erde, abhold der sesshaften Sicherheit, jederzeit willens, die Zelte abzubrechen und ins Ungewisse vorzustoßen. Und war all dies nicht auch das, was Walther Corssen sich im Geheimen ersehnte? War es nicht das Abenteuer, dem auch er sich an den Hals werfen wollte, nachdem ihm alle Versuche, in dieser Erde Wurzeln zu schlagen, nicht nur misslungen waren, sondern ihn das Teuerste gekostet hatten, was er besessen hatte und je besitzen würde?

Sicherlich, so war es! Bis hierher nach Grande Chute aber war er geworfen, getrieben worden, weil ihm keine andere Wahl blieb. Aber als er den nächtliche Besucher aus dem Dunkel seinen Namen hatte rufen hören, war ihm – so plötzlich wie der Blitz eine nächtliche Landschaft erhellt – klar geworden, dass der Augenblick gekommen war, sich zu entscheiden: für die große, wegelose Leere, in die hinein die Straßen erst zu finden waren, nasse Straßen über Ströme, Flüsse, schweigend große Seen. Für das Schweifen ins Uferlose. Und für das Beutemachen, ohne vorher gesät oder gepflanzt zu haben.

Dieser Pancrace Matthieu – Walther spürte wohl, dass das Schicksal ihm diesen Mann mit dem großen, runden Schädel über dem Stiernacken, mit den listigen blassblauen Augen und den keineswegs plumpen, vielmehr erstaunlich schmalen und wendigen Hüften, zugeführt hatte. So wie dieser Pancrace würde auch er früher oder später aussehen, wenn er sich erst einmal den unermesslichen Wäldern des Westens verschrieben hatte. Wollte er das?

Matthieu würde fragen, ob die Corssens sich mit ihm zusammentun wollten. Der Krieg war vorbei und die Macht der Franzosen gebrochen. Aber die Bevormundung durch die neuen Herren, die Engländer, würde über die wenigen Städte und Dörfer, die schmalen Siedelstreifen am St. Lorenz und einigen wenigen Nebenflüssen, wie dem Chaudière, dem Maurice oder dem Richelieu, ebenso wenig hinausreichen, wie die der Franzosen hinausgereicht hatte. Jenseits davon, im Westen, dehnten sich dunkel, nebelhaft, unabsehbar die Einöden, in denen nur die Gesetze und Ordnungen galten, die jeder sich selbst setzte, soweit sie ihm nicht ein anderer beschnitt.

Ein Indianer, der den tödlichen Pfeil von der Sehne schwirren ließ, ein Waldläufer, der sich in seinem Beutegebiet nicht stören lassen wollte, oder eine Bärenmutter, die ihre Jungen bedroht glaubte. Walther Corssen fürchtete sich im Geheimen, das Tau loszuwerfen, das sein Boot noch mit dem festen Land verband, und wusste doch schon, dass er es tun würde. Pancrace Matthieu würde ein erfahrener Bundesgenosse sein, stark, listig, kühn – aber auch verlässlich? Verlässlich sind nur der Acker und die Saat. Doch die wollte Walther Corssen nicht mehr. Das Unverlässliche erwartete ihn. Pancrace Matthieu also! Wo gibt es unter Menschen schon Verlässliches? Seine geliebte Frau, die einzig Verlässliche, war ihm genommen worden. Also gut! Endlich durchbrach er das lange Schweigen, das die fünf Leute vor der dunklen Blockhütte über dem St. John so lange gebannt hatte:

»Justin hat dir nichts Falsches erzählt, Pancrace. Wir haben nicht die Absicht, uns lange hier aufzuhalten. Wir wollten Montréal erreichen, uns den Winter über dort umhören. Wenn dann das Eis im kommenden Frühjahr bricht, will ich – so ist es meine Absicht – mit meinem Sohn weiter nach Westen fahren, was auch immer uns dort erwartet. Es käme nur darauf an, einigermaßen brauchbare und kundige Gefährten zu finden, mit denen man sich zusammentun kann.«

Matthieus Stimme klang angeregt und eifrig:
»Ja, ja, so ist es! Man braucht Gefährten in dem Pays d'en haut, dem ›Land weit dahinten‹. Aber vorerst und überhaupt braucht man noch etwas anderes, wenn man dahinten Geld machen will. Geld nämlich, ziemlich viel Geld, um über den Anfang hinwegzukommen. Und man muss auch wissen, dass das alles zum Teufel gehen kann. Es ist schon mehr als ein Kanu gekentert auf dem Nipissing-See oder im Nord-Kanal vor der Insel Manitoulin. Und es ist besser, keine Wetten darauf abzuschließen, ob man von Michilimackinac oder gar

vom Oberen See her wiederkommt oder nicht. Aber wenn man wiederkommt, bei allen Heiligen, dann hat es sich gelohnt! Das kann ich dir versichern! Aber, wie gesagt, man muss erst eine ganze Menge Wasser, Geld nämlich, in die Pumpe hineinschütten, damit man pumpen kann. Aber dann lässt sich das Zehnfache oder Hundertfache herausholen.«

Corssen stellte mit gleichmütiger Stimme fest: »Von nichts, Pancrace, von nichts kommt nichts. Das versteht sich. Ich bin nicht mehr von heut und gestern. Ich werde so viel Geld haben, wie jeweils erforderlich ist, vorausgesetzt, dass der Partner zu ebensolcher Leistung fähig ist.«

Matthieu rief vergnügt: »Vorzüglich! Damit wären wir ja auf dem richtigen Weg. Doch zwei Männer allein reichen nicht für ein Kanu den Ottawa aufwärts, und dann den Mattawa und weiter. Ein Kanu, beladen mit Tauschwaren, sodass nur eine Handbreit Freibord* bleibt, das erfordert mindestens drei, besser vier oder fünf Ruderer. Und sie müssen tüchtige und geschickte Burschen sein und zäh, und sie dürfen sich nicht vor jeder Stromschnelle in die Hosen machen. Leicht zu finden sind solche Burschen nicht. Ich wüsste wohl ein paar in Montréal, aber ich weiß nicht, ob sie überhaupt aus dem Westen zurückkommen werden, um den Winter in Montréal zu verbringen, das heißt: ihren Verdienst durch die Gurgel zu jagen und was sonst noch dazu gehört. Man weiß ja nicht, wie es unter den Engländern gehen wird. Die französischen Pelzhändler und ihre Finanziere – viele werden koppheister* gegangen sein. Und die Engländer, niemals faul in solchen Sachen, die werden sich mit Vergnügen in die von den Franzosen gemachten Betten legen, also den Pelzhandel unter ihre Fuchtel nehmen. Aber noch wissen die Franzosen besser Bescheid. Der Engländer versteht nichts von Kanus und Stromschnellen und erst recht nichts von Indianern. Die Franzosen, das heißt die Kanadier und Akadier, haben bisher nicht allzu viel von ihrer Arbeit und Mühe im Westen gehabt.

Sie brauchten amtliche Lizenzen, um mit den Pelzen zu handeln, die sie aus dem Westen herangebracht hatten, und sie mussten sie zu Preisen verkaufen, die den Herren Beamten angemessen erschienen. Das aber bedeutete nichts anderes, als dass die Barone und Grafen aus Paris, alle diese bevorrechtigten Seigneurs und allen voran der Herr Gouverneur, eifrig absahnten, während für uns, die wir unsere Haut und unsere Knochen im Westen zu Markte getragen haben, nur der Magerquark übrig blieb. Aber jetzt hat der verlorene Krieg diese ganze Pariser Adelsbande aus dem Land gekehrt! Jetzt sollte die Zeit für unsereinen gekommen sein, der sich auskennt im ›Land da hinten‹ und deshalb die besten Chancen hat, den Engländern zuvorzukommen.«

Das war eine lange Rede. Aber weder den Corssens noch den Leblois war sie zu lang gewesen. Was öffneten sich da für Ausblicke!

»Du kennst dich also aus mit dem Pays d'en haut, Pancrace? Traust dir zu, damit fertig zu werden?«

»Und ob! Du bist nicht so begriffsstutzig, wie du dich anstellst, Walther! Du hast doch längst kapiert, weshalb ich in der Nacht zu euch gekommen bin – es braucht ja nicht jeder zu erfahren, dass wir miteinander reden. Wenn du ohne Umschweife hören willst, was ich dir vorschlage, gut, das kannst du haben. Ich schlage vor, dass wir unsere Lose in denselben Hut werfen und zusammen auf Handel ins Pays d'en haut ziehen. Pass auf, wenn wir den Hut wieder umstülpen, wird zehnmal mehr herausspringen, als wir hineingelegt haben. Ich mache dir das Angebot: Du trägst die Hälfte der Kosten und ich die andere. Ich kriege die Hälfte des Gewinns und du die andere. Sag zu, und wir können uns morgen auf den Weg machen. Der Winter wird auch in diesem Jahr nicht auf sich warten lassen.«

Walther Corssen hatte sich nicht umsonst vierzig Jahre lang durch ein borstiges Dasein geschlagen. Die Vorsicht war ihm längst, wenn nicht zum besseren, so doch zu einem sehr wesentlichen Teil der Tapferkeit geworden. Er zögerte mit der Antwort, und als er sich schließlich dazu herbeiließ, bewies sein bedächtiger Tonfall, dass er nicht beabsichtigte, dem forschen Drängen des Besuchers nachzugeben.

»Das kommt mir alles ein bisschen überraschend, Pancrace. Scheint mir auch nicht ganz zu Ende gedacht zu sein. Wir brauchen drei oder besser vier Ruderer, sagst du. Gut, mein Sohn William ist gewiss mit von der Partie. Wer aber ist dann der vierte? Und wie ist ihr Stand in der Besatzung? Sind sie auch Teilhaber oder sind sie nur Tagelöhner? Auch habe ich wohl begriffen, dass man dir als einem erfahrenen Coureur de bois nicht viel vormachen kann und dass du im Kanu schwerlich zu übertreffen bist. Wer aber bestätigt mir, dass du im Land da hinten, wie du es nennst, auch wirklich Bescheid weißt und die Wasserstraßen kennst, die zu den Indianern führen, mit denen man Handel treiben kann? Wenn wir stattdessen ausgeraubt und umgebracht werden, nutzt uns die schönste Partnerschaft nicht das Geringste.«

Ehe noch Matthieu etwas erwidern konnte, kam Justins klare Stimme aus dem Dunkel unter dem Hüttendach: »Als vierter Ruderer wäre ich gut zu gebrauchen. Aber Geld habe ich nicht. Ich wäre mit dem Lohn zufrieden, der auch anderen gezahlt wird.«

Auch William hätte gern etwas gesagt. Aber ihm fiel nichts ein, was der Rede wert gewesen wäre. Er war Vaters unmündiger Sohn und hatte zu schweigen. Er presste die Lippen aufeinander. Hätte er nicht an Martine denken müssen? Er wenigstens? Wer sonst dachte an sie? Ein Wirbel von Empfindungen überflutete Williams Herz, als sich die Stimme des Mädchens leise, doch unüberhörbar vernehmen ließ: »Und was wird dann aus mir? Soll ich hier allein zurückbleiben?«

Niemand schien eine Antwort zu wissen. Pancrace Matthieu mochte sie auch für überflüssig halten. Was ging ihn das

Mädchen an! Er hatte sich nur mit Walther Corssen auseinanderzusetzen. »Justin und William sind Ruderer«, entschied er. »Und wir beide sind die Partner, Walther. Einfache Sache!«

»So einfach eben nicht, Pancrace! Mein Sohn William hat ebenso viel Geld wie ich und müsste gleichfalls Partner werden. Mit dem Lohn als Ruderer braucht er nicht zufrieden zu sein. Die Partnerschaft müsste also gedrittelt werden, nicht gehälftet. Es sei denn, dass Justin doch noch etwas einschießt.«

Justins Stimme klang bedrückt: »Ich habe nichts einzuschießen. Unser Hof ist nicht zu verkaufen. Und obendrein muss er Martine verbleiben.«

Es musste nahe an Mitternacht sein. Der Große Wagen stand hoch im Himmel, wies mit seinen beiden hinteren Sternen wie seit ewigen Zeiten auf den bescheidenen Polarstern, das Nordende der Himmelsachse.

»Das passt mir aber gar nicht, Walther: zwei Partner auf eurer Seite und nur einer auf meiner. Ihr bringt das Kanu ein und das Geld, meinetwegen zwei zu eins. Aber ich bringe außer Geld das Wichtigste ein, die Kenntnis nämlich, wie ›da hinten oben‹ überhaupt an Pelze heranzukommen ist. Ohne solche Kenntnis ist gar nichts zu machen.«

»Stimmt!«, erwiderte Walther ungerührt. »Aber wir haben den ganzen Winter Zeit, uns in Montréal Leute zu suchen, mit denen wir uns zusammentun könnten. Wir sind nicht zu dir gekommen, Pancrace, mit einem Angebot von Partnerschaft, sondern du zu uns.«

»*Sacré nom de diable,* Walther!« Geduld war offenbar nicht Matthieus starke Seite. »Willst du nun, oder willst du nicht? Es soll ja nicht geheiratet werden! Aber weil wir eigentlich dasselbe vorhaben und uns der Zufall zusammenführt, sollten wir uns zu unserem Vorteil verbünden. Aber das geht natürlich nur fünfzig zu fünfzig!«

»Fluchen kann ich auch, Pancrace. Nutzt meistens nicht

viel. Lass mich einen anderen Vorschlag machen, der vielleicht deinen Beifall findet. Justin als Tagelöhner unter uns? Das passt nun wieder mir nicht. Also leihst du ihm das Geld, mit dem er in die Partnerschaft eintritt. Er muss es dir verzinsen, natürlich, und zwar kräftig. Aber am Schluss, wenn alles gut geht und abgerechnet wird, im Winter 1766/67 oder ein Jahr später, 1768, wird Justin doch besser wegkommen, als wenn er nur auf Lohn gesetzt wäre. Dann sind wir vier Parteien. Und wir teilen nicht zwei zu zwei, sondern wir sechsteln den Betrag und teilen zwei zu zwei zu eins zu eins. Die Jungen sollen sehen, dass wir ihnen etwas zutrauen. Aber sie müssen sich erst hochdienen.«

Lang dehnte sich die Stille nach Walthers Vorschlag. Es war der letzte. Kein weiterer käme hinterher. Das wussten alle. Keiner war ganz glücklich damit. Aber in allen bohrte der Wunsch: Fort von hier! Weiter! Auf ins Pays d'en haut, ins Land jenseits der Seen und Wälder! Das war es, worauf es im Grunde allein ankam. Und das gab den Ausschlag.

Pancrace Matthieu erhob sich. Er streckte Walther die Hand entgegen. Es war im Sternenlicht deutlich zu erkennen. Auch die anderen hatten sich erhoben. Pancrace rief, unbekümmert laut:

»In Ordnung also! Was reden wir noch lange! Ab heute sind wir Partner. Im Namen Gottes auf Gedeih, wenn's gut geht! Im Namen Gottes auf Verderb, wenn's schiefgeht. Zwei zu zwei zu eins zu eins! Und Justin wird mein Schuldner für seine Einlage. Abgemacht!«

Walther ergriff die dargebotene Hand und schüttelte sie kräftig: »Im Namen Gottes! Abgemacht, Pancrace!«

Und auch die Jungen kamen an die Reihe: »Im Namen Gottes! Abgemacht!«

Für ein paar Augenblicke lang schien allen die Nacht ein wenig heller geworden zu sein.

Für Martine war sie dunkler geworden. Sie hatte sich nicht

mit den anderen erhoben. Am Ende der Bank war sie sitzen geblieben, im Schatten des Hausdachs nur ein dunkler Fleck. Die vier Männer ließen noch einmal die Flasche kreisen. Der Vertrag musste begossen werden. Auch William brachte den Schluck zustande, ohne husten zu müssen. Er war sehr stolz.

Am kommenden Morgen schon sollte gepackt, sollten die Bündel zum Boot oberhalb der Wasserfälle geschleppt werden. Vielleicht schaffte man es sogar, noch am Nachmittag abzulegen und einige Meilen den St. John aufwärts zwischen das Kanu und Grande Chute zu bringen. Wenn es zu vermeiden war, sollte niemand erfahren, in welcher Richtung die vier Grande Chute verlassen hatten.

So war alles besprochen.

Nein, nicht alles! Die Männer hatten den Schatten an der Hauswand fast vergessen.

»Und was wird aus mir? Ich frage euch! Ich bleibe hier nicht allein!«

Es traf sie alle, dies Bekenntnis. Aber ehe noch ein anderer sich besonnen hatte, wischte Justin die Frage der Schwester beiseite:»Stell dich nicht an, Martine! Die Sache ist längst entschieden, das weißt du. Der Sohn des Nachbarn will dich heiraten. Jean Marsault ist ein guter Kerl. Ein besserer wird nirgendwo für dich gebacken. Und den Hof bekommst du als Mitgift. Ich verzichte. Was willst du mehr!«

Nach den Begriffen von Frankokanada und Akadien, weiß der liebe Himmel, ja, was wollte sie mehr!

Und doch fühlten sich die vier Männer nach dem Überschwang vor einigen Minuten merkwürdig befangen und verärgert. Sie trennten sich mit kurzem Abschied.

William Corssen lag auf seiner Strohschütte in der schwarzen Finsternis des Hüttenraums und hätte heulen mögen, ohne recht zu wissen, warum. Aber er bezwang sich, wenn auch nur mühsam. Er hatte den Rum bestanden, war jüngster Partner geworden in einer *association de l'ouest,* einer »Partnerschaft des Westens« – zwei zu zwei zu eins zu eins –, er hatte das noch nicht recht begriffen. Aber ganz gewiss war es eine Sache für Männer. Da heult man nicht mehr!

Ach, Martine, wie sie Beeren gepflückt und gesungen hatte:

> *Mon père et ma mère*
> *n'ont que moi d'enfant …*

Martine, Martine …

3

Seit zwei Tagen regnete es. Nicht eben in Strömen, aber doch unablässig und so, dass die Kleider der Männer nie trockneten. Die vier konnten sich wenigstens damit trösten, dass es warm geblieben war. Man brauchte also vorläufig nicht zu frieren. Sie hatten sich schließlich zu der Methode entschlossen, die Pancrace Matthieu ihnen vorexerziert hatte, als der Regen nicht mehr nur in Böen vorüberhuschte, sondern ohne Unterlass in wandernden Schwaden vom grauen Himmel niederwallte, ohne auch nur für wenige Minuten gänzlich zu versiegen. Pancrace hatte den anderen geraten: »Das nasse Leder klebt an der Haut und macht das Paddeln schwer. Es ist nicht kalt. Am besten geht es ohne Hemd. Die Haut ist wasserdicht.«

So war es: Die Haut ist zuverlässig wasserdicht. Und da die vier Männer ständig in Bewegung blieben, waren sie auch warm. Das Regenwasser perlte an ihrem Oberkörper abwärts, soweit es nicht gleich verdampfte, und lief in den Hosenbund um die Hüften. Dort störte es nicht weiter. Es paddelte sich leichter mit nacktem Oberkörper, in der Tat!

Ganz von selbst war es dahin gekommen, dass Pancrace im Kanu das Sagen hatte. Er verstand am meisten davon, wie das leichte, wendige, aber auch überaus empfindliche Fahrzeug mit seiner Außenwand aus Birkenrinde über Schnellen und Untiefen stromaufwärts zu treiben, an allen Hindernissen im Flussgrund vorbeizubugsieren und stets im jeweils tiefsten Wasser zu halten war. Er »las« die Oberfläche der den Männern rastlos entgegenwandernden Wasser wie ein klar gedrucktes Buch und irrte sich nie. Das Kanu in glasiger Strömung war ihm zur zweiten Natur geworden, war ihm nur eine Fortsetzung seines Leibes, die er ebenso mühelos und selbstverständlich beherrschte wie seine Glieder.

Pancrace Matthieu also paddelte vorn im Boot, stellte sich aber auf seine stämmigen Beine in den Bug, wenn das Fahrwasser schwierig wurde und es sich empfahl, den einzuschlagenden Kurs so weit wie möglich vorauszuerkunden. Im Stehen benutzte Pancrace ein sehr viel längeres Paddel als sonst.

Oberhalb des Großen Falls zeigte sich der Fluss St. John nicht mehr so gemächlich. Es gab keine ruhigen Strecken mehr wie auf dem Unterlauf des Stroms, wo zuweilen nichts an Strömung mehr zu spüren gewesen war. Es musste jetzt ständig und kräftig gerudert werden, um das Boot in Fahrt zu halten. Trotzdem kamen die vier nur verhältnismäßig langsam voran.

Es stellte sich nämlich bald heraus, dass die beiden jungen Ruderer, Justin Leblois und William Corssen, das teuflische Tempo, welches der *avant* im Bug des Bootes, eben Pancrace Matthieu, von Anfang an vorlegte, durchaus nicht mithalten konnten. Selbst der zähe Walther Corssen, der als *gouvernail*, als Steuerer, im Heck des Bootes hockte, saß oder stand, hatte zunächst Mühe, dem Takt der wie schnelle Säbelhiebe fallenden Streiche des Matthieu'schen Paddels zu entsprechen. Aber er schaffte es.

Anders die beiden als *milieux*, Mittelmänner, eingeteilten: Justin und William. Eine Viertelstunde lang mochten sie es dem Paddel des Avant gleichtun, das – wie der ältere Corssen schätzte – wohl fünfzigmal in der Minute durchs Wasser gestemmt wurde. Aber dann gerieten sie aus dem Rhythmus, wurden langsamer, das Boot verlor an Fahrt, geriet aus dem vorgesehenen Kurs, sodass der Gouvernail seine Kraft ans Steuern verschwenden musste, anstatt mitzurudern.

Es wurde deutlich: Zu vollwertigen Ruderern, so wie man sie sich auf den fernen Strömen des Westens vorstellte, waren die beiden Juniorpartner der neu gegründeten Association de l'Ouest noch längst nicht gediehen. Vielleicht legte Pancrace Matthieu es auch darauf an, den neu gewonnenen Gefährten seine Überlegenheit im Kanu drastisch vor Augen zu führen. Ihm schien es nicht das Geringste auszumachen, zwölf, vierzehn Stunden am Tag das Paddel durchs Wasser zu jagen, unermüdlich, in sich nie veränderndem schnellem Takt. Etwa jede Stunde hielt er inne für eine *pipe,* für die wenigen Minuten, die es kostete, eine Pfeife umständlich und sorgsam zu stopfen, eine sehr kleine Pfeife allerdings, und sie mit großem Genuss und unter munterem Geplauder zu rauchen. Danach aber war kein Aufenthalt mehr erlaubt. Der Bug des Bootes wendete in die Strömung, und weiter ging's.

Es hatte gleich am ersten Tag ein wenig Ärger gegeben. Denn auch Walther Corssen hatte die Zähne zusammenbeißen müssen, es dem Stiernacken des Avant, den gewaltigen Schultern, den mächtigen, knolligen Armen gleichzutun. Wenn allerdings Pancrace Matthieu gedacht haben mochte, diesen *acadien allemand,* diesen deutschen Akadier, in Verlegenheit zu bringen oder gar zu beschämen, so hatte er sich getäuscht. Walther verfügte zwar nicht – noch nicht – über die Gewöhnung und die unerhörte Zähigkeit, die Pancrace nach aberhundert oder tausend Paddelstunden in seinen fürchterlichen Muskeln gespeichert hatte. Aber er brauchte nur seinen Willen aufzurufen und die letzte Reserve an Kraft aus seinem sehnigen Leib herauszuzwingen. Außerdem sagte ihm seine stets wache Vorsicht, dass Pancrace wahrscheinlich herausfinden wollte, wer von ihnen beiden der Stärkere wäre. Sich selbst als den Stärkeren zu beweisen, sagte sich Walther, darauf kommt es nicht an, wenigstens vorläufig nicht. Aber auf keinen Fall darf er mich für schwächer halten! Er erhob also zunächst keinen Einspruch gegen das auch nach Walthers geheimer Meinung mörderische Tempo, obgleich er sich nach dem ersten Tag am ganzen Körper wie zerschlagen vorkam.

Auch William und Justin hatten sich am ersten vollen Reisetag den St. John aufwärts nicht lumpen lassen wollen und unter Aufbietung ihrer äußersten, keineswegs geringen Kräfte bis zum Abend durchgehalten. Dann aber waren sie so erschöpft, dass sie kein Wort mehr herausbringen konnten, nur noch ein paar heisere Ja oder Nein. Sie waren nicht einmal mehr imstande, einige Bissen von der deftigen Abendmahlzeit, die Pancrace in ungebrochener Munterkeit zusammengeschmort hatte, hinunterzuwürgen. Die beiden warfen sich unter das aus dem Wasser gehobene, zu einem lang gestreckten Schirm umgestülpte und an einer Kante hochgestützte Kanu, zogen sich die Decke um die Schultern und wurden schon nach wenigen Minuten von bleiernem Schlaf übermannt.

Walther saß Pancrace am verglühenden Kochfeuer gegenüber. Er kaute langsam und gründlich jeden Bissen, ehe er sich auf der Spitze des Jagdmessers ein weiteres Stück gebratenen Wildfleischs aus der Pfanne fischte. Dazu brach er einen Brocken des groben harten Brotes, das sich die Männer aus Grande Chute mitgenommen hatten. Noch waren sie reichlich mit Proviant versehen. Später würde man fischen und jagen müssen.

Walther warf die Frage auf: »Meinst du nicht, Pancrace, wir könnten ein wenig langsamer reisen? Es ist ja nicht entscheidend, ob wir eine Woche früher oder später in Montréal ankommen. Vor dem ersten Eis und Schnee schaffen wir es allemal. Die Jungen sind diese Schufterei nicht gewöhnt. Wir sollten sie etwas schonen. Mit der Zeit werden sie schon auf volle Leistung kommen.«

Pancrace nahm einen langen Zug aus dem Zinnbecher, in dem er, wie Walther auch, heißes Wasser mit Rum gemischt hatte. Ein verächtliches Lächeln spielte um seine Mundwinkel: »Ich weiß nicht, Walther, wie ihr da in Akadien mit euren Kanus vorangekommen seid. Ich für meinen Teil habe heute nicht anders gerudert, als man im Westen immer und überall rudert. Justin und William – das sind nur halbe Portionen. Ich habe es mir gedacht. Ich war gleich nicht sehr begeistert davon, sie als ebenbürtig in unsere Partnerschaft aufzunehmen. Sie sind nicht einmal den üblichen Tagelohn wert, lahm wie sie sind. Warum ihnen also Vorteile einräumen?«

Walther drängte sich eine böse Antwort auf, doch hielt er sich im Zaum. Er kannte sie längst, diese in der klaren amerikanischen Luft zu sich selbst befreiten Franzosen. Sie konnten scharfzüngig sein, eitel, empfindlich, eigensüchtig, ja boshaft, aber ebenso auch, und oft ganz unerwartet, liebenswürdig, großherzig, kühn und überströmend hilfsbereit. Das gemeinsame Fahren und Wirken mit diesem Stier Pancrace Matthieu fing ja erst an. Walther war weit entfernt davon, das gerade erst mit ihm geschlossene Bündnis dadurch aufs Spiel zu setzen, dass er seinem Unmut und seiner Abspannung nachgab. Er zwang sich zu einer ruhigen Antwort:

»Nun, Pancrace, ich bin überzeugt davon, dass die Jungen nach einiger Zeit voll mitspielen werden. Ein wenig Nachsicht müssen wir Älteren ihnen gewähren. Ein wenig Geduld, Pancrace, das ist alles, worum ich dich bitte. Wir müssen uns jetzt und später allein auf uns selbst verlassen. Sollten wir mit Bundesgenossen, mit Partnern, nicht besser fahren als mit Tagelöhnern? Tagelöhner können jederzeit weglaufen. Sie tun nur das, wofür sie bezahlt werden.«

Sich einer besonnenen, an die Vernunft appellierenden Rede zu entziehen, war Pancrace Matthieu nicht der Mann. Er zögerte einen Augenblick und erwiderte, wobei er den Spott aus seiner Stimme verbannte:

»In den akadischen Bereichen, Walther, die ich ja auch kenne, waren alle Räume viel kleiner. Von den Entfernungen, die im Westen zu überwinden sind, machst du dir keine Vorstellung. Das Tempo, das ich heute angeschlagen habe, ist wirklich nichts Besonderes, sonst kommt man nicht vom

Fleck. Und vom Fleck muss man kommen, sonst wird man, Gott weiß wo, vom Frost überrascht, erreicht den St. Lorenz nicht mehr und muss irgendwo in der Leere überwintern. Das ist kein reines Vergnügen, glaube mir das! Es genügt nicht, Walther, die Tauschwaren ins Landesinnere zu frachten und gegen Pelze an den Mann, also an den Indianer zu bringen. Du musst dann die Pelze unbeschädigt auf den Markt schaffen, also nach Montréal oder Québec – und das Boot liegt tief im Wasser unter der Last. Der Proviant und dein Zeug müssen auch noch Platz finden, auch das bedeutet Gewicht. Je länger du unterwegs bist, desto mehr Proviant musst du transportieren und desto weniger Last an Fellen, die etwas einbringen, kannst du herausholen aus dem Pays d'en haut. Auf Schnelligkeit kommt es entscheidend an, Walther, das musst du einsehen. Du wirst es noch erleben, so Gott will, wenn wir erst den Ottawa und den Mattawa, den See Nipissing und den French River, die Georgian Bay und den Nord-Kanal hinter uns gebracht haben und – bei allen Heiligen! – Michilimackinac wirklich zusammen erreichen sollten! Lehrlinge im Kanu müssen schlecht behandelt und hart herangenommen werden. Das ist nun einmal so und hat sich bewährt. Umso besser werden sie später. Sieh mich an! Mich haben sie anfangs auch durch die Mühle gedreht. Jetzt bringt mich nichts mehr um.«

Auf diese lange Rede wusste Walther nicht viel zu erwidern. Wahrscheinlich hatte der Klotz von Mann an der anderen Seite des gemächlich flackernden Kochfeuers recht. Auch Walther spürte auf einmal seine Arme und Schultern, den Nacken und den Rücken bis zu den Hüften hinunter. Als wären sie mit Blei gefüllt, so kamen sie ihm vor. Die Ungewissheit dessen, was er vorhatte, legte sich ihm plötzlich auf die Seele wie ein Albdruck. Der Weg in den Westen, der ihm bis dahin als ein Ausbruch in die große Freiheit vorgekommen war – bedeutete er in Wahrheit nichts weiter als die Flucht vor einer

Schlammflut widriger Umstände, der er hilflos ausgesetzt war? Eine Antwort auf die Frage bot sich nirgendwo an. Nach einer Weile meinte er: »Nun gut, Pancrace, wie du denkst … Ich habe genug für heute, ich geh schlafen.«

»Gute Nacht, Walther! Ruh dich gut aus!« Der sarkastische Unterton in der Stimme des Franzosen war wieder unverkennbar. Walther Corssen nahm keine Notiz davon.

Am nächsten Morgen nahm Walther seinen Sohn beiseite:

»Du schaffst es vorläufig nicht, William. Sei vernünftig! Wenn Pancrace vor euch im Bug des Bootes zwei Streiche mit dem Paddel macht, dann machst du nur einen. Es lässt sich nichts erzwingen. Erst mit der Zeit kommst du auf volle Leistung. Es wird ein paar Wochen dauern.«

William aber, hohläugig und grau nach wie betäubt verschlafener Nacht, zeigte sich verstockt: »Wenn der denkt, er könnte uns kleinkriegen, dann täuscht er sich. Auch Justin gibt nicht nach. Ich habe mit ihm geredet!«

Beim allerersten Frühlicht schon wurde das Kanu ins Wasser gesetzt und erneut beladen. Kein Wort zu viel wurde gesprochen, als wollte ein jeder seine Kräfte sparen. Pancrace hatte die Regel der Kanureisen schon am ersten Tag eingeführt und schien es für selbstverständlich zu halten, dass sich die Besatzung auch dieses Kanus ihr fraglos unterwarf. Um drei Uhr morgens waren sie aufgestanden. Frierend in der Morgenfrische, unter dem sich nur zögernd erhellenden Himmel, wurde das Boot wieder flottgemacht, wurden die Lasten, Decken, Vorräte darin verstaut. Schon hockten die Männer an ihren Plätzen, der Avant im Bug, der Gouvernail im Heck und die Milieux dazwischen. Der Avant ließ seine Paddel zum ersten Mal durchs das kalte, glasig klare Wasser furchen. Die anderen fielen in den gleichen hastigen Takt, und schon glitt das Fahrzeug mit verhaltenem Rauschen der Bugwelle vom Landeplatz fort, der Strömung entgegen. Das jenseitige Ufer des Flusses war im blassen Frühlicht kaum zu erkennen.

Die anfangs noch steifen, ja schmerzenden Glieder wurden geschmeidiger. Die Starre und Kälte der Nacht wich aus Muskeln und Sehnen, und langsam erwachte mit dem erst allmählich, dann übermächtig von Osten aufquellenden Licht des neuen Tages die Lust an der schnellen Fahrt über den rastlos heranziehenden Strom.

Erst wenn nach Stunden oder, genauer, nach zwei oder drei Pipes des Avant und des Gouvernail die erste Ermattung sich einstellen wollte, wurde ein passender Landeplatz gesucht und schnell ein Frühstück bereitet. Denn damit hatte man sich beim Morgengrauen nicht aufgehalten. Mit leerem Magen kommt man eher in Fahrt, als wenn man sich gleich nach dem Erwachen mit Nahrung beschwert.

Walther Corssen hatte erstaunt, doch auch mit einer gewissen Besorgnis, in den ersten Stunden wahrgenommen, dass Justin und William, die beiden jungen Milieux, das von Pancrace vorgelegte scharfe Tempo scheinbar ohne allzu große Anstrengung mithielten. Umso verständlicher war es, dass William sich mit wahrem Heißhunger auf das Frühstück stürzte. Allerdings stopfte er mehr heiße Gerstengrütze und Pemmikan, dieses luftgetrocknete, zerstampfte, mit Fett vermischte Wildfleisch der Indianer, in sich hinein, als gut war. Justin schien versucht, es dem jüngeren Gefährten gleichzutun. Doch behagte ihm nach einigen Seitenblicken die Haltung des allzu gierig schmausenden William ganz und gar nicht. Er hielt sich zurück.

William schien die Rast verlängern zu wollen, doch Pancrace – noch kauten sie am letzten Bissen – packte bereits Geschirr und Proviant zusammen. Keine Minute war zu verlieren! So nahm auch William seinen Platz wieder ein, hielt auch mit im Takt, den der Avant vorschrieb, zog jedoch, wie Walther bald merkte, sein Paddel nicht mehr mit voller Kraft durchs Wasser. Der Vater hatte im Stern des Bootes* ständig leicht gegenzuhalten, um das Boot nicht nach der Flanke, an welcher William saß, aus dem Kurs scheren zu lassen. Als der Avant das Zeichen zur nächsten Pipe gab, reckte sich William nicht, wie es sonst ein jeder Paddler tat, sondern sank in sich zusammen, als könnte er sich nicht mehr aufrecht halten.

Der Avant warf einen kurzen Blick zu William zurück. Auch er hatte gemerkt, dass der Junge nur noch mit halber Kraft ruderte. Doch sagte er kein Wort und nahm nach wenigen Minuten die Fahrt ungerührt wieder auf.

Gegen Mittag geschah dann, was Walther befürchtet hatte. Ohne jede Vorwarnung ließ William sein Paddel auf die Bodenbretter des Kanus poltern, warf die Arme in die Luft und sank rückwärts von seiner schmalen Ruderbank. Sein Schädel schlug hart gegen das Holz. Walther und Justin hatten vor Schreck aufgehört zu rudern. Sie konnten William nicht zu Hilfe kommen. Das schwankende Kanu verträgt nicht viel Bewegung zwischen seinen Borden. Es hatte sich sofort quer vor die Strömung gelegt. Pancrace allein vermochte nicht, es auf Kurs zu halten.

»Ans Ufer! Wir müssen ans Ufer! Er ist ohnmächtig!«, schrie Walther. Es gab keine andere Wahl.

Ein günstiger Zufall ließ sie nahe am Gestade eine vom Strom unterwaschene, später von einem Sturm ins Wasser gefällte Fichte finden, an deren verdorrendem Wipfelgeäst das Kanu festgemacht werden konnte, ohne dass seine empfindliche Außenhaut von Felsen oder vom steinigen Flussgrund gefährdet wurde. Die drei Männer konnten in das zwei, drei Fuß tiefe Wasser steigen und mit einiger Mühe den Bewusstlosen aus dem Boot heben, ans Ufer tragen und dort in den lockeren Sand betten. Was war geschehen?

Schon seit dem vergangenen Abend hatte es zu regnen aufgehört, doch war der Himmel bedeckt geblieben und hatte eine feuchtschwüle Wärme unter sich eingefangen, die für die Gebiete am mittleren und oberen St. John ebenso kennzeichnend ist wie für die Landschaft um den St. Lorenz. William hatte sich unter Aufbietung all seiner Willenskraft bemüht, das von Pancrace vorgelegte Tempo zu halten, bis auch das letzte Quäntchen seiner noch nicht ausgereiften Kraft verbraucht war und in seinem Kopf irgendein Riegel ausschnappte, sodass ihm das Bewusstsein verloren ging. Hirnschlag nannten das die Männer, obgleich es wahrscheinlich kein »echter« war. Pancrace und Walther hatten dergleichen an anderen Männern nach wahrhaftig übermenschlicher Anstrengung schon mehr als einmal erlebt. Man konnte nicht viel dagegen tun. Man kühlte den Kopf des Bewusstlosen, bettete ihn flach, achtete darauf, dass sein Körper nirgendwo geklemmt oder beengt wurde und hoffte, dass der Ohnmächtige von selbst zu sich käme. Anders konnten Pancrace, Walther und Justin nicht helfen. An die Weiterreise war vorläufig nicht zu denken.

Erst am Abend kam William wieder zu sich, blickte sich verwirrt um, erkannte den Vater und die Kameraden und wollte sich aufrichten, wurde aber im gleichen Augenblick von würgendem Erbrechen überfallen. Was er zwölf Stunden zuvor zu sich genommen hatte, kam, mit gallebitterem Saft vermischt, so gut wie unverdaut wieder zum Vorschein.

Zunächst schien er sehr erleichtert. Er kam vollends auf die Beine, taumelte zum Fluss hinunter, wusch sich Gesicht und Hände und spülte viele Male den Mund mit dem kühlen kristallklaren Wasser. Pancrace meinte, man müsse am kommenden Morgen besonders früh aufbrechen, wenn man die versäumte Zeit halbwegs einholen wollte. William könnte sich notfalls der Länge nach ins Boot legen. Doch der Junge wehrte so entsetzt ab, dass auch Walther Einspruch erhob. William klagte, dass ihm der Kopf zu zerspringen drohe und dass seine Augen nicht mehr richtig sehen könnten. Alles, was er ansehe, habe doppelte und zugleich verschwimmende Umrisse. Und überhaupt: die Augen lägen ihm wie heiße Kugeln in den Höhlen, als wären sie angeschwollen.

Furcht kroch seinen drei Gefährten ins Herz. Krankheit unterwegs, das ist eine böse, eine unheimliche Sache. Und William war krank. Man brauchte nur einen Blick auf sein fahles, sonderbar alt anmutendes Gesicht zu werfen, um das zu wissen. Auch Pancrace wusste es. Er wusste sogar besser als die anderen, wie schnell es geschehen konnte, dass Schmerzen einen Gefährten ansprangen, der am Tag zuvor noch im Chor gesungen hatte, die Paddel im Takt zu halten: *Youpee Youpee sur la Rivière* ... oder *En Roulant ma Boule* ... Er hatte es erleben müssen, wie einem auf der Portage oder im harten Kampf mit einer Stromschnelle ein Organ zerriss, wie er plötzlich umsackte und in wenigen Stunden oder Tagen der Qual zugrunde ging.

Pancrace war abergläubisch wie alle Akadier. Walther hatte das längst gemerkt und sich nicht darüber gewundert, so wenig er selbst auch diesem Zug akadischen Wesens jemals nachgegeben hatte. Pancrace war überzeugt: Starb einer der Beteiligten gleich am Anfang einer großen Reise, so war das ganze Unternehmen zum Scheitern verurteilt. Walther Corssen wurde von väterlicher Sorge gepeinigt. Kurzerhand bestimmte er, an die Weiterfahrt sei vorläufig nicht zu denken. Man müsse bleiben, wo man sei, müsse den Kranken pflegen und abwarten, ob sich sein Zustand besserte. Niemand widersprach ihm.

Sie hatten sich einen guten Platz für ihr Lager ausgesucht, oder vielmehr: Ein freundliches Geschick hatte es so gefügt, dass William gerade an einem solchen Ort seinen Schwächeanfall erlitten hatte. Der St. John legte sich hier zwischen waldigen Hügeln in eine weite, wunderbar gleichmäßige Kurve, die von einem Saum gelben Ufersandes nachgezeichnet wurde. Wie ein schmales Band aus Gold schwang sich dieser Sandstreifen um das Gewässer, das mit großer Ruhe und stiller Kraft die mächtige Biegung durchwanderte.

Auf der anderen Seite mündete der Allagash, ein Nebenfluss, und schickte sein helleres Wasser in das dunkler erscheinende des St. John. So weit das menschliche Auge es stromabwärts verfolgen konnte, mischten sich die verschieden getönten Fluten nicht. Die hellere zog in der dunkleren nordwärts, als wollte der Allagash sein Lebensrecht behaupten, obgleich ihn doch der St. John bereits unwiderruflich und beherrschend in sich aufgenommen hatte.

Die Wälder bedeckten wie dunkelgrüner, in der Ferne jedoch mehr und mehr in sanftesten Blaus schattierter Samt die Hügel. Die Sonne hatte endlich den Dunst des Vormittags, der der vorausgegangenen Regenfeuchte gefolgt war, besiegt. Das Blau in der Höhe gewann die Oberhand, setzte sich durch und wölbte sich schließlich noch vor dem Abend in vollkommener Glocke. Es strahlte tief und reich an Farbe im Zenit und verblasste milchig am Horizont über dem leuchtenden wilden Land.

Kein Vogel sang mehr im Geäst. Dazu war das Jahr schon zu weit vorgeschritten. Aber die heiseren Schreie zweier Raubvögel, die stromaufwärts in halber Höhe kreisten, oder der Glitzersprung eines Fisches aus der dunkelziehenden Wasserfläche verrieten, dass sich hinter der stillen Kulisse der Wildnis trotzdem überall Leben regte.

Wenn auch die Männer den Frieden ringsum nicht bewusst in sich aufnahmen, so ging er doch in sie ein und beruhigte sie. Pancrace und Justin beschlossen gegen Abend, sich ins Boot zu setzen, das immer noch an dem gestürzten Baum vertäut lag und sachte in der Strömung schwang. Während sie fischten, bewachte Walther den Kranken.

William war in einen tiefen Schlaf gefallen. Sein Gesicht hatte sich entspannt und wieder etwas Farbe bekommen. Sein

Atem, der stockend und ächzend gegangen war, hatte sich besänftigt und floss gleichmäßig und leicht.

Walther Corssen, der neben ihm auf einem großen Stein hockte, beobachtete den Sohn genau. Gebe Gott, dachte er, dass es sich nur um eine einmalige Überanstrengung handelt und nicht um eine innere Verletzung. Mit der Überanstrengung wird er fertig werden, sie wird ihm eine Lehre sein. Es lernt ja keiner vom anderen und am wenigsten ein Jüngerer vom Älteren. Alle bitteren Erfahrungen müssen immer wieder von Neuem gemacht werden.

Die Augenlider des Schlafenden zuckten. Auch seine Brauen hoben und senkten sich. Ein Traum flatterte dem Schläfer durchs langsam sich erholende Hirn. Seine Lippen wollten sich bewegen. Was flüsterte er da, sehr undeutlich und nur gehaucht?

Walther beugte sich vor, um besser lauschen zu können, konnte aber in dem Gemurmel keinen Sinn erkennen. Oder doch? Da waren sie noch einmal, die Silben, und nochmals, ganz deutlich: »Martine«. Dann schwieg er wieder. Der Traum schien sich verflüchtigt zu haben. Tiefer noch als zuvor schien William zu schlafen. Walther richtete sich auf. Um seine Mundwinkel spielte ein Lächeln. Er wird bald wieder zu sich kommen, dachte er. Martine? Sieh an, so weit ist er also schon, wer hätte das gedacht? In seinem sechzehnten Jahr – nun ja! Dann fängt es wohl an. Und plötzlich wurde dem Vater klar: Der Bursche hat sich vor lauter Wut und Abschiedsend, in seinem Toben gegen sich selbst, zugrunde schuften wollen, bis er schließlich in der Tat zerbrach.

Walther Corssen kannte das. Aber so schnell zerbrach man nicht. Was sich abgespielt hatte – vielleicht war es nichts anderes als der Schlussakkord seiner Kindheit. Oder der Salutschuss zum Beginn der Männlichkeit.

Alors comme alors, mon fils, dachte Walther, und nun lächelte er wie befreit. Kommt Zeit, kommt Rat, mein Junge. Du wirst dich wieder erholen. Aber morgen reisen wir noch nicht weiter. Ich erlaube es nicht. Danach aber bist du über mehr als einen Berg!

Pancrace hatte keine Einwände erhoben, als Walther einen ganzen weiteren Tag als Rasttag verordnete. Justin, der nicht auf den Kopf gefallen war, spürte es sofort: Auf geheime Weise hatten sich einige Entscheidungen vollzogen, und zwar so eindeutig, als hätte sie eine höhere Gewalt getroffen. In allen handgreiflichen Fragen, in allem, was mit der Reise, den Strömen, dem Kanu zusammenhing, behielt Pancrace Matthieu das letzte Wort. Aber die eigentliche Führung des Unternehmens, soweit es diese vier Menschen, ihre Ziele, ihre Ängste, ihre Wünsche und Hoffnungen betraf, die lag fortan bei Walther Corssen allein. Und William war, vielleicht gerade weil er die äußerste Erschöpfung riskiert hatte, in den Rang der Männer aufgerückt, war kein Knabe mehr. Justin gestand es sich bedrückt: Er selbst gehörte eigentlich nicht dazu, nicht zu Walther und auch nicht zu Pancrace. Er hätte gern dazugehört. Er hatte nicht viel an väterlicher Liebe erfahren. William schien eher zu viel davon genossen zu haben. Man muss beharrlich sein, dachte Justin. Es war noch nicht aller Tage Abend.

William kam wieder zu sich, ganz erstaunlich schnell sogar. Er wollte gar nicht genau wissen, was passiert war. Er aß kräftig, aber mit Bedacht. Er drängte sogar darauf, noch am Nachmittag das Lager abzubrechen und eine Handvoll Meilen gegen die sich hier hart bemerkbar machende Strömung voranzukommen. Sein Vater war dafür nicht zu gewinnen: »Du musst eine weitere Nacht Ruhe haben!« Dabei blieb es.

Auch William fragte jetzt nach dem Namen des Stroms, der jenseits ihres Lagers in den St. John mündete. Pancrace wiederholte, es sei wohl der Allagash – aber ganz sicher sei er des indianischen Namens nicht, was käme es auch groß auf den Namen an! Sie wollten ja hier nicht bleiben, durchaus nicht! Am abendlichen Kochfeuer war man sich so einig wie nie und vergnügt dazu. Allen war eine Last von den Schultern genommen. Die Angst um den Jüngsten im Bunde hatte die Männer viel enger als bisher verknüpft.

Es dunkelte schon, als Pancrace, der so am Feuer saß, dass er stromabwärts blicken konnte, sich plötzlich aufrichtete und auf die Füße sprang. »Es kommt ein Kanu den Fluss herauf!«, rief er.

Auch die anderen waren aufgesprungen und erkannten in der Ferne das dunkle Etwas, das sich, der Strömung entgegen, heranschob.

4

»Das habe ich noch nie erlebt!«, brummte Pancrace. Die vier Männer waren ans Ufer getreten und blickten dem von weit her sich nähernden Kanu entgegen. Ihre scharfen Augen konnten bereits erkennen, dass es sich um ein kleines Kanu handelte, das von nur einem Ruderer vorangetrieben wurde – zwar mit gleichmäßigen, aber nicht besonders schnellen Paddelschlägen. Solche Kanus wurden in den Indianerdörfern für den lokalen Verkehr benutzt, ebenso in den Siedlungen der kanadischen und akadischen Franzosen, die sich nie gescheut hatten, von den Indianern zu lernen und sich ihrer uralt bewährten Künste zu bedienen, wenn sie mit dem wilden Land vertraut werden wollten und mussten.

Für weite Strecken aber empfahlen sich so kleine Kanus durchaus nicht. Da gab es die größeren, kräftigeren Fahrzeuge, die von vier bis sechs Paddlern notfalls mit der Geschwindigkeit der Fische durch das Wasser gejagt werden konnten. Sie konnten auch größere Lasten über weite Strecken befördern, waren aber doch noch so leicht, dass sie über die unvermeidlichen Portagen hinweg von zwei Männern ohne allzu große Mühe getragen werden konnten.

Die vier Männer vermuteten, dass sie sich hier in dem weiten Niemandsland zwischen den Jagdgründen der Maleciten im Norden und der Abenakis weiter im Süden befanden. So hatten es der landeskundige Pancrace und auch Justin den beiden Corssens erklärt. Wenn sich in solcher Gegend, weit von allen Siedlungen entfernt, überhaupt ein Kanu sehen ließ, so handelte es sich stets um ein größeres Reisekanu, und das war dann mit mindestens vier Kriegern besetzt. Ein solches

Gefährt würde sich in der Nähe des Ufers halten, wo es von weit her weniger leicht zu erkennen war.

Hier aber zog ein kleines Kanu, von nur einem einzigen Mann bewegt, völlig sorglos offenbar, mitten über die weite Wasserfläche, als wäre jede den Indianern sonst so selbstverständliche Vorsicht überflüssig.

Die Männer standen und starrten.

Plötzlich richtete die Gestalt im Boot sich auf, schwang das Paddel in die Luft, winkte und winkte auch noch mit dem linken Arm. Der Ruderer hatte offenbar die Männer erkannt und freute sich, sie entdeckt zu haben.

Schon tauchte das Paddel wieder ins Wasser und trieb das Kanu noch schneller und zielstrebiger heran.

Die Männer mochten ihren Augen nicht trauen. Das Licht des sinkenden Tages gaukelte ihnen das, was sie schließlich zu erkennen meinten, wohl nur vor. Doch bald war kein Zweifel mehr möglich. Justin sprach es aus: »Bei der allerheiligsten Jungfrau, es ist meine Schwester Martine!«

Sie trieb ihr schwankendes Fahrzeug mit kräftigen Schlägen des Paddels – bald rechts, bald links – vorwärts, hemmte es aber, bevor es an die Uferkante stieß oder den Grund berührte. Kein Indianer hätte vorsichtiger damit umgehen können. Dann stieg sie ins flache Wasser, hob den Bug aufs Land und wandte sich den dumm staunenden Männern zu: »Da bin ich! Ich hätte nicht gedacht, dass ich euch so bald einholen würde!«

Sie brachte das so munter und unbefangen heraus, als hätte sie sich von den Männern gerade erst vor einer Stunde getrennt und nicht hundert Meilen durch die Wildnis zu überwinden gehabt, um so, als wäre es verabredet, zu den anderen zu stoßen.

Pancrace Matthieu fasste sich zuerst. Er stellte sachlich fest: »Wären uns nicht schon anderthalb Tage verloren gegangen, hätten wir uns auch davor nicht reichlich Zeit gelassen, Mädchen, dann hättest du uns wohl kaum so schnell zu Gesicht bekommen.«

Aber Martine war nicht einzuschüchtern. Sie lächelte und erwiderte gelassen:»Dann wäre ich euch bis Montréal gefolgt. Dort hätte ich euch ja treffen müssen!«

Aber Pancrace widersprach:»So leicht ist das nicht! Solange es den St. John aufwärts geht, mag der Weg nicht zu verfehlen sein. Aber dann wird es schwierig. Wer hätte dir gesagt, wie du zum Lac du Portage kommst und dann zum Chaudière, diesen aufwärts und dann hinüber zum ›Heiligen François bei den Kornblumen‹ und schließlich zum richtigen St. François und St. Lorenz? Du wärst mit Sicherheit in die Irre gegangen und wärst umgekommen, oder die Indianer hätten dich …« Er zögerte, zuckte mit einem Grinsen die Achseln und fuhr fort:»Nun ja, irgendein Häuptling hätte dir …«

Walther Corssen fiel ihm ins Wort:»Lassen wir das, Pancrace. Es ist eben nicht so geschehen. Sie hat uns gefunden. Dass sie Courage hat, lässt sich nicht bestreiten. Aber sage uns, Martine, um alles in der Welt, warum bist du uns gefolgt? Du warst doch schon zu den Marsaults umgezogen, und ich glaubte, du wärst einverstanden, Jean Marsault zu heiraten?«

Er wandte sich an Justin, der seine anfängliche Bestürzung überwunden hatte. Er war einen Schritt auf Martine zugetreten, als wollte er handgreiflich werden – und auch William hatte sich aus der Gruppe gelöst, um Martine beizustehen. Aber jetzt trat Walther Corssen dazwischen, seine Stimme bekam einen harten Klang, es war allen klar, wer hier zu befehlen hatte:

»Justin, kein böses Wort, hörst du! Auch du bist nicht gefragt, William. Solange ihr beide, du und Martine, noch in Grande Chute lebtet, mochtest du den Vormund spielen, Justin. Jetzt sind wir unter uns, und du bist unser Juniorpartner. Martine ist zurzeit die Fünfte – und wir können nur gemeinsam beschließen. Du hast kein Vorrecht mehr, verstehst du. Und nun, Martine, gib Antwort: Warum bist du uns gefolgt?«

»Onkel Walther«, antwortete sie mit heiterem Freimut. Schon während der letzten Tage in Grande Chute hatte sie nach frankokanadischer Sitte den Älteren »Onkel« genannt. »Onkel Walther, du musst es begreifen: Ihr wolltet mich nicht mitnehmen und konntet es auch nicht – Justin war dagegen. Also ging ich zum Schein zu den Marsaults, wie Justin es wollte. Aber schon am Tag eurer Abreise bin ich in unser Haus zurückgekehrt, um dort noch Verschiedenes zu besorgen, wie ich den Marsaults erklärte. Da ihr ja schon fort wart, hatten sie auch keine Bedenken. Ich habe mir Proviant und Kleidung in unser kleines, oberhalb der Fälle verstecktes Kanu gepackt und bin euch noch in der Nacht hinterhergefahren. Ich wusste wohl, dass ich den Weg verfehlen würde, wenn ich euch nicht bald einholte. Und ich dachte mir: Dann bin ich eben verloren. Aber bei den Marsaults bleiben? Niemals! Und ich dachte auch: Vielleicht sorgt William dafür, dass ihr nicht so schnell vorankommt.«

Walther Corssen wandte sich an seinen Sohn: »Deine Krankheit war doch nicht etwa eine abgekartete Sache?« Aber schon ärgerte er sich über seine Frage. Es war undenkbar, dass er sich getäuscht hatte.

»Nein, Vater«, sagte William. »Wir hatten nichts verabredet, kein Wort! Aber ich habe immer geglaubt und gesagt, dass es nicht richtig ist, Martine gegen ihren Willen zurückzulassen. Mir war die Freude an der Fahrt verdorben. Vielleicht habe ich deshalb nicht durchgehalten. Das wird nicht mehr vorkommen, Vater. Jetzt ist sie ja da.«

Justin konnte sich nicht länger im Zaum halten. Er schrie: »Immer schon war sie so! Machte, was sie wollte! Aber dies ist unglaublich! Wir können sie nicht gebrauchen. Sie muss wieder zurück nach Grande Chute, wo sie hingehört.«

Martine schien von diesem Ausbruch nicht die geringste

Notiz zu nehmen. Aber die schon eingebrochene Dämmerung verbarg nicht, dass ihre Heiterkeit sich verflüchtigt hatte. Ein beinahe finsterer Ernst war an ihre Stelle getreten. Sie hatte sehr wohl gehört, was ihr Bruder gesagt hatte. Sie wandte sich an den älteren Corssen: »Ihr könnt mich natürlich wegjagen, Onkel Walther. Aber nach Grande Chute kehre ich nicht zurück. Das ist jetzt ganz unmöglich. Keiner könnte mich hindern, euch weiter mit Abstand zu folgen und mir so von euch die Route nach Montréal zeigen zu lassen. Ich ließe mich nicht abschütteln und würde euer Tempo mithalten. Das könnte ihr mir glauben.«

Allerdings, das war ihr zu glauben, dem keineswegs zierlichen, aber wunderbar ebenmäßig gebauten, kraftvollen Geschöpf. Sie besaß sicherlich so viel Willen und Ausdauer wie jeder Mann. Eine sonderbare Gewissheit ging von ihr aus. Jeder fühlte sich angerührt davon, wenn auch jeder auf andere Weise. Die Männer senkten den Blick und schwiegen.

Schließlich ergriff Walther das Wort: »Wegjagen, Martine? Das ist wohl nicht der richtige Ausdruck. Und abschütteln auch nicht. Aber wir vier haben einen Vertrag miteinander geschlossen und müssen uns, wenn strittige Fragen auftauchen, alle vier darüber einigen. Was also meinst du, Pancrace: Sollen wir Martine in unsere Association aufnehmen?«

Pancrace wiegte den schweren Schädel, wiegte den ganzen mächtigen Oberkörper ein paarmal hin und her und murrte dann: »Dass sie uns nachgekommen ist, dass sie uns eingeholt und Glück gehabt hat – allen Respekt davor! Ich glaube, bis Montréal sollten wir's mit ihr versuchen. Sie wird uns nicht zur Last fallen. In Montréal wird man weitersehen, was zu tun ist.«

Walther hatte diese Antwort erwartet. Er fügte ruhig hinzu: »Ich bin deiner Meinung, Pancrace. Nun, da sie einmal da ist, soll sie bis Montréal die Fünfte im Bunde sein. Was meinst du, William?«

»Sie kommt mit. Sie hätte gleich mitkommen sollen!«
»Und du, Justin?«
»Ich bin dagegen. Ich habe es schon gesagt. Aber das nutzt mir nichts. Alle anderen sind dafür. So ist es immer mit ihr. Soll sie also mitkommen.« Martine schien ihren Bruder zum ersten Mal wahrzunehmen, seit sie ihren Fuß auf den Ufersand gesetzt hatte. Sie trat auf ihn zu und fasste seinen Arm: »Justin, du gingst fort und hast mich allein gelassen. Ich musste euch folgen, versteh das doch!« Sie hatte das sehr weich und warm und bittend gesprochen, und alle anderen fühlten sich angerührt.
Justin jedoch wandte sich ab. Unwillig stieß er hervor: »Ach, lass mich! Immer musst du deinen Willen durchsetzen!« Aber es war zu merken, dass er sich hatte umstimmen lassen, dass er die Schwester respektierte.

Martines Gegenwart wurde den anderen schon nach wenigen Tagen so selbstverständlich, als hätte sie von jeher dazugehört. Auch äußerlich hatte sie sich den Männern angepasst. Sie trug ein Hemd und alte Lederhosen, die Justin in Grande Chute zurückgelassen hatte. Sie blieb eher im Hintergrund und mischte sich nur wenig in die Gespräche der anderen, zuckte auch nicht oder beschwerte sich gar, wenn Pancrace nach seiner Art gelegentlich einen groben Fluch, eine saftige oder anzügliche Redensart hören ließ. Sie vermied es – und das war das Einzige, was den anderen gelegentlich auffiel –, William zu nahe zu kommen oder mit ihm allein zu sein. Sie hielt sich, soweit das überhaupt nötig wurde, an Walther Corssen, dem sie es zu verdanken hatte – sie wusste es wohl –, in die Männergemeinschaft aufgenommen worden zu sein. Sie war ein kluges Mädchen und bemühte sich redlich und geschickt, als junger Bursche zu gelten, der sich von William und Justin nicht wesentlich unterschied.

Vor allem aber: Sie stand ihren Mann als Ruderer und hielt

vom ersten Tag der Weiterreise an das von Pancrace vorgelegte Zeitmaß unbeirrt ein. Allerdings ahnte sie nicht – Walther Corssen freilich merkte es –, dass Pancrace für die Weiterreise einen gemäßigteren Rudertakt anschlug. Sicherlich nicht wegen William, dachte sich Walther. Jungen Kerlen gegenüber kennt Pancrace keine Gnade, denen kann ihre Unzulänglichkeit gar nicht schonungslos genug unter die Nase gerieben werden! Aber Martine, das elternlose, so erstaunlich tapfere und tatkräftige Mädchen, hatte den vierschrötigen Waldläufer mit dem Borstenhaar und den fürchterlichen Schultern und Armen auf eine Weise beeindruckt, die er selbst nicht begriff. Ohne dass der grobe Mann sich darüber klar wurde, passte er das Rudertempo der vermutlich geringeren Kraft Martines an. Sie sollte nicht beschämt werden.

Walther dachte: Wozu doch weibliche Wesen zuweilen gut sind – und wissen es nicht einmal! Wenn Pancrace es nicht mehr darauf anlegt, uns seine Überlegenheit als Voyageur, als Kanufahrer, als Coureur de bois peinlich spüren zu lassen, wenn dieser Grobian uns Zeit lässt, uns dem im Westen üblichen Tempo anzugleichen, so verdanken wir das nur Martine. Umso günstiger für uns alle! Und weiter dachte er: Schade, dass meine Tochter Anna nicht alt genug ist, auf diese Reise mitgenommen zu werden. Sie hätte sich wahrscheinlich ebenso gut gemacht wie Martine – und vielleicht hat sich Anna ebenso verlassen gefühlt, als wir Kagetoksa verließen, wie Martine sich verlassen gefühlt haben muss, als Justin sich uns anschloss und wir Grande Chute Lebewohl sagten. Denn wenn auch Geschwister oft uneins sind, das Band der Gewöhnung und gemeinsamer Jugend verknüpft sie doch.

Und noch etwas dachte Walther: Meinen Sohn William, sieh an, es hat ihn wirklich erwischt. Er kann die Augen nicht von Martine lassen. Und will sie auch aussehen wie ein Bursche, unter dem alten Hemd von Justin wölbt sich schon etwas, und Justins Hosen sitzen ihr fester über den Hüften als dem Bruder. Es hat ihn also erwischt, den William. Es soll mir recht sein. Sie ist stärker als er. Auch das soll mir recht sein. So ist es wahrscheinlich gut für William.

Justin kam sich ein paar Tage lang als Außenseiter vor. Er hatte sich der Schwester widersetzt, und die anderen waren nicht damit einverstanden gewesen. Aber das verlief sich. Denn dass Martine sich bewährte, dass Martine das Gleiche leisten wollte und leistete wie die anderen, daran war schon nach den ersten zwei Tagen nicht zu zweifeln.

So sah es also aus, als kämen die fünf Fahrensleute friedlicher und angenehmer miteinander aus als erwartet. Das große Kanu, mit dem leichten kleinen im Schlepp, schnitt sich seinen Weg in die bald schwächere, bald reißende Strömung des St. John, der dem Boot aus westlicher, später aus südwestlicher Richtung entgegenzog.

Aber Männer sind Männer und wissen nicht, wie es den Frauen geht, selbst wenn sie es zu wissen glauben. Ihr Wissen steht nur auf dem dürren Papier der Vernunft, stammt nicht aus unmittelbarer Erfahrung und hat keinen Zugang zu weiblicher Wirklichkeit.

Je weiter die Reisenden stromaufwärts gelangten, desto härter musste gerudert werden. Immer häufiger war die Strömung stärker als die dagegen ankämpfenden Paddel. Dann musste das Boot vom Ufer aus an langer Leine getreidelt* werden. Bei nicht ganz so starker Strömung, wo der Flussgrund fest und nicht allzu tief lag, kam das Kanu auch voran, indem die Männer es vorwärts stakten. Die Stangen dazu hatten im Boot bereitgelegen. Sie trugen eisenbewehrte Spitzen.

Einige Male hatte sich auch eine volle *décharge* nicht vermeiden lassen, bei der alle Ladung am Ufer entlang auf dem Rücken der Voyageurs stromaufwärts getragen werden musste, damit das bis auf den Steuerer entlastete Boot über die Schnellen und Wildwasser stromaufwärts getreidelt werden konnte.

Martine hatte unverdrossen den harten Arbeiten und Anforderungen standgehalten, hatte sogar ihren misstrauischen Bruder einigermaßen überzeugt, dass sie keine Last, sondern sogar einen Vorteil für die Bootsmannschaft bedeutete. Das erwies sich vor allem an den Abenden, wenn gekocht werden musste. Martine hatte diese Aufgabe, ohne erst um Erlaubnis zu fragen, sofort übernommen, und jeder gestand ihr zu: Der ständig wiederkehrende Pemmikan, die Grütze, das grobe, mit der Zeit steinhart werdende Brot erlaubten nicht viel Abwechslung. Aber stets fand Martine bei den kurzen Aufenthalten an Land eine Handvoll frischer Würzkräuter – bei den Décharges oder wenn das Boot *demichargé,* halb entladen, über schwierige Flussabschnitte gelotst und dann zurückgepaddelt werden musste, um die andere Hälfte der Ladung stromaufwärts zu frachten. Und fast immer hatte sie auch Erfolg, wenn sie, während Pancrace und Walther ihre Pipe hatten, für fünf oder zehn Minuten ihr Fischerglück versuchte. Mit einem Wort: Seit Martine sich der Verpflegung angenommen hatte, schmeckte das Essen besser, stillte nicht nur den groben Hunger, sondern machte sogar Spaß. Das wiederum kam der allgemeinen Stimmung zugute. Ein höchst wesentlicher Beitrag zur Gesamtleistung der Bootsmannschaft.

Als sie dann vom oberen St. John in den Penobscott hinübergewechselt waren, ging es darum, den Lac du Portage zu erreichen. Von dort aus mussten sie den Oberlauf des Chaudière gewinnen, der sie schließlich in die Quellgebiete des St. François führen sollte. Den St. François würden sie, wenn auch in einem großen Knie nach Süden, bis zum riesigen St. Lorenz nur noch stromabwärts befahren. Jetzt aber war die wirklich schwierige, ja halsbrecherische Portage zum Lac du Portage zu bewältigen. Nicht ohne Grund trug der See, wie Pancrace ihnen schon vor Tagen erklärt hatte, seinen Namen nach dieser vermaledeiten* Tragestrecke. Es war eine Portage, die es in sich hatte. Zwar konnte das Kanu am Rand einer leidlich festen, flachen Sandbank entladen und dann mit seinem kleineren Anhänger aufs Trockene gehoben werden. Danach aber senkte sich der selten begangene und deshalb nur undeutlich erkennbare Portage-Pfad zu einem breiten Streifen sumpfigen, unsicheren Geländes hinunter, der nur mit äußerster Vorsicht zu betreten war. Trockenen Fußes war dieser verwucherte Morast nur zu überwinden, wenn man von einer der hohen rundlichen Sumpfgras-Bülten* zur nächsten tänzelte, was aber mit annähernd einem Zentner Last im Genick nicht gerade leicht zu bewerkstelligen war. Verfehlte man das nächste Graspolster, so sank der Fuß sofort bis über den Knöchel in schwärzlichen Morast. Nur allzu leicht verlor der Träger dabei das Gleichgewicht, sank in die Knie oder stürzte vollends. Sich dann wieder hochzuarbeiten, festen Stand zu gewinnen und sich den Packen Last, die *pièce*, wie Pancrace ihn nannte, ohne fremde Hilfe in den Nacken zu heben, das war ebenso ärgerlich wie schweißtreibend und auch schmutzig. Das breite Lederband musste um Packen und Stirn geschlungen werden, denn die Pièces wurden an Gurten um die Stirn getragen, damit die Hände frei blieben.

War der Sumpfstreifen durchquert und fester Boden unter den Sohlen zu spüren, so türmte sich sofort ein weiteres Hindernis auf. Ein steiles, zerklüftetes Felsufer war zu erklimmen. Mühselig musste man sich an Wurzeln, Ästen, Büschen im Zickzack bergauf quälen. In der Höhe war ein bewaldetes Plateau zu queren, das keine besonderen Schwierigkeiten bot. Aber immerhin waren zwei Meilen zu durchmessen. Dann folgte ein noch schlimmerer Abstieg über einen Kletterpfad in das weit geschwungene Tal, in welchem der Lac du Portage lag. Ein stiller, silberner Spiegel, von hohem, dichtem Röhricht umkränzt, das nur an wenigen Stellen den ungehinderten Zugang vom waldigen Ufer zum Wasser freigab.

Das war sie also, die berüchtigte Portage vom Penobscott zum Lac du Portage.

Pancrace und Justin, die diese Wasserscheide schon mehr als einmal gequert hatten, waren sich vorweg darüber in die Haare geraten, wie lange es dauern würde, die beiden Boote, Proviant, das persönliche Gepäck und alles sonstige Zubehör der Bootsreise in das Einzugsgebiet des Linière zu schaffen, der sie zum Chaudière hinunterleiten sollte. Pancrace hatte vorausgesagt:
»Wir schaffen die Portage in einem halben Tag. Wir reisen ja leicht. Unser eigenes Zeug, ebenso viel an Proviant, die beiden Keulen und das Rückenstück des Hirsches, den Justin vorgestern vom Boot aus geschossen hat, dazu all der Kram, der zum Boot gehört – alles in allem, rechne ich, nicht mehr als sechs, sieben Zentner, höchstens acht. Wir sind fünf Mann, sollten also die Lasten in einem Durchgang schaffen. Im Westen rechnet man bei schwierigen Portagen mit Geschwindigkeiten von einer halben Meile im Durchschnitt. Drei Meilen Portage bis zum Lac du Portage macht sechs Stunden, einen halben Tag also mit Aus- und Einladen.«

Aber Justin hatte ihm entgegengehalten: »Du hast ja die beiden Kanus vergessen, Pancrace. Die kosten uns gut und gern einen weiteren halben Tag, wenn das reicht! Fragt sich auch noch, wer die Kanus hinüberschleppen soll!«

Pancrace wurde böse. Wirklich, er hatte die Kanus vergessen in seinem Eifer, so schnell wie möglich voranzukommen. Weiter, weiter – eilig, eilig, das war ihm längst in Fleisch und Blut übergegangen: »Verdammt ja, das stimmt, Justin. Mir geht alles zu langsam. Im Westen bohrt dir die Angst in den Knochen, der erste scharfe Frost oder ein erster Schneesturm könnten früher einfallen als sonst. Und dann wird es kritisch, und man hockt, wenn man Pech hat, den ganzen Winter irgendwo fest, wo man gar nicht sitzen will. Und der Verdienst lässt auf sich warten oder geht überhaupt zum Teufel. Verdammt nein, mir gefällt das gar nicht. Wir haben schon September und sind noch weit von Montréal.«

»Wir schaffen es«, mischte Walther sich ein. »Immer ruhig Blut, Kinder! Auch mit den Kanus werden wir fertig werden. Das große nehmen Pancrace und ich auf die Schulter, an die dreihundert Pfund, schätze ich. Das kleine Kanu, mit vielleicht zweihundert, wird für Justin und William ohne Weiteres zu zwingen sein. Martine, das ist meine Meinung, sollte nur halbe Packen schleppen.«

Aber Martine widersprach, ruhig und selbstgewiss: »Ich trage die Pièces wie jeder andere.«

Pancrace allerdings, freundlich gönnerhaft, wie stets gegenüber Martine, schränkte ein: »Sachte, sachte, Martinchen! Im Westen trägt jeder Voyageur nicht ein, sondern gleich zwei, die Großtuer schleppen sogar drei Pièces auf einmal. Aber für dich – na ja, wenn du willst … Aber eines ist mehr als genug für dich. Das wirst du schon sehen!«

So war es zwei Tage, bevor sie am Penobscott Lake eintrafen, besprochen worden.

5

Am Vormittag erreichten sie die Tragestrecke, die zum Lac du Portage und damit zum Einzugsgebiet des Flusses Chaudière führte. Das Wetter hatte sich beruhigt. Jene schönen Tage – die schönsten des Jahres – zogen herauf, in denen der müde werdende Sommer Abschied nimmt. Der Gesang der Vögel ist zwar verstummt – die Jungen sind längst flügge! –, aber über dem still gewordenen Land liegt der dunkle Glanz der Reife, Fülle und Wärme wie eine goldene Aura, als feierte die Schöpfung in ruhevoller Andacht ihre eigene Vollendung. In der unmerklich sachte zunehmenden Kühle der Abende und Morgen kündigt sich das Nahen des Herbstes an. Hier und da welkt ein Halm, gilbt ein vor der Zeit schwach werdendes Gesträuch. Der Himmel spannt sich wolkenlos den ganzen Tag über der Wildnis, leuchtend, glänzend, als wäre er aus straff gespannter allerblauester Atlasseide. Zugleich aber weht über die stillen, schimmernden Weiten ein Hauch von Melancholie – ein solches Übermaß an Pracht und Vollkommenheit ist nicht, kann nicht für die Dauer bestimmt sein, lässt schon den Untergang ahnen.

Die fünf Ruderer in ihrem Boot mit dem kleinen Kanu im Schlepp, die über den spiegelblanken See Penobscott fuhren, waren strahlender Laune und machten so dem schönen Tag alle Ehre. Allerdings kam es Walther Corssen, wenn er sich im Heck des Kanus erhob, um das Fahrwasser, aber auch die vier Gefährten zu überblicken, so vor, als hätte seit dem frühen Nachmittag des vorigen Tages die Kraft Martines nachgelassen. Sie saß ihm halblinks am nächsten.

Schließlich konnte er nicht länger bezweifeln, dass sie ihrer

Schuldigkeit nicht mehr wie all die Tage zuvor nachkam. Ihr Paddel tauchte zwar im Takt der anderen, wie Pancrace, ganz vorn im Boot, ihn vorschrieb – aber es war kein rechter Druck mehr dahinter, wenn sie es längs der Bordwand durchs Wasser stemmte. Auch sank sie manchmal in sich zusammen, sodass ihr Rücken sich krümmte. Dann raffte sie sich auf, machte den Hals steif – im Nacken saß die Schleife des roten Kopftuches, unter dem sich ihr schwarzes Haar verbarg – und zog für eine Weile wieder das Paddel kräftiger durchs Wasser. Doch nur, um bald von Neuem zu erlahmen.

Walther beobachtete sie mit steigender Besorgnis, hütete sich aber, etwas darüber verlauten zu lassen.

Die anderen merkten offenbar nichts. Es war eine wahre Lust, das Kanu über die blinkende Flut zu treiben. Die Bugwellen zogen als zwei schnurgerade Silberzeilen über das dunkle Wasser den fernen Ufern zu: Flanken einer großen Pfeilspitze, die auf das westliche Ufer des Penobscott-Sees zielte.

Pancrace war in seinem Element. Dies war das Leben, das ihm gefiel: ein schnelles Boot unter den Füßen, verlässliche Gefährten, große Pläne, Abenteuer, Gewinn vor sich in der Zukunft und ringsumher das wilde, große, leere Land – unbändige Freiheit. Und als ein rechter Coureur de bois begann er die alten Ruderlieder zu singen, die Gott weiß wer im französischen Kanada erdacht hatte, an denen Dutzende, Hunderte von Kanumännern gedichtet hatten, einen lustigen, saftigen, frechen, verwegenen Vers nach dem anderen.

Justin und William hatten längst gelernt, wie gut es sich im Takt der Lieder rudern ließ. Sie schmetterten am Schluss der Verse den Refrain über den stillen See, dass es hallte.

Schon war ihr Ziel an der Küste der weit nach Westen vorstoßenden Bucht zu erkennen, ein heller schmaler Uferstreifen. Dort würden flaches Wasser und fester Grund die Landung erleichtern. Pancrace stemmte sein Paddel schneller als bisher ins Wasser. Die anderen hielten mit. Auch William war

»über den Berg«. Er spürte kaum noch, wie mörderisch das Tempo geworden war. Nur Martine – sie bewegte zwar ihr Paddel in eiligerem Tempo wie die anderen, aber Walther spürte wohl, dass sie kaum noch mitzog.

Pancrace ließ das Boot sausen und sang die letzten Verse:

> *Le jeu de cartes aussi de dés –*
> *O! qu'il est malaisé!*
> *Le jeu des dames après souper –*
> *Tu n'entends pas l'usage –*
> *O! qu'il est malaisé d'êtr'amoureux et sage.*
>
> *Le jeu des dames après souper –*
> *O! qu'il est malaisé!*
> *Le jeu de nouveaux mariés –*
> *Tu n'entends pas l'usage!*
> *O! qu'il est malaisé d'êtr'amoureux et sage –.*
>
> *Das Kartenspiel und das Würfelspiel*
> *Oh – dass es doch so schwierig ist!*
> *Das Spiel der Damen nach dem Abendessen –*
> *Du verstehst bloß nichts davon!*
> *Oh, dass es doch so schwierig ist, verliebt und klug zugleich zu sein!*
>
> *Das Spiel der Damen nach dem Abendessen*
> *Oh, dass es doch so schwierig ist!*
> *Das Spiel von frisch vermählten Leuten –*
> *Du verstehst bloß nichts davon!*
> *Oh, dass es doch so schwierig ist, verliebt und klug zugleich zu sein!*

Und William und Justin hatten mitgeschmettert: »*O! qu'il est malaisé d'êtr'amoureux et sage!*«, obgleich sie beide nicht recht wussten, warum es so schwierig sein sollte, gleichzeitig verliebt und weise zu sein, denn weder in der einen noch in der anderen Hinsicht hatten sie bisher genügend Erfahrungen gesammelt.

Die beiden stiegen vorsichtig und zur selben Zeit über Bord ins Wasser, um das Boot gleichmäßig zu entlasten. Pancrace hatte das Kanu bei den letzten Zeilen des Liedes zum Stehen gebracht. Jetzt musste es mit viel Vorsicht aufs Trockene gehoben werden. Aber zunächst war es zu entladen.

Nun war sie also erreicht, die gefürchtete Portage zum Lac du Portage. Pancrace, der, wie stets an solchen Tagen, nie genug bekommen, nie ein Ende finden konnte, wollte noch am gleichen Abend damit beginnen, wenigstens den Hauptteil des Gepäcks über die Wasserscheide hinwegzuschaffen.

Aber Walther hatte beim Aussteigen endlich einen Blick in Martines Gesicht werfen können und war erschrocken. Sie schien sehr blass. Unter ihren Augen lagen dunkle Ringe. Ihre Züge waren von Müdigkeit beschattet.

Walther erwiderte also: »Es sitzt uns niemand mit der Peitsche auf den Fersen, Pancrace. Morgen ist auch noch ein Tag, und das Wetter wird genauso prächtig sein wie heute. Wir sollten heute Abend fischen und uns was Gutes in die Pfanne fangen.«

Pancrace murrte zwar, aber Fischen war auch nicht schlecht, und eine gebratene Forelle erst recht nicht.

Walther hatte den dankbaren Augenaufschlag Martines wohl bemerkt. Das Mädchen in dem weiten Hemd und den engen Lederhosen des Bruders machte kein Hehl daraus, wie erleichtert es war, dass die Plackerei des Tages vorüber sein sollte.

Pancrace und William stiegen in das kleine Kanu, entfernten sich mit einigen Paddelschlägen vom Ufer, ließen sich treiben und hängten die Angel ins Wasser.

Walther und die beiden Geschwister bereiteten inzwischen

das Lager. Justin hatte Feuerholz zu beschaffen. Als Walther mit Martine allein war, fragte er ganz vorsichtig: »Ist dir etwas, Martine?«

Sie wandte sich errötend ab: »Ach nein, nichts Besonderes.« Sie wollte offenbar nicht gefragt werden. Walther fragte nicht weiter. Er war beunruhigt, wusste aber nicht, wie er sich Martines Schwäche und Befangenheit erklären sollte.

Kaum graute der Morgen, erhob sich Pancrace von seinem Lager, das er sich jede Nacht sorgfältiger als die anderen aus Tannenzweigen und Moos bereitete. Er war in der Tat ein unerbittlicher Lehrmeister, und nichts erschien ihm zuverlässig richtiger, als dass ein Coureur de bois auf langer Kanureise sein Tagewerk vor Tau und Tag beginnen müsste.

Martine hatte sonst mit Walther Corssen darin gewetteifert, gleich nach Pancrace auf den Beinen zu sein. Die beiden Burschen, William und Justin, versuchten jeden Morgen von Neuem, zehn Minuten oder eine Viertelstunde an Extraschlaf zu erschleichen, jedoch meistens nicht mit viel Erfolg, denn Pancrace kannte kein Erbarmen.

An diesem Morgen aber war es Martine, die kaum aufzuwecken war. Als sie sich endlich aus ihrer Decke gewickelt hatte, sah sie nach Walthers Meinung noch blasser und müder aus als am Abend zuvor. Auch verschwand sie länger zwischen den Büschen des Ufers, als sonst beim Aufbruch am frühen Morgen üblich war.

Pancrace drängte: »Frühstück heute später als sonst! Nicht ehe wir mit der ersten Partie am Lac du Portage angekommen sind. Wird einige Stunden dauern. Walther und ich beginnen mit dem großen Kanu. William und Justin frachten je einen Pack, nur Proviant. Martine nimmt nichts weiter als ihren Proviant, also ein halbes Pack. Wir bleiben zusammen, damit ihr Walther und mir notfalls beim Hochwuchten des Bootes am steilen Uferhang helfen könnt.«

Keiner widersprach. Die Arbeit begann stets lange vor dem Frühstück. Jeder war sich darüber im Klaren, dass an diesem Tag besonders harte und gefährliche Mühe auf ihn wartete. Es arbeitete sich umso vieles leichter und schneller, wenn der Magen leer blieb und auch über Tag mit nur wenigen Bissen beruhigt wurde, damit er nicht knurrte. Abends jedoch wurde in aller Ausführlichkeit gespeist, und jedermann aß sich rundum satt. Es schlief sich dann besser. So wenigstens lautete die Regel auf weiten Kanureisen.

Walther wunderte sich, dass Martine sich ohne ein Gegenwort nur ein halbes Pièce von Pancrace hatte anweisen lassen. Das hätte sie noch vor zwei Tagen nicht anerkannt, da hätte sie auf mindestens einem Pièce von etwa neunzig Pfund bestanden, wie es jeder Voyageur über eine Portage zu schleppen hatte.

Wieder fragte Walther in einem ungestörten Augenblick: »Dir fehlt doch etwas, Martine?«

Unwillig und verlegen wehrte sie abermals ab: »Nichts fehlt mir. Es ist alles in Ordnung. Lass nur, Walther!«

Den freilich überzeugte das nicht.

An diesem Vormittag verging den Männern der Spaß, obgleich die Sonne bald wie am Tag zuvor aus blauem Himmel lachte und das wilde, üppige Land weithin leuchtete. Über den tückischen Sumpfriegel hatte sich das schwere Boot noch ohne Zwischenfall hinübertragen lassen. Weder Pancrace noch Walther waren ausgeglitten. William allerdings war gestolpert und in dem verzweifelten Bemühen, seine Last vor dem Sturz in den Sumpf zu bewahren, selbst bis über die Knie in den Morast geraten, ehe er sich wieder fangen und auf ein nächstes festes Graspolster retten konnte. Martine hatte sich sofort aufgemacht und war vor den vier anderen abgezogen. Das war kaum aufgefallen. Jeder hatte mit der eigenen Aufgabe genug zu tun.

Das Boot indessen den groben, zerklüfteten Steilhang hinaufzuschaffen, es in diese bedrohliche Wand hinein- und hinaufzubugsieren, das hatte selbst Pancrace und Walther, die beiden starken, erfahrenen Männer, überfordert. Der Weg hinauf war zwar erkennbar, die Indianer benutzten ihn sicherlich schon seit Generationen, doch das half wenig. Es war kein Weg, es war nur ein Klettersteig.

Die Rindenhaut des Kanus war sehr empfindlich, sosehr sie sich auch im Wasser als leichte und dichte Außenwand bewährte. Von der Innenseite her schirmten die Längsrippen, die Spanten* und die Bodenbretter die Birkenrinde der Außenhaut sicher ab, sodass einem solchen Boot außer der Rudermannschaft Lasten bis zu dreitausend Pfund zugemutet werden konnten. Rutschte aber einer der für ein solches Kanu benötigten zwei Träger, die das Fahrzeug, wie es im Wasser schwimmt, mit der Öffnung nach oben also, auf der gepolsterten Schulter beförderten, auf steinigem, steilem Pfad aus, schlug die Rindenhaut auf spitze Felsen oder stieß sie gegen grobe Äste, so zerfetzte sie sofort – und musste dann mühsam und mit großer Sorgfalt geflickt werden. Zugeschnittene Rindenstücke, besonders zubereitetes, mit Fett erweichtes Baumharz zum Kleben und lange, dünne Fichtenwurzeln zum Nähen – Wattap* genannt – führte jedes ordentliche indianische Kanu auf langer Reise stets mit sich. Ein solches Kanu der Waldindianer des amerikanischen Nordens kam ohne ein einziges Stück Metall aus, benutzte nur Werkstoffe, wie die wilde Natur sie so gut wie überall anbot, und erschloss den umherziehenden Menschen die unabsehbaren Weiten ihres Erdteils über die einzigen vorgegebenen, tausendfach verzweigten Straßen. Die des Wassers.

Die vier Männer hatten alle Hände voll zu tun, das Boot und ihre Packs unbeschädigt den Steilhang hinauf, über das die eigentliche Wasserscheide bildende Hochplateau hinweg und dann einen ebenso bösartigen Steilhang hinunter ohne wesentliches Missgeschick an das Ende dieser vermaledeiten

Tragestrecke zu befördern. Am halben Vormittag öffnete sich endlich vor ihren Blicken der stille Spiegel des Lac du Portage, ihr Ziel. Vorsichtig hoben Pancrace und Walther das Boot von den schmerzenden Schultern und betteten es in den Ufersand.

Bald waren auch William und Justin da, lösten die schweren Packs aus den Stirnriemen und stellten sie ab. Die Männer waren in Schweiß gebadet. Justin meinte auf seine besonnene Art: »Man sollte gleich ins Wasser steigen, aber vorläufig ist wohl keine Zeit dazu. Wir müssen noch das Übrige heranschaffen.«

Da rief William plötzlich: »Wo ist Martine geblieben?«

Ja, wo war Martine, um alles in der Welt? Hier, am Lac du Portage, war sie jedenfalls nicht.

Die Männer waren so sehr mit sich selbst und ihrer Aufgabe, das Kanu unverletzt über den widerspenstigen Landrücken zu schleppen, beschäftigt gewesen, hatten alle Sinne und Sehnen so pausenlos anspannen müssen, dass sie keinen Gedanken an Martine hatten verschwenden können. Sie, das schwächste Glied der Mannschaft, hatte ihren Arbeitsanteil zugewiesen bekommen. Wie sie ihm gerecht wurde, das blieb ihr überlassen.

Jeder der Männer hatte sich gesagt: Überlastet ist sie nicht, sie wird es schaffen – und hatte sie, selbst aufs Äußerste beansprucht, vergessen.

Wo war Martine? Sorge, ja, Angst sprang die Männer an. Und bitter kam ihnen in diesen Minuten zu Bewusstsein: Sie ist ja nicht wie wir. Wir haben uns nur täuschen lassen. Sie ist ein Mädchen.

Hastig wurde beraten. Hatte sie sich verlaufen? Das war so gut wie ausgeschlossen, der Tragepfad verästelte sich zwar hier und da, musste aber einem an den Wald gewohnten Menschen wie Martine überall deutlich erkennbar geblieben sein. War ihr ein Bär begegnet, ein verrückt spielender Elch, und hatte sie angefallen? War sie gestrauchelt und hatte sich Schaden getan? Und was alles sonst konnte ihr passiert sein!

Pancrace entschied: »Wir halten uns nicht auf. Es ist keine Zeit zu verlieren. Einer muss hier bleiben, am besten du, Walther. Wir anderen drei machen uns sofort auf den Rückweg. Sollte sie sich inzwischen anfinden, lässt du sie hier, Walther, und kommst uns nach.«

Es blieb keine andere Wahl. Die Männer schöpften ein paar Hände voll des glasklaren, kühlen Seewassers in den Mund, spülten sich Gesicht und Hände zu oberflächlicher Erfrischung und säbelten sich ein faustgroßes Stück Pemmikan von einem schon angebrochenen Streifen Hirschfleisch, um ihn unterwegs zu kauen. Dann machten sich ohne Aufenthalt auf den Rückweg durch den Waldstreifen, der das Seeufer von dem Anstieg auf den Landrücken der Wasserscheide trennte. Walther blieb allein zurück.

Er machte sich harte Vorwürfe. Ihm als Einzigen war der veränderte Zustand Martines nicht entgangen. Er war der Ältere. Er hatte sich im Geheimen angesichts der unverdrossenen Tapferkeit des Mädchens schon für sie verantwortlich gefühlt, als sei sie ihm anstelle der im fernen Nova Scotia zurückgebliebenen Tochter Anna anvertraut. Er hätte darauf bestehen müssen, dass Martine während der Portage in seiner Nähe blieb. Wie sehr doch er und William, erstaunlicherweise auch Pancrace, mit den Geschwistern Martine und Justin schon zu einer Gemeinschaft zusammengewachsen waren, beinahe zu einer Familie! Schmerzhaft wurde ihm das deutlich, während er vom Landeplatz aus den Strand ein paar hundert Schritte nach beiden Richtungen abschritt, sein Trockenfleisch kauend, dies zähe, würzlose, aber nahrhafte Brot der Wälder. Vielleicht war sie an anderer Stelle auf den Lac du Portage gestoßen als die vier und ruhte sich irgendwo aus?

Es war immer etwas zu verrichten. Die Qual der Ungewissheit war am ehesten zu bestehen, wenn man sich zu schaffen machte. Walther stülpte das Kanu auf seine Borde und begann, die Nähte, welche die Rindenstücke der Außenhaut miteinander verbanden, sorgfältig zu untersuchen. Von Zeit zu Zeit waren sie zu überprüfen und notfalls neu zu verschmieren, damit sie dem Wasserdruck standhielten. Walther fand einige Stellen, die ihm verdächtig schwach vorkamen und am besten sofort neu kalfatert* wurden. Er entfachte ein Feuer, um das Fichtenharz geschmeidig, beinahe flüssig zu machen, sodass es verschmiert werden konnte. Er bückte sich, um den Eisentopf mit dem Harzbrei zwischen die brennenden Scheite des kleinen Feuers zu schieben. Als er sich wieder aufrichtete, sah er sie.

Dort, wo der Pfad der Tragestrecke zwischen den Schwarzfichten des Waldriegels auf das Seeufer hinaustrat, stand sie gebeugt – mit dem ledernen Trageband über der Stirn und der Last im Rücken –, stützte sich mit der rechten Hand ungeschickt an den nächsten Baum.

Sie hielt sich kaum noch aufrecht.

»Martine!«, rief Walther entsetzt. Angesichts des Ziels schien die Kraft sie endgültig zu verlassen. Sie knickte kläglich in den Knien ein und sank seitwärts zu Boden, wobei die Last den keinen Gegendruck mehr leistenden Kopf am Stirnband so weit nach hinten zerrte, als sollte ihr das Genick gebrochen werden.

Walther kniete neben ihr nieder. Sie war in eine tiefe Ohnmacht gefallen. Sie hatte keinen Tropfen Blut mehr im Gesicht, was selbst noch unter ihrer braunen Haut zu erkennen war. Ihre Lippen zeigten nur ein blasses Rosa. Unter den geschlossenen Augen lagen dunkle Ringe.

Walther schob das Trageband von ihrer Stirn. Ihr Kopf fiel nach vorn und zur Seite, war nun nicht mehr so schrecklich im Nacken abgewinkelt. Mit dem Stirnband hatte Walther das rote Kopftuch fortgeschoben. Schwarz quoll ihr krauses Haar darunter hervor. Dies Gesicht mit den kräftig gezeichneten

Umrissen, der leicht bebenden Nase, den halb geöffneten Lippen und den geschwungenen Brauen über den tief umschatteten Augen war schön.

Aber das war jetzt nicht wichtig. Er musste sie aus ihrer verkrampften Lage befreien. Er zog das halbe Pièce, das sie getragen hatte, unter ihren Schultern fort, sodass sie flach auf dem Rücken liegen konnte. Er wollte ihre angewinkelten Beine in die Länge strecken – und hielt verwirrt inne, wie vor den Kopf geschlagen. Dort, wo die engen alten Lederhosen des Bruders zum Oberteil zusammenwuchsen, hatte sich ein dunkler, feuchter Fleck ausgebreitet, groß wie eine Hand. Walther hatte genug Verletzte und Tote in seinem Leben gesehen, um zu wissen, wie durchblutetes Tuch oder Leder aussah. Walther legte sachte ihre Beine lang. Nun ruhte sie endlich entspannt.

Herr im Himmel – er wischte sich mit der Rechten über die Stirn –, warum ist mir das nicht längst klar geworden! Sie ist jetzt gute drei Wochen bei uns. Natürlich, sie ist ein Mädchen. So dumm und ahnungslos hätte ich mich nicht anstellen dürfen! Sie war in ihre schlechten Tage geraten. Er hätte dafür sorgen müssen, sie ohne Aufsehen von jeder schweren Arbeit zu befreien. Stattdessen hatte auch er erwartet, dass sie wie die Männer ihren Beitrag lieferte.

Sie hatte die Zähne zusammengebissen, um sich nicht zu verraten – vor all den dummen Männern.

Kleine, tapfere Martine, vor mir hättest du dich nicht zu schämen brauchen. Pancrace war nie verheiratet und die beiden Jungen sind es noch nicht. Aber ich war es, sehr und ganz und gar. Mit mir hättest du reden können.

Ob ich ihr ein wenig frisches Wasser einflöße? Schon lief er zum Strand, schöpfte einen Becher voll, eilte zu Martine zurück. Sie hatte sich nicht bewegt. Doch atmete sie nicht mehr gepresst wie zuvor, sondern viel gleichmäßiger. Er netzte ihr Stirn und Schläfen. Ihre Augenlider zitterten. Plötzlich holte sie sehr tief Atem, öffnete die Augen, ganz wach mit einem

Mal, erkannte den über sie gebeugten Gefährten, der ihr Vater hätte sein können: »Walther! Du bist da, Gott sei Dank!« Sie richtete sich auf und trank den Becher leer, ließ sich wieder zurücksinken, schloss die Augen von Neuem. Sie flüsterte: »Dir hätte ich es sagen sollen, Walther. Du weißt, wie es den Frauen geht. Ich wollte nicht schwach werden. Ich wollte mit euch mithalten. Ich bin bis hierher gekommen. Weiter nicht. Ich habe es nicht geschafft.«

Was war darauf zu sagen? Walther wusste keine Antwort. Er murrte nur: »Bist ein tapferes Mädchen, Martine.«

Ein Lächeln huschte wie ein Hauch um ihre Mundwinkel. Sie dehnte sich ein wenig, war ganz beruhigt.

Nach einer Weile sagte Walther: »Die drei anderen haben sich sofort auf den Rückweg gemacht, als wir dich hier nicht vorfanden. Sie wollen sehen, wo du abgeblieben bist. Du musst ihnen begegnet sein.«

Sie richtete sich halb hoch und stützte sich auf den rechten Unterarm: »Nein, ich habe niemanden getroffen. Aber mir ist schon einmal schwach geworden. Als ich die Hochfläche überquert hatte. Ich fürchtete mich vor dem steilen Abstieg. Um mich vorher auszuruhen, suchte ich mir einen geschützten trockenen Platz unter dem Wurzelballen einer gestürzten Fichte. Ich mag eine Viertel-, höchstens eine halbe Stunde dort geschlafen haben. Die drei werden an mir vorbeigelaufen sein, als ich schlief.«

Eine andere Erklärung war nicht denkbar. Walther bekannte, dass auch er sich auf den Rückweg zum Penobscott machen müsste. Sonst würden die anderen sicherlich weit umher die Gegend, das Plateau und den Kletterpfad absuchen – und viel Zeit ginge verloren. Er schloss: »Kann ich dich für ein paar Stunden hier allein lassen, Martine? Und dann – damit ich das den anderen unterwegs beibringe und sie dich nicht mit ungeschickten Fragen ärgern: Wann wohl wirst du wieder ganz auf Deck sein?«

»Ich denke, übermorgen früh bestimmt, wenn ich mich inzwischen einigermaßen ruhig halten kann. Geh nur, Walther! Ich werde inzwischen ein gutes Essen richten.«

Was Walther gefürchtet hatte, war in der Tat geschehen. Als Pancrace, Justin und William weder unterwegs noch am Beginn der Portage am Gestade des Sees Penobscott Martine gefunden hatten, mussten sie doch sofort feststellen, dass das für sie bestimmt gewesene halbe Pack sich nicht mehr unter den zurückgebliebenen Pièces befand. Abmarschiert war sie also!

Pancrace meinte schließlich:

»Wir finden vielleicht eine Spur, die uns verrät, wo sie vom Weg abgewichen ist. Wir müssen rechts und links hundert Schritt vom Weg langsam zurücksuchen. Es muss ein Zeichen zu finden sein. Sie kann sich nicht in Luft aufgelöst haben.«

Es war ihm anzumerken, wie zornig er war, dass ihm, einem waschechten Coureur de bois, jede Erklärung dafür fehlte, wo und wie die Gesuchte verschwunden war.

Gründlich durchstöberten sie den weiteren Umkreis des Landeplatzes. Nichts! Sie machten sich, weit ausgefächert, auf den abermaligen Rückmarsch. Inzwischen war der Mittag längst vorüber.

William hatte sich an Justins und Pancrace Matthieus Debatte über das, was zu geschehen hätte, nicht beteiligt. Er war außerstande, sich vernünftig zu äußern. Ihn quälte eine Furcht, wie er sie noch nie erlebt hatte. Martine durfte nichts passiert sein! Meiner Martine – es darf ihr nichts passiert sein! Meine Martine? Warum »meine«? Ach, darauf war kein Reim zu machen. Eins nur war jetzt wichtig: sie zu finden und ihr zu helfen, wenn noch zu helfen war. Heilige Mutter Gottes! Sein Herzschlag setzte für einen Takt aus.

»Ich nehme den äußeren rechten Flügel, Pancrace«, sagte er.

»Wir dürfen uns nicht ganz aus den Augen verlieren, müssen etwa auf gleicher Höhe bleiben.«

Gewiss, das verstand sich. Sie zogen los, alle drei mit großer Sorge im Herzen. Justin allerdings konnte nicht anders, er musste seiner Erregung Luft machen: »Ich habe ja gleich gesagt, dass ein Mädchen, und wenn es auch meine Schwester ist, im Kanu auf langer Reise ...«
»Nichts zu suchen hat«, hatte er sagen wollen. Aber Pancrace schnitt ihm, wütend fast, das Wort ab:
»Verdammt, Justin, was faselst du! Wir haben sie mitgenommen. Sie gehört zu uns und wir müssen sie finden. Es sind auch schon Männer spurlos verschwunden in den Wäldern, das kann ich dir sagen. Los jetzt, und die Augen offen halten!«
Pancrace lief auf dem Pfad der Tragestrecke dem zum Penobscott eilenden Walther Corssen in die Arme.
»Walther! Was ist?«
Walther versuchte, die Zusammenhänge aufzuklären. Justin hatte sich ebenfalls eingefunden. Auch Martines körperlichen Zustand versuchte Walther anzudeuten. Ihm fehlten die richtigen Worte. Besonders Pancrace folgte ihm nur missmutig und halb ungläubig. Die Beziehungen des Waldläufers zum weiblichen Geschlecht hatten sich bis dahin auf gefällige Gelegenheiten, etwa bei den Schlunzen* in den Kneipen von Montréal oder bei den Indianerweibern in den schon verdorbenen Dörfern am St. Lorenz oder dem Ottawa beschränkt. Martine, ja, ein Mädchen«, jung und gut katholisch, das war natürlich etwas vollkommen anderes. Sie war doch blutjung – und trotzdem? Also gut, so genau wollte er das alles gar nicht wissen. Ihm kam es darauf an, dass man nach so viel überflüssigem Aufenthalt endlich mit der Portage fertig wurde! Justin hatte sich nicht beteiligt. Er war mit sich Unreinen – und mit allen anderen auch.

Wohin aber war William entschwunden? Der hatte sich offenbar von seiner Furcht und Sorge um Martine weit vom Pfad der Tragestrecke locken lassen. Das Auftauchen seines

Vaters hatte er gar nicht wahrgenommen. Die anderen warteten eine Weile, riefen nach ihm, suchten auch ein wenig in der Richtung, die er eingeschlagen haben musste.

Walther entschied endlich: »Wir versäumen zu viel Zeit. Der halbe Nachmittag ist schon herum. William wird sich anfinden. Er kennt sich in den Wäldern aus. Wir haben das kleine Kanu an den Lac du Portage zu schaffen und ein halb Dutzend Packs. Wenn wir das heute noch bewältigen wollen, dann ist keine Zeit zu verlieren.«

Pancrace knurrte: »Das stimmt, in drei Teufels Namen!«

Walther allerdings hegte Hintergedanken. Ihm kam es darauf an, die Portage möglichst auszudehnen. Er wollte für Martine den ganzen nächsten Tag als Rasttag sichern, damit sie wieder voll zu Kräften kam. Walther schätzte, dass ohne William der Rest der Ladung, dazu das kleine Kanu Martines, bis zum Abend nicht mehr über die Wasserscheide geschafft werden konnte.

Er hatte sich nicht verschätzt. Es stellte sich am See Penobscott schnell heraus, dass ohne William, der sich nicht wieder eingefunden hatte, der Rest der Ladung, das Bootsgerät und Martines Kanu nicht mehr vollständig fortzuschaffen waren.

Es war an Walther, mit gut gespieltem Ärger seine Kappe zu Boden zu werfen: »Soll mich doch dieser und jener! Ich habe genug für heute an Aufregung und Schufterei. Verdammtes Hin und Her! Wir schaffen es nicht, bringen all das Zeug nicht mehr über die Höhe – ohne William. Müssen den morgigen Tag dazu nehmen. Mit William holen wir alles auf einmal weg. Warum wollen wir uns heute länger quälen? Ich mache nicht mit. Wir marschieren ohne Last zum Lager zurück, machen uns einen leichteren Abend. Steht schon so in der Bibel: Es ist genug, dass ein jeder Tag seine eigene Plage habe!«

Martine hatte sich große Mühe gegeben, die Männer für die Sorge und Mühe zu entschädigen, die sie ihnen bereitet hatte, obgleich das wahrlich nicht ihre Absicht gewesen war. Sie hatte sich in dem schon zu Wasser gesetzten großen Kanu an langer Leine auf den See hinaustreiben lassen und die Angel ins Wasser gehalten. In knapp einer halben Stunde hatte sie ein paar prächtige Regenbogenforellen und einen an die acht Pfund schweren Rotlachs gefangen. Das sollte ausreichen, um selbst nach einem so aufgeregten und harten Tag nicht nur den heißesten Hunger von vier starken Männern zu stillen, sondern sie auch zu verlocken, sich einmal nach Herzenslust den Magen rund und voll zu schlagen. Das gehörte auf einer langen, alle Kräfte beanspruchenden Bootsreise zum guten Brauch, ja, es war notwendig, um das innere und äußere Gleichgewicht der Ruderer zu erhalten.

Die scharf gewürzte Wildfleischsuppe, die Martine dem Hauptgericht vorausgeschickt hatte, und dann die gebratenen Fische selbst mit ihrem festen und zugleich zarten Fleisch hatten allen prächtig gemundet.

Das Mahl war beendet, der Abend sank, schon glimmten die ersten Sterne. Wie ein schwärzlicher Spiegel – so still ruhte der Lac du Portage vor ihren Blicken, die sich gern verführen ließen, einmal und noch einmal darüber hinzugleiten, bis zu den dunklen Wäldern an fernen und ferneren Ufern. Bald würde alles im noch tieferen Dunkel der Nacht versinken.

William hatte sich, wie von seinem Vater vorausgesagt, gegen Abend wieder eingefunden. Er war von seinen besorgten Vorstellungen, was Martine passiert sein konnte, vom Pfad der Tragestrecke allzu weit auf Ab- und Umwege verleitet worden. Walther Corssen hatte den Sohn hastig darüber aufgeklärt, wie und warum Martine abhanden geraten war. William hatte die Hinweise des Vaters nur unvollkommen begriffen. Sie verwirrten ihn. Bei den Corssens, die aus streng lutherischer Umwelt stammten und auf dem Boden des neuen Erdteils ins ebenso streng Katholische der französischen Akadier und Kanadier geraten waren, wurde die Verschiedenheit der Geschlechter, das Geschlechtliche überhaupt, nur mit einer wie schuldbewussten Befangenheit zur Kenntnis genommen, offen erörtert wurde sie nie.

Fast noch stärker als durch die vagen Worte des Vaters wurde William durch einen anderen Umstand verwirrt. Der hatte ihm anfangs fast die Sprache verschlagen. Martine hatte nämlich die Stunden, seit Walther Corssen sie allein gelassen hatte, dazu genutzt, nicht nur ein großes Abendessen vorzubereiten, sondern sich von dem Ruderer einer Kanumannschaft in ein Mädchen zurückzuverwandeln. Sie hatte die Hosen des Bruders ausgezogen, gewaschen und weit abseits am Zweig eines Zuckerahorns verschämt zum Trocknen aufgehängt. Dann hatte sie den Pack geöffnet, den sie mit großer Mühe über die Wasserscheide getragen hatte, und ihm den weiten, bis zur halben Wade reichenden roten Rock entnommen. Er war aus selbst gesponnener, gefärbter und gewebter Wolle gefertigt, die von den eigenen Schafen stammte. Und es war der Rock, den Martine damals getragen hatte, als William sie im Wald beim Beerenpflücken überrascht hatte. Der rote Rock brachte ihm auf der Stelle die Worte zurück, die sie gesungen hatte:

> *Mon père et ma mère*
> *n'ont que moi d'enfant.*
> *Encore, ils m'ont fait faire*
> *un bon cotillon blanc.*
> *Je n'aimerai jamais*
> *qu'à l'âge de quinze ans.*

Nun war sie doch schon fünfzehn Jahre alt!

Nicht nur William, auch die anderen drei Männer hatten es, als sie zum Lac du Portage zurückkehrten, wie einen leichten Schlag verspürt, dass sich Martine ihnen nicht mehr als junger Bursche, sondern als ein unbestreitbar weibliches Wesen präsentierte. Dazu das prächtige Mahl – nur eine Frau konnte es so angenehm zubereiten und austeilen. Doch verlor niemand ein Wort darüber. Und erst recht nicht über die Ursache, die hinter Martines Wandlung zu vermuten war. Die Männer hätten sich eher die Zunge abgebissen, als darüber zu sprechen.

Das Abendessen war vorüber, das Feuer neu geschürt. Sein Schein schloss die fünf Menschen wie in eine enge, rötlich erhellte Kammer ein, um welche grenzenlos weit die Nacht wartete. Irgendetwas zu dem, was sich unter ihnen ereignet hatte, musste nun gesagt werden. Walther Corssen war ohne besonderen Beschluss zum Anführer der kleinen Schar aufgerückt. Er also hätte sprechen müssen, aber ihm wollte nicht einfallen, wie zu sagen war, was zu sagen war. Umso mehr war er erleichtert, als Martine das Schweigen brach. Sie hatte sich offenbar gut überlegt, was sie den Gefährten ohne Umschweife und ohne die Befangenheit, die den Männern die Zunge lähmte, auseinandersetzte:

»Ihr Männer seid heute sehr gut zu mir gewesen und ich danke euch für euren Beistand, Walther, Pancrace und William. Justin war von Anfang dagegen, mich mitzunehmen. Ich bin meinem Bruder deshalb gram gewesen, aber jetzt weiß ich, dass er recht gehabt hat. Auf kurzen Reisen würde ich euch nicht zur Last fallen und könnte mich nützlich machen. Aber auf langen Reisen – und was ihr vorhabt, sind sehr lange Reisen – würde ich nicht mithalten können. William und Justin, die werden sicherlich einmal so starke und geschickte Voyageurs sein wie Pancrace. Und Walther – Walther ist so erfahren und versteht alles, wie mein Vater alles verstanden hat in Wald und Feld. Das ist sehr viel! Später, von Montréal aus, werdet ihr zwei weitere Männer anheuern, vielleicht auch ein größeres Boot kaufen, damit ihr mehr Last in das Pays d'en haut mitnehmen könnt. Was sollt ihr da mit einer halben Kraft wie mir anfangen! Beim bloßen Rudern mag ich es euch vielleicht noch gleichtun. Aber auf den Portagen, wenn es darauf ankommt, einhundertundachtzig Pfund an die Stirn zu nehmen – das werde ich niemals zwingen. Und dann …«, sie zögerte, wenn auch nur einen Augenblick, und ihre Stimme schwankte ein wenig. Tapfer fuhr sie fort: »Alle vier Wochen wird es mir so ergehen, wie es mir in diesen Tagen ergeht, und wird nicht nur euch, sondern auch die fremden Männer daran erinnern, dass ich kein richtiger Milieu bin und auch keiner werden kann. Und dann gibt es Ärger. Das kann ich euch nicht zumuten. Und mir auch nicht. Ich werde mich also von euch trennen. Solange es noch nicht zu spät ist.«

Sie schwieg, blickte keinen an, starrte in die mageren Flammen des zusammensinkenden Feuers.

Walther Corssen raffte sich auf. Sie verfügte offensichtlich in mancher Hinsicht über mehr Courage als jeder der Männer, tapferes Mädchen, das sie war! »Was willst du tun, Martine? Was schlägst du vor?«

Martine erwiderte sehr bestimmt:

»Ich schlage nichts vor, Walther. Ich weiß, was ich zu tun habe. Es ist ganz einfach. Ich kehre wieder um. Nach Grande Chute, woher ich gekommen bin. Ich werde mit allem fertig werden.«

Niemand hatte William beachtet, der seinen Platz ein wenig abseits vom Feuer eingenommen hatte. Niemand hatte darauf geachtet, dass, während Martine tapfer ihr Sprüchlein aufsagte, Zorn, Angst, Mitleid über sein Gesicht huschten, wie Wolkenschatten über eine offene Landschaft fliegen. Übermäßig laut, sodass alle Augen sich ihm zuwandten, ließ er jetzt seiner Erregung freien Lauf:

»Wenn Martine über den St. John wieder zurückfährt, soll sie nicht allein bleiben. Die Reise ist zu lang und zu gefährlich. Ich gehe mit ihr!«

Justin, in ruhigem Ton und besonnen, aber nicht weniger

bestimmt als Martine, erwiderte:»Immer das Gleiche: Erst unternimmst du etwas, und dann denkst du nach, anstatt es umgekehrt zu machen. Du hast die Marsaults, unsere guten Nachbarn, und ganz besonders Jean Marsault vor den Kopf gestoßen, obgleich sie bester Absicht waren. Bist ihnen einfach davongelaufen! Du solltest wissen, Martine, wie die Leute sind in Grande Chute, allen voran der Bürgermeister Tronçon. In Grande Chute nimmt kein Hund mehr ein Stück Brot von dir. Vielleicht geben sie dir unser großes Kanu heraus und was wir sonst an beweglichem Besitz zurückgelassen haben, aber im Übrigen werden sie dich behandeln wie eine Aussätzige. Nein, meine liebe Schwester, Grande Chute – das schlage dir aus dem Kopf!«

Überraschend mischte Pancrace sich ein, gutmütig und etwas unbeholfen:

»Ach, Kinder, das ist ja lauter Unsinn! Was ist schon groß dabei, wenn einer von den Milieux gelegentlich schlappmacht! Das passiert auch Männern. Hab ich, weiß Gott, schon zur Genüge erlebt. Ob Martine ins Pays d'en haut mitkommen kann – ja, ja, ja, da habe ich auch so meine Bedenken. Manche von den vielen Portagen sind hart wie Mord. Aber nun haben wir das Schlimmste auf dem Weg nach Montréal schon hinter uns. Lassen wir es doch dabei, dass sie erst einmal nach Montréal mitkommt! Wir müssen den Winter über dort verweilen. Es gibt viel vorzubereiten. Sie kann und würde sich bestimmt nützlich machen, auch wenn sie nicht wieder Hosen anzieht. So gut gegessen wie heute Abend habe ich schon lange nicht mehr!«

Dieses Bekenntnis kam so aus tiefstem Herzen, dass sich keiner eines Lächelns erwehren konnte, und Pancrace lachte selbst mit.

Aber Martine war nicht umzustimmen:

»Auf dem Weg nach Montréal sind noch viele schwierige Tragestrecken zu überwinden. Das hast du mir selbst gesagt,

Pancrace. Entweder bin ich ein vollwertiger Milieu oder ich bin gar nicht dabei. Also kehre ich um.«

Einen Augenblick lang fuhr es Walther durch den Kopf: Man sollte Gewalt anwenden, damit sie nicht in ihr Unheil rennt. Aber er gab den Gedanken gleich wieder auf. Mit Martine war nicht zu reden, weder im Guten noch im Bösen. Jeder spürte es. Die Erleichterung der Herzen, die Pancrace mit seinem Lobpreis ihrer Kochkünste bewirkt hatte, verlor sich schnell. Danach wurde das Schweigen noch drückender als zuvor.

Walther zermarterte sein Hirn. Mit einem Mal schien sich ihm eine Lösung anzubieten. Hatte es überhaupt Sinn, etwas so Ausgefallenes ernst zu nehmen? Doch, es hatte Sinn! Auf diese Weise ließe sich nämlich ein abgerissenes Band wiederum knüpfen, und von mancher Sorge und Schuld, die Walther im Geheimen bedrückten, könnte er sich befreien. Er musste sich räuspern, ehe er sprechen konnte. Ohne einen der anderen anzublicken, sagte er:

»William und ich, wir haben unsere Anna in Neuschottland zurücklassen müssen, weil wir das Mädchen, das noch ein Kind war, nicht ins Ungewisse mitnehmen wollten. Sie blieb bei den Maillets, Leuten von Kagetoksa, guten akadischen Menschen, die jetzt irgendwo an der Bay-of-Fundy-Küste sitzen. Nun geschieht Ähnliches zwischen uns und Martine. Zwar ist Martine ein paar Jahre älter als Anna. Aber das macht die Sache eher schwieriger, wie sich heute gezeigt hat. Ich habe Martine kennengelernt. Ich zweifle nicht daran: Sie würde zu Anna passen. Und die beiden Mädchen wüssten zuverlässiger noch als bisher, dass wir sie nicht vergessen, sondern eines Tages wiederkommen. Martine wird den Maillets gewiss willkommen sein, wenn William sie bei ihnen einführt. Sie ist bei aller Arbeit geschickt – und Akadierin ist sie auch. Sie kehrte ja nur in ihre Heimat zurück. Die Leute von Kagetoksa kennen mich gut und kennen William und Anna, die unter ihnen aufgewachsen sind. Sie verdanken mir auch, dass sie vor zehn Jahren der Vertreibung durch die Engländer zuvorkommen konnten. Das werden sie nicht vergessen haben. Nach allem glaube ich, dass Martine bei unseren Leuten in Akadien – oder sagen wir Neuschottland – besser aufgehoben wäre als in Grande Chute. Sie weiß dann, ihr Bruder Justin ist mit uns. Und William und ich wissen, unsere Anna ist bei Martine. So gehörten wir alle fester noch als bisher zusammen.«

Das war eine lange und auch nicht ohne Weiteres einleuchtende Rede. Es dauerte eine Weile, bis die Zuhörer um das verflackernde Feuer, diesem winzigen Lebensfunken in der grenzenlosen Wildnisnacht, sie verarbeitet hatten.

Pancrace allerdings fühlte sich ausgeschlossen. Das konnte nicht anders sein. Er war der Erste, der das Wort ergriff: »Mag ja sein, Walther, dass das vernünftig ist, was du da vorschlägst. Aber es auszuführen, ist gar nicht einfach – im Gegenteil, sehr umständlich. Ich wiederhole: Wir sollten Martine nach Montréal mitnehmen. Wir würden schon für sie sorgen – auch wenn wir sie im kommenden Jahr dort zurücklassen müssten.«

»Nicht Montréal, Pancrace!«, wehrte sich Martine mit klarer Stimme. »Das sind für mich doch lauter fremde Menschen in der großen Stadt. Mit euch würde ich dort gern bleiben. Aber im nächsten Frühjahr macht ihr euch auf ins Pays d'en haut. Und ich kann nicht mitkommen. Montréal? Nein, lieber Pancrace!«

»Lieber« hatte sie gesagt. So machte ihn ihre Ablehnung nicht zornig, was sonst wohl geschehen wäre. Doch hatte er noch einen ganz anderen Einwand: »Also gut, Martine, du willst partout in die andere Richtung. Nehmen wir an, William geht mit dir zurück. Das muss er auch tun, um dich bei seinen Leuten und bei Anna einzuführen. Es wäre auch nicht gut, wenn du eine so weite Fahrt allein machen wolltest. Über die Fundy-Bucht müsst ihr ja auch hinüber, um die Neuschottland-Küste zu erreichen. Gewiss, den St. John stromabwärts, das ist wesentlich schneller zu machen als stromaufwärts. Ihr braucht das kleine Kanu auch um den großen Fall, die Grande Chute, nicht herumzutragen, könnt es oben liegen lassen und unterhalb euer größeres Kanu nehmen, was sowieso gut wäre für den unteren St. John. Aber – und das ist das große Aber: Schafft William es, rechtzeitig vor dem Zufrieren der Flüsse nach Montréal zurückzukommen? Im Frühjahr, wenn das Eis gebrochen ist, können wir nicht auf ihn warten. Sobald der Strom frei und das Eis abgetrieben ist, müssen wir aufbrechen, am Tag darauf schon! Bis ins Pays d'en haut ist es weit, und man kann es sich nicht leisten, auch nur einen einzigen Tag zu verlieren.«

Justin, in seiner vielleicht etwas langsamen, doch verständigen Art, zog das Fazit: »William allein käme zu langsam voran mit dem Kanu stromaufwärts. Die Portagen sollten ihm schwerfallen, selbst wenn er sich von Grande Chute stromaufwärts wieder mit dem kleinen Boot begnügt. Und dann: Werden die Leute von Kagetoksa in Neuschottland begreifen, dass William da allein mit einem fremden Mädchen ankommt? Die Leute von Kagetoksa sind vom gleichen Schlag wie unsere Leute in Grande Chute, werden es also ganz und gar nicht begreifen. Es gäbe sofort Gerede und Widerstand. Ich bin für Martine verantwortlich, seit die Eltern tot sind. Wenn ich mich nicht den beiden anschließe, läuft die Geschichte von vornherein verkehrt. Ich muss also mit von der Partie sein. Umso sicherer und schneller kommen dann William und ich den St. John aufwärts zurück. Sollte der Frost dem Kanu den Weg versperren, es wäre kein allzu großes Unglück. Wir reisen leicht, haben Zeit bis in den Januar, Februar hinein, nehmen auf alle Fälle Schneeschuhe von Grande Chute mit. Überrascht uns früher Frost, verstecken wir das Kanu irgendwo und reisen zu Fuß weiter. Wir würden Montréal immer noch so rechtzeitig erreichen, dass unser Aufbruch ins Pays d'en haut um keinen Tag verschoben zu werden brauchte.«

Martine rief: »Ach, Justin, ja, wenn du mitkommst, dann ist es entschieden. Dann will ich, wie Walther es vorschlägt, mit Anna Corssen in Neuschottland darauf warten, dass ihr aus dem Westland wiederkehrt. Ihr dürft uns nicht sitzen lassen. Das müsst ihr uns versprechen.«

Sehr ernst blickte Walther dem Mädchen in die Augen: »Da ist nicht viel zu versprechen. Es versteht sich von selbst.«

William aber fühlte einen Stich im Herzen: Mit mir allein würde sie sich also nicht auf den Weg machen – nach Nova Scotia …

Zweites Buch
Über die grossen Seen

6

Die beiden einsamen Männer Walther Corssen und Pancrace Matthieu wunderten sich im Stillen eigentlich selbst, wie sehr sie einig und vertraut miteinander wurden, nachdem sie allein auf sich angewiesen waren. Sie hatten ihr Kanu vom Lac du Portage aus auf verschlungenen, von den Flüssen vorgezeichneten Umwegen schließlich in den großen St. Lorenz mit seinen unablässig wandernden Wallungen bugsiert. Die jungen Leute, Martine, Justin und William, hatten auf der eigenen Spur gewendet und waren ins Ungewisse gezogen. Ins Ungewisse in jeder Hinsicht, wie Walther sowohl als auch Pancrace sich nach dem Abschied der jüngeren Gefährten allmählich klarmachten.

Die beiden Älteren verstanden sich gut. Sie brauchten nicht mehr auf die Schwächen, Bedenken, Gefühle und Launen der Jüngeren Rücksicht zu nehmen und machten sich in langen, ruhigen Gesprächen ein immer klareres Bild von ihren Umständen und Plänen. Pancrace hockte nach ausgiebigem Abendessen am verglimmenden Feuer. Die beiden hatten den »See des heiligen Franziskus« erreicht und wollten am folgenden Tag zwei umständliche Portagen bewältigen. Deshalb hatten sie ein wenig früher Feierabend gemacht. Nach einer in gemächlichem Nachdenken verbrachten Viertelstunde sagte Pancrace:

»Weißt du, Walther, ich kalkuliere so: Es muss wieder etwas zu machen sein! Die Franzosen sind weg. Ihre Beamten haben Leute wie mich, die weder adlig sind noch geistlich, immer nur schikaniert und ausgequetscht. Jetzt sind die Engländer dran und die englischen Leute aus Boston oder Philadelphia.

Die wissen nicht viel vom Pays d'en haut. Sie werden uns also brauchen, aber selbst den Rahm abschöpfen wollen. Die neue Regierung, die Englisch spricht, wird natürlich auf ihrer Seite sein, und man wird sagen: Die armen Schlucker, die Coureurs de bois von früher, sie haben das Pech, sich nur auf Französisch ausdrücken zu können. Die dürfen froh sein, wenn sie für uns die Kastanien aus dem Feuer, also die Pelze aus dem Nordwesten holen können. Aber natürlich als Tagelöhner, nicht etwa auf eigene Rechnung! Die Rechnung bleibt die unsere, bleibt englisch oder schottisch. Das werden sie sagen, Walther, und das passt mir gar nicht. Mein Englisch ist jämmerlich, weiß ich wohl. Wir kommen nach Montréal zu einer Zeit, in der noch alle Möglichkeiten offen sein werden. Es geht ja alles langsam in diesem Land. Die Wege sind weit. Die Nachrichten brauchen viel Zeit, über Land und Meer zu wandern. Es ist noch nichts versäumt! Ich habe dir in Grande Chute die Partnerschaft angetragen, weil ich mir sagte: Der Walther spricht Englisch. Das ist jetzt die richtige Sprache in der neuen Zeit, in der man mit den neuen Herren fertig werden muss. Hoffentlich reicht unser Geld, uns das Kanu voller Tauschwaren zu kaufen. Denn ohne Waren und Rum kriegen wir keine Pelze. Wenn das Geld nicht reicht, dann müssen wir uns einen dritten Partner suchen. Das wird dann wahrscheinlich ein Schotte oder Yankee oder Engländer sein, denn die Franzosen – oder sagen wir besser, die Kanadier – sind von den seidenen Herren aus Paris zum Schluss sicherlich kräftig ausgepowert worden. Ihre Geschäfte lagen schon seit Jahren am Boden. Der verlorene Krieg wird ihnen den Rest gegeben haben.«

Unter solchen und ähnlichen Reden machten sich Walther und Pancrace mit den Verhältnissen vertraut, denen sie entgegenfuhren, versuchten wenigstens, die Bühne abzuschreiten, auf der sie würden agieren müssen. Sie taten es nüchtern, sachlich, auch zweifelnd, denn sie waren erfahrene und in vielen Widrigkeiten abgehärtete Männer. Sie hatten längst gelernt, dass sich das Fell des Bären erst verteilen lässt, wenn man den Bären hat. Walther Corssen antwortete: »Ja, das Englische macht mir keine Schwierigkeiten. Ich habe zwar seit Jahren Französisch gesprochen. Aber meine Frau und ich, wir hielten unter uns, zu Hause, das Englische immer wach, brachten es auch den Kindern bei, woraus aber natürlich nicht allzu viel wurde. Immerhin, sie sollten wenigstens eine Ahnung davon bekommen. Nein, nach kurzer Zeit, wenn um mich Englisch gesprochen wird, werde ich wieder hineinfinden. Das macht mir keine Sorge. Aber ein Engländer bin ich nicht und auch kein Schotte und kein Ire – und darauf wird es ja wohl ankommen, wenn man die Lizenzen beantragt. Ob nun der Pariser oder der Londoner König die Kolonie am Bändel hat – sich die Lizenzen teuer bezahlen zu lassen, das wird der eine so gut verstehen wie der andere.«

»Ein Engländer bist du nicht, Walther, das stimmt! Aber ein Untertan des Königs von England in seinem Stammland Hannover – und das ist genauso viel. Und deinen Namen – was für unser Vorhaben sehr praktisch ist –, den kann man ohne Weiteres nicht bloß deutsch, sondern auch französisch oder englisch aussprechen. Pass auf, das wird sich als ein wahres Gottesgeschenk erweisen und wird uns noch sehr zugute kommen.«

Diese Annahme sollte sich bewahrheiten, als die beiden bei schönstem Herbstwetter den Mont réal, den »königlichen Berg«, auf der Insel über dem weiten Strom erreicht hatten und in den belebten Gassen der Stadt an seinem Fuß zwischen Abhang und Wasser untergetaucht waren. Die weit überwiegende Mehrheit der Einwohner sprach immer noch Französisch, ohne allerdings zu merken, dass sich ihr kanadisches Französisch bereits von dem französischen Französisch zu entfernen begann. Wie Pancrace richtig vermutet hatte, drängten sich außer den englischen Soldaten, Offizieren und

Beamten aber auch viele Englisch sprechende Abenteurer und Geschäftemacher in dieser größten Stadt des ehemals französischen Kanada mit ihren bereits dreißig- oder vierzigtausend Einwohnern – es zählte sie niemand. Diese Zuwanderer aus New York, Salem und Boston, aus London, Edinburgh und Dublin gaben hier den Ton an.

Walther und Pancrace fanden ein bescheidenes Quartier bei der Witwe eines Coureur de bois aus der französischen Zeit, der, als er sich mit Pancrace gegen Ende des vergangenen Jahrzehnts auf der Heimreise aus dem Pays d'en haut befunden hatte, in den Schnellen des Ottawa umgekommen war.

Pancrace und Walther begannen damit, sich vorsichtig umzuhören, Pancrace unter seinen Leuten, unter denen er bald Gefährten vergangener Reisen in den Westen entdeckte, und Walther, was schwieriger war, unter den Männern englischer Zunge. Sie alle versuchten, in der Stadt Arbeit zu finden oder, besser noch, eine Chance für gute Geschäfte. Entweder in der Kolonie selbst, die sich von den Wirren der Kriegszeit langsam erholte, oder in dem unabsehbaren, Abenteuer und Reichtum versprechenden Hinterland. Walther hatte schnell wieder ins Englisch zurückgefunden und fiel längst nicht mehr auf unter seinen neu gewonnenen Bekannten, deren Englisch sich ohnehin nur in vielerlei Mundarten hören ließ.

Auf der Höhe des nur mäßig strengen Winters 1765/66 wurde bekannt gemacht, dass Interessenten bei der Regierung um die Handelserlaubnis für Michilimackinac nachsuchen könnten, was den erbosten Pancrace zu dem Ausruf veranlasste, nur die »Bay« könne dahinterstecken. Die Hudson's Bay Company allein profitiere von so bösartigem Unsinn! Dann polterte er weiter:

»Was stellen die sich wohl vor? Handelserlaubnis? Wird sich doch keiner dran halten! Sie können doch nicht jedem Coureur de bois einen Soldaten oder Polizisten hinterherschicken. Ein Kanu hinterlässt keine Spuren! Und die Wasserwege im Pays d'en haut – Tausende davon stehen dir offen, wenn du es mit den Indianern hältst!«

Die Empörung unter den Kaufleuten, Waldläufern, Pelzhändlern über die einschränkende Verordnung war allgemein. Die Männer hofften, dass das Pelzgeschäft sich wieder beleben würde, das einzige große Geschäft, das sich in diesem Nordland mit seinen sich ins Unermessliche ausbreitenden Wäldern anzubieten schien. Der Widerstand gegen den Regierungserlass verdichtete sich schließlich zu einer von zahlreichen Interessenten gezeichneten Denk- und Bittschrift, die am 30. März 1766 dem Gouverneur Murray feierlich überreicht wurde. Auch Walther und Pancrace hatten unterschrieben, obwohl Walther schon Wochen vorher darauf gedrungen und auch durchgesetzt hatte, dass die nun vorgeschriebene Lizenz für ihn und Pancrace, und ebenso für Justin und William, beantragt werden müsste. Pancrace hatte zunächst widersprochen. Er meinte, man sollte sich die Lizenzkosten für Justin und William sparen, da sie ja kein eigenes Geld im *concern* stecken hätten. Aber Walther setzte seinen Willen durch mit der Begründung, man habe dann wenigstens bis Michilimackinac keine Schwierigkeiten zu erwarten.

Concern – so lautete neuerdings die Bezeichnung für die unternehmerischen Bündnisse von Geldgebern und landeskundigen Waldläufern, die sich zum Ziel setzten, die von den Franzosen und den Kanadiern im Laufe eines Jahrhunderts erkundeten Wege des Pelzhandels erneut zu begehen. In das große, im vergangenen Krieg sträflich vernachlässigte Geschäft sollte neues Kapital, diesmal vor allem englisches, gesteckt werden.

Justin und William waren wie vereinbart zurückgekommen, bevor die Gewässer sich mit festem Eis bedeckten. Die beiden jungen Männer hatten für den Rückweg eine wesentlich kürzere und einfachere Route gewählt als jene, die Walther und Pancrace genommen hatten. Denn Walther musste ja immer noch damit rechnen, dass man ihn verhaftete, wenn die Engländer seiner habhaft würden. Den St. John aufwärts waren sie gefahren, hatten ihn aber in seinem Mittellauf verlassen, um über den Rivière du Loup, den St. Lorenz zu erreichen. Sie hatten eine sehr schnelle Reise gehabt, was sogar Pancrace Respekt abnötigte. Ihre Bereitschaft, ja ihr sehnlicher Wunsch, die älteren Partner rechtzeitig wiederzutreffen und mit ihnen in den fernen Westen vorzudringen, hatte sie angetrieben, unter vollem Einsatz ihrer jungen Kräfte dem Eis zuvorzukommen.

Justin und William hatten Martine sicher nach Grosses Coques an der Nordwestküste der Halbinsel Neuschottland gebracht. Es hatte keine große Mühe gekostet, in Annapolis Royal zu erfahren, wo den Leuten von Kagetoksa neue Siedelplätze angewiesen waren. Anna, Williams Schwester, war selig gewesen, dass ihr der ferne Vater Martine als »ältere Schwester« schickte, als einen Gruß und ein Zeichen seiner Treue. Und die Maillets, bei denen Anna wie ein Kind aufgenommen war, hatten auch Martine gern Quartier und Unterhalt geboten. Geschickte und kräftige Helfer wie Martine waren den Siedlern, die sich an dem Küstenplatz, den man ihnen angewiesen hatte, abermals gegen die Wildnis durchsetzen mussten, nur allzu willkommen. Martine würde ihren »Mann« stehen, daran war vom ersten Tag an nicht zu zweifeln.

Zwischen Martine und Anna auf der einen Seite, Justin und William auf der anderen hatten sich über Kreuz Fäden gesponnen. Besonders in den letzten Tagen, bevor die jungen Männer in Digby einen kleinen Frachtensegler bestiegen, um nach St. John auf der Neubraunschweig-Seite der Fundy-Bucht zu schiffen. Dort hatten sie ihr Kanu in Verwahrung gegeben. Walther ahnte von den neuen Fäden zunächst noch nichts, aber bald konnte auch ihm die Wandlung im Verhältnis der jungen Leute zueinander nicht mehr verborgen bleiben.

Walther Corssen und Pancrace Matthieu hatten sich im großen Amerika und besonders im kleinen Frankokanada längst die ersten Stiefelsohlen abgelaufen, hatten Vorsicht gelernt und ein gesundes Misstrauen gegenüber der Zuverlässigkeit des Glücks. Sie stellten nach wenigen Wochen fest, dass ihre gemeinsamen Gelder reichen würden, sich das Kanu so ausgiebig mit Tauschwaren für die Indianer zu füllen, dass ihr Schifflein, sechs Mann Besatzung hinzugerechnet, nur noch zwei Handbreit Freibord behalten würde.

»Das ist verdammt wenig für den großen Huronen-See und erst recht für den Oberen See, mein lieber Walther!«, hatte Pancrace ausgerufen, nachdem sie in einer überschlägigen Rechnung das Gesamtgewicht der Kanulast – Mannschaft, Proviant und Handelsgut, darunter mindestens vier Fässchen Branntwein und einige Krüge Rotwein – ermittelt hatten.

William und Justin, die sich eifrig daran beteiligten, die große Reise nach Michilimackinac in allen Einzelheiten zu erkunden und vorzubereiten, waren Feuer und Flamme und bereit, das gesamte vorhandene Kapital in das Unternehmen zu stecken, also alles auf eine Karte zu setzen. Sie sahen sich schon im gleichen Jahr noch oder spätestens 1767 mit enormen Gewinnen zurückkehren.

Aber Walther und Pancrace hatten geheime Bedenken. Sie ließen die Juniorpartner fantasieren, so viel sie wollten, doch in einer ungestörten Stunde vertrauten sie sich schließlich ihre Sorgen an:

»Es kann auch schiefgehen, Pancrace. In Michilimackinac wird man sich vielleicht um die Pelze schlagen, wenn die blödsinnige Verordnung bestehen bleibt, dass nur dort getauscht werden darf. Wie ich die Indianer kenne, werden sie schnell begreifen, dass die Händler sich gegeneinander ausspielen lassen, und werden ihre Preise steigern. Und wir verdienen vielleicht wenig oder gar nichts. Denn ob wir wirklich, wie du meinst, über Michilimackinac nach Westen vorstoßen und uns wesentlich günstigere Tauschbedingungen im Pays d'en haut suchen können, Pancrace, das ist noch gar nicht sicher. Und vielleicht haben wir statt mit Gewinn die Reise mit Verlust zu beschließen und sind unser Geld los. Ich bin der Meinung, wir sollten nicht alles auf einmal riskieren, sondern hier einen Notgroschen auf die hohe Kante legen. Dann aber reicht unser Geld nicht, genügend Tauschwaren einzukaufen und das Kanu voll zu beladen. Halbe Ladung lohnt sich erst recht nicht, obwohl wir dann mit vier Ruderern auskämen. Wie befreien wir uns aus dieser Zwickmühle?«

Pancrace wiegte den runden Kopf mit dem grauen Borstenhaarschnitt, wiegte den ganzen Oberkörper eine Weile hin und her, ehe er antwortete:

»Ja, wie? Ich habe mir das hin und her überlegt. Kredit aufzunehmen hat gar keinen Zweck. Reichlich Geld haben hier jetzt nur die Engländer und die Schotten und die ziehen einem mit den Zinsen nicht nur den Rock, sondern auch noch das Hemd vom Leib. Nein, das Beste wäre, einen dritten Partner zu finden, der weiteres Geld in das Unternehmen einschießt. Aber es müsste ein Mann sein, der sich wie wir in den Wäldern auskennt und bereit ist, der fünfte Ruderer zu sein. Dann brauchten wir nur noch, wenn überhaupt, einen einzigen Tagelöhner, um die Mannschaft zu vervollständigen. Mit einer ungeraden Zahl von Ruderern paddelt sich's schlecht, das weißt du.«

Walther nahm den Faden auf und fuhr nachdenklich fort: »Stimmt alles, was du sagst, Pancrace. Aber woher einen solchen dritten Partner nehmen? Der wird schwer zu finden sein! Coureurs de bois, die sich im Kanu und im Pays d'en haut auskennen, lassen sich nach den vielen schlechten

Kriegsjahren an jeder Straßenecke auflesen. Aber sie haben kein Geld. Und die Schotten und Engländer, die Geld haben, sehen sich den Westen lieber nur von Weitem an, und mit der harten Arbeit im Kanu haben sie nichts im Sinn. So einen Wundermann, wie du ihn dir wünschst, Pancrace, den können wir uns nicht backen, den könnten wir uns nur vom heiligen Christophorus erbitten.«

Was sich wenige Tage nach diesem Gespräch ereignete, legt die Vermutung nahe, dass entweder Pancrace oder Walther – wahrscheinlich doch wohl Pancrace – besonders gute Beziehungen zum heiligen Christophorus, dem Beschützer der Reisenden, unterhalten haben müssen. Allerdings war es Walther Corssen, den der freundliche Heilige zum Vermittler seines Wohlwollens erwählte.

Eines kalten Abends – es hatte in den Tagen zuvor viel stürmischen Schneefall gegeben und danach war, wie es meistens geschieht, harter Frost eingefallen – erzählten William und Justin von einer Begegnung, die sie einige Stunden zuvor erlebt hatten. Die beiden jungen Männer benutzten jede Gelegenheit, sich in der Stadt ein paar Heller zu verdienen, und dabei hielten sie Augen und Ohren offen. Es ließ sich viel nebenbei erlauschen, was den eigenen Absichten nützlich sein konnte. William berichtete:

»Wir hatten uns wieder, wie gestern schon, anheuern lassen, die Plätze und Straßen um die Gouvernementsgebäude aus den Schneewehen herauszuschaufeln. Wir waren nicht die Einzigen, die sich damit den Unterhalt für einen Tag verdienten. Aber die Engländer knausern hinten und vorn. Die boten nur einen halben Shilling für den ganzen Tag. Aber auch Justin meinte, wir sollten beim Schippen bleiben. Es ist da viel Kommen und Gehen, und man hört allerlei. Ich war gerade am Haupteingang beschäftigt, ein paar hohe Haufen zusammenzuschaufeln, damit der Schnee auf die Schlitten geladen und abtransportiert werden konnte. Kommt ein älterer Waldläufer an mir vorbei, hat eine stolze Kappe aus Marderfell auf, trägt den kurzen Mantel aus Waldwolf offen trotz der Kälte, bleibt stehen und mustert mich aus fünf Schritt Abstand. Ich, auf Französisch: ›Wollen Sie was von mir, mein Herr? Kann ich was für Sie tun?‹ Er sagt nichts darauf, schüttelt nur den Kopf und verschwindet im Amtsgebäude. Eine halbe Stunde später – ich bin gerade dabei, mit dem Kutscher einen Schneeschlitten zu beladen – kommt der Mann wieder zum Vorschein, bleibt bei mir stehen, nimmt mich einen Schritt beiseite und fragt auf Englisch: ›Sag mal, Bursche, heißt du vielleicht Corssen? Und gehörst du zu den hannoverschen Untertanen Seiner Britannischen Majestät?‹ Ich hatte das gut verstanden, antwortete aber auf Französisch: ›Corssen heiße ich zwar, mein Herr, bin aber Kanadier. Aber vielleicht meinen Sie meinen Vater. Der ist mit uns hier in der Stadt.‹ Der Fremde erwidert: ›Dein Vater, natürlich, mein Junge, der muss es sein. Du siehst ihm verdammt ähnlich. Wenn er der ist, den ich meine, dann kennt er mich. Ich heiße Pat O'Gilcock. Ich wohne in der Herberge Aux Trois Trappes in der Rue Sanguinet.‹ Vater, kennst du einen Mann namens Pat O'Gilcock?«

Walther war sehr aufmerksam geworden – und Pancrace auch. Die vier saßen um den gut gescheuerten Tisch in dem Blockhaus der Witwe Simard, in dem nicht mehr viel Platz übrig blieb, seitdem die zwei Jüngeren sich zu den beiden Älteren gesellt hatten. Die Witwe war daher in ein kleines Kämmerchen hinter der Kaminwand gezogen, in der die von der Vorderseite her erwärmten Steine des Herdes stets ein wenig Wärme ausstrahlten. In dem großen Hauptraum mit dem Kamin – in dem auch gekocht wurde – nächtigten die vier Männer. Die Witwe Simard hatte ihr Haus voll und verdiente gut, indem sie die vier auch beköstigte. Und die Männer waren billig untergebracht, viel billiger, als sie es in einem der überfüllten Gasthäuser gewesen wären – und außerdem auch unauffällig, woran sowohl Pancrace Matthieu viel gelegen war als auch erst recht Walther Corssen. Alles Amtlich-Englische war nach Möglichkeit zu vermeiden.

Die Witwe Simard, die gerade für ihre Logiergäste eine große kupferne Terrine mit Bohnensuppe auf den Tisch gestellt hatte, war stehen geblieben und hörte zu, neugierig wie stets. Aber sie war auch immer bereit, aus ihrer Kenntnis der Stadt und vieler ständigen und gelegentlichen Bewohner kein Geheimnis zu machen und ihren Rat anzubieten.

Walther brauchte sich wirklich nicht lange zu besinnen. Er war noch gar nicht dazu gekommen, die sämige Suppe zu kosten, obgleich sie sehr verlockend nach Bohnenkraut und Thymian duftete, als er rief:

»Pat O'Gilcock? Und ob ich den kenne! Das war damals, als Halifax gegründet wurde! Ich war mit meiner Verpflichtung als englischer Soldat noch nicht am Ende, da wurde ich aus Hestergarts Dienst – der war damals noch Captain bei der englischen Infanterie – zu Gorhams Rangers* versetzt. Und dort, bei dieser Hilfstruppe aus Spähern und Waldläufern, wurde Patrick O'Gilcock, wir nannten ihn meistens ›Cock‹, mein Lehrmeister bei den Rangers. Man konnte ihm nichts vormachen, was die Künste der Indianer und alle Schliche und Pfiffe in den Wäldern anging – im Krieg wie im Frieden.«

»Was ist später aus ihm geworden?«, wollte Pancrace wissen. »Du hast mir noch nie von ihm erzählt. Dem Namen nach ist er Ire?«

»Ja, er ist irischer Herkunft, stammt aber aus der Kolonie Maryland, weiter im Süden. Natürlich hat er einen Hass auf die Engländer, der sich gewaschen hat. Er schied damals aus dem Dienst bei den Rangers aus, als die Jagd auf indianische und französische Skalpe freigegeben wurde. Zehn Guineen, also zweihundertundzehn Shillinge für einen Skalp – solchem Angebot war schwer zu widerstehen. Wie viele Indianer Cock ihrer Kopfhaut beraubt und ob ihn die Skalpjagd zu einem reichen Mann gemacht hat, weiß ich nicht. Ich habe nie wieder etwas von ihm gehört. Jung kann er nicht mehr sein. Ich schätze ihn auf über fünfzig. Aber offenbar ist er leidlich bei Kasse. Sonst würde er nicht im Aux Trois Trappes wohnen. Ganz gewiss werde ich ihn dort besuchen.«

»Im Aux Trois Trappes? Müsste eigentlich ›Aux Trois Pièges‹ heißen, wenn man es französisch richtig sagen will. Aber ›Trappes‹ klingt nach ›Trapper‹, und das ist englisch. So ist das nun hier. ›Zu den drei Fallen‹, Walther? Hoffentlich fällst *du* mir nicht dabei in eine Falle! Iren sind gut katholisch, so sagt man. Aber listig sind sie auch. Soll ich nicht vielleicht mitkommen, Walther, wenn du diesem Pat oder Cock in die Falle gehst?«

Pancrace kannte sein Französisch und war stolz darauf. Er war auch misstrauisch – ein wenig! Walther sollte keine eigenen Wege zu gehen versuchen. Schließlich hatte Pancrace nicht nur für eigene Rechnung sein Geld in diesen Concern gesteckt, sondern auch noch für den mittellosen Justin einen Anteil vor- und eingeschossen! Walther hätte ganz gern den alten Cock allein gesprochen. Aber er gab seinem Partner sofort nach. Es war klüger. Außerdem: vier Augen und Ohren sehen und hören mehr als zwei. Und schließlich: In Walther war ein leiser Widerwille bei aller sonstigen Schüler-Dankbarkeit gegenüber dem Mann zurückgeblieben, der sich damals aufs Indianerjagen als einträgliches Sondergeschäft verlegt hatte. Ein Gefühl, für das Pancrace durchaus Verständnis zeigte, sah er doch wie die allermeisten Kanadier und Akadier in den Indianern weder Fremde oder gar Urfeinde noch Unterlegene. Dergleichen kostspieligen Unsinn überließ man lieber den Leuten mit der englischen Muttersprache.

Doch die Bedenken, die Pancrace und Walther gehegt haben mochten, leuchteten durchaus nicht mehr ein, als man erst einmal zu dritt getrunken, geschwatzt und einander abgeschätzt hatte. Auch Pat O'Gilcock war vom heimatlichen

Nordufer des Potomac, wo er sich eigentlich hatte zur Ruhe setzen wollen, nach Montréal gelockt worden. Auch er hatte sich gesagt: Da muss jetzt Geld zu verdienen sein! Sicherlich kann man in die Schuhe schlüpfen, die die Franzosen nach verlorenem Krieg zurücklassen mussten. Cock war dabei von der Vorstellung ausgegangen, die Franzosen wären aus dem Land verschwunden und hätten Leuten englischer Art und Sprache Platz gemacht. Tatsächlich aber hatte sich dieser Wandel nur in der Oberschicht vollzogen, bei den Offizieren, Beamten und Großkopfeten*. Im Übrigen waren Stadt und Land französisch geblieben. Vor allem: Wer in den Westen wollte, um sich von dem ehemals französischen Pelzhandel bis ins ferne Pays d'en haut einen Brocken anzueignen, bedurfte der kanadischen Voyageurs. Diese allein waren mit den Indianern des Landesinneren vertraut, waren Meister der Kanus und kannten die Wasserwege. Cock aber verstand nur sehr wenig Französisch, wollte seine nicht geringen Mittel, die er, weiß der Himmel wie, zusammengebracht hatte, keinem Engländer, höchstens einem Schotten als Teilhaber anbieten. Aber Schotten wussten mit den französischen Voyageurs ebenso wenig umzugehen wie er selbst – auch wenn sie sie nicht entbehren konnten. Nun waren ihm Walther Corssen, der Englisch und Französisch sprach und ein guter Waldläufer war, und der erfahrene Pancrace Matthieu, dazu die beiden kräftigen Burschen William und Justin über den Weg gelaufen. Walthers Geschick und Verlässlichkeit hatte Cock auch nach dem Dutzend von Jahren, das seit der gemeinsam bei Gorhams Rangers verbrachten Zeit verflossen war, noch in guter Erinnerung. Walther galt ihm zugleich als Bürge für die Ehrlichkeit der anderen. So war er gern nach St. Léonard hingestiefelt, in das einigermaßen abgelegene Haus der Witwe Simard. Aber auch Pat O'Gilcock hielt Vorsicht und Unauffälligkeit stets für geboten.

Schon beim zweiten Treffen schlug der Ire vor, den Concern um seine Person zu erweitern. Er bot auch an, einen beliebig großen Anteil des Gesamtkapitals zu übernehmen. Anscheinend verfügte er über wesentlich mehr Geld als Walther und Pancrace zusammen. Walther wurde hellhörig, und Pancrace wehrte sofort ab: Man müsste sich das erst überlegen. Man sollte darüber erst ausführlich schlafen. In einer Woche könnte man sich ja nochmals zusammensetzen.

Nach dieser Woche hatten sich Walter und Pancrace abgestimmt. Justin und William hatten dabei nur zuhören dürfen. Und vor der Witwe Simard konnte natürlich nichts geheim gehalten werden. Madame Claudine Simard, diese rundlich-behäbige Kanadierin mit dem grauen Haar und den lustigen Augen, der nichts Menschliches fremd war, hatte gewarnt: »Die Iren sind nicht viel besser als die Schotten, ihr Männer. Sie nehmen's vom Lebendigen und vom Toten. Wenn sie auch gut katholisch sind.«

Walther machte also dem Iren klar: »Sieh, Pat, wir hätten dich gern bei uns im Concern. Wir würden gut zusammenpassen. Aber wir wollen sichergehen, dass der Kahn im Gleichgewicht bleibt. Deshalb können wir dich nur aufnehmen, wenn die Stimmen gleichmäßig verteilt werden, also zwei zu zwei zu zwei für uns drei Ältere und eins zu eins für die Junioren. Dann haben wir jeder das gleiche Interesse an dem Unternehmen, können das Kanu voll beladen und behalten doch noch eine Reserve für alle Fälle. Einverstanden?«

Sehr einverstanden war er nicht, der Patrick O'Gilcock, genannt Cock. Er hätte gern die anderen in den zweiten und dritten Rang verwiesen. Aber Walther ließ nicht mit sich reden. Cock hatte sich schließlich damit abzufinden, musste seinen Ärger hinunterschlucken und sich mit 2:2:2:1:1 begnügen.

Jetzt brauchte man nur noch genügend Tauschwaren einzukaufen, die Ausrüstung zu vervollständigen und zu warten, bis das Eis von den Flüssen wich. Dann konnte es losgehen.

Nein, zuvor war noch die behördliche Pelzhandelslizenz einzuholen, und dann – darauf hatte Cock von vornherein bestanden – würden sie alle den Antrag mitunterschreiben, die Beschränkung des Pelzhandels auf Michilimackinac aufzuheben. Dieser Antrag war schon lange unter den Händlern und Westwärtsfahrern besprochen worden und war nun im Umlauf, den St. Lorenz hinunter und am anderen Ufer wieder herauf, um von allen Interessenten gegengezeichnet zu werden.

Pancrace hatte die Lizenz nicht beantragen wollen: »Wenn wir gar keine Lizenz haben, kann uns keiner auf die Lizenzbedingungen einschwören.«

Aber Cock hatte erwidert: »Besser ist besser. Lasst mich nur machen. Ich kenne viele Leute. Ich kriege euch schon durch. Kostet nicht einmal viel extra!«

Schon bald stellte sich heraus, dass Cock von den Künsten der Voyageurs und des Kanus nicht viel verstand. Er gab es nach und nach auch zu. Der lederzähe Mann legte seine Marderkappe nur selten ab. Ihm fehlte die halbe Kopfhaut rechts. Auf der linken Hälfte des Schädels wuchs auch nicht viel. Er hatte sich in den vergangenen zehn Jahren weit im Süden, wo man vom Kanufahren wenig Ahnung hatte und die Waldläufer eben laufen mussten, auf einen Streit mit einigen aufsässigen Indianern eingelassen. Wie ein Naturgesetz hatte bis dahin für ihn festgestanden, dass ein Weißer es mit drei, ja fünf Rothäuten aufnehmen könne und dabei noch obenauf bleiben werde. Diesmal hatte die Rechnung nicht ganz gestimmt, und er war um ein Haar skalpiert worden. Doch hatte das grausige und schmerzhafte Geschnipsel und Gezerre den Bewusstlosen wieder aus der Ohnmacht aufgeweckt. Er hatte den eifrig beschäftigten Skalpierer zunächst mit einem jähen Ruck zu Fall gebracht, indem er ihm die Beine wegriss, und dann den Angreifer mit seinem eigenen Skalpiermesser, das ihm beim Sturz heruntergefallen war, schleunigst in die ewigen Jagdgründe befördert.

»Immerhin hatte der Lümmel mir die Kopfhaut schon zur Hälfte abgesäbelt. Sie ist nicht wieder nachgewachsen, und ein Freund hat den nutzlosen Lappen schließlich weggeschnitten. Ich habe also rechts Narbe und links Glatze, Haare also weder da noch dort und friere leicht am Schädel. Ohne meine Kappe könnt ich das Leben kaum ertragen. Aber wer schon mal halb tot war, der lebt umso länger, und der Teufel hat das Nachsehen!«

Dass Cock ein Ire war, ließ sich nicht bezweifeln, wenn man ihn so schimpfen hörte.

Im Kanu würde er nur als Milieu zu verwenden sein, aber in Montréal bewies er seine Nützlichkeit, als die Pelzhandelslizenz vorbereitet und beantragt werden musste. Cock war stets zu faulen Witzen aufgelegt, listig und nicht knauserig, wenn »geschmiert« werden musste. Er wusste ganz genau, wer geschmiert werden musste, was noch wichtiger war, als zu wissen, dass … Cock hatte anscheinend überall Freunde und Bekannte sitzen. Er wiederholte mehr als einmal:

»Lasst nur eure Finger davon! Das mache ich besser allein. Wenn's so weit ist, braucht ihr bloß noch vor dem Amtsschreiber zu erscheinen und Ja zu sagen, wie die hübsche Deirdre O'Duffy, als der alte Priester sie im Beichtstuhl fragte, ob sie auch immer recht liebevoll zu ihren Mitmenschen wäre. Ja, sagte sie da beglückt, besonders zu den jungen Männern, die haben's am nötigsten!«

In der niedrigen und vom lodernden Feuer im Kamin überhitzten Amtsstube drängte sich ein reichliches Dutzend Männer in Pelzröcken. An der Stirnwand des Raums saß hinter einem breiten Tisch aus Fichtenholz der Regierungskommissar, rechts neben sich einen Schreiber. Die Antragsteller wurden nicht samt und sonders aufgerufen. Es wurde stets nur der Name des Mannes genannt, der für den jeweiligen Concern die vorbereitenden Gespräche geführt hatte. Dieser zitierte dann die übrigen Mitglieder des Concerns vor den Tisch. Sie hatten in der Vorhalle gewartet, um das Kommissarszimmer nicht unerträglich zu überfüllen. Nun bekamen sie die Verpflichtung vorgelesen, nur in Michilimackinac handeln zu dürfen und nicht darüber hinaus. Auch sei die Lizenz nach spätestens einem Jahr wieder zu erneuern. Sonst würde sie ungültig.

Walther Corssen hatte sich mit O'Gilcock in das Amtszimmer geschoben. Er wollte wissen, wie die Zeremonie vor sich ging. Er hörte sich die Namen an, die aufgerufen wurden. Die meisten klangen schottisch. Walther wurde bald klar, dass sich die französischen Voyageurs, ohne die ein Kanu im Pays d'en haut überhaupt nicht denkbar war, nur in wenigen Fällen als Partner in die Concerns hatten einbringen können. Sie würden also nur auf Tagelohn gesetzt sein. Das Geschäft würden andere machen, die weder Sach- noch Landeskenntnis in die Unternehmungen einbrachten, vielleicht nicht einmal Arbeit, sondern nur Geld.

Auch die Dokumente waren jeweils nur auf den Namen des Mannes ausgefertigt, der als Sprecher des einzelnen Concerns mit der Behörde verhandelt hatte. Die übrigen Partner, die dem Kommissar noch nicht von Person bekannt waren, hatten einzeln aufzutreten und ihre Namen zu nennen, die dann dem Dokument von dem Schreiber hinzugefügt wurden, in zwei gleichlautenden Ausfertigungen.

Die beiden Gruppen, die zuvor an der Reihe gewesen waren, hatten ausschließlich schottische, auch ein paar irische Namen zu Protokoll gegeben: O'Leary, McDonald, Buchanan, McRae, MacQuarrie, Gunn, McGregor, McCloskey, McKay – und die Schreiber ließen die Federkiele, ohne zu zögern, über die steifen Papiere gleiten.

Dann hieß es:
»Patrick O'Gilcock!«
Cock trat vor, während Walther schnell die drei übrigen

Gefährten aus der Vorhalle vor den großen Tisch rief. Eintönig und gelangweilt las der Kommissar den Text des Dokumentes vor. Dann rückte er an seiner schlecht gepuderten Perücke, als wollte er sich darunter kratzen, unterließ dies jedoch, da es sich mit seiner Würde nicht vertrug. Er verwies die fünf Männer, nachdem er sie kurz und ohne besonderes Interesse gemustert hatte, an den Schreiber: »Geben Sie dort Ihre Namen an. Eine Ausfertigung bleibt hier bei den Akten. Die andere bekommen Sie mit.«
Der Schreiber blickte nicht auf. Der Schweiß stand ihm auf der Stirn. Hitze und Ausdünstungen in dem niedrigen Raum waren zum Schneiden. Die Männer nannten ihre Namen der Reihe nach. Die Feder des Schreibers knirschte über das Papier. Der arg beanspruchte Mann stellte keine Gegenfrage bei »Patrick O'Gilcock« und »Walther Corssen und Sohn William«. Das flog schnell aufs Papier, obwohl Walther von der anderen Tischseite meinte, sein Name nähme einen etwas breiteren Raum ein, als wenn er selbst ihn geschrieben hätte. Doch hütete sich Walther, dem nervösen Mann das Konzept zu stören.
Sehr unwirsch aber wurde der Schreiber, als er sich die französischen Namen Pancrace Matthieu und Justin Leblois buchstabieren lassen musste. Auch der hohe Herr Kommissar erwachte aus seiner Schläfrigkeit und blickte missbilligend: Eine Zumutung, sich mit französischen Namen und ihrer verrückten Schreibweise abplagen zu müssen!
Als die fünf wieder auf der breiten Rue Notre Dame standen und erlöst die zwar bitterkalte, aber kristallklare Luft einatmeten, meinte Cock: »Jetzt wollen wir uns den Wisch doch einmal näher ansehen. Jetzt kann uns wenigstens bis Michilimackinac keiner mehr dreinreden. Und darüber hinaus, ach, da werden wohl nur die Indianer und der liebe Gott regieren.«
Er faltete das widerspenstig knisternde Papier auseinander

und hielt es vor sich hin. Walther und Pancrace blickten ihm über die Schulter. Pancrace sah es zuerst.

»Das ist ja kaum zu glauben!«, rief er. »Der hat aus dir einen Walther McCorssen gemacht mit Sohn William McCorssen. Da haben wir plötzlich einen Schotten im Concern. Das ist ja großartig! So zwei Macs, die sind heutzutage Gold wert. Jetzt haben wir's verbrieft und versiegelt, dass wir zu den Siegern gehören. Das wird sich bezahlt machen.«

In der Tat, der Schreiber hatte so oft McCloskey, McKay oder MacPherson geschrieben, dass ihm McCorssen wie von selbst aus der überanstrengten Feder geflossen war, zumal ja beim Sprechen das vorausgehende Mc oder Mac nur wie ein Hauch zu hören ist.

Walther sagte missmutig: »Ich werde mich noch einmal zurückbegeben müssen in die Höhle des Löwen. Der Name muss berichtigt werden.«

Aber Pat O'Gilcock teilte die Ansicht des klugen Pancrace: »Lass das lieber bleiben, Walther! Wir alle sind Zeugen, dass du deinen richtigen Namen genannt hast. Der Schreiber ist ein Engländer und kennt sich in den Namen der schottischen Clans und Sippen nicht aus. Es gibt nicht nur solche mit großen und bekannten Namen, sondern viele mit wenig oder gar nicht bekannten. Pancrace hat vollkommen recht. Es steht uns gut zu Gesicht, zwei Macs im Concern zu haben. Außerdem würde der hohe Herr Kommissar höchst ungehalten werden und dich genau befragen, wo du herkommst. Schließlich bist du auf akadischer, also französischer Seite gewesen und nicht auf der deines Königs – oder nicht? Schlafende Hunde soll man nicht wecken, Walther!«

Walther zögerte. Cock hatte recht. Man bleibt immer an der Kette seiner Vergangenheit.

Und außerdem war er ohnehin entschlossen, sich Michilimackinac nicht als Endpunkt seiner Reise in den Westen vorschreiben zu lassen. Im tiefsten Innern wusste er es längst: Solange es überhaupt noch Mächte gab, die ihm Vorschriften machten, was er in Amerika zu tun und zu lassen hatte, solange sie nach ihm greifen konnten, solange war er in diesem ungeheuren Erdteil einfach noch nicht weit genug nach Westen, nach Nordwest gewandert. Diese verhassten Mächte, die ihm seine erste und seine zweite Heimat zerstört, die ihm, wenn er's genau bedachte, seine Anke, seine geliebte Frau, die Einzige, genommen hatten! Wer würde im Westen schon nach Namen fragen, nach Mc oder nicht Mc?

Mochte es also vorerst bei McCorssen bleiben.

7

Das mit den Partnern Pancrace Matthieu und Patrick O'Gilcock begonnene Unternehmen, ins Pays d'en haut auf Pelzhandel zu fahren, hatte größere Ausmaße angenommen, als sie Walther Corssen vorgeschwebt hatten. Die ganze Ladung des Kanus und das stattliche Boot selbst waren, vorbei an den Stromschnellen von Lachine oberhalb von Montréal, an den Abfahrtsplatz unter hohen alten Bäumen gebracht worden. Das Eis war endlich mit ungeheurem Gedonner und Getöse gebrochen, und schon nach drei Tagen war der große Strom leergefegt. Die Männer des Concerns McCorssen hatten den Mittag eines Mittwochs Anfang Mai 1766 als endgültigen Termin der Abreise festgelegt. Sie waren nach dem langen Winter alle ungeduldig und zornig aufgeregt wie Hetzhunde, die an der Leine zerren, weil sie schon die Fährte des Bären wittern. Immerhin hatten schon vor ihnen zwei Großkanus abgelegt, als noch große Schollen auf den hochgehenden Wassern trieben. Pancrace, der Unverwüstliche, sang den ganzen Tag lang vor sich hin *Hussa, hurra, auf den Fluss ...!* oder *Das ist mein Paddel, sieh dir's an ...* oder *Wenn ich so meine Kugel rolle ...*

Tatsächlich schleppte er auf dem dreistündigen Fußweg zwei volle Packs zugleich, gut einhundertundachtzig Pfund, vom Schuppen auf dem Hof der Witwe Simard zum Bootsplatz oberhalb der Schnellen von Lachine. Er stampfte durch den Morast der im Tauwetter zerfließenden groben Straße. Das Wasser der Schneeschmelze wusste nicht wohin, denn in der Tiefe war der Boden noch gefroren, aber die Sonne schien schon warm, ja heiß an den Mittagen, und der blaue Himmel blinzelte vielversprechend zwischen weißlichen Wolkenbändern.

»Passt auf, ihr traurigen Schlappschwänze allesamt, es wird heut' Frühlingswetter geben!«, rief er. Und so kam es auch und es durchnässte sie alle bis auf die Haut, ohne sie zu erzürnen oder auch nur zu vergrämen, wie es sonst wohl geschehen wäre. Inzwischen waren sie zu acht. Der hochfahrende und listige Patrick O'Gilcock, von allen Cock genannt, der es ganz selbstverständlich fand, dass ihm die leichtesten Lasten vorbehalten blieben. Pancrace Matthieu, der stämmige Turm von Mann, der während des Winters zu viel Speck angesetzt hatte und nun seinen fürchterlichen Muskeln das Doppelte von dem abverlangte, was die anderen sich zumuteten. Der jugendliche William Corssen, pardon, McCorssen, der munter seine Pflicht verrichtete, weil er auch zu mehr noch nicht imstande war. Der nüchtern besonnene Justin Leblois, ein Mann schon, der nicht viel redete, zugriff und sich nicht schonte. Und dann die drei Milieux, die Pancrace ausgesucht hatte. Sie waren die Ruderer, die Mittelmänner, die das große Boot erforderte, damit es schnell genug vom Fleck kam. Sie hießen Gilles Cloutier, Claude Gamaut und Gérard Choquette und stammten wie Pancrace aus der Gegend des alten Tadoussac an der Mündung des gewaltigen Saguenay in den noch viel gewaltigeren St. Lorenz. Von dort kamen nach Pancraces Meinung die einzig wahren, erstklassigen Kanadier. Sture, maulfaule Burschen, so wollte es Walther scheinen, als Pancrace sie anbrachte. Aber sie taten, was befohlen war, ohne Murren und Zögern, einer wie der andere, und waren vom Wesen her doch sehr verschiedenen, wie sich jedoch erst später herausstellen sollte. Und schließlich Walther McCorssen. Der empfand es jedes Mal wie einen leichten Stich, wenn er das »Mc« hörte. Aber er war ja wahrhaftig ein McCorssen, der »Sohn eines Corssen«, wenn auch aus dem Land der Niedersachsen und nicht der Schotten. Sei's drum! Er hatte sich den

Namen nicht selbst angeeignet, er war ihm höchst amtlich verliehen worden. Es war die betuliche Witwe Simard, die einfach den ganzen Concern, den Haufen großer, starker Männer unter ihrem Dach, nach McCorssen benannt hatte. Sie hatte auch dafür gesorgt, dass die drei Partner, zwei Junioren und drei Helfer unter diesem Namen bei den Leuten in der Stadt Montréal, dieser unwahrscheinlich großen Stadt in der unermesslichen Wildnis, vor allem aber bei jenen bekannt wurden, auf die es ankam: Leuten wie Isaac Todd, James Finlay und andere. Die Gruppe McCorssen hatte sich bis dahin bescheiden im Hintergrund gehalten. Dieser McCorssen selbst tauchte nur selten auf. Das Reden und Handeln verrichteten O'Gilcock und Matthieu.

»Wird wohl so eine arme, unwesentliche Sippe sein von den Orkneys oder den Hebriden oder auch von den Shetlands...«, meinten die Kundigen.

Die Witwe Simard war nicht dumm, sie hatte sich manchen harten Wind um die lange Nase wehen lassen und besaß ein Gespür dafür, wer allein von den Männern in ihrem Haus geeignet war, der Gruppe den Namen zu geben: Walther nämlich, der in allen Streitfragen letzten Endes den Ausschlag gab, ruhig, sachlich, als spräche er nur aus, was alle dachten – oder nach vernünftiger Überlegung denken mussten. Selbst Cock, der sich sonst von keinem etwas sagen ließ, lenkte ein, wenn Walther ihn bat: »Cock, du hast unter uns die meiste Erfahrung. Du musst doch zugeben, dass ...«

Die Witwe Simard war die Einzige, die wusste, warum die Stimme Walthers größeres Gewicht gewonnen hatte als die der anderen. Die andern begriffen es nicht, und Walther selbst ahnte es kaum. Pancrace und Cock, William und Justin und die drei angeheuerten Milieux brannten darauf, hinauszufahren über die Flüsse und Ströme und die großen Seen, um Abenteuer zu erleben, dabei viel Geld zu verdienen und irgendwann als große Männer heimzukehren. Für Walther aber – er gestand es sich nur zögernd ein – waren Handel und Geld nicht Zweck, sondern nur Mittel zu einem anderen Zweck: fort zu sein, weiter und weiter fort. Irgendwann und irgendwo, im namenlosen, wegelosen Westen und Norden, würde er mit sich allein sein, keinem fremden Gesetz mehr untertan, nur dem eigenen – und dem der geliebten Frau, der für immer verlorenen, die so sehr danach gehungert hatte, ihr eigenes Leben zu leben, und die von den kalten, gleichgültigen Mächten überwältigt worden war. Und da für Walther die große Reise in die Tiefe des Erdteils nur Mittel, für die andere aber der Zweck selbst war, weil er über sie alle hinaus wollte in eine Region weit jenseits aller Wälder und Dukaten, deshalb war er den andern überlegen. Deshalb erkannte er viel genauer als die anderen, was im Einzelnen zu tun und zu lassen war. Keine Absicht, keine Lust, den Ton anzugeben, war damit verknüpft. Deshalb gehorchten die anderen, ohne recht zu merken, dass sie es taten.

Walther hatte schließlich nicht mehr widersprochen, als Pancrace und dann erst recht Cock darauf drängten, das Kanu, das die Männer nach Montréal gebracht hatte, gegen ein größeres einzutauschen. Diese großen, an die sechsunddreißig Fuß* langen Kanus kamen für die Reisen nach Michilimackinac immer mehr in Mode. Sie konnten eine größere Mannschaft und Ladung aufnehmen und wurden eher mit dem manchmal sehr groben, oft sogar überaus gefährlichen Wetter auf dem meeresgleichen Huronen-, Michigan- und Oberen See, dem Superior, fertig. Und als es zwischen den drei Partnern nach einigem Zögern und Parlieren* zu dem kam, was Pat O'Gilcock *Cash down on the table* nannte, Bargeld auf den Tisch!, hatte es sich herausgestellt, dass sie zusammen über ein größeres Anfangskapital verfügten, als sie gemutmaßt hatten – vorsichtig und misstrauisch wie sie alle drei in diesen Dingen waren.

»Wenn wir gleich schwer einsteigen, steigen wir umso

schwerer wieder aus«, hatte Cock nachdrücklich zu bedenken gegeben. Das stimmte! Also war das größere Kanu gekauft, waren die drei Ruderer aus Tadoussac angeheuert, die Tauschwaren und der Proviant reichhaltig und sorgsam ausgewählt worden.

Walther hatte darauf bestanden, dass die gesamten Vorräte an europäischen Waren, die im Westen gegen Pelze getauscht werden sollten, bei ein und demselben Ausrüster, der Firma Ermatinger, Oakes & Moulin, eingekauft wurden. Walther neigte immer noch dazu, Leute mit deutsch klingenden Namen für verlässlicher zu halten als andere, ein Vorurteil, dessen er sich kaum bewusst war. Aber zugleich hatte er nach einer Stelle gesucht, der er sein überschüssiges Kapital, seinen geheimen Notgroschen im Gegenwert von fünfhundert Pfund Sterling, anvertrauen konnte. Dazu entschloss er sich, nachdem er überall nur Günstiges über die Firma gehört hatte, sorgte aber zugleich dafür, dass die Firma dem Concern die Tauschwaren zu zwanzig Prozent des Gesamtwertes in Montréal auf Kredit bereitstellte. So hielt er sie einerseits an dem Concern interessiert, andererseits bewies den Leuten sein persönliches Guthaben, dass er ihnen vertraute und dass er kein armer Schlucker war.

Ob Pat O'Gilcock und Pancrace Matthieu ähnliche private Absprachen mit der Firma Ermatinger oder einer anderen getroffen hatten, das wusste Walther nicht, er fragte auch nicht danach. Er war nicht neugierig. Auch in einer engen Gemeinschaft bleibt manches besser unausgesprochen.

Der 2. Mai 1766 stieg als ein heller, aber auch windiger und kalter Tag von Osten her über den breiten Strom. Die Männer der Bootsgemeinschaft McCorssen schleppten am Vormittag dieses Tages, für den die Abreise festgesetzt war, ihr persönliches Gepäck von Montréal nach Lachine, das hieß drei gute Stunden beschwerlichen Marsches durch Morast und zähen

Schlamm. In Lachine, oberhalb der letzten Stromschnellen, die hier den meerwärts strebenden St. Lorenz noch einmal unterbrechen, lag die Ladung für das große, so gut wie neue McCorssen'sche Kanu schon bereit. Pancrace hatte das Boot gegen Ende des Winters in Trois Rivières gekauft, unterhalb von Montréal am Strom, wo man sich auf den Bau starker und zugleich leichter Rindenkanus besonders gut verstand. Zwölf Pfund Sterling hatte er dafür bezahlt, was Walter sorgsam in seiner eigens für diesen Zweck angeschafften, in Schweinsleder gebundenen Kladde vermerkte. Auch die Kosten der für die Reise nach Michilimackinac erworbenen Tauschgüter hatte er genau notiert, dazu die des Proviants und der Ausrüstung. Es hatte sich beinahe von selbst ergeben, dass Walther McCorssen mit der Buchführung für den Concern betraut wurde. Walther würde also auch, wenn alles gut ging, die Endabrechnung des gemeinsamen Unternehmens vorzunehmen haben.

Gegen Mittag endlich waren alle Lasten an der kleinen Bootslände unterhalb der bescheidenen, aber um diese Jahreszeit höchst geschäftigen Siedlung Lachine in dem großen, sorgfältig vernähten und kalfaterten Kanu verstaut. Walther hatte die Gesamtladung noch einmal mit den Aufzeichnungen in seinem Kontobuch verglichen. Dann hatte er die Männer um sich versammelt und ohne jeden Aufwand und Anspruch allen anhand seiner Notizen eine Übersicht gegeben, die, obwohl das nicht in seiner Absicht gelegen hatte, zu einer kleinen Rede wurde:

»Es ist, glaube ich, ratsam, ihr Männer, dass jeder von uns einmal hört, wie viel wir befördern und nach Michilimackinac frachten wollen. Jeder ist für jedes Stück verantwortlich und alle zusammen sind es mir, denn ich muss schließlich Rechnung legen. Jeder Pack ist in doppeltes Ölzeug gehüllt und fest verschnürt. Wir nehmen sechzehn solcher Ballen an Bord. Jeder ist an die neunzig Pfund schwer. Jeder Ballen hat gemischten Inhalt, damit uns nicht vielleicht eine Ware später gänzlich fehlt, falls der eine oder andere Ballen unterwegs verloren gehen sollte. Die Ballen enthalten kleine und große Wolldecken, die feine rote Zinnfarbe Vermilion in Tontiegeln, Jagdmesser und kleinere Messer, Gabeln, weiße Glasperlen, auch blaue, grüne und gelbe, Kupferkessel und Pfannen, Töpfe und Teller aus Steingut, Bahnen von rotem und grünem Tuch, Kopftücher und Schals, wollene Strümpfe, Steinzucker* und andere Kleinigkeiten, die nicht viel ins Gewicht fallen, wie Nähnadeln, Pfrieme*, Sattlernadeln, Schnallen und buntes Band. Dann haben wir zwölf Fässchen Rum zu je acht Gallonen* an Bord, zwei Fässchen Rotwein, auch zu je acht Gallonen. Zwei Fässchen Schweine- und zwei Fässchen Rindfleisch. Zwei Fässchen gemischtes Fett, ein Drittel Talg, zwei Drittel Schmalz. Ein Fässchen Butter. Jedes dieser Fässchen zu etwa siebzig Pfund. Dann drei Kisten mit Eisenwaren, wie Axt- und Beilköpfe, Meißel, Nägel, Hämmer, Zangen. Jede Kiste zu annähernd hundert Pfund. Sechs Fässchen mit Schwarzpulver zu je achtzig Pfund. Vier Sack Flintenkugeln und Schrot zu je fünfundachtzig Pfund. Vier Sack Mehl, je hundert Pfund. Vier Rollen brasilianischer Tabak, je neunzig Pfund, und dann noch vier Ballen Blatttabak zu je neunzig Pfund. Das sind zusammen dreiundsechzig Packstücke, und sie haben zusammen ein Gewicht von 5540 Pfund. Sie enthalten all das, womit wir, so Gott will, in Michilimackinac oder jenseits davon ein gutes Geschäft machen werden. Für uns selbst nehmen wir obendrein mit: ein Fässchen Rum – das ist nicht zu viel für die dreißig oder vierzig Tage bis Michilimackinac. Dann sechs Sack Brot und Erbsen, vier Fässchen Rind- und Schweinefleisch, Kochkessel, Gefäße, Ölzeug, Extrapaddel, zugeschnittene Birkenrinde, Kalfaterpech und Harz, Stakestangen und natürlich die Bündel mit unseren privaten Sachen – keines schwerer als vierzig Pfund. Ich habe sie nachgewogen: Acht solcher Bündel sind es. Und wenn ich dann unser eigenes Gewicht dazunehme, so komme ich auf rund achttausend Pfund oder vier Tonnen. Unser Fahrzeug ist also voll beladen, aber es ist keineswegs überladen. So habe ich alles berechnet, und so hat es sich ergeben. Es kommt jetzt nur noch darauf an, dass wir das Boot samt Ladung und uns selbst sicher und unbeschadet ans Ziel bringen. Gebe Gott, dass wir unterwegs keinen Schiffbruch erleiden, dass keiner verunglückt, dass keiner krank wird. Und ich bin der Meinung, wir sollten, ehe wir einsteigen, jeder bei sich ein Vaterunser und ein Ave Maria beten, auf dass wir gut ankommen.«

Walther zog seine Kappe aus Wolle vom Schädel – die Witwe Simard hatte sie ihm während des Winters gestrickt. Sie hatte längst kein Hehl mehr daraus gemacht, dass dieser Akadier mit dem deutschen oder schottischen Namen ihres Wohlwollens sicher sein konnte, was dem so Begünstigten manchmal schon ein wenig lästig geworden war. Aber die Wollkappe für den Kopf, die war Walther willkommen gewesen. Ein rotes Kopftuch wie die der Voyageurs oder eine Pelzkappe wie die von Cock schien ihm nicht angemessen.

Die Männer standen stumm und nachdenklich. Auch die Neugierigen aus der Siedlung Lachine, die sich, wie überall, wo eine Abfahrt stattfand, auch an diesem Mittag bei der Bootslände eingefunden hatten, verhielten sich still. Es wusste ja jedermann, dass auf den langen Kanureisen ins Landesinnere der Tod als blinder Passagier stets mit von der Partie war.

Die Männer hatten die Augen zu Boden gerichtet oder geschlossen. Ihre Lippen bewegten sich. Nur Cock – auch er hatte sein Pelzbarett gezogen und seine Hände darüber gekreuzt – ließ die Augen schweifen, während seine Lippen mechanisch die vertrauten Worte murmelten. Sein Blick verweilte auf Walthers Gesicht und ein sonderbar spöttisches oder hämisches Lächeln spielte ein paar Herzschläge lang um seine Mundwinkel.

Pancrace hatte mit fest zugekniffenen Augen und seinem

allergrimmigsten Gesicht gebetet. Eine schwere Sache war das, die er nur selten praktizierte. Aber nun hatte er seine Pflicht getan, Gott sei Dank, und man konnte sich wieder handfesteren Dingen zuwenden.

»Also los jetzt!«, schrie er. »Ins Boot, Burschen! Aber sachte mit euren groben Knochen, dass der Bootswand nichts passiert. Und dann ab und fort!«

Er lachte über sein ganzes breites Gesicht mit den lustig listigen Augen. Und auch die anderen strahlten. Endlich war es so weit! Vorsichtig, um das Boot nicht aus dem Gleichgewicht zu bringen, stiegen sie einer nach dem anderen vom Steg ins Kanu hinunter. Cock allerdings fand noch Zeit, Walther für einen Augenblick beiseitezunehmen.

»Schön, dass du uns die ganze Ladung noch einmal vor Augen geführt hast. Aber etwas anderes möchte ich noch viel lieber wissen, was nicht alle zu wissen brauchen, da hast du ganz recht. Was kostet nun der ganze Lack, den wir im Boot haben, um ihn in Pelze umzusetzen? Ich bin sicher, dass du auch das genau angeben kannst.«

»Kann ich, Cock. So, wie wir hier ablegen, ist unsere Nutzlast fünfhundertundsechs Pfund Sterling, zehn Shilling und elf Pence wert. Und wenn wir alles unversehrt nach Michilimackinac gebracht haben, wird es dort noch einhundertsechzig bis -achtzig Pfund mehr wert sein, weil ja der Proviant und die Löhne für die Milieux dann auch noch darauf liegen.«

»So habe ich also richtig geschätzt. Und dann verhandeln wir das Ganze gegen zweitausend Pfund Pelzwert, oder auch viertausend, und so werden wir mit der Zeit gemachte Leute wie Ermatinger, Todd, McGill oder Frobisher.«

»*Qui vivra, verra!**«, erwiderte Walther. So viel Französisch verstand Cock längst. Nur mit dem Sprechen haperte es bei ihm noch sehr.

Pancrace rief vom Bug des Bootes her: »Los, ihr beiden! Was schwatzt ihr noch! Wir wollen ablegen!«

Walther half dem ein wenig steifen Cock ins Boot hinunter, wo er seinen Platz auf der ihm zukommenden hintersten Ruderbank einnahm und zum Paddel griff.

Walther stieg an seinen Platz als Gouvernail im Heck des Bootes. Ein junger Mann am Ufer, der seinen Penny schon kassiert hatte, löste den Haltestrick vom Pfahl und warf ihn Pancrace zu. Der Bugmann und der Heckmann, Pancrace und Walther, drückten mit ihren längeren Paddeln das tief im Wasser liegende Boot – nicht viel mehr als zwei Handbreit Freibord wies es auf! – von dem hölzernen Anleger fort, damit die Paddel der Milieux Platz fanden, ins Wasser zu tauchen.

»*Un, un, un, un*…«, gab Pancrace im Kommandoton das Tempo an. Schon rauschte die Bugwelle. Das Boot wendete in den Strom, und Pancrace erhob abermals seine mächtige Stimme. Die anderen fielen ein: »*Jupie, jupie, sur la rivière*…!« Die Leute an Land verloren sie bald aus den Augen. Der kalte Wind verwehte den rauen Gesang.

Die kleine Schar der Müßiggänger an Land verlief sich schnell, missgestimmt plötzlich und wie leer. Die fahren ab – ich bleibe hier. Lachine – la Chine – China, dass ich nicht lache! Hier ist es nicht, das goldene China, aber die da eben fortgondelten, die fahren wenigstens in die richtige Richtung. La Chine – das muss auch der gedacht haben, der diesen Ort oberhalb der letzten Schnellen des St. Lorenz mit diesem Namen belegt hat. La Chine, das goldene, es konnte nicht mehr weit sein…

8

Einunddreißig Tage nach der Abreise von Lachine erreichte das McCorssen'sche Kanu die Urwaldfestung mit dem umständlichen Namen. Fünfunddreißig Portagen hatten die Männer zu überwinden gehabt, bei denen das Boot zu entladen und, ebenso wie das gesamte Gepäck, auf dem Rücken der Männer über Stock und Stein, jedoch auf stets deutlich erkennbaren Fußpfaden getragen werden musste, weil Stromschnellen oder Wasserfälle die nasse Straße versperrten. Walther war sich nicht ganz sicher, ob es wirklich fünfunddreißig Tragestrecken gewesen waren, die sie bewältigt hatten. Er mochte sich verzählt haben. Er war nicht darauf aus, eine genaue Liste der Hindernisse anzulegen, die zwischen Montréal und jener Gegend, in welcher die drei Großen Seen, Superior, Michigan, Huron, sich verknüpften, zu überwinden sind.

Pancrace Matthieu hatte sich als der zuverlässige und kenntnisreiche Guide, als der Führer und Pilot, erwiesen, der zu sein er stets behauptet hatte. Der lärmlustige, leichthin vergnügte, aber auch ebenso leichthin wütige Pancrace bewährte sich jeden Tag von Neuem. Er kannte die Namen sämtlicher schwieriger Partien der Reiseroute – und an ihnen war kein Mangel! Mit untrüglicher Sicherheit fand er sich in allen Abzweigungen der Route zurecht, mochten ihre Kennzeichen auch noch so unauffällig sein.

Walther hatte die Stationen und Wendemarken der Reise an sich vorüberziehen lassen, ohne den Willen zu verspüren, sie sich einzuprägen. Er wusste wohl, dass er es eigentlich tun sollte, ertappte sich aber stets von Neuem dabei, dass er es vergaß. Schließlich gestand er sich ein, dass ihm wenig daran lag, sich die Route zu merken: Ich werde nicht zurückkehren! Ich fahre hier nur einmal entlang. Ein zweites Mal wird es für mich nicht geben. So hatte er die Schnellen des Ottawa, die dicht aufeinanderfolgenden des Großen Chaudière, des Kleinen Chaudière und die »Bei den Eichen« schnell wieder vergessen, hatte auch nicht danach gefragt, warum die ersten beiden den Namen Chaudière, also Kessel, trugen. William dagegen, der jetzt als Vorderster der Milieux ruderte, also gleich hinter dem Bugmann Pancrace, dem Avant, seinen Platz hatte, ließ sich an dieser Stelle wie überall von dem gewöhnlich ihm die Sicht verstellenden Pancrace berichten, was längs der bald breiten, bald schmalen Wasserstraße wissenswert war.

Walther konnte sich schon wenige Tage, nachdem sie die Portage des Chats, die »Katzen-Portage«, überwunden hatten, nicht mehr daran erinnern, ob sie ober- oder unterhalb dieser Schaum und glasige Schwälle aufwerfenden Wasserstrecke ihr Boot an den Zweigen der Uferbäume und Büsche hatten stromaufwärts zerren müssen. Mit dem Paddel allein war gegen die saugende Strömung nicht anzukämpfen.

Walther hatte während einer der auch auf dieser Reise sorgsam eingehaltenen Rasten – eine Pfeife lang – gehört, dass die Portage Dufort ihren Namen nach einem Voyageur gleichen Namens erhalten hatte, der in diesem Schnellwasser aus schierem Übermut sein Leben riskiert und verloren hatte. Pancrace erzählte die alte Geschichte so breit und begeistert, dass man ihm anmerkte, wie sehr er sich im Grunde mit dem tollkühnen Landsmann einig wusste. Und auch die drei angeheuerten Milieux – Cloutier, Gamaut und Choquette – vergaßen vor Vergnügen an der ihnen längst bekannten Mär ihre Pipe und ergänzten den Bericht von den sagenhaften Paddelkünsten des Voyageurs Dufort. Gott hab' ihn selig! Denn dass er schließlich ertrunken war – da hatte er am Ende eben Pech gehabt, schade! Aber vorher doch sehr viel Spaß!

Als das Kanu nach der so verlängerten Pause seine Fahrt wieder aufgenommen hatte und Walther im Heck sich zum Paddeln hatte setzen können, da gefahrloses Wasser mit nur sachte wandernder Strömung erreicht war, kam ihm – wie eine Luftblase aus unbestimmter Tiefe aufsteigt und an der Oberfläche mit leisem Laut zerplatzt – der Gedanke: Riskieren bloß um des schönen Riskierens willen? Nicht meine Sache, nicht mehr, nicht hier, nicht jetzt. Dies ist immer noch erst der Anlauf – diese Fahrt mit Cock und Pancrace und den Jungen und ein paar hundert Pfund Sterling an Wert im Kanu. Im Westen, im Westen, erst wenn nichts mehr vor mir ist nach Westen, kein anderes Kanu, keine Händler, kein weißer Mann, kein befestigter Stützpunkt, über dem irgendeine Fahne weht – erst dann, erst dort bin ich am Ziel. Er hörte die Stimme so deutlich in seinem Innern, als flüsterte ihm ein Mächtiger von außen die Worte ins Ohr.

Walther hatte sich also keine Mühe gegeben, die bunten Namen der elf Portagen zu behalten, die den Mattawa-Fluss, diese vierzig Statut-Meilen* schnellen, kristallenen Wassers, unterbrechen: so die Portage der Felsen und der Faulenzer, die Steppen-, Höhlen- und Fersen-Portage, die Portage Musikalische Fichte, die der schlechten Musik und die der Schildkröte. Bei der Portage des Perches konnten die Voyageurs ihre *perches*, ihre Stakestangen, fortwerfen oder wieder fest verstauen, denn von dieser Stelle an bis zum Ziel Michilimackinac brauchte nirgendwo mehr stromaufwärts gerudert zu werden – und den Voyageurs fiel ein Stein vom Herzen. Wenigstens diese Schinderei würde bis zum Ende der Reise nicht mehr von ihnen gefordert werden.

William und Justin »lernten« die Route mit einem Eifer, als sollten sie bald darüber geprüft werden. An Überraschungen, welche die Aufmerksamkeit wachhielten, war ja wirklich kein Mangel. Das Fahrwasser zeigte sich mal als ein breiter, stiller See, wie auf dem Forellen-See oder dem recht gefährlichen

See Nipissing, mal so schmal, dass kaum Platz zwischen Kanubord und Ufersaum blieb, die Paddel ins Wasser zu tauchen – so in dem engen Bach zwischen Biberteichen, der vom Forellen-See zum La Vase, dem schlammigen Fluss, hinunterschleicht. Als die Georgische Bucht des gewaltigen Huronen-Sees erreicht war, war er unabsehbar wie das Meer. Dort hatte man mit plötzlich ausbrechenden Böen und Stürmen zu rechnen, die dann besonders gefährlich wurden, wenn man, um tief ins Land keilende Buchten abzuschneiden, quer über freies Wasser von einem kühn in den See vorstoßenden Vorgebirge zum nächsten steuerte, anstatt die Bucht auszufahren und sich nicht zu weit vom Ufer zu entfernen.

Walther entdeckte, und das beruhigte ihn sehr, dass er die Kanuerfahrungen, die er in den vergangenen Jahren in Akadien, auf den Wildflüssen Neuschottlands, gesammelt hatte, ohne Weiteres auf das Pays d'en haut übertragen konnte. Freilich waren hier alle Ausmaße gewaltiger, die Umstände gefahrvoller, die Mühen bitterer, die Erschöpfung tiefer – obgleich am Essen nicht gespart wurde, der Proviant also schnell abnahm und Pancrace wie Justin, beide vorzügliche Jäger und Fischer, das ewige Salzfleisch durch frisches Wildbret, durch Hechte, Lachse und Forellen ergänzten.

Aber sie blickten doch aus hohlen Augen, als sie endlich den Nord-Kanal des Huronen-Sees der Länge nach durchfahren, die »Umwegs-Insel«, die Isle de Detour, passiert hatten, als schließlich in der Wasserenge, die den Huronen-See mit dem Michigan-See verbindet, gegenüber der Insel der heiligen Helene auf dem südlichen Ufer die schwärzlichen Palisaden der Urwaldfestung Michilimackinac auftauchten.

Sie hatten es geschafft, hatten die lange Reise von Montréal ins Innere ohne Schaden, ohne Unfall überstanden, hatten am Nord-Kanal nur zweimal einen halben Tag verloren, weil der Sturm ihnen Wasser ins Boot geschlagen hatte und sie am Ufer in einer geschützten Bucht hatten Zuflucht suchen müssen. Einunddreißig Tage waren vergangen, seit sie Lachine verlassen hatten. Man schrieb den 2. Juni 1766. Es sei keine besonders schnelle Reise gewesen, verkündete Pancrace, noch bevor sie die Bootslände der kleinen Stadt erreichten. Es war schon eine kleine Stadt, dies Michilimackinac, mit seinen etwa dreißig fest gebauten Blockhäusern und wohl ebenso vielen Familien, dazu den Unterkünften für hundert oder zweihundert Soldaten und, außerhalb der Palisaden, all den Zelten und Hütten aus Wildleder und Baumrinde, die sich die für eine Zeit lang hier kampierenden Indianer, die kanadischen Voyageurs und hier und da auch die Händler errichtet hatten.

Einunddreißig Tage – nein, es war keine besonders schnelle Reise gewesen, aber auch, um Pancrace weiter zu zitieren, »keine besonders langsame«. Und man konnte zufrieden sein, denn ein Blick auf die indianischen Zelte außerhalb der Befestigungen bestätigte, dass viele Indianer darauf warteten, ihre Pelze gegen die Güter Europas anzubieten. Man war offensichtlich nicht zu spät gekommen.

Sie würden also nicht mehr auf sich allein angewiesen sein, die acht Männer des Concerns McCorssen – und sie spürten alle eine unbestimmte Enttäuschung. Sie waren in der gemeinsam bestandenen schwierigen Fahrt zu einer Einheit zusammengewachsen. Auch die Tagelöhner, die drei fremden Milieux, hatten sich bald eingefügt. Besonders Gérard Choquette hatte sich bewährt, ein untersetzter Mann von etwa fünfunddreißig Jahren und wachem Verstand. Er hatte bereits den Gouvernail, Walther McCorssen, im Vertrauen gefragt, ob er nicht mit ihm überwintern wolle, am Oberen See oder vielleicht am Tauben-Fluss.

Walther hatte erstaunt zurückgefragt: »Woher weißt du, Gérard, ob ich überhaupt überwintern will? Es ist verboten. Ich habe mich noch zu nichts entschlossen.«

»Ach, verboten!«, hatte Gérard Choquette mit abschätziger

Miene geantwortet. »Was die alles verbieten! Haben keine Ahnung, wie viel Platz da hinten ist. Da jemanden zu finden – genauso gut kann man eine Nadel in einem Heuhaufen suchen. Dass du im Winter hier bleiben willst – nicht hier natürlich, sondern weiter hinten im Pays d'en haut –, ich weiß darüber nichts Bestimmtes, aber ich denke es mir so.«

Dabei war es geblieben.

Der Einzige, der sich nicht recht in die Gemeinschaft des Kanus gefügt hatte, war Pat O'Gilcock. Gewiss, er hatte seine Arbeit nicht versäumt, hatte Packen geschleppt, hatte gepaddelt, hatte sich die Treidelleine über die Schulter gelegt und, weit vorgebeugt, Schleppdienste geleistet wie die anderen auch. Aber er hatte auch keinen Zweifel daran aufkommen lassen, dass er nur allzu gern Arbeiten, die ihm nicht behagten – und das waren viele – anderen überließ, den beiden Juniorpartnern oder den drei Milieux. Er machte deutlich: Ich bin Seniorpartner – und ihr anderen tut gut daran, das nicht zu vergessen.

Und wenn Walther nach einem besonders harten Tag einen Extrabecher Rum austeilen oder in seiner Kladde einen Extrashilling für den unverdrossen und geschickt zupackenden Choquette anschreiben wollte, so zog Cock, dem dergleichen nie entging, ein säuerliches Gesicht:

»Lass das bleiben, Walther. Die Kerle verdienen genug. Es ist unser Geld, das du ausgibst, und wir haben nichts zum Wegwerfen.«

»Gut!«, erwiderte dann Walther ruhig. »Wie du meinst, Cock. Ich schreib's ihm trotzdem gut – aber nur zu meinen Lasten. Sei ganz beruhigt.«

Das war dann Cock durchaus recht.

9

An die siebenhundert Meilen – etwa 1125 Kilometer – hatten die acht Männer des Concerns McCorssen hinter sich gebracht. Sie hatten von dem Land am St. Lorenz und am unteren Ottawa Abschied genommen, waren vor der Abreise bei dem Priester des Konvents der heiligen Anna noch einmal zur Beichte gegangen und hatten sich am Abend des gleichen Tages fürchterlich die Nase begossen. Denn mit Beten, Beichten und Saufen hatte nach dem eingefleischten Vorurteil der Voyageurs jede Reise ins Pays d'en haut zu beginnen. Seit diesen fast schon vergessenen Tagen war den Männern des McCorssen'schen Kanus auf ihrer weiten Reise außer einigen Indianern, die zu Kanu von der Winterjagd zurückkehrten, kein Mensch begegnet. Auf Anraten von Pancrace Matthieu hatten sie sich auch bei den drei, vier Dörfern der Indianer, die sie an den Ufern des mittleren Ottawa passiert hatten, nicht aufgehalten. Die große Indianerrebellion unter dem klugen und kühnen Häuptling Pontiac, dem es gelungen war, die indianischen Völker zu einen, war missglückt. Aber wenigstens für eine kurze Zeit hatten sie der unaufhaltsam von der Ostküste her das Land überschwemmenden Flut der weißen Rasse Einhalt zu geboten. Der einzige Versuch des roten Mannes, Herr im eigenen Land zu bleiben, war ebenso sehr an der Uneinigkeit der Indianer wie an der militärischen Überlegenheit der Engländer gescheitert. Auch die Freunde der Indianer, die Franzosen, hatten den Engländern weichen müssen. Es blieb den Stämmen nichts weiter übrig, als mit den Engländern Frieden zu schließen, das heißt, sich damit abzufinden, dass fortan ein ferner König das letzte Wort im

Land beanspruchte – selbst noch in den ureigensten Angelegenheiten der Indianer. Sie ahnten schon hier und da, dass ihr Land von den unablässig auf den Kontinent strömenden Europäern dichter und dichter besetzt werden würde. Die viel älteren Rechte der Indianer wurden nicht geachtet, die Indianer würden wie räudige Hunde von den Gefilden ihrer Väter verjagt werden.

Jetzt herrschte Frieden an der indianischen Grenze zwischen den Großen Seen und dem Mexikanischen Golf. Aber Pancrace Matthieu war ein vorsichtiger Mann. Er besaß, wie die meisten frankokanadischen Waldläufer, ein sicheres Gefühl für die indianische Wesensart und kannte auch die Ungeschicklichkeit vieler Engländer im Umgang mit den roten Kindern der Wildnis. Und gehörte nicht ein Mann wie O'Gilcock zu ihrer Mannschaft? Katholisch war er zwar, und wenn man ihm glauben konnte, so hasste er als guter Ire die Engländer aus tiefstem Herzen. Aber er sprach Englisch. Sein Französisch konnte, wie Pancrace vertraulich zu Walther sagte, selbst einen alten Ochsen zum Weinen bringen – und vor allem: Er benahm sich so selbstsicher und »arrogamment«, wie man es nur von Engländern gewohnt sei.

Also hatte Pancrace das Boot an den wenigen Indianerlagern, denen sie am Ottawa und Mattawa bis zum French hinunter begegnet waren, schnurstracks vorbeigeleitet. Die aufgebrachte Frage Cocks, warum man nicht nachsehe, ob dort was zu holen wäre, hatte Pancrace nur mit einem Achselzucken beantwortet. Unterwegs nämlich – zu Cocks Erbitterung – war der Ire nicht Seniorpartner des Concerns McCorssen, sondern nur Milieu wie die beiden Jungen und die drei Angeheuerten. Walther hatte sich nicht eingemischt.

Pancrace würde seine Gründe haben, wenn er die Indianersiedlungen mied. Pancrace war kein Dummkopf. Und dem guten Cock bekam es sicherlich nicht schlecht, wenn er ab und zu mit der Nase darauf gestoßen wurde, dass in einer Gemeinschaft wie der ihren jeder gelegentlich auch einmal zurückzustecken hatte.

In Michilimackinac waren die acht Männer, die für Wochen während der langen Tage und der kurzen Nächte nur sich selbst zur Gesellschaft gehabt hatten, plötzlich unter ein paar hundert fremde Menschen geworfen: Indianer vieler Stämme, darunter sogar aus den großen Steppen angereiste Sioux, und Métis, Mischlinge von frankokanadischen Vätern und indianischen Müttern, halb der roten, halb der weißen Welt zugehörig. Dem Wunsch nach waren sie Franzosen. Sie bildeten die eigentliche Bewohnerschaft der Urwaldfestung, die annähernd hundert Jahre zuvor an der Wasserenge der »Großen Schildkröte«, der von Mackinac nämlich, wenn auch zunächst auf ihrem Nordufer errichtet worden war. »Michi« in der Ortsbezeichnung Michilimackinac bedeutet »groß«, deshalb also: »Große Schildkröte«. In der Siedlung gab es aber auch noch an die zweihundert unverfälschte Bleichgesichter wie die Französisch sprechenden kanadischen Händler und englisch-schottische und Yankee-Händler, die nur Englisch sprachen. Dazu kamen vor allem Soldaten vom Regiment Rogers, dem auch zwei Dutzend Rangers von den Gorham's Rangers zugeteilt waren. Unter ihnen waren auch viele Deutsche.

Walther und Cock hatten aufgehorcht, als ihnen schon am Abend ihrer Ankunft, halb durch Zufall, der Name »Gorham's Rangers« begegnete. Beide hatten ja in und bei Halifax unter Gorham gedient und sich dort kennengelernt. Walther war von Cock in den Künsten und Kenntnissen der Waldläufer ausgebildet worden.

»Ob auch Gorham selbst hier im Fort ist?«, fragte Walther an Cock gerichtet.

»Das werde ich morgen bald herausfinden. Wenn er da sein sollte, wird es uns nützen, Walther.«

Und dann hatten sich auch Cock und Walther in das Fest

gestürzt, mit dem die glückliche Ankunft gefeiert werden musste. Die acht Männer empfanden alle eine gewisse Scheu, an diesem ersten Abend schon aus der Gemeinschaft auszuscheren, die sich auf langer, gefährlicher Reise bewährt hatte. Außerhalb der Palisaden, in einem ruhigen Uferwinkel, hatten sie ihr Kanu entladen und das Boot ans Ufer gehoben. Nur ab und zu verirrte sich ein Soldat der Garnison dorthin, um sein Métis- oder Indianermädchen auf Abwege zu führen.

Mit dem Proviant brauchte nun nicht mehr gespart zu werden. Pancrace hatte sich gleich nach der Ankunft, kaum waren die Männer ins seichte Uferwasser gesprungen, mit Angel und Leine davongemacht. Niemand hätte ihm auch nur im Stillen vorgeworfen, dass er sich vor der Arbeit drücken wollte. Noch ehe es dunkel wurde, wollte er fischen. In diesen ersten Junitagen blieb es lange hell, und das Wetter zeigte sich von seiner schönsten Seite, sodass man zu träumen meinte. Der Glanz der sinkenden Sonne lag warm und strahlend über dem weiten, kaum gekräuselten Wasser und vergoldete die Stämme der Fichten und Föhren an den Ufern, als der Zauberer Pancrace schon wieder ins Lager stapfte und fünf Forellen vorwies und eine Renke. Keiner der Fische wog weniger als vier, fünf Pfund.

Die Nacht war still und warm. Die Reise war ohne einen einzigen bösen Zwischenfall verlaufen. Ein ganzer Schwarm von indianischen Zelten drängte sich zwischen den Lagerplatz der acht Männer und die Palisaden des Forts. Diese hölzerne Mauer bestand aus senkrechten, starren, oberschenkelstarken Baumstämmen. Dicht aneinandergereiht und tief in die Erde gesenkt, ragten sie an die zehn Fuß darüber auf. Die beiden einzigen Tore in dieser wehrhaften Mauer waren fest verriegelt. Hier und da brannte ein Feuer zwischen den Zelten. Aus der Ferne, vom Lager der acht her, war kaum noch Bewegung zu erkennen, nur ab und zu zeigte sich eine schattenhafte Gestalt. Wegen der Indianer waren sie hergekommen und hatte die weite Reise gewagt, »zweihundertunddreißig stolze Leagues*«, wie Pancrace mehr als einmal wiederholte.

Und er fügte hinzu:

»Ich habe hier noch nie so viele Rothäute auf einem Haufen gesehen wie diesmal. Anscheinend ist der Hunger nach europäischen Waren groß im Pays d'en haut und der Durst auf Brandy auch. Wundert mich gar nicht. Die meisten Franzosen hat der Krieg verjagt und ihr Geld, soweit sie noch etwas übrig hatten, haben sie mitgenommen. Die Engländer und Yankees haben den Pelzhandel von hier nach Nordwesten noch nicht begriffen, sie trauen sich noch nicht einzusteigen. Ich habe richtig kalkuliert. Wir kommen zur rechten Zeit. Wir werden unser Zeug reißend los werden, passt nur auf!«

»Und können die Preise diktieren, passt nur auf!«, fügte Cock hinzu und mischte sich ein neues Glas Grog mit reichlich Ahornsirup, den sie erst vor wenigen Tagen von Saulteur-Indianern am Ufer der St.-Josephs-Insel erstanden hatten.

So wurden sie alle von angenehmen Erwartungen und Hoffnungen bewegt. Die Abspannung nach der langen Reise machte sie fahrig und laut, als erhitzte sie ein leichtes Fieber. Man war heil angekommen! Also tranken sie alle über den Durst – und wie gefällte Bäume sanken sie schließlich noch vor Mitternacht in die Obhut des aufgestülpten Kanus, das wenigstens ihre Oberkörper vor dem Tau bewahrte, der morgens in dicken Tropfen fallen würde.

Nur Walther McCorssen – er hatte sich merkwürdig schnell an seinen neuen Namen gewöhnt, als wollte er sich so von einer Vergangenheit lossagen, die ihm eher die Bezeichnung »Vergeblichkeit« zu verdienen schien –, Walther hatte sich zurückgehalten. Er durfte den klaren Verstand nicht verlieren. Er hatte angeboten, bis zum ersten Morgengrauen Wache zu sitzen. Bei den Schlafenden und bei den Gütern, in denen ein großer, wenn nicht der größte Teil des Vermögens der drei Seniorpartner steckte und die zugleich die Gewähr für den Lohn und den Bonus der anderen darstellten. Auch das Feuer wollte er ständig schüren, damit es den Schlafenden die Füße wärmte. Unterwegs hatten sie Wachen oder Feuer nie für nötig gehalten. Aber hier – so nahe an Dutzenden, ja Hunderten von Fremden? Menschen sind gefährlicher als die dichteste, wildeste Wildnis.

Walther hockte am Feuer auf einem noch verschnürten Pack von Wolldecken, einen Schritt nur vom Rand des Wassers entfernt, dem er den Rücken zukehrte. Von diesem dunkel ruhenden, völlig unbewegten Element her war nichts zu befürchten. Vor seinen Augen erhob sich neben dem Kanu das kleine Gebirge der Packs. Die Gefährten schliefen regungslos. Nur hin und wieder seufzte oder murrte einer, wenn er sich umdrehte. Auch Walther war übermüdet und zugleich hellwach unter dem samtschwarzen Himmel mit dem Diamantgeflitter der Sterne.

Er war angekommen. Er hatte vorausgesehen, dass er hier in und um Michilimackinac viele Menschen treffen würde. Aber aus der bloßen Vorstellung war nun greifbare Wirklichkeit geworden. Schon in dieser Nacht aber wurde ihm klar, dass er hier nicht bleiben würde. Eine wichtige Station war erreicht, aber eben nur eine Station, ein Durchgang.

In dieser Nacht kam ihm ein kühner, entscheidender Gedanke: Wenn wir wirklich unsere Waren so schnell loswerden, wie Pancrace prophezeit, dann sollte das Boot mit den eingehandelten Pelzen noch in diesem Sommer nach Montréal zurückkehren, dort die Pelze zum Verkauf hinterlassen, sollte abermals Tauschwaren laden und bis Ende September wieder hier sein. Dann könnten wir hier den ganzen Winter über Handel treiben. Wenn dann ein zweites Boot zum nächsten Frühjahr wieder Waren brächte und sich das Ganze wiederholen ließe, hätten wir zwei volle Umtriebe und Umsätze in nur ein Jahr gepackt und müssten doppelt daran verdient haben. Ich würde dann auf Cock gern verzichten. Aber das wird kaum zu machen sein. Was habe ich gegen Cock? Nichts Greifbares! Er scheint gieriger als wir anderen. Was ist daran übel? Nichts! Wir haben uns ja zusammengetan, um zu verdienen. Nur um zu verdienen – und das möglichst reichlich! Ich auch? Ganz gewiss, ich auch! Wozu eigentlich? Ich bin hier an ein erstes Ziel gelangt. Ich bin in Michilimackinac, der Wasserenge der Großen Schildkröte. Hat sich etwas geändert? Nicht sehr viel! Die Engländer sitzen auch hier, Soldaten, Rangers, Gorhams Rangers – und vielleicht Gorham selbst. Er hat mich bestimmt nicht vergessen und niemand kann sagen, wie eine Begegnung ausgehen wird. Morgen Abend werde ich Genaueres wissen. Cock versteht es auszukundschaften, was bei den verfluchten Behörden und militärischen Kommandostellen gespielt wird. Werde ich also niemals ohne einen Cock, der uns allen nicht geheuer ist, auskommen, um mich in diesem Land zu behaupten, wo doch so viel Platz vorhanden ist? Ich könnte zu den Indianern übergehen. Manch ein Franzose hat das getan. Was aber soll ich bei den Indianern anfangen? Ich müsste ihre Sache zu der meinen machen. Will ich das? Kann ich das? Sie fangen die Pelztiere in grausamen Fallen und handeln sich Schnaps gegen die Felle ein, um sich sinnlos zu besaufen. Und sind im Übrigen längst ganz und gar auf unsere Beile, Nähnadeln und Flinten angewiesen – wenn ich das richtig sehe. Man müsste einmal mit jemandem sprechen, der die Verhältnisse bei den Indianern genau kennt, hier und vor allen Dingen weiter im Westen und Nordwesten. Aber selbst wenn der Günstigeres zu berichten hätte, als ich glaube annehmen zu müssen – zu den Indianern übergehen und ihr Leben leben? Nein, nichts für mich! Und außerdem: Ich muss ja bis auf Weiteres Geld verdienen, denn ich habe Kinder, Ankes Kinder. Aus dieser Verantwortung bin ich nicht entlassen! Meine kleine Tochter Anna ...

Er schichtete einige frische Scheite Holz in die Flammen und wusste nicht, dass Ernst und Sorge plötzlich von seinem Gesicht gewichen waren und sich ein Hauch von Freude darüber ausgebreitet hatte.

Meine kleine Tochter Anna, eines Tages wird sie merken, dass sie einen guten Vater hat. Ich werde sie so ausstatten, dass sie von jedermann unabhängig sein wird. Das ist es ja, was ich mir auch selbst wünsche – ja, nur dies!

Warum denke ich nicht auch an meinen Sohn? William wird für sich selbst sorgen, glaube ich, und wird nicht viel nach mir fragen. Und wenn aus ihm und Martine Leblois ein Paar werden sollte ... Martine ist sicherlich Frau genug, einen Mann aus ihm zu machen. Was Justin und William mit den Mädchen erlebt haben, im vergangenen Jahr, in Neuschottland – viel haben sie nicht davon erzählt. Nur, dass Martine richtig angekommen und untergebracht worden ist. Ich muss bei Gelegenheit ein wenig mehr erfragen. Einen von beiden werde ich schon zum Reden verführen, wahrscheinlich William. Jetzt aber wird es Zeit, daran zu denken, dass auch mir noch ein paar Stunden Schlaf zustehen.

Die Nachtwache am Feuer war für den Wächter sonderbar schnell vergangen. Es war angenehm und trostreich gewesen, ungestört und mit sich selbst allein die eigene Lage zu überdenken.

Nun hatte sich eine dunkelgraue, dunkelsilbrige Borte über den östlichen Horizont geschoben. Die Kimm, die in der Nacht nicht auszumachen gewesen war, zeichnete bereits mit unendlich feinem, makellos gleichmäßigem Strich die Grenze nach, an welcher im Südosten die Oberfläche des Huronen-Sees den Himmel zu berühren schien. An einer einzigen Stelle nur war die unmerklich geschwungene Linie unterbrochen, wie von einer zarten schwarzen Wolke. Walther dachte: Der

»Wolfsschweif« schiebt sich schon über die Kimm – und die Umrisse der Ile du Bois Blanc, der »Insel des Weißen Waldes«, sind schon zu erkennen. Zeit also, dass Justin mich ablöst. Justin hat weniger getrunken als die andern, hat sich darauf eingerichtet, dass er nach mir zu wachen hat, besonnen wie immer. William wäre kaum aufzuwecken.

Justin war sofort munter, als Walther ihn sachte an der Schulter fasste. »Leg dich nur gleich hin, Walther«, sagte er. »Ich werde in den See steigen, und wenn das Wasser noch so kalt ist. Ich will den Reisedreck loswerden.«

Am Nachmittag des gleichen Tages waren sie zu dritt beisammen: Patrick O'Gilcock, Walther McCorssen und Peter Gorham. Letzterer im Rang eines Captains der britischen Armee, worauf allerdings nichts an seinem Aufzug schließen ließ, wenn auch sein schmuckloser Rock aus Wildleder, seine Lederhosen und Mokassins wesentlich sauberer und ordentlicher aussahen als sonst bei Waldläufern üblich.

Sie saßen im Fort, rings um den schweren Tisch in der Mitte des Kommandantenzimmers. Es hatte sich ergeben, dass der »Concern McCorssen, O'Gilcock & Matthieu« seinen Antrittsbesuch nicht beim Kommandanten des Forts, Captain Rogers, persönlich hatte machen können. Rogers hatte wenige Tage zuvor eine Kontrollreise nach Sault de Sainte Marie und weiter nach Michipicoton angetreten, von welcher er erst im Juli zurückkehren würde. Das Kommando in Michilimackinac hatte er für die Dauer seiner Abwesenheit dem Rangerführer, Captain Gorham, übertragen. Viel schneller also, als Walther gedacht hatte, waren seine Zweifel, ob Gorham selbst oder nur einige seiner Leute in Michilimackinac zu finden wären, behoben worden.

Walther hatte dem Kommandanten die Lizenz des Concerns vorgelegt, doch Gorham hatte sie kaum beachtet. Er hatte sich zunächst, offenbar von dieser Wiederbegegnung sehr angetan, Pat O'Gilcock gewidmet und sich erzählen lassen, was dem Iren alles begegnet war, seit er Gorhams Rangers den Rücken gekehrt hatte, um zu sehr nobel bemessenem Stückpreis indianische Skalpe zu jagen. Cock hatte mancherlei berichtet, hatte auch durchaus nicht damit hinterm Berg gehalten, dass die Skalpjagd nur der Anfang guter Verdienste gewesen war, dass er in den älteren Kolonien im Süden, an der Indianergrenze von Virginia und Pennsylvania, eine Reihe lukrativer Geschäfte und Tätigkeiten hinter sich gebracht hatte.

Jetzt habe er sich mit Walther zusammengetan, um im Pelzhandel ein wenig Sahne abzuschöpfen, solange der Westen noch nicht von allzu vielen Yankees oder Schotten überlaufen sei und solange die hochehrenwerte Hudson's Bay Company noch nicht ihren Handel über ihr eigentliches Gebiet hinaus nach Westen und Süden ausgedehnt habe.

Der Concern sei mit guten und überaus brauchbaren Waren ausgestattet. Sie wollten ohne Verzug beginnen, mit den Indianern zu handeln.

»Es liegen wohl weit über hundert indianische Kanus am Strand zwischen dem Fort und unserem Lagerplatz. Die Männer unseres Kanus sind schon dabei, eine Blockhütte zu errichten, damit die Waren untergebracht, ausgebreitet und angeboten werden können – und damit wir selbst nach fünf Wochen unter freiem Himmel wieder ein Dach über den Kopf bekommen. Dagegen bestehen hoffentlich keine Bedenken?«

»Ganz und gar nicht, Cock! Eure Lizenz von Montréal ist sicherlich in Ordnung.« Gorham griff nach dem steifen Blatt Papier, strich den Bogen glatt, sodass er knisterte, kümmerte sich aber noch nicht um den Text, sondern fuhr fort:

»Die Franzosen haben die Indianer weiter im Westen und Norden, auch im Süden über den Michigan-See hinaus, seit hundert Jahren an Pulver und Blei, an Wolldecken und Eisenbeile, an Messer und Kupferkessel gewöhnt, damit sie für den weißen Mann Pelze jagen. Die Indianer sind längst von diesem Handel abhängig geworden. Die Franzosen, insbesondere die von ihnen, die über die nötigen Mittel verfügen, um Handel zu treiben, haben sich aus dem Staub gemacht, als der Siebenjährige Krieg für ihren König verloren war. Nun haben die zum Pelzfang verführten oder gedrillten Indianer schon seit einigen Jahren keine Tauschwaren aus Europa bekommen, ohne die sie gar nicht mehr existieren können. Wir haben Nachricht, dass in manchen Gegenden die indianischen Sippen Hunger leiden, weil ihnen Pulver und Blei fehlen. Ihr werdet eure Waren ohne Schwierigkeiten loswerden und könnt die Preise, in Biberfellen ausgedrückt, mehr oder weniger diktieren.«

»Haben wir viele Konkurrenten?«, wollte Cock wissen.

»Einige schon, ihr werdet die Leute kennenlernen, ein paar Schotten, Yankees, nur sehr wenige Franzosen. Diese machen die besten Geschäfte, weil sie mit den Indianern umzugehen wissen. Die Schotten, schlimmer noch die Yankees, verärgern die Eingeborenen, behandeln sie allzu barsch und von oben herab. Ich bin deswegen besorgt. Es könnte uns auf die Dauer teuer zu stehen kommen. Mit den wenigen Soldaten, die hier stationiert sind, ist dies wilde Riesenland nicht zu sichern. Es gibt übrigens auch ein paar erfahrene und geschickte Englischsprecher, die sich mit den Indianern gut verstehen. Die werden vom Kommandanten besonders gefördert. Dies ist jetzt englisches und nicht mehr französisches Einflussgebiet. Im vorigen Jahr hat zum Beispiel ein gewisser Alexander Henry die Erlaubnis erhalten, am Oberen See Handel zu treiben, das heißt, ihm ist dort ein gewisses Monopol zugesprochen worden.«

Walther McCorssen warf ein: »Ich denke, über Michilimackinac hinaus nach Westen ist kein Handel erlaubt, Captain?«

Gorham hob die Augenbrauen und sog hörbar an seiner kurzen Pfeife. Es fiel ihm offensichtlich schwer, ein Schmunzeln zu unterdrücken.»Walther, du hast dich nicht viel verändert, seit du in meinen Verein eingetreten bist, damals, bei Halifax, als der Gouverneur dich mir als Kurier zuteilte. Immer hübsch korrekt und auf die dienstlichen Befehle bedacht. So sind nun einmal die Deutschen. In Pennsylvania habe ich sie aus der Nähe kennengelernt, da sind sie auch so. Und hier bei uns in der Truppe – genau dasselbe: als Soldaten also gut zu gebrauchen, als Rangers nicht ganz so gut. Du bist eine Ausnahme. Hier draußen sitzen wir weit vom Schuss, über tausend Meilen weit von Québec und Montréal und noch weiter von Niagara oder Detroit oder Albany oder Boston, wo die neunmalklugen Herren aus London regieren und alles ganz genau wissen, während sie in Wahrheit vom Westen reden wie der Blinde von der Farbe. Fünfunddreißig-Tage-Reisen liegen zwischen Montréal und diesem gottverlassenen Fort. Nein, der Herr Generalgouverneur, seine Beamten und ihre Perücken in allen Ehren – dies wilde Land einigermaßen zu kontrollieren und auf welche Weise, das müssen sie Leuten wie Rogers oder mir überlassen. Es kommt darauf an, dass der Pelzhandel wieder in Gang gebracht wird, damit er von der Regierung mit Abgaben und Steuern belegt werden kann. Was dazu nötig ist, das wissen wir hier an Ort und Stelle besser als die mächtigen Beamten in Montréal oder gar in London.«

Ein breites Lachen hatte sich bei diesen Worten auf Gorhams Gesicht ausgebreitet. Seine beiden Gäste lachten mit. Man war ja unter sich, unter Leuten, die sich im Westen auskannten. Gorham fuhr fort:

»Verdient muss werden. Die Franzosen haben gut vorgearbeitet. Die Indianer können oder wollen im Grunde ohne europäische Erzeugnisse und ohne Rum nicht mehr existieren – vor allem nicht ohne Rum! Also gut, sollen sie bluten, die Dummköpfe! Jeder will verdienen, auch der Kommandant, auch ich! Wenn vernünftige Lizenzen oder Erweiterungen von Lizenzen verlangt werden – an diesem Tisch werden sie unterschrieben, unter vier Augen natürlich! Das gilt besonders für Leute, die klug genug sind, sich mit Franzosen – sagen wir lieber: mit Kanadiern – zu verbinden, denn die allein verfügen über die nötige Erfahrung und Kenntnis des Landes.

Alexander Henry, von dem ich schon sprach, war in dieser Hinsicht sehr geschickt. Er hat sich mit Monsieur Cadotte aus Sault de Sainte Marie bei der großen Portage, die vom Huronen- zum Oberen See führt, zusammengetan. Cadotte kennt die Verhältnisse hierzulande genau. Er ist zudem mit einer Indianerin aus einer Häuptlingssippe verheiratet. Wenn man solch einen Partner hat beim Indianerhandel, kann nicht viel schiefgehen und rundherum wird gut verdient. Euer dritter Partner trägt einen französischen Namen, wenn ich mich nicht irre? Kanadier also? Kennt er den Westen?«

Walther bestätigte: »Er ist eine Reihe von Jahren im Pays d'en haut unterwegs gewesen. Ein erfahrener Coureur de bois, versteht viel von Pelzen!«

Captain Gorham hatte inzwischen die Lizenz nochmals hochgenommen, hielt sie auf halbe Armeslänge von sich ab – weitsichtig war er, wie die meisten Wildnisleute – und fing jetzt erst an, sie zu studieren. Er wollte den französischen Namen genau erfassen. Plötzlich ließ er das Blatt sinken und blickte einigermaßen verdutzt zu Walther hinüber:

»Was soll denn das? Hier steht Pancrace Matthieu und Patrick O'Gilcock. In Ordnung. Aber davor steht Walther McCorssen. Seit wann bist du unter die Schotten geraten, Walther?«

Walther war auf diese Frage vorbereitet, hatte sich auch mit Cock abgesprochen. Er versuchte also ein Lachen. Es gelang ihm gut: »Bin ich gar nicht, Captain! Wie sollte ich auch! Aber bei der Ausstellung der Lizenz in Montréal hat mich der Amtsschreiber zum Schotten ernannt, sozusagen. Nach seiner Meinung hatten wahrscheinlich nur Schotten das Zeug und genügend Schneid, einen Concern für den Pelzhandel im Indianerland zu gründen. Wir merkten den

Irrtum erst, als wir wieder draußen waren. Nun, wir hatten es eilig, und Ämter sind ein Gräuel vor dem Herrn! Also sagten wir uns: Hol's der Teufel, vor allen Dingen haben wir die Lizenz. Das ist die Hauptsache! Und wer ich bin, weiß ich sowieso.«

Cock fügte, wie verabredet war, mit breitem Grinsen hinzu: »Sieh, Captain, Schreiberei ist Teufelszeug, wie man's auch nimmt. Wie ist das denn in Wahrheit bei uns? Ich heiße O'Gilcock, was so viel bedeutet wie ›Enkel des Gilcock‹. Mc oder Mac bedeutet ›Sohn‹. Walthers Vater und Großvater hießen bestimmt Corssen. Also kann er sich auch O'Corssen oder McCorssen nennen, ›Sohn des Corssen‹. Stimmt ganz genau! Wenn der Amtsschreiber den Walther in die Zunft der Schotten einbezogen hat – warum nicht? So unrecht hat er nicht gehabt!«

Alle drei lachten. Gorham studierte das Dokument eine kleine Weile, ein wenig nachdenklich vielleicht und auch etwas zweifelnd. Aber schließlich warf er es auf den Tisch und schlug darauf mit der flachen Hand: »Stimmt, was du sagst, Cock! Ich könnte den Text ändern lassen, wenn ihr wollt. Das macht allerdings Scherereien und kostet Geld!«

Walther, mit einem Achselzucken: »Wozu Scherereien? Mir ist McCorssen genauso recht wie Corssen.«

Und Cock: »Wir sitzen hier weit, weit hinten in den Wäldern, Captain! Du hast es selbst gesagt: Wir wissen, was gespielt wird. Wozu also weiterer Aufwand? Wir wissen zu schätzen, dass zurzeit hier ein früherer Vorgesetzter, den wir gut kennen und der uns gut kennt, das alleinige Kommando ausübt. Das ist uns natürlich viel wert, Captain.«

Man blickte einander freundlich lächelnd in die Augen. Gorham zauberte aus einer Wandnische eine Brandyflasche und drei zinnerne Becher hervor. Man prostete sich zu. Walther dachte: Wenn wir noch etwas von der Behörde haben wollen, sollten wir es beantragen, solange Gorham den Kommandanten vertritt. Cock könnte das mit Gorham erledigen, ich brauchte gar nicht damit befasst zu sein.

Gorham fragte noch, sicherlich nur der Vollständigkeit halber:»Wo ist euer Kanadier Matthieu? Er hätte sich eigentlich auch hier auf der Kommandantur melden müssen.«

»Einer von uns hatte bei unseren Waren zu bleiben und den Bau des Schuppens zu überwachen. Heute früh waren schon Indianer da mit Bündeln von Fellen und wollten sehen, was wir anzubieten haben. Pancrace schenkt ihnen erst etwas und macht sie munter und locker mit einigen Kostproben von Gin und Rum – und dann legt er ihnen vor, was sie haben wollen, und auch, was sie nicht haben wollen. Und dann werden sie fröhlich und großzügig und werfen mit Pelzen um sich. Aber alles mit Maßen, ehe sie den Verstand verlieren und wild werden. Pancrace wird sehr gut mit ihnen fertig!«, erklärte Walther, denn das war es wohl, was Gorham hören wollte.

»Das hört man gern«, sagte Gorham.»Hier ist eure Lizenz. Ich finde sie durchaus in Ordnung. Kommt wieder vorbei, wenn ihr was wollt oder wenn es Neues gibt. Für einige Wochen werde ich wohl noch den Kommandanten vertreten.«

»Wenn wir erst ein Dach über dem Kopf haben, Captain, bist du eingeladen. Pancrace ist ein guter Koch und Choquette ist es auch. Und ein Fässchen Rotwein haben wir in geheimer Reserve!«

Die drei trennten sich als Freunde. Allerdings hatte jeder von ihnen seine eigenen Hintergedanken.

Nach diesem Antrittsbesuch beim stellvertretenden Kommandanten des Forts Michilimackinac schritten die beiden Männer, der falsche Schotte und der echte Ire, durch das breite Tor wieder ins Freie. Über die staubigen Straßen des Ortes führte ihr Weg am Strand entlang unterhalb des großen Indianerlagers vorbei, wo schon die abendlichen Kochfeuer flackerten und ein paar Betrunkene grölten. Während sie sich

dem eigenen Platz, weit jenseits des Gewirrs der indianischen Zelte, näherten, erörterten sie mit bedächtigen, kargen Worten die Einzelheiten des Gesprächs mit Gorham. Endlich, nach längerem Schweigen, wollte Cock wissen:
»Wenn ich nur ahnte, wann und wie er was haben will! Man muss da vorsichtig sein, kann Porzellan zerschlagen, das sich nicht mehr kitten lässt. Natürlich wollen sie mitverdienen, die Beamten und Offiziere. Sie verdienen ja nicht genug – von Amts wegen – längst nicht! Aber wenn wir Soldaten im Hintergrund hätten – das wüsste ich zu schätzen. Und wenn's nicht anders geht, zeig' ich mich auch dafür erkenntlich.«

Walther entgegnete gleichmütig, als redete er über das Wetter: »Ich habe mir das schon gestern durch den Kopf gehen lassen und weiß, worum es geht und wie es zu meistern ist. Hör zu: Es muss uns darauf ankommen, das Wohlwollen und die speziell auf uns ausgerichtete Unterstützung der maßgebenden Leute hier auf Dauer zu gewinnen, nicht bloß von Fall zu Fall, denn das käme zu teuer. Dieser Alexander Henry, dem der Kommandant die ausschließliche Handelserlaubnis für den Oberen See erteilt hat – sie ist sicherlich ein Vermögen wert! –, dieser Henry hat es bestimmt ebenso gemacht. Ich glaube, das wollte Gorham andeuten. Wahrscheinlich ist es ein glücklicher Umstand, dass wir es zurzeit nicht mit dem eigentlichen Festungskommandanten, Captain Rogers, zu tun haben, sondern mit seinem Stellvertreter, unserem alten Freund Gorham. Rogers ist Armeeoffizier und wird mit seinem Regiment über kurz oder lang abgelöst, wie es vor ihm ja auch Captain Howard ergangen ist. Die Soldaten wechseln, Cock, aber die unentbehrlichen Rangers bleiben und mit ihnen Gorham. Und Gorham wird immer wissen, wie der Wind bei der Regierung und im Kommando weht, und er wird die Segel danach stellen. Wir sollten also Gorham ständig an unseren Geschäften interessiert halten. Es empfiehlt sich nach meiner Meinung nicht, ihm heute für diesen Dienst und morgen für einen andern einen jeweils neu auszuhandelnden Preis anzubieten. Das bleibt, wie du richtig sagst, stets eine kitzlige Sache. Nein, machen wir lieber gleich Nägel mit Köpfen und schlagen wir Gorham vor, als stiller – sehr stiller – Beteiligter in unsern Concern einzutreten, mit einem eigenen Part. Dann würden alle Gewinne – an Verluste denken wir lieber gar nicht und reden auch nicht davon! – aufgeteilt zwischen dir, Pancrace, mir, den beiden Jungen und Gorham, wie zwei zu zwei zu zwei zu eins zu eins zu eins. Das schmälert unsere Beteiligung am Gewinn, wird sich aber mehr als bezahlt machen. Wir müssen erreichen, was Alexander Henry für den Oberen See schon erreicht hat und möglichst bald mehr als das. Es muss uns erlaubt sein, so weit wir wollen nach Westen vorzudringen und nach Norden. Glaube mir: Je weiter wir mit unseren Tauschwaren den Indianern in die besten Pelzgebiete entgegenreisen, desto billiger bekommen wir die Pelze. Natürlich werden unsere Waren durch den längeren Transport verteuert. Aber das wird mehr als aufgewogen, da uns die Pelze – je weiter wir nach Westen vorrücken – umso weniger kosten werden. Vielleicht kann man dann nicht mehr von Eis zu Eis, also in einem einzigen Sommer, zwischen diesen weit entlegenen Handelsplätzen und Montréal hin und her fahren. Dann muss man eben eine Zwischenstation einrichten und sich dort auf halbem Weg treffen, das von Westen und von Osten Mitgebrachte austauschen und wieder nach Westen und Osten umdrehen. Dazu wieder würde – außer mehreren Kanus und Besatzungen – nötig sein, dass ein Vertreter in Montréal bleibt, um günstig Tauschwaren einzukaufen, dass ein anderer so weit nordwestlich wie möglich das Einhandeln der Pelze überwacht und ein Dritter die Transporte organisiert und beaufsichtigt. Das alles ist natürlich Zukunftsmusik. Anfangen müssen wir damit, uns gegenüber den schnüffelnden Ämtern, Behörden und Kommandanten den Rücken zu sichern, damit sie uns keine papierenen Knüppel zwischen die Beine werfen.«

Während Walthers langer Rede war Cock immer langsamer vorangeschritten, und so hatte er auch ihn gezwungen, die Schritte zu zügeln. Bei den letzten Sätzen blieb er vollends stehen.

»Verdammt, Walther, das sind allerhand Aussichten! Zuerst, als du anfingst, von Gorham als neuem Partner zu sprechen, dachte ich, du hättest den Verstand verloren. Aber wenn ich bedenke, was du für die Zukunft fantasierst, wenn daraus auch nur ein bisschen etwas wird … Doch du magst recht haben: Wenn man die Herren beteiligt, kommen wir vielleicht am billigsten weg. Ich will's mir überlegen. Pancrace ist sowieso mit allem einverstanden, was du vorschlägst, und die Jungen brauchen nicht viel gefragt zu werden. Bestimmt hast du recht, wenn du sagst: Je weiter wir den Indianern in den Nordwesten entgegenreisen, desto billiger bekommen wir die Pelze. Man sollte so weit nach Nordwesten stoßen, bis man dort die Kanus abfängt, die nicht hierher zu den Großen Seen, sondern zur Hudson Bay fahren wollen, um ihre Winterbeute nach alter Gewohnheit an die ehrenwerte Hudsons's Bay Company zu liefern. Die Bay rührt sich ja nie vom Fleck und lässt die Indianer von weit aus dem Westen her die Pelze anliefern. Das sollte man ihr versalzen, und die Indianer würden froh und dankbar sein.«

Die beiden Männer hatten sich wieder auf den Weg gemacht. Sie merkten nicht, dass die sinkende Sonne das Ufer, den See, den Saum der Wälder fernhin vergoldete. Sie blickten in eine andere Ferne, eine nicht minder goldene und verlockende, die diesem unerschlossenen Land voller Verlockungen und Versprechungen ebenso zugehörig schien wie die unermesslichen Wälder und die Wälder jenseits der Wälder, die zahllosen Ströme und Wasserläufe, von denen nur Gott im Himmel wissen mochte, wo sie entsprangen.

Walther hatte sich Cocks Vorschlag durch den Kopf gehen lassen. »Daran habe ich noch gar nicht gedacht!«, rief er anerkennend. »Gut, dass du mich darauf bringst. Es heißt ja immer: Die Bay ist so verflucht vornehm, dass sie im York-Fort an der Hudson Bay darauf warten kann, bis ihr die Indianer die Pelze ins Haus bringen. Und dann gehen sie von dort direkt zu Schiff nach England. Bequemer geht's nicht. Wer sich an die Anmarschrouten klemmt und den Indianern einige hundert oder tausend Meilen im Kanu erspart, der wird allerdings glänzende Geschäfte machen! Überleg dir das mit Gorham, Cock, und zwar bald, damit wir ihn für uns gewinnen, ehe der Kommandant zurückkehrt. Je weiter unsere Pläne ausgreifen, desto notwendiger brauchen wir einen Rückhalt bei den Machthabern. Die sitzen zwar weit im Osten, in Montréal – aber nur dort können wir unsere Pelz zu Geld machen.«

»Sei unbesorgt, Walther, ich werde alles gründlich überlegen und dich nicht lange auf meine Entscheidung warten lassen. Übrigens« – er ließ ein trockenes Lachen hören – »übrigens melde ich gleich an, dass ich mich darum bewerbe, in Montréal Interessenvertreter unseres Concerns zu werden. Ich werde Proviant und Handelsgüter einkaufen, die aus dem Landesinneren kommenden Pelze sortieren, verpacken und nach London verschiffen. Und Pancrace, der Stiernacken, der wäre der richtige Mann, die Transporte zu überwachen, unterwegs und auch hier oder noch weiter im Westen, wo die Lieferungen von außen und innen umgeschlagen werden.«

Walther schien die Begeisterung Cocks nicht wenig erheiternd zu finden:

»Und an mir bliebe hängen, irgendwo ganz weit draußen, am hintersten Ende des Pays d'en haut zu hocken, mich winters einschneien zu lassen, mit den Rothäuten um die Pelze zu feilschen und aufzupassen, dass sie sich nicht allzu sehr besaufen und mich aus purem Übermut totschlagen. Also gut, Cock, ich wäre einverstanden! Ich habe nichts dagegen, auf mich allein gestellt zu sein. Ich war schon immer der Meinung, dass ich der Einzige bin, auf den ich mich verlassen kann.«

Das war als Scherz gemeint. Aber Cock spürte den Ernst dahinter und gab eine Antwort, die Walther noch nach Jahren nicht vergessen sollte:

»Ja, so ist das mit dir, das weiß ich längst. Du lässt keinen allzu nahe an dich heran. Mir geht es ähnlich. Wir werden die besten Geschäfte machen und umso besser zusammenarbeiten, je weiter wir voneinander entfernt sind.«

Sie waren inzwischen beim Lagerplatz angekommen. Pancrace kam ihnen entgegen:

»Ihr habt einiges versäumt. Die Burschen sind zu Dutzenden hier gewesen mit Bündeln von Biber, Marder, Nerz und Wolf, sie zahlen jeden Preis. Auf Flintsteine sind sie besonders scharf und auf Hakenschrauben für die Gewehrschlösser. Ich habe nichts mehr davon verkauft, sonst ginge unser Vorrat bald zur Neige. Auch sonst nehmen sie unbesehen an, was man ihnen vorlegt, und fragen kaum danach, was es kostet. Manche sind schon seit drei oder gar seit fünf Jahren keine Pelze mehr losgeworden. Wenn das so weitergeht, haben wir in drei oder vier Wochen all unser Zeug an den Mann gebracht – und das Kanu wird nicht ausreichen, die vielen Ballen Pelzwerk nach Montréal zurückzuschaffen.«

Walther fasste die Gelegenheit beim Schopfe: »Es ist Verschiedenes zu besprechen, Pancrace. Wir wollen uns noch ein paar Minuten zusammensetzen. Choquette und Justin können sich um das Abendessen kümmern.«

Die drei Seniorpartner des Concerns McCorssen hockten sich neben der Hütte, welche die Männer tagsüber gebaut hatten, auf ihre Fersen. Das Dach der Behausung war vorerst nur durch ein paar Stücke Segelleinwand angedeutet, die unterwegs dazu gedient hatten, die Packs der Tauschgüter vor Spritzwasser und Regen zu schützen. Aber vier geschickte Männer bringen mit Säge, Axt und Beil ein einfaches Blockhaus mit einer Tür als einziger Öffnung innerhalb eines Tages zustande. Pancrace hatte sich nicht viel darum zu kümmern brauchen. Der Handel mit den Indianern hatte ihn völlig beansprucht. Man brauchte Zeit und Geduld dazu. William war ihm zur Hand gegangen, hatte genau Buch geführt, was Walther ihm nachdrücklich befohlen hatte, ehe er mit Cock zum Fort aufgebrochen war.

Wie Cock vorausgesagt hatte, stimmte Pancrace dem Plan Walthers zu, den stellvertretenden Kommandanten als stillen Partner in den Concern aufzunehmen. Dass Captain Gorham ein solches Angebot ablehnen könnte, zog keiner der drei in Erwägung.

Walther sagte: »Der Zulauf der Käufer wird noch einige Tage anhalten, glaube ich. Wenn keine weiteren Händler hinter uns auftauchen – wir wissen ja nicht, ob und wie viele Kanus nach uns von Montréal abgefahren sind –, werden wir also unsere Ladung schnell verkauft haben. Ich schlage jedoch vor, dass wir nur an Chippewa und Cree* verkaufen, an die Stämme aus dem Nordwesten, und nicht an Menominis oder Sauks, Fox oder Mandans aus dem Westen und Südwesten. Wenn uns Gorham die weiter reichende Lizenz verschafft, müssen wir nämlich unser Augenmerk nach Nordwesten richten. Von dort kommen die wertvollsten Pelze. Auch haben sich die dortigen Stämme längst an die Waren der Hudson's Bay Company gewöhnt. Wir brauchen uns nur an die alten Kanuwege zur Bay zu setzen, ihnen bessere Waren anzubieten, ihnen die lange Weiterreise zur Hudson Bay zu ersparen und ihr Pelzangebot in unser Kanu zu locken. Alle anderen Indianer schickst du also wieder weg, Pancrace. Wir machen uns schon jetzt und hier einen Namen als Freunde der Cree, vor allem jener Cree, die im Nordwesten wohnen, wie du uns gesagt hast und wie ich mir heute im Fort bestätigen ließ. Wir betreiben unseren Handel hier noch etwa vierzehn Tage lang. Nehmen wir mal an, wir haben unsere Ladung dann zur

Hälfte verkauft. Die Händler, die schon hier sind, lauter Yankees aus Albany und Detroit, sitzen alle im Fort. Wir sind bis jetzt die Einzigen, die hier draußen kampieren. Die Indianer fühlen sich unsicher zwischen den Palisaden. Bisher hatten sie sich damit abzufinden. Jetzt können sie mit uns hier draußen völlig unbeobachtet Geschäfte machen. Ehe die Yankees im Fort merken, dass wir hier draußen leichter und schneller Pelze einhandeln, müssen wir die Sahne schon abgeschöpft haben. In vierzehn Tagen laden wir die eingehandelten Pelze ins Kanu. Vielleicht kriegen wir es schon voll. Und ab damit nach Montréal, damit wir eine zweite Ladung Tauschgüter noch in diesem Sommer hierher frachten können. Damit setzen wir den Handel fort – entweder hier, oder vielleicht können wir dann gleich weiter nach Westen vorstoßen. Während das Kanu nach Montréal unterwegs ist und bevor es zurückkehrt, habe ich den Rest der ersten Ladung verkauft, und die Pelze warten auf den Abtransport. Schaffen wir dann die Pelze in diesem Jahr nochmals nach Montréal, dann sollten wir – billig, wie wir hier einkaufen, teuer, wie wir in Montréal verkaufen – so viel Kapital beisammen haben, dass uns so leicht nichts mehr umwerfen kann. Wir müssen unsern großen Fischzug noch in diesem Jahr veranstalten. Im nächsten sind vielleicht schon doppelt so viele Yankees und dreimal so viele Kanadier hier und womöglich auch weiter westwärts unterwegs. Dann wird es schwieriger. Dann muss ich noch weiter im Westen einkaufen. Es kommt darauf an, den andern stets um ein Jahr oder mehr vorauszubleiben. Wie hast du heute tauschen können, Pancrace?«

Pancrace schlug sich aufs Knie. »Es hat sich gelohnt! So vorteilhaft habe ich in meinem ganzen Leben noch nicht gehandelt: zweiundzwanzig Biberfelle für eine Flinte, zwölf bis fünfzehn für eine große Wolldecke, zehn für eine kleine. Eine Axt erbrachte bis zu fünf Biber, ein Pfund Schwarzpulver brachte zwei, Kugeln auch zwei Biber. Messer, Ahlen*, ein Fuß

von Spencers geflochtenem Tabak je einen Biber. Zur Hälfte verdünnter Rum drei Biber für die Flasche. Mit Rum war ich sehr sparsam, wollte keinen Ärger!«
Walther hatte zwischendurch überschlagen, was dabei herauskam. Er rechnete noch einmal – es stimmte. Seine Stimme klang ein wenig heiser.

»Wenn ich die Rückreise mitrechne, wenn die Preise für Felle in Montréal sich nicht verändert haben – dann werden wir, wenn alles glattgeht, mindestens das Fünfzehnfache der Unkosten herausholen – als reinen Gewinn!«

Pancrace und Cock schwiegen eine Weile. Die Zahl, die Walther genannt hatte, verschlug ihnen die Sprache.

Schließlich sagte Cock: »Behalten wir's für uns. Wir brauchen das niemandem auf die Nase zu binden!«

Das verstand sich von selbst.

Es gab noch eine Menge zu tun an diesem Abend. Auf keinen Fall durfte Walther die Kontrolle der fortgegebenen Waren und der dafür eingehandelten Pelze vernachlässigen. Der Milieu Gérard Choquette war ihm mit Geschick behilflich. Die andern hatten Hand an die noch längst nicht fertige Hütte zu legen. Pancrace kümmerte sich um das Abendessen und verhandelte zwischendurch mit einigen Nadowessioux, die unbedingt noch eine Flasche Rum erstehen wollten. Die könnten sie haben, hieß es, aber das Geschäft sei schon geschlossen. Es sei Abend, und man wolle endlich Ruhe haben. Die Indianer sollten ihre Fellbündel neben die Türöffnung packen – und hier wäre die Flasche mit Rum, »Feuerwasser«, der »Milch des weißen Mannes«, wie die Chippewa sagten. Zeit zum genauen Abrechnen habe er jetzt nicht. Den Rum also gegen die Pelzbündel, basta! Wenn ihnen das recht wäre? Einverstanden? Gut, einverstanden! Zieht ab mitsamt euerm Gesöff! Und kommt das nächste Mal früher am Tag!

Die Indianer zogen davon, entkorkten die Flasche schon

nach wenigen Schritten und ließen den zur Hälfte mit Mackinac-Wasser verdünnten Branntwein durch ihre mageren Kehlen gluckern. Sie blickten sich nicht um.

Walther hatte die Szene beobachtet. Er hatte genau wie Pancrace begriffen, dass die Pelzbündel ein Vielfaches des Wertes darstellten, der sich in der Flasche des reichlich verschnittenen Rums ausdrückte. Wie Pancrace das angestellt hatte – es war erheiternd gewesen und zugleich ein wenig bedrückend, ja beängstigend.

»Du hättest ihnen dreimal so viel getauften Rum geben sollen, Pancrace – und wir hätten immer noch ein vorzügliches Geschäft gemacht.«

»Das ist nicht zu bestreiten, Walther. Aber wenn ihnen der Rum so viel wert ist! Sie haben nichts dergleichen. Ich hab ihnen ja nichts aufgezwungen, ganz im Gegenteil. Sonst hätten sie in das Fort wandern müssen, um sich da Brandy von den Yankee-Händlern zu erstehen – und wären sicherlich noch viel schlimmer geschröpft worden. Nein, nach ihrer Meinung sind sie bei uns gut weggekommen und fühlen sich keineswegs übervorteilt. Die kommen morgen wieder, du wirst es erleben, Walther. Nächstes Jahr, oder übernächstes, werden sie weiser geworden sein. Aber das brauchen wir nicht vorwegzunehmen. Man muss die Feste feiern, wie sie fallen.«

Das war eine Philosophie, gegen die auch Walther im Grunde nichts einzuwenden wusste. Pancrace hatte inzwischen die Felle hinter den Stämmen des unfertigen Blockhauses in Sicherheit gebracht. Er kam gleich wieder zum Vorschein, sah Walther noch an der Wand lehnen und begann von Neuem:

»Übrigens, die beiden Milieux Gilles Clautier und Claude Gamaut haben sich an mich gewandt, kurz bevor du mit Cock zurückkehrtest. Sie wollen Vorschuss haben auf ihren Lohn. Ist ja so üblich, wenn man hier angekommen ist. Aber ich habe ihnen gesagt, sie müssten dich fragen, du wärst der Kapitän. Es muss alles seine Ordnung haben. Sie haben mich gebeten, dich deswegen anzusprechen. Sie selbst haben wohl keinen Mut. Und dann, das fiel mir auf, haben die beiden mit William und Justin zusammengesteckt und auf sie eingeredet. Ich musste ein paarmal dazwischenfahren. Ich kann mir denken, was sich da zusammenbraut, und will dich nur vorbereiten.«

Walther blickte ein paar Herzschläge lang zu Boden. Natürlich, auch er konnte sich einiges denken. »Hat denn einer von euch irgendetwas ausgekundschaftet? Ihr hattet doch gar keine Zeit dazu.«

»Gilles und Claude waren den ganzen Tag hinter der Sache her, kaum, dass ihr euch auf den Weg gemacht hattet. Die Indianer, die sich bald danach einfanden, waren nicht geizig mit Auskünften. Im Fort gibt es ein paar Métis-Mädchen, die sehr gefällig sind. Und im Indianerlager, bei den Menidatsas – die sind ja bekannt dafür und machen gar kein Hehl daraus, dass ihre Frauen machen können, was sie wollen. Dort soll es manchmal hoch hergehen, und mehr aus Spaß als gegen Geld, habe ich gehört.«

»Das kommt mir nicht sehr wahrscheinlich vor, Pancrace. Aber mir soll's egal sein. Den Vorschuss kann ich den Jungen nicht abschlagen. Ich werde ihnen kleines Silber geben. Mit Biberfellen werden sie wohl nicht auf Gegenliebe stoßen. Was ist mit Choquette? Hat er sich nicht auch gemeldet?«

»Nein, Walther. Er durchschaut natürlich die Absichten der anderen zwei. Er hat nur gelacht und gesagt: ›Na ja, morgen ist Sonntag, da gehen sie dann alle beichten in die Kapelle im Fort zu Vater Soufreur. Der weiß längst, was er von seinen kanadischen Voyageurs zu halten hat, und macht es gnädig. Aber ich selbst, Gérard Choquette, ich habe da nichts zu suchen. Ich brauche weder zu den Métis-Mädchen, noch danach zur Beichte zu gehen. Ich bin verheiratet, und das genügt mir.‹«

Walther war überrascht. »Choquette verheiratet? Wusstest du das, Pancrace?«

»Nein, ich hatte keine Ahnung. Aber vielleicht spricht er jetzt darüber. Ein Voyageur – und verheiratet? Das gibt's eigentlich gar nicht.«

»Dacht ich auch. Aber man lernt nie aus. Und unsere Junioren – haben sie sich von Gilles und Claude überreden lassen?«

»Nein, anscheinend nicht! Ich hatte den Eindruck, als stießen die beiden nur auf wenig Gegenliebe.«

Hoch und herrlich wölbte sich die Sommernacht über dem schlafenden Land. Nur wenige Moskitos waren unterwegs. Manchmal schwärmen sie zu Myriaden durch die Juninächte und machen den Menschen – und auch den Tieren des Waldes – das Leben zur Qual. Bis dann im Juli die sirrende Angriffslust der Quälgeister nachlässt, um im August schließlich vollends zu erlahmen.

In dieser Nacht wehte vom Huronen-See ein starker Ostwind den Strand hinauf, an dem McCorssen und seine Gefährten ihren Handelsplatz eingerichtet hatten. Er blies mit sanftem Nachdruck landeinwärts, ließ schäumende, auch noch in der Dunkelheit silbrig schimmernde kleine Wellen den Sand wieder und wieder bespülen und hielt die Mücken in den Waldrändern gefangen.

Auch das Gejohle, das sonst wohl aus dem Zeltlager der Indianer herübergedrungen wäre, wurde vom Wind, vom Rauschen des Wassers und vom Prasseln des Lagerfeuers verschluckt. So verrieten nur die roten Glühpunkte der indianischen Fackeln und einiger Feuer, dass bei den Zelten in der Ferne noch Leben war. Die Palisaden der Urwaldfestung schoben sich als ein tiefschwarzes Band bis unmittelbar ans Seeufer vor. Die Spritzer der Brandung besprühten bei solchem Wind aus Osten die zum Wasser vorgeschobenen Bastionen kräftig und ohne Unterlass.

Vier Männer hockten um das Feuer – ein mächtiger Brand. Es sollte ja nicht nur leuchten, sondern auch wärmen. Der Wind vom großen See her wehte kühl. Das Wasser hatte sich in der starken Sonne der längsten Tage dieses Jahres 1766 noch nicht so erwärmt wie das Land. Also hatten sich die vier in den Schutz des Feuers unter den Wind gesetzt. Gérard Choquette saß da, der älteste der drei Milieux des Kanus. Walther hatte mit der Zeit seine Verlässlichkeit schätzen gelernt. William und Justin saßen bei ihm, auch sie waren im Boot und unterwegs nichts weiter als Milieux. Und schließlich Walther McCorssen, der nun schon ins fünfte Jahrzehnt seines Lebens eingetreten war und dessen Schläfen bereits langsam zu ergrauen anfingen.

Die andern vier Männer des Kanus hatten sich nach dem Abendessen davongemacht, die Freuden des männlichen Daseins zu genießen, wie sie den vielen Fremden, Soldaten, Indianern und Méties von der einheimischen Weiblichkeit angeboten wurden. Gilles und Claude waren auftrumpfend und mit der zuverlässigen Prophezeiung abgezogen, sie würden »blank« wiederkehren – das heißt, erst wenn der letzte Heller ausgegeben war. Aber dann hatte sich mit vergnügtem Grinsen und nur halb verständlichem Gegrunze, dass es bei ihm wieder einmal so weit wäre, auch Pat O'Gilcock empfohlen und war, den beiden Milieux hinterher, in der Dunkelheit verschwunden. Zu guter Letzt hatte sich Pancrace Matthieu erhoben und verschämt und gut katholisch zu verstehen gegeben, dass der Mensch braucht, was er braucht, und ein Mann gelegentlich haben muss, ohne was nun einmal nicht auszukommen ist – und man sollte sich die günstigen Gelegenheiten nicht entgehen lassen. Und dann war er äußerst eilig und lautlos im Schatten des Waldrands untergetaucht, als hätte es seine toplastige Figur nie gegeben. Das war so erheiternd fix vor sich gegangen, dass selbst die beiden Jungen, die bei all den anzüglichen Redewendungen mehr als einmal hatten schlucken müssen, ihm ein befreites Gelächter hinterherschickten.

Danach – es ergab sich von selbst – verharrte das Gespräch bei den heiklen Themen, die durch die Dunkelheit geisterten. Obgleich sie alle müde waren wie ausgezehrte Schlittenhunde, mochte keiner das Schlaflager aufsuchen. Es saß sich so gut am warmen Flackerfeuer – und morgen war Sonntag. Unterwegs hatte das nichts bedeutet, aber hier, da man am Ziel angelangt war, galt der Ruhetag. Vielleicht kam auch einer der vier bald zurück, und man konnte ihm ins Gesicht sehen …

Die vier am roten Flackerfeuer verbliebenen Männer hätten es sich in der Tat auf Kosten der vier Gefährten, die in dieser Nacht vermutlich schon recht ausgetretene Liebespfade durchstolperten, lustig machen können. Besonders Pancrace hatte sich so verlegen verabschiedet, dass es kein Wunder gewesen wäre, hätte man ihm eine ganze Salve anzüglicher Scherze hinterhergefeuert. Aber nichts dergleichen geschah. Vor dem dunklen See, der unermüdlich seinen blassen Schaum ans Ufer spülte, schienen die vier Männer eher beklommen. Hätten sie nicht eigentlich auch …? Auch in ihnen gärte die Unruhe, doch wurde sie von stärkeren Kräften in Schach gehalten.

Man sprach über den vergangenen Tag, über das, was die kommenden bringen mochten, über das, was an Ort und Stelle noch zu verrichten war.

Walther bemerkte: »Ich habe im Fort gesehen, dass die Händler an den Häusern, in denen sie ihre Waren anbieten, Schilder mit ihren Namen angebracht haben. Die Indianer können zwar nicht lesen, wissen aber sicherlich, dass gehandelt wird, wo solche Schilder aushängen. Das sollten wir nachmachen. Es verschafft uns vielleicht mehr Beachtung.«

»McCorssen, O'Gilcock & Matthieu, Pelzhändler, das klingt gar nicht schlecht!«, stellte William lachend fest. »Ich werde das groß mit Holzkohle auf ein schön viereckig zugeschnittenes Stück weiße Birkenrinde malen. Das heften wir dann über die Eingangstür.«

Danach stockte das Gespräch von Neuem. Was sie da redeten, betraf nur Vordergründiges. In Wahrheit drängten sie danach, gleichsam verborgene Schubfächer aufzuschließen. Unterwegs war man sich bei gemeinsam zu bestehender Arbeit, Mühe und Gefahr unmerklich nähergekommen. Darüber hinaus war jetzt deutlich geworden, dass es noch weitere Übereinstimmungen gab, die diese vier von den abwesenden Gefährten unterschieden.

Die beiden Milieux Gilles Cloutier und Claude Garnaut, die in dieser Stunde ihr Geld verplemperten, hatten Walther schon einige Male unversehens mit »Maître« angeredet. Das hieß nach dem Sprachgebrauch der Voyageurs so viel wie »Bootsmeister« oder »Kapitän«, während er doch selbst nur den Rang des Gouvernail, des Steuerers, beanspruchte. Maître, Unsinn, sagte sich Walther, das gab es nur bei den Schotten, wie er in Montréal festgestellt hatte. Die nahmen selbst nicht gern ein Paddel in die Hand, hatten Geld, waren feine Leute und ließen sich rudern. Er sah nicht ein, wozu das gut sein sollte. Walther also, dem unverkennbar Respekt bezeigt wurde, obgleich er gar keinen Wert darauf legte, hatte auch in dieser sonderbar erregten Nachtstunde das Stichwort zu geben. Er wandte sich an Choquette:

»Ich war sehr erstaunt zu hören, Gérard, dass du verheiratet bist. Das hast du uns immer verschwiegen.«

Choquette bohrte mit einem Stöckchen im Feuer herum. Die drei Gefährten blickten ihn an, warteten auf seine Antwort. Er schien ihre Blicke gar nicht zu bemerken. Sein tiefgebräuntes, im unsicheren Licht des Feuers beinahe schwärzlich erscheinendes Gesicht hatte sich nach Walthers Frage eigentümlich entspannt. Er lächelte, als würde er von angenehmen Vorstellungen entführt. Diese stille Zufriedenheit, die sich plötzlich aus seinen Zügen verriet, ging unmerklich auch auf die anderen über und erleichterte ihnen das bedrückte Herz.

Ein paar Sekunden zögerte Gérard Choquette noch mit der Antwort, dann begann er ungeschickt: »Verschwiegen hätt ich das, Walther? Es hat mich ja keiner danach gefragt. Ich weiß schon, Voyageurs sind Junggesellen. Erst wenn sie älter geworden sind, vierzig oder fünfzig, und Geld gespart haben und wieder an den unteren St. Lorenz zurückkehren, dann heiraten sie. Aber das passiert nicht allzu häufig. Meistens kommen sie vorher um, irgendwo und irgendwie, oder sie jagen ihr Geld durch die Gurgel oder verludern es bei den Mädchen oder beides und schuften dann, bis sie auf einer halsbrecherischen Portage tot umfallen. Ich habe Glück gehabt. Vor vier Jahren, als ich zum vorletzten Mal im Pays d'en haut war, bin ich einem Métis-Mädchen begegnet. Der Vater war ein Kanadier von der Orléans-Insel bei Québec im St. Lorenz. Und die Mutter ist eine Chippewa aus guter Familie und lebt am unteren Kaministikwia, am Westufer des Oberen Sees. Wir haben geheiratet. Pater Tessier von den Jesuiten hat uns eingesegnet. Als ich im Jahr darauf von der langen Reise nach Québec zurückkehrte, hatte meine Frau, Mirriam heißt sie, mir eine Tochter geboren. Wir nannten sie Odile. Meine Frau und mein Kind wohnen im Dorf der Großmutter bei den Chippewa. Sie sind sehr geachtet, denn ich versorge sie gut. Pater Tessier aus Grand Portage sieht manchmal nach dem Rechten. Im vergangenen Jahr bin ich nicht hier gewesen, da ich zwei Reisen zum See Mistassini angenommen hatte. Es war viel Geld dabei zu verdienen. Vielleicht ist inzwischen ein Sohn angekommen. Und zum nächsten Jahr überwintere ich bei den Chippewa am Kaministikwia. Das weiß ich schon jetzt.«

Er strahlte. Er hatte sich freigeredet. Es ging ein so handfestes Glück von ihm aus, dass die drei Zuhörer ihn voller Staunen, beinahe benommen, betrachteten: der stille, tüchtige

Gérard Choquette! Das alles hatte er bis jetzt verborgen gehalten, wollte sich von keinem befragen, vielleicht verspotten lassen. An diesem Abend fühlte er sich offenbar mit diesen drei Gefährten einig und hatte sein Geheimnis preisgegeben.

Walther war der Erste, der etwas zu sagen wusste: »Du bist mit uns im Vertrag, Gérard. Für Hin- und Rückreise. Wann willst du also den Kaministikwia erreichen?«

Choquette schüttelte lächelnd den Kopf.

»Mich hat in Montréal Pancrace angeheuert, wie die beiden andern Milieux auch, weil er uns kannte. Ich habe ihm gleich gesagt, dass ich mich nur bis hierher verpflichte. Er hat das nicht für Ernst genommen. Du bleibst schon, hat er gesagt. Es wird dir bei uns gefallen. Mit Walther ist gut auszukommen – und geknausert wird nicht. Es kommt mir auch nur darauf an, noch vor dem Winter ans Westufer des Oberen Sees zu gelangen. Ist das zu machen, halte ich den Sommer über bei euch aus. Der Lohn käme mir sehr zupass.«

Walther überlegte.

»Kann sein, Gérard, dass es mit uns klappt. Das wird sich schon in den nächsten Tagen entscheiden. Ich habe so meine Pläne, wie es weitergehen soll. Viel hängt davon ab, wie schnell wir unsere Waren gegen Pelze umsetzen und was wir in Zukunft unternehmen wollen. Vielleicht bringen wir es fertig, noch einmal in diesem Sommer eine Ladung Pelze nach Montréal und Waren von dort zurückzufrachten. Dann wären wir über den Berg. Du willst im Pays d'en haut überwintern. Das will ich auch, aber als Händler. Dazu brauche ich eine Lizenz. Justin oder William oder beide sollten auch dabei sein, damit sie die harten Winter im Innern des Landes kennenlernen. Vielleicht lässt es sich irgendwie einrichten, dass wir vier zusammenbleiben. Ich fände das gar nicht schlecht, nachdem wir uns heute von den andern abgehängt haben, ohne dass es verabredet war. Aber es ist noch alles in der Schwebe – und so wird es wohl noch eine Weile bleiben.«

Walthers Zuhörer spürten deutlich, dass er guten Mutes war und auch sie ermuntern wollte, sich mit ihm einer gemeinsamen, wenn auch noch undurchsichtigen Zukunft zu verschreiben.

Gérard Choquette ging auf diese Aufforderung mit Vergnügen ein. »Warum kommst du nicht mit zu uns, zu meinen Leuten, Walther? Du wärst willkommen. Seit den letzten Jahren des vergangenen Krieges sind die frankokanadischen Händler aus der Gegend westlich des Oberen Sees verschwunden. Die wenigen Kanadier, die dort noch zu finden sind, das sind lauter arme Teufel. Sie haben nichts anzubieten und sind nur geblieben, weil ihnen das Leben bei den Indianern gefällt. Wenn William und Justin ebenfalls mitmachen, hätten wir den Kern einer neuen Bootsmannschaft beieinander und könnten vom Westufer des Oberen Sees über den Tauben-Fluss und über die Seen hinaus, die bei den Indianern ›der Regnerische‹ und der ›Wälder-See‹ heißen, in Gebiete nach Nordwesten vorstoßen, die schon seit einem Dutzend Jahren von keinem Kanadier und erst recht von keinem Engländer, Schotten oder Yankee angesteuert worden sind. Die Yankees haben sich sowieso nie sehr weit ins Pays d'en haut getraut. Je weiter nach Norden, desto besser sind die Pelze, weil die Winter kälter sind. Und billiger sind sie auch, was darauf hinausläuft, dass man weniger Tauschwaren mitzunehmen braucht.«

Gérard Choquette hatte sich in eine Begeisterung hineingeredet, der sich die drei anderen nicht zu entziehen vermochten. Seit er bekannt hatte, dass ihn der Gedanke an Weib und Kind vor der Verlockung durch allzu gefällige Indianer- oder Métis-Mädchen bewahrte, schien er wie befreit und offenbarte den Gefährten am nächtlichen Feuer, welche Zukunftspläne ihn bewegten. Sonst wäre es ihm kaum in den Sinn gekommen, seine weit gespannten Fantasien zu enthüllen. Kein stolzer Voyageur macht sich gern lächerlich.

Aber Walther hatte Wasser in den Wein zu gießen: »Das mag alles richtig sein, Gérard. Aber du vergisst, dass auch die billigsten Pelze nur gegen Tauschwaren zu bekommen sind. Und Tauschwaren sind nur in Montréal zu beschaffen. Hier ist nichts zu haben, erst recht nicht in Grand Portage. In einem einzigen Sommer kommt man aus dem fernen Nordwesten wohl kaum nach Montréal hin und zurück. Da »oben hinten« wird das Eis von den Flüssen und Seen erst um Wochen später weichen als hier im Süden. Im Herbst wird es früher als hier die Ströme, besonders aber die Seen blockieren. Man wird sich also von Osten und von Westen her entgegenfahren müssen. Dazu benötigen wir zwei Kanus, die sich auf halbem Wege zwischen dem Pays d'en haut und Montréal begegnen, vielleicht bei Grand Portage oder am Regnerischen See. Die müssen dort ihre Ladungen austauschen und sich sogleich auf den Rückweg machen, das eine wieder nach Nordwesten, das andere mit den eingehandelten Pelzen nach Montréal. Es ginge schon: Wir vier, da hast du recht, Gérard, wir vier wären ein guter Kern für die Mannschaft im Nordwesten, die andern vier für die im Osten. Wir haben uns bisher gut verstanden. Warum soll das nicht weitergelten, wenn wir zwei Gruppen bilden, die Hand in Hand arbeiten? Und dann vergisst du noch etwas, Gérard. Du sagst, wir würden billiger einkaufen, je tiefer wir mit unseren Tauschwaren ins Pays d'en haut eindringen. Ich sage dir aber, dass wir dann schon sehr, sehr viel billiger einkaufen müssen, denn die Anmarschwege für die Waren werden immer länger, vielleicht zweitausend, ja dreitausend Meilen lang. Damit aber steigen die Kosten des Antransports ins Ungemessene – und nachher kostet ein einziges Jagdmesser oder eine Schnur Glasperlen ein halbes Dutzend Biberfelle! Und die Gefahr, dass Waren oder Pelze auf den hundert Portagen oder bei den Stürmen auf den vielen Seen verloren gehen, diese Gefahr muss auch irgendwie in die Kostenrechnung einbezogen werden. Die ganze Geschichte hat also noch viele Wenn und Aber, und Zukunftsmusik ist sie obendrein!«

Der Kanadier Gérard und die beiden jungen Männer, William und Justin, hatten sehr aufmerksam zugehört. Gewöhnlich hatte Hand und Fuß, was Walther vorbrachte oder anordnete, und man brauchte nicht viel hinzuzufügen. Ein Gouvernail war er, ein Steuerer, und vielleicht schon ein Maître, ein Bootsmeister, ein Kapitän. Aber zum Gehorsam zwingen konnte er niemanden. William meldete sich plötzlich zu Wort. Der Junge hatte bisher zwar gut aufgepasst, aber wenig zu sagen gehabt. Jetzt lehnte er ab: »Auf mich kannst du nicht rechnen, Vater. Ich will weder hier noch sonstwo im Pays d'en haut überwintern. Zu Beginn des Winters will ich in Montréal sein. Darüber lasse ich nicht mit mir reden.«

Der Bursche von sechzehn Jahren hatte das sehr bestimmt vorgebracht, aber keineswegs aufrührerisch. Seine Stimme zitterte ein wenig. Er war erregt, wollte es sich aber nicht anmerken lassen.

Die drei anderen, vor allem sein Vater, blickten ihn erstaunt an. William hatte sich seit der Flucht aus Neuschottland beinahe schon zu voller Männlichkeit entwickelt. Seine Schultern waren breit geworden und seine Hände hart. Er stand den andern im Kanu an Leistung und Geschicklichkeit nicht mehr nach. Dass er einmal – wie lange war das schon her! – vor Erschöpfung und auch Verzweiflung bewusstlos von der Ruderbank gesunken war, das war vergessen, als wäre es nie gewesen. Mit Justin gemeinsam hatte er dessen Schwester Martine zu den Pflegeeltern seiner eigenen Schwester Anna, den Maillets aus dem verlorenen Kagetoksa, nach Nova Scotia gebracht, wo sie sich bald heimisch fühlte. Justin und William hatten dann, allein, noch vor dem Eis des vergangenen Winters die weite und schwierige Kanureise von der Küste der Bay von Fundy von Grosses Coques her bewältigt, hatten sich selbst und ihr Kanu über viele hundert Meilen ungebrochener Wildnis unbeschädigt nach Montréal bugsiert und damit in den Augen Walther McCorssens ihr Meisterstück vollbracht. Als später Cock zum Concern stieß und Choquette, Garnaut und Cloutier als weitere Ruderer angeheuert wurden, waren William und erst recht Justin nicht mehr als »die Jungen« vorgestellt worden, als »Kanu-Lehrlinge« – was sie in Walthers Augen allerdings immer noch waren. Die neuen Mitglieder der Bootsmannschaft hatten die beiden von Anfang an ganz selbstverständlich für voll genommen.

Walther hatte also wenig Anlass gefunden, mit seinem Sohn unzufrieden zu sein. Er hatte sich mit dem ziemlich kargen Bericht der beiden Juniorpartner, wie sie die weite Reise nach Neuschottland und zurück nach Montréal bestanden hatten, begnügt, ohne viel nachzudenken. Hatte er doch seine ganze Aufmerksamkeit darauf zu richten, den großen Sprung ins ferne Pays d'en haut vorzubereiten, sich umzuhören, Auskünfte zu sammeln, zu kalkulieren, die günstigsten Verbindungen anzuknüpfen, die Tauschwaren richtig auszuwählen und preiswert einzukaufen. Außerdem musste er die manchmal voreiligen Entscheidungen seines Partners Pancrace Matthieu abwehren und die sich schon bald offenbarende Neigung des neuen Partners Patrick O'Gilcock eindämmen, immer das letzte Wort zu behalten und das eigene Interesse über Gebühr wahrzunehmen. William und Justin hatten sich als zuverlässige Helfer erwiesen. Walther sah in den beiden Jungen getreue Sachverwalter seiner eigenen Wünsche und Absichten.

Nun hatte William unerwartet widersprochen, und das in einer Sache, die ihm auf den Leib zugeschnitten schien. Denn William war, so kam es Walther vor, in höherem Maße als Justin darauf aus, Unbekanntes und Ungewöhnliches zu erschließen. Walther begriff, dass die so heimlich erregt vorgebrachte Weigerung des Sohnes, den kommenden Winter im Inneren des Landes zu verbringen, auf Gründe zurückzuführen war, die mit der Sache selbst nichts zu tun hatten – aber auf was für Gründe?

Walther hatte nicht gleich geantwortet. Die anderen Männer schienen bereits etwas beunruhigt zu sein. Es verstand sich für sie schon so gut wie von selbst, dass dem Maître nichts abgeschlagen, ihm nicht widersprochen wurde.

Walther sagte, seiner Art nach ruhig und vermittelnd: »Warum willst du nicht dabei sein, William, wenn wir im Indianerland überwintern? Vorläufig ist es nur ein Plan. Wird er aber wahr, so wäre es gut und vernünftig, wenn du dabei bist! Wir könnten nicht auf dich verzichten.«

William schien auf diesen Einwand gewartet zu haben. Die Bedrängnis, in der er sich befand, ging mit ihm durch, die Hände krampften sich um die Knie. Er schrie: »Und wer kümmert sich um Anna bei den Maillets in Nova Scotia? Hast du die ganz vergessen, Vater? Und wer um Martine, die wir da unter lauter fremden Leuten zurückgelassen haben? Wir mussten den Mädchen versprechen, dass wir wiederkommen! Wenn du im Pays d'en haut überwintern willst – davon war im vergangenen Herbst noch keine Rede. Nein, ich werde mein Versprechen halten. Im Winter wollen wir nach Grosses Coques an der Bay von Fundy, zu Schneeschuh oder zu Schlitten oder sonstwie. Wir schlagen uns schon durch und werden rechtzeitig vor dem Aufgang des Eises wieder nach Montréal zurückgekehrt sein. Aber Martine soll nicht denken, dass wir unser Versprechen gebrochen haben.«

Walther hatte gut zugehört. Der Sohn, achtlos wie er vor Aufregung war, hatte eingangs zwar von seiner Schwester Anna, am Schluss aber nur von Justins Schwester Martine gesprochen. Dem Vater fiel plötzlich einiges ein, was er im vergangenen Herbst beobachtet, aber nicht sehr ernst genommen hatte. Damals war William für ihn noch der Knabe gewesen, das Kind. Das war nun vorbei. Vorsicht also! Er durfte den Sohn, den er liebte, nicht ins Bockshorn jagen.

»Anna habe ich nicht vergessen, mein Junge. Aber es ist trotzdem gut, dass du mich ausdrücklich an sie erinnerst. Ich habe den Kopf zu voll mit all dem, was mit unseren Geschäften und Reisen zusammenhängt. Aber du redest von ›wir‹. Du sagst, ›wir‹ wollen an die Bay von Fundy. Wer ›wir‹? Justin auch?«

Justin zögerte nicht. »Ja, Walther, wir haben es den Mädchen versprochen. Anna bestürmte uns deswegen. Ich brächte es nicht fertig, sie zu enttäuschen. Auch die Maillets würden es gern sehen, wenn wir wiederkämen. Sie sagten, Anna sei schließlich deine Tochter und die deiner verstorbenen Frau Anke. Sie, die Maillets, wären nur die Helfer in der Not. Und natürlich meine Schwester, ich wäre als der Ältere für Martine verantwortlich. Also müssen wir im kommenden Winter an die Bay von Fundy reisen, nach Grosses Coques. Wir können nicht mit dir irgendwo am Oberen See oder sonstwo im Nordwesten überwintern.«

Walther war sich nach diesen Worten darüber im Klaren, dass es wenig Sinn hatte, mit den beiden jungen Männern zu rechnen. Mit leiser Erheiterung hatte er zur Kenntnis genommen, dass Justin seine Rede mit Anna begonnen, die Schwester Martine aber nur wie nebenbei erwähnt hatte. Die kleine Anna, Herr im Himmel, sie ist noch ein Kind, steht erst im vierzehnten Jahr. Aber für Justin bedeutet sie das erste fremde Mädchen, das ihm begegnet ist. Und Anna ist hübsch, anmutig sogar, doch, das ist Anna! Justin ist ihr sicherlich als ein kühner junger Mann erschienen. Er hat ihr seine Schwester, verwaist wie sie, gebracht, als Unterpfand, dass er wiederkommt. Da wird sich mancherlei angesponnen haben! Was sollte ich dagegen einwenden! Justin, ein verlässlicher Bursche, fleißig, besonnen, klug sogar, würde zu dem Wildfang Anna ganz gut passen, gerade weil er einige Jahre mehr zählt als Anna.

Walther räusperte sich. Er hatte sich wieder in der Hand.

Lächelnd wandte er sich an Choquette: »Da hast du's, Gérard. Die beiden wollen nicht mitmachen, müssen sich unbedingt um meine Tochter und Justins Schwester in Neuschottland kümmern. Eine ehrenwerte Absicht, gegen die sich nichts einwenden lässt. Wir müssen zusehen, wie wir allein zurechtkommen. Auf alle Fälle bin ich deiner im kommenden Winter sicher. Es wird sich alles einrenken, denke ich. Wir haben ja noch Zeit.«

Dass Walther es so nahm – es war sofort zu spüren, wie sehr das die anderen erleichterte. Sie trugen alle ein Lächeln auf den Gesichtern, den unrasierten. Morgen früh, zur Messe, da würde man sich schaben!

Choquette, der fixe Bursche französischen Geblüts, kehrte mit kühnem Schwung wieder ins Hier und Jetzt dieser Nacht zurück: »Da sitzen wir nun und reden über ungelegte Eier, während die anderen vier ihren Spaß haben – oder vielleicht auch nicht! Das werden wir sicherlich demnächst erfahren. Wir trauen dem Spaß nicht mehr, wir haben unsere Wahl schon getroffen und wollen dabei bleiben. Vielleicht gelingt's. Aber wie ist das mit dir, Walther? Du bist nicht aus Holz, und zuweilen hört man auch sagen, dass die Witwerschaft ein lustiger Zustand wäre.«

William erstarrte, als er den Hintersinn dieser Frage begriff. Gewiss, die Männer nahmen unterwegs kein Blatt vor den Mund, bereiteten sogar die Erfahrungen aus, die sie in den Seitengassen von Montréal gewonnen hatten und halfen sich so über verlassene Abende hinweg. Aber Walther McCorssen war niemals mit einbezogen. Was er hier und da mit anhörte, hatte ihm weder Zustimmung noch Ablehnung entlockt.

Er starrte ins Feuer. Nur nicht zornig werden jetzt! Ich habe selbst mit der Vertraulichkeit angefangen. Choquette ist ein guter Kerl. Vielleicht meint er es nur kameradschaftlich: Geh doch los, Alter, und mach dir eine vergnügte Nacht. Dazu ist noch Zeit. Wir passen hier gut auf. Wir haben ja schon unsere Mädchen!

»Gérard, zerbrich dir nicht meinen Kopf. Du bist verheiratet, ich war verheiratet, man bleibt verheiratet. Meine Frau ist erst seit einem Jahr tot, und mir ist immer noch so, als wäre sie nur weit fortgereist, oder ich von ihr, als wäre sie nicht gestorben. Es gelingt mir nicht, mich als Witwer zu fühlen, als lustiger schon gar nicht. Und da ist mein Sohn. Was dächte William wohl, wenn ich – na ja, lassen wir das! Es geht schon auf Mitternacht. Wenn die anderen zurückkommen, werden sie mehr oder weniger blau sein. Einer muss wach bleiben, um das Feuer in Gang zu halten und aufzupassen, dass nichts gestohlen wird. Geht ihr ruhig schlafen. Ich halte die erste Wache. Später wecke ich dich als Ersten, Gérard. Dann kommen Justin und William an die Reihe.«

Walther hatte es so beschlossen. Das Gespräch war beendet. Auf die anderen zu warten? Wozu? Wenn die sich die Nacht um die Ohren schlugen, das war ihre Sache! Walther hatte recht.

Bald saß er allein am Feuer und schürte es von Zeit zu Zeit. Immer noch schwappte der See seine kleinen Wellen ans Ufer, ohne Unterlass wandelten die Sterne. Im Kopf des einsamen Mannes vor den Flammen dröhnte die Leere. Die andern machten sich also Gedanken darüber, ob oder ob er nicht »aus Holz« wäre. Nein, ich bin nicht aus Holz. Anke, meine Anke, du bist fortgegangen und hast mich nicht mitgenommen ...

Er lehnte sich an die Wand der Blockhütte. Der Kopf sank ihm auf die Brust. Er schlief. Er erwachte erst wieder, als Cock ihn an der Schulter rüttelte.

»He, Walther, du alter Leisetreter! Schläft der Kerl hier, anstatt zu wachen. Brauchst keine Sorge zu haben. Drüben ist alles besoffen. Mann, das hat sich gelohnt! Was hab ich für Spaß gehabt!«

Er taumelte in die Hütte. Walther hörte ihn schwer zu Boden schlagen, vor sich hin schimpfend. Bald verstummte er und begann zu schnarchen.

Walther weckte Gérard Choquette, legte sich aber dann im Freien unter das umgestülpte Kanu, als wäre er noch wie in den Wochen zuvor unterwegs durch die Wirrsal der unermesslichen Wälder.

10

Jahre fließen dahin wie große Ströme – wallend, lässig und unaufhaltsam. Am schnellsten vergehen sie, ganz unwiederbringlich, wenn mit langem Atem große Aufgaben zu erfüllen sind. Aufgaben, die ein eigenes Leben entwickeln. Sie werden zwar von Menschen geschaffen, aber dann wachsen sie über ihren Schöpfer hinaus und verlangen von ihm die letzte Kraft, den äußersten Einsatz. Sie machen aus dem Treiber einen Getriebenen, ob er will oder nicht. Oftmals nimmt er es nicht einmal wahr.

Walther McCorssen gestand sich nur selten und nur ungern ein, dass er seit dem Tod seiner geliebten Frau ins Treiben geraten war, oder richtiger gesagt: dass er sich fürchtete, wieder irgendwo Anker werfen zu müssen oder es eines Tages gar zu wollen. Er hatte alles darauf angelegt, sich den Zwängen und eingefahrenen Wegen der Welt, aus der er kam, endgültig zu entziehen. Er war fortgewandert in die Unermesslichkeit des neuen Erdteils, bis der Horizont hinter ihm alles Alte und Frühere auf Nimmerwiedersehen verschlungen hatte. Im Grunde aber war Walther, Sohn der Corssens, Bauer geblieben. In langer Reihe aus ferner Frühzeit her waren alle seine Vorfahren Bauern gewesen. Nur wenn er Tag für Tag etwas Brauchbares, Fassbares zustande brachte, war Walther mit sich im Reinen. Denn das Leben, das eigene wie das der anderen, für die man verantwortlich ist, lebt sich nicht von selbst, sondern muss unablässig gefördert, gelenkt und gefüttert werden. Man darf einen Acker, den man einmal gerodet und unter den Pflug genommen hat, nicht preisgeben, ehe er nicht volle Frucht bringt. Man darf ihn auch danach nicht vernachlässigen, sonst gewinnen Unkraut und Gestrüpp gleich wieder die Oberhand.

Gorham war in den Concern McCorssen aufgenommen worden. Er hatte sich sofort einverstanden erklärt. Und schon nach den ersten vierzehn Tagen, in denen das aus Rinde geschnittene und grob bemalte Schild »McCorssen, O'Gilcock & Matthieu« über der einzigen Tür und Öffnung des Blockhauses prangte, stand unbezweifelbar fest, dass auch das zweite Drittel der antransportierten Tauschwaren gegen Pelze gehandelt und dass selbst bei vorsichtiger Schätzung mit einem Gewinn von tausend bis fünfzehnhundert Prozent zu rechnen war – wenn es nur gelang, die Pelze unversehrt nach Montréal zurückzuschaffen und dort zu hoffentlich seit dem vergangenen Winter nicht veränderten Preisen zu Geld zu machen.

Doch Gorham wollte keinesfalls mit seinem Namen im Concern auftreten. Außer den drei bisherigen Seniorpartnern brauchte niemand zu wissen, dass ein Captain Seiner Majestät, der hier allerdings sehr fernen, mit von der Partie war.

Gorham hatte dafür gesorgt, dass schon jetzt, da er noch als Stellvertreter die Regierungsgeschäfte leitete, dem Concern McCorssen – das heißt, dem Mann, den dieser beauftragen würde – die generelle Erlaubnis erteilt wurde, im Pays d'en haut zu überwintern, vorausgesetzt, dass dies jenseits des Oberen Sees geschah. O'Gilcock mutmaßte, dass solche Einschränkung dazu dienen sollte, die weiten Ufer des Oberen Sees den Freunden des Kommandanten Rogers, vor allen Alexander Henry, vorzubehalten. Diese Gebiete waren von Michilimackinac aus ohne große Mühe zu erreichen. Nur eine einzige Portage war dabei zu überwinden, die von Sault de Ste. Marie.

Aber Walther hatte nichts einzuwenden gehabt: »Mir ist es gleich, ob wir fünfhundert oder tausend Meilen weiter nach Westen oder Nordwesten fahren. Ich habe nicht die geringste

Absicht, irgendjemandem in die Quere zu kommen und ältere Rechte zu stören. Wir besitzen jetzt die Lizenz. Captain Gorham meint, da »hinten oben« wäre sie ohnehin nicht das Papier wert, auf das sie geschrieben ist. Mit den wenigen hundert Soldaten hier oder hoch im Norden an der Hudson Bay – wenn dort überhaupt Soldaten stationiert sind – kann man nicht Millionen Quadratmeilen unerforschter Einöden kontrollieren – selbst wenn man in Montréal oder Albany oder London dieser lächerlichen Meinung sein sollte. Aber ich bin ein vorsichtiger Mann, Cock, und muss daran denken, dass uns auch auf lange Sicht keine Schwierigkeiten erwachsen. Also wird sich Gorham bezahlt machen – und die Lizenz auch.«

Der im Jahr 1766 eingefahrene Gewinn war in den Jahren, die sich anschlossen, niemals mehr zu wiederholen. Der Concern McCorssen hatte zu den Allerersten gehört, die dem nach europäischen Waren hungernden Indianerland jenseits der Großen Seen die in und nach dem Siebenjährigen Krieg bitter entbehrten Güter wieder zuführten. So gierig hatten die in Michilimackinac wartenden Indianer zugegriffen, dass das McCorssen'sche Kanu sich schon drei Wochen nach der Ankunft wieder auf den Rückweg nach Montréal machen konnte. Es war so schwer mit Bündeln wertvoller Pelze beladen, dass für die Ruderer, ihr persönliches Gepäck und für den Proviant kaum noch Platz geblieben war.

Walther war in Michilimackinac mit dem Rest der noch nicht eingetauschten Waren zurückgeblieben, etwa einem Viertel der ursprünglichen Ladung. Für die Rückreise nach Montréal und die Wiederanreise mit einer neuen Ladung von Tauschgütern würden in erster Linie Cock und Pancrace verantwortlich sein. Das hieß in Wahrheit: Cock allein, denn Pancrace, so unentbehrlich und »kanuklug« er unterwegs auch sein mochte, vom Rechnen verstand er nicht viel und von vorausschauendem Kalkulieren erst recht nicht. Cock freilich dachte und rechnete in erster Linie in die eigene Tasche. Das hatte Walther früh erkannt. Er war ihm deshalb nicht weiter gram. Um Geld zu machen, hatte man sich zusammengetan.

Walther nahm aber, bevor sich das unter seiner Pelzlast tief im Wasser liegende Kanu auf den weiten Rückweg zum St. Lorenz machte, William und Justin beiseite und schärfte ihnen ein: »Hört gut zu, ihr beiden! Wenn aus unserem Unternehmen das werden soll, was ich mir vorstelle, dann wird von euch zwei Juniorpartnern mehr erwartet, als nur auf der Ruderbank zu sitzen, das Paddel durchs Wasser zu ziehen und Pancrace zu übertrumpfen. Geschäfte macht man mit dem Kopf und nicht mit dem Hinterteil. Ich habe mit Cock vereinbart – er wollte zunächst nur wenig davon wissen –, dass überall da, wo es sich um größere Beträge handelt, die Aufstellungen und Abrechnungen von zwei Partnern abgezeichnet sein müssen. Ich selbst kann das vorläufig nicht so halten, weil ich nach eurer Abreise als einziger der Partner zurückbleibe, nur mit Gérard Choquette als Helfer – aber der ist kein Partner, und ich sehe auch nicht, wie er in absehbarer Zeit einer werden könnte. Erstaunlicherweise hat Cock nichts einzuwenden gehabt, obgleich er für seine eigene Person die Gegenkontrolle hinnehmen muss. Es kommt ihm offenbar gar nicht in den Sinn, mich für fähig zu halten, auf Kosten der Übrigen in meinen privaten Säckel zu arbeiten, während er vielleicht schon überlegt hat, wie sich ein Sondergewinn für ihn abzweigen ließe. Die Leute verraten sich manchmal, ohne eine Ahnung davon zu haben. Aber lassen wir das auf sich beruhen. Ich habe mit Cock abgesprochen, dass du, William, ihm beim Weiterverkauf der Pelze gegen Geld an Ermatinger, Oakes & Moulin zur Hand gehst und die Fakturen* mit ihm unterzeichnest, damit du lernst, Verantwortung zu übernehmen. Außerdem habe ich vereinbart dass du, Justin, den Einkauf der zweiten Partie Tauschwaren übernimmst, unter Cocks Leitung natürlich, sonst wäre er böse. Haltet Augen und Ohren offen! In Pancrace werdet ihr notfalls immer einen Bundesgenossen finden. Und schlagt euch vorläufig die Mädchen aus dem Kopf. Ich erwarte von euch, dass ihr die richtige Reihenfolge einhaltet. Zuerst müssen wir wieder Boden unter die Füße bekommen. Das gilt für euch noch mehr als für mich. Für die Liebe kommt die Zeit erst hinterher. Wenn ihr euch jetzt bewährt, werde ich's im kommenden Winter unterstützen, dass ihr nach Neuschottland reist. Ich wüsste selbst nur zu gern, wie es Anna und Martine geht. Habt ihr mich verstanden?«

Ja, sie hatten ihn verstanden, doch meinte Walther gespürt zu haben, dass Justin seinen Worten bereitwilliger gefolgt war als sein Sohn. Aber schließlich, beruhigte er sich, ist Justin älter und vernünftiger – und ich bin nicht sein Vater. Er braucht sich also nicht von mir abzusetzen.

Die beiden Junioren, William und Justin, bewährten sich in diesem entscheidenden Sommer 1766 wahrscheinlich gerade deshalb, weil Walther McCorssen sie für voll genommen und Schwieriges von ihnen verlangt hatte. Auch hatte die Umwelt, in der sie aufgewachsen waren, sie nie im Zweifel darüber gelassen, dass ein Mann an ein Mädchen, mit dem es ihm Ernst ist, erst denken darf, wenn er genügend handgreifliche Leistung auf die Beine gebracht hat, um Frau und Kind und sich selbst einigermaßen zuverlässig zu ernähren. Sie wussten zwar, dass sie aus dem alten Erdteil Europa stammten, wo in alteingefahrenen Geleisen manches zu vererben ist und geerbt wird. Aber sie wussten auch, dass auf diesem neuen Erdteil jeder für sich selbst steht, dass man nichts geschenkt bekommt und dass man frei ist – frei, zu zeigen, was man kann, aber auch frei, zu verhungern, wenn man nichts auf die Beine stellt. Ja, und ein Mädchen – das war der Siegespreis, wenn man Erfolg gehabt hatte.

Justin sprach Französisch und allmählich auch ein wenig

Englisch. William sprach Französisch und noch Deutsch, das ihm unmerklich entschwand, dazu schon ein leidliches Englisch, das sich im Umgang mit Cock schnell festigte. Im Übrigen aber waren sie weder Franzosen, Deutsche oder Engländer, sondern Amerikaner, im engeren Sinne Kanadier. Sie waren geformt von der Vielfalt und Weite, aber auch der oft genug gnadenlosen Härte dieser neuen Welt, die für sie schon die Geburtsheimat war.

Und beide waren, da William ebenso wenig wie Justin Gelegenheit gehabt hatte, sich zu zersplittern, zu etwa der gleichen Zeit und auch ihren Naturen entsprechend rechtzeitig auf zwei weibliche Wesen gestoßen, die wie starke Magnete alle geheimen Wünsche, Lüste und Träume der beiden jungen Männer auf sich zogen. Martine, die etwas älter war als William, hatte sich diesem als die Starke, Warme, Mütterliche offenbart, nach der sein männlicher Instinkt sich unbewusst gesehnt hatte. Er war durch seine Mutter, Anke Corssen, geprägt, die seine Kindheit mit festen, sehr zärtlichen, aber manchmal auch harten Händen gelenkt hatte. Justin aber hatte in der noch gar nicht erwachsenen, noch halb kindhaften Anna Corssen, in ihrer Anmut und ihrem Bedürfnis nach Anlehnung und Schutz das Mädchen entdeckt, das seinem nüchtern kühlen, fast kargen, aber zu großer Treue und Aufopferung fähigen Wesen entsprach. Die kleine Anna hatte sich ihm vom ersten Augenblick an zugewandt. Diesen Justin brauchte sie nicht zu fürchten. Er meinte es gut. Und der Vater hatte ihn seiner Anna geschickt. Der geliebte Vater aber war die Gestalt, die Annas frühe Jahre mit Liebe, Freude und Freundlichkeit erfüllt hatte.

Im Winter 1766/67 machten sich die beiden jungen Männer mit Schneeschuhen von Montréal aus auf den Weg, als das Eis auf dem St. Lorenz, auf den Seen und Flüssen fest geworden war, um in Akadien, in Neuschottland, in Grosses Coques Schwester und heimliche Braut aufzusuchen und nach dem

Rechten zu sehen. Sie brauchten, zäh und mit der Wildnis vertraut, wenig mehr als einen Monat, den Januar 1767, um ihr Ziel am Südostufer der Bay von Fundy zu erreichen. Einen Monat lang verweilten sie bei den Maillets und machten sich nützlich. Sie waren jedermann hoch willkommen, vor allem auch dem Hausherrn, weil sie geschickt und kräftig waren und ihm bei der nie abreißenden Arbeit gern zur Hand gingen. Besonders schätzte er es, wenn sie ihm von dem sagenhaften Pays d'en haut erzählten, das jeden rechten Mann mit bretonischem oder normannischem Blut wie diesen Charles Maillet aus der fernen Tiefe des Erdteils her zu rufen schien – als großes Versprechen und wilde Verlockung, der aber Maillet nicht mehr nachgeben konnte. Er war ja längst an Haus und Hof, Frau und Kind gebunden.

Die mütterlich warmherzige Madame Maillet hatte die beiden jungen Männer mit Freuden empfangen, weil sie sich um das Schicksal der beiden, ihr auf sonderbaren Umwegen anvertrauten Schützlinge, Anna Corssen und Martine Leblois, beinahe noch gewissenhafter sorgte als um das der eigenen Kinder. Die erfahrene Frau hatte natürlich längst erfasst, dass es keineswegs nur brüderliche Gefühle waren, welche den feurigen und zugleich empfindlichen William und diesen klugen, nüchternen, verlässlichen Justin Leblois zu der weiten und harten Winterreise von Montréal an die Gestade Neuschottlands gelockt hatten. Madame Maillet gefielen die jugendlichen Waldläufer. Sie hatte nichts dagegen einzuwenden, dass sie den beiden Mädchen gefallen wollten, wobei natürlich dafür zu sorgen war, dass die nicht sehr weit gesteckten Grenzen der Schicklichkeit sorgfältig respektiert wurden. Man war gut katholisch und frankokanadisch bei den Maillets. Insbesondere Madame Maillet hatte keine Lust, etwa peinlich beichten zu müssen, dass man in ihrem Hause nicht beachtete, was sich gehörte.

Über die beiden Mädchen ist kaum zu reden. Ihre Gedanken kreisten scheu um das Glück und die Zukunft, die sich ihnen in Gestalt der beiden jungen Männer aus der abenteuerlichen Ferne anzubieten schien. Anna war glücklich, von einem jungen, aber doch um mehrere Jahre älteren Mann wie Justin beachtet zu werden. Sie war beinahe über Nacht zum Blühen gelangt und war bereit, ihr Herz so zuverlässigen und freundlichen Händen anzuvertrauen. Diesen Justin hatte ihr, so kam es ihr vor, der geliebte und mehr noch als die Mutter entbehrte Vater geschickt.

Ganz anders, aber auf nicht minder enge Weise fühlte sich Martine dem ein Jahr jüngeren William verbunden. Schon im ersten Augenblick ihrer Begegnung hatte wie selbstverständlich festgestanden, wer von beiden der Stärkere war, wer wen zu lenken, zu warnen oder anzuspornen hätte. William hatte begriffen, dass er gefunden hatte, was er brauchte und suchte: mütterliche Wärme und Bestimmtheit. Ihn erwartete eine bedenkenlose Glut, in der aufzubrennen er sich in zuweilen kaum erträglicher Unruhe ersehnte.

Doch die Liebenden – sie wagten es früh schon, sich so zu nennen – waren in diesem Winter 1767 und in den vier, fünf Wintern, die unter ähnlichen Umständen noch folgen sollten, nicht lang genug beieinander. Sie waren auch, wie es sich in den beengten Verhältnissen des Maillet'schen Haushalts unvermeidlich ergab, viel zu selten miteinander allein und unbeobachtet, als dass es je zu mehr als freundlichen Blicken und seltenen scheuen Berührungen kommen konnte. Und im Freien regierte der Winter mit grimmiger Kälte und tiefem Schnee. Nach der in Akadien vorherrschenden strengen katholisch-kanadischen Auffassung, der sich jeder und jede zu unterwerfen hatte – es sei denn, er brach aus und riskierte den Ausschluss aus der Gemeinschaft – galt es als nichts Ungewöhnliches, eher als die Regel, dass heimlich oder offen Verlobte Jahre, sogar viele Jahre aufeinander warten mussten, wenn die Umstände es erforderten. Und sie erforderten es, hart wie sie waren, sehr häufig. Die frankokanadische Nation florierte trotzdem, an Kindern hat es ihr nie gemangelt.

Andererseits lernten die beiden Brautpaare in den Wintern, sich in ihrem Älter- und Reiferwerden zu begreifen, und Empfindungen, die, hätte man ihnen zu früh nachgegeben, vielleicht schon matter geworden wären, immer wieder mit neuem Glanz und Leben zu bestätigen und zu stärken.

Mochten auch die beiden jungen Männer, wenn gegen Ende Februar die Zeit des Abschieds näher rückte, im Geheimen Pläne schmieden, wie sie die Fesseln abstreifen könnten, die sie an das weit und weiter ausgreifende Unternehmen McCorssen, O'Gilcock & Matthieu als Juniorpartner banden, um bei ihren Mädchen bleiben zu können. Sie wussten, dass von ihnen gefordert war, dem eingeschlagenen Weg nicht untreu zu werden, dass auch Martine erwartete, William habe sich bis zur vollen Selbstständigkeit zu bewähren, und Anna ängstlich besorgt blieb, Justin möge ihren Vater im gefahrvollen Pays d'en haut nicht im Stich lassen. Diese Erwartungen zwangen die beiden jungen Männer, allerdings von Jahr zu Jahr stärker gegen ihren Wunsch und Willen, sich spätestens in den ersten Wochen des März wieder auf den Rückweg nach Montréal zu machen.

Walther war längst daran gewöhnt, dass die frankokanadischen Männer, wie Matthieu oder Choquette, die sich im »Land da hinten oben« auskannten, stets von den Großen Seen sprachen, womit sie insbesondere auf den Huronen-, den Michigan- und den Superior-, den Oberen See abzielten. Walther hatte bei der Anreise nach Michilimackinac von diesen gewaltigen Wasserflächen nur den von vielen Inseln begrenzten und aufgegliederten Nord-Kanal, den North Channel, des Huronen-Sees kennengelernt. Auch Michilimackinac lag an einer Wasserenge der überall von Ufern eingehegten Straße von Mackinac.

Aber wie groß die Großen Seen wirklich sind, das begriff Walther erst, als er mit Gérard Choquette die schwierige Portage überwunden hatte, auf der bei Sault Ste. Marie die Stromschnellen des »Flusses der heiligen Maria« umgangen werden müssen. Diese kurze Flussstrecke ist der Über- und Ablauf des um sieben Meter höher gelegenen Lake Superior zum Lake Huron. Am zweiten Tag danach zog das Kanu dann bei strahlend stillem Sommerwetter aus der großen »Weißfischbucht« auf den Oberen See hinaus. Der Blick wurde nicht mehr von Inseln oder Vorgebirge verstellt. Weit nach Norden und Westen dehnte sich das ungeheure Wasser, wahrlich ein Meer! Und gefährlich und unberechenbar wie die offene See. Choquette hatte Walther gewarnt: Bei schönem Wetter könnte man am Vormittag, ja bis über den Mittag hinaus, dem See vertrauen. Danach aber verwandelte er sich oft genug und fast im Handumdrehen in ein Raubtier. Urplötzliche Böen und gefährliche Sturmstöße würfen dann sofort hohe Wellen auf und würden allzu leicht den Kanus, die beladen nur zwei, drei Handbeit Freibord hatten, zum Verhängnis.

Walther hatte es nicht recht geglaubt und gemeint, bei so stillem, makellosem Wetter wäre es wohl unbedenklich, von Landspitze zu Landspitze quer über die Buchten zu steuern, um sich jene weiten Umwege zu ersparen, die immer dann entstehen, wenn die Buchten rundum ausgefahren werden, weil man sich nicht allzu weit vom Ufer entfernen will. Doch am dritten Tag seit Sault Ste. Marie, als sie das von Choquette »Kap Gargantua« genannte Vorgebirge schon passiert hatten, fiel aus blauestem Himmel ein Sturmwind über die Reisenden her. Nach wenigen Minuten schon schäumte das gepeitschte Wasser wild auf. Harte Spritzer fegten über das Boot und nässten Männer und Ladung. Sie hatten Glück, dass der Sturm vom Wasser her auf das Land zublies. Gegen den Wind hätte das Boot nie ankämpfen können. Und es war ein weiteres Glück, ja, es bedeutete die Rettung der Männer, dass sie das Kap Gargantua erst eine halbe Meile hinter sich gelassen hatten. So konnten sie sich den Wind, der das Kanu wie ein Tiger aus dem Hinterhalt angesprungen hatte, Gott sei Lob und Dank, in den Rücken blasen lassen. Nach wenigen Minuten erreichten sie schweißgebadet das rettende Ufer, so wild und rasend hatten sie gepaddelt. Am steinigen Ufer jedoch rollte bereits eine solche Brandung auf, dass es den Männern nicht gelang, das Kanu vor hartem Prall gegen die Felsbrocken des Strandes zu bewahren. Die empfindliche Außenhaut aus Birkenrinde platzte mit einem Knall. Ein mehr als fußlanger Riss hatte sich von der Unterseite her gegen den Bug hin geöffnet, durch den sofort das Wasser in stoßenden Schwallen ins Boot quoll. Mit letzter großer Anstrengung gelang es den drei Männern, Ladung und Boot aufs Trockene zu heben.

Drei Männer? Ja, die Besatzung bestand außer Walther und Gérard Choquette noch aus einem Dritten, einem stämmigen Mann mit offenem Gesicht und blondem Haar, das im Nacken zu einem festen Zopf geflochten und mit einer Schnur zusammengebunden war, sodass es ihm nicht in die Stirn wehen konnte.

Walther schob die aus Wolle locker gestrickte Pudelmütze vom Kopf und wischte sich den Schweiß aus der Stirn. Aufatmend stellte er fest: »Ich hätte auf dich hören sollen, Gérard. Man kann auf diesem See wirklich nichts riskieren, nicht am Nachmittag! Gut wenigstens, dass ich deinem Drängen nachgegeben habe, einen dritten Ruderer mitzunehmen. Paul kam uns gerade recht.«

Walther hatte Französisch gesprochen. Nun wandte er sich auf Englisch an seinen anderen Begleiter: »Du hast dich gut gehalten, Paul! Ohne dich hätten wir das Ufer nicht so schnell erreicht. Wir werden das Kanu flicken müssen. Das wird uns einen Tag kosten. Aber dabei kannst du lernen, wie das gemacht wird. Gérard versteht sich darauf vorzüglich. Jetzt müssen wir Ladung und Gepäck zum Trocknen ausbreiten. Die Sonne ist noch warm.«

»Wird gemacht, Walther! Der See hat's in sich, verdammt noch eins! Aber es ist vielleicht ganz gut, dass er uns gleich am Anfang Respekt beigebracht hat. Jetzt wissen wir wenigstens, was los ist.«

Den letzten Satz hatte er in die englischen Worte gekleidet: »*Now we know what is loose.*« Das war höchst unenglisch ausgedrückt und bestärkte Walthers Verdacht zur Gewissheit, dass dieser Paul Luders – unter diesem Namen hatte er sich eingeführt – mit Deutsch als Muttersprache aufgewachsen sein musste.

Walther hatte das bereits an jenem Abend vermutet – an dem er die Bekanntschaft dieses Mannes gemacht hatte. Gérard Choquette hatte ihm in den Ohren gelegen: »Walther, wenn auch unser Kanu nur halb so groß ist als das, mit dem wir von Montréal hierhergelangt sind: Wir zwei Mann reichen nicht aus, das Boot bei widrigem Wetter in Fahrt zu halten. Der Rest der Waren, den wir zu meinen Leuten an den Kaministikwia mitnehmen wollen, und alles andere dazu macht immer noch fünfzehn Packs aus. Und auf dem Oberen See kommen wir mit Sicherheit mehr als einmal in grobes Wetter. Zwei Mann reichen da wirklich nicht aus, das Boot auf Kurs zu halten oder gar gegen den Wind voranzubringen. Wir brauchen mindestens noch einen dritten.«

Walther war, ganz gegen seine Art, ärgerlich geworden: »Das hättest du früher sagen müssen, Gérard! Einen Indianer, der sich vielleicht finden ließe, möchte ich nicht im Boot haben. Man kennt seine Herkunft und seine Absichten nicht. Den Yankee-Händlern im Fort kann ich erst recht nicht einen von ihren Ruderern ausspannen. Erstens liegt mir das nicht, und zweitens spricht sich herum, was wir vorhaben. Das muss ich unter allen Umständen vermeiden. So ist es auch mit Gorham abgesprochen. Du musst dir also den dritten Ruderer aus dem Kopf schlagen. Du sagt ja selbst, dass wir bis zu deinen Leuten über den Oberen See hinweg nur einen einzigen Trageweg, den von Sault Ste. Marie, zu überwinden haben. Das schaffen wir auch allein. Wir nehmen uns etwas mehr Zeit.«

Gérard war nicht einverstanden gewesen, hatte aber nichts Besseres zu raten gewusst. So war der letzte Abend vor der Abreise angebrochen. Die Waren lagen bereit, aufgeteilt in die üblichen Packs von neunzig bis hundert Pfund Gewicht. Das Boot, ein echtes Nordkanu, etwa fünfundzwanzig Fuß lang, viereinhalb an der breitesten Stelle breit, aber nicht einmal dreihundert Pfund schwer, war noch einmal sorgfältig auf die Unversehrtheit seiner Außenhaut aus Birkenrinde untersucht worden. Einige verdächtige Stellen zwischen den Rindenstücken waren mit Wattap nachgenäht und mit erwärmtem Fichtenharz erneut kalfatert worden. Jetzt galt es nur noch, den Proviant zusammenzupacken. Es war nicht viel, da Gérard glaubte, in zehn Tagen die Mündung des Kaministikwia in den Oberen See zu erreichen, wenn das schöne Sommerwetter sich hielte. Die beiden Männer hatten es ja nicht besonders eilig. Bis zur Rückkehr des großen Kanus von Montréal würden sicherlich noch zweieinhalb, vielleicht drei Monate vergehen. Inzwischen konnten sie längst wieder nach Michilimackinac zurückgekehrt sein.

Walther und Gérard hatten die grobe Tür aus dünnen Fichtenstämmen, die Pancrace noch vor seiner Abreise mit viel Geschick gezimmert und in rohlederne Scharniere gehängt hatte, hinter sich zugezogen, um sich auf ihrem angenehm duftenden Lager aus Fichtenzweigen zur Ruhe zu legen. Es war noch einigermaßen hell im Freien. Die Sommersonnenwende war gerade erst vergangen. Die Männer wollten jedoch nach der Gewohnheit der Voyageurs schon vor Tau und Tag aufbrechen. Da traf es sich gut, dass die schnell errichtete Blockhütte von McCorssen, O'Gilcock & Matthieu keine Fenster besaß. Bei geschlossener Tür war es drinnen dunkel, und man konnte leichter einschlafen als sonst wohl in dieser Zeit der weißen Nächte.

Walthers Augen wollten gerade zufallen, da wurde er wieder wach. Er hatte die leisen Schritte, die um die Hütte tappten, schon gehört, ehe er noch recht wusste, was sie bedeuteten. Er richtete sich auf. Auch Gérard war wach geworden. Männer der Wildnis haben einen leichten Schlaf.

»Besuch? So spät noch? Soll ich nachsehen, wer da um unsere Hütte streunt?«

»Das wäre gut, Gérard!«

Aber ehe Gérard sich den Hosengurt festgezogen hatte, klopfte es an die Lattentür, deutlich zwar, aber nicht gewaltsam.

»Gleich!«, rief Walther. Er hielt sich im Hintergrund, hatte nach seiner Flinte gegriffen. Es empfahl sich stets, nichts zu riskieren, besonders an Plätzen, wo viel Volk zusammenlief wie hier an diesem Handelsplatz in der Wildnis.

Gérard öffnete. Im immer noch ausreichenden Tageslicht erkannte Walther einen untersetzten Mann, barhäuptig, mit im Nacken fest geflochtenem Haar, der nichts weiter anhatte als ein weites, grobes Hemd aus ungebleichtem Leinen, ein Paar enge Lederhosen offenbar indianischer Herkunft, jedoch keine Mokassins, wie wohl zu erwarten gewesen wäre, sondern klobige, feste Schnürstiefel aus Leder. Der Mann, so schien es Walther, hatte ein gutes, einfach und kräftig geschnittenes Gesicht unter fast weißlich blondem Haar. Doch lag über den Zügen eine deutliche Spannung. Oder war es Furcht, was in den blassblauen Augen flackerte?

Der Mann begann sogleich in englischer Sprache: »Ich habe am Nachmittag gesehen, dass ihr euch zur Abreise fertig macht. Ich konnte nicht eher kommen, um mich vorzustellen. Ihr seid nur zwei. Euer Kanu erfordert gut und gern vier Mann als Ruderer. Ich bin gekommen, euch zu fragen, ob ihr noch einen Mann gebrauchen könnt. Mir ist es gleichgültig, wohin die Reise geht, solange eure Richtung nach Westen weist. Ich könnte jede Stunde aufbrechen.«

Walther war näher getreten und übersetzte Gérard, der nur die Hälfte verstanden hatte, die englischen Worte.

»Unterhalten wir uns an der Wasserseite der Hütte«, schlug er dann vor. »Dort sind wir besser geschützt und können sitzen«, – und werden nicht gesehen, fügte er im Stillen hinzu. Er hatte am Nachmittag darauf geachtet, so wenig wie möglich deutlich zu machen, dass er abreisen wollte. Seine indianischen Lehrmeister, insbesondere der unvergessene Micmac-Häuptling Kokwee, hatten es ihm zur zweiten Natur werden lassen, leise und unbeobachtet anzukommen, wo auch immer, und ebenso zu verschwinden und keine Spur zu hinterlassen.

Gérard drängte sofort: »Walther, der kommt uns wie gerufen als dritter Mann. Sonderbar, dass er uns nicht über den Weg gelaufen ist. Ich habe mich überall nach frei gewordenen Milieux erkundigt, durfte allerdings die Trommel nur ganz sachte rühren. Walther, höre auf mich: Der Lac Supérieur ist ein gefährliches Gewässer und mit den Flüssen und kleineren Seen, die wir seit Montréal befahren haben, nicht zu vergleichen. Er ist wie das Meer und berüchtigt wegen seiner plötzlichen Sturmwinde, und dann kann unser Leben davon abhängen, wie schnell wir das Ufer erreichen. Der Mann sieht nicht schlecht aus. Man kann ihm wohl vertrauen.«

Der späte Besucher hatte offenbar nichts von diesen französischen Sätzen verstanden und blickte erregt und unsicher von einem zum anderen.

Walther sagte: »Mein Gefährte meint, wir könnten einen dritten Ruderer gebrauchen. Vier Mann sind kaum nötig, da wir nur mit halber Last fahren. Aber wir wissen nicht, wer du bist.«

Der Mann mit dem Zopf im Nacken schien die Frage erwartet zu haben. »Das ist ganz einfach. Ich bin gestern erst angekommen. Mit dem Boot von Niagara. Über Penetanguishene. Ich war mit meinem Gouvernail unterwegs nicht immer einer Meinung und möchte so schnell wie möglich weg von dem gewalttätigen Kerl. Ich habe mich auszahlen lassen. Hier ist mein Lohn.«

Er kramte eine Handvoll Livres aus der Gürteltasche und wies sie vor. »Da seht ihr's. Lieber heut als morgen will ich nach Westen. Der Gouvernail muss wieder nach Süden drehen. Als ich zufällig heute Nachmittag beobachtete, dass ihr euch unauffällig auf die Abreise vorbereitet – so kam es mir wenigstens vor –, beschloss ich, mich euch anzubieten. Aber es hat eine Weile gedauert, ehe ich mich frei machen konnte.«

Walther zögerte noch immer. Die verhaltene Dringlichkeit in den Worten des ungebetenen Gastes machte ihn stutzig. Andererseits hatte Gérard recht: Der Mann zeigte ein offenes, ehrliches Gesicht, wenn es auch von einer ungewissen Furcht überschattet schien. Sein Englisch hatte einen Akzent, den Walther nicht bestimmen konnte. Das bedeutete nicht viel. Die vielen Färbungen des Englischen, die im weiten Amerika gesprochen wurden, waren schwer auseinanderzuhalten: Schottisch, Irisch, Walisisch, Cockney, Yankee, Dutch, Pennsylvanisch, Hannoverisch, Frankokanadisch …

Der Mann hatte zur Genüge erklärt, warum ihm daran lag, den Ort Michilimackinac bald zu verlassen, hatte sogar mehr erklärt, als sonst in diesem weiten, wegelosen Land erklärt zu werden pflegte. Man fragte hier gewöhnlich nicht nach dem Woher, nach dem Vergangenen. Es hieß: »*Give him a chance!*« Bewährte er sich – gut! Bewährte er sich nicht, sagte man: »*You are fired!*«, und setzte ihn im Handumdrehen auf die Straße.

Noch einmal drängte Gérard Choquette. Er neigte nicht dazu, aus Mücken Elefanten zu machen. Der Obere See war groß und gefährlich wie das Meer, das musste man ihm glauben. Walther entschied sich: »Wie heißt du?«

»Paul.«

»Also gut, Paul. Morgen früh um drei Uhr legen wir ab. Mehr als vierzig Pfund Gepäck sind dir nicht erlaubt, das weißt du ja. Aber ich nehme dich nur an bis zum Westufer des Oberen Sees. Ich kenne dich nicht und weiß nicht, was du leistest. Bis zum Westufer – zehn Livres, mehr kann ich dir nicht geben dafür. Dort wird es sich zeigen, ob wir einen länger dauernden Vertrag schließen. Kann ja auch sein, dass du mit mir nicht auskommst.«

Walther hatte das als Scherz gemeint, aber dieser Paul schien zu erschrecken. Er beteuerte: »Ich bin mit allem einverstanden, Mister McCorssen.«

»Sag nur Walther.«

»Mit allem einverstanden, Walther. Aber zänkisch bin ich ganz gewiss nicht, und Faulheit hat mir noch keiner nachgesagt. Zwei Stunden nach Mitternacht bin ich wieder hier, um beim Klarmachen des Bootes zu helfen. Und mein Gepäck – ich bringe keine vierzig Pfund zusammen, ich besitze nicht viel. Jetzt gehe ich, damit ich rechtzeitig wieder da bin!«

Walther und auch Gérard wunderten sich darüber, dass der neu angeworbene Ruderer nicht am Ufer entlang zur Festung zurückstrebte, sondern zum Waldrand hinüberschritt und in der schon tiefen Dämmerung zwischen den Bäumen verschwand.

Am nächsten Morgen war Paul pünktlich zur Stelle, so pünktlich sogar, dass er Walther und Gérard aus dem Schlaf wecken konnte. Er schien es sehr eilig zu haben, das Boot ins offene Wasser zu treiben. Noch schimmerten die Sterne. Glanzvoll und schweigend wölbte sich die späte Nacht. Die Spur des Kanus verging im reglos ruhenden Gewässer jenseits des Horizonts, noch ehe sich in der Festung Michilimackinac oder im Lager der Indianer irgendetwas regte. Selbst die beiden Wachen vor dem Tor des Forts verschliefen diese stillsten Stunden – wenn auch nur im Stehen, wie es sich für Soldaten auf Posten gehört.

Paul bewies schon in den ersten Tagen, dass er ein unermüdlicher, wenn auch, wie Walther bald merkte, nicht besonders geschickter oder geübter Ruderer war. An Land machte er sich nützlich, wo er nur konnte, jede Spannung war von ihm gewichen. Er radebrechte* Französisch, dass die beiden andern aus dem Lachen nicht herauskamen. Der Zufall hatte ihnen einen brauchbaren und umgänglichen Gefährten beschert, das war nicht mehr zu bezweifeln.

Walther hatte vorgehabt, die zweite Nacht nach der Ausreise von Michilimackinac bei dem verlassenen Fort zu verbringen, das die Franzosen, und zwar der Chevalier de Repentigny, schon 1750 oder 1751 erbaut hatten, nachdem französische Jesuiten bereits achtzig Jahre zuvor von diesem Ort aus Mission getrieben und große Scharen der hier ansässigen Chippewa getauft hatten, an die tausend vielleicht. Dann aber hatten die mörderischen Kriegszüge der Irokesen vom Südosten her die Chippewa nach Norden und Westen getrieben. Die überlegenen Waffen dieses beute- und eroberungslustigen Indianerbundes der Fünf Nationen stammten aus Neuengland und dienten den Interessen der englischen Kolonialmacht vor allem gegen die Franzosen und ihre indianischen Freunde. Doch hatte der Platz bei Sault de Ste. Marie, den »Stromschnellen des Flusses der heiligen Maria«, seine Bedeutung behalten, denn wer immer vom St. Lorenz her in den Westen und Nordwesten des großen amerikanischen Kontinents reisen wollte – und das waren seit hundert Jahren die französischen Voyageurs, Missionare und Pelzhändler –, der musste diesen Engpass zwischen dem Oberen See und dem Huronen-See passieren.

Gérard Choquette hatte Walther McCorssen weiter berichtet, dass die französische Besatzung der kleinen Urwaldfestung Sault de Ste. Marie nach dem verlorenen Siebenjährigen Krieg längst abgezogen sei. Lediglich der Dolmetscher aus der französischen Zeit, ein Monsieur Cadotte, sei im Fort geblieben und betreibe allerlei Handel mit den Indianern. Diese wären zwar nicht mehr in größerer Zahl an ihre alten Wohnplätze zurückgekehrt, nachdem seit dem Ende des Krieges, vor vier Jahren also, auch die Fünf Nationen das Kriegsbeil begraben hatten und auch der Aufstand des großen Pontiac die Macht des weißen Mannes zwar eine Weile behindert, aber keineswegs aus dem Sattel gehoben hatte. Aber das Land wäre nun auch für die Indianer wieder offen, und manchmal wären Dutzende von indianischen Kanus bei Sault de Ste. Marie anzutreffen.

Die drei Knoten der Kanurouten

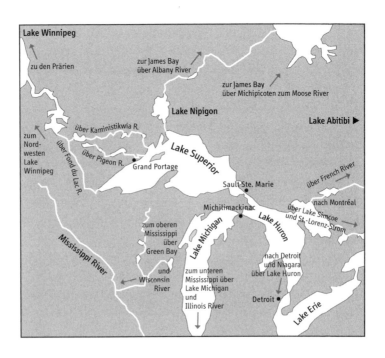

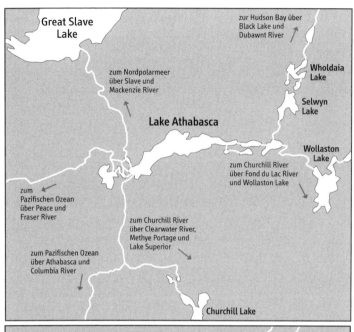
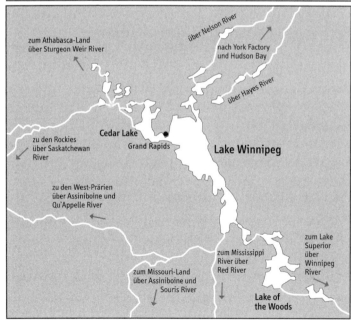

Mit Michilimackinac allerdings, das den Übergang vom Huronen- zum riesigen, nach Süden weisenden Michigan-See bewachte, wohin vor allem auch die Stämme der Nadowessioux oder Sioux aus den unabsehbaren Prärien des Westens strebten, mit diesem starken westlichsten Stützpunkt der englischen Macht sei Sault de Ste. Marie keineswegs zu vergleichen.

Gérard Choquettes Kenntnisse von den Verhältnissen am Oberen See und darüber hinaus waren erstaunlich umfassend. Nach seiner Ansicht war dieser Monsieur Cadotte, der als »Hinterlassenschaft« der verblichenen französischen Herrschaft im Fort Sault de Ste. Marie residierte, ein besonders erfahrener und umsichtiger Mann, der gern viele Fäden in seiner Hand vereinigte und dem weit und breit nichts von Bedeutung entging. Außerdem sei er mit einer Chippewa, einer Häuptlingstochter, verheiratet, die einen durchdringenden Verstand und bewundernswerte Tatkraft besitze. Die indianische Frau des Frankokanadiers Cadotte übertreffe wahrscheinlich sogar ihren Mann an Klugheit und Kombinationsgabe.

Gérard Choquette hatte während eines der langen Gespräche im Kanu, während die Paddel sich im gleichen Takt durchs Wasser stemmten und die Bugwelle des Bootes leise schäumte, folgendes Geständnis gewagt: »In ihrer eigenen Welt, Walther, geht es Indianerinnen schlecht. Jede schwere, schmutzige und langweilige Arbeit liegt auf ihren Schultern. Dazu kommt das Kinderkriegen und die Sorge für die Kinder. Dass die Frauen gut behandelt werden, kann man auch nicht behaupten. Sie haben keine Rechte, die der Erwähnung wert wären. Aber natürlich sind sie im Hintergrund nicht ohne Einfluss. Und man erzählt sich auch mancherlei Eifersuchtsgeschichten. Wenn aber eine solche indianische Frau von guter Herkunft einen weißen Mann heiratet, einen Franzosen, dann wird sie – manchmal – nicht so unterdrückt wie in ihrer eigenen indianischen Welt, sondern kann sich entfalten.

Dann zeigt sich, dass die Frauen unwandelbar treu zu ihren Männern stehen und sie klug beraten, ohne je die erste Rolle spielen zu wollen. Du wirst ja meine Frau kennenlernen, Walther, am Kaministikwia. Ich liebe sie. Ich kann mir keine bessere denken. Und diese Madame Cadotte vom Stamm der Chippewa – ich bin ihr zweimal begegnet. Wenn ihr Mann viel Erfolg hat mit seinem Handel, so verdankt er das ihr. Es lohnt sich, sie kennenzulernen.«

Diese und andere Bemerkungen Gérards hatten Walther zu denken gegeben. Als zu erwarten stand, dass die Palisaden des verlassenen französischen Stützpunktes am Südufer der Wasserstraße bald auftauchen würden, war Walther zu einem Entschluss gekommen.

»Ich denke, wir verzichten auf Cadotte und seine kluge Frau. Jeder, der vom Huronen- zum Oberen See strebt oder umgekehrt, macht bei ihm Station. Es würde also nicht lange dauern, bis die Nachricht nach Michilimackinac gelangt, dass wir hier vorbeigefahren sind. Daran liegt mir nichts. Es ist besser, wenn in Michi niemand erfährt, wohin wir uns gewendet haben. Wir werden hier, nicht bei Cadotte, übernachten. Gleich nach Mitternacht brechen wir wieder auf. Vor zwei Tagen hatten wir Vollmond, es ist also sehr hell. Wir bewältigen die Portage noch vor Sonnenaufgang. Cadotte schläft dann noch, und seine Leute auch. Das Fort liegt nicht unmittelbar am Wasser, wie du sagst. Wir können also Abstand halten. Das Kanu ist nur halb beladen und lässt sich treideln. Natürlich müssen wir uns beeilen, solange wir vom Fort aus gesehen werden können.«

»Und die Hunde im Fort?«, zweifelte Gérard.

»Darauf müssen wir es ankommen lassen.«

Der Dritte im Boot, Paul, der sich bis dahin an der französisch geführten Unterhaltung nicht beteiligt hatte, aber angespannt zuhörte, mischte sich ein. Täuschte sich Walther, oder klang Pauls Stimme wirklich erleichtert?

»Du wirst schon wissen, was du tust, Walther. Je weniger Zeit wir verlieren und schneller in den Westen gelangen, desto besser für uns alle. Den Trageweg bei Mondschein – in so klaren Nächten, wie wir sie jetzt haben –, den werden wir schaffen.«

Sie schafften es. Als der Morgen graute, zog ihr Kanu schon auf die spiegelglatte Bucht der Weißfische hinaus. Sie hatten den Oberen See erreicht, ohne beobachtet worden zu sein.

Einige Tage später vermieden sie ebenso, die indianische Siedlung Michipicoten zu berühren. Hier war Captain Rogers zu vermuten, oder einige Leute seiner Begleitung. Freund und Partner Gorham, der Stellvertreter des Kommandanten Rogers in Michilimackinac, hatte Walther anvertraut, dass Rogers wahrscheinlich die Route nordwärts in das Gebiet der Hudson's Bay Company ausprobieren wollte. Diese schnelle, aber schwierige Route verließ den Oberen See bei Michipicoten, folgte dem Fluss gleichen Namens landeinwärts, überquerte in anstrengender Portage die Wasserscheide zur Hudson Bay und folgte dann dem gewaltigen Missinaibi-Fluss zum Moose-Fluss hinunter, der schließlich in die James Bay mündet, den Südzipfel der Hudson Bay. Hier lag Moose Factory, eine alte Faktorei* der Engländer.

Auch dem Kommandanten Rogers wollte Walther nicht begegnen – genauso wenig oder noch weniger als jenem Cadotte: Wenn wir jedes Aufsehen vermeiden, bin ich umso sicherer, nicht belästigt oder kontrolliert zu werden. Der Wunsch, selbst seinen Weg bestimmen, sich von keinem andern, am wenigsten von einem Vertreter der Krone, in seine Pläne und Absichten hineinreden oder auch nur hineinblicken zu lassen, war für Walther allmählich ein Zwang geworden, dem er immer bereitwilliger nachgab, je weiter die Vergangenheit, je weiter die Zeichen fremder Herrschaft wie Wappen, Uniformen, Ränge, Amtsstuben hinter ihm zurückblieben.

Michipicoten war einfacher zu vermeiden gewesen als

Sault de Ste. Marie. Dichter Nebel lagerte über dem bleigrauen, reglosen Wasser. Aber Hundegebell trug in diesem Nebel merkwürdig weit und lenkte die Rudernden in weitem Kreis um den völlig unsichtbar bleibenden Ort herum wie an einer langen Leine. Als sie endlich wieder aufs Ufer stießen, das kaum einen Steinwurf weit entfernt blass aus dem milchigen, kalten, nässenden Nebelgewoge auftauchte, hatten sie Michipicoten längst hinter sich gelassen, ohne bemerkt worden zu sein.

Seltsam leicht fühlte sich Walther am Tag danach. Vor ihm lag nun nichts mehr, kein Ort, kein See, kein wilder Fluss, an dem noch irgendein Beauftragter eines Fürsten, einer ganz und gar fremden Gewalt also, ihm entgegentreten würde. Ein Vertreter von Mächten, die ihn seit seinen jungen Jahren gebunden, genötigt, verfolgt, bald an kurzer, bald an langer Leine geführt, getrieben, gezerrt, aber niemals sich selbst überlassen hatten. Jetzt endlich, in seinem dreiundvierzigsten Lebensjahr, zog er zum ersten Mal in eine Welt, in der er völlig frei war, nur sich selbst verantwortlich, nur noch dem eigenen Gesetz untertan. Wenn er unterging, so ging er auf eigene Faust unter. Behauptete er sich, so war das allein sein Verdienst und die Gnade seines Schöpfers, den auch die Indianer als »Manito« verehrten.

Das Kanu glitt über den großen See voran, leise rauschend, manchmal von vorgelagerten Inseln und Inselchen beschirmt, dann wieder in weit offenem Wasser. Der strahlende Sommer begünstigte die Reise der drei Männer Tag für Tag und Nacht für Nacht, seit sie das Vorgebirge passiert hatten, das aus der Ferne gesehen wie der aus dem Wasser auftauchende Kopf eines schwimmenden Otters aussah und deshalb von den Voyageurs auch »Otterkopf« genannt wurde. In gleichem Schwung furchten die Paddel durchs Wasser, dessen Spiegel, von sanftestem Frühwind gefächelt, tausendfach funkelte. Manchmal fiel von Pipe zu Pipe kein Wort zwischen den dreien. Auf dem großen, tiefen, kalten Superior bedurfte das Boot keines Bugmannes, keines Avant. Walther im Heck berichtigte den Kurs des Fahrzeugs zuweilen mit leichtem Stemmen des Paddels, die beiden anderen nahmen das kaum wahr. Es war ratsam, sich auch bei angenehmstem Wetter mit dem empfindlichen Boot nicht weiter als auf ein, zwei Meilen vom Ufer zu entfernen, die Bögen der großen Buchten also einigermaßen nachzuzeichnen. Zuweilen glitt das Kanu für weite Strecken unter senkrecht hoch aufragenden Uferfelsen durch das kristallene Nass, und stets hielt jeder dann unwillkürlich Ausschau nach der nächsten Bucht oder Felsennische, in der man sich bergen konnte, sollte einer der heimtückischen Fallwinde oder eine unvermutet aufs Land zujagende Windböe das Wasser aufwühlen und das schwankende Fahrzeug samt Ladung und Ruderer in Gefahr bringen. Während dieser unvergleichlich herrlichen Tage und Nächte zwischen »Otter Head« und der »Insel des heiligen Ignatius« waren die Männer, alle drei willig, fleißig und friedfertig, schon nach wenigen Tagen über die Kameradschaft hinaus zu Freunden geworden, wenn auch keiner von ihnen das jemals aussprechen würde.

Gewiss, sie schleppten noch die Leinen hinter sich her, die sie mit der alten Welt verbanden, von denen sie aber nicht mehr gebunden wurden, die sie sogar jederzeit kappen konnten. Gérard erzählte am abendlichen Feuer gern und ausführlich von den Indianern, vom Stamm der Chippewa am Kaministikwia, dem er seit Jahren zugetan war und dem die Mutter seiner Frau entstammte. Trotz des französisch-kanadischen Vaters fühlte sich diese Frau, wie Gérard oft betonte, allein in der indianischen Welt zu Hause, mochte sie nicht aufgeben, hielt auch ihren Mann, dem sie sowohl nach indianischer wie nach katholischer Weise angetraut war, in dieser Welt fest. Und Gérard bekannte, dass er sich wohl darin fühlte, wenn er es auch nicht ertrug, auf die Dauer darin zu verweilen. Das unruhige leichte Blut der frankokanadischen Waldläufer und Voyageurs trieb ihn immer wieder auf weite Fahrt. Aber treu und gern kehrte er stets an den Kaministikwia zurück. Eines Abends sprach er, wie es Walther erschien, etwas sehr Richtiges aus, als er am Ende eines langen Berichts über die Begräbnissitten der Indianer sagte:

»Sie sind ja alle untereinander ziemlich gleich. Es gibt nicht viele Unterschiede. Keiner braucht den anderen zu beneiden. Die Häuptlinge genießen großes Ansehen, verlangen Gehorsam, und er wird ihnen gewährt, aber nicht weil sie hochgeboren sind oder reicher, sondern weil man sie wegen ihrer Klugheit, Tapferkeit, Umsicht in ihre Würde berufen hat. Und alle haben zugestimmt. Jeder kennt jeden, und es ist alles einfach geordnet. Nichts steht zwischen ihnen und ihrem Gott, dem Großen Geist Manito, kein Fürst oder Offizier, kein Grundherr wie am unteren St. Lorenz und kein Priester, der sich anmaßt, an Gottes Stelle zu sprechen. Und wenn er stirbt, so stirbt er seinen eigenen Tod und nicht einen, den ein anderer, den man vielleicht kaum einmal vom Hörensagen kennt, verordnet hat. Deshalb sterben die Indianer so viel leichter als wir weißen Leute. Sie leben für sich und die Ihren und sie sterben für sich und die Ihren. Sie werden von nichts Fremdem gegängelt.«

Es war, als wollte sich Gérard erst an das heranreden, was ihm eigentlich vorschwebte, und als müsste er weiterreden, weil er es immer noch nicht richtig ausdrücken konnte. Aber er hatte zwei Zuhörer, die von ähnlichen Empfindungen bewegt wurden wie er selbst. Sie verstanden ihn auch ohne genaue Erklärungen.

Paul, der neue Mann im Kanu, der sich in die Gemeinschaft der beiden anderen ohne Mühe eingefügt hatte, als kenne man sich schon lange, hatte sich bis zu diesem Abend kaum an den Unterhaltungen von Walther und Gérard beteiligt. Immerhin wurde deutlich, dass er das Französisch ihrer Gespräche schon einigermaßen begriff. Ein Voyageur wie Paul, auch wenn er aus den älteren englischen Kolonien stammte und von Albany aus in Yankee-Kanus unterwegs gewesen war, kam gar nicht umhin, allmählich eine Menge Französisch aufzuschnappen, denn vor dem Siebenjährigen Krieg ebenso wie danach waren es französische, zumeist frankokanadische Waldläufer, die den Indianern die Künste des Kanus und die Listen der Wälder und Einöden abgelauscht hatten. Sie allein trugen Anspruch und Sitte des weißen Mannes nach Westen und Nordwesten, weithin ohne jede Gewalt, ohne Hochmut, ohne Bosheit. Paul gab sich sogar Mühe, einige der Ruderlieder zu erlernen, die Gérard zuweilen hören ließ, wenn auch seltener als Pancrace Matthieu auf der langen Anreise von Montréal, der unzählige lustige, befeuernde, auch tränenselige Gesänge angestimmt hatte.

Paul mischte sich plötzlich in das Gespräch ein, als läge ihm daran, Gérard zu unterbrechen. Er sprach englisch, mischte jedoch hier und da schon eine französische Floskel in seine Sätze, als wollte er sich auch dem kanadischen Gefährten gefällig erweisen. Er wandte sich jedoch an Walther:

»Was Gérard da gesagt hat, das geht mir an die Nieren. Seit wir Michipicoten hinter uns haben, ist mir ein Stein von der Seele gerollt. Kein Captain mehr in Sicht, kein Feldwebel und kein Stockmeister. Das haben wir alles hinter uns gelassen, und ich bin froh! Jetzt kann ich euch ein Geständnis ablegen, und ich hoffe nur, dass ihr mir deshalb nicht die Freundschaft kündigt. Ich bin gar nicht mit dem Yankee-Kanu von Albany zum Huronen-See heraufgekommen. Ich bin vielmehr – ich bin ein entlaufener Soldat von Rogers Regiment.«

Gérard hatte ungefähr begriffen, was Paul vorgebracht hatte. Aber er wollte es gar nicht begreifen, es war gefährlich. Ungläubig blickte er den Sprecher an.

Walther machte aus seinem Schrecken keinen Hehl. Er rief: »Ein Deserteur? Hast du den Verstand verloren? Spar dir solche Scherze! Du hast uns das mit keinem Wort auch nur angedeutet. Denkst du, ich hätte dich angenommen! Deserteure werden durch die Spieße* gejagt und dann erschossen, das weißt du! Wer ihnen hilft, dem geht es ebenso an den Kragen.«

Das Gesicht des Mannes, der sein Geständnis abgelegt hatte – sicherlich hatte er schon seit Tagen mit sich gehadert –, war schrecklich verzerrt. Seine blauen Augen verdunkelten sich, seine Mundwinkel zitterten.

»Ich weiß das alles, Walther. Ich habe euch belogen. Und wenn ihr wollt, könntet ihr mich hier aussetzen. Ich würde euch nicht einmal verdammen. Aber ich konnte es einfach nicht mehr aushalten. Seit Monaten habe ich die Flucht vorbereitet, mir heimlich Kleider verschafft und versteckt, habe mir durch die Übernahme von Sonderkommandos im Laufe der letzten Monate im ganzen zehn freie Tage verschafft. Dieser Urlaub geht heute erst zu Ende. Als ihr euer großes Kanu abschicktet und dies kleinere kauftet, wusste ich, dass ihr nach Westen weiterreisen wollt. Das war meine Chance. Ich setzte alles auf diese eine Karte, nahm meinen Urlaub, verwischte meine Spur, indem ich angab, ich wollte einige Tage bei indianischen Freunden in Topinabee am Mullett Lake verbringen. Am gleichen Abend klopfte ich spät bei euch an. Trotzdem wäre ich nicht darauf gekommen, mich gerade euch anzuvertrauen, wenn nicht noch etwas hinzugekommen wäre …«

Er schwieg und blickte vor sich zu Boden, krampfte die Hände zwischen den Knien, kein Tropfen Blut war mehr in seinem Gesicht. Walther hatte ihn nicht aus den Augen gelassen. Sein Zorn verrauchte bereits. War er nicht selbst Soldat gewesen, englischer Soldat, und der Gefahr, wegen Fahnenflucht angeklagt zu werden, nur durch eine Verkettung günstiger Umstände entgangen? Das war zwar schon lange her. Doch standen plötzlich jene bedrängten Jahre so deutlich vor seinem inneren Auge auf, als habe er sie eben erst durchlitten. Angst hatte wie eine graue Maske Pauls Züge entstellt, schnöde Angst davor, ausgestoßen, abgewiesen, zurückgejagt zu werden in die Spießruten, den Stock, den Käfig bei Wasser und Brot. Die frische und freundliche Offenheit, die dieses Gesicht den Gefährten angenehm gemacht und ihr Vertrauen erweckt hatte, war völlig verschwunden. Walther fuhr sich mit der flachen Hand über die geschlossenen Augen: Herr im Himmel, die gehetzte Kreatur! Ihm selbst und unzähligen anderen war es nicht anders ergangen: Angst überall und nur wenig Hoffnung auf Entrinnen! Nun lag sie vor ihm, die Freiheit, die grenzenlose Geborgenheit im Ungeborgenen, das unvergleichliche Glück, nur noch sich selbst verantwortlich zu sein, dem eigenen Anstand, dem eigenen Mut, der eigenen Beharrlichkeit und Standhaftigkeit. Und jetzt, hier, begegnete ihm dies unter seinem Elend ächzende Opfer jener Mächte, die zwar stützen und schützen, aber zugleich achtlos und mitleidlos beengen und beklemmen. Sich diesem Flüchtling aus dem Zwang der verfluchten Gewalten »von Gottes Gnaden« zu versagen, das mochte fertig bringen, wer wollte!

Walther McCorssen konnte es nicht.

Mit müder Stimme sagte er schließlich:

»Was braucht da noch hinzuzukommen?! Ich weiß nur zu genau, wie es ist, jeden Tag gedrillt und schikaniert zu werden für wenig Geld und dann noch den Kopf hinhalten zu müssen, dass ihn womöglich ein Indianer einschlägt, mit dem man gar keinen Streit gehabt hat. Trotzdem, Paul, du hast dir den Platz in unserem Kanu und die Abreise ins Pays d'en haut unter lügenhaften Vorstellungen erschlichen. Du hast mich und Gérard hinters Licht geführt. Man kann dir also nicht trauen, scheint mir. Wer traut überhaupt einem Deserteur? Was gehst du uns an? Du bist sicherlich aus freien Stücken zu den Soldaten gelaufen und hast das Handgeld genommen. Nun erwartest du von uns, dass wir dir beistehen, die Suppe auszulöffeln, die du dir eingebrockt hast. Anders wär's, wenn du uns gleich am Anfang reinen Wein eingeschenkt hättest.«

Paul hob langsam den Kopf und blickte den Mann im Lederrock, der neben ihm am verglühenden Feuer saß, aus todernsten, todtraurigen Augen an. »Wenn ich euch am Anfang gesagt hätte, dass ich desertieren will, hättet ihr mich dann angeheuert und mitgenommen?«

Die Frage traf ins Schwarze. Es ließ sich nicht an ihr vorbeiargumentieren. Auch hatte sich Walther im Grunde schon entschieden – und Gérard würde seiner Entscheidung fraglos folgen.

»Ja, du hast recht, Paul, wir hätten dich nicht mitgenommen. Aber das ist nicht mehr von Belang, denn du bist ja nun bei uns. Wir haben Sault de Ste. Marie und Michipicoten hinter uns gebracht, ohne gesehen worden zu sein. Wir sind endgültig ins Indianerland eingetreten, ins Pays d'en haut, wo kein König und kein Richter mit Perücke und kein Feldrichter in roter Uniform mehr etwas zu sagen haben. Für uns bist du Paul und ein brauchbarer Milieu, der seinen Lohn wert ist. Was vorher war, geht mich nichts an. Wir sind in Amerika und Amerika ist groß!«

Er reichte Paul seine Hand hinüber, und der aus Rogers Regiment entlaufene Soldat drückte sie schmerzhaft heftig. Auch Gérard, der mit gespannter Aufmerksamkeit gelauscht und sicherlich das meiste verstanden hatte, wurde von seiner – nicht allzu oft aufbrechenden – französischen Leidenschaftlichkeit übermannt, sprang auf, lief ums Feuer und streckte Paul die Hand hin: »Zur Hölle mit dem gierigen König in London! Denk nicht mehr dran! Für uns bist du Paul und ein Voyageur und damit basta!«

Walther war der Meinung, dass es gar nicht übel wäre, die neue und nun ehrlich besiegelte Einigkeit mit einem gehörigen Schluck Rum zu feiern. Wem er zu stark wäre, der könnte ihn ja mit heißem Wasser verdünnen.

Sie prosteten sich zu und machten von dem klaren Wasser aus dem Lac Supérieur nur sparsamen Gebrauch, obgleich es sich in Überfülle anbot.

Später wollte Walther wissen: »Du hast uns noch nicht erzählt, Paul, warum du uns für geeignet hieltest, dir deinen Abschied vom König von England zu erleichtern. Das solltest du uns nicht vorenthalten.«

»Will ich auch gar nicht, Walther. Also, mir war klar, dass ich nur nach Westen ausweichen durfte. Im Osten würde ich früher oder später irgendwelchen Schnüfflern auffallen – und dann wär's um mich geschehen. Also musste ich warten, bis ich mich einem Boot anschließen konnte, das sich nach Westen auf den Weg machte. Ich hatte alles von langer Hand vorbereitet: zivile Kleider, ein paar Urlaubstage, ein wenig Bargeld. Ich sagte es schon. Ich durfte niemanden ins Vertrauen ziehen, habe es auch nicht getan, bemühte mich vielmehr, im Dienst und außer Dienst ein musterhafter Musketier zu sein. Ich hatte nur ständig Angst, dass Rogers mit seinem Regiment wieder nach Osten, nach Québec oder New York oder Virginia, verlegt werden würde. Im Osten hätte ich mich nicht von der Truppe absetzen können, obgleich ich gemerkt habe, dass es in den alten Kolonien wie Massachusetts oder New Jersey unter der Decke gärt. Den Leuten dort ist der hirnverbrannte Zwang, den London ausübt, mit der Zeit widerlich geworden. Bei den Indianern zogen jeden Tag ein paar Kanus wieder fort, aber fast alle zum Michigan-See hinunter, südwestwärts. Dorthin zog es mich nicht, sondern nach Nordwesten. Weiter im Süden schieben sich die Siedler nach Westen vor. Den Siedlern folgen über kurz oder lang die Beamten. Die Yankee-Händler in der Festung schienen wenig Lust zu verspüren, sich nordwestwärts vorzuarbeiten. Sie verdienen genug, brauchen die Indianer nur zu sich kommen zu lassen. Dann tauchtet ihr auf. Ich habe euch in jeder freien Minute beobachtet. Der Ire O'Gilcock, der jetzt mit dem großen Kanu nach Montréal unterwegs ist, gefiel mir nicht besonders. Alle andern sprachen Französisch. Die Franzosen haben mit den Engländern nicht viel im Sinn, dachte ich mir, sie werden mich vielleicht nicht verraten. Und dann habt ihr das Schild mit euren Namen über die Tür des Blockhauses genagelt, das gab den Ausschlag. Ich las McCorssen, Mc, das ist schottisch, sagte ich mir. Aber Corssen, Corssen …?«

Er war wieder ganz der unbefangene, aufgeschlossene Kamerad, der er gewesen war, als er sich durch sein Geständnis noch nicht infrage gestellt hatte. Er schaute Walther mit hellen Augen an. Der schürte angelegentlich das Feuer und blickte nicht auf. Augenscheinlich fühlte er sich nicht angesprochen. Das Feuer zusammenzuscharren und zu hellerer Flamme zu entfachen, beschäftigte ihn ausreichend. Aber in Wahrheit jagte eine Flut von wirren Vorstellungen durch Walthers Hirn. Hätte er nicht gleich misstrauisch werden müssen? Wie lautete Pauls Familienname? Walther hatte sich schon so ganz und gar an die Sitte dieses menschenleeren Erdteils gewöhnt, sich beim Vornamen anzureden und nach Weiterem nicht zu fragen, dass er Pauls Vatersnamen nur mit halbem Ohr zur Kenntnis genommen hatte. Wie war der Vatersname? Hatte er nicht wie Ljuders oder ähnlich geklungen? Aber Ljuders, das war auf Deutsch Luders und konnte auch – und würde wohl, wie Walther sich nun sagte – Lüders lauten. Denn mit ü, dem u-Umlaut, wissen die Engländer nie etwas anzufangen. Paul hatte seinen Vatersnamen auf englische Manier ausgesprochen, als er sich vorstellte, weil er doch annehmen musste, Männer englischer Muttersprache vor sich zu haben.

Wollte die verwirrte Vergangenheit, die Walther längst begraben glaubte, hier und jetzt wieder auftauchen? Lag das überhaupt im Bereich des Möglichen?

Paul Ljuders/Lüders wartete vergeblich auf ein Zeichen der Ermunterung oder eine Frage Walthers. Aber der Rum hatte ihm die Zunge gelöst. Die Last, seine freundlichen Gefährten hinters Licht geführt zu haben, war von ihm genommen. Sein Bedürfnis, sich mitzuteilen, ließ sich nicht aufhalten. Aufgeräumt fuhr er fort:

»Ich stamme nämlich aus dem Hannoverschen in Deutschland und bin also von daher Untertan des Königs von England. Im englischen Heer dienen viele Deutsche, als gemeine Leute meistens, aber auch als Offiziere, wenn sie von Adel sind. In einem Nachbardorf meiner Heimat hat vor mehr als zwanzig Jahren ein Mann namens Corssen ziemlich viel Wirbel gemacht. Er war ein ehemals englischer Soldat, der verwundet in französische Gefangenschaft geraten war und nach Hause wollte, in ein anderes Dorf in unserer Gegend, aber weiter östlich. Dieser Mann soll sich in einer nebligen Novembernacht – solche Nächte sind bei uns schwarz wie ein Kohlensack von innen – verlaufen haben und ist beinahe im Moor ersoffen. Ein Mädchen von einem Hof in der Nähe des Moores fand ihn durch blinden Zufall. Er konnte gerade noch rechtzeitig gerettet werden und fand, halb erfroren und todkrank, Unterschlupf auf dem Hof, der dem Vater des Mädchens gehörte. Dort kam er allmählich wieder zu sich. Er blieb dort mehrere Wochen, sogar Monate. Dies Mädchen, eine gewisse Anke Hörblacher, war einem älteren Vetter von mir, von meines Vaters Seite, wir hatten also den gleichen Familiennamen, versprochen. Zwei große Höfe sollten unter einen Hut kommen, wie das bei uns so geht. Aber daraus wurde nichts, denn das Mädchen verliebte sich in den Landstreicher, den angeschossenen Soldaten, der seine Jahre sicherlich noch nicht abgedient hatte – und ist schließlich mit ihm fortgelaufen. Mein Vetter wurde danach in der ganzen Gegend zum heimlichen Gespött. Heinrich Lüders – so hieß er – kundschaftete schließlich aus, dass das Mädchen mit dem Mann nach Neuschottland gegangen war, als die Krone das Land besiedeln ließ. Mein Vetter hatte, so wenig man das auch glauben mag, die Hoffnung auf das Mädchen Anke nicht aufgegeben und ist ihr wirklich nachgefahren. Es wurden ja immer weiter Siedler für Nova Scotia geworben, besonders nachdem die Engländer Mitte der fünfziger Jahre dort alle französischen Bauern vertrieben hatten. Mich hat immer schon das Fell gejuckt, und da ich nur Nacherbe war auf unserem Hof und keine Aussicht bestand, dass ich jemals Bauer würde, bin ich eines schönen Tages meinem Vetter nach Neuschottland gefolgt. Aber das ging nicht so aus, wie ich gehofft hatte. Heinrich Lüders hatte natürlich seine einstige Braut nicht wiedergefunden und schließlich ein anderes Mädchen geheiratet. Er war einigermaßen gut vorangekommen, aber ich vertrug mich nicht mit ihm und erst recht nicht mit der Frau. Sie waren rechthaberische Leute und spielten schon wieder die großen Bauern. Dabei hatten sie sich ja nur – und das für wenig Geld – auf einen der schönen Höfe gesetzt, von denen die Engländer die Franzosen verjagt hatten. Mir gefiel das alles nicht. Aber viel zu wählen gab es für mich auch nicht. Siedeln konnte und wollte ich nicht. Ich hatte keine Frau, fand auch keine, Mädchen sind verdammt knapp in Nova Scotia. So nahm ich Sold in Rogers Regiment, und mit dem bin ich ziemlich weit herumgekommen. Aber was sieht man schon als Soldat! Ich verpflichtete mich sogar zum zweiten Mal. Bis ich dann endlich in Michilimackinac merkte, dass weiter im Westen die Engländer nicht mehr viel zu vermelden haben. Ich war kein Greenhorn mehr und hatte längst erfasst, dass es für unsereinen hier am Ende der Welt auch noch andere Möglichkeiten gibt, als nur Siedler oder Soldat zu spielen. Ich sah mir die Händler an, die Trapper, die Indianer, die Voyageurs, diese ganz besonders. Die führten ein freies Leben, kamen und gingen, wie sie wollten, verpflichteten sich stets nur für eine oder zwei Reisen. Sie schlossen sich auch einfach irgendwo den Indianern im Westen an. Dort hat kein Beamter oder Offizier mehr etwas zu sagen. Ich konnte schließlich den

Gedanken, noch weitere zwei Jahre Gamaschendienst zu leisten mit ›Stillgestanden‹ und ›Gewehr ab‹, nicht mehr ertragen. Ich hätte mich aufgehängt. Ich wäre nicht der Erste gewesen. Aber warum sollte ich nicht ins Indianerland ausweichen? Ich lauerte nur noch auf eine günstige Gelegenheit.

Als ich dann euer Schild las und den Namen McCorssen, da war mir, als wenn mir einer ins Ohr sagt: Paul, das ist deine Chance! Mit dem Namen Corssen kam die Heimat wieder zum Vorschein, und ich spürte mit einmal ein solches Zutrauen, als hätte ich den Erfolg schon in der Tasche. Das war dumm, denn es stand ja auf dem Schild McCorssen und nicht Corssen. Aber der gute Glaube verließ mich nicht. Ich wartete den letzten Abend ab, damit ich mich nicht verdächtig machte. Ich wollte nicht in eurer Nähe gesehen werden. Und schließlich klappte alles wie vorbestimmt, und jetzt sitzen wir hier weit weg von allem, und keiner kann uns etwas anhaben! Und dabei macht mich lachen – Prost, Walther, Prost, Gérard! –, dass McCorssen, der hier am Feuer sitzt, wahrscheinlich nicht das Geringste mit Corssen, dem Landstreicher in Dövenbostel, zu tun hat. Die Ähnlichkeit der Namen ist nur ein Zufall, aber für mich ein glücklicher. Nochmals: Prost!«

Sie tranken sich zu. Walther hatte während des langen Berichts Zeit gefunden, sich zu fassen. Dass er diesem Vetter von Heinrich Lüders begegnet war – es schien so ungewöhnlich nicht, wenn man seine Geschichte angehört hatte. Es mochte hier im Norden – nun wie viele? – vielleicht fünfhundert, vielleicht tausend weiße Menschen geben. Dass man unter ihnen irgendwann auf einen stieß, auf den man gar nicht stoßen wollte, war nicht besonders verwunderlich.

Aber die Geister der Vergangenheit hatten in den verschlossenen Kammern zu bleiben, in denen sie mühsam genug gefangen gesetzt worden waren. Er hatte einen guten Ruderer gewonnen, diesen Paul Luders, der allem Anschein nach darauf brannte, den fernen Westen, das Pays d'en haut, zu seiner zweiten Heimat zu machen, der den Osten des Erdteils meiden wollte und musste, wie Walther auch, und der zudem aus Walthers alter Heimat stammte. Und seltsam: In irgendeinem Winkel seines Herzens hatte Walther sich die – freilich nicht zu beweisende – Überzeugung erhalten, dass nicht ganz schlecht sein konnte, ja, dass sicherlich Vertrauen verdiente, was aus der alten Heimat stammte.

Sie hatten die Becher geleert. Walther wischte sich mit dem Handrücken über die Lippen. Mit einem heiteren Zucken um die Mundwinkel wandte er sich dem nun endgültig in die Kameradschaft aufgenommenen Paul Luders zu und stellte gleichmütig fest:

»*Thanks for your story, Paul! No, that fellow Corssen hasn't anything to do with McCorssen. How could he anyway? But do not mind, it is not important!*«

»Dank für deine Geschichte, Paul! Nein, jener Bursche Corssen hat nicht das Geringste mit McCorssen zu tun. Wie könnte er auch? Aber mach dir nichts draus! Es ist nicht wichtig!«

In bestem Einvernehmen und bei schönstem Sommerwetter erreichten die drei Männer die Mündung des Kaministikwia. Sie hatten einige Nachmittage versäumt. Harte Winde vom See her, die dem Kanu gefährlich zu werden drohten, hatten die Reisenden ans Ufer getrieben. Doch diese Aufenthalte konnten ihre sonderbar gelöste und befreite Stimmung nicht lähmen. Nein, es konnte ihnen niemand mehr in die Quere kommen, der das Recht hatte – oder sich das Recht anmaßte –, sie zu kontrollieren, ihnen Lizenzen oder Papiere abzuverlangen oder sie nach dem Woher und Wohin zu fragen. Dass sie mit den Indianern gut auskommen würden, falls es Chippewas waren, denen sie begegneten, war für Walther und Gérard so selbstverständlich, dass sie andere Möglichkeiten nicht einmal erwogen. Die Indianer dieser Gebiete und, wie Gérard versicherte, vor allem jene weiter im Nordwesten, im eigentlichen Pays d'en haut, hatten sich unter dem schon seit etwa hundert Jahren wirksamen französischen Einfluss daran gewöhnt, in den hellhäutigen, bärtigen Männern, die von Sonnenaufgang her ins Land sickerten, Freunde, ja Heilsbringer zu sehen, deren Unterstützung zu gewinnen sich jeder dieser fernen Stämme eifrig bemühte. Jesuitische Missionare, die sich vor nichts fürchteten, vor keiner Mühsal kapitulierten und trotzdem nie die Waffen erhoben, waren den Waldläufern und Händlern vorausgezogen, hatten den »Wilden« die Erfüllung ihres uralten Glaubens an den Einen, Großen, Gütigen Herrn des Weltalls gepredigt. Der Sohn dieses Allgewaltigen – so verkündeten die schwarzberockten Priester – hatte sich sogar für den Frieden unter den Menschen, die er »Kinder Gottes« genannt hatte, geopfert. Die Botschaft war den Indianern neu, jedoch zugleich vertraut vorgekommen, so, als vollende sie erst die indianische Überlieferung.

Doch hatten es weder die das Kreuz errichtenden geistlichen Männer noch die sangeslustigen, trinkfreudigen, spaßfrohen Burschen, die ihnen folgten, beim Seelenheil bewenden lassen. Sie vermittelten den Waldindianern handliche und dauerhafte Werkzeuge, erstaunliche Künste und Fertigkeiten, auch unerhört wirksame neue Waffen, und dies alles erleichterte ihnen das Dasein auf geradezu wundertätige Weise. Gewiss, die Indianer waren auch vorher nicht verhungert oder erfroren, hatten sich Generation für Generation durch Jahrhunderte und Jahrtausende am Leben erhalten, zu einigen Dutzend hier, zu einigen hundert dort. Aber stets war ihre Zahl viel kleiner geblieben als etwa die der Hunderttausende zählenden Herden der Wanderhirsche oder gar die der auf Millionen zu schätzenden Scharen der Lachse und großen Forellen in den unzähligen Flüssen, Bächen und Seen des Landes.

Die Frauen der Indianer lernten kupferne Kessel kennen, die man einfach übers Feuer hängen konnte. Früher hatte man das Wasser in Ledersäcken oder Hirschblasen zum Kochen gebracht, indem man glühend heiß erhitzte Steine hineingab, ein langwieriges und unbequemes Geschäft. Die Frauen machten Bekanntschaft mit stählernen Nähnadeln, mit Zwirn, mit scharf schneidenden Scheren. Und die Bürde ihres Daseins war um vieles erträglicher geworden.

Die Männer begriffen schnell, welche Vorteile eiserne Pfeilspitzen, Ahlen, stählerne Hirschfänger*, vor allem aber viel weiter als jeder Pfeil oder jede Schleuderaxt reichende Flinten boten. Dem Hunger, der die Waldindianer oft genug gepeinigt hatte, war die Schärfe genommen. Mit Pulver und Blei ließ sich ein Wild aus entferntem Hinterhalt erbeuten. Den eisernen Angelhaken entwischte kein Fisch, der einmal angebissen hatte.

Und vor allem: Wolle! Tuch und Decken aus Wolle! Wolle war wärmer und zugleich durchlässiger als Leder, wärmte sogar noch, wenn sie nass wurde, blieb weich, klebte nass nicht an der Haut und wurde beim Trocknen nicht brettsteif wie Leder.

Darüber hinaus und jenseits aller Zwecke lernten die Männer den Rausch kennen, den alkoholische Getränke schenken. Eine unerhörte Erfahrung! Er ließ sich im bisherigen Erlebnisbereich der Waldindianer mit nichts vergleichen. Sprach man dem Rum oder Brandy nur mäßig zu, so wärmten sie Herz und Leib, schenkten Heiterkeit, Witz und Hochgefühl. Nahm man aber zu viel davon, wirkten sie als böses Gift. Betrunkene führten sich wüst und gefährlich auf, schlimmer als jedes wilde Tier. Aber welcher richtige Mann mochte zugeben, er könne nicht rechtzeitig bemerken, wann das Angenehme ins Widerliche umschlägt! Das Feuerwasser, die Milch des weißen Mannes, schien einen verhängnisvollen, jedoch unschmeckbaren Zusatz zu enthalten: die Verführung nämlich, ja den Zwang, weiterzutrinken, auch wenn das Maß des Guten und Erfreulichen längst überschritten ist.

All dies und manches andere wurde Walther zum ersten Mal unmittelbar begreiflich, als er, von Gérard gern vorgestellt, den Alltag eines indianischen Dorfes am schönen Kaministikwia kennenlernte, wo sein Gefährte sich zu Hause fühlte, da Frau und Kind dort lebten. Fast die gesamte Einwohnerschaft der Siedlung an der Mündung des Flusses in den Oberen See war ausgeflogen, als McCorssens Kanu dort anlegte. Man war mit Sack und Pack landeinwärts gezogen, hatte sich unterhalb der gewaltigen Kakabeka-Fälle des Stroms im Sommerlager niedergelassen. Die Fälle boten den von See her einwandernden Fischen ein unüberwindliches Hindernis und konnten in schier unglaublichen Mengen gefangen werden. Die Masse der glitzernden Leiber wurde an langen Stecken zum Trocknen in Wind und Sonne aufgehängt und lieferte Proviant für magere Zeiten, besonders für den Winter. Blieben die Fische einmal aus – was gar nicht selten vorkam, ohne dass sich eine Ursache erkennen ließ –, so war das Leben des Stammes bedroht. Die Schwachen starben dann, Greise und kleine Kinder als Erste.

Walthers Kanu wurde begeistert willkommen geheißen. Allzu lange waren auch hier die erwünschten, schon gar nicht mehr fortzudenkenden Waren aus dem Osten entbehrt worden. Bündel von wertvollen Pelzen lagen, zum Teil schon seit Jahren, bereit, um gegen Äxte, Beile, Flinten und Rum eingetauscht zu werden. Zwar hatten sich in jüngst vergangener Zeit Kanadier blicken lassen, meist ehemalige Voyageurs aus der Zeit vor dem Sieg der Engländer, die der Meinung waren, sie brauchten nun nicht mehr zu rudern und könnten selbst Handel treiben. Aber offenbar fehlte ihnen das Geld, um eine gute Auswahl von Waren in Montréal einzukaufen und dann über den langen Anmarsch von Ottawa aufwärts herbeizuschaffen. So hatten sie stets nur ins Dorf gefrachtet, was ihnen den höchsten Gewinn versprach: Branntwein, Rum und schlechten Rotwein. Auch das waren sie ohne Mühe losgeworden. Aber die klügeren Männer und Frauen unter den Chippewa am Unterlauf des Kaministikwia verstanden bereits, dass es ein ungutes Geschäft bedeutete, mühsam gejagte und aufbereitete Pelze für einige Tage des Rausches herzugeben, von dem am Ende nichts übrig blieb als Übelkeit, Kopfschmerz und Schwäche. Die Kanadier, die den Leuten das verführerische Feuerwasser verkauften, versuchten deshalb stets, das Dorf zu verlassen, bevor die Räusche ausgeschlafen waren.

Walther und Gérard gelang es, im Verlauf einer einzigen Woche die Waren ihres Kanus in Pelze zu verwandeln. Walther hätte jeden Preis fordern können, viel höhere noch, als in Michilimackinac zu erzielen gewesen waren. Aber er hütete sich, den Bogen zu überspannen. Dies waren die Indianer, die Gérard »meine Leute« genannt hatte. Sie betrachteten Gérard als einen der Ihren und bezogen Walther und Paul sofort in die Gemeinschaft ein. Die Leute sprachen davon, dass ein Engländer weiter im Osten am See Handel treibe und brauchbare Waren anzubieten habe. Doch bis hierher ans westliche Ufer wären seine Kanus noch nicht vorgedrungen. Walther vermutete, dass es sich um jenen Alexander Henry handelte, dem Captain Rogers die Handelslizenz für den ganzen Oberen See gewährt hatte, obgleich er nach dem Buchstaben der Londoner Vorschriften sich kaum dazu für berechtigt halten durfte.

Walther wollte diesem Alexander Henry unter keinen Umständen in den Weg geraten und hätte sich am liebsten schon nach den ersten zehn Tagen bei den Kakabeka-Fällen wieder auf die Rückfahrt nach Michilimackinac gemacht. Aber daran war nicht zu denken, denn Gérard genoss seine Heimkehr, genoss das Wiedersehen mit seiner Familie und vielen Freunden in vollen Zügen und war zunächst nicht willens, einen Termin für die Abreise zu erörtern.

»Sieh dich doch um bei uns, Walther! Du bist überall willkommen. Die Leute werden dir gern Auskunft geben. Von hier geht eine wichtige Kanuroute in den Westen und Nordwesten, eine viel wichtigere allerdings über den Tauben-Fluss, der eine gute Tagesreise weiter nach Südwesten in den Oberen See mündet. Nicht weit vor der Mündung stromaufwärts stolpert der Fluss von der Höhe des Landes zum Oberen See hinunter. Da ist eine große Portage, neun Meilen lang, zu überwinden. Die Franzosen haben diesen Weg stets vorgezogen. Du solltest dir das ansehen. Le Grand Portage am unteren Rivière des Pigeons, dem Tauben-Fluss, das ist das wahre Tor zum Pays d'en haut. Paul könnte dich begleiten. Und zwei Indianer, die dir den Weg zeigen, findet Mirriam leicht.«

Das ließ sich hören. Mirriam, die mischblütige Frau Gérards, eine breithüftige, warmherzige Person mit straff gescheiteltem, schwarzem Haar, aber bräunlich heller Haut und – was von den Indianern für besonders schön gehalten wurde – nicht schwarzen, sondern gründunklen Augen. Mirriam genoss unter den Frauen dieses Stammes der Chippewa ein hohes Ansehen, denn sie war schneller, umsichtiger und geschickter als die meisten – und sie hatte sowohl einen Voyageur zum Mann als auch einen Voyageur zum Vater. Beide waren treue Freunde und Helfer des Stammes. Selbst der Häuptling Jishigwan, ein finsterer, riesiger Krieger von etwa fünfzig Jahren, hielt es nicht für unter seiner Würde, Mirriam gelegentlich, allerdings nur vertraulich, um Rat zu fragen.

Walther hatte vom ersten Tag an ein gutes Verhältnis zu dieser klugen Frau. Sie freute sich, wenn Walther mit großer Neugier das Leben und die Gebräuche in dem indianischen Zeltdorf, bei den Fischerplätzen und in den Jagdgründen beobachtete, sie ausfragte und sich bemühte, im Einzelnen zu verstehen, was um ihn her vorging.

Nach wenigen Tagen schon sagte sie zu ihm: »Du könntest bei uns bleiben, Walther. Wir haben Leute wie dich bitter nötig, damit wir die Künste des weißen Mannes besser als bisher beherrschen lernen. Du bist kein Engländer, aber du bist doch viel erfahrener als die kanadischen Voyageurs.«

»Du hast deinen Mann, Mirriam! Er liebt dein Volk und ist ein ausgezeichneter Waldläufer.«

Sie lachte, und lautere, warme Freundlichkeit leuchtete aus ihren Augen: »Das ist er sicherlich, Walther, und er sorgt gut für uns. Aber er ist in diesem Land geboren und weiß nicht viel mehr als wir. Wie alle Voyageurs hat er kein Sitzfleisch und würde böse, wenn man ihn festhielte. Also kann man nie sicher sein, dass er da ist, wenn man ihn braucht.«

»Und von mir würdest du das annehmen?«

»Ja, Walther, du bist kein kanadischer Voyageur, wenn du auch so aussiehst und Französisch redest. Aber du bist auch kein Engländer. Denen trauen wir nicht.«

Die Leute am Kaministikwia waren seit zwei, drei Generationen auf die Franzosen eingeschworen und hatten keine schlechten Erfahrungen mit ihnen gemacht. Obgleich sie wussten, dass ihre französischen Freunde besiegt waren, hielten sie ihnen die Treue und misstrauten den neuen, Englisch redenden Herren von der östlichen Kante des »Großen Wassers«.

Zum ersten Mal während der siebzehn Jahre, die Walther schon auf amerikanischem Boden verbracht hatte, lernte er hier am Kaministikwia den friedlichen Alltag eines indianischen Dorfes kennen, dessen Menschen sich noch unangefochten in ihre eigene angestammte Welt gebettet wähnten. Aber schon nach wenigen Tagen begriff er: Sie waren es nicht mehr, sie waren schon nicht mehr Herren ihrer selbst, obgleich kein fremder Kaiser oder König, keine fremde Uniform ihnen Vorschriften machte oder auch nur zu machen versuchte. Auch die Franzosen, die von den Chippewa immer noch als Freunde, ja als Brüder betrachtet wurden, auch die

Franzosen waren ihnen nicht gut bekommen. Früher hatten die Indianer, elend oft und vom Hunger bedroht, der Wildnis nur ein karges Dasein abringen können, aber ausschließlich mit Mitteln, Waffen und Werkzeugen, die diese Wildnis ihnen lieferte und jederzeit, wenn auch nicht immer sofort, wieder ersetzte. Dann kam der weiße Mann in Gestalt der französischen Waldläufer. Sie gaben sich vorurteilslos, spielten sich nicht als höherwertige Wesen auf, verbanden sich gern mit den bräunlichen Töchtern des Landes, lachten gern und sangen. Sie trieben Spaß und Handel anstatt zu befehlen und zu kämpfen und machten ihre neuen stolzen Freunde mit neuen Waffen und mit der unvergleichlichen Glut ihres Feuerwassers bekannt.

Selbst der Kampf mit dem furchtbaren Graubären, dem Grizzly, dem Schrecken der Wälder, büßte seine Gefahren fast vollkommen ein.

Alles, was die stets vergnügten französischen Coureurs de bois an Produkten und Errungenschaften des weißen Mannes anzubieten hatten, überzeugte die Wilden unmittelbar. Die Indianer gingen mit Begeisterung zur Güterwelt der Europäer über – und verlernten und vergaßen schon nach ein, zwei Generationen, dass ihre Vorväter über Jahrtausende hinweg sich und ihr Volk auch ohne solche Künste und Mittel erhalten hatten, mühsamer zwar und umständlicher, aber zugleich selbstgewisser und unabhängiger.

Die hellhäutigen Besucher forderten als Entgelt und Gegenwert für die Zauberdinge, die sie lieferten, nichts weiter als die Pelze von Tieren, die von der Wildnis reichlich dargeboten wurden. Solche Pelze hatten den Indianern von jeher gute Dienste geleistet. Die Winter mit klirrendem Frost dehnen sich lang in diesem Land. Mit den Pelztieren und ihren Lebensgewohnheiten, mit Bibern, Mardern, Nerzen, Füchsen, Wölfen war man seit jeher vertraut und wusste, wie sie zu erbeuten waren. Doch hatte man der bepelzten Tierwelt nur gerade so viel abverlangt, wie nötig war, um die eigene Blöße zu bedecken – und das war wenig, denn die Zahl der Indianer blieb gering.

Seit der weiße Mann auch noch begonnen hatte, eiserne Fallen zu liefern, ließ sich die Beute an Pelztieren ungemein steigern. Damit war der ständige Nachschub europäischer Waren ins Indianerland gesichert. Die Indianer konnten sich kaum noch an die Zeiten erinnern, in denen sie ohne stählerne Beile, Messer, Nadeln, ohne warme Decken, ohne Flinten, Pulver und Blei hatten auskommen müssen. Sie merkten nicht, sie ahnten es nicht einmal, dass sie damit von einer fremden Macht abhängig wurden, dass sie zu Knechten einer ganz und gar anderen Welt entarteten, auf die sie nie und nimmer einen Einfluss ausüben konnten – schon deshalb nicht, weil nur ein einziges Produkt ihrer Welt zum Eintausch angenommen wurde, Pelze! Diese waren erwünscht, aber keineswegs lebensnotwendig, während andererseits die Indianer mit ihrem übereifrigen Verlangen nach den Mitteln und Gütern Europas ihre Existenz aufs Spiel setzten.

In den Tagen und Wochen, die Walther McCorssen am Kaministikwia verbrachte, durchschaute er diese Zusammenhänge zum ersten Mal mit voller Klarheit. Und sie entsetzten ihn. Er begriff, dass er als einer der Ersten mit den erwünschten Waren erschienen war und deshalb hohe Preise fordern konnte. Er sagte sich, weiter im Osten sind die Pelztiere schon knapp geworden. Die Biber zahlen zu Tausenden mit ihrem Leben dafür, dass die Indianer sich nicht mehr mit den schwarz-weißen Stacheln der Stachelschweine, sondern mit bunten Glasperlen schmücken wollen und dass sie sich statt mit Pfeil und Bogen nun mit Flinte und Blei bewaffnen. Wenn man also Pelztiere billig einhandeln will, so muss der Händler dorthin streben, wo sie noch in ursprünglicher Fülle zu erbeuten sind und wo die Waren aus Europa noch Seltenheitswert besitzen. Nach Westen also, nach Nordwesten, wo die härteren Winter sogar noch dichtere, weichere Pelze hervorzaubern.

Walther machte sich – noch – keine Gedanken darüber, dass er dazu beitragen würde, die alte, eigenständige Welt der Indianer aufzulösen, sie gerade jenen Mächten zu unterwerfen, denen zu entfliehen er selbst mit allen Fasern seines Herzens verlangte. Im Gegenteil: Es machte ihm Spaß, wie eifrig sich die Leute vom unteren Kaministikwia um seine Beile und Ahlen, um das knallrote Tuch und die Tabakzöpfe drängten – und wie schnell sich die Pelzbündel vermehrten, die er als Entgelt einheimste. Weniger gefiel ihm allerdings, dass er von all seinen Waren die Alkoholika als Erste an den Mann brachte und dass er sich am dritten Tag seines Aufenthalts bei den Chippewa nur mit Mühe der Attacken einiger fürchterlich betrunkener Krieger erwehren konnte, die ihn wüst bedrohten, da er ihnen keinen Rum mehr verkaufen wollte. Vergeblich versuchte er, den bis zur Hüfte nackten, bunt bemalten, vor Gier und Wut schäumenden Männern klarzumachen – sie verstanden sein Indianisch und er das ihre –, dass sein Feuerwasser verkauft war und dass er ihnen erst im Herbst, wenn er wiederkäme, neues anbieten könnte. Es bedurfte der ganzen Autorität Gérards und des Dorfhäuptlings, den Gérard zu Hilfe holte, um Walther von den Betrunkenen zu befreien. Sie wurden schließlich auf Befehl des Häuptlings von einigen jungen Kriegern, die eine weiß-rote Feder im Haarknoten trugen und damit als Polizisten des Stammes ausgewiesen waren, höchst unsanft in ihre Zelte befördert, um ihren Rausch auszuschlafen. Gérard war zuvor von seiner besorgten Frau beschworen worden, die Weiber der Berauschten zu warnen und aus den Zelten zu weisen. Er sorgte dafür, dass die grölenden Kerle ihre Unterkunft leer fanden.

»Wenn sie betrunken sind, so sinnlos wie diese Burschen hier, dann fallen sie übereinander her oder lassen ihre Wut an ihren Weibern aus, fürchterlich manchmal, sage ich dir. Man muss die Frauen vor ihnen in Sicherheit bringen, rechtzeitig, und sogar die Kinder, denen sie sonst so rührend zugetan sind.«

Walther beschuldigte sich im Geheimen am Abend dieses einzigen unerfreulichen Tages, den er bei den Leuten am Kaministikwia unterhalb der unermüdlich in der Ferne donnernden Kakabeka-Fälle verbrachte: Ich war es, ich, der den Kerlen den Branntwein verkauft hat – jedes Fläschchen Rum, zur Hälfte mit Wasser verdünnt, für drei Biberfelle. Der Rum hatte ihn selbst etwa einen halben Shilling gekostet. Für die Felle würde er pro Stück fünf bis acht Shillinge bekommen, gelangten sie nach Montréal – also etwa das Dreißigfache. Selbst wenn er seine Unkosten berücksichtigte, was ihm verbleiben würde, war unwahrscheinlich viel. Die Indianer aber, denen er den verdünnten Rum verkauft hatte, was hatten sie für einen so hohen Preis eingetauscht? Wenige Stunden lärmender Heiterkeit und sicherlich einen oder zwei Tage hundsmäßiger Übelkeit und dröhnender Schädel. Walther zuckte die Achseln: Wenn den Burschen der Rausch so viel wert ist? Es geht mich nichts an. Ich bin nicht dazu da, sie zu erziehen. Sie sind erwachsene Männer.

Doch ein feiner Stachel blieb in ihm zurück.

Paul Luders schien sich unter den Chippewa sehr behaglich zu fühlen. Mit scharfen Ohren hatte er bald einige Brocken der indianischen Sprache aufgeschnappt, vermischte sie unbekümmert mit seinem unzulänglichen Französisch und würzte auch sein fröhliches Geschwätz ohne Bedenken mit englischen und deutschen Kraftausdrücken. Er lachte vergnügt mit, wenn die Leute des Zeltlagers sein Kauderwelsch höchst erheitert zu verstehen versuchten und fühlte sich offenbar so pudelwohl wie seit Langem nicht. Als englischer Soldat war er sozusagen nicht viel mehr als die Füllung einer Uniform gewesen, die man nach Belieben hierhin und dorthin kommandierte. Am Kaministikwia sah er sich plötzlich in einen großen Herrn verwandelt, der mitgewirkt hatte, das Dorf mit lang und bitter entbehrten Gütern aus Europa zu versehen, war ein geehrter und gern empfangener Fremder, war endlich er selbst! Es dauerte nicht lange und er knüpfte amouröse Beziehungen zu einer nachtschwarzhaarigen kupferbraunen Schönen an, wie er Walther eines Abends gestand.

»Sei vorsichtig!«, mahnte Walther. »Es kann gefährlich werden, einem jungen Krieger die Liebschaft streitig zu machen. Ich möchte vor unserer Abreise keinen Ärger haben. Wir wollen hier zum ersten, aber nicht zum letzten Mal gewesen sein.«

Paul blickte erstaunt und ein wenig betreten. »Unsere Abreise, sagst du, Walther? Mich kriegen keine zehn Pferde mehr nach Michilimackinac zurück. Das musst du einsehen! Wenn du im Herbst mit neuer Ladung wiederkommen solltest und weiter nach Westen reisen willst, entweder hier den Kaministikwia oder über Grand Portage den Tauben-Fluss aufwärts, von dem hier so viel geredet wird, wenn du mich dann wieder gebrauchen kannst, so bin ich dein Mann, so lange und so weit du willst. Aber nach Osten? Nein, Walther, mit dem Sonnenaufgang habe ich nichts mehr im Sinn. Du hast mich nur bis hierher, Gérards Heimat, angeheuert. Du wirst einen Ersatzmann für mich finden. Ich könnte inzwischen die besten Pelze für dich festhalten, falls inzwischen aus dem Westen welche angeliefert werden. Die Indianer von dort befahren den Oberen See mit seinen weiten Strecken offenen Wassers gar nicht gern. Das habe ich schon herausgekriegt. Sie werden auf dich warten, wenn ich ihnen gut zurede.«

Gut zureden, ja, darin war Paul ein Meister, und vielleicht war sein Vorschlag gar nicht so unklug.

Gérard Choquette hatte endlich genug Familienleben, Kinderglück und eheliche Zärtlichkeit genossen. Er empfand sich nicht mehr als bloßer Voyageur und Ruderer in Walther McCorssens Kanu. Walther hatte ihn unbedenklich an all seinen

Plänen und Sorgen teilnehmen lassen, sodass Gérard sich schon halb und halb als Partner des Concerns fühlte.

Eines Abends Mitte Juli kam er zu Walther: »Wir haben den Leuten nichts Rechtes mehr anzubieten. Die eingehandelten Pelze sind sortiert, registriert und verpackt. Wir sollten aufbrechen, damit wir vor der Ankunft des Montréal-Kanus wieder in Michilimackinac eintreffen, uns umsehen und umhören. Wir wollen ja noch einmal nach Westen, wenn uns nicht ein früher Winter einen Strich durch die Rechnung macht. Sollten wir nicht an den Aufbruch denken, Walther?«

Walther dachte schon seit geraumer Zeit daran. Er lachte: »Allerdings, Gérard. Es liegt an dir, dass wir noch nicht unterwegs sind. Aber du wolltest ausführlich Ehemann spielen.«

Gérard wiegte sein Haupt und zog verlegen heiter die Augenbrauen hoch: »Muss man, Walther, muss man von Zeit zu Zeit. Aber man braucht es nicht zu übertreiben. Also übermorgen geht's los. Ich weiß einen verlässlichen Indianer, einen Verwandten meiner Frau von ihrer Mutter Seite her, der uns nach Michili und zurück an Pauls Stelle helfen kann. Er redet nicht viel, aber er ist ein starker und geschickter Ruderer.«

Er redete wirklich so gut wie nie, dieser etwa zwanzigjährige Idaubess, was »heißes Messer« bedeutet. Aber er erwies sich als ein zäher und umsichtiger Kanumann. Walther kam es so vor, als brächte ihm der wortkarge junge Chippewa schon nach wenigen Tagen der Reise in dem tief unter den Pelzpacken im Wasser liegenden Kanu eine scheue, beinahe unbedingte Verehrung entgegen. Walther hatte sie weder erwartet noch gefordert, sie bedrückte ihn eher.

Drittes Buch
Wälder
Jenseits der Wälder

11

Jahr für Jahr rückte Walther Corssen hundert, zweihundert oder dreihundert nasse Kanumeilen weiter nach Nordwesten vor, stets der allmählich wachsenden Menge der Händler um ein gutes Stück voraus. Nur wenige taten es ihm gleich. Es kam ihm selbst manchmal vor, als lockte ihn, als zwänge ihn ein übermächtiger Magnet stets weiter von den Gebieten fort, in denen noch letzte, fernste Ausstrahlungen britischer Macht zu spüren waren. Doch wäre er vor jeder anderen fremden Flagge ebenso geflohen. Er hungerte danach, nur noch die eigene unsichtbare Fahne über sich wehen zu lassen als ein schattendunkles Zeichen, nach dessen Sinn er niemals fragte.

Den ersten Winter seit Michilimackinac hatte Walther nicht bei den Chippewa vom Kaministikwia verbracht. Er überwinterte bei der Großen Portage am Tauben-Fluss. Paul Luders, der es inzwischen vorzog, seinen Namen auf französische Weise auszusprechen, und auch der zwischendurch wieder einmal eifrig Frau und Kinder genießende Gérard Choquette hatten ihm dabei zur Seite gestanden. Walther sammelte während dieses langen und harten Winters 1767/68 viele Kenntnisse und Erfahrungen. So bitter wie am Westufer des Oberen Sees hatten sich weiter im Osten die Winter nicht gezeigt. Aber die Kälte offenbarte sich – im Gegensatz etwa zu dem am St. Lorenz verbrachten Winter – hier in der Tiefe des Kontinents als eine zwar sehr strenge, aber auch sehr trockene Kälte, die sich bei Tage, zuweilen sogar Wochen andauernder vollkommener Windstille leicht ertragen ließ.

In Grand Portage lagen einige Dutzend frankokanadischer Voyageurs auf unerwünschter Bärenhaut und waren unter sich zerstritten. Sie zweifelten an ihrer Zukunft und hielten sich nur kläglich über Wasser. Als Walther zu allgemeinem Erstaunen in Grand Portage auftauchte – nur drei Tage, bevor der Frost das Wasser des Sees in seinen starren Panzer schloss –, wurde er von den bärtigen Männern, ihren indianischen Weibern und der Schar ihrer vielfach längst erwachsenen halbblütigen Abkömmlinge mit großem Wohlwollen empfangen. Keiner dieser Männer hatte genug Kapital, um dem darniederliegenden Indianerhandel wieder aufzuhelfen.

Walther McCorssen stand mit seinem Herzen noch ganz auf französischer Seite, hatte aber auch genügend englische Erfahrungen, dass er Männer englischer Sprache und Beziehung wie O'Gilcock und Gorham in seinen Concern aufnehmen konnte. Er wurde schon im ersten Jahr seines sofort beträchtlich nach Westen, nämlich über den Oberen See hinausgreifenden Indianerhandels mit seinen Partnern zum reichen Mann. Seine Idee, zwischen zwei Wintern zweimal Waren von Montréal heranzuschaffen, machte sich großartig bezahlt. Walther hatte sich damit in Michilimackinac, am Kaministikwia und dann bei der Großen Portage am Pigeon-Fluss die wertvollsten der dort wartenden Pelze gesichert, also sozusagen den Rahm der schon sauer werdenden Milch abgeschöpft.

Die beschäftigungslosen Voyageurs von Grand Portage verstanden sehr wohl, dass sie in Zukunft auch für Händler würden arbeiten müssen, die Englisch sprachen und Französisch im Grunde für eine zweitrangige Sprache hielten, die nicht viel höher einzuschätzen war als die vielen indianischen Dialekte. Walther hatte vor dem Winter 1766/67 ein reichhaltiges Sortiment von Gutem herangebracht. Er sprach mühelos ein kanadisches Französisch, wenn sein Name auch keineswegs französisch klang. Er stellte die erste Schwalbe dar, die den besorgten Voyageurs einen neuen Aufschwung des Indianerhandels ankündigte. Denn die bärtigen, muskelbepackten Männer hatten davon gelebt, französische Kanus in den Nordwesten zu rudern und Pelze zurückzuschaffen – nach Grand Portage, wo sie für die lange Weiterreise nach Montréal in größere Kanus umgeladen wurden.

All dies würde von Neuem aufleben! Walther sah voraus, dass die tüchtigen Schotten und Engländer den Handel in den Nordwesten hinein bald auf gut überlegte Weise neu organisieren würden. Und noch etwas glaubte Walther mit einiger Sicherheit voraussagen zu können: Michilimackinac würde zwangsläufig an Bedeutung verlieren. Von dort aus führten zwar umweglose Kanurouten über den Michigan-See hinweg nach Westen zum Oberlauf des Mississippi, andere nach Südwesten zum mittleren Mississippi und darüber hinaus. Die Yankees gelangten vom Hudson her ohne den Umweg über die Großen Seen dorthin. Für den Handel in den Nordwesten aber bedeutete Michilimackinac einen Umweg.

Vom St. Lorenz her fuhr man kürzer und schneller nach Sault Ste. Marie, trug die Güter und Kanus um die Schnellen des Flusses der heiligen Maria herum, erreichte den Oberen See und veranstaltete den großen Austausch erst in Grand Portage, wo die Pelze aus dem Nordwesten wie durch einen Engpass, vor dem sie sich stauten, nach Osten abflossen – und zwar auf der alten, schnellen Route aus französischer Zeit zum St. Lorenz, nach Montréal und Québec.

Walther beschloss: Wenn also unsere Geschäfte sich weiter günstig entwickeln – der Gewinn des ersten Jahres wird allerdings nicht zu wiederholen sein –, dann muss ich mir nicht nur in Montréal, sondern auch an dem Punkt, wo sich der Osten mit dem Nordwesten verschränken wird, in Grand Portage, einen Stützpunkt einrichten. Das braucht jetzt noch nicht zu geschehen, aber in zwei, drei Jahren – wenn alles gut geht – wird es so weit sein. Ich hätte in diesem Jahr nicht nur die Ladung meines einen großen Kanus in Michili und am Oberen See verkaufen können, sondern zwei oder drei Ladungen. Also brauche ich Kanus. Das bedeutet, ich brauche tüchtige, erfahrene Voyageurs. Hier sitzen sie zu Dutzenden herum, fressen ihre geringen Ersparnisse auf und leben nach Indianerweise von der Hand in den Mund. Sie handeln klug, wenn sie sich indianische Frauen nehmen – ganz abgesehen davon, dass manche dieser schwarzhaarigen Mädchen sehr ansehnlich sind. Ich kann mir hier die besten Voyageurs aussuchen. Werde ihnen ein gutes Handgeld zahlen, dann habe ich sie sicher. Bis hierher nach Grand Portage kommt im nächsten Frühling, also 1767, das große Kanu. Die Kanus von hier aus in das wahre Pays d'en haut, den Nordwesten, fassen nur die Hälfte von dem, was die großen Kanus aufnehmen. Also brauche ich von hier aus jeweils zwei Kanus für den Transport der Ladung eines der großen von Montréal – und zwei volle Mannschaften von je sechs Mann. Über den Oberen See und mit halber Ladung, wie ich mit Gérard und Paul gekommen bin, mochten zur Not drei Leute genügen. Aber von hier aus sollte jedes Kanu mit sechs Mann besetzt sein, denn unterwegs gibt es allzu harte Strömungen und harte Passagen. So sagte es mir gestern Rotbart Arnoul Forgeron, ein Kerl mit Verstand, scheint mir. Der muss mein Mann werden!

Warum nur, fragte sich Walther, nachdem er sich von den Verhältnissen in Grand Portage ein Bild gemacht hatte, warum sitzen die Männer hier herum, anstatt sich den Kanus von Michili nach Albany oder Montréal anzubieten? Walther rätselte lange an dieser Frage, bis er eines Abends in größerem Kreis von den Voyageurs, die zwischen dem St. Lorenz und dem Oberen See unterwegs waren, als *mangeurs de porc*, »Schweinefleischesser«, sprechen hörte – und das mit viel Verachtung!

Walther fragte Arnoul nach dem Grund und erhielt von dem Rotbart, der sich ihm ein wenig angeschlossen hatte, die Auskunft:

»Schweinefleischfresser, stimmt, sehr schmeichelhaft ist das nicht gemeint, Walther. Uns im wilden Nordwesten steht kein König und kein Kaiser – überhaupt kein Mensch! – bei, wenn was schiefgeht. Deshalb kommen uns die östlichen Voyageurs, diese weichlichen Kerle in ihren Riesenkanus, die ohne ihren Bauernproviant, ohne Speck, Bohnen und dergleichen nicht existieren können, einigermaßen lächerlich vor. Uns im Nordwesten genügt getrocknetes Büffelfleisch und Maisbrei, tagein, tagaus, wenn wir unterwegs sind. Wer einmal Nordwest-Mann gewesen ist, der hungert lieber, als sich auf eine Ruderbank mit den Schweinefleischfressern zu setzen!«

Walther war dankbar für diese Auskunft. Er hatte etwas dazugelernt, was ihm sicherlich nützen würde. Grand Portage bildete offenbar nicht nur eine Wegscheide. Es bedeutete auch die Grenze zwischen zwei grundverschiedenen Haltungen. Ostwärts von Grand Portage blieb das Band zur alten Welt, wenn auch lang gedehnt, immer noch erhalten. Man fuhr weit ins Landesinnere, aber bei Grand Portage war der äußerste Markstein erreicht. Dort wurde wieder gewendet und der Bug des Bootes nach Montréal gerichtet.

Westwärts von Grand Portage öffnete sich eine Welt, auf die der weiße Mann keinen Anspruch mehr erheben konnte. Wer dort leben wollte, der hatte sich den Bedingungen des ungebändigten Landes zu unterwerfen, hatte sich von dem Land selbst zu ernähren und musste die Brücken hinter sich verbrennen. Walther McCorssen hatte sie schon verbrannt. Endlich öffnete sich vor ihm das wahre Pays d'en haut. Ohne Heimat zu sein – das war seine Heimat. Und Beute machen ließ sich überall.

1767/68 überwinterte Walther am See der Wälder, ein Jahr später bei Bas de la Rivière an der Mündung des Winnipeg-Flusses in den riesigen See gleichen Namens. Der Winter zum

Jahre 1770 sah ihn bei den Grand Rapids, über die sich der gewaltige Saskatchewan-Strom in den Winnipeg-See ergießt. Den Winter 1770/71 verbrachte er wieder in Grand Portage mit den übrigen Partnern. Man war übereingekommen, sich nach langer Trennung ausführlich zu sehen und zu sprechen. Die beiden Juniorpartner, Justin Leblois und William McCorssen, hatten in den Jahren zuvor reiche Erfahrungen gesammelt und sich als geschickte Händler einerseits und zähe Kanuleute und Waldläufer andererseits eindeutig bewährt. Und so wurde ihnen der Ein- und Verkauf der notwendigen Tauschwaren und – wichtiger noch – der Ankauf und die Weiterveräußerung der im Westen eingehandelten Pelze unbedenklich für eine Saison überlassen. Justin wollte den Platz Walther McCorssens bei den Grand Rapids an der Nordwestecke des großen und launischen Winnipeg-Sees übernehmen. William aber hatte klargemacht, dass er sich für geeignet hielt, Pat O'Gilcock am Ostende der zweitausend Meilen langen Kanuroute zu vertreten, in Montréal.

Walther hatte vorausgesehen, dass eine solche, schon ein Jahr im Voraus geplante und umsichtig vorbereitete Zusammenkunft der Partner des Concerns ihm einige Überraschungen bescheren würde – und in der Tat, er sah sich nicht enttäuscht. Die Männer hatten sich in den fünf Jahren, die vergangen waren, wesentlich verändert. Der unablässige Zwang, an Soll und Haben zu denken, Verluste zu vermeiden und Gewinne zu steigern, hatten deutliche Spuren hinterlassen. Aber auch die Mühen und Gefahren der weiten Kanureisen, auf denen wertvolle Ladungen über schäumende Wildflüsse, stürmische Seen, über halsbrecherische Tragestrecken getrachtet werden mussten und die Abhängigkeit von oftmals eigensinnigen, aufbrausenden, tollkühnen, manchmal auch hinterhältigen, aber ganz unersetzlichen frankokanadischen Voyageurs hatten die Partner geprägt.

Justin und William, die Juniorpartner, die von den anderen

immer noch nicht für voll genommen wurden, ließen sich, so meinte Walther, am leichtesten durchschauen. Die beiden hatten durchgesetzt, in jedem der vergangenen Jahre einmal an die Bay von Fundy zu reisen und bei ihren Schwestern nach dem Rechten zu sehen. Ohne dass viel darüber geredet worden war, galt es doch bei allen, die mehr oder weniger Bescheid wussten – und das waren außer den Partnern des Concerns auch verlässliche Voyageurs und Handelsgehilfen, die dem Concern die Treue hielten –, als ausgemachte Sache, dass früher oder später William McCorssen Martine Leblois und Justin Leblois Anna McCorssen heiraten würde. Walther sagte sich manchmal besorgt, dass die beiden jungen Männer nicht länger zögern sollten – und die beiden Mädchen im fernen, stillen Grosses Coques der Fundy Bay dachten sicherlich das Gleiche. William ging ins einundzwanzigste, Justin ins fünfundzwanzigste Jahr. Beide waren zu Männern geworden, fanden es selbstverständlich, dass hart mit ihnen umgegangen wurde, und gingen selbst hart mit sich um. Sie wussten, dass es ihnen und ihren Mädchen zum Vorteil gereichte, wenn sie sechzehn Stunden am Tage arbeiteten, handelten, rechneten oder mit den tückischen Stromschnellen des Ottawa-Flusses oder des Rivière de la Pluie kämpften.

Walther hatte die beiden jungen Männern vier Jahre lang nicht gesehen, aber ihre knappen Geschäftsberichte und Zahlenreihen immer genau studiert. Als er ihnen nun wieder begegnete, kam ihm sein Sohn William, obwohl an Jahren der Jüngere, älter vor als Justin Leblois, den Walther sich zum Schwiegersohn wünschte. William hatte seine Leidenschaftlichkeit, die oftmals zu bloßer Launenhaftigkeit abgeglitten war, zu bändigen gelernt, doch blieb sie hinter der Konzentration, mit welcher er zu rechnen, zu kalkulieren wusste, immer noch erkennbar, auch in seiner zuweilen noch vorschnellen Bereitschaft zum Risiko. Seinetwegen brauche ich mir keine Sorgen zu machen, dachte Walther. Er wird seinen Weg gehen.

Martine ist stark genug, ihn zu bändigen. Justin war der zuverlässige, besonnene, ruhige Bursche geblieben, der er gewesen war. Doch schien er manchmal auf eine merkwürdige Weise nicht ganz bei der Sache zu sein. Gewinnspannen und Verkaufskünste schienen ihm offenbar nicht allzu wichtig, stattdessen erzählte er mit großem Sachverstand von Portagen, von der besten Art, ein Kanu zu beladen und vom richtigen Angehen hochschäumender Wildwasser. Und in den wenigen Stunden, die er mit Walther allein verbrachte, bevor er sich auf die weite Reise zu den Grand Rapids begab – und zum Zedern-See, den er im Winter mit Schneeschuhen und Hundeschlitten erkunden wollte –, in diesen wenigen Stunden redete Justin so gut wie ausschließlich von Anna. Walthers Tochter musste sich zu einem wahren Ausbund an Klugheit, Fleiß und Anmut entwickelt haben, wenn man Justin glauben wollte.

Schließlich hatte Walther keine andere Wahl mehr gesehen, als seinem treuen Anhänger unter vier Augen zu erklären: »Also, Justin, mein Junge, hör zu: Es wird Zeit, dass du heiratest. Warum willst du Anna und auch mich länger warten lassen? Anna ist jetzt achtzehn geworden, also alt genug. Oder seid ihr euch noch nicht einig?«

Justin errötete unter der Lederbräune seines Gesichts. Seine Befangenheit entging Walther nicht. Sie erheiterte und erleichterte ihn. Anna kam in gute Hände, obwohl sich Walther über ein wenig mehr Courage des künftigen Schwiegersohns nicht beklagt hätte. In der Wildnis fehlte es Justin nicht daran, weiß der Himmel nicht!

Justin erwiderte mit plötzlich rauer Stimme: »Doch, wir sind uns einig, Walther. Ganz und gar! Bloß – wenn wir uns heiraten, wollen wir auch beisammen sein – und ich muss ins Pays d'en haut! Und wann kann ich schon damit rechnen, irgendwo sesshaft zu werden?«

Walther überlegte. Eine Fülle von Fragen und noch nicht

gewagter Antworten schoss ihm durch den Kopf. Wieder einmal war es an ihm, eine Entscheidung zu fällen. Er zögerte nur wenige Sekunden. Er sah den befangenen jungen Mann vor sich an, den er in heikelsten Lagen auf dem Wasser und in den Wäldern als furchtlos und besonnen erlebt hatte – und der immer noch wie ein Knabe davor zurückschreckte, sein Mädchen einfach zu nehmen und in sein Leben fortzutragen. Walther dachte an seine kleine Anna, die zärtliche, eigenwillige – sie musste inzwischen zu einem schönen Mädchen aufgeblüht sein, selbstgewiss und kühn, wie ihre Mutter es gewesen war. Anna würde nicht mehr länger warten wollen.

Walther stellte, ohne die Stimme zu erheben, etwas fest, was in Wahrheit ganz außerordentlich war, ganz außerhalb jeder bisher geltenden Regel lag: »Ich bleibe dabei, dass ihr bald heiraten müsst. Wenn ich auch Anna lange nicht gesehen habe, so glaube ich doch, eins zu wissen: Geduld gehört nicht zu ihren starken Seiten. Du darfst nicht so lange zögern, Justin, bis sie an dir zu zweifeln beginnt. Ich bin der Meinung, dass sie mit dir zusammen ins Pays d'en haut zu fahren und auch dort zu bleiben hat, wenn dein Beruf, deine Tätigkeit in unserem Geschäft dich dazu zwingt. Und wenn mich nicht alles täuscht, wirst du dazu gezwungen sein. Ich halte dich für geeignet, am äußersten Westende unserer Handelsgeschäfte die Interessen von McCorssen, O'Gilcock & Matthieu wahrzunehmen und weiter nach Nordwest vorzudringen. Warum soll Anna nicht mit dir sein? Sie ist gesund, ist harte Arbeit und Entbehrungen von klein auf gewöhnt. Wir waren nie auf Rosen gebettet, und ihre Mutter hat sie von früher Jugend an in eine strenge Schule genommen. In Grosses Coques bei den Maillets hat sie sich mit Martine beim harten Aufbau der neuen Siedlung bewähren müssen. Ich zweifle nicht daran, dass sie mit den schwierigen Umständen in der westlichen Wildnis ebenfalls fertig werden wird. Sie hätte dich und notfalls mich als Beistand. Ich gestehe dir auch, mein lieber

Junge, dass ich sie gern in meiner Nähe wüsste. Ich bin seit Jahren allein mit Indianern, Kanadiern und Métis. Anna würde nicht versagen!«

Justin stand wie auf dem Sprung. Mit hellen Augen blickte er Walther an. In seinem kantigen lederbraunen Gesicht zuckte es vor wilder Freude. Walther würde dies Gesicht nie vergessen. Justins Nüchternheit zerstob in diesen Minuten. Da wurde ihm ein Weg in die Zukunft vorgezeichnet, auf den er nicht einmal im Traum zu hoffen gewagt hatte.

Walther fühlte sich plötzlich von Justin umarmt und für einen Augenblick so gewaltsam gedrückt, dass ihm die Luft ausging. Er wehrte sich nicht. Justin gab ihn wieder frei und erwiderte mit rauer Stimme: »Versagen? Nein! Anna nicht! Sie wäre wohl die erste weiße Frau im Pays d'en haut. Und warum nicht? Wenn eine die Probe bestehen wird, dann Anna! Ich sehe es jeden Tag: Die Voyageurs nehmen sich alle Indianerinnen. Es ist so einfach. Und lassen sie auch wieder sitzen mitsamt ihren Métis-Kindern, wenn es ihnen passt. Die Kinder rutschen dann alle auf die indianische Seite. Das hat mir nie gefallen. Anna, das weiß ich, die kommt mit mir in den fernsten Nordwesten. Was die Indianerinnen oder die Métis-Mädchen schaffen, das schafft sie allemal! Wie denkst du dir den zeitlichen Ablauf, Vater?«

Das »Vater« war ihm ganz selbstverständlich über die Lippen gesprungen. Er schien gar nicht wahrgenommen zu haben, was er da ausgesprochen hatte.

Walther jedoch hatte es überdeutlich gehört. Doch er ging nicht darauf ein, nahm es hin und war dankbar: »Du musst zu den Grand Rapids des Saskatchewan reisen, wie es geplant ist. Du wirst dort über Winter beweisen, dass du mich vertreten kannst. Im kommenden Frühjahr fährst du mit den eingehandelten Pelzen sofort nach dem Eisgang von den Grand Rapids ab und steigst hier in Grand Portage in die großen Kanus nach Montréal um. Ich werde dafür sorgen, dass O'Gilcock dich in Montréal zunächst freigibt. Du machst dich sofort auf den weiteren Weg nach Grosses Coques in Nova Scotia. Ihr heiratet in Grosses Coques. Ich gebe dir eine Bescheinigung an den Priester mit, dass ich dir Anna gern als Ehefrau anvertraue. Dann hat dort alles seine Ordnung. Danach begebt ihr euch gleich auf die Rückreise, leistet euch ein Schnellkanu ohne Ladung – außer den Dingen, die Anna als Heiratsgut mitnehmen will. Seht zu, dass ihr noch vor dem Zufrieren bei mir im Pays d'en haut eintrefft. Ich werde dann abermals weiter nach Nordwesten vorgedrungen sein, vielleicht schon bis zum See Deschambault. Ihr werdet mich finden. Ich lasse euch dann für den nächsten Winter, also 1771/72, dort allein. Ich habe den Eindruck, dass ich mich für einige Zeit unserer Angelegenheiten in Grand Portage, hier am Oberen See, gründlich annehmen muss.«

»Mit Pancrace Matthieu zusammen, Vater? Der überwintert lieber in Montréal. Warum nimmst du dir nicht William zu Hilfe? Was William von O'Gilcock lernen kann, hat er in Montréal gelernt. Er versteht es, einen verdammt scharfen Handel zu treiben und steht O'Gilcock in nichts nach. Aber er müsste das Inlandgeschäft besser kennenlernen. Wenn du den nächsten Winter über wieder hier in Grand Portage verbringen willst, dann hätte William die beste Gelegenheit dazu, Vater!«

Es fiel Walther wie Schuppen von den Augen. Warum hatte er nicht längst selbst daran gedacht? Justin hatte seine Schwester stets mit brüderlicher Grobheit behandelt, soweit Walther sich erinnern konnte. Dies hatte aber nie ausgeschlossen, dass er sich als der Ältere für ihr Wohlergehen verantwortlich fühlte. Er schlug sich mit der flachen Hand vor die Stirn:

»Ganz gewiss, Justin, so ist es! Und Martine dürfen wir nicht vergessen. William braucht gar nicht erst gefragt zu werden. Ich werde auch ihm Urlaub verschaffen. Wozu habe ich meine Guthaben bei Ermatinger, Oakes & Moulin in Montréal! Ihr könntet gemeinsam nach Grosses Coques reisen, feiert dort Doppelhochzeit und beeilt euch dann gemeinsam, das heißt zu vieren, in den Westen zu fahren. Du und Anna, ihr löst mich in Grand Rapids ab. Dann treffe ich Martine und William hier in Grand Portage, zusammen mit Pancrace und Gorham. Jetzt steht mir nur noch bevor, zu all den schönen Plänen die Zustimmung der anderen Seniorpartner zu gewinnen.«

Die anderen Seniorpartner – das waren Pancrace Matthieu, Patrick O'Gilcock und Captain Gorham. Es dauerte eine Weile, ehe Walther sich über die Veränderungen klar wurde, die mit den Männern nach den ersten fünf sehr erfolgreichen Jahren der Zusammenarbeit vorgegangen waren. Zwar hatten sich die unglaubhaft hohen Gewinne des ersten, auch noch des zweiten Jahres nicht weiter erzielen lassen. Aber auch jetzt noch lagen sie beim jeweils Mehrfachen des jährlich einzusetzenden Kapitals. Yankees und Schotten, auch wieder Frankokanadier, schoben sich über Grand Portage hinaus in den Westen zum Red River und Assiniboine, in den Nordwesten zum Winnipeg-See und ins Gebiet des gewaltigen Saskatchewan vor – und die auf den Eintausch ihrer winterlichen Pelzbeuten angewiesenen Indianer begriffen schnell, dass sie einen der Montréal-Händler gegen den andern und auch sie alle gegen die altetablierte Hudson's Bay Company ausspielen konnten. Diese mit königlichem Freibrief versehene Gesellschaft gab es nun seit hundert Jahren. Sie hatte sich an der öden Westküste der Hudson Bay festgesetzt und dort die Indianer mit ihren Pelzen zu sich kommen lassen. Seit die Händler aus Montréal den Indianern die erwünschten Tauschwaren bis vor ihre Wigwams brachten, wurde nur noch über die allernördlichsten und wenig ergiebigen Routen nach Fort York an der Westküste der Hudson Bay geliefert. Die ehrwürdige Company sah sich also genötigt, auch ihrerseits mit

Tauschwaren versehene Agenten ins Land zu schicken, tief im Innern Stützpunkte, kleine Urwaldfestungen, die sie »Forts« nannten, anzulegen. Sie versuchte, ihren früheren Anteil an der Pelzbeute des Nordwestens zurückzugewinnen, indem sie die auf weite, teure Überlandwege angewiesenen Montréal-Händler überbot! Denn die Bay konnte ihre Tauschwaren verhältnismäßig billig auf großen Seeschiffen bis in den innersten Norden des Kontinents verfrachten, womit sie sich die zweitausend Meilen weite Kanureise von Montréal nach Westen ersparte.

Der Concern McCorssen wurde von all diesen ständig zunehmenden Schwierigkeiten und Behinderungen kaum beeinträchtigt. Walther gönnte sich keine Ruhe, sondern streckte Jahr für Jahr seine Fühler weiter nach Nordwesten aus, wobei und womit er anderen Händlern aus dem Weg ging. Immer dünner und länger aber dehnte sich so der Faden, der ihn mit seinen Partnern am Oberen See und in Montréal verband. In Walther wuchs langsam ein leise störendes Unbehagen, ein Gefühl der Unsicherheit. Er sagte sich: Wenn wir Jahr für Jahr vorzügliche Pelze nach Montréal schaffen, jetzt schon mit acht Kanus nach Grand Portage und dann mit vier großen nach Montréal, so hat das der Concern in erster Linie meiner Voraussicht und Planung, insbesondere der Tatsache zu verdanken, dass ich ständig weiter nach Nordwesten vorrücke in Gebiete, die bis dahin weißen Händlern kaum vom Hörensagen bekannt waren. Die Gewinne werden erst in Montréal wirklich greifbar. Dort aber herrscht O'Gilcock, hat alles in der Hand. William wird ihm auf die Finger sehen. Aber ist William erfahren und hart genug, sich von dem listigen Cock nicht hinters Licht führen zu lassen? Die Partner müssen sich öfter zusammensetzen, um sich einer des anderen zu vergewissern.

Es hatte keinen Widerspruch gegeben. Sie waren alle Walthers Aufforderung gefolgt und hatten sich in Grand Portage getroffen.

Am wenigstens, so mochte es scheinen, hatte sich Pancrace Matthieu gewandelt. Er war der gleiche stiernackige, ungeheuer breitschultrige Voyageur geblieben, als welcher er sechs Jahre zuvor Walther Corssen die Partnerschaft angeboten hatte. Auch äußerlich war Pancrace noch ganz Voyageur, hielt seine bauchige grobe schwarzgraue Wollhose mit einem gedrehten roten Schal um die Hüften fest und bedeckte die gewaltigen Muskeln seines Oberkörpers mit einem blau und rot gewürfelten, sehr ausgiebig bemessenen Hemd. Wenn ihm kalt wurde – meistens war's ihm zu warm –, zog er sich eine kragenlose Weste mit Ärmeln über das Hemd, auch sie aus grobem Wollstoff ungefärbt, beinahe brettsteif. Sein wirres, dichtes, schon zu Pfeffer und Salz entfärbtes Haar zwängte Pancrace gewöhnlich in eine dunkelblaue Zipfelmütze, von der er sich nur ungern trennte. Am Ende des Zipfels baumelte ein zerzauster schwarzer Pompon.

Noch immer waren dem gewaltigen Mann Städte, überhaupt viele Menschen auf einem Haufen verhasst. Wenn schon Stadt, dann sollte sie wenigstens Montréal heißen. Dort wohnten viele seiner Freunde. Völlig wohl fühlte er sich nur, wenn er – nun als unbestrittener »Brigadier« – die vier Großkanus, die *canots de maître,* über die der Concern McCorssen jetzt verfügte, in Rekordzeit mit voller Ladung von Montréal nach Grand Portage führen konnte. Dort verbrüderte er sich dann mit den Voyageurs, die er unterwegs schonungslos angetrieb. Sie hatten die Boote und Ladungen über fünf- oder sechsunddreißig Portagen, durch den schäumenden Gischt der Wildwasser und über die unruhigen, ja tückischen Seen, den Huronen und den Superior, schleppen müssen. In aufgeräumter und lauthalsiger Manier stärkte Pancrace sich mit den sechzehn, achtzehn Stunden am Tag unerbittlich vorangezwungenen Ruderern, den Milieux, den Avants, den Gouvernails, aus übervollen, dampfenden Schüsseln. Er betrank sich mit ihnen, prahlend, singend und ungestüm, verlor sich dabei nie völlig aus der Hand und zankte sich schon vierundzwanzig Stunden später mit dem Ruderer, den er stürmischer als alle anderen umarmt hatte – besaß doch der Mensch die Frechheit, die Höhe der Schuld zu bezweifeln, die Pancrace ihm als Vorschuss angekreidet hatte.

Walther merkte indessen bald, dass er trotz allen äußeren Anscheins den alten Pancrace eben doch nicht mehr vor sich hatte. Die großen Gewinne des Concerns – und Pancrace hatte den auf ihn entfallenden Anteil niemals stehen lassen, sondern stets kassiert – schienen ihn nicht zufriedener, sondern nur noch gieriger nach mehr zu machen. Er hatte den Transport der Tauschgüter nach Grand Portage und den Abtransport der eingehandelten Pelzballen nach Montréal zu dirigieren. Unnachsichtig trieb er seine Voyageurs an, riskierte in den plötzlich hereinfallenden Stürmen des Oberen Sees Boote, Ladungen und Leben seiner Ruderer und sein eigenes dazu, nur um keine Stunde Zeit zu verlieren und jeweils als Erster auf dem Markt zu erscheinen. Merkwürdigerweise wurde er nicht gemieden oder gehasst. Die Voyageurs drängten sich in seinen Dienst. Er war Frankokanadier wie sie, sprach in jeder Hinsicht ihre Sprache und wusste ihren kanadischen Stolz und ihre Eitelkeit ständig anzustacheln. Es war etwas Außerordentliches, gleichsam ein Ritterschlag, zu seinen Leuten zu gehören und nicht einem steifleinenen, whiskytrinkenden Schotten oder einem langstielig näselnden groben Yankee gehorchen zu müssen. Kerlen, die von den Künsten des Kanus keine Ahnung hatten. Pancrace war ein unbestrittener Meister dieser Künste und der Concern zog daraus großen Vorteil.

Pancrace unterstanden dem Namen nach auch die Transporte der Waren und in umgekehrter Richtung der Pelze aus dem nordwestlichen Pays d'en haut nach Grand Portage, dem stets an Bedeutung zunehmenden Umschlagplatz in der Mitte der lang gestreckten Nordwestküste des Oberen Sees. Auf der

Nordwestroute waren jetzt acht der kleineren, leichteren *canots du nord* unterwegs. Sie waren wie üblich zu zwei Brigaden mit je vier Kanus eingeteilt. Als ihre Brigadiers und Guides hatten sich Gérard Choquette und Paul Luders – dieser sogar überraschend gut – bewährt.

Walther McCorssen, der im ferneren Innern des unermesslichen Landes allein das Sagen hatte und auch von dort aus dem ganzen Concern die Antriebe lieferte, hatte Gérard und Paul nie darüber im Zweifel gelassen, dass sie grundsätzlich Pancrace unterstanden und seinen Weisungen zu folgen hatten. Und Pancrace wusste seinen Kommandos Nachdruck zu verschaffen, wenn sich die Brigaden aus dem Nordwesten und die aus dem Osten in Grand Portage trafen, um ihre Lasten auszutauschen. Pancrace inspizierte die Nordkanus, ließ sich über die Leistungen der Voyageurs berichten, kontrollierte die Lohnabrechnungen, Prämien, Vorschüsse, den Verbrauch an Proviant und Alkohol, die Zahl und den Wert der unterwegs den Indianern gewährten Geschenke. Pancrace war, mit einem Wort, bei den Nordbrigaden noch gefürchteter als bei seiner eigenen mit ihren Schweinefleischfressern. Und wiederum profitierte der Concern davon. Walther allerdings hätte nichts einzuwenden gehabt, wenn Pancrace ein wenig menschlicher und weitherziger mit seinen Leuten umgegangen wäre. War es nötig, empfahl es sich überhaupt, sie bis zum letzten Quäntchen ihrer Kraft auszunutzen und diesen unentbehrlichen Helfern jeden Shilling, jeden Penny nachzurechnen? Nach der alten französischen Währung wurde kaum noch gerechnet. Man war zu Sterling übergegangen.

Erstaunlich – so schien es wenigstens – war die Wandlung, die Captain Peter Gorham durchgemacht hatte. Nachdem der Rangerführer erfahren hatte, wie viel Geld am Pelzhandel zu verdienen war, hatte er seine Fäden zu den Beauftragten des Königs dauerhaft geknüpft, sodass von dieser Seite für die Zukunft nichts zu befürchten war. Er hatte den Dienst quittiert und war von einem stillen Teilhaber zu einem in aller Offenheit geworden. Er hatte seinen Standort von Michilimackinac nach Grand Portage verlegt und dort für sich und die Zwecke des Concerns sein geräumiges Blockhaus gebaut. An dieser Nahtstelle zwischen Osten und Westen hielt er Augen und Ohren offen. Er hatte eine genaue Durchgangskontrolle für die Tauschwaren aus dem Osten und die Pelze aus dem Westen eingerichtet. Stets wusste er über alle Bewegungen, Lieferungen, Preise und Schwierigkeiten der sich mehrenden Konkurrenten mit den Indianern und den Voyageurs Bescheid. Er bewies in dieser Hinsicht ebenso viel List, Kombinations- und Erkundungsgabe, wie er sie als Captain seiner Ranger, als ein mit allen Wassern der Wildnis gewaschener Coureur de bois bewiesen hatte. Seine Nachrichten über die Absichten der Konkurrenz, die er notfalls durch schnelle Expresskanus nach Nordwest oder an das Ostende der Handelskette des Concerns jagte, hatten bereits mehr als einmal die Pläne der Wettbewerber durchkreuzt und mattgesetzt. Sie hatten sich höchst erfreulich bezahlt gemacht und das vorzeitige Eindringen fremder Händler in die von Walther McCorssen neu erschlossenen Handelsbezirke abgeschmettert.

Auch Captain Gorham – niemand mochte ihm in Grand Portage seinen ehemaligen Rang und Titel vorenthalten – schien umso größeren Spaß am Verdienen zu entwickeln, je mehr verdient wurde.

Am erstaunlichsten aber hatte sich Patrick O'Gilcock, Cock, der ehemalige Waldläufer, Skalpjäger, Indianertöter, gewandelt. Schlau, hart und mitleidlos war er schon immer gewesen, sonst hätte er sich in den Wäldern niemals behaupten, erst recht kein kleines Vermögen zusammenschießen und -scharren können. Pat hatte in Montréal die Tauschwaren einzukaufen und zusammenzustellen. Schon bestellte er sie unmittelbar in London und sparte Geld dabei. Justin war ihm dabei zur Hand gegangen. Vor allem aber hatte er die zweitausend Meilen entfernt im Nordwesten von Walther McCorssen eingehandelten Pelze so teuer wie möglich an den Mann, das heißt an die Aufkäufer aus Europa zu bringen, worin er von William unterstützt – und auch heimlich kontrolliert – wurde. O'Gilcock und William hatten bereits erwogen, nicht in Montréal zu verkaufen, sondern die dank Walthers Wirken stets in bester Qualität ausgewählten Pelze auf eigene Rechnung nach London zu verschiffen und erst dort zu verkaufen. Dort waren bessere Preise zu erzielen.

Cock hatte sich den englischen, schottischen und Yankee-Kaufleuten und Pelzhändlern vorzüglich angepasst. Er war sehr vornehm geworden. Von dem früheren Waldläufer im speckigen Lederrock mit Fransen, Mokassins und abgegriffener Marderpelzkappe war nichts mehr übrig geblieben. Wie die schottischen Herren anderer Concerns hielt es auch Pat für unter seiner Würde, selbst ein Paddel in die Hand zu nehmen. Er hatte nach dem Muster wohlhabender englischer und schottischer Kaufleute die Gewohnheit angenommen, sich bei seinen nicht allzu häufigen Reisen landeinwärts einen bequemen Sitz herrichten zu lassen, in dem er dann wohlgekleidet mit silbernen Tressen am dunkelbraunen Rock aus bestem Tuch, den Dreispitz auf dem Kopf, höchst eindrucksvoll thronte und sich von den Milieux im Schweiße ihres, nicht seines Angesichts durch die wilden Lande rudern ließ.

Walther McCorssen wunderte sich nicht wenig darüber, dass die Mangeurs de porc, die Ruderer der großen Boote zwischen Montréal und Grand Portage, keineswegs über Pat O'Gilcock Witze rissen und sich nicht weigerten, sein vornehm britisches Gehabe für voll zu nehmen, obgleich die frankokanadischen Voyageurs deutlich dadurch in den Rang von minderen Bediensteten verwiesen wurden. Im Gegenteil, Pat wurde von den Ruderern der großen Montréal-Kanus mit äußerstem Respekt behandelt, galt ihnen als die eigentliche Verkörperung des Concerns, von dem sie angeheuert waren, von dem sie Prämien erwarteten und mit dem sie sich trotz der ihnen unterwegs erbarmungslos abverlangten Fron einig fühlten, da ein wenig von dem Glanz und Ansehen des Concerns auch auf jeden seiner simplen Voyageurs abfärbte.

Die Nordmänner allerdings, die Ruderer der kleineren Kanus von Grand Portage ins nordwestliche Niemandsland, das wahre Pays d'en haut, zeigten gar kein Verständnis für Pats Großspurigkeit und erst recht nicht für den Respekt, den die Schweinefleischfresser dem »aufgeblasenen Oberpartner«, wie ihn einer der Nordmänner nannte, bereitwillig erwiesen. Gleich am ersten Abend gab es deswegen eine ausgiebige Schlägerei zwischen Nord und Ost, die natürlich, das verstand sich beinahe von selbst, mit dem Sieg der Nordmänner endete. Die Partner mischten sich nicht ein.

Cock meinte ungerührt: »Morgen früh um vier beginnen wir mit dem Austausch der angelieferten Güter über die Große Portage. Waren hinauf, Pelze herunter, jeder mit einhundertundachtzig Pfund im Nacken, neun Meilen weit. Dabei wird den Kampfhähnen der Übermut schon vergehen.«

Walther musste ihm recht geben. In der Tat, der Übermut verging ihnen. Es gab keine weitere Schlägerei mehr zwischen Nordmännern und Schweinefleischfressern. Doch hielten sich die Gruppen streng getrennt und verkehrten nicht miteinander.

Die vier Seniorpartner und die beiden Junioren trafen sich im großen niedrigen Wohnraum des Captain Peter Gorham zu ihrem ersten ernsthaften Geschäftsgespräch, um ihre Meinungen über Zustand und Zukunft ihres Unternehmens abzustimmen. Die Junioren durften allerdings nur reden, wenn sie gefragt wurden.

Sie tranken duftenden Burgunder aus Montréal. Der auch jetzt übertrieben reich und vornehm gekleidete Pat O'Gilcock rauchte seine langstielige Tonpfeife und Pancrace Matthieu seine stummelige Pipe. Als sie damit fertig waren, kam Pat, nachdem er sich eine Weile in der belanglos plaudernden Runde umgesehen hatte, zur Sache: »Du bist der Einzige von uns, Walther, der sich in diesen Jahren überhaupt nicht verändert hat.«

Er machte eine Pause. Ja, das stimmte wohl. Alle stellten es fest. Walther trug den abgewetzten Lederrock mit langen Schößen und stark gelichteten Fransen, über die bei schlechtem Wetter das Regenwasser abtropfen sollte. Der fest um die Hüften geschlungene Gürtel hielt auch die eng anliegenden Lederhosen fest. Einigermaßen formlose Mokassins schützten seine Füße. Den Bart hatte er sich gleich nach der Ankunft in Grand Portage abnehmen und das längst zu lang geratene Haar bis auf die Kopfhaut stutzen lassen. Der obere Teil der Stirn und die Haut über den Ohren stachen bleich gegen das kupferne Braun des Gesichts ab. Sie verrieten, wo die Kappe aus Otterfell endete, die sonst seinen Schädel bedeckte. Jetzt hing sie an einem Zapfen neben der Tür.

Walther verschränkte die Arme vor der Brust, lächelte, sagte nichts. Pat fuhr fort: »Wir sind große Leute geworden und können uns ohne Weiteres mit Concerns wie Todd & McGill oder Hornes & Grants vergleichen. Und bei Licht besehen haben wir, wenn's darauf ankommt, bei Ermatinger mindestens ebenso großen Kredit wie die anderen. Es tut uns gar nicht gut, wenn wir nicht entsprechend auftreten!«

Walther erwiderte gleichmütig: »Das mag richtig sein, Cock, in Montréal und vielleicht auch noch hier in Grand Portage, wo es ja jetzt sogar schon einen Bartschaber und Haarschneider gibt, einen Métis natürlich. Aber bei mir hinten im Pays d'en haut – da spielt das überhaupt keine Rolle. Da kommt es darauf an, dass die Männer, auf die wir angewiesen sind, in mir einen der ihren sehen, den man nicht im Stich zu lassen hat. Und die Indianer, die kommen nur und bieten ihre Pelze an, wenn man sie für voll nimmt. Man darf sich nicht als der Überlegene aufspielen. Mein Lederrock ist da gerade recht.«

O'Gilcock war es nicht mehr gewohnt, dass ihm jemand widersprach, und erwiderte etwas unwillig: »Nach meiner Erfahrung stimmt das nicht, Walther. Den Wilden muss man imponieren. Wenn sie eingeschüchtert sind, verkaufen sie am billigsten. Ich habe mir erzählen lassen, wie es die Hudson's Bay macht, wenn die Indianer im Fort York eine Flinte kaufen wollen. Sie schichten die Biberfelle übereinander wie einen Turm, und wenn der so hoch ist wie die Flinte lang, ist die Flinte verkauft. Aber zuvor ist der schwerste Mann im Fort auf den Fellstapel gestiegen, um ihn zusammenzupressen. Das nenne ich ein gutes Geschäft. Du schiebst dich immer weiter nach Nordwesten vor, Walther, triffst also immer wieder auf Indianer, die noch nicht durch die Konkurrenz verdorben sind. Da könntest du verlangen, was du willst: einen Stapel Felle für die Flinte und einen zweiten für den Ladestock. Warum sollen wir nicht die Feste feiern, wie sie fallen? Ewig werden wir unseren Vorsprung sowieso nicht behalten.«

Walther lenkte ab: »Ich frage mich bereits, wie lange es sich noch lohnen wird, ständig weiter nach Nordwesten vorzudringen. Je weiter nach Norden, desto länger bleibt im Frühjahr das Eis auf den Seen stehen, desto eher frieren die Seen im Herbst wieder zu. Die Flüsse bleiben länger offen. Aber was nutzt das, wenn dazwischen die stilleren Gewässer blockiert sind? Die Zeit also, die für die Reise aus dem Pays d'en haut nach Grand Portage zur Verfügung steht, wird immer knapper, je weiter ich mich nordwestwärts vorschiebe. Und zugleich, was die Sache noch schwieriger macht, wird die Reise immer länger. Bald werden wir erleben, dass unsere Nordkanus nicht mehr zwischen Frühling und Herbst zu mir zurückkehren können. Was machen wir dann?«

Pat O'Gilcock verfiel in jenen hochfahrenden Ton, den

Walther gleich nach dem Wiedersehen an ihm bemerkt hatte, den er aber keineswegs auf Dauer hinzunehmen gedachte: »Da werden unsere Leute sich eben etwas eifriger ranhalten müssen. Wir setzen Prämien aus für jeden Tag, den sie vor der üblichen Zeit hier ankommen – und im Übrigen müssen ihnen Pancrace und dann auch Gérard Choquette und dein Schützling Paul kräftig im Nacken sitzen.«

Walthers Stimme wurde rau. Er sah Pat, der seinem Blick auswich, mit gerunzelten Brauen an.

»Dergleichen lässt sich vielleicht mit den Schweinefleischfressern veranstalten, Cock. Pancrace wird jederzeit bereit sein zu bestätigen, was ich dir sage: Erstens sind die Kanurouten von hier aus verwickelter, gefährlicher und die Portagen längst nicht so ausgetreten wie im Osten oder überhaupt nicht vorgezeichnet. Zweitens kündigen dir die Nordmänner einfach den Dienst, wenn sie getrieben werden, und es gibt, Gott sei Dank, im Pays d'en haut keine Behörde und keinen Büttel*, sie zur Rechenschaft zu ziehen. Und drittens geschieht bei uns alles, jede Abmachung, jede Verpflichtung auf Treu und Glauben, gleichgültig, ob Weiße oder Indianer oder Halbweiße mit- und untereinander zu tun haben. Kannst du das bestätigen, Pancrace?«

Es gefiel dem Frankokanadier überhaupt nicht, so ohne Umschweife aufgefordert zu werden, auch seinerseits Cock zu berichten. Als er zögerte und auf seinem Schemel rutschte, begriff Walther sofort, dass Pancrace Matthieu sich längst daran gewöhnt hatte, sich in allen nicht mit dem Kanuwesen zusammenhängenden Fragen dem selbstbewussten, auf seine halb eingebildete, halb tatsächliche Überlegenheit pochenden Iren zu unterwerfen. O'Gilcock hatte seinen Spitznamen Cock in vergangenen Ranger-Zeiten sicherlich nicht zu Unrecht erworben.

Schließlich brachte Pancrace, deutlich in Verlegenheit, heraus: »Ja, weißt du, Walther, so ganz kann ich dir nicht zustimmen. In vergangenen Jahren mag es sich so verhalten haben, wie du sagst. Aber jetzt ist manches anders geworden. Die neuen Partnerschaften, meistens Schotten, haben viel Geld und setzen sich durch. Die Voyageurs haben keines und müssen leben. Es gibt auch mehr als genug Voyageurs. Man kann sich die besten aussuchen und jeden ausschalten, der vorweg allerlei Ansprüche stellen will. Im Osten ist das längst zur Binsenweisheit geworden. Und jederzeit kann man die englische Verwaltung zu Hilfe rufen. Und es kann auch keiner mehr ausweichen, denn nun gilt im ganzen Osten von Süden bis Norden allein das Wort der Engländer. Im Nordwesten, bei dir, Walther, wo die besten Pelze herkommen, mögen die Nordmänner noch glauben, dass alles beim Alten geblieben sei. Ich bin ja selbst, als ich jünger war, lange genug im Pays d'en haut gewesen, dem richtigen, meine ich, das erst hinter Grand Portage anfängt. Ich weiß, was da die Voyageurs denken. Kein Beamter und kein Offizier hat ihnen etwas vorzuschreiben. Aber, Walther, überleg dir das: Wie lange noch? Wie lange noch!«

Habe ich vielleicht zu lange am Ende der Welt gesessen, fragte sich Walther. Pancrace war ja kein Dummkopf. Walther traute ihm, wenn Pancrace sich nicht gerade von Zorn oder Begeisterung übermannen ließ, klarere Einsichten zu als Cock, dem Iren.

Captain Peter Gorham hatte sich die Debatte angehört, ohne selbst einzugreifen. Er war derjenige unter den Partnern, der in herkömmlichem Sinne die beste Bildung genossen hatte. Ihm lag nichts daran, gleich am Anfang der Gespräche einen Zwist aufkommen zu lassen. Es würden sich ohnehin noch genügend sachliche Meinungsverschiedenheiten ergeben, die sich nicht umgehen ließen. Er mahnte also:

»Bleiben wir bei der Sache, meine Freunde! Walther fürchtet, seine Leute könnten die Reise aus dem Nordwesten nach Grand Portage in einer Saison bald nicht mehr schaffen, wenn er immer weiter ausgreift. Ließe sich nicht, um dieser Gefahr zu begegnen, außer Grand Portage noch ein zweiter Umschlagplatz einrichten? Mit anderen Worten: Könnte man den Kanubrigaden aus dem Nordwesten noch um einige hundert Meilen weiter entgegenfahren, etwa bis zum Rainy Lake, dem Lac de la Pluie der Franzosen? Dann brauchten die Nordleute nicht so weit zu paddeln und kehrten mit den Tauschwaren rechtzeitig bis zum nächsten Eis zu Walther im Nordwesten zurück. Uns hier weiter im Süden bliebe dann immer noch genügend Zeit, mit den am Regnerischen See übernommenen Pelzen in der gleichen Saison Montréal und die letzten Schiffe, das heißt die letzten Transporte nach Europa, zu erreichen.«

Das war ein durchaus einleuchtender Vorschlag und Walther griff ihn sofort auf. Ihn zog es drängender denn je nach Nordwesten in die große Leere. Andererseits hielt ihn die Verantwortung für die Geschäfte gefangen. Weder William noch Anna waren schon so selbstständig, dass sie ihr Schicksal allein hätten in die Hand nehmen können – meinte Walther.

Allerdings würden dann die Schweinefleischfresser über Grand Portage hinaus ins Pays d'en haut vordringen. Würden sich die Nordmänner das gefallen lassen? Würden nicht auch die bisherigen Kostenberechnungen durch die Einschaltung einer weiteren Etappe umgeworfen? Wann überhaupt war der Augenblick erreicht, da die Kosten der immer länger und gefährdeter sich dehnenden Reisewege ins immer entlegenere Pays d'en haut die in Montréal oder London zu erzielenden Profite aufzehrten?

Fragen über Fragen! Die Partner erkannten bald, dass es noch vieler Debatten bedurfte, ehe sie sich über das Geschäftsgebaren der kommenden Jahre geeinigt haben würden. Es musste ja auf lange Zeit, drei, vier Jahre mindestens, vorausgeplant werden. Pat O'Gilcock wusste von englischen und schottischen Unternehmern zu berichten, einem gewissen Peter Pond zum Beispiel, einem Isaac Todd, Edward Chinn, James Finlay, Richard Dobie und anderen, die entschlossen schienen, noch viel weiter nach Westen und Nordwesten zu gehen, als Walther bisher für richtig gehalten hatte.

O'Gilcock meinte sogar eines späten Abends – wobei er eher laut vor sich hin dachte, als dass er die anderen teilnehmen lassen wollte: »Es ist eigentlich Unsinn, dass sich ein Dutzend oder noch mehr Concerns gegenseitig das Wasser abgraben und sich zu übertrumpfen versuchen. Die Stärksten sollten sich zusammentun und die kleineren Quertreiber ausmerzen oder schlucken. Sonst verdienen wir bald alle nicht mehr genug und das war's dann mit dem großen Geschäft!«

Walther, auch Pancrace und der Captain gingen nicht auf diese Bemerkung ein. Aber Walther hatte sie in seinem Hirn registriert. Er erkannte allmählich, wie Cock den Concern, seine eigene Rolle darin und die der anderen Partner einschätzte. Die Juniorpartner hatten bereits versucht, Walther McCorssen, dessen Name ja als Erster in der Concern-Bezeichnung stand, aufmerksam zu machen und zu warnen, ehe sie nach kurzer Ruhepause zu ihren Posten abreisten, um Walther und Cock den Winter über zu vertreten.

Kurz vor ihrer Abfahrt hatten sowohl William wie Justin unabhängig voneinander Walther beiseite genommen. William warnte: »Ich glaube, Vater, es ist nicht gut, dass Cock immer in Montréal sitzt und die Pelzverkäufe ständig in der Hand hat. Ich sehe ja nur die Fakturen, wenn die Verkäufe abgeschlossen sind. Bei den Verhandlungen bin ich so gut wie nie dabei, schon gar nicht, seit er sich darum bemüht, nicht mehr in Montréal, sondern erst in London zu verkaufen. Ich kann nicht unbedingt dafür geradestehen, Vater, dass alles ordentlich und gerecht verläuft. Ich möchte es so ausdrücken: Es kommt mir vor, dass O'Gilcock viel schneller Geld auf die hohe Kante bringt als wir anderen. Warum hockst du ständig im hintersten Pays d'en haut, sicherlich unter härtesten Umständen, während Cock sich in Montréal den Anschein gibt, mehr oder weniger allein den Concern darzustellen? Justin und mich benutzte er nur als Staffage, lässt jedermann wissen, dass wir nur die ›Junioren‹ sind. Ich meine, es wäre höchste Zeit, dass ihr einmal die Plätze tauscht: du nach Montréal und er ins Pays d'en haut, damit der Concern nicht aus dem Gleichgewicht gerät.«

Walther vermutete, dass William es in verständlichem Ehrgeiz allmählich satt hatte, immer nur die zweite Geige spielen zu dürfen. Im Grunde war er freilich der Ansicht, dass etwas anderes als die zweite Geige den Junioren, besonders seinem Sohn, gar nicht zustand, auch gar nicht gut bekäme. Er wehrte also ab: »Du siehst Gespenster, William. Cock hat eine Leidenschaft fürs Geldmachen entwickelt, die ich ihm nicht zugetraut hätte, das stimmt. Aber schließlich ziehen wir alle Gewinn daraus. Ich bemühe mich an meinem Ende, viele und erstklassige Pelze einzuhandeln – und natürlich möglichst wenig dafür zu bezahlen. Cock könnte weder mit den Indianern noch mit den Nordwest-Voyageurs umgehen, und das, worauf es am allermeisten bei unserem Unternehmen ankommt, nämlich Pelze bester Qualität billig einzukaufen, würde leiden. Was sollte ich in Montréal? Du vertrittst mich. Mich zieht nichts dorthin. Wenn du die Fakturen vorliegen hast, dann wirst du doch über Art und Umfang der Geschäfte denkbar vollständig unterrichtet!«

William blickte mürrisch zur Seite. Er wusste keine rechte Erwiderung, gab aber noch nicht klein bei: »Man kann auch mündliche Abmachungen neben den schriftlichen Fakturen treffen. Bargeld braucht nicht durch die Bücher zu gehen. Darum sage ich ja, dass Cock einmal im Landesinneren den Einkauf übernehmen müsste und du in Montréal den Verkauf versehen solltest. Dies würde ich mir auch selbst zutrauen, wenn du gar keine Lust dazu hast und im Nordwesten unentbehrlich bist.«

Walther war der Debatte überdrüssig: »Ich will nichts weiter davon hören, William. Auf bloße Vermutungen lasse ich mich nicht ein. Ich sehe keinen wirklich triftigen Grund, Cock zu misstrauen.« Er wandte sich unwillig ab und ließ William stehen. Doch wieder blieb ein Stachel in ihm zurück.

Als einen Tag danach Justin sich einige Worte unter vier Augen erbat, war Walther eher bereit zuzuhören. Er kam nicht darauf, dass die beiden Junioren sich verabredet haben könnten, ihn zu beeinflussen. Das hatten sie auch nicht getan, aber sie hatten sich ihre Sorgen schon mehr als einmal anvertraut.

Justin kam auf seine nüchterne Art unmittelbar zur Sache: »Walther, du bist es, ohne den es unseren Concern nicht gäbe. Zuerst warst du da, ganz allein, und wolltest in den Westen – mit William. Aber der war damals noch ein halbes Kind. Dann kam ich dazu, schließlich Pancrace. Sehr viel später erst stieß Cock zu uns und noch später der Captain. Du wärst allein auch zu etwas gekommen, hättest die anderen gar nicht gebraucht. Dann warst du es, der über Michilimackinac und Grand Portage hinaus nach Nordwesten drängte und nun für uns die besten Pelze einkauft, die überhaupt zu finden sind. Es sollte klar sein, dass mehr als alle anderen du der Concern bist. Wenn du nicht für Pelze sorgtest, hätte Cock nichts zu verkaufen, und all seine Geschicklichkeit nützte ihm nichts. Cock aber gibt sich in Montréal den Anschein, als wäre er der Concern, und allmählich glaubt man es ihm. Pancrace ist ihm nicht gewachsen. In Montréal regiert das Englische. Pancrace wird nicht recht damit fertig und ist froh, wenn er wieder unterwegs ist. In Cocks Augen sind wir alle bloß Handlanger, Dienstleute des großen Cock, auch du, Walther! Das kann kein gutes Ende nehmen.«

Walther wurde sehr nachdenklich nach diesen Worten. Justin, nein, der neigte nicht wie William zu vorschnellen Urteilen und hitzigen Forderungen. Auch war er älter als William. Auf seine Besonnenheit war Verlass. Gewiss, Walther hätte sich eigentlich auf die Seite seines zweifellos wichtigsten Partners schlagen und Justin zurechtweisen müssen. Aber er konnte sich nicht dazu entschließen, wehrte nur hinhaltend ab:

»Ich bin der Meinung, Justin, dass du schwärzer siehst als nötig. Cock ist meiner Aufforderung, dass wir uns hier alle in Grand Portage treffen, ohne Widerspruch gefolgt und hat nicht etwa darauf bestanden, dass wir zu ihm nach Montréal reisen. Er legt seine Abrechnungen offen wie wir alle. Ihr beiden geht jetzt fort, du hinauf nach Grand Rapids und William nach Osten. Wir vier anderen bleiben hier beisammen. Dabei muss sich herausstellen, ob wir alle vier am gleichen Strang ziehen, oder ob der eine oder der andere darauf aus ist, sich besondere Vorteile zu verschaffen. Wir bilden lediglich einen freiwilligen Zusammenschluss von Partnern – allein auf der Grundlage von Treu und Glauben. Wenn wir uns nicht voll vertrauen, sind wir schnell am Ende und laufen auseinander. Ich weigere mich, diese Möglichkeit auch nur zu erwägen. Du solltest das Gleiche tun, Justin!«

Justin erwiderte erst nach längerer Pause: »Ich will's versuchen, Vater. Aber ich möchte dich bitten, deine Augen nicht absichtlich zu verschließen.«

Walther stimmte leichthin zu: »Natürlich nicht! Sei unbesorgt, Justin!«

In den Wochen und Monaten darauf erlebte Walther, wie er meinte, nichts, was den Verdacht der Junioren ernsthaft bestätigt hätte. Es lag ihm auch nichts daran, dergleichen zu erleben. Die vier Männer waren und blieben überzeugt, dass sie das gemeinsame Werk zu gemeinsamem Nutzen sinnvoll unter sich aufgeteilt hatten und dass jeder das tat, wozu er am besten geeignet war.

Der Concern schien in sich gefestigt, als die vier Partner, sobald das Wetter es zuließ, sich wieder auf ihre Posten begaben.

Auf der langen, von keinen Zwischenfällen unterbrochenen Rückreise zu seinem entlegenen Blockhaus bei den Grand Rapids, den großen Stromschnellen des Saskatchewan vor seiner Einmündung in den Winnipeg-See, überlegte Walther mehr als einmal:

Die andern sind sichtlich alle vorangekommen, haben etwas Neues aus sich gemacht – ob etwas Besseres, weiß ich nicht. Nur ich bin der Waldläufer geblieben, der ich war, am Ende der Welt. Bald werde ich zum See Amisk oder zum See Manawan vorrücken, noch weiter weg. Unterschätzen die anderen mich? Gewinnen sie einen Vorsprung? Aber es bleibt doch dabei: Ohne mich geht es nicht. Oder doch? Die andern wissen wahrscheinlich genauer als ich selbst, dass es ohne mich nicht geht, dort, am Ende der Welt.

Ich wollte es so haben. Ich will es noch!

Immerhin beschloss Walther, zögernd, widerwillig, als folgte er nur einer unangenehmen Pflicht, seine Gewinne, die er bisher im Concern hatte stehen und arbeiten lassen – im Gegensatz zu O'Gilcock, Pancrace und auch zu Captain Gorham –, ebenfalls aus dem Unternehmen herauszuziehen und auf den Namen seines Sohnes William und seiner Tochter Anna bei Ermatinger in Montréal einzulegen. Mochten die Beträge, höchst ansehnliche Summen, als Heiratsgut für die Kinder dienen, die sich über Kreuz mit den Geschwistern Justin und Martine Leblois verbinden wollten, brachten doch diese nicht viel in die Ehe mit.

Es dauerte allerdings zwei volle Jahre, ehe Walther die Bestätigung erhielt, dass entsprechend seinen Wünschen verfahren worden war. Zugleich erhielt er die Nachricht, dass Justin seine Anna und Martine ihren William geheiratet hatten.

Walther McCorssen erlebte am 1. März 1774 seinen fünfzigsten Geburtstag, einen einsamen, vom wilden Heulen eines späten Schneesturms durchtobten Tag. Gegen Abend trat er vor die Tür seines Blockhauses. Der Wind hatte sich zu einem gleichmäßig schneidenden Luftzug gemäßigt. Es wurde sehr kalt. Der Schnee jedoch hatte sich an jener Seite des Hauses, die von dem durchdringenden Hauch getroffen wurde, bis über das mit Grassoden gedeckte Dach getürmt, schützte Wand und Haus unter sich und hielt sie warm. Walther würde nicht zu frieren brauchen. Holz genug für viele Tage war neben dem Kamin gestapelt.

Über der festgefrorenen Einmündung des Sturgeon-Weir-Flusses in den Namew-See flackerte, waberte, zuckte in Geistergrün und Scharlachrot das Nordlicht. Wie schon oft war Walther auch in dieser Nacht von einem hauchzarten Flüstern in der ungeheuren Stille nach dem Sturm vor die Tür seiner Hütte gelockt worden. Stets meinte er, dies Knistern bemerkt zu haben, wenn über der froststarren Einöde des Nachts das Nordlicht aufflammte. Wie in jeder der vergangenen Nächte konnte er jedoch auch in dieser Nacht nach seinem Geburtstag das feine Lispeln nicht mehr hören, sobald er ins Freie getreten war.

Walther wurde von dem ungeheuren Farbenspiel am nördlichen Himmel stets von Neuem gebannt. Aus der Höhe der Nacht flossen die Bahnen unirdischen Lichts, wallten und wogten, als bewegte sie ein Sphärenwind.

Der irdische Wind legte sich plötzlich mit einem letzten Seufzer, als hätte ihn die schnell zunehmende Kälte getötet.

So groß ist die Stille, dass der Herzschlag hörbar wird. Die Lichter aus dem Weltall flammen. Sie jagen huschenden Widerschein über den Schnee. Der Waldrand am Horizont scheint wie ein schwarzer Ring aus gefrorenen Schatten!

So ungeheuer die erstarrte Leere.

Bin ich allein auf der Welt?

Walther fröstelte bis ins Mark. Er trat wieder in die Hütte zurück. Die Glut des Feuers im Kamin empfing ihn mit wohltuender Wärme. Noch lag der Duft von gebratenem Wildfleisch in dem einzigen Raum des Blockhauses. Das alles tröstete.

Das Wild verdankte Walther den drei Cree-Indianern, die gekommen waren, ihm einen Silberfuchs von erlesener Schönheit anzubieten. Diese herrlichen, unerhört kostbaren Pelze tauchten nur äußerst selten auf. Die Indianer wussten, dass die Blassgesichter solche Felle aufs Höchste schätzten. Die drei Cree hatten für den Fuchspelz fünf Flinten, ein Fässchen Schwarzpulver und drei Säcke mit Flintenkugeln verlangt. Walther hatte ihnen daraufhin den Pelz gar nicht erst abgenommen. Er hatte sie fortgeschickt. Wenn ihnen ein vernünftiger Preis eingefallen sei, könnten sie wiederkommen. Darauf waren die drei sehr böse geworden und hatten Brandy verlangt – als Anzahlung.

Walther hatte auch das verweigert.

Furcht vor Indianern? Bah! Furcht vor Indianern war ihm unbekannt. Wenn man sich fürchtete, war man verloren. Indianer respektieren nur den Furchtlosen, einen solchen aber absolut.

Sie waren überstürzt abgezogen, die drei Cree. Der vorauszuahnende Schneesturm hatte sie vertrieben. Sie würden bald wieder erscheinen und den Silberfuchs für eine Flinte, Pulver und Blei und einen großen Krug verschnittenen Rums hergeben. Walther wusste das so genau, als hätte es sich schon ereignet.

In dieser Nacht nach seinem fünfzigsten Geburtstag reifte in ihm der Beschluss: Ich werde fordern, dass Justin und Anna hier stationiert werden. Sie können das Pays d'en haut nur dann von Grund auf kennenlernen, wenn sie Winter und Sommer hier verbringen. Ich bin jetzt fünfzig Jahre alt …

Es dauerte bis zum Jahr 1776, ehe mit den von Grand Portage zurückkehrenden Kanus – nun schon zehn an der Zahl – Justin und Anna am »Ende der Welt« eintrafen, einem Punkt, den Walther bereits bis zum Lac la Ronge hinausgeschoben hatte. Justin bestätigte zwei Nachrichten, die Walther schon vorher, wenn auch wesentlich knapper und undeutlicher, empfangen hatte, die er aber sofort als das erkannte, was sie waren: als Zeichen einer neuen, noch nicht begreifbaren Epoche. Im Jahre 1775 hatten sich dreizehn englische Kolonien an der amerikanischen Ostküste gegen die englische Herrschaft erhoben und hatten ihre Unabhängigkeit proklamiert. Es war vorauszusehen, dass England nicht kampflos weichen würde. Ein langwieriger Krieg war zu erwarten. Weder Québec/Kanada noch Neuschottland hatten sich der Rebellion im Süden angeschlossen. Montréal war angegriffen und von den Rebellen erobert worden. Da die Eroberer kaum auf die Sympathie der dort Ansässigen rechnen konnten und sowohl über Land und erst recht zu See mit einem weiten Weg zu ihren Stützpunkten in Massachusetts oder New York zu rechnen hatten, würden die Engländer – meinte Justin – die Stadt bald wieder zurückgewinnen. Würde der Pelzhandel leiden? Pat O'Gilcock hatte sich bereits sehr besorgt darüber ausgelassen.

Die zweite Nachricht, die Justin mitbrachte, stammte von Captain Gorham aus Grand Portage: Gorham schlug dringend vor, die Kanus im kommenden Jahr 1777 nur bis zum Rainy Lake, dem Regnerischen See, zu schicken, um schon dort und nicht erst in Grand Portage die Pelze abzuliefern, die im Nordwesten eingehandelt waren. Dort mussten sie dann sogleich die Tauschgüter für Walther McCorssens Außenposten übernehmen. Gorham verwirklichte damit die frühere Absicht, dass ein neuer Umschlagplatz westlich von Grand Portage einzurichten wäre, wenn die Tauschgüter in einem Sommer und Herbst die weite Reise vom St. Lorenz bis in den fernen Nordwesten bewältigen und nicht in die Gefahr geraten sollten, unterwegs irgendwo in der Leere vom Eis festgehalten zu werden.

Walther erkannte sofort, dass solch neue Ordnung böses

Blut machen würde. Alle seine Nordmänner glaubten fest daran, dass es zu ihren altverbrieften Vorrechten gehörte, einmal im Jahre in Grand Portage über die Stränge zu schlagen, einmal im harten Jahr nach Herzenslust zu fressen, zu saufen und zu huren, einmal im Jahr die Ostmänner, die Schweinefleischfresser, kräftig zu hänseln und sich mit ihnen vergnügliche Schlachten zu liefern. Würden Walthers Nordmänner sich damit abfinden, nur bis zum Rainy Lake zu fahren und dort schon umzukehren? Und wie stand es dann mit den Kosten?

Aber Justin beruhigte Walther, der nun sein Schwiegervater geworden war. Gorham, so versicherte Justin, habe alles bedacht. Der Krieg um die Unabhängigkeit, den die englischen Kolonien am Atlantik vom Zaun gebrochen hatten, bedrohte den gewohnten Fortgang der Geschäfte. Viele Voyageurs, viele Nordmänner darunter, waren nun ohne Kontrakt. Wer mit dem neuen Umschlagplatz nicht einverstanden sei, den sollte Walther nur nach Osten schicken und freigeben. Ersatz gäbe es jeden Tag, und billigen dazu.

Anna Leblois, Justins Frau und Walthers Tochter, fragte einige Tage nach ihrer Ankunft: »Freust du dich gar nicht, Vater, dass ich wieder bei dir bin?«

Es hatte fast eine Woche gedauert, ehe sie diese Frage wagte. Vater und Tochter hatten sich nach so vielen Jahren der Trennung kaum noch wiedererkannt. Allzu hoch hatten sich Sehnsucht und Erwartungen in den vorausgegangenen Jahren aufgestaut. Nun wurden beide von einer Scheu beherrscht, die sich nur langsam lösen wollte.

»Doch, Anna, ich freue mich. Ich habe dich zu lange entbehrt. Nun muss ich mich erst an dich gewöhnen. Du bist die erste weiße Frau hier im fernsten Hinterland. Vielleicht war ich schon zu lange allein. Nur Voyageurs und Indianer ...« Er vollendete den Satz nicht und wandte sich traurig ab. Annas Herz flog ihm zu. Aber sie wagte nicht, den Abstand, der sie von dem alternden Mann, dem fremdgewordenen Vater, trennte, zu überwinden.

Was sie allerdings nicht ahnte, war, dass ihr Vater in den Wochen, die ihrer Ankunft vorausgegangen waren, auf dreierlei Weise zutiefst verstört, sogar aus der Bahn geworfen worden war.

Zunächst durch einen Jagdunfall seines Stationshelfers. Walther war dabei in die indianische Welt verstrickt worden. Von dieser Welt hatte sich Walther bis dahin so fern wie möglich gehalten, sich ihr aber auch, ohne es zu wollen oder zu wissen, unmerklich angeglichen.

Weiter war das Erlebnis einer Begegnung nicht zu vermeiden gewesen, die den alternden Mann wie ein Pfeil ins wehrlose Fleisch getroffen hatte. Vergeblich hatte er sie aus seinem Hirn und Herzen zu verdrängen versucht – völlig vergeblich, wie er sich schließlich eingestand.

Und drittens hatte ihm ein unerwartetes Eilkanu fünf Tage vor der Ankunft der Frachtkanus, die ihm Justin und Anna zuführten, einen langen, aus Montréal datierten Brief gebracht. Patrick O'Gilcock hatte ihn mit eigener Hand geschrieben. Walther wurde beim Lesen von der Ahnung beschlichen, dass dieser Brief den Anfang vom Ende des Concerns McCorssen, O'Gilcock & Matthieu ankündigte.

Über diese Umstände, die ihm die Freude an Annas Wiederkehr aufs Bitterste beeinträchtigten, muss rückschauend berichtet werden.

Viertes Buch
Indianischer Sommer

12

Walther Corssen klappte das große, in abgewetztes Leder gebundene »Hauptbuch«, wie er's in einem Anflug von Selbstverspottung nannte, endlich wieder zu. Es gab einen dumpfen Laut von sich.

Er legte den Federkiel aus dem Flügel einer Graugans beiseite und schlug mit der flachen Hand auf das geschlossene Buch. Eine gelbschnäblige Elster, die sich abseits an einigen Fischresten gütlich getan hatte und bei dem ersten Laut schon aufmerksam geworden war, flog bei dem zweiten hallenden Schlag erschreckt auf und davon.

Walther lächelte. Du hättest nicht zu fliehen brauchen, Magpie! Es passiert dir nichts. Heute schon gar nicht. Ich bin zufrieden mit dir und der Welt. Das Jahr hat sich gelohnt. Alle meine Tauschwaren bin ich seit Mitte August schon los und habe einen Vorrat an geringeren Pelzen damit bezahlt, das meiste aber als Vorschuss gegeben auf die Fänge des kommenden Winters. Und jetzt habe ich eigentlich nichts Wichtiges mehr zu tun, bis die beiden Brigaden unter Gérard Choquette und Paul Luders wieder ankommen. Das mag noch bis Mitte oder Ende Oktober dauern oder noch länger. Sie werden mir, so Gott will, Anna und Justin mitbringen. Was aus meiner kleinen Anna inzwischen geworden sein mag? Vor elf Jahren, als ich sie in Nova Scotia zurücklassen musste, war sie noch ein Kind. Jetzt kommt sie zu mir und ist schon verheiratet, ist meine Tochter nur noch in zweiter Hinsicht – in erster ist sie Justins Frau. Aber ich freue mich auf beide!

Er lehnte sich an die Wand des Blockhauses und blickte über den groben Tisch aus entrindeten Fichtenstämmchen, an dem er geschrieben und gerechnet hatte. Ein sanfter, warmer Wind gekräuselte die heiter blinkende Fläche des gewaltigen Sees La Ronge, der sich zur Willow Bay, der Weiden-Bucht, hin öffnete. An ihr hatte Walther sich im Jahr zuvor niedergelassen.

Gemächlich ließ er seine Gedanken wandern, wohin sie wandern wollten. Dies war ein glücklicher, sorgloser Tag, wie er nicht viele erlebte. Es war richtig, dachte er, dass ich mich im vergangenen Jahr hier etwas weiter im Süden am La Ronge festgesetzt habe und nicht unmittelbar an der alten indianischen Kanuroute einen guten Kanutag weiter im Norden, etwa bei der Portage an den Otter-Schnellen oder am Nipew-See. Hier müssen die Indianer vorbei, samt und sonders, die aus dem Süden und Südwesten kommen, vom großen Nemeiben-See und über die Flüsse Nipekamew und Meeyomoot. Es hat sich schnell bei ihnen herumgesprochen, dass sie nicht erst fünfhundert oder siebenhundert Meilen nach Nordosten paddeln müssen, um im Fort York an der Hudson Bay ihre Pelze gegen Rum, Schießzeug und anderen Kram einzutauschen. Hier komme ich auch den beiden Brüdern Frobisher und jenem Alexander Henry nicht ins Gehege, die sich an der Portage de Traite etabliert haben. Die wissen vielleicht gar nichts davon, dass ich hier sitze und sicherlich auch ihnen einiges an Pelzen entziehe, was sonst dort an der Hauptroute zur Hudson's Bay Company vorbeikäme. Ja, es ist wahr: Justin und Anna werden ein wohlgemachtes Bett vorfinden, wenn sie erst angekommen sind. Das schenke ich ihnen gern. Die beiden haben mir niemals Ärger bereitet.

Walther streckte wohlig die Beine von sich. Er musste sich dazu an das Ende der Bank vor der Hüttenwand schieben und sich ein wenig zur Seite wenden. Denn der Tisch war nicht zu verrücken. Er ruhte auf zwei noch fest im Boden verwurzelten Baumstümpfen.

Kein König kann sich einen schöneren Sitzplatz wünschen,

als ich ihn hier habe. Mein Thronsaal ist großartiger als alle Thronsäle der Welt! Der See blitzt wie tausend Edelsteine in der Sonne, dass man kaum hinsehen kann. Der Himmel mit den weißen Wolken ist ein Baldachin, mit dem sich kein anderer messen kann. Und die Wälder im weiten Halbkreis am Ufer: ganze Regimenter von dunkel gewandeten Wachsoldaten, die Birken darin wie helle Offiziere in Weiß und Grün, und die Espen wie Unteroffiziere. Die Sonne ist warm, und der Wind duftet nach Fichtenharz und Birkenlaub. Einen schöneren Duft kann es nicht geben! Und niemand ist weit und breit, der mir Vorschriften machen könnte! Ein paar Händler aus Montréal sind mir vielleicht auf den Fersen, und die Hudson's Bay Company wird sich aus ihrem mehr oder weniger warmen Nest wohl nach Westen ins Landesinnere bemühen müssen, genau wie ich und ein paar andere Händler, wenn sie überhaupt noch Pelze einhandeln will. Das Cumberland-Haus am Saskatchewan hat sie schon gegründet. Wir zwingen sie einfach dazu, von ihrem hohen englischen Ross herabzusteigen und sich unsere mühsameren Methoden anzueignen. Das ist mir eine kleine Genugtuung für die Unbill, die sie mir und den Akadiern zugefügt haben. Aber ich sollte wohl nicht übertreiben, denn unter den Händlern aus Montréal sind ja längst viele Leute mit englischen Namen, Frobisher, Henry, Todd, McGill, McTavish. Viele davon kommen allerdings aus den älteren Kolonien im Süden, aus Massachusetts oder New York.

Wenn ich's mir genau überlege, so muss ich zugeben, dass ich es nicht meiner eigenen Einsicht verdanke, wenn ich jetzt hier am Lac la Ronge wie eine Spinne im Netz sitze und nur zu warten brauche, bis mir die schönsten Pelze für billiges Geld vor die Tür gepaddelt werden. Claude Cuiseur ist es gewesen, der mich gedrängt hat, mich hier etwas abseits der alten Kanuroute im Gebiet seines Stammes anzusiedeln, wo die nassen Wege aus einem weiten, im Grunde vernachlässigten

Hinterland zusammentreffen, ehe sie sich der Hauptroute weiter im Norden zuwenden.

Walthers Gesichtsausdruck hatte sich verändert, während ihm dieser Gedanke durch den Kopf glitt. Seine Lippen formten im Flüsterton die Silben noch einmal: Claude Cuiseur – und er freute sich unbewusst an ihrem französischen schönen Klang. Ein Lächeln, gemischt aus Wohlwollen und Ironie, hatte die Züge des einsamen Mannes gelockert. Seine Augen blickten suchend über die Weite des blitzenden Sees, der nur wenige Schritte vor seinem königlichen Sitz eifrig schäumende kleine Wellen in den Ufersand verrinnen ließ.

Ich wundere mich, dass er noch nicht zu sehen ist. Er wollte doch schon am frühen Nachmittag zurück sein, und jetzt senkt sich die Sonne in den Abend. Aber das braucht mir keine Sorgen zu machen. Auf der Jagd lässt sich die Zeit nicht nach Belieben einteilen. Claude ist zwar kühn, wenn es nötig ist, aber auch vorsichtig.

Das Lächeln auf Walthers Gesicht vertiefte sich. Er schüttelte kaum merklich den Kopf. Wie angenehm die von Westen einfallenden Strahlen der Sonne mir noch die ganze linke Seite wärmen, dabei brachte die letzte Nacht den ersten, allerdings noch ganz leichten Frost. Der Indianersommer* hat begonnen. Die Espen und Birken werden sich bald vergolden, und der Ahorn wird so rot sein, als wäre er mit Blut übergossen.

Weiß der Himmel, warum mir Claude in dem knappen Dutzend von Monaten, die er bei mir im Dienst steht, so angenehm und unentbehrlich geworden ist! Ich habe ihn gern. Er könnte mein Sohn sein. Ich hätte nichts dagegen. Er ist ein Métis. Als ob es darauf überhaupt noch ankäme. Hier nicht. Gott sei Dank! Hier bei mir in der Ferne und Leere gelten die Vorurteile der Welt, die ich verlassen habe, nicht mehr. Sie sind vergessen. Hier gilt jeder nur als der Mensch, der er ist. Ich könnte nicht einmal sagen, ob mir Claude Cuiseur so gut gefällt, weil er zur Hälfte Indianer, ein Cree, oder zur Hälfte Franzose ist. Er hat seinen Vater nicht mehr bewusst erlebt. Er war noch viel zu klein, als dass er sich erinnern könnte, wie der Voyageur Cuiseur ausgesehen hat, der sich seine Mutter zur Frau genommen hat. Natürlich ist er als Indianer aufgewachsen. Sein indianischer Name klingt eigentlich noch schöner als sein französischer: Mascawa Scou Tay.

Will ich mir diesen Halbindianer, Halbfranzosen als zweiten Sohn heranziehen? Er ist ja nur wenig älter als William. Und William ist weit weg. William war sehr hart geworden, als ich ihn vor – ja, wie viele Jahre ist es schon her, seit ich ihn gesehen habe? Fünf? Ja, es werden wohl fünf Jahre sein. Wahrscheinlich kann man gar nicht Jahr für Jahr neben und unter O'Gilcock arbeiten, ohne Arbeit und Verdienst schließlich ebenso zu verstehen wie Cock: immer mehr, immer schneller, immer härter!

Das Lächeln war von Walthers Gesicht verschwunden. Er richtete sich auf und schritt die knappe Steinwurfweite zum Strand hinunter, blickte den blassgoldenen Bogen des Ufersandes mit dem schwärzlichen Wäldersaum dahinter nordwärts und südwärts entlang. Nichts, kein Kanu, auch kein anderes Zeichen menschlichen Lebens war auszumachen. Walthers Augenbrauen zogen sich zusammen. Eine leise Unruhe beschlich sein Herz. Er schüttelte sie ab. Mach dich nicht lächerlich, Walther, dein kostbarer Claude wird demnächst auftauchen. Er ist noch nicht einmal zehn Stunden fort, und die Sonne geht erst in einer Stunde unter. Zwei Stunden ist es also noch hell. Außerdem sieht Claude in der Dunkelheit wie eine Katze. Und er nahm den Faden des Gesprächs mit sich selbst wieder auf:

Bilde dir jetzt nicht ein, dass du es gewesen bist, der sich Claude als Gefährten ausgesucht hat! Nicht du, er ist es gewesen, der sich dir angeboten und dir angeschlossen hat, obgleich du ihn zuerst gar nicht haben wolltest. Die beiden Brigaden von Choquette und Paul Luders waren ja ausreichend besetzt. Er hat auch nicht den geringsten Wert darauf gelegt, die große Reise mit den Pelzen des vorigen Winters nach Grand Portage oder nur zum Rainy Lake anzutreten. Er wollte hier bleiben, um mir zur Hand zu gehen. Und all die anderen waren sehr erleichtert, dass ich nicht einen von ihnen dazu bestimmte, mit mir den Posten besetzt zu halten. Wenn die Burschen ein Jahr mit langem Winter hier im wilden, leeren Pays d'en haut gewesen sind, dann zieht es sie unwiderstehlich nach Grand Portage, als erwartete sie dort der Himmel auf Erden – obwohl es dort nichts weiter für sie gibt als Rum und Whisky, mehr oder weniger vergnügte Schlägereien und ein paar Indianer- oder Mestizenweiber. Und wenn sie wiederkommen, sind sie bis zum letzten Heller abgebrannt.

Claude hat sich mir angeschlossen, weil er die »Wege des weißen Mannes« von mir lernen will, um seine Leute damit vertraut zu machen. Er fühlt sich ganz den Cree zugehörig, obgleich ich ihn stets als Franzosen empfinde. Die wenigen Händler aus Montréal, die in den vergangenen Jahren hier aufgetaucht sind, hatte er allesamt nicht verstanden, weil sie im Winter nicht hierblieben und gewöhnlich erst, wenn überhaupt, im Frühjahr wiederkehrten. Mir aber ging der Ruf voraus, dass ich zu jeder Jahreszeit den Westen dem Osten vorziehe. Die Indianer haben ein vorzügliches Geschick darin, alles über jeden zu wissen oder in Erfahrung zu bringen, der für sie wichtig ist oder wichtig werden könnte.

Ich habe ihn gern, den Claude, den Mascawa Scou Tay, was so viel wie »Starkes Feuer« bedeutet. Sehr gern sogar! Wenn er auch noch lesen und schreiben könnte, ließe sich kein besserer Helfer und Gefährte vorstellen. Auch ohne das hat er mir den vergangenen Sommer so leicht gemacht, wie ich es noch nie hier draußen erlebt habe. Er hat, will mir scheinen, das Beste von der indianischen Mutter und dem französischen Vater mitbekommen. Dass er bei mir für seine indianischen Stammesgenossen erkunden will, warum die Europäer anscheinend so viel wirksamere Mittel und Werkzeuge besitzen, um mit dem Dasein fertig zu werden, als die Indianer, die doch in dieser Wildnis zu Hause sind, das spricht erst recht für ihn, wenn auch wohl vorwiegend für sein französisches Erbe.

Walther McCorssen hatte seine Hände in den tiefen Taschen seines schäbigen Lederrockes vergraben und schritt auf dem Streifen flach getretenen Grases vor der Blockhütte nachdenklich auf und ab. Jedes Mal, wenn er die Richtung wechselte, streifte er mit seinem Blick das lang gedehnte Ufer des allmählich zu abendlicher Ruhe sich sänftigenden Lac la Ronge, das sich bis in den fernsten Punkt der Ferne haarscharf vor dem dunklen Hintergrund der Wälder abhob. Die Strände blieben nach wie vor leer, ebenso die Ufergewässer. Walthers scharfe Augen hätten ein Kanu in der gläsern klaren Luft des Vorherbstes über den strahlenden Einöden sofort erfasst, mochte es auch noch eine oder zwei Meilen weit entfernt sein.

Schon legte die Sonne von Westen her eine lange, immer glühender und goldener sich färbende Glitzerbahn über das langsam zur Ruhe kommende Wasser. Wo blieb nur Claude? Er war früh morgens, bewaffnet mit einer guten Flinte und seinem kräftigen Hirschfänger aus Sheffield, mit dem Kanu zur Jagd aufgebrochen.

»Wenn ich Glück habe, Walther, schieße ich einen feisten Bären, und wir haben gutes Fett für den Winter. Habe ich keines, so bringe ich vielleicht einen guten Hirsch oder ein Elchkalb. Dann brauchen wir nicht immer Fisch zu essen und haben Abwechslung.«

Damit war er ins Kanu gestiegen, hatte noch einmal das Paddel zum Gruß erhoben und war dann mit schnellen, starken Schlägen südwestwärts am Ufer entlang davongeglitten, dass die Bugwelle des schlanken Fahrzeugs aufschäumte. Er wollte sein Glück bei der eine stramme Kanustunde entfernten Einmündung des Meeyomoot in den Lac la Ronge versuchen, wo er vor einigen Tagen die Fährte eines schweren Bären meinte ausgemacht zu haben.

Walther hatte gewarnt: »Sollte es ein Schwarzbär sein oder ein Grizzly, Claude, dann sieh dich vor! Dem sollten wir lieber zu zweit nachspüren. Begnüge dich mit einem Hirsch oder, falls dir einer über den Weg läuft, einem jüngeren Elch.«

Aber Claude mit dem breiten, vergnügten, ganz unindianischen Lachen im tief gebräunten Gesicht, das ihn – wie Walther von Anfang an gefunden hatte – beinahe unwiderstehlich machte, entgegnete: »Es wäre ja nicht mein erster Bär, Walther. Im Herbst geben die Bären das beste Fett. Jetzt ist die richtige Zeit. Vorsicht versteht sich von selbst!«

Walther sagte sich: Es ist schon ein Vergnügen, diesen wachen Burschen zur Hand zu haben. Er hat sein Geld mehr als verdient. Ich sollte eigentlich …

Er zögerte nicht lange, setzte sich im vollen warmen Abendlicht noch einmal an den Tisch, entkorkte das Tintenfass, schlug die Kladde, sein Hauptbuch, auf, griff nochmals zur Gänsefeder und schrieb unter den schon abgeschlossenen Bericht:

Nachtrag zur Schlussrechnung für den Sommer 1776.
Dem Voyageur Claude Cuiseur, Cree-Mann Mascawa Scou Tay, wird als Anerkennung für seine besonderen Bemühungen um den Handelserfolg dieses vorstehend abgeschlossenen Sommers und auch um die Annehmlichkeit des Hauses auf diesem vorgeschobenen Posten ein Bonus von …

Walther zögerte eine kleine Weile, schüttelte dann den Kopf und schrieb doch hin, was er ursprünglich hatte schreiben wollen:

5 (in Worten fünf) Pfund Sterling zusätzlich zugesprochen, der bei der Schlusszahlung nach der Rückkehr der beiden Brigaden zu Beginn des Winters auszuzahlen ist.
Lac la Ronge-Posten, am 8ten Sept. 1776

So, das war's, und so sollte es sein, auch wenn Cock und Pancrace Matthieu nicht damit einverstanden sein würden.

Über alldem war wiederum mehr als eine Viertelstunde vergangen. Der Wind hatte sich völlig gelegt. Die großen weißen Wolken, die am späten Nachmittag wie Traumschlösser sachte über den Himmelsabgrund gesegelt waren, hatten sich verflüchtigt. Die Sonne war in den See getaucht. Der Glutstreifen im Wasser war vergangen, dafür aber war das Leuchten im Westen in den Himmel hinaufgeflammt, dann hatte es schnell an Stärke abgenommen und war aus dem Gold ins Purpurrote geglitten.

Fast auf der Stelle hatte sich die Wärme des Tages verflüchtigt, war gleich vergessen, als hätte es sie nicht gegeben. Walther fröstelte. Er hatte die Kladde wieder zugeklappt und das große Schauspiel vor seinen Augen genossen, obgleich es, allerdings in Abwandlungen, die sich nie wiederholten, jeden Abend von Neuem aufgeführt wurde. Doch vergaß er auch an diesem Abend nicht, sich seiner Pflichten als ein Mann der ungezähmten Wildnis zu erinnern: Wir haben bald Tagundnachtgleiche. Sonnenuntergang also genau im Westen! Ich muss die Richtung mit dem Polarstern abstimmen. Die Nacht wird klar. Der Polarstern im Norden muss mit Sonnenuntergang heute am Achten ein wenig mehr als einen rechten Winkel bilden. Ich muss auch meinen Kompass wieder einmal kontrollieren. Das kann ich morgen machen, wenn ich auch die Polarisrichtung ausgelegt habe.

Er hatte eine der langen schwankenden Fichtenstangen, die als Stakestangen für die Kanus dienten, genau in Richtung des Sonnenuntergangs, allerdings bis zwei Grad nach Norden gewendet, ins Gras vor der Hütte geschwenkt. Bei voller Dunkelheit würde er die Polarisrichtung ebenso festhalten. Im Licht des nächsten Tages würde er den rechten Winkel und seinen einigermaßen unhandlichen Kompass auf ihre Genauigkeit prüfen können.

Es wird Zeit, dass ich mir etwas zu essen mache. Ich muss das Hauptbuch wieder verwahren. Die auf Deutsch niedergeschriebene Schlussrechnung werde ich in den nächsten Tagen ins Englische übertragen, um sie dem Concern vorzulegen. Das hätte eigentlich noch viele Monate Zeit, aber jetzt habe ich Muße. Ich ziehe es vor, so früh wie möglich klaren Tisch zu machen. Man weiß nie, was passiert.

Bevor er ins Haus trat, blickte er noch einmal zum Himmel. Da war er schon, der Große Bär, und da der Polarstern, ganz blass noch. Man musste wissen, wo man ihn zu suchen hatte. Kein Zweifel blieb mehr, die Nacht hatte ihre Herrschaft angetreten.

Und plötzlich war ihm, als packte ihn eine grobe Faust. Er konnte sich nicht länger ablenken: Die Nacht war da, ja – und kein Zeichen von Claude! Claude war nicht da! Obgleich er vor Stunden schon hätte zurückgekehrt sein müssen!

Walther zwang sich zu ruhiger Überlegung. Es war ja keineswegs sicher, dass nur ein Unheil Claudes Rückkehr verzögert haben konnte. Doch horchte Walther auf eine böse bohrende Unruhe in der Tiefe. Sie besagte: Es ist ihm etwas passiert. Schiebe es nicht beiseite – es ist ihm etwas passiert!

Das Sternenlicht gibt nicht genügend Helligkeit. Aber in zwei Stunden wird der Mond hoch sein. Dann kann ich Einzelheiten vom Wasser aus erkennen, wenn ich mich dicht unter dem Ufer halte. Ich werde unser zweites Kanu fertig machen, solange es noch nicht ganz dunkel ist. Ich werde mich noch eine Stunde aufs Ohr legen. Es wird eine lange Nacht werden – vielleicht!

Als er sich schon ausgestreckt hatte, fiel ihm ein: Ich werde den Verbandskasten mitnehmen, Axt und Haumesser und das Feuerzeug natürlich – und einen kleinen Krug mit Branntwein.

Und dann schlief er wirklich. Wie alle Wildnisleute war er es gewöhnt, sich den Schlaf herbeizubefehlen und auch den Zeitpunkt des Erwachens, wenn die Umstände dies erforderten.

13

Mitternacht war vorüber. Der abnehmende Mond spendete kein zuverlässiges Licht, doch Walther erkannte das Kanu auf dem Ufersand schon von Weitem. Es konnte nur das Boot sein, mit dem Claude abgefahren war. Das stellte sich bald als richtig heraus.

Wenn Claude von hier in den Wald gezogen ist, kann ich seiner Spur nicht folgen. Im Dunkel unter den Bäumen lässt sich die Fährte nicht halten, trotzdem will ich's versuchen.

Walther brauchte nicht lange zu mutmaßen, nachdem er sein Kanu neben das Fahrzeug Claudes gebettet hatte. Die Stapfen im Sand verrieten deutlich die Richtung, in welcher Claude in den Wald über dem Uferstreifen hinaufgestiegen war.

Wenn er sich weit in den Wald verlaufen hat, sagte sich Walther, werde ich am Ufer den Morgen abwarten müssen.

Er hatte das noch nicht zu Ende gedacht, als ihn eine Ahnung von Raubtiergeruch innehalten ließ. Die beißende Dünstung war ganz unverkennbar.

Walther regte sich nicht. Zwar hatte er seine Flinte mit trockenem Pulver versehen und das Blei festgestopft, hatte den Hahn gespannt und trug die Waffe in der Armbeuge, aber was nützte ihm das im schwarzsamtenen Schatten unter den Baumkronen!

Kein verdächtiger Laut war zu hören, kein Zweiglein raschelte, kein Hauch eines Atems wehte. Nichts! Totenstille! Durch das dichte Geäst blinkte hier und da das Mondlicht. Die Finsternis in der Tiefe des Waldes schien unter dem zarten Silbergeriesel nur noch lastender, noch dichter zu sein.

Aber der strenge, salzige Wildgeruch schwebte nach wie vor in der unbewegten Luft.

Mit äußerster Vorsicht und jener Lautlosigkeit, die Walther von den Indianern gelernt hatte und die ihm unter Bedingungen wie diesen längst zur zweiten Natur geworden war, schob Walther sich behutsam durchs Dickicht. Vor ihm wurde es ein wenig heller, als näherte er sich einer Lichtung. Deutlicher drang dem Schleichenden jetzt scharfe Witterung eines großen Wildtiers in die Nase. Walther fasste mit der Linken den Lauf seiner Flinte und streckte den Zeigefinger seiner Rechten vor den Abzug. Die Lösung des Rätsels stand unmittelbar bevor, er ahnte es, ja, er wusste es.

Durch eine Lücke im Unterholz öffnete sich ihm schließlich der Ausblick auf einen runden Platz, auf dem Gras und Gesträuch niedergetrampelt waren. Die Mitte war leer. Doch etwas abseits ruhte am Boden eine dunkle Masse, ein länglich formloser Haufen, an welchem sich nichts regte.

Walther strengte seine Augen an. Herr im Himmel, das ist doch …! Es war ein menschlicher Fuß in einem Mokassin! Und schon brach Walther durch das Dickicht ins Freie, mochten auch die Zweige knacken.

Claude war es, der da lag. Walther begriff es sofort. Der menschliche Körper wurde so gut wie vollständig vom schwärzlich zottigen Leib eines riesigen Bären bedeckt. Mit den Vorderpranken hatte das Tier den Menschen wie in einen fürchterlichen Schraubstock geschlossen.

Walther beugte sich über die ineinander verkrampften Leiber und erkannte mit Entsetzen, dass der Bär seine Zähne tief in die linke Schulter des Jägers vergraben hatte. Claudes Kopf war hart nach rechts abgewinkelt, als wäre ihm das Genick gebrochen.

Bären haben ein ungemein zähes Leben. Walther durfte nichts riskieren. Er stieß dem breit über dem Menschen lastenden Tier den Lauf seiner Flinte ins Fell, dort hinter dem

Absatz der linken Vordertatze, wo das Herz sitzen musste, und drückte ab. Der Schuss sengte das Fell. Brandgestank wirbelte auf für ein paar Augenblicke. Der schwere schwarze Leib zuckte unter dem Aufprall des Geschosses, lag aber gleich wieder still wie zuvor. Walther hatte einen Kadaver erschossen.

Und Claude? War auch er tot? Walther versuchte, den Leib des Bären von dem menschlichen Körper abzurollen, herunterzuzerren. Es gelang ihm nicht. Die Vorderbeine des Tieres, die Claude unter den Armen umpressten, ließen sich nicht lösen. Die Totenstarre machte sie unbeweglich. Auch das Gebiss des Tieres, das sich in die menschliche Schulter gebohrt hatte, ließ sich nicht öffnen.

Und Claude? Mein Claude? Er muss tot sein, wenn auch der Bär tot ist, der auf ihm lastet. Seine Augen sind geschlossen, sein Mund ist leicht geöffnet, sein Gesicht ist verzerrt vor Schmerz …

Der Kopf ließ sich ohne Schwierigkeit in eine natürliche Lage wenden. Und plötzlich durchfuhr es Walther wie ein Schlag: In diesem Hals ist keine Leichenstarre, nein, die Haut ist nicht erkaltet. Es ist noch Wärme spürbar. Claude ist nicht tot, er ist nur ohne Besinnung, liegt in tiefer Ohnmacht, er lebt! Oh, mein Gott, ich muss ihn aus dieser grausigen Umarmung befreien – wenn nicht anders: heraushacken …

So schnell ihn seine Füße trugen und das wirre Unterholz und die Finsternis es erlaubten, hastete Walther zu dem Kanu hinunter, das ihn herangetragen hatte.

In fliegender Eile machte Walther seine Flinte wieder schussfertig, schüttete aus dem Büffelhorn Pulver in die Pfanne und stopfte die Kugel sorgfältig fest. Dann griff er nach der Axt und dem Beil, die er mit auf die Suche genommen hatte, und eilte den nun schon erkennbaren Pfad zu der kleinen Lichtung zurück, wo er die zwei reglosen Leiber gefunden hatte.

Es blieb ihm gar keine Wahl, er brauchte auch gar nicht

darüber nachzudenken. Mit der Axt hackte er die Vorderbeine des Bären aus den Gelenken. Er trennte den Kopf vom Nacken. Er wuchtete mit dem zähen Stiel des Beils die Zähne des Bären auseinander, bis er den zottigen, spitzgestreckten Schädel abheben und ins Gebüsch schleudern konnte. Er fällte eine junge Fichte am Rand der Lichtung, ertastete und kürzte den schlanken Stamm, schob ihn unter den Leib des toten Tieres und stemmte die Last schließlich von dem Körper des Menschen ab. Der kopflose Leichnam des Raubtiers rollte auf den Rücken.

Jetzt erst erkannte Walther, dass Claude dem Bären, wahrscheinlich noch ehe ihn dieser in die entsetzliche Umarmung nahm, seinen zweischneidigen Hirschfänger bis zum Heft von unten her ins Herz gestoßen hatte.

Walther wischte sich die mit Blut besudelten Hände am taunassen Gras ab. Der Morgen graute. Die Luft ging eisig. Aber Walther merkte nichts davon. Er war in Schweiß gebadet.

Walther beugte sich über den Kopf seines jungen Freundes. Er hatte den Leib des verwundeten Mannes noch nicht bewegt. Claudes Gesicht hatte sich ein wenig entspannt. Seine Nasenflügel zuckten zuweilen, und über die geschlossenen Lider huschte ein Flackern. Er dehnte sich ein wenig, stöhnte schmerzlich, schlug die Augen auf und erkannte über sich in der Dämmerung das Gesicht des Älteren.

»Walther!«, flüsterte er. »Walther! Du bist es! Gott sei Dank!«, und glitt schon wieder in eine neue Ohnmacht.

Was jetzt, was jetzt?, schrie eine Stimme in Walthers Hirn. Ich muss ihn retten. Er soll nicht sterben.

Er muss hier liegen bleiben, vorläufig. Er ist nicht zu transportieren. Oder sollte ich ihn nicht doch zum Strand hinunterschleifen? Dort kann ich ihn waschen und seine Bisswunde mit Brandy reinigen. Dass er nicht daran verblutet ist! Die Zähne haben keine Schlagader getroffen, und das in die Schulter gesenkte Gebiss hat das Blut nicht ausfließen lassen.

Aber im Fall wird der über ihn stürzende Bär ihm die Rippen gebrochen haben. Das müsste auf der linken Seite geschehen sein.

Walther kniete nieder und schnitt mit seinem Jagdmesser das blutverschmierte Hemd, das sich anders nicht lösen ließ, von der linken Schulter bis zur Hüfte auseinander. In der Tat, der linke Brustkorb war in seinem unteren Teil blau geschwollen. Vorsichtig tastete Walther ihn ab. Ja, die untersten zwei Rippen links waren geknickt. Das war an ihren lockeren Enden deutlich zu spüren. Der Ohnmächtige stöhnte leise unter den behutsam drückenden Fingern. Walther wusste genug. Die Rippen würden schnell wieder zusammenheilen, wenn der Verwundete sich nur zu völliger Ruhe zwang.

Größere Sorge bereitete ihm die Bisswunde an der Schulter. Walther versuchte, Claudes linken Arm zu heben und abzuspreizen. Kein Widerstand, nichts Ungewöhnliches war dabei zu bemerken. Walther atmete auf. Claudes Schultergelenk schien nicht gesplittert zu sein. Auch das Schlüsselbein war unversehrt geblieben. Der Biss hatte weit links gesessen. Der mächtige harte Muskelballen über Claudes Schulter, der Schulter eines Kanuruderers, hatte die Gewalt des Bärenbisses gedämpft. Vielleicht hatte auch das schwere Messer, das Claude dem ihn umarmenden Bären mit aller Gewalt zwischen den Vorderbeinen ins Herz gejagt hatte, das Tier zurückzucken lassen, sodass sich die Zähne nur mit halber Kraft ins Fleisch des Gegners bohrten. Die Fleischwunde, so stellte Walther fest, wird von selbst heilen und kaum großen Schaden anrichten, wenn – ja, wenn sie sich durch den Speichel des Bären nicht entzündet.

Gewiss, Walther konnte die Wunde auswaschen, konnte sie auch mit unverdünntem Rum ausbeizen. Aber kam das nicht schon zu spät? Die Wundränder waren unter getrocknetem Blut verborgen. Walther konnte nicht erkennen, ob sie schon gerötet waren und damit eine beginnende Entzündung oder

Vergiftung der Wunde anzeigten. Vor allem war erforderlich, den Verletzten zum Seeufer zu schaffen. Tragen konnte Walther ihn nicht. Dazu hätte er ihn zu sehr verzerren müssen. Ich mache es, sagte sich Walther, wie es die Indianer machen würden, baue mir eine Schleppe, einen *travois*. Er schlug zwei Fichtenstämme, entfernte die unteren Zweige und packte die dicht mit Zweigen besetzten Kronen der Länge nach neben den Ohnmächtigen. Die abgeschlagenen längeren Zweige von der unteren Hälfte drückte er auf die ineinandergeschobenen Kronen, sodass am Boden neben dem Körper des Verletzten ein längliches Lager entstand.

Dann kam das Schwierigste: Er musste den ruhenden Körper des Ohnmächtigen auf die Schleppe rollen. Walther legte dem Bewusstlosen die Arme flach an die Seite. Zweimal musste er den Körper umdrehen, auf den Bauch zuerst und wieder auf den Rücken. Dann musste Claudes geschundener Leib der Länge nach auf der buschigen Schleppe Platz gefunden haben. Er würde ihm große Schmerzen bereiten müssen. Doch gab es keine andere Wahl. Und es glückte.

Der Schmerz hatte Claude abermals geweckt. Als er schon auf dem grünen Bett lag, stöhnte er heftig und schlug die Augen auf. Beim zweiten Drehen war sein beschädigter Brustkorb unvermeidlich gedrückt worden. Wieder traf sein Blick auf Walther, der sich bemühte, den Verwundeten so schonend wie möglich auf der Schleppe zurechtzurücken: »Oh, Walther – ich habe fürchterliche Schmerzen, links in der Schulter und im Leib.«

»Ich musste dich bewegen, Claude, musste dich auf den Travois rollen. Ich will dich ans Seeufer bringen. Im weichen Sand liegst du besser, und ich kann dich waschen.«

»Ja, wenn du nicht gekommen wärst«, stöhnte der Verwundete, »ich glaube, ich wäre erstickt unter der Bestie. Der Bär ist auf mich losgegangen, als ich schon nach den ersten dreißig Schritten im Wald ihm unversehens gegenüberstand. Und dann versagte die Flinte. Sie hatte im Kanu gelegen. Vielleicht hat ein Spritzer meines Paddels das Pulver genässt. Ich hatte gerade noch Zeit, den Hirschfänger zu ziehen. Der Grizzly hatte sich schon aufgerichtet und war über mir. Vergiss nicht die Flinte! Sie muss irgendwo im Gras liegen. Wenn ich stöhne, mach dir nichts draus! Ich friere. Wenn nur die Sonne endlich hochkäme!«

Er schloss von Neuem die Augen, wurde jedoch nicht wieder ohnmächtig. Es kam Walther vor, als habe sich Claude etwas erholt, seit die Last von vielen Zentnern, die der tote Bär über seinen Leib gebreitet hatte, von ihm genommen war.

Walther fand die Flinte schnell. Ja, der Hahn war zugeschlagen, aber der Schuss war nicht losgegangen. Die Kugel steckte noch im Lauf. Walther legte die zwei Flinten, die Axt und das Beil zwischen die gespreizten Beine des Verletzten.

»Ich spanne mich jetzt zwischen die beiden Stämme und schleppe dich zum Seeufer. Wenn du es fertigbringst, halte dich an den Zweigen unter dir fest, damit du auf dem Rücken liegen bleibst. Ich werde sehr langsam und vorsichtig sein. Hast du mich gehört, Claude?« Der flüsterte tonlos, ohne die Augen zu öffnen: »Ich habe es gehört. Nimm keine Rücksicht. Es wird schon gehen.« Und es ging.

Allerdings dauerte es fast eine Stunde, bis Walther die Schleppe mit dem Verwundeten die fünfzig Schritte zum Strand hinunterbugsiert hatte. An vielen Stellen hatte er den Weg erst freischlagen und glätten müssen. Aber schließlich ruhte Claude auf seinem gut gepolsterten Lager aus Fichtenzweigen zwischen Waldrand und Wasser auf dem trockenen Sand.

»Gib mir etwas zu trinken!«, seufzte der Kranke.

»Ich hätte gleich daran denken sollen. Ich tu dir einen Schuss Rum ins Wasser. Das wird dir guttun. Und dann bereite ich uns etwas zu essen. Die Bärenleber vielleicht, wenn sie gesund aussieht. Sie soll leicht verdaulich sein ...«

Claude versuchte ein Lächeln. Walther erkannte es nur am Zucken seiner Mundwinkel und um die Nasenflügel.

»Bärenleber, das wär was! Rache ist süß!«

So war Claude, bei all seinem Elend tapfer und mit dem Willen zur Heiterkeit. Walther schöpfte neuen Mut und überwand die Müdigkeit, die sich jetzt, da die Sonne warm wurde, wie eine bleierne Glocke über ihn stülpen wollte. Er hatte kein Auge zugetan in der Nacht. Seine Kräfte und seine Nerven waren aufs Äußerste beansprucht worden.

»Aber willst du mich nicht vorher ein wenig waschen, Walther? Ich glaube, wir sehen schrecklich aus, alle beide.«

Walther befreite die Schulterwunde von dem verkrusteten Blut. Die Verletzung sah böse aus. Die Zähne des Raubtiers hatten den dicken Muskel zerfetzt, waren aber am Knochen vorbeigeglitten. Es sah so aus, als wären die Wundränder gerötet. Aber Walther war seiner Sache nicht sicher. Die Wunde hatte sofort wieder zu bluten angefangen. Walther stillte die Blutung nicht. Vielleicht reinigte sich die Wunde auch von selbst.

Claude hatte während der Prozedur des Waschens den Kopf zur Seite gedreht und die Zähne zusammengebissen. Dann war's vorüber. Er lag erschöpft, das Blut rann wie das Waschwasser zuvor zwischen den Fichtenzweigen des Lagers davon. Über den gebrochenen Rippen hatte sich die Haut blau verfärbt und war unförmig aufgedunsen von einem inneren Bluterguss. Da war nichts zu waschen, da war nur zu kühlen. Walther feuchtete zwei Handvoll des feinen Ufersandes und breitete sie über die Schwellung.

»Das tut gut, Walther! Aber nicht andrücken! Sonst muss ich schreien!«

Walther stellte eine Frage, die ihn schon eine ganze Weile beunruhigte:

»Hast du noch anderswo Schmerzen im Leib, Claude? Der Bär hat mit Zentnerlasten auf dir gelegen. Er könnte dir außer den Rippen auch noch die Leber oder die Lunge gequetscht haben.«

»Nein, glaube ich nicht, Walther. Aber wenn du nicht noch in der Nacht gekommen wärst – ich hätte die Last nicht mehr lange ausgehalten. Ich war am Ersticken. Jetzt spüre ich nur die Schulter und den linken Brustkorb!«

»Gott sei Dank, Claude! Dann wirst du wieder gesund. Bis auf Weiteres musst du hier liegen bleiben und dich so wenig wie möglich rühren. Ich werde eine Hütte um dich herum errichten. Alles Notwendige kann ich in ein, zwei Fahrten von unserer Station herüberholen. Es wird nicht gleich jemand auftauchen, unser Lager und unseren Proviant zu berauben.«

Claude flüsterte kaum hörbar: »Wenn mein Stamm wüsste, was mir geschehen ist, würde er gern zwei oder drei junge Krieger stellen, unser Lager zu bewachen. Meine Leute sind um diese Jahreszeit höchstens einen Kanutag entfernt, irgendwo am Eier-See, um Lachse für den Winter zu fischen.«

Aber Walther ging nicht auf diesen Vorschlag ein. Er mühte sich den ganzen sonnigen Septembertag über, das Notwendigste aus dem Blockhaus weiter im Nordosten heranzuschaffen und dann vor allem, über dem Verletzten eine grobe Hütte zu errichten, die sie beide vor der Kälte der Nacht schützen würde, wenn man an ihrer gegen den Wald hin offenen Seite ein Feuer unterhielt.

Gegen Abend dann ruhte der Kranke, gespeist und getränkt, in Wolldecken eingehüllt unter einem gut mannshohen Dach, das mit Grasplacken dicht gemacht war. Es war ein unruhiger, doch zum Glück von sanfter, warmer Sonne durchleuchteter Tag gewesen. Walther ließ sich endlich neben dem Feuer vor der Hütte nieder, um ein paar Bissen Trockenfleisch hinunterzuwürgen. Er hatte sich auf die Erde gesetzt und lehnte mit dem Rücken an einem der Eckpfosten des Verschlages. Gerade wollte er einen Bissen zum Mund führen, als ihm plötzlich der Kopf auf die Brust sank, die Hände mit dem

Messer und dem Pemmikan von den Oberschenkeln rutschten und sein Leib sachte, doch ganz willenlos seitwärts in den Verschlag hinein zu Boden kippte. Ein schwerer Seufzer, fast einem Röcheln gleich, drang aus seinem Mund. Er schlief, schlief endlich wie ein Toter. Kein Donner würde ihn wecken in den ersten Stunden der schon heraufdämmernden Nacht.

Der Kranke hatte unter halb geöffneten Lidern beobachtet, was sich neben ihm ereignet hatte. Er sagte leise: »Schlafe nur, Walther. Ich werde wachen. Meine Wunde brennt ohnehin wie Feuer.«

Claude veränderte vorsichtig seine Lage, sodass er das Feuer von Zeit zu Zeit mit neuen Scheiten bestücken konnte, die Walther für die Nacht bereitgelegt hatte. Er schob dem älteren Gefährten, dessen Füße neben der wärmenden Glut lagen, ein gerolltes Kleiderbündel unter den Kopf.

Die zweite Nacht nach dem Unfall trat ihre sternklare, lautlose Herrschaft an.

Walther erwachte mit dem ersten Grau des Morgens, steif zwar und auch ausgekühlt, aber doch so erfrischt, als habe es die außerordentliche Anstrengung der vergangenen vierzig Stunden gar nicht gegeben. Aber warum hatte Claude das Feuer zusammensinken lassen? Walther hatte doch trockenes Holz zur Genüge bereitgelegt.

Die Antwort ergab sich schnell, als Walther, nachdem er Gesicht und Hände im noch gar nicht kalten Wasser des Sees gespült hatte, sich vorsichtig um den Kranken kümmern wollte, von dem er annahm, dass er noch schliefe.

Es war schon hell genug, um zu erkennen, dass Claude ihm aus dem Dämmer des Verschlages mit weit offenen Augen entgegenblickte. Fast überlaut und heiser kam seine Stimme: »Walther, dass du endlich nach mir siehst! Meine Schulter brennt entsetzlich. Ich glaube, ich habe Fieber.«

Walther fühlte die Stirn des Leidenden. Sie war nass von

Schweiß, sie glühte. Der ganze Leib des Kranken glühte. Er schob die Decke beiseite, nahm den Verbandslappen von der Schulter. Er war steif von getrocknetem Wundwasser. Die Schulter sah böse aus, war feuerrot verschwollen bis in den Oberarm und den Halsansatz. Was Walther gefürchtet hatte, war eingetreten: Zähne und Schnauze des Raubtiers hatten die Wunden vergiftet.

»Ich werde die Wunde kühlen und auch deine linke Brust, Claude. Du bist am ganzen Leib heiß. Soll ich dir etwas zu essen machen?«

»Nein, nur zu trinken.«

»Ich werde dir schieren Rum geben. Vielleicht nutzt dir das!«

An die wohltätige Wirkung unvermischten Rums oder Brandys glaubten die Voyageurs, wenn es galt, eine Entzündung oder Vergiftung zu bekämpfen. Walther hatte es von ihnen gelernt. Im Übrigen wussten die Voyageurs herzlich wenig von heilenden oder auch nur stärkenden Mitteln. Krankheiten und Unfälle unterwegs – die Voyageurs hatten es noch nie ernsthaft bezweifelt: Solch Missgeschick war immer Gottes Wille, und es hatte deshalb wenig Sinn, sich dagegen aufzulehnen. Wenn Gott es so wollte, dann überstand der Bedrohte Krankheit, Leiden und Wunden. Bestand er sie nicht, so hatte man sich mit dem Schicksal abzufinden, ein Vaterunser und einige Ave Marias zu beten, den Toten zu begraben und sich wieder den Aufgaben des Tages zuzuwenden, die nicht verzögert werden durften. Die Kanus hatten zu fahren, die Portagen mussten bewältigt werden. Die Flüsse und Seen des Nordens und Nordwestens sind nur die Hälfte des Jahres befahrbar. In der anderen Hälfte verriegelt sie das Eis. Also war nie Zeit zu verlieren.

Wenn Walther auch kein echter Voyageur war und nie einer werden würde, so war doch auch ihm der Gleichmut gegenüber Krankheit und Unfall, Tod und Leben zur zweiten

Natur geworden. Der Tod war immer mit von der Partie, sobald man im Kanu zum Paddel griff oder sich den kaum erkennbaren Pfaden durch die Einöde anvertraute. Das war so selbstverständlich, dass man keinen Gedanken daran verschwendete.

So kühlte Walther zwar die Wunde des stöhnenden Gefährten, wischte ihm den Schweiß vom Gesicht, vergaß auch nicht den Becher Rum von Zeit zu Zeit, aber viel zu hoffen wagte er nicht mehr. Er kannte nur zu gut den Ablauf dieser schrecklichen Vergiftungen.

Doch Claudes, des Mestizen gesunde, junge Natur wehrte sich heftig gegen den Untergang. Er war die meiste Zeit bei klarer Besinnung. Als es wieder Nacht wurde – Walther kam gerade vom Wasser herauf, wo er die Verbände frisch gespült hatte –, drang aus dem schon dunklen Hintergrund des Verschlages Claudes Stimme seltsam klar und bestimmt an Walthers Ohr:

»Walther, es wird nichts mit mir. Ich gehe ein, wenn nichts geschieht. Ich bitte dich, lass mich hier liegen, wie ich bin. Vielleicht halte ich durch. Steige du ins Kanu, fahre am Südufer des Sees bis zum Zufluss vom Eier-See her und dringe dort vor, bis du meine Leute findest. Die Indianer kennen viele heilende Mittel. Ich habe eine ältere Schwester. Sie heißt im Französischen Evangeline, im Stamm aber Kaskut Omimee. Bringe sie her, so schnell du kannst. Sie weiß viele heilende Pflanzen und Säfte. Sie ist sehr beliebt und berühmt bei uns, fast wie ein zweiter Häuptling. Wenn irgendwer, dann wird sie mir vielleicht noch helfen.«

Walthers Kanu glitt über den wie schwarzes Glas ruhenden See. Verstohlen nur rauschte die Bugwelle. Bei so stillem, sternklarem Wetter war der Ufersaum, dem Walther in einigem Abstand folgte, deutlich zu erkennen. Walther fühlte sich sonderbar erleichtert, denn endlich konnte er etwas unternehmen. Er brauchte nicht mehr tatenlos zuzusehen, wie Claude verfiel. Die Hoffnung auf die Kunst der Schwester würde die schon unsicher flackernde Lebensflamme des Gefährten nicht verlöschen lassen. Walther würde nicht versagen, würde jene Kaskut Omimee – was etwa »blaue Taube« bedeutete – so schnell heranschaffen wie nur irgend möglich. Sein Kanu war leicht, klein und glatt. Ein Cree-Kanu, wie es die Indianer für kürzere, schnelle Reisen benutzen. Zeige, was du kannst, Walther, zeige, dass du ein Coureur de bois bist, wie es keine besseren gibt! Finde Claudes Stamm am Eier-See oder dahinter ohne jeden Umweg, als ständen die Wasser voller Wegweiser!

Walther hatte wohl bedacht, dass es sehr unklug sein würde, sich dem Dorf des Unterstammes der Cree, zu dem Claude gehörte, zu nähern, ehe nicht die Helligkeit des neuen Tages sich voll durchgesetzt hatte. Es sollte niemand fürchten müssen, dass er als Späher oder als Feind käme. Gewiss, es herrschte Frieden im Land, und die Cree-Indianer waren freundliche Menschen. Aber die Wildnis, die stets unberechenbare, forderte ihnen ständig und überall Vorsicht und Misstrauen ab. Und auch Walther hatte hundertfach – und manchmal bitter genug – erfahren, dass in den unermesslichen Einöden des Nordwestens nie ermüdende Achtsamkeit, Geduld und stetes Vorausdenken unumstößliche Gesetze darstellten, die gehorsam zu beachten waren, wenn der Mensch von der wilden, übermächtigen Natur nicht verschlungen werden wollte.

Walther glaubte ungefähr zu wissen, wo er das Dorf der Cree, das Claudes Mutter und Geschwister beherbergte, aufspüren würde. In einer so stillen Nacht wie dieser, einer so hellen dazu, würde er gute Fahrt machen und den Egg Lake noch vor dem Morgengrauen erreichen. Er hatte also Zeit, zwischendurch zwei bis drei Stunden zu schlafen. War er doch bereits bis an die Einmündung jenes Gewässers in den großen Lac la Ronge vorgedrungen, der den Egg Lake entwässert. Die Nacht war völlig windlos, kalt und klar gewesen, in ihrer zweiten Hälfte von einem halben Mond silbrig erhellt.

Als Walther wieder erwachte, schwebte der Mond noch am Himmel, aber im Osten hatte sich das fahle Rot des Morgens schon einige Handbreit über den Horizont erhoben. Es war Zeit, wieder zum Paddel zu greifen. Der erste Gedanke Walthers galt Claude, den er in seinem Verschlag aus rohen Fichtenstämmchen zurückgelassen hatte. Wie mochte der Kranke die Nacht überstanden haben? Wilde Tiere hatten ihn sicherlich nicht belästigt, wenn er stark genug geblieben war, das Feuer an der zum Wald hin offenen Seite der Blockhütte in Gang zu halten. Während Walther sich den Oberkörper wusch und ganz wach und frisch dabei wurde – das Wasser des Sees erschien ihm erstaunlich lau in der eisigen Morgenluft –, sprach er vor sich hin:

»Ich bringe dir deine Schwester, Claude, und wenn es mit dem Teufel zugehen müsste! Sie wissen viele Künste, die indianischen Kräuterweiber, von den hilfreichen Kuren dieser Evangeline hast nicht nur du mir schon berichtet. Also ab und vorwärts! Keinen Aufenthalt weiter!«

Nach Indianerart zog er sich Hemd und Rock nicht wieder an. Die Hose genügte ihm. Und schon tauchte sein Paddel ins Wasser. Er ruderte kniend. Die Indianer, die Micmacs im fernen Nova Scotia ebenso wie hier die Cree der Wälder im Nordwesten, wussten sehr genau, wie ein leichtes Reisekanu am schnellsten voranzutreiben ist.

Zwischendurch brach sich Walther mit den Zähnen ein paar Brocken Trockenfleisch von dem Riegel Pemmikan, den er sich als einzigen Proviant mit auf die Reise genommen hatte. Solche Nahrung belastete nicht, schenkte aber wie keine andere Kraft und Ausdauer.

Als der erste Blitz der aufgehenden Sonne über dem

schwarzen Saum des Waldes heraufbrach, während im Westen der letzte dunkelviolette Nachklang der Nacht allmählich hinter die Kimm tauchte, zog Walthers Boot längst der milden Strömung des Montréal-Flusses entgegen.

Walther vergaß keine Sekunde lang, dass es bei seiner Fahrt um Leben und Tod ging. Leben oder Tod für den Gefährten, der sein Sohn hätte sein können und der ihm in den vergangenen Monaten ans Herz gewachsen war, ohne dass er es recht gemerkt oder gar gewollt hatte. Gleichzeitig drang in dieser klaren, kalten Stunde die stolze Pracht des Herbstmorgens in ihn ein. Während er das Kanu mit harten Schlägen antrieb, fühlte er sich mit sich selbst und dieser einödweiten Welt einig wie nie zuvor. Da war er nun, ganz auf sich allein gestellt, ein Einziger im unabsehbar nie zergrenzten Indianerland. Einen Freund der wenigen Eingeborenen durfte er sich nennen, die seiner mehr bedurften als er ihrer, denn er verschaffte ihnen die Mittel und Werkzeuge, mit denen sie sich ihr karges Dasein in den alles Land überflutenden Wäldern erleichtern konnten. Und auch die Waffen, mit denen sie in den vorangegangenen Jahrzehnten andere Indianervölker in den höheren Norden und Nordwesten getrieben hatten, um sich ihrer reichen Biberfanggebiete zu bemächtigen. Das wiederum hatte die Cree in den Stand gesetzt, mit den vereinzelten Weißen, die sich kühn in ihre Gebiete vorwagten, Handel zu treiben – und zwar noch viel ergiebiger als zuvor.

Ja, Walther spürte in diesen Morgenstunden, als er großartig allein über den blanken Strom dahinzog, dass er endlich eine Heimat gefunden hatte, wo ihm kein König und kein Herr mehr Vorschriften machten. Der Himmel wurde langsam immer tiefer blau, die Kräuselungen des in kristallener Tiefe braunschwarz heranziehenden Wassers blinkten und der schwarze Fichtensaum der nie gestörten Wälder war prunkvoll mit dem Purpur und Gold des herbstlichen Laubes der Espen, Birken und Pappeln durchwirkt. Der indianische

Sommer, der Duft von Reinheit und Reife und die unendliche Stille – in all dieser Pracht offenbarte sich Walther die wunderbare Ahnung, dass er hier endlich frei war. Frei wie die Kraniche, die in lang gezogener Keilordnung hoch über ihm nach Süden zogen. Ihre heiseren Rufe waren schon an sein Ohr gedrungen, ehe er sich noch umdrehte und sie sichtete.

Ein Gefühl des Sieges schoss durch sein Herz. Ich werde die Schwester Claudes finden. Sie wird ihn retten und heilen.

Walther hob die rechte Hand mit leicht angewinkeltem Arm: Ich komme in Frieden. Am Ufer des Sees erwarteten ihn einige Männer, die aus den zwei Reihen der Lederzelte des Dorfes in der Küstenebene zum Landeplatz hinuntergekommen waren, um das schon von weit her sichtbare Kanu des Besuchers zu empfangen. Im Hintergrund hatten sich zwischen den ersten Zelten, aus deren Spitzen zwischen sich überkreuzenden Stangen friedlicher Rauch in die kaum bewegte Luft kräuselte, neugierige Kinder und Frauen versammelt.

Die Männer hatten schnell erkannt, dass es kein Indianer war, der zu so ungewöhnlicher Stunde auf sie zuhielt. Es konnte sich wohl nur um den Händler vom La-Ronge-See handeln, der all die Cree vom Montréal- über den Bow- bis zum Nipekamew-Fluss zu sich bekehrt hatte. Er lieferte gute Waren, kräftigen Rum und erwies sich im Übrigen wie ein Indianer als ein ernster und gemessener, aber auch freundlicher und nachsichtiger Mann.

Als Walther am Ufer ins Wasser stieg, um sein Kanu vorsichtig an Land zu heben, erkannte er unter den Männern, die ihn erwarteten, einen der drei Indianer, die ihm am Vormittag seines fünfzigsten Geburtstags einen herrlichen Silberfuchs angeboten hatten. Nach einigem Hin und Her hatte er sich das wertvolle Fell gesichert, hatte in Waren und Brandy einen angemessenen Preis dafür bezahlt und die Verkäufer sicherlich zufriedengestellt. Das hatte sich damals am Sturgeon-Weir-Fluss ereignet, dort, wo er in den Namew-See einfließt, viel weiter im Osten. So weit also hatte damals der Silberfuchs reisen müssen, ehe er an den – weißen – Mann gebracht werden konnte. Jetzt war Walther schon bis in die Heimat der Pelzjäger vorgedrungen, was er nicht ohne Befriedigung feststellte. Man kannte ihn also hier nicht nur von den Handelsgeschäften der vergangenen Sommer, sondern schon von früher her. Das traf sich gut – ganz abgesehen davon, dass die Männer wussten, dass einer der Dorfgenossen, eben Mascawa Scou Tay, bei ihm in Dienst stand und das nicht ungern.

Walther hatte die übliche umständliche Begrüßung über sich ergehen zu lassen, durfte auf gar keinen Fall mit der Tür ins Haus fallen und musste warten, bis er ins Zelt des Häuptlings geführt wurde, ehe er sein Anliegen vortragen konnte. Endlich war es so weit.

Der Häuptling Saw waw Mickinack, »Gelbe Schildkröte«, war ein bejahrter Mann mit zerfurchtem Gesicht, breiten Backenknochen und tief liegenden Augen, die nur gelegentlich, aber dann überraschend hart unter den schweren Lidern und buschigen Brauen aufblitzten. Er war bei aller Selbstbeherrschung, die ihm seine Würde auferlegte, tief bestürzt, als er von Claudes Unfall hörte.

»Gewiss, sie wird ihm helfen. Seine Schwester genießt großes Ansehen bei uns. Sie hat schon vielen geholfen, auch mir, obwohl ich alt bin. Meine Tage sind gezählt. Meine Gelenke werden steif. Ich werde sie gleich suchen lassen. In diesen Tagen ist sie viel im Wald unterwegs, die Kräuter und Wurzeln zu sammeln, die sie für ihre Medizin braucht.«

Wie es sich einem geehrten Besucher gegenüber gehört, wurde Walther zum Essen eingeladen. Da die Sonne schon wärmte, ließen sich Walther und der Häuptling vor dem Zelt nieder, während zwei Frauen in langen weichen Ledergewändern eine angenehm duftende Brühe aus Elchknochen und ein Fischragout auftrugen. Der kupferne Kessel und die zinnernen Näpfe stammten aus Walthers Angebot, wie er sofort erkannte. Er hatte einige Dutzend guter Biberfelle dagegen eingetauscht.

Die Männer aßen schweigend, wie es sich geziemt, von einer breiten, leeren Zone des Respekts umringt. Nur in der Ferne hielten einige Dorfbewohner Maulaffen feil*. Sie wurden von ihrer Neugier verführt, die guten Sitten zu missachten.

Walther sah die Gesuchte vom Wald her über die Zeltgasse auf den Häuptlingsplatz zuschreiten, von zwei jungen halb nackten Kriegern geleitet und von Kindern und Frauen gefolgt. Wie ein Buschfeuer hatte es sich unter den Leuten verbreitet, weshalb der Händler vom La-Ronge-See ins Dorf gekommen war.

Walther ließ den birkenen Löffel wieder in den Napf zurücksinken. Ihm war, als träfe ihn ein leichter Schlag vor die Brust. Sie musste es sein. Sie überragte ihre beiden Begleiter – beide kräftig gebaut, aber nur mittelgroß wie alle Cree – um einen halben Kopf. Natürlich, sie lebte wie eine Indianerin, aber genau wie ihr Bruder Claude war sie von ihres Vaters Seite her französischen Geblüts, Tochter jenes Waldläufers Cuiseur, den ein wildes Geschick zu den Crees verschlagen hatte. So mancher Kanadier vom unteren St. Lorenz hatte bei den zumeist wohlwollenden und dankbaren Indianern des fernen Westens und Nordwestens eine neue Heimat gefunden. Eine freiere, als sie ihm das Land am großen Strom des Ostens mit seinen mächtigen Seigneurs, den gestrengen katholischen Priestern und den auf Steuern und Schmiergelder versessenen königlichen Beamten geboten hatte.

Walther erkannte ihr Gesicht, ein schmales, hohes Antlitz mit starken, dunklen Brauen und mit großen, keineswegs nach Indianerart geschlitzten dunklen Augen. Das dunkle, doch nicht indianisch schwarze Haar, das lockerer zu sein schien als das viel festere, glatte der Reinblütigen, war im Nacken zu einem schweren Knoten hochgesteckt. Das Kleid aus weichem Leder, aus dessen kragenlosem rundem Ausschnitt der Hals sich schlank erhob, reichte ihr fast bis zu den Knöcheln und verhüllte und verriet zugleich ihren makellosen Leib. Das Gewand war völlig schmucklos bis auf eine mit Stachelschweinborsten in verwickeltem Muster verzierte Tasche, die ihr am fest schließenden Gürtel hing. Sie trug einen Korb am Arm.

Ihre Begleiter blieben zurück. Ruhigen, sehr gemessenen Schrittes kam sie über den Vorplatz auf den vor seinem Zelt sitzenden Häuptling zugeschritten, blieb vor ihm stehen und hob die Hand zum Gruß: »Hier bin ich, Häuptling. Du hast mich rufen lassen?«

Sie hatte Walther noch keines Blickes gewürdigt. Sie hatte nur dem alten Saw waw Mickinack zu gehorchen. Eine unbegreifliche Erregung bemächtigte sich Walthers, überfiel ihn aus dem Nichts. Er hatte sich erhoben, ohne dass es ihm bewusst geworden war. Welch kaum zu fassendes Wunder entfaltete sich vor seinen Augen und ließ seinen Atem stocken! Sie blickte nicht zur Seite. Walther war einen, zwei Schritte zurückgetreten, als müsste er eine zuverlässigere Sicht gewinnen. Der Häuptling räusperte sich.

»Gut, dass sie dich so schnell gefunden haben, Omimee! Gefahr ist im Verzuge, große Gefahr für deinen Bruder, den ich zu dem Händler am La Ronge geschickt habe, damit er bei diesem klugen Mann mehr noch von den Wegen des weißen Mannes lernen möge, als wir schon in der Vergangenheit von deinem Vater gelernt haben.«

Er wendete sich an Walther: »Erkläre diesem Mädchen, der Schwester deines Helfers, was passiert ist und was von ihr erwartet wird. Ich glaube, ihr solltet sofort die Rückfahrt antreten, sonst kommt ihr zu spät.«

Es dauerte lange, ehe Walther begriff, was ihm gesagt worden war und was von ihm erwartet wurde. Er stand und starrte zu der Frau hinüber, die vor den Häuptling getreten war, in demütiger und zugleich selbstgewisser Haltung, als sei ihr Gehorsam ein freiwilliger und jederzeit zurücknehmbar. Walthers Blicke saugten sich an diesem Gesicht mit den klaren, einfachen Umrissen fest, diesem schönen Kopf, dem schlanken Hals über den leicht abschwingenden Schultern.

War dergleichen überhaupt möglich? Wollte Gott ihn zum Narren halten? Es konnte nicht zweimal unter der Sonne das gleiche, unvergleichliche Frauenwesen geben. Er begriff sich selbst nicht. War das nicht alles längst vergangen, gestorben, verloren? War sie von den Toten auferstanden, die Frau, die die Seine gewesen war, zu der er gehört hatte, die ihm vor vielen Jahren das Leben gerettet, nein, ein ganz neues geschenkt und sich später mit einer Tapferkeit sondersgleichen auf neuer Erde bewährt hatte, um schließlich doch von Unheil, Schuld und Tod eingeholt und vernichtet zu werden?

Sie, seine Anke, der er nach ihrem Tod am See von Kagetoksa im fernen Nova Scotia auf geheimnisvolle Weise noch viel fester und unlöslicher verbunden war als in den Jahren, in denen sie ihm noch voller Leben, heiter und stark, zur Seite gestanden hatte! Sie, seine Anke! Hatte Gott sie in seiner furchtbaren Unbegreiflichkeit ihm, da er schon alterte, zum zweiten Mal in den Weg geführt?

Denn diese Halbblutindianerin, die ihm noch immer keinen Blick schenkte, sah dem Erinnerungsbild, das er von der Mutter seiner Kinder ganz unverblasst im Herzen trug, auf bestürzende Weise ähnlich, wenn auch – eigentümlich erregend – ins Wildere, Unbedingtere abgewandelt. Es war, als hätte die Anke von früher die Entwicklung des geliebten Mannes begleitet, hätte sich ihr angepasst, hätte wie Walther die aus der alten Welt stammenden Bindungen mehr und mehr abgestreift, um mit ihm in das vogelfreie Nichts und Niemandsland des Nordwestens, des gesetzlosen, des rechtlosen und unendlich wahrhaftigen Pays d'en haut vorzudringen.

Dunkler war ihre Haut – aber nur um einen Schatten dunkler als Ankes Haut gewesen war. Ihre Backenknochen zeigten sich ein wenig betonter, deutlicher als auf Ankes Gesicht und ihre Lippen um eine Ahnung üppiger. Doch ihre Ohren waren genauso klein, fest, rund und dicht anliegend wie unter Ankes nicht ganz so dunklem Haar.

Mein Herr und Gott – ja! Dies war seine Anke, war es noch einmal neu, aus dem vergangenen und überwundenen Wesen der alten Heimat in das der neuen, großartig grenzenlosen Heimatlosigkeit übertragen.

Walther fasste sich. Mit heiserer Stimme, die den alten Häuptling verwundert aufblicken ließ, berichtete er, was sich am See La Ronge ereignet hatte, und dass Claude ihn geschickt hatte, die Schwester zu Hilfe zu holen.

Jetzt endlich blickte die Frau dem fremden Besucher in die Augen, die ihren hatten sich vor Schrecken geweitet, als sie begriff, dass der Bruder mit dem Tod rang. Die brennenden Blicke schlugen eine Brücke von ihm zu ihr und von ihr zu ihm. Dieser Mann und diese Frau kannten sich seit Urzeiten, sie erkannten sich.

»Ich packe schnell zusammen, was ich brauche. Es trifft sich gut, dass ich heute Morgen ein seltenes Kraut gefunden habe, das von großer Wirkung sein könnte.« Sie hob den Korb an ihrem linken Arm ein wenig an und fuhr fort: »Wenn ich dich richtig verstanden habe, Händler vom La Ronge, dann ist keine Zeit zu verlieren. Wir werden zu zweit paddeln. Dann kommen wir schneller voran. Mach dein Boot bereit!«

Sie hatte es gerufen, während sie schon davoneilte.

Immerhin würde eine kurze Zeit vergehen, ehe sie zur Abfahrt gerüstet war. Walther hatte den Anstand zu wahren und noch einige Worte mit dem Häuptling zu wechseln, ehe er aufbrechen durfte: »Woher hat Kaskut Omimee ihre Kenntnis der Kräuter?«

»Ihre Mutter ist die Tochter eines großen Medizinmannes,

dem der einzige Sohn, dem er seine Weisheit hätte vererben können, schon früh gestorben ist. So hat er all sein Wissen der Tochter übertragen, und die wieder hat es an Kaskut Omimee weitergegeben, die früh schon die Mutter ablöste, denn sie tat den Kranken offensichtlich wohler als die Mutter. Sie befiehlt ihnen sozusagen, gesund zu werden. Und die meisten gehorchen. Die sich ihr nicht fügen, lässt sie fallen. Es ist manchmal sehr sonderbar. Aber die guten Geister sind immer auf ihrer Seite.«

»Ist sie verheiratet, gehört sie einem Mann?«

Die Frage schien den Alten in Verlegenheit zu bringen, sogar zu bestürzen. Er wand sich, blickte finster und brachte stockend heraus, als spräche er mit sich selbst und nicht mit dem Fragenden:

»Sie macht mir große Sorge. Sie müsste längst Kinder haben, große Kinder. Sie ist nicht mehr jung. Obgleich sie die Sitten und Gebräuche und Überlieferungen des Volkes der Kenistenoag besser kennt als irgendwer, ist sie doch stets wie eine Fremde unter uns, ganz anders als ihr Bruder, der bei dir so krank liegt. Der wurde ein Cree. Er könnte zu meinem Nachfolger gewählt werden, wenn ich in die ewigen Jagdgründe eingegangen bin. Ich versuche, ihn darauf vorzubereiten, weshalb ich ihn ja auch in deinen Dienst schickte. Aber seine Schwester ...« Der Alte schüttelte bekümmert sein schweres Haupt, sodass die schwarz-weiße Adlerfeder, die er als einziges Abzeichen seines Amtes im schütteten Schopf trug, schwankte: »Seine Schwester macht die jungen Krieger fürchten. Es hat bisher keiner gewagt, ihr nahezutreten. Und sie hat auch keinen ermutigt. Und überhaupt ist es wohl schon zu spät für sie.«

So lag das also. Wenn Walther sich selbst beobachtet hätte, so hätte er feststellen müssen, dass diese Auskunft von ihm wie etwas Selbstverständliches hingenommen wurde, als wäre nichts anderes als so Ungewöhnliches zu erwarten gewesen.

»Wie lange darf sie bei ihrem Bruder und mir bleiben, Häuptling?«

Der Alte hob die Rechte und ließ sie auf sein Knie zurückfallen: »Ich mache ihr keine Vorschriften. Sie tut stets das Notwendige. Sie wird ihren jungen Bruder heilen oder nicht heilen. Sie wird kurz ausbleiben oder lange. Sie wird wiederkehren, wenn es richtig ist. Sie gehört zu uns, obgleich sie nicht zu uns gehört.«

»Wir werden sie achten, Häuptling, wie sie hier geachtet wird. Wenn meine Voyageurs zurückkehren von der Reise nach Südosten, um Handelsgüter für den kommenden Winter zu bringen und dann hier zu überwintern, werden auch sie deine blaue Taube achten. Dafür werde ich sorgen.«

»Ich zweifle nicht daran, Händler vom La Ronge. Du hast uns noch nie getäuscht. Da kommt sie. Wenn ihr ohne Aufenthalt rudert und auf dem La Ronge gutes Wetter habt wie in den letzten Tagen, werdet ihr den Kranken noch vor der Dunkelheit erreichen. Leb wohl!«

»Ich danke dir, Häuptling! Lebt alle wohl, Friede sei mit euch!«

Walther McCorsson erhob sich.

Sie war sehr scheu. Während Walther mit ihr zur Bootslände hinunterschritt, sprach sie kein Wort, hatte aber ohne Widerspruch erlaubt, dass Walther ihr das recht große, schwere, in eine Hirschhaut gewickelte Bündel abnahm. Sie hatte an einem Korb und einem Lederbeutel, dazu ihrem Paddel genug zu tragen. Walther brauchte nicht zu raten, was sich in dem großen, mit Riemen aus ungegerbter Elchhaut verschnürten Bündel verbarg. Sie hatte sich ihr Fell zum Schlafen und ein anderes, leichteres, um sich nachts damit zuzudecken, mitgenommen, dazu einige Kleidungsstücke. Sie rechnete also damit, so bald nicht wieder in das Dorf des Häuptlings Saw waw Mickinack, in ihre Heimat, zurückzukehren. Im Übrigen hatte sie gewiss alles dabei, was sie brauchte, um den erkrankten Bruder zu heilen. Sie hatte sich auch nicht darauf verlassen, in Walthers Kanu ein gut in ihren Händen liegendes Paddel vorzufinden, sondern ihr eigenes mitgebracht. Ein, wie Walther mit einem kurzen Blick feststellte, vorzüglich gearbeitetes, schön geglättetes Werkzeug aus Zedernholz. Offenbar war ihr der Stolz der Kanuleute auf ein ausgewogenes, zuverlässiges Paddel nicht fremd. Sie mag das von ihrem Vater Cuiseur geerbt haben, ging es Walther durch den Kopf. Der muss ein guter und kühner Voyageur und Coureur de bois gewesen sein – wie hätte er sonst mit seiner Cree-Frau so gelungene Kinder zeugen können wie seinen Claude und diese Kaskut Omimee, die Blaue Taube, der ihr französischer Vater überdies den frommen Namen Evangeline gegeben hatte!

Walther hatte ihr nicht zumuten wollen, nach Indianerart kniend zu rudern. Dazu gehörte viel Gewöhnung und Ausdauer. Nachdem Walther ihr Gepäck im Heck des nur an die fünfzehn Fuß langen indianischen Kanus verstaut hatte, wies er ihr die vordere schmale Ruderbank als Sitzplatz an. Er würde die hintere benutzen. Sie war mit all der Vorsicht, mit welcher die empfindlichen Rindenkanus behandelt werden müssen, ins Boot gestiegen und hatte sich bereits gesetzt, das Paddel über den Knien. Das Boot war dabei nur um zwei, drei Fingerspitzen aus der Senkrechten geraten. Walther brauchte nicht daran zu zweifeln: Sie verstand sich auf die schwankenden Kanus und ihre Behandlung genauso gut wie irgendein auf seine Geschicklichkeit stolzer Voyageur des Nordwestens mit roter Feder an der Kappe.

Und dann hatte er ihren Rücken und ihren Hinterkopf in den vielen hellen Stunden des Tages vor seinen Augen. Sie hatte die langen Ärmel ihres Gewandes abgelegt, die, wie bei den Cree üblich, nicht fest angenäht, sondern nur von zwei gekreuzten Bändern über Schultern und Brust festgehalten wurden. Unermüdlich zogen ihre bräunlichen, schlanken Arme bald an der einen, bald an der anderen Seite des Bootes das blinkende Paddel durchs Wasser. Unter der Haut spielten die Muskeln. Der Rücken unter dicht anliegendem dünnem Leder wiegte sich leise im nie nachlassenden Takt des Ruderschlages mit weicher Schwingung.

Walther konnte den Blick nicht von ihrem Hinterkopf mit dem dunkelbraunen, nur beinahe schwarzen Haar im Nacken abwenden. Es war zu einem Knoten hochgebunden und mit einigen dünnen weißen Stäbchen aus Pappelholz so festgesteckt, dass es sich bis zum Abend nicht löste.

Der Hals hob sich schlank aus den Schultern, vollkommen in den Linien ... Das dunkle Haar, ein paar leichte Strähnen im Fahrtwind wehend, ein Flaum von feinsten Härchen – Walther schloss die Augen und biss die Zähne aufeinander. Es konnte nicht wahr sein! Und doch sah er in seinem verwirrten Hirn, als hätte es sich gestern erst ereignet und nicht schon vor mehr als zwei Jahrzehnten, wie er mit Anke das erste Gerstenfeld abgeerntet hatte, das ihm auf der neuen Erde Neuschottlands Frucht brachte. Er erinnerte sich, wie er gegen Abend seiner Frau geholfen hatte, die letzten Garben zu binden und zum Trocknen in Hocken* aufzustellen. Ihm saßen damals drängend die schon verhassten Pflichten gegenüber seinen englischen Herren im Nacken und ließen ihm nur geringe, immer nur gestohlene Zeit, um sich den Seinen und seinem endlich errungenen Hof zu widmen. Aber damals an jenem Spätsommerabend wurden seinem überbeanspruchten Hirn ein paar Augenblicke überwältigender Hellsicht geschenkt, wie sie auch Liebenden und Glaubenden nur selten geschehen.

Er war etwas zurückgefallen, hatte sich aufgerichtet und sah nun aus geringem Abstand auf den gebeugten Rücken seiner Anke hinunter. Sie merkte es kaum, dass er sie plötzlich mit brennend erkennenden Blicken betrachtete. Ihr Hals bewegte sich in schön geschwungenem Umriss aus den Schultern, während sie die Bänder aus gedrehten Halmen um die Garben schlang. Ihr Rücken regte sich schmal und fest unter dem dünnen Leinenkleid, durchgeschwitzt entlang des Rückgrats und an der nassen Haut haftend, dort spielten die Muskeln wie winzige, seidige Wellen. Der gebeugte Kopf trug den schweren, trotz aller Mühe und Bewegung immer noch runden und glatten Knoten des dunklen Haares im Nacken gleich einer fremdartig schimmernden Frucht. Nur ein paar feine Strähnen hatten sich gelöst. Im Nacken unter dem Haaransatz zeigte sich, wie nur eben hingehaucht, ein Flaum von feinsten dunklen Härchen. In jenem fast unheimlichen Augenblick war es ihm plötzlich bewusst geworden: Meine Frau, meine geliebte Anke, sie ist schöner als alle. Ich habe durch nichts verdient, dass sie meine Frau wurde, dass ich mich auf sie verlassen kann als das einzige Sichere, Gute, Vollkommene in dieser verlogenen, verbogenen Welt. Ein Sturm unendlicher Liebe und Hingabe hatte ihn in jenen Augenblicken umtost. Von da an hatte er nicht mehr nur geahnt, sondern gewusst, dass er Anke für alle Zeit gehörte. Das hatte sich nicht geändert mit oder seit ihrem Tod: Was vermag der zeitliche Tod gegen das ewige Leben der Liebenden!

Und nun geschah ihm, dass sich, was wie ein geheimster, eifersüchtig gehüteter Schatz in seiner Erinnerung bewahrt war, vor seinen Augen im hellen Licht des Tages abermals anbot – Stunde für Stunde. Er sah den schmalen, festen Rücken mit den zärtlich spielenden feinen Muskeln. Das dünne Leder ließ zuweilen sogar die flachen Grübchen am unteren Rand der Schulterblätter erkennen. Der Glanz, den das Sonnenlicht aus dem dunklen Haar hervorlockte, schimmerte, und die bräunlichen schlanken Arme mit den schmalen Gelenken regten sich unermüdlich und kraftvoll. Was machte es für einen Unterschied, ob sie ein Paddel schwangen oder eine Handvoll Gerstenhalme durch die Finger um die geraffte Garbe zogen!

All dies noch einmal mit seinen Augen zu sehen, hatte er nie erwartet, hätte er nicht einmal in seinen einsamsten, sehnsüchtigsten Nächten zu hoffen gewagt.

Und es war doch Wirklichkeit! Greifbar nahe bewegte er sich vor ihm, Ankes lieber, wunderbarer Leib – zum Greifen nahe. Zum Greifen nahe?

Es würde mich nur ein Wort kosten, und der Häuptling gäbe sie mir. Bin ich von Sinnen? Dies ist nicht Anke, dies ist eine Halbindianerin, ach, sie ist indianischer als irgendeine Indianerin vom Stamm der Cree. Sie ist zu jung für mich. Ich bin schon alt. Ich steige ab, werde längst nicht mehr so lange leben, wie ich schon gelebt habe. Sie ist sicherlich zwanzig oder fünfundzwanzig Jahre jünger als ich. Ich werde genarrt und bin doch nicht geeignet zum Narren. Es kann sich nicht wiederholen, was unwiederholbar ist.

Und selbst ihre kleinen runden Ohren liegen so dicht am Kopf, wie Ankes gelegen hatten! Und wenn sie sich manchmal etwas mehr zur Seite wendet, um ihr Paddel kräftiger einzutauchen, das Boot auf geradem Kurs zu halten – was eigentlich mir zusteht –, dann ahne ich unter dem weit abgewinkelten Oberarm den Ansatz ihrer Brust, die so hoch sitzt, wie Ankes gesessen hat.

Alles ist wieder da.

Es kann nicht sein. Es darf nicht sein!

Und doch wusste er, wenn auch noch verschattet, dass es um ihn geschehen war, dass er verspätet noch einmal begehrte, was er, ein alternder Mann, längst den Wünschen entglitten glaubte. Und dass es ganz sinnlos war, Widerstand auch nur zu versuchen.

Auch auf dieser schnellen Reise hielt sich Walther trotz aller Sorge um Claude an die alte Regel der Voyageurs, wonach etwa jede Stunde einmal für die Dauer einer kleinen Tabakspfeife, für eine Pipe, gerastet werden musste. Nur dann war der schnelle, außerordentlich fördernde, aber auch sehr anstrengende Ruderschlag der Frankokanadier durchzuhalten. Er hatte sich zwar nach dem Paddelrhythmus der Halbindianerin auf der vorderen Querspante des Rindenkanus gerichtet, hatte aber zu seinem Erstaunen zugeben müssen, dass sie ihr Paddel beinahe ebenso eilig durchs Wasser stemmte wie die Kanumänner der Pelzhändler. Ganz so, wie es auch ihr Bruder machte. Sie werden es von ihrem Vater, dem von der Wildnis verschlungenen Cuiseur, gelernt haben.

Es kam Walther so vor, als wäre Evangeline dankbar dafür, dass er nach etwa einer Stunde die erste Rast ansagte. Sie hatten den La-Ronge-See noch nicht erreicht und nutzten noch die milde Strömung des Montréal-Flusses. Walther hatte allerdings keine Pipe bei sich. Er rauchte nur, wenn er in der Gesellschaft anderer Voyageurs nicht aus der Rolle fallen wollte.

Nicht er, sondern sie war über den Bord des Kanus ins flache Uferwasser gestiegen, um zu verhindern, dass das empfindliche Fahrzeug den steinigen Flussgrund allzu heftig berührte. Sie war ihm zuvorgekommen und er hatte nicht widersprochen. Es war üblich, dass der am weitesten vorn sitzende Ruderer die Landung des Bootes abfing, so wie bei der Abfahrt der am weitesten hinten sitzende die glatte Lösung vom Ufer zu bewirken hatte.

Sie hatte ihren Lederrock bis zu die Kniekehlen heben müssen, um ihn nicht ins Wasser tauchen zu lassen. Sie hielt ihn mit der linken Hand fest, während sie mit der rechten das Kanu regierte. Wie Walther erst jetzt merkte, hatte sie im Boot irgendwann ihre Mokassins abgestreift und barfuß gerudert, wie es auch die meisten Voyageurs taten.

Walther konnte nicht vermeiden, mit einer sonderbaren Mischung von Befangenheit und leiser Lust zu erspähen, dass die hellbraune Haut ihrer Unterschenkel, die Schlankheit ihrer Fußknöchel, besonders aber die Zierlichkeit und Kleinheit ihrer Füße ganz und gar unindianisch anmuteten. Indianerinnen, wenn sie erst über das frühe Mädchenalter hinaus sind, treten sich ihre Füße sehr schnell breit, da sie schwere Lasten tragen und jede schwere körperliche Arbeit verrichten – was nicht ausschließt, dass sie oft genug hinter den Kulissen der männlichen Überlegenheit ihren Einfluss und ihre Meinung nachhaltig zur Geltung zu bringen wissen.

Sie hielt das Boot ruhig, bis auch Walther an Land gestiegen war, und machte es dann mit langer Leine an einem Espenbäumchen fest. Sie hatte kein Wort gesprochen, während sie Walthers kurze Anweisungen befolgte. Walther vertrat sich gern ein wenig die Beine nach dem angespannt steifen Sitzen auf der schmalen Ruderbank. Seine Reisegefährtin, die an Land ihren Rock sofort wieder fallen gelassen hatte, schritt auf nackten Füßen über den schmalen Uferstreifen davon und tauchte uferaufwärts in den Saum des Waldes.

Unter Männern, wenn die Voyageurs mit sich als einzigen Genossen unterwegs waren, wurden um der natürlichen Notdurft willen nicht viele Umstände gemacht. Es genügte, wenn man ein paar Schritte zur Seite trat. Jetzt war es anders.

Eine Frau, die mit mir im Boot sitzt …

Seit Jahren, seit wie vielen Jahren wieder eine Frau?

Was für Gedanken, was für Bilder fangen an, dich zu beunruhigen, Walther?

Er wandte sich ab, als sie aus dem Dickicht wieder zum Vorschein kam und heranschritt.

Es war nun an ihm, ins Wasser zu treten und das Boot festzuhalten, damit sie einsteigen konnte. Es war beinahe wie eine leichte Berührung, als sie ihn jetzt zum ersten Mal anblickte, freundlich, während er sich den Anschein gab, seine Aufmerksamkeit nur auf das Boot zu richten.

Der Fahrtwind spielte mit den wenigen feinen Strähnen, die sich in ihrem Nacken gelöst hatten. Das Kielwasser des Kanus flüsterte unentwegt. Die unbewegte Fläche des nun erreichten großen Sees glänzte unermesslich im Licht der Sonne.

Wenn wir wieder eine Pause einlegen, muss ich versuchen, sie zum Sprechen zu bewegen.

Als es so weit war, begann er vorsichtig: »Ich denke, wir werden den Ort, an dem ich deinen Bruder zurückgelassen habe, noch ein, zwei Stunden vor der Dunkelheit erreichen. Wir kommen zu zweit schnell voran. Ermüdet dich der schnelle Rudertakt nicht zu sehr, Evangeline?«

Sie saß neben ihm, aber um zwei Armeslängen getrennt, auf einem beim letzten Sturm mit der Krone ins Wasser gestürzten Baumstamm und hatte mit ausgestreckten Beinen die kleinen, geraden Zehen in den Ufersand gebohrt, als wollte sie sie verstecken. Sie stützte sich mit beiden Händen auf den Stamm, blickte über den See hinweg und schüttelte den Kopf. Nach einer kurzen Minute des Nachdenkens sagte sie: »Es kommt alles darauf an, dass wir schnell zu meinem Bruder gelangen. Wenn sein Zustand so ist, wie du ihn geschildert hast, dann kann es morgen früh schon zu spät sein. Wir müssen sein Lager noch heute erreichen.«

Ihre Stimme war, so empfand es Walther, für eine Frau eigentümlich tief getönt, aber sie passte zu ihr. Plötzlich wusste Walther, mit welchem Wort sich das Wesen dieser Métisse richtig umschreiben ließ – er hatte schon eine Weile danach gesucht. Nur auf Französisch war es richtig auszudrücken: Sie hat Noblesse, ja das war es! Und sogleich kam er sich ein wenig lächerlich vor: hier am Ende der Welt, ein Bastard von einer Cree und einem kanadischen Waldläufer – und ich denke an Noblesse! Und doch war es so. Sie bestätigte es bald danach: »Meine Leute behaupten, dass ich noch nie versagt habe, wenn es darauf ankommt. Jetzt kommt es darauf an. Ich liebe meinen Bruder. Ich bin dankbar, dass du dich sofort auf den Weg gemacht hast, mich zu holen, als er dich darum bat.«

Sie zögerte und fragte dann nicht mehr bestimmt, sondern

scheu: »Ich weiß nicht, wie ich dich anreden soll. Du musst es mir sagen, damit ich keinen Fehler mache. Ich hörte nur, dass du der Händler vom La Ronge bist.«

»Nenne mich so, wie dein Bruder mich nennt, einfach Walther. Mein voller Name ist Walther Corssen.«

Es durchfuhr ihn: Seit Jahren nenne ich zum ersten Mal meinen wahren Namen. Es stimmt, Anke hätte nie erlaubt, dass ich meinen Namen ändern lasse. Nach einer Pause setzte er hinzu: »Die Leute nennen mich allgemein McCorssen. Für dich bin ich Walther.«

Sie hatte gespürt, dass etwas in ihm vorgegangen war, das außerhalb ihres Begreifens lag. Wiederum blickte sie ihn an, diesmal fast forschend: »Walther.« Sie betonte den Namen nach französischer Weise auf der zweiten Silbe. »Ach, mein Französisch ist nicht mehr gut. Solange mein Vater noch lebte, hat er darauf bestanden, dass wir unter uns nur Französisch sprechen. Meine Mutter hat es nie gelernt. Und seit mein Vater tot ist, spreche ich fast nur noch Cree. Nun ist Claude bei dir im Dienst, Walther, und mit dem Französisch ist es ganz aus. Lass uns aufbrechen. Ich wollte, wir wären schon bei ihm! Wenn es dir recht ist, sparen wir uns die nächste Pause. Ich halte schon durch. Ich muss wissen, ob ich Claude helfen kann.«

Sie hielt durch. Walther meinte sogar, dass sie das Tempo eher noch steigerte, als dass sie es minderte. Unter ihren Achseln und entlang des Rückgrats wurde das Leder feucht und dunkel. Aber sie gab nicht nach. Sie ist aus einem ebenso zähen wie biegsamen Stoff gefertigt, sagte sich Walther. Sie ist besser noch als Claude.

Aber nach zwei Stunden verspürte er wiederum den Wunsch, eine Weile zu rasten. Die gewiss nicht faulen Voyageurs wussten schon, warum sie den Rudertag durch zehn, zwölf Pipes unterbrachen.

Während sie, nun schon Seite an Seite, am Ufer langsam

auf und ab schritten, um das Blut in den unteren Gliedmaßen wieder etwas in Bewegung zu bringen, fragte Walther, was ihn schon seit einiger Zeit bewegte: »Dass die Leute deines Stammes dich als Heilerin anerkennen, ist das nicht eigentlich verwunderlich? Medizin, das ist etwas sehr Geheimnisvolles und auch Gefährliches. Es erstaunt mich, dass man deine Künste mit so viel Respekt behandelt und natürlich auch dich.«

»Das ist nicht verwunderlich! Mein Vater war sehr geehrt, weil er den Cree vieles beigebracht hat, was sie bis dahin nicht verstanden: mit eisernen Werkzeugen umzugehen, eine Flinte zu gebrauchen, sie richtig zu laden, damit zu zielen und zu treffen, Leder besser zu gerben, Messer zu schärfen und manches andere. Und der Vater meiner Mutter war der größte Medizinmann, den der Stamm je gehabt hat. Er hatte keinen Sohn. Meine Mutter erbte alles, was er wusste, und ich erfuhr es von klein auf von ihr. Doch war es mein Vater, der mich bewog, das sonst übliche Brimborium der Medizinmänner wegzulassen. Er prägte mir auch ein, der Versuch, eine Krankheit zu heilen, sei ein Schuss ins Dunkel. Und ich sollte niemals behaupten, dass meine Mittel unfehlbar wären. Sie können auch versagen! Das sollte ich nie verschweigen.«

Walther hatte mit steigendem Staunen zugehört. Sie konnte sich ausdrücken – ein indianisches wie ein französisches Erbteil. Er erwiderte: »Dein Vater muss ein kluger Mann gewesen sein, Evangeline. Aber dass die Leute deines Stammes mit dir einverstanden sind, mag ich kaum glauben. Jede Handlung von einiger Bedeutung muss bei ihnen von einem gewissen Zeremoniell umgeben sein – je wichtiger sie ist, desto mehr an Brimborium, wie dein Vater es nannte. Und eine Krankenheilung ist etwas sehr Bedeutsames.«

Sie schritt langsam neben Walther her, die Augen zu Boden gerichtet. Schließlich entgegnete sie zögernd: »Damit hast du gewiss recht. Ich habe es mir noch nie überlegt. Sie hatten meinem Vater den Namen Wabisca O thea gegeben, das heißt ›Weißes Herz‹. Und ich bin Wabisca O theas Tochter. Sie wissen, dass ich anders bin als sie – wie auch mein Vater anders war. Und doch gehöre ich ganz zu ihnen. Und sie verlassen sich auf mich, auch auf Claude und meine Mutter. Sie hatten ja auch gelernt, sich auf meinen Vater zu verlassen. Walther, ich bin sehr unruhig. Wir wollen fahren. Wenn es dir recht ist, dann lass dies unsere letzte Rast gewesen sein. Ich will unbedingt bei vollem Tageslicht ankommen. Sonst kann ich nicht zuverlässig erkennen, wie seine Wunde aussieht.«

Sie ruderten drei Stunden, ohne sich Ruhe zu gönnen. Walther hatte sie zu einem gleichmäßig fördernden, aber nicht überhasteten Tempo zu zwingen. Er tat es mit sanfter Bestimmtheit, der sie nachgab, um dann doch wieder schneller zu werden, als der Haushalt der Kräfte beider, wie Walther aus langer Erfahrung wusste, in Wahrheit erlaubte.

Wenn Walther auch nie vergaß, dass er mit dieser Frau – Mädchen mochte er nicht sagen – unterwegs war, um einen mit dem Tod kämpfenden Kameraden zu retten, so konnte er doch nicht verhindern, dass trotz aller Sorge eine unerklärliche Heiterkeit von ihm Besitz ergriff, die ihm das schweißtreibende Rudern leicht machte und ihm den Blick schärfte für den goldenen Zauber des spätsommerlichen Tages. Der See blaute zur Linken unabsehbar. Der schmale, schwärzliche Streif der Wälder über den fernen Ufern trennte Himmel und Wasser im Süden und Osten. Im Westen und Norden, wo der See seine stille Fläche scheinbar ins Grenzenlose dehnte, schied eine feine, haarscharfe Linie in vollkommenem, doch kaum erkennbarem Bogen die beiden Blaus von Luft und Wasser voneinander.

Ein einfaches, machtvolles Bild! Die Bugwelle des Kanus rauschte unermüdlich ihr freundliches Lied. Und vor ihm bewegte sich ein schlanker Rücken, wiegte sich ein Kopf mit dunklem Haar, schwangen zwei braune Arme auf und ab.

Meine Anke – sie hat mich nicht vergessen. Willst du wiederkehren, Anke?

Das Gefühl, das in Walthers Herz so himmelhoch wogend und wild wie ein Nordlicht aufgeflammt war, sank, als wäre es nie gewesen, wieder in sich zusammen, als die beiden Ruderer in ihrem schnellen Kanu die verloren am leeren Ufersaum des La-Ronge-Sees stehende Schutzhütte erreichten, die Walther über dem Verwundeten errichtet hatte.

Es bedurfte keiner medizinischen Kenntnisse, um auf der Stelle zu begreifen, dass der bald tief bewusstlose, dann wieder vor sich hin murmelnde, manchmal auch knirschend fluchende, schreiende, um sich schlagende Claude nur noch mit einem letzten Rest von Kraft gegen den Tod ankämpfte. Das Gift in seinen Adern war offenbar drauf und dran, die Oberhand zu gewinnen.

Sicherlich hatte Evangeline in den vielen langen Ruderstunden gespürt, was sich im Herzen des scheu respektierten weißen Händlers vom La Ronge anbahnen wollte. Und sicherlich hatte diese Ahnung sie einerseits beunruhigt, andererseits den Vorgeschmack eines geheimen Sieges in ihr erweckt. Doch erlosch auch in ihr jeder Gedanke an das eigene Wohl und Wehe, als ihr auf der Stelle klar wurde, dass sie wahrscheinlich zu spät gekommen war.

Die Wunde an Claudes Schulter hatte sich geschlossen. Doch war die ganze Schulterpartie vom Oberarm bis in den Nacken hinein unförmig verschwollen. Wenn man den Finger auf die wie ein Trommelfell gespannte Haut legte, konnte man darunter den Herzschlag pochen fühlen, sonderbar matt zuweilen, dann bösartig hart, sehr unregelmäßig.

Die Blaue Taube sprach kaum ein Wort und nahm sich sofort des Kranken an, schien aber als selbstverständlich zu erwarten, dass ihr der ältere Mann zur Hand ging, auch ohne in allen Einzelheiten angewiesen zu werden.

Sie wusste bereits, dass Walthers scharfes Jagdmesser in der Flamme des Feuers vor der Hütte – Walther hatte es neu entfachen müssen – zu erhitzen war, bis es zu glühen anfing. Mit dem heißen Messer zog sie einen tiefen Schnitt quer über die Schulterkuppe. Es entsetzte Walther, welche Menge gelbgrünen Eiters aus der so geöffneten Wunde hervorquoll. Sie hatte Walthers Pfanne unter die Schulter geschoben, um das zersetzte Gewebe, bald auch Wundwasser und Blut aufzufangen. Das Gefäß füllte sich schnell. Walther schüttete es abseits aus, schwenkte es ein wenig im See und schob es dann wieder unter die Schulter, während Evangeline den Schnitt nochmals durch einen senkrecht dazu verlaufenden zweiten Eingriff vertiefte. Walther hatte mit leichtem Ekel zu kämpfen. Die geöffnete Wunde verbreitete einen widerlichen Verwesungsgeruch. Evangeline schien das überhaupt nichts auszumachen. Sehr vorsichtig bewegte sie mit gestreckten Fingern die um die Wunde bis zur Brust geschwollenen Muskeln hin und her, um den Eiterfluss weiter anzuregen. Dies leichte Drücken und Schieben schien dem Kranken größere Qual zu bereiten als das glutheiße Messer. Er stöhnte, streckte sich dann aber wie erleichtert. Seine geschlossenen Lider flatterten. Er schlug die Augen auf, zwei, drei Herzschläge lang, erkannte den über ihn geneigten Kopf der Schwester, flüsterte: »Omimee ...«, und versank, tiefer noch als zuvor, in seine Ohnmacht. Seine verkrampften Züge hatten sich gelockert, sodass er wieder sich selbst ähnlich sah. Walther stellte es erleichtert fest.

Evangeline richtete sich auf. Zum ersten Mal seit der Ankunft wandte sie sich Walther zu: »Die Wunde darf sich nicht schließen. Sie muss offen gehalten werden, damit das Gift abfließen kann. Bleibt es in seinem Leib, muss er sterben. Gelingt es uns, den Ausfluss einige Tage in Gang zu halten, wird er leben – vielleicht. Ich lege Nesselblätter in die Einschnitte. Sie dürfen nicht verkrusten, müssen von Zeit zu Zeit gewechselt werden. Er braucht vorläufig nichts zu essen, nur zu trinken. Ich werde einen Tee aus Sassafrasrinde kochen, um seinen Durst zu löschen und auch das Gift aus seinen Adern zu spülen. Viel mehr können wir nicht tun.«

Sie standen vor der offenen Seite der Schutzhütte und hatten das Feuer geschürt. Über die Flammen hinweg blickten sie sich zum ersten Mal ohne Scheu an. Die Sorge um den Kranken, den beide liebten, hatte sie geeint. Evangeline holte einige Streifen Trockenfleisch aus ihrem Bündel und ein Tiegelchen voll getrockneter Preiselbeeren. Sie kauten das zähe, sehr milde schmeckende Wildfleisch und fügten eine Handvoll der bitter würzigen Beeren hinzu. Die Sonne hatte sich mit lautlosen Lichtfanfaren verabschiedet. Die Dämmerung vertiefte sich. Capella* und Wega* blinkten schon.

»Wir müssen die ganze Nacht bei ihm wachen, die Blätter wechseln, ihm Tee einflößen. Schlaf du zuerst. Du bist in der vorigen Nacht kaum zur Ruhe gekommen und hast fast die ganze Zeit seit gestern Nachmittag gerudert. Ich wecke dich nach Mitternacht. Bleibe aber ganz in der Nähe. Wenn etwas passiert …«

Aber was sollte passieren? Feindliche Menschen, überhaupt Menschen gab es hier nicht weit im Umkreis. Die wilden Tiere aber würden das Feuer scheuen.

Walther legte sich, eine gerollte Decke unter dem Kopf, an die Außenseite der Hütte und wickelte sich in die Felle, die Evangeline vorsorglich mitgebracht hatte. Er würde nicht frieren. Er fiel sofort in einen traumlosen und so ruhigen Schlaf wie seit Langem nicht. Er war nicht mehr allein, war in guter Obhut.

Claude Cuiseur oder Mascawa Scou Tay überstand den Kampf mit dem Bären dank der unermüdlichen Pflege, die ihm seine Schwester und Walther McCorssen angedeihen ließen. Und nicht zuletzt dank seiner zähen und gesunden Natur. Doch die beiden Retter schliefen erst wieder eine ganze

Nacht lang, als Claude das Fieber zuverlässig hinter sich gebracht hatte, keine Nesselblätter mehr in die immer noch offen gehaltene Schulterwunde gelegt zu werden brauchten und der Kranke nicht mehr von den anfangs oft erschreckend jäh anfallenden Ohnmachten heimgesucht wurde.

Jetzt erst war daran zu denken, das provisorische Lager abzubrechen und wieder in Walthers festes Haus, den eigentlichen Handelsposten, zurückzukehren. Nicht ein einziger Besucher war inzwischen aufgetaucht. Unter den weit verstreut lebenden Sippen und Unterstämmen der Wald-Cree dieses Landstrichs südlich des Egg-, des La-Ronge- und des Wapawekka-Sees hatte sich schnell herumgesprochen, dass auf Walthers Posten keine verlockenden Güter der Bleichgesichter mehr zu erwerben waren. Erst musste die Rückkehr der Kanus aus den fernen Gebieten der Chipewyans, vom Oberen und vom Regnerischen See abgewartet werden, ehe man wieder Feuerwasser, eiserne Pelztierfallen, Ahlen oder Jagdmesser auf Kredit gegen die Pelzausbeute des nächsten Winters einhandeln konnte.

Die drei Menschen, die beiden jüngeren Halbweißen und der ältere Weiße, wurden daher in diesen Tagen und Wochen nicht gestört. Der in diesem Jahr 1776 besonders still und leuchtend das weite Nordland vergoldende Indianersommer ließ schon sachte spüren, dass er seinen glanzvollen Höhepunkt überschritten hatte. Die rotbunten Blätter rieselten und kreiselten aus den Kronen der Bäume, ohne dass ein Wind sie von den Zweigen gelöst hatte. Claude brauchte nicht mehr Walthers Unterstützung, wenn er sich zwei- oder dreimal am Tag ins Dickicht des nahen Waldes zurückzog. Ihm dabei zu helfen, war Walthers schwierigster und auch peinlichster Teil der Pflege gewesen. Aber er hatte sich nie auch nur einen Augenblick lang gescheut, dem anfangs entsetzlich geschwächten Gefährten seine gesunden Arme zu leihen.

Ja, er hatte solche Liebesdienste nicht nur verrichtet, weil ihm keine andere Wahl blieb, sondern bald mit einer ihn selbst erstaunenden Freude. Ein dankbarer Blick, ein kurzes Wort des Hilflosen hatten den Helfer darüber belehrt, wie sehr Claude die Hilfe des Älteren zu schätzen wusste. Wesentlicher war, dass Walther sich von Evangeline unaufhörlich, wenn auch ganz unaufdringlich, vielleicht sogar unabsichtlich beobachtet fühlte. Und es war ja nichts weiter als natürlich, dass der Mann unter den Augen einer Frau, einer so besonderen wie dieser Omimee, nicht versagen und enttäuschen wollte. Gewiss lag auch Walther daran, sich vor dem ersten weiblichen Wesen, dem er seit Jahr und Tag wieder nahe gekommen war, zu bewähren. Immer wieder überraschte, ja, bestürzte es ihn, in Claudes Schwester wie in einem Abbild, bis in manche Bewegungen der Hände oder des Kopfes, die verlorene Lebensgefährtin wiederzuentdecken, mochte dieses Bild auch eine etwas zu dunkle Tönung haben, als dass es der vergangenen, doch nie vergessenen Wirklichkeit vollständig hätte entsprechen können.

Solange die drei noch am Ort des Unfalls verweilten und die zwei Gesunden umschichtig am Lager des Kranken hatten wachen müssen, war die Frage, wie man die Schlafstätten verteilen sollte, gar nicht aufgetaucht. Dies änderte sich, als Claude langsam zu Kräften kam und der Umzug in das feste, geräumige Haus des Handelspostens die drei Menschen unter einem Dach zusammenführte.

Gleich am ersten Tag stellte Walther fest: Das Haus hat nur einen Raum. Klein ist er gerade nicht. Aber separieren kann man sich nicht darin. Bruder und Schwester werden nicht viel dabei finden, eine Weile beieinander zu hausen. Auch ist Evangeline immer gleich zur Stelle, wenn Claude Hilfe braucht. Ich werde weiter im Freien kampieren oder in unserem kleinen Fellschuppen. Der ist jetzt so gut wie leer.

Walther hatte keinen Widerspruch zu hören bekommen. Er hatte sich in den vergangenen zehn Jahren längst daran gewöhnt, bei den Indianern Gehör und Gehorsam zu finden, wenn er nur mit wie selbstverständlicher Sicherheit und Überlegenheit auftrat und, noch wichtiger: wenn er den menschlichen, männlichen Anstand wahrte. Die Indianer hatten ein Gespür dafür, ob sie von den hellhäutigen Fremden, die einzeln oder in kleinsten Gruppen ins Land sickerten, Ehrlichkeit, Überlegenheit und Anstand erwarten konnten.

Walther legte sich also jeden Abend an der Außenseite der Hauswand zur Ruhe. Sein Schlafsack aus Bärenfellen hielt ihn warm. Das stille, leuchtende Herbstwetter hielt an, wenn es auch unmerklich müder und kühler wurde. Es würde bald frieren. Jede Nacht hielt Walther, wenn er einmal munter wurde, nach dem ersten Nordlicht des nahenden Winters Ausschau. Doch regierten Sterne und Mond vorläufig noch allein die stillen Nächte. Die Geisterflammen des Nordlichts ließen auf sich warten.

Erst am dritten oder vierten Abend nach der Rückkehr zum festen Haus fiel es Walther auf: Warum lege ich mich eigentlich jeden Abend dort an der Außenseite der Hauswand zum Schlafen nieder, gerade dort, wo an der Innenseite Omimees Bettstatt steht? Warum tue ich das?

Nun, warum nicht! Er lächelte in sich hinein und sah zu den flimmernden Sternen. Er fröstelte noch ein wenig. Und sagte sich mit einmal: Ein gutes Jahrzehnt also hat es gedauert, bis ich so weit bin. Anke kehrt zurück in einer Gestalt, die diesen Einöden merkwürdig zu entsprechen scheint. Ich werde es nun ebenso machen wie die Frankokanadier und auf indianische Manier heiraten. Warum soll ich mich weiter plagen und hinters Licht führen? Es ist ein Geheimnis: Als sie sich vorhin über Claude beugte und mich dann ansah – das könnte Anke gewesen sein. Ob sie mich will wie ich sie? Ob sie es will oder nicht, sie wartet auf mich. Nein, ich täusche mich nicht.

Es kam der Tag, an dem deutlich wurde, dass Claude seine alte Kühnheit und Unternehmungslust keineswegs verloren hatte. Von der angebrochenen Rippe spürte er kaum noch etwas. Der Biss des Raubtiers hatte eine Schwächung des linken Arms zurückgelassen, die bei manchen Verrichtungen hinderlich war. Auch sonderte die Schulterwunde dicht über der Achselhöhle immer noch ein wenig Blutwasser und zersetztes Gewebe ab und war um diese Öffnung herum noch gerötet und empfindlich. Claude hielt das lediglich für einen kleinen Schönheitsfehler und nahm es nicht mehr ernst, besonders auch deswegen, weil seine Schwester der Meinung war, dass die Wunde möglichst lange offen gehalten werden müsste.

Der Oktober war schon nicht mehr jung. Die Laubbäume standen kahl. Die Fichten umkränzten schwarz und schwärzer alle Horizonte, da kein Grün der Birken oder Pappeln sie mehr auflichtete. Weißlicher Dunst – oder war es ein Hochnebel? – hatte das tiefe Blau des Himmels, der den Indianersommer überwölbt hatte, erbleichen lassen, ohne es doch vollkommen zu verbergen. Noch waren die Tage milde. In den Nächten blieb der Frost sogar ferner, als er es im glasklaren September gewesen war. Aber der beseligende Glanz, der die weite, wilde Welt in den vergangenen Wochen als ein stets neues Wunder umflossen hatte – er war dahin!

Bei Walther meldete sich bereits die Sorge: Werden die Kanus mit den Tauschwaren für den kommenden Winter und den nächsten Sommer rechtzeitig vor dem Frost bei mir eintreffen? Und Justin mit Anna – es wäre schrecklich, wenn vorzeitiges Eis auf Flüssen und Seen sie irgendwo unterwegs am Sturgeon-Weir-Fluss oder am Lac la Traite festnagelte! Aber er beruhigte sich. Den Kanus blieben mit Sicherheit noch drei, vier Wochen Zeit, um sich am großen La Ronge einzufinden.

Eines Abends erklärte Claude ohne jede Einleitung: »Morgen früh mache ich mich auf, einen Bären zu schießen. Ich bin mit den Burschen noch nicht quitt. Auch werden wir im kommenden Winter hier ein ziemlicher Haufen Leute sein. Das Fett des Bären, der mich angefallen hat, wird bestimmt nicht reichen.«

Walther erwiderte mit missmutigem Spott: »Nicht quitt, sagst du? Mein Junge, darauf kommt es nicht an. Außerdem: Du lebst noch und wirst schon wieder übermütig. Der Bär bekam dein Messer ins Herz. Sein Fett ist längst ausgelassen, sein Fell zum Trocknen an die Firstwand genagelt. Was willst du mehr? Du – nicht quitt mit den Bären? Eher, scheint mir, sind die Bären nicht quitt mit dir! Du solltest dich schonen!«

Omimee mischte sich ein: »Wenn erst die Kanubrigaden mit Walthers Tochter und Schwiegersohn angekommen sind, dann ist für mich hier kein Platz. Ich habe dem Häuptling versprochen, zum Stamm zurückzukehren, Claude, sobald es dein Zustand erlaubt. Ich meine wie Walther, dass du noch nicht so weit hergestellt bist, um wieder auf die Jagd zu gehen. Dazu ist später Zeit, wenn dich jemand begleiten kann. Und warum sollen wir nicht beieinander bleiben, solange wir noch unter uns sein können?«

Die Worte waren wie nebenbei, ohne besondere Betonung gesprochen worden – und kamen doch einer schwesterlichen Liebeserklärung gleich. Walther begriff es sofort. Er begriff auch, dass die Geschwister stärker als sonst Geschwister aufeinander eingestimmt waren und dass wahrscheinlich die um annähernd zehn Jahre ältere Schwester nicht nur durch schwesterliche, sondern auch durch mütterliche Gefühle mit dem Bruder verbunden war. Drei weitere Geschwister, die zwischen Evangeline und Claude auf die Welt gekommen waren, hatten sich schon im frühesten Kindesalter aus dieser harten Welt wieder davongestohlen. Es verstand sich beinahe von selbst, dass jedes zweite Kleinkind – unter Indianern weit mehr noch als unter Weißen – nicht überlebte. Das Wesen des Vaters, des Kanadiers Cuiseur, herrschte in beiden Nachkommen vor. Mit der indianischen Mutter waren sie nur durch Zärtlichkeit und Wärme verbunden, die ihnen reichlich gespendet worden war, gerade weil sie von fünf Sprösslingen als Einzige überlebt hatten. Der Vater war früh in die ewigen Jagdgründe entwichen. Claude war daher in allen Bereichen, die sich auf Verstand, Vernunft, Aktion und Ziele bezogen, auf die Schwester angewiesen gewesen – und die Schwester auf ihn. Obgleich sie beide in den Stamm hineingeboren waren, spürten sie doch, dass ihnen eine Andersartigkeit auferlegt war, die sie von der gleichaltrigen Jugend des Stammes trennte.

Doch Claude war zu Walther geschickt worden, sich bei ihm zu verdingen und dabei so viel, wie es die Umstände erlaubten, von den »Wegen des weißen Mannes« zum Wohl des Stammes zu erlernen. Der Häuptling hatte wahrscheinlich nicht bedacht, dass der vielversprechende junge Krieger Mascawa Scou Tay in die Versuchung geraten könnte, sich auf die Seite der Leute des väterlichen Bluts zu schlagen, seiner indianischen Herkunft untreu zu werden. Aber so war es geschehen. Es lag ihm nun daran, sich bei aller Dankbarkeit von der Schwester, die ihn mit indianischen Mitteln gerettet hatte, wieder abzusetzen.

Hätte die Schwester sich nicht eingemischt, wäre er vielleicht dem Ratschlag Walthers gefolgt. Nun wurde er in den Gegensatz gedrängt.

»Schwester«, gab er zur Antwort, »du brauchst keine Sorge zu haben. Ich werde nur wenige Tage unterwegs sein, bin bestimmt wieder hier, ehe die Brigaden der Kanus eintreffen. Und dann solltest du uns noch helfen, den Bären aufzuarbeiten, kannst dem Häuptling die Tatzen mitnehmen als besonderen Leckerbissen und als Dank dafür, dass er dich Walther für mich anvertraut hat. Er ist ein Feinschmecker, der alte Saw waw Mickinack, das weißt du ebenso wie ich. Nein, bevor all die anderen Voyageurs wieder aufkreuzen, Gérard Choquette und Paul Luders voran, muss ich mindestens zwei Bären umgebracht haben. Man nimmt mich sonst nicht für voll, hält mich sowieso für einen Schwächling, weil ich nicht mit auf die lange Reise nach Grand Portage oder zum Lac de la Pluie gegangen bin.«

So stand es also. Er war nicht davon abzubringen, sich selbst und den anderen beweisen zu wollen, dass er über mindestens ebenso viel Courage verfügte wie irgendwer sonst und dass es sich für niemanden empfahl, an seiner Entschlossenheit zu zweifeln. Doch bat er mit all der Liebenswürdigkeit, über die er verfügte, wenn er wollte, Omimee möge auf ihn warten und nicht vorher abreisen. Die Schwester brachte es nicht über sich, diese inständig und zärtlich vorgetragene Bitte abzuschlagen. Walther hatte Gelegenheit, wie schon mehrfach zuvor, mit geheimer Erheiterung festzustellen: Nein, richtige Indianer sind die beiden nicht.

14

Was sie sich eingebrockt hatten, als sie Claude aus ihrer Mitte entließen, kam den beiden anderen erst voll zu Bewusstsein, nachdem Claude früh am Morgen über den See hinweg nach Nordwesten gegangen war. Sie hatten besprochen, dass er sich die »Bucht der Jäger« als Jagdgebiet wählen würde. Die Cree wussten von jeher, dass es dort niemals an Wild, besonders nicht an Bären, mangelte, und vermieden es deshalb, in weitem Umkreis um die Bucht jemals ein Dorf oder auch nur auf längere Zeit ein Lager einzurichten. Von Walthers Handelsposten aus war die Bucht der Jäger, wenn ein Kanu nur von einem Mann gerudert wurde, in kaum weniger als anderthalb Tagen zu erreichen. Es war also damit zu rechnen, dass Claude mindestens vier bis fünf Tage weg sein würde.

Die beiden wandten sich wie auf einen leisen Befehl dem Hause zu, als Claudes Kanu hinter der Kimm verschwunden war. Der Tag hatte sich grau und vollkommen still von Osten her erhoben. Er war kühl, aber nicht kalt.

Ihre Blicke fanden sich. Es war keine Absicht dabei. In dieser Sekunde erst drang es ihnen ins Bewusstsein: Wir sind miteinander allein, so allein wie zwei Menschen am allerersten Tag. Bisher waren sie beide ganz auf Claude eingestellt gewesen. Claude hatte wie eine Schutzwand zwischen ihnen gestanden. Claude war fort.

Über Tag war genug zu verrichten im Haus, bei der Bootslände, im Fellschuppen und im nahen Wald. Brennholz für den Winter war noch nicht zur Genüge geschlagen. Auch würde das *Lean-to** hinter dem Hause im bevorstehenden Winter nicht ausreichen, um alle Voyageurs zu beherbergen, mochte Walther auch eine Anzahl von ihnen auf Außenposten versetzen. Er würde ein zweites warmes und geräumigeres Blockhaus errichten müssen. Es empfahl sich, schon jetzt in aller Ruhe die Vorbereitungen zu treffen, den Platz abzustecken, die Pfostenlöcher auszuheben und geeignete Stämme im Wald auszusuchen. Er konnte sogar schon einen gehörigen Vorrat an Zedernschindeln spalten, denn das war eine Arbeit, die Sorgfalt erforderte. Er fragte nicht danach, womit Evangeline sich tagsüber beschäftigt hatte, legte aber gehorsam die Axt beiseite, als sie ihn gegen Abend – es wurde schon früh dunkel – zur Hauptmahlzeit hereinrief.

Tagsüber hatte man sich nach indianischer sowohl wie nach der Sitte der Voyageurs mit ein paar Bissen Trockenfleisch und einer Handvoll gekochten kalten Reises vom Vortag begnügt. Wilder Reis wuchs an schlammigen Seeufern und entlang versumpfter träger Bäche an vielen Stellen in der Wildnis. Walther hatte von den Cree einige Körbe voll eingetauscht. Die Indianer verstanden es gut, den Wildreis in ihre Kanus hinein zu ernten. Überreichlich allerdings war die Ausbeute nie und sehr zuverlässig auch nicht.

Der Kienspan* brannte mit rötlicher, beinahe rauchloser Flamme neben dem aus groben Steinen gebauten Kamin, in dem ein Dreifuß aus Felsbrocken den Kochkessel trug.

Walther saß im halb dunklen Hintergrund des hochgegiebelten Raums. Das Mahl, eine dicke Suppe aus Wildfleisch, Lachs und Waldbeeren, hatte gut und kräftig geschmeckt. Er hatte tüchtig zugegriffen und Omimees Kochkunst gelobt.

Nun sah er zu, wie sie mit schnellen und sicheren Bewegungen, so gut wie ohne Geräusch, Tisch und Herd aufräumte. Sie spülte die wenigen Geräte in der einzigen großen Kupferwanne des Hauses, die schon hier und da verbeult war, und reinigte sich dann selbst in frischem, warmem Wasser Gesicht und Hände.

»Ich werde zum See hinuntergehen und mich dort waschen«, sagte er. »Es ist noch nicht ganz dunkel. Ich mag den Schweiß des Tages nicht auf der Haut. Ich habe mich heute reichlich anstrengen müssen.«

Sie blickte nicht zu ihm hinüber, während sie scheinbar gleichmütig antwortete: »Das Wasser im See ist kühl, aber noch nicht kalt. Du bist es ja gewohnt. Und ich kann mich in der Zeit hier im Hause waschen. Du brauchst dich also nicht zu beeilen. Ich muss den Span brennen lassen, sonst sehe ich nichts.«

Sie wandte sich ab. Sie schien es für eine beschlossene Sache zu halten, dass er mit ihrem Vorschlag einverstanden war.

Er machte sich auf den Weg zum Strand, und dort, wo er sich etwas abseits an einer Stelle mit feinem Ufersand den ganzen Sommer über gewaschen hatte, schlüpfte er aus den Kleidern.

Nach dem sonnenlosen Tag war das Wasser nicht mehr nur kühl, sondern kalt. So kalt, dass es auf der Haut brannte. Ein Vergnügen war das nicht. Er rieb sich mit Fichtenzweigen ab und peitschte sich die Rückenhaut, um sich wieder zu erwärmen. Bald steckte er wieder in Hosen und Hemd und zog sich auch gleich den Jagdrock über, den er vorsorglich mit ins Freie genommen hatte. Aber er musste zurück in das vom Kaminfeuer erwärmte Haus, wenn er wieder warm werden wollte. Sie hatte es dort so viel einfacher gehabt als er. Sie würde längst fertig sein.

Er klopfte an die feste Bohlentür, die das Haus verschloss, und lauschte. Er hörte nichts. Entweder hatte sie sein Klopfen oder er ihr »Herein!« nicht gehört. Er klopfte stärker. Wiederum keine Antwort. Er fror.

Langsam, um ihr Zeit zu geben, öffnete er die schwere Tür. Sie knarrte laut in den breiten Lederbändern, die ihr als Angeln dienten. Das unüberhörbare Geräusch würde sie warnen, wenn sie einer Warnung bedurfte. Der Kienspan flackerte, als der Zugwind von der geöffneten Tür zum Kamin ihn traf. Walther beeilte sich und zog die Tür fest hinter sich zu und schob den schweren hölzernen Riegel vor. Dann erst wandte er sich in den dämmerigen Raum. Durch das einzige, mit einer dünngeschabten, ausgespannten Elchblase verschlossene kleine Fenster des großen Hüttenraums drang kein Licht mehr. Draußen hatte eine tief verhangene, totenstille Herbstnacht die Herrschaft angetreten. Bald würde die Dunkelheit so dicht sein, dass sich nicht einmal mehr die spitze Krone der riesigen Schwarzfichte an der Bootslände gegen den Himmel abzeichnen würde. Als wären Himmel und Erde ineinandergestürzt.

Der Kienspan am Kamin war so gut wie verbraucht und gab kaum noch Licht her. Das Feuer im Kamin indessen war offenbar erst vor Kurzem gespeist worden. Es fraß sich mit bläulichen Flämmchen an den Kanten einiger Birkenscheite fort. Die Asche darunter glühte goldrot. Sie allein war es, die ein wenig Licht im Raum verbreitete – und wohlige Wärme.

Im gleichen Augenblick, da Walther Corssen die Tür hinter sie verriegelt hatte, fühlte er sich sanft wie von einem Zauberstab berührt. Er atmete tief auf und ließ die Augen durch den halbdunklen Raum wandern. Wo war sie?

Er erstarrte. War es Wirklichkeit, was sich dort in der fernsten Ecke des Raums aus den Schatten hob? Ein Frauenleib, nackt, von vollkommenem Ebenmaß. Sein Blick erfasste die wunderbare, halb nur zu ahnende Erscheinung. Sie hatte die Hände über den Brüsten, schönen, runden Hügeln, gekreuzt und den Kopf gesenkt. Ihr gelöstes Haar umfloss die Schultern wie ein dunkler Mantel. Sie bewegte sich nicht. Die Glut des Herdes ließ ein blasses rotes Schimmern um ihre Hüften spielen, zeichnete mit sanftem Licht die schlanken Schenkel nach.

Walther zitterte plötzlich – vor Kälte, vor jäher Hitze. Er stammelte kaum hörbar: »Was ist das – Omimee?«

Sie hob den Kopf. Sie sprach leise, aber sehr deutlich und langsam: »Wenn in meinem Stamm ein Mädchen sich begehrt glaubt und willig ist, dann wird sie irgendwann und irgendwie dem Erwählten einen verstohlenen Wink geben und eine Gelegenheit herbeiführen, bei welcher er sie nackt erblickt. Er soll wissen, was ihn erwartet. Die Frauen sind es bei uns, die sich die Männer wählen, die Väter ihrer Kinder, nicht umgekehrt. Über die Mütter pflanzen sich die Sippen fort, nicht über die Väter. Ich habe lange gewartet, Walther, und meine Mutter und der Häuptling haben mich oft deswegen getadelt. Als du bei uns erschienst, um für meinen Bruder Hilfe zu holen, wusste ich, dass meine Stunde gekommen ist. Ich brauche nicht länger zu warten. Hier bin ich!«

Sie kam ihm keinen Schritt entgegen. Sie war so sicher, dass er nicht widerstehen konnte. Die leisen Sätze waren ihr ohne Stocken von den Lippen geflossen. Sie mochte sie lange bedacht haben.

Als zöge ihn ein Magnet, schritt Walther langsam auf sie zu, erkannte sie nun, erkannte die Haut – wie hellbrauner Samt.

Er hob die Hand und berührte mit den Fingerspitzen ihre Schultern. »Anke«, flüsterte er, »Anke, kehrst du wieder?«

Sie lächelte und hielt seine Hand mit beiden Händen fest: »Nicht Anke, Walther! Omimee bin ich, merkst du es nicht?«

Sie hob seine Hand und legte sie auf ihre Brust. Walthers Hand wölbte sich um die schöne Rundung.

Es war vollends um ihn geschehen, als er spürte, dass die Knospe ihrer Brust sich schon gehoben hatte und das Innere seiner Handfläche berührte.

Er schloss den warmen Leib in seine Arme – er schien zu glühen.

An seinem Ohr flüsterte sie: »Ja, Walther!«

Die Nacht stand schwarz um das weltverlorene Blockhaus in der unermesslichen Einöde. Zuweilen nur, wenn die Geliebte mit zurückgebogenem Haupt ruhte, als wäre sie gestorben, ein rätselhaftes, nur zu ahnendes Lächeln um die geschlossenen Augen und die leicht geöffneten Lippen – zuweilen tappte er auf bloßen Sohlen zum Feuer hinüber und legte einige frische Scheite in die Glut. Sie sollte nicht frieren, und er wollte nicht im Dunklen nach ihren Hüften, ihren Schultern tasten. Er wollte sie sehen.

Der alternde Mann und die reife, doch zum ersten Mal liebende Frau lebten in den lautlosen Nächten, die auf diese Nacht folgten, nur ihre Leidenschaft. Jeder von ihnen hatte in dem vergangenen Jahrzehnt ein dunkel drängendes Verlangen, einen nie ganz schlafenden Durst vor sich selbst, erst recht vor allen anderen, verstecken müssen. Nun hatte ihm die List des Gottes diese Halbindianerin gleichsam als eine wiedergeborene Anke zugeführt. Ihr aber war in diesem freundlich-klugen weißen Mann der zu früh dahingegangene, aber ebenfalls unvergessene Vater wiederbegegnet. Alle Dämme, die das Verlangen bis dahin gebändigt hatten, waren mit einem Schlag geborsten. Es war, als wollten sich die beiden Menschen in wenigen Tagen für all den dumpfen oder auch grell aufflackernden Hunger entschädigen, der sie viele Jahre im Verborgenen gepeinigt hatte.

Niemand störte diese Tage. Die beiden Menschen, einsam wie die ersten Kinder Gottes, tranken sich mit einem, wie es schien, gar nicht zu stillenden Durst.

Es war der Mann, der als Erster und vor der Zeit ermattete. Und nicht nur das! Er hatte im Grunde in seinem Leben nur eine einzige Frau in der ganzen Fülle ihres Wesens, ihrer Person erlebt – seine Frau, Anke. Anke aber war aus seiner Welt, der angeborenen, hervorgegangen, stammte aus abendländischen, bäuerlichen, evangelischen Bereichen, wenn dann auch beide im Katholischen heimisch geworden waren, notgedrungen zunächst, aber bald auch willig. Anke und Walther waren also den gleichen Beschränkungen des Fühlens, des

Liebens, dessen, was man sagen und tun darf und was man zu lassen hat, unterworfen gewesen. Unbewusst beachteten sie geheime Grenzen, respektierten sie – und damit den anderen Menschen. Die Unantastbarkeiten, die weder besprochen noch infrage gestellt werden durften, waren für Anke und Walther die gleichen gewesen.

Omimee aber war in einer unendlich anderen Welt aufgewachsen, kannte die Welt des weißen Mannes nur als einen Wunschtraum. In allem aber, was von den Müttern kommt, war sie eine Indianerin.

Am Morgen nach der vierten Nacht ertappte sich Walther bei dem Stoßseufzer: Wenn doch Claude endlich wiederkäme! So kann es nicht weitergehen. Bin ich nicht mehr jung genug? Oder was ist es?

Er erhob sich vom Lager an der Schmalwand der Hütte, schritt zum Kamin und schürte das Feuer so leise wie möglich. Der Raum erwärmte sich sofort und wurde hell. Er kehrte zu der Bettstatt zurück und blickte auf die Gefährtin dieser letzten Tage und Nächte, dieser unerhörten Nächte. Ein Schauer lief über seine Haut.

Sie hatte nicht gemerkt, dass er den Platz an ihrer Seite verlassen hatte. Sie schlief tief. Ihr Kopf lehnte auf dem mit Rentiermoos gestopften Kissen aus rotem Flanell. Bei jedem Atemzug blähten sich ihre Nüstern ein wenig. Ihr dunkles Haar breitete sich über das Polster, eine seidene Flut. Die bloßen Schultern schimmerten im rötlichen Licht des höher brennenden Herdfeuers. Unter den Decken zeichneten sich die Linien ihres Leibes ab, verhüllt zwar, doch nun ihm bis in jede Kehlung, jede sanfte Rundung vertraut. Sie murmelte im Schlaf. Doch waren die Worte nicht zu verstehen. Sie lächelte und schürzte die Lippen, als wollte sie trinken.

Walther wandte sich ab. Er kam sich vor wie ein Dieb, wie ein Lauscher an der Wand. Er hockte sich auf einen Schemel und starrte in die Flammen. Wie hatte er nur glauben können, dass das Gewesene wiederkäme. Es kam nicht wieder. Sie war herrlich und wild. Anke war sie nicht!

Doch sie hatte dergleichen nie behauptet. Er hatte sich selbst getäuscht. Er durfte sie nicht dafür büßen lassen. Er würde immer wieder nach ihr brennen. Er wusste es. Er hatte sie zu nehmen, wie sie war, ein makellos gelungenes Geschöpf der Wildnis. Es gab nichts zu bereuen oder ungeschehen zu machen. Sie hatte ihn ins Indianische hineingerissen. Er hatte sich ohne Rückhalt nehmen lassen. Er würde sich mit ihr nach dem Ritus ihrer Welt verbinden müssen. Und – er zuckte die Achseln – vielleicht gehöre ich dann erst ganz der herrenlosen Welt, der ich mich verschrieben habe. Sie aber darf nichts merken von meinen Zweifeln. Sie ist bei all ihrer Wildheit und Unersättlichkeit so unschuldig und mit sich eins wie ein Tier der Wälder.

15

Claude kehrte gegen Mittag des fünften Tages nach seinem Fortgang unversehrt wieder zum Handelsposten McCorssens am La Ronge Lake zurück. Man merkte ihm freilich die Strapazen an, die er hinter sich hatte. Noch hatte er seine alte Unverwüstlichkeit nicht voll zurückgewonnen. Doch er strahlte. Es war deutlich, dass er den Unfall hinter sich gelassen hatte. Es war nur noch eine Frage der Zeit, und er würde wieder jenes Urbild ungebrochener Gesundheit darstellen, das er früher verkörpert hatte.

Er hatte einen riesigen Schwarzbären erlegt – mit einem einzigen Schuss: »Genau zwischen die Augen ins Gehirn! Ich habe ihn auf wenige Schritte herankommen lassen!« Sein Mut und sein Geschick als Jäger waren glänzend bestätigt. Zwei Bären in sechs Wochen! Er hatte den ersten im Kampf Mann gegen Tier mit dem Messer, den zweiten auf allerkürzestem Abstand mit der Kugel zur Strecke gebracht. Er hatte sich bewiesen. Niemand würde wagen, ihm fortan den Respekt zu verweigern. Kein Indianer und kein Kanadier.

Aber er war nicht imstande gewesen, das gewaltige bleischwere Tier aus dem Fell zu schlagen, zu zerteilen oder es gar im Ganzen ins Kanu zu verladen, denn in dem linken Arm fehlte ihm noch die Kraft.

»Ich bin eigentlich nur gekommen, dich zu Hilfe zu holen, Walther. Das Cree-Kanu, das ich hatte, ist zu klein und zu schwach für das Gewicht, das wir ihm zumuten müssen. Wir nehmen das kanadische Kanu. Kommst du mit mir, Walther? Wir sollten keine Zeit verlieren, sonst wird uns der Bär angefressen und das Fell zerstört.«

Einwände waren kaum möglich. Walther hatte längst gelernt, den Notwendigkeiten der Wildnis zu gehorchen. Ein großer Schwarzbär – das bedeutete einen solchen Zuwachs an Proviant für den kommenden Winter, von dem schweren Fell ganz zu schweigen, dass kein Augenblick verloren werden durfte. In seiner glücklichen Erregung nahm Claude nicht wahr, dass die Schwester auf seine begeisterten Reden nur sehr verhalten einging. Aber auch sie wusste natürlich, dass der Bär ohne Verzug ins Lager gebracht und verarbeitet werden musste.

Während die Männer schon das Gerät für das zweite größere Kanu zusammensuchten, packte Evangeline ein wenig Proviant zusammen. Zwei, wahrscheinlich sogar drei Nächte würden die Männer unterwegs sein. Zwischendurch meinte sie zweifelnd: »Du wirst jetzt ohne mich fertig, Claude. Ich sollte ins Dorf zurückkehren. Der Häuptling wird auf mich warten. Auch wird unsere Mutter Bescheid wissen wollen.«

Aber Claude bedrängte sie abermals so stürmisch, doch abzuwarten, bis die Beute ins Haus geschafft war, dass sie schließlich nachgab. Walther hatte sich nicht eingemischt.

Wenn Claude nach seiner Rückkehr nicht so stark mit sich selbst beschäftigt gewesen wäre, hätte er im Blockhaus einiges bemerkt, was ihn hätte stutzig machen müssen. Vielleicht war ihm auch dies oder das aufgefallen. Walthers Schlafzeug war auf der Bettstatt in der halben Nische neben dem Kamin ausgebreitet, als hätte er nicht mehr im Freien geschlafen. Und Omimees Pelz lag daneben.

Gewiss, es konnte ihm nicht entgangen sein, dass die Ordnung im Hüttenraum verändert war. Denn als Walther am Abend des ersten Reisetages am Feuer wie nebenbei und ohne Vorbereitung bekannte: »Claude, deine Schwester und ich, wir werden heiraten. Glaubst du, dass der Häuptling einverstanden sein wird?«, war Claude viel weniger erstaunt, als

Walther erwartet hatte. Er bemühte sich nicht einmal, überrascht zu scheinen.

»Ich habe es kommen sehen, Walther, als ich noch krank lag, aber doch schon wieder Anteil nahm an dem, was um mich vorging. Als ich schließlich kein Fieber mehr hatte, entging mir nicht, dass ihr verändert wart. Meine Schwester sah dir manchmal nach, wenn sie glaubte, dass keiner es merkte. Aber ich hatte ja nichts zu tun, ich merkte es. Ich bin froh, dass es so gekommen ist, Walther. Sie hätte keinen Indianer geheiratet. Sie wäre eine alte Hexe geworden und davon gibt es bei den Cree schon genug. Der Häuptling wird sehr einverstanden sein und die Mutter auch. Es wird gut werden für dich und Omimee und uns alle! Sie werden stolz sein, dass du dann zum Stamm gehörst. Der Mann gehört zur Sippe der Frau, nicht umgekehrt, das weißt du, und unsere Mutter ist eine Cree.«

Walther hatte bis dahin seine Verbindung mit Omimee als ein nur ihn und sie umfassendes Geheimnis angesehen. Wie sollte es anders sein! Claudes Worte machten ihm klar, dass er sich nun weit über das Persönliche hinaus in ein Netz von ganz neuen Bindungen verstricken würde.

Er hatte nur sagen wollen: Anke, geliebte Anke, noch einmal! Stattdessen hörte er nun: Der Mann gehört zur Sippe der Frau, und unsere Mutter ist eine Cree.

Es war so geschehen – und er mochte es nicht mehr ungeschehen machen. Es ließ sich gar nicht ungeschehen machen!

»Gut!«, erwiderte er also nach längerem Schweigen. »Ich werde Omimee, wenn wir mit dem Bären fertig sind, zu eurem Stamm begleiten und sie mir dort zur Frau geben lassen. Du musst auf der Station bleiben. Die Brigaden können jetzt jeden Tag eintreffen. Es wäre nicht gut, wenn sie ein leeres Nest vorfänden.«

Claude zögerte mit der Antwort. Es schien, als sei er mit einmal sonderbar befangen und müsse sich erst ein Herz fassen: »Nein, das wäre nicht gut. Aber besser wäre es, wenn du selbst sie empfingest. Die Männer rechnen mit dir, nicht mit mir. Und hast du gar nicht daran gedacht, dass deine Tochter Anna und ihr Mann ankommen werden? Wird sich nicht deine Tochter vorgestellt haben, dass sie die einzige Frau auf der Station sein wird? Und wo soll das Paar wohnen? Das Haupthaus wird voll sein von Voyageurs.«

Walther saß wie erstarrt. Er fragte sich: Haben mir die vergangenen Tage mit Omimee den Verstand geraubt? Weiß Gott, ich habe wirklich keinen Augenblick daran gedacht, dass Anna und Justin aufkreuzen werden. Dabei hatte ich mich so darauf gefreut. Kann ich es Anna zumuten, ihre Mutter bei mir ersetzt zu finden durch eine – albernes Wort! – eine Stiefmutter? Eine Métisse? Eine Halbindianerin, eine Cree, die Französisch nur ganz gebrochen, Englisch überhaupt nicht spricht und von Deutsch nie etwas gehört hat? Und dazu ist Omimee kaum fünf oder sechs Jahre älter als Anna …

Um alles in der Welt, nein, das geht nicht! Von Anfang an liefe alles verkehrt. Es wird ohnehin nicht leicht sein: Meine kleine Anna als erste weiße Frau im Pays d'en haut! Ich hatte mir doch ausgemalt, wie ich ihr beistehen würde. Und Justin neben mir zu haben als zuverlässigen Partner – das sollte mich doch entlasten.

Zugleich aber wusste er: Ich kann Omimee, Evangeline, nicht mehr entbehren. Ich bin noch nicht zu alt dazu. Wie lange bin ich hier und jetzt von Omimee fort? Noch keine vierundzwanzig Stunden. Ich glaubte schon, satt zu sein und lehnte sie beinahe ab. Aber jetzt, nach so kurzer Zeit, schauere ich, wenn ich nur daran denke, von Ferne nur, wie sie … Nicht daran denken! Nein, sie jetzt von Neuem zu entbehren, weil meine Tochter kommt, die längst selbst verheiratet ist? Nein, das geht nicht. Ich kann es nicht. Ich will es nicht. Ich bin dazu nicht alt genug.

Unbestimmt lange hatte Walther in die Flammen des langsam verflackernden Lagerfeuers geblickt. Auch Claude hatte sich nicht gerührt. Er ahnte, welchen Sturm er in der Seele des verehrten älteren Gefährten, ohne den er gar nicht mehr am Leben wäre, entfesselt haben mochte.

Walther kam schließlich wieder zu sich. »Claude, mein Junge, ich bin dir dankbar, dass du mich daran erinnert hast, womit ich rechnen muss. Du hast gewiss recht, dass es wohl besser ist, wenn Anna und Justin und auch die Voyageurs der Brigaden nicht gleich nach ihrer Ankunft deine Schwester neben mir erleben. Zum Wohle aller wird Omimee zunächst ins Häuptlingsdorf zurückfahren müssen. Wenn der Schnee kommt, werden wir den beiden Kindern ein Haus gebaut haben und ein anderes für die Voyageurs, die im Winter am La Ronge bleiben. Bald sind ja genug Arme, Hände und Äxte hier. Ich habe die Grundrisse schon abgesteckt und passende Bäume ausgesucht. Später dann wird der Häuptling Omimee und mich zusammengeben. Ich kann sie nur auf Cree-Weise heiraten. Es gibt keinen katholischen Priester auf tausend Meilen im Umkreis.«

Claude hatte sich aufgerichtet, schürte das Feuer von Neuem. Dass er erleichtert war, war ihm vom Gesicht abzulesen. »Allerdings, aber was tut das? Mein Vater hat meine Mutter auch nach Cree-Sitte geheiratet. Und wenn es stimmt, was erzählt wird – und meine Schwester glaubt es genau zu wissen –, dann haben meine Eltern eine gute Ehe geführt. Mein Vater gab uns Kindern neben den Cree-Namen auch noch französische Namen. Du nennst mich Claude. Aber meine Schwester ist für dich stets Omimee. Ich glaube, wenn du sie Evangeline nennen würdest, würde sie sich freuen.«

Walther erwiderte merkwürdig knapp: »Nein, ich bleibe bei Omimee.« Und nach einer Weile: »Wir wollen uns schlafen legen. Wir müssen morgen früh beim ersten Licht aufbrechen.« Er war wieder der Maître – und Claude wusste es.

Sie zogen dem Bären das Fell ab, lösten die dicken Speckschichten von den Rippen, die das Tier hatten über den Winterschlaf bringen sollen und teilten das Muskelfleisch kunstgerecht auf. Die Abfälle ließen sie abseits liegen – ihre unsichtbaren Verwerter warteten schon darauf.

Dann machten sich die beiden Männer im schwerer gewordenen Kanu auf die Rückreise.

Evangeline hatte die Abwesenheit der Männer dazu benützt, den Handelsposten Walther McCorssen aufzuräumen und gründlich zu säubern. Walther nahm es dankbar zur Kenntnis – und auch erleichtert. Es ist ihr also nicht unbekannt, dass in einem Haus noch sorgfältiger Ordnung gehalten werden muss als in einem Zelt. Omimee half dabei, das Fett des Bären auszulassen und das Fleisch in handliche Stücke zu schneiden, die Hinterschenkel aber über einem langsam schwelenden Feuer aus Pappelholz zu räuchern.

Es wurde nicht darüber gesprochen: Es schien sich für die drei Menschen am Ufer des großen Lac la Ronge von selbst zu verstehen, dass Walther nachts nach Wildnisweise im Schutz des vorspringenden Daches an der Hauswand kampierte, während die Geschwister im Innern des Blockhauses schliefen, als wäre Claude noch krank.

Evangeline vermied es, mit Walther allein zu sein. Eher war sie noch scheuer geworden, wenn sie in Gegenwart des Bruders dem Herrn des Handelspostens begegnete. Walther versuchte nicht nicht einmal verstohlen, jene vier Nächte zu beschwören. Sie hatten sich auf einem anderen Stern ereignet.

Omimee hatte beschlossen: »Ich muss jetzt zu meinen Leuten zurückkehren. Claude ist so gut wie gesund. Der Häuptling wird warten.«

Walther gab ihr mit auf den Weg, dass er, sobald das Eis auf Fluss und See zuverlässig gefroren wäre, die Schlittenhunde abrufen würde, die das Dorf über Sommer in Pflege genommen hatte. Auch würde er dann gern einen gehörigen Vorrat an getrocknetem Lachs und Weißfisch als Hundefutter übernehmen, und Trockenfleisch zur Schonung des eigenen Proviants für seine Mannschaft kaufen, wenn es zu haben wäre. Er hatte den Häuptling außerdem schon vor einigen Monden wissen lassen, dass er ihm einige Kanuladungen getrockneten Büffelfleisches abnehmen würde, wenn er solches von den Assiniboins weiter im Süden auf den Prärien einhandeln und heranschaffen könnte. Diese Kanus waren inzwischen hoffentlich ohne Unfall zurückgekehrt.

Und am Schluss, als Claude noch die Tatzen des Bären als Gruß und Leckerbissen für den Häuptling im Boot der Schwester verstaute und die Ladung des kleinen, schwankenden Fahrzeugs für sie zurechtrückte, nahm Walther Omimee für einen Augenblick beiseite: »Omimee, ich werde, wenn die Brigaden erst hier sind und ich alles gerichtet habe, deinen Häuptling und deine Mutter aufsuchen und sie bitten, dich mir zum Weibe zu geben.«

»Ja, Walther!«, entgegnete sie und hob die Hand, als wollte sie sie auf die seine legen. Aber sie tat es nicht.

Sie war ihm ergeben, wie eine weiße Frau niemals ergeben sein konnte. Er wusste es plötzlich – und dass sie ihn besaß, wie niemand und nichts ihn je besessen hatte.

Am Abend des Tages, an dem Omimees Kanu über den See hinweg südwestwärts verschwunden war, merkten Walther und Claude, wie sehr die Frau in den vergangenen Wochen die Szene beherrscht hatte. Sie war schnell außer Sicht geraten, denn grauer feuchter Dunst verhängte die Ufer und das bleiern ruhende Wasser. Nun war die Bühne sonderbar leer. Die beiden Männer waren allein auf sich angewiesen und mussten sich erst wieder aneinander gewöhnen. Es fehlte die Mittlerin.

Claude fühlte sich vielleicht von dem Wunsch getrieben, seinen früheren Platz in Walthers Zuneigung zurückzugewinnen, als er nach der Abendmahlzeit zu bedenken gab: »Weißt du, Walther, dass du nach der Auffassung meines Stammes nun ein Cree geworden bist wie ich? Denn ob man dazugehört oder nicht, das hängt allein von der Mutter ab, nicht vom Vater. Und unsere Mutter ist eine Cree. Ohne dich würde ich nicht mehr leben, Walther. Du hast mich, wie die Alten bei uns sagen, ›zum zweiten Mal geboren‹, mich, einen Cree. Und keiner kann dir mehr absprechen, dass du nun selbst ein Cree bist. Das ist so gewiss, dass darüber gar nicht geredet zu werden braucht.«

Walther hatte die verschlungenen Wege indianischer Vorstellungen von Sippe, Müttern, Treue und Opfern schon allzu häufig nachvollziehen müssen, als dass er Claudes Auffassung hätte bestreiten wollen. Er hatte seine Ellenbogen auf die Knie gestützt und seine Hände dazwischen verschränkt. Er schaute den Flammen zu, die im Kamin drei große Fichtenknorren verzehrten. Dann fügte er Claudes Worten hinzu: »Und wenn mich der Häuptling Saw waw Mickinack nach dem Ritus des Stammes mit deiner Schwester zusammengibt, Claude, dann wird sie zur Begründerin eines neuen Clans der Wälder-Cree – und damit werde ich erst recht zu einem Cree!«

»So ist es!«, antwortete Claude mit ruhiger Bestimmtheit. »Du verstehst es, zu denken wie ein Cree. Du wirst zu uns gehören, und allen wird es recht sein. Und alle werden wissen: Ich, der ohne dich nicht mehr am Leben wäre, bleibe dir ein Leben schuldig.«

Walther wehrte ab: »Bleiben wir doch, Claude, wenn wir unter uns sind, lieber auf der Seite deines weißen Vaters. Der war ein getaufter Christ. Das bin ich auch, wenn ich es auch halb vergessen habe. Dein Vater hätte euch sicherlich taufen lassen, wenn ein Priester aufzutreiben gewesen wäre. Und dann müsste das Blut des Vaters und nicht das der Mutter den Weg bestimmen.«

Aber Claude schüttelte verständnislos den Kopf: »Wie könnte das sein? Meine Mutter ist Cree, ich also auch. Ebenso Omimee. Und du wirst es sein. Es geht nicht darum, ob du es willst oder nicht willst, Walther. Es ist so, wie es ist.«

Fünftes Buch
Winterlicht

16

Das Wetter hielt sich. Die grauen Wolken hingen so tief, dass die Ferne nicht mehr erkennbar war. Da auch nirgendwo ein Wind wehte, breitete sich eine große Stille aus. Noch war es mild, und tröstend umschmeichelte die Luft weich und feucht die Stirnen der beiden Männer, des jungen, genesenden und des nicht mehr jungen, wie eine nie versiegende Tröstung.

Mussten sie denn getröstet werden? Sie wussten die Antwort beide, aber sie sprachen sie nicht aus: Ja, denn Omimee war nicht mehr bei ihnen war. Omimee, die ihren Bruder Claude durch ihre Kunst, vielmehr noch durch ihren, in den Kranken eindringenden Willen dem Tod abspenstig gemacht hatte.

Sie war jeden Morgen zum See hinuntergegangen, um Wasser zu holen, und wenn sie sich wieder aufrichtete, hatte sie manchmal die Arme gehoben, um nach dem Knoten ihres Haars im Nacken zu fassen. Eine Bewegung, die das Ebenmaß des schönen Leibes absichtslos offenbarte. Omimee, die heimlich glühende Geliebte des schon ergrauenden Mannes, der sich so verzehrender Überschwänge längst nicht mehr für fähig gehalten hatte. Doch in vier langen, lautlosen Nebelnächten hatte sie ihn eines Besseren belehrt! Nun, wo sie nicht mehr da war, hatte Walther ganz und gar vergessen, dass die hemmungslose Hingabe der Halbindianerin, die zugleich ein ebenso hemmungsloses Fordern und Nehmen gewesen war, zuletzt beinahe Furcht, ja, einen leisen Überdruss in ihm ausgelöst hatte. Jetzt erinnerte er sich nur noch an die unendliche Zärtlichkeit und die maßlosen Verzückungen, die sie ihm bereitet hatte.

Er ließ die Axt sinken, mit er er einen Firstbalken für das Blockhaus der zu erwartenden Voyageurs rechtwinklig geschlagen hatte. Lächelnd horchte er auf die Stimme in seinem Innern: Anke war anders gewesen, war sanfter, mütterlicher, pfleglicher mit ihm – und sich – umgegangen. Omimee dagegen war wie ein jäher Sturm, ein Waldbrand, der nach langer Trockenheit hereingebrochen war. Ich bekenne mich zu dir, Omimee! Sei ein wenig nachsichtig mit mir. Ich bin nicht mehr so jung wie du, nicht mehr so wild – und auch nicht mehr so unersättlich. Er seufzte ein wenig, aber die Wärme und Heiterkeit, die ihn erfüllte, verließ ihn dabei nicht.

Er nahm die Axt wieder auf. Claude am anderen Ende des kerzengeraden Fichtenstammes hatte nur kurz herübergeblickt, als Walther die Arbeit für eine kleine Weile unterbrach. Er war es gewesen, der den Älteren gedrängt hatte:

»Walther, wir haben viel Zeit verloren durch meine Krankheit. Die Brigaden werden uns ins Lager fallen, und es ist noch nichts gerichtet, um sie unterzubringen. Allein hast du größere Stämme nicht bewältigen können. Mein linker Arm ist immer noch nicht ganz in Ordnung. Aber die Sockel für die Häuser, die wir noch haben müssen, die bringen wir gemeinsam zustande. Und warum bauen wir das Ganze nicht gleich als Fort, als Festung, wie in Grand Portage oder in Michilimackinac – wovon du mir erzählt hast –, in einem Karree, weißt du? Die Palisaden lassen sich später errichten, wenn wir die vielen Männer hier haben. Wir müssen uns auf achtzig oder mehr gefasst machen.«

Der Gedanke, ein Fort anzulegen, also eine dauerhafte Anlage zu schaffen, hatte Walther nicht eingeleuchtet.

»Ich habe mich beinahe jedes Jahr um hundert oder zweihundert Meilen weiter nach Nordwesten vorgeschoben, um anderen Händlern aus Montréal zuvorzukommen und um die Routen zur Hudson Bay anzuzapfen. Wir sind längst nicht mehr die Einzigen im Pays d'en haut. Am Saskatchewan hat sogar schon die Hudson's Bay Company einen ersten Stützpunkt im Landesinneren errichtet, und an der Portage de Traite sitzen Alexander Henry und die Frobishers. Was soll es für einen Sinn haben, hier am La Ronge ein großes Fort zu bauen, wenn ich doch im nächsten Jahr bis zur Mündung des Mudjatik-Flusses oder zum Biber-, vielleicht sogar zum oberen Athabasca-Fluss vorstoßen will? Ich bin mit den Indianern bisher ohne Waffen und ohne Festungen ausgekommen. Ich sehe nicht ein, warum das nicht auch weiterhin möglich sein sollte.«

Nach dieser Rede hatte Claude seinen Herrn und Meister prüfend angesehen, sich ein Herz gefasst und dann zu bedenken gegeben: »Hast du nicht längst geübte Leute genug, die für dich weiter nach Nordwesten neue Routen erschließen könnten, die Führer der Brigaden zum Beispiel, Gérard Choquette oder Paul Luders, oder deinen Schwiegersohn Justin Leblois oder …«, er stockte, doch nur einen Herzschlag lang, »– auch mich, Walther? Ich spreche Cree wie die Cree und bin ein Cree, zugleich aber auch Kanadier von meinem Vater her. Und was im Geschäft zu beachten ist, das habe ich in diesem Jahr bei dir gelernt. Und dann …«, nun geriet er wirklich ins Stammeln, »– du willst doch – der Häuptling wird es bestimmt mit Vergnügen gutheißen – und du bist doch nun lange genug unterwegs – immer nach Nordwesten – meine Schwester – wenn ihr erst einander zugesprochen seid – sie würde sicherlich froh sein, in einem festen Haus leben zu können. Ich weiß, sie hat sich das oft gewünscht.«

Omimee? Gewiss würde Omimee sein Leben ändern! Aber musste das bedeuten, dass er fortan hier am Lac la Ronge ein Dauerquartier bezog? Hatte er es nicht genossen, nirgendwo anzuwachsen und stattdessen Jahr für Jahr weiter in die herrenlose Leere des scheinbar unermesslichen Erdteils vorzustoßen?

Es blieb dabei: Ein Fort wurde nicht gebaut. Aber Walther war schließlich einverstanden, die noch zu errichtenden Blockhäuser in den Umriss eines gedachten Karrees einzubeziehen.

Der November stand vor der Tür. Jeden Tag konnte jetzt das Wetter umschlagen. Klarte der Himmel auf, so war mit Sicherheit anzunehmen, dass sich innerhalb einer einzigen Nacht hartes Eis an den Seeufern bilden, schnell ins offene Wasser hinauswachsen und nach einigen weiteren Tagen auch die Flüsse fesseln würde. Dann war den Kanus der Weg versperrt. Erst wenn der Hochwinter begonnen hatte und das Eis überall zuverlässig gehärtet war, wurde das Land wieder passierbar, allerdings sehr viel schwerer, gefährlicher und zeitraubender. Wo blieben die beiden Kanubrigaden? Das Warten war kaum noch zu ertragen. Claude wurde von der besorgten Unruhe des Älteren angesteckt.

Doch am 26. Oktober kam er ins Haus gestürmt. Walther hatte gerade damit begonnen, ihre Hauptmahlzeit vorzubereiten: »Walther, ein Kanu von Nordosten, ein einziges! Es muss bald da sein!«

Walther hob eilig den brodelnden Topf vom Feuer und trat vor die Tür. Ja, ein Nordwest-Kanu, mit sechs Mann besetzt! Es war schon deutlich zu erkennen und lag hoch im Wasser, trug also außer den Ruderern kaum eine Last. Mit seinen zwei silbernen Bugwellen, die als ein langgefiederter Pfeil auf Walthers Bootslände zielten, rauschte es schnell heran.

Kurz vor dem Ufer stieg der vorderste Ruderer über Bord und hielt das Boot fest, bis die Männer alle das Fahrzeug erleichtert hatten. Der Gouvernail löste sich aus dem Schwarm der Übrigen, die das Boot mit seinem Inhalt ganz vorsichtig an Land hoben.

Walther war dem Mann nicht entgegengegangen. Er wusste sich dies einzelne Kanu mit sechs Ruderern und ohne Nutzlast, ein Eilkanu also, nicht zu erklären. Mochte also der Gouvernail sich zu ihm bemühen.

Erst als der stämmige Kanuführer schon den Platz vor dem Handelsposten erreicht hatte, begriff Walther, wer da auf ihn zuschritt. Es war Gilles Clautier, ein Mann, der dem Concern McCorssen, O'Gilcock & Matthieu seit Beginn, seit über zehn Jahren also, diente. Walther hatte ihn fast ganz aus den Augen verloren, da er nicht im Pays d'en haut, sondern bei den Schweinefleischessern, den Brigaden der großen Meister-Kanus, zwischen Montréal und Grand Portage am Lake Superior gearbeitet hatte – und, wie es nun ersichtlich war, zur Stellung eines Gouvernail aufgestiegen war. Clautier, so viel war Walther klar geworden, war ganz und gar O'Gilcocks Mann. Was wollte der *pork-eater* im Nordwesten? Aber immerhin, er war ein langgedienter Gehilfe des Concerns.

Walther rief ihm entgegen: »Gilles Clautier – sieh einer an! Wir sind uns seit Ewigkeiten nicht begegnet. Was, um alles in der Welt, führt dich hierher? So spät im Jahr! Seid ihr den Kanubrigaden nicht begegnet unterwegs? Ihre Ankunft hier ist schon überfällig.«

Clautier hatte seine Kappe gezogen und versuchte eine Verbeugung – ein Montréaler in der Tat! Die Nordwestleute verbeugten sich nicht.

»Viele Fragen auf einmal, Monsieur McCorssen. Ich will sie der Reihe nach beantworten. Ich bin mit meinen Leuten *par express* von Monsieur O'Gilcock aus Montréal abgesandt worden, Euch einen wichtigen Brief zu überbringen.« Er fasste in seine geräumige Bluse und brachte ein versiegeltes Schreiben zum Vorschein, das er Walther überreichte: »Stellen Sie, bitte, fest, Monsieur McCorssen, dass das Siegel unverletzt ist.«

Es war unverletzt. Walther betrachtete das Schreiben missmutig, konnte sich aber nicht entschließen, es in Gegenwart des Voyageurs zu öffnen. Er steckte es in die Tasche seines

Überrocks und sagte dann mürrischer, als es eigentlich seine Absicht war: »Spare dir den Monsieur, Clautier. Wir reden uns hier im Nordwesten alle beim Vornamen an. Deiner ist Gilles, meiner ist Walther.«

»Wie Sie befehlen, Walther! Ich berichte weiter: Wir sind Anfang August von Montréal abgefahren, haben also eine sehr schnelle Reise gehabt. In Grand Portage hat uns Captain Gorham zwei Nordwestmänner mitgegeben und gegen zwei meiner Leute aus Montréal ausgetauscht, damit wir die Kanuroute nicht verfehlen. Es gab Streit im Boot hinter Grand Portage, als die beiden Nordwester darauf bestanden, dass wir, wie bei ihnen üblich, ›getauft‹ werden müssten, da wir nun ins wahre Pays d'en haut einrückten. Aber daraus wurde nichts. Die Taufe hätte uns zwei betrunkene Tage gekostet. Also musste ich sie verbieten – und die Nordwester hatten sich damit abzufinden. Wir waren vier gegen zwei. Mir war eingeschärft worden, dass der Brief Eile hätte und dass ich keine Zeit verlieren dürfte. Kanumänner sind jetzt in Montréal wie in Michilimackinac oder in Grand Portage an jeder Ecke zu haben und beinahe für jeden Lohn. Die Zeiten sind schlecht, Monsieur McCorssen.«

Walther nahm das erneute »Monsieur« nicht weiter zur Kenntnis. Der Mann, dieser Gilles Clautier, offenbar getreuer Knappe seines Herrn Pat O'Gilcock, war wenig nach Walthers Geschmack. Er verkörperte eine Wesensart, die Walther längst abgelegt hatte wie eine alberne Maske und an die er auch nicht gern erinnert wurde. Er wollte wissen: »Ich warte dringend auf unsere beiden Kanubrigaden mit den Handelsgütern für den kommenden Winter – und mit Gérard Choquette und Paul Luders. Die Brigaden sollten in diesem Sommer ihre Ladungen in Grand Portage so schnell wie möglich gegen die Güter aus Montréal umtauschen. Ich will noch vor dem Eis Außenposten weit voraus einrichten. Das kostet Zeit. Die Ladungen müssen ausgepackt, umgepackt und neu registriert werden. Ich begreife nicht, warum die Kanus noch nicht hier sind.«

Gilles Clautier schien den Unwillen Walthers wie einen Tadel zu empfinden, der seinem eigenen Verhalten galt. Er stammelte: »Ich habe die Brigaden im Lac du Bonnet überholt. Sie hatten noch nicht einmal den Winnipeg-See erreicht. Aber ich habe mich nicht aufgehalten. In Grand Portage hatte ich schon gehört, dass es Ärger gegeben hat. Einer der Brigadeführer, Luders, glaube ich – ich kenne ihn nicht –, war von dem kleinen englischen Kommando, das jetzt in Grand Portage stationiert ist, in Gewahrsam genommen worden. Ihre Nordwestmänner, Monsieur McCorssen, haben sich dagegen aufgelehnt: Luders unterstehe den Engländern nicht, er gehöre ins Indianerland, hierher! Captain Gorham konnte sie nicht beruhigen oder umstimmen. Es gibt ja nur eine Handvoll Soldaten in Grand Portage. Es hat beinahe einen Aufstand gegeben. Ohne Captain Gorham wäre die Sache übel ausgegangen. Captain Gorham hat sich dafür verbürgt, dass Luders den englischen Behörden ausgeliefert wird, falls ihm wirklich ein Verstoß gegen englische Verordnungen oder Gesetze vorzuwerfen ist. Der englische Offizier, der mit seinen zwei Dutzend Soldaten ohnehin gegen die Masse der Voyageurs in Grand Portage – sie alle hassen die hochfahrenden Engländer – wenig ausrichten konnte, ist sicherlich froh gewesen, dass Captain Gorham ihm im Namen unseres Concerns eine leidliche Ausflucht ermöglichte. Luders wurde freigelassen, soll aber noch am gleichen Tag aus Grand Portage verschwunden sein. Niemand weiß, wohin. Aber wohin soll er schon gegangen sein?« Der Voyageur, der wie alle seines Schlages gern ins Erzählen und Mutmaßen geriet, zuckte mit den Achseln und fuhr fort: »Dahin natürlich, wo neuerdings alle hingehen, die mit England und den Engländern Ärger haben und englischen Soldaten oder Behörden lieber aus dem Wege gehen: Nach Süden in die rebellierenden Kolonien, die sich von der englischen Krone losgesagt haben!«

Walther fiel ihm ins Wort: »Was sagst du da, Gilles? Kolonien, die der Krone den Gehorsam aufgekündigt haben? Davon wissen wir hier an unserem Ende der Welt noch gar nichts! Berichte mir alles darüber, was du weißt. Mein Assistent, Claude Cuiseur, soll es gleich mithören! Claude!« Er rief den Namen mit lauter Stimme zur Bootslände hinunter. Die Nachricht hatte ihn derart erregt, dass er den Brief O'Gilcocks, den das Eilkanu überbracht hatte, zunächst vergaß. »Claude, ich brauche dich hier. Die Kanuleute können fürs Erste im Fellschuppen unterkommen. Da ist Platz genug!«

Claude kam herbeigerannt. Die Ruderer des Eilkanus hatten ihm schon einiges verraten. Jetzt erfuhren Walther und er das schier Unglaubliche: Die älteren englischen Kolonien weiter im Süden, Massachusetts, Connecticut, Rhode Island bis hinunter nach Virginia und Georgia, insgesamt dreizehn an der Zahl, waren offenbar entschlossen, die englische Oberherrschaft mit – sie sagten es frei heraus – mit ihrer Knebelung und Ausbeutung der Englisch sprechenden Gebiete auf amerikanischem Boden abzuschütteln, notfalls mit Gewalt. Sie wollten ihr Schicksal fortan in die eigenen Hände nehmen. Anfang Juli dieses Jahres 1776 hatten sie vor aller Welt ihre Unabhängigkeit erklärt, nachdem schon im Jahr zuvor bei Concord und Lexington und im vergangenen April bei Bunkers Hill auf beiden Seiten viel Blut geflossen war.

»Aber wie wird das alles ausgehen!«, schloss der Abgesandte O'Gilcocks aus Montréal. »Ich habe meine Lektion schon vor mehr als einem Dutzend Jahren gelernt, als die Engländer die Franzosen vor Québec-Stadt schlugen und der französischen Herrschaft in Kanada ein Ende setzten. Ich war damals dabei unter dem Lilienbanner des Königs von Frankreich. Wir hatten keine Chance und wurden geschlagen. Gegen England ist kein Kraut gewachsen. Die rebellischen Kolonien im Süden werden es zu spüren bekommen und ihrer Strafe nicht entgehen, auch wenn sie Montréal zunächst genommen haben. Vor Québec mussten sie abziehen, haben im vorigen Winter nach sechs Monaten keinen Erfolg gehabt. Und in Montréal sind wir die Burschen unter ihrem Benedict Arnold jetzt auch wieder los!«

Walther schoss die Vermutung durch den Kopf: Das sind O'Gilcock'sche Reden oder auch solche Gorhams. Wo stehe ich dabei? Er wusste keine klare Antwort auf solche Frage. Er rief sich zur Ordnung. Diesem Voyageur gegenüber hatte er den Seniorpartner des Concerns zu spielen. Clautier erwartete, dass der Mann, dem er über Tausende von wilden Meilen hinweg einen Brief seines Meisters O'Gilcock überbracht hatte, dieser Rolle gerecht wurde.

Gut, das war nicht zu umgehen.

Claude blickte Walther erstaunt an, als der in knappem Befehlston antwortete: »Gut, gut, Clautier. Das wird sich weisen. Vielen Dank für deine Auskunft. Kümmere dich jetzt um deine Leute. Claude weiß über alles Bescheid. Ich muss mir erst überlegen, was ich mit euch weiter anfange. Im Winter könnt ihr nicht zurückreisen. Aber Überfluss an Proviant werden wir kaum haben, es sei denn, wir bekommen Büffel-Pemmikan aus der Prärie von den Assiniboins. Teile deine Leute ein. Es ist noch viel Brennholz und eine Menge Bauholz zu schlagen. Claude wird dir sagen, was im Einzelnen zu tun ist.«

Während er sich abwandte, um ins Haus zu treten, steckte er die Hand in die Tasche.

Richtig, der Brief aus Montréal! Walther spürte einen leisen Widerwillen. Angenehme Nachrichten sind gewöhnlich nicht so dringend, dass man sie per Eilkanu auf eine lange Reise schickt. Seit längerer Zeit schon erweckte der Name O'Gilcock in Walthers Gemüt zwiespältige Empfindungen.

Ich will ungestört sein, wenn ich den Brief lese.

Walther verließ das Haus durch die Hintertür und wanderte den Strand des Sees entlang zu der geschützten Stelle, wo er sich an wärmeren Tagen gewöhnlich gewaschen hatte oder eine Weile geschwommen war. Dort war er von der Station oder der Schiffslände her nicht zu sehen. Er setzte sich auf den Felsblock, auf dem er sonst seine Kleider ablegte, zog den Brief aus der Tasche und wog das steife, gefaltete Papier eine Weile in der Hand. Er spürte kein Verlangen danach, zu erfahren, was Pat O'Gilcock Dringendes mitzuteilen hatte. Aber hol's der Teufel, ich komme nicht drum herum!

Er brach das Siegel, der Lack splitterte in den Sand. Er entfaltete die gelblichen knisternden Bögen. Er las:

Montréal, am 5. August 1776

An Walther McCorssen
Seniorpartner im Concern McCorssen, O'Gilcock & Matthieu,
zurzeit im Pays d'en haut am Lac la Ronge

Verehrter Partner, lieber Walther,

ich zögere nun nicht mehr, Dir auf schnellstem Wege einige Informationen zukommen zu lassen, die neben anderen vor allem Dich betreffen, und die, wie mir scheint, schnelle Entscheidungen erfordern. Gilles Clautier, dem ich diese Kurierpost anvertraue, ist Dir kein Fremder. Er wird, davon bin ich überzeugt, sein Äußerstes tun, Dich so früh in diesem Herbst zu erreichen, dass er sich vielleicht noch auf den Rückweg machen kann – mit Deiner Antwort –, bevor das Eis die Kanuwege bis zum Frühling 1777 blockiert.

Walther ließ die Blätter sinken. Pat O'Gilcock muss den Verstand verloren haben! Oder hat er angenommen, seinem Eilkanu unter Clautier wüchsen bei der Anreise Flügel? Eigentlich müssten mindestens die Seen schon jetzt vereist sein. Nur, weil das Jahr so ungewöhnlich milde ausläuft, sind sie noch offen. Das kann sich morgen schon ändern. Eine einzige klare Nacht, und dann kommt der unvermeidliche Frost! Kein Kanu kommt dann mehr ans Ufer! Antwort auf diesen Brief noch in diesem Winter? Pat ist verrückt! Er hob die Blätter von Neuem:

Sicherlich ist es längst auch bis zu Dir gedrungen, dass sich dreizehn britische Kolonien weiter im Süden von London und der englischen Krone losgesagt haben. Die »Amerikaner«, wie die Rebellen sich jetzt nennen, als bestände Amerika nur aus ihnen, haben ein paar Anfangserfolge verbuchen können, haben uns ja sogar hier in Montréal mit ihrem etwas gewaltsamen Besuch beglückt. Unser Concern ist mit den »Amerikanern« aus Boston und New York im Gegensatz zu anderen ganz gut ausgekommen. Ich vertrete ja hier den Concern mit Deinem tüchtigen Sohn William als Juniorpartner, und ich bin lange in Pennsylvania und Virginia gewesen, trage einen irischen Namen – und die Iren stehen nicht in dem Geruch, Busenfreunde der Engländer zu sein. Das ging also vorüber. Schwieriger wurde unsere Lage, als die Engländer wieder ans Ruder kamen. Die Herrschaften sind nun sehr nervös. Der Krieg weiter im Süden geht offenbar nicht ganz so, wie sich die Londoner Herren das vorgestellt haben. Das heißt, die Rebellen denken vorläufig gar nicht daran, wieder zu Kreuze zu kriechen und den Hannoveraner auf dem englischen Thron um gut Wetter zu bitten. Aber ich bin ein zweifelsüchtiger Mann und sage mir, dass auf die Dauer die große Macht und der Reichtum des Vereinigten Königreichs über den zusammengelaufenen Pöbel – viel was Besseres stellt die Rebellenarmee nicht dar – den Sieg davontragen werden. Alle anderen Erwartungen halte ich für blauen Dunst. Entsprechend haben wir uns einzurichten.

Ich habe mich mit William drehen und wenden müssen – aber bis jetzt haben wir im Geschäft noch keinen Schaden oder Rückschlag erlitten. Auch ist von den Schiffen, mit denen wir unsere Pelze – auf Williams Rat in mehrere kleine Sendungen aufgeteilt – nach London gefrachtet haben, noch keines auf hoher See von den Rebellen gekapert worden. Andere Concerns haben auf solche Weise beträchtliche Summen verloren – wir nicht.
Aber, wie gesagt, die englischen Behörden sind jetzt überaus misstrauisch und aufgeregt. Es ist wirklich ein Wunder, dass die französischen Kanadier, die hier nach wie vor weit in der Überzahl sind, sich so ruhig verhalten. Sehr sanft sind die Engländer ja nicht mit ihnen umgesprungen in den nun schon dreizehn Jahren, seit sie die französischen Soldaten, Beamten und Aristokraten aus dem Land jagten. Ich erkläre mir das so, dass alle die jungen Kanadier, die genug Courage besäßen, es mit den verdammten Briten aufzunehmen, lieber in den fernen Westen ziehen, ins Pays d'en haut, wo ihnen kein englischer Rotrock auf die Finger sieht, wo sie als Voyageurs, wie bei uns, gutes Geld verdienen, ein freies Leben führen, sich ein hübsches Indianermädchen zähmen und sogar selbst zu Indianern werden können, wenn sie Lust dazu haben. Was an Männern zurückbleibt hier am St. Lorenz, das sind die braven, die kirchenfrommen, die gehorsamen, die Bäuerlein, die sich nicht von ihren Höfen und ihren zehn Kindern trennen können – und solche Leute machen keinen Aufstand. Denen geht Ruhe und Frieden über alles. Sie fühlen sich am wohlsten als Untertanen Seiner Majestät des Königs – ganz gleich, welchen Königs! Immerhin, dafür sorgte schon die liebe Konkurrenz, sind die wenigen Concerns ins Gerede gekommen, die einen französischen Namen in der Partnerschaft aufweisen, darunter auch wir. Ich wurde ausführlich und nicht sehr freundlich über unseren guten Pancrace Matthieu befragt. Pancrace

hat ja nie irgendwelche politischen Leidenschaften verraten, kennt nur die eine: unsere Kanubrigaden so schnell und zuverlässig über die Routen zu jagen, dass wir stets unter den Ersten sind, die ostwärts oder westwärts ankommen. Es gibt allerdings einige dunkle Jahre in Matthieus Vergangenheit, über die er keine verbürgte Rechenschaft ablegen kann. Pancrace hat es auf meinen und auch Deines Sohnes William Rat vorgezogen, als Seniorpartner aus dem Concern auszuscheiden, damit sein Name aus der Firma verschwindet. Ich werde mich hüten, schlafende Hunde zu wecken, sagte er, ich habe mein Geld sowieso schon auf der hohen Kante. Aber er bleibt natürlich, solange er kann, unser Grand Maître des Canots. Wir verlieren ihn nicht. Er hat seinen Anteil am Concern zur Hälfte an John Gorham, zur anderen an Deinen Sohn verkauft. Gorham ist jetzt bereit, seinen Namen in der Bezeichnung des Concerns an Matthieus Stelle setzen zu lassen. Das kann uns nur recht sein, denn Gorham wird von den Engländern nicht beargwöhnt.

Ich selbst? Nun, ich habe im Krieg gegen die Franzosen sehr aktiv auf englischer Seite gekämpft. Das ist leicht nachzuweisen gewesen. Und notfalls – wie in meinem Falle – sind die Iren zweifelsfrei britische Untertanen, allerdings solche zweiter Klasse, die lediglich die Ehre haben, zusammen mit den hannoverschen, hessischen und anderen deutschen ins Heer gepressten »Söldnern« Englands Schlachten zu schlagen und ihre heilen Knochen hinzuhalten.

Wirklich schwierig wurde die Sache jedoch erst, als die Behörde dahinterkam, was es mit McCorssen auf sich hat, lieber Walther. Du weißt ja, wie die Schotten sind: vernarrt in ihre blödsinnigen Trachten, ihre quäkigen Dudelsäcke und die Geschichte ihrer Sippen und Clans, die sich seit ewigen Zeiten die Schädel eingeschlagen und mit den Engländern gerauft haben. Irgend so ein auf sein Schottentum eifersüchtiger, nicht genügend beschäftigter Nichtsnutz von Beamtem ist darauf gekommen zu fragen, wo der Clan McCorssen seinen ursprünglichen Sitz hat oder wenigstens gehabt hat. Glücklicherweise hatte noch niemand außerhalb unserer Firma bemerkt, dass Dein Sohn William schon lange für mich, für uns tätig ist. William hat mit Martine eine sehr kluge, vorsichtige und energische Frau geheiratet. Manchmal meine ich, sie steckte uns hier alle in die Tasche, wenn es darauf ankäme. William ist ihr sehr ergeben und lässt sich in allen privaten Angelegenheiten von ihr lenken, so sehr er auch im Geschäft höchst genau weiß, was er will. Martine ist bald dahintergekommen, nachdem sie schnell gelernt hatte, die Montréaler Verhältnisse zu durchschauen, welche Bewandtnis es mit dem Mc bei McCorssen hat. Sie hat von Anfang an darauf bestanden, dass William für sich von dem Mc so wenig wie möglich Gebrauch macht, und hat es erreicht, dass er hier eben unter William bekannt ist – und wenn wirklich einer das Recht hat, nach mehr zu fragen, so unterschreibt er als William Corssen-Leblois, nimmt also den Mädchennamen seiner Frau zu Hilfe, um so französisch wie möglich zu erscheinen. Die Engländer hatten in den vergangenen Jahren genug damit zu tun, sich erst einmal zu etablieren und das Erbe der hinausgeworfenen Franzosen anzutreten. Nach dem Namen irgendeines jungen Mannes in einem der Pelzhandelsgeschäfte fragte niemand. William hat, wie er mir sagte, mit Dir nie über diese Sache gesprochen. Er fürchtete, Dich vielleicht zu kränken – und er wollte, das heißt Martine wollte kein Risiko eingehen, das ihn und sie gefährdet hätte. Sie hatte und hat – wie immer noch alle Leute aus Akadien – Angst vor der englischen Rücksichtslosigkeit, cruauté, *wie sie es nennt.*

Walther ließ die eng beschriebenen Blätter abermals sinken. Er kam mit dem Lesen des Briefes nicht besonders schnell voran. O'Gilcock hatte manchmal gekleckst, hatte undeutlich geschrieben und der englischen Orthografie oft genug auf geradezu abenteuerliche Weise Gewalt angetan. Walther sah sich also gezwungen, den Brief sehr genau und langsam zu studieren. Umso eindringlicher und zwingender fühlte er sich, je mehr er vom Inhalt des Briefes in sich aufnahm, in eine andere Welt zurückversetzt, die für ihn seit Jahren nur noch dem Namen nach als eine ferne, hässliche Schimäre in ungeliebter Erinnerung bestanden hatte. Er, Walther McCorssen oder Corssen – was kam es ihm noch darauf an! –, hatte sich längst in die große Einfachheit des Daseins in der herrenlosen Einöde gerettet. Dort war und wurde das Leben jeden Tag infrage gestellt, aber es war ganz und gar sein eigenes Leben. Es gehörte ihm allein!

Und sieh an, Martine, eine kluge Frau! Ich habe sie damals richtig eingeschätzt. Sie regiert meinen Sohn im Geheimen, wahrscheinlich unmerklich, wie er von seiner Mutter regiert worden ist – und ich ja auch –, ein Strom von zärtlicher Wehmut rann ihm plötzlich warm durch die Adern – ich ja auch! Und im gleichen Augenblick spürte er, dass er sich einen Gleichmut errungen hatte, der schon vorweg den weiteren Inhalt des Briefes in seiner Hand entschärfte. All diese fernen Gezänke und Trübnisse berührten ihn höchstens nur ganz am Rande.

Er nahm die Blätter wieder auf:

Um die lange Geschichte kurz zu machen, lieber Walther: Die Verwaltung hat in alten Akten gewühlt und festgestellt, dass ich damals die Handelslizenz für Michilimackinac auf den Namen Walther Corssen beantragt hatte, dass aber dann die Lizenz auf den Namen McCorssen ausgestellt worden ist. Und nachdem man erst einmal wusste, dass das Mc nicht zu Deinem Namen gehörte, fand irgendein verdammter Federfuchser heraus, dass vor zehn Jahren nach einem Mann dieses Namens gefahndet worden ist, der, obgleich unter englischem Befehl stehend, zusammen mit einem gewissen, inzwischen verschollenen Jonas von Hestergart, ehemals Captain in der englischen Infanterie, eine größere Gruppe von Akadiern der englischen Hoheit und der verfügten Deportation entzogen hat. Als nach dem Ende des Krieges die akadische Siedlung an die Küste von Nova Scotia, nach Grosses Coques, verlegt wurde, haben Corssen und Hestergart abermals englischen Befehl missachtet und sind untergetaucht. Du wirst gewiss Verständnis dafür haben, lieber Walther, dass mir nichts anderes übrig blieb, als hoch und heilig zu beteuern, ich hätte von all diesen Zusammenhängen nichts geahnt, Gorham erst recht nicht. Und natürlich würden wir Dich sofort von der Partnerschaft im Concern ausschließen. Ob wir dich allerdings bewegen könnten, aus dem fernen Indianerland im Nordwesten noch einmal nach Montréal zu kommen, das hielte ich für unwahrscheinlich.

Ein Unglück kommt selten allein. Die Burschen in der englischen Verwaltung haben langsam, aber sicher alle ihre Akten und Listen beieinander und möchten am liebsten jedem Bürger und Untertan ein Schild um den Hals hängen mit seinem Wer, Was, Woher und Wohin. Du sollst unter Deinen Voyageurs einen gewissen Paul Luders beschäftigen. Dieser Mann ist ein Deserteur und wird schon lange gesucht. Jetzt, da die Kolonien im Süden sich zu bewaffnetem Aufstand erhoben haben und zu fürchten steht, dass alle Deserteure den »Amerikanern« zulaufen, würde mit Deinem Paul Luders kurzer Prozess gemacht werden, bekäme man ihn zu fassen. Ich glaube, dass eine Anweisung nach Grand Portage geschickt worden ist, diesen Luders dingfest zu machen, wenn er dort auftauchen sollte.

Dem Paul sind sie also auch auf die Spur gekommen, dachte Walther mit einem verächtlichen Zug um die Lippen. Auf die

Spur, ja, aber Paul gehört längst wie ich ins Indianerland. Sie haben ihn nicht festsetzen können, die Engländer.
Er las weiter. Wollte der Brief gar nicht aufhören?

All dies wäre sicherlich nie aufs Tapet gekommen, wenn nicht der Aufstand der Kolonien im Süden die englischen Behörden aufgestört hätte, wie ein Bussard einen Hühnerhof aufscheucht. Nach einem Vorschlag Deines Sohnes William, lieber Walther, firmieren wir jetzt O'Gilcock, Gorham und Leblois und seitdem McCorssen aus dem Namen des Concerns verschwunden ist, werden wir nicht weiter offiziell beargwöhnt. Und dass das so bleibt, dafür habe ich einige goldene Sovereigns in die richtigen Taschen rollen lassen. Natürlich müssen wir uns noch wegen deines Anteils am Concern auseinandersetzen, aber das sollte nicht zu schwierig sein, da ja Dein Sohn und Dein Schwiegersohn in der Partnerschaft verbleiben – mag das auch alles noch Zeit kosten. Viel größere Sorge als diese mehr persönlichen Misslichkeiten ...

Walther lächelte bitter, als er »Misslichkeiten« las. O'Gilcock hatte dafür das Wort *inconveniencies* verwendet. In der Tat, für den alten Gauner nichts weiter als inconveniencies, wahrscheinlich aber im Geheimen *conveniencies,* »Annehmlichkeiten«, denn so wird er nach Matthieu den zweiten Seniorpartner los. Aber noch, mein Bester, sitze ich am langen Hebelende des Geschäfts, von wo allein die Pelze herstammen, mit denen du dir, lieber Pat, die Taschen polsterst. William soll zwar aufpassen, aber macht er das auch? Oder spielt er vielleicht das Spiel O'Gilcocks mit? Wenn ich in diesem Brief auch das entziffere, was zwischen den Zeilen steht, dann scheinen sich O'Gilcock und William, vielleicht unter nachdrücklicher Beihilfe von Martine, recht gut zu verstehen. William hat sich wahrscheinlich geärgert, dass ich mich seinerzeit nicht sofort mit ihm gegen O'Gilcock verbündete, und hat es deshalb vorgezogen, zur Gegenpartei überzulaufen.

Aber Walther rief sich gleich darauf zur Ordnung: Ich darf mich nicht verführen lassen, hinter alldem, was ich da lese, bösartige Komplotte zu vermuten. Wenn auch nur die Hälfte von dem stimmt, was aus dem Brief zu folgern ist, dann haben sich die beiden in Montréal mit äußerst widerlichen Umständen herumzubalgen, und ich kann meinem Schöpfer dankbar sein, dass ich hier in der unerreichbaren Ferne sitze, so sicher und unanfechtbar wie in Abrahams Schoß. Weiter also! Was kommt nun?

Viel größere Sorgen als diese mehr persönlichen Misslichkeiten bereitet mir etwas anderes: Die Engländer fürchten, dass über die Kanurouten vom Oberen, vom Huronen- und vom Michigan-See her Rebellenstreitkräfte in den Rücken Kanadas am St. Lorenz einsickern könnten, und wollen deshalb, wie ich aus absolut sicherer Quelle weiß, die Strecke zwischen Montréal und Michilimackinac aufs Schärfste kontrollieren. Wenn ich zutreffend unterrichtet bin, sollen auf diesem wichtigen und für den Pelzhandel nicht zu umgehenden Abschnitt alle Transporte nur noch in Regierungsbooten oder in Begleitung von behördlichen Aufpassern gestattet sein. Erstens, damit tatsächlich nur Handelsgüter befördert werden und nicht etwa Kriegsmaterial oder gar Soldaten der rebellierenden Kolonien. Und zweitens, damit alles, was an Pelzen aus dem Landesinnern kommt, vom Land westlich und südwestlich der großen Seen bis hinauf zu Deiner Gegend im Nordwesten, nicht etwa über Niagara oder Detroit nach New York oder Boston abfließt und den Rebellen die Taschen füllt, sondern einzig und allein nach Montréal, wo die englischen Steuereinnehmer sitzen.
Mir gefällt das gar nicht, und Deinem Sohn William gefällt es noch weniger. Wenn es zu machen wäre, dann müssten

wir die Route von Montréal über den Ottawa und die Georgian Bay des Huronen-Sees überhaupt in Zukunft vermeiden, denn dort wird man nicht mehr Herr seiner Ladungen, seiner Kanus und seiner Leute sein. Den hohen Herrschaften in London sind wir unabhängigen Montréaler Händler ohnehin ein Dorn im Auge, weil wir der alten Hudson's Bay Company, an welcher wahrscheinlich, vom Königshaus angefangen, der ganze englische Hochadel beteiligt ist, im fernsten Nordwesten die Pelzlieferungen der Indianer abfangen, indem wir den Indianern in ihre Gebiete entgegenfahren und ihnen die weiten Kanureisen zur Company an der Hudson Bay ersparen. Die Company hasst uns Montréaler wie die Pest, und die Rebellion der dreizehn Kolonien weiter im Süden liefert ihr den erwünschten Vorwand, uns kanadischen Pelzhändlern das Leben und die Geschäfte schwer, wenn's geht unmöglich zu machen.
Wenn man nur weit nach Norden ausweichen könnte! Dort droht den Engländern keine Gefahr durch die Rebellen. Dort wissen sie noch weniger Bescheid als im Westen. Dort ist mit englischen Kontrollen keinesfalls zu rechnen. Man müsste also heimlich und auf eigene Faust die Hudson's Bay Company nachahmen, die mit ihren Seeschiffen über die allernördlichste Route gleich bis an die Küste des Pays d'en haut fährt, in der Hudson Bay. Wir müssten natürlich Kanus benutzen und die Hudson Bay vermeiden, denn dort brächten Hudson's-Bay-Leute unsere Leute um und beschlagnahmten unsere Pelze. Wir müssten mit unseren Kanus nicht in Montréal – hier wird der Boden immer heißer –, nicht einmal in Québec-Stadt, das auch noch allzu scharf kontrolliert wird, herauskommen, sondern noch weiter stromabwärts am St. Lorenz. Je weiter stromabwärts, desto ungehinderter können wir unsere Pelze auf die Seeschiffe verladen, desto schneller erreichen sie Europa. Hier wird unter den Händlern hinter den Kulissen viel ge-

plant und spekuliert, aber jeder hält dicht und wünscht allen anderen die Pest an den Hals. Wir müssen – das ist auch Williams Meinung – damit rechnen, dass uns auch weiterhin Knüppel zwischen die Beine geworfen werden, denn wir sind nun einmal nicht so waschecht schottisch/englisch wie zum Beispiel Simon McTavish & Co. oder Holmes & Robert Grant. Die Einzigen, die wahrscheinlich einen Ausweg wüssten, wären französisch-kanadische Voyageurs. Aber die haben sich aus dem Staub gemacht und geben ihre Kenntnisse nicht preis. Du aber, lieber Walther, bist ihnen bestimmt längst auf die Schliche gekommen und weißt inzwischen mehr und Genaueres vom Pays d'en haut als irgendein leichtsinniger und ungebildeter Voyageur. Wir erwarten und erbitten Deinen Rat, und wir haben diese dringliche Bitte nicht anders absenden können als per Eilkanu, wie Du einsehen wirst. Gilles Clautier wird eine Abschrift dieses Schreibens, die Dein Sohn angefertigt hat – es muss alles streng vertraulich bleiben! –, Captain Gorham in Grand Portage überbringen. Dort muss er unvermeidlich vorbei. Partner Gorham kann sich dann einschalten, wenn er es für nötig hält. Es ist ein langer Brief geworden, lieber Walther. Es hat mich drei Nächte gekostet, ihn zu schreiben. Aber Du, der die Pelze beschafft, die uns allen nach wie vor große Gewinne bringen, musstest schleunigst unterrichtet werden über das, was sich hier abspielt und voraussichtlich weiter abspielen wird. Wenn Dein Name auch nicht mehr in dem des Concerns auftaucht, so wirst Du uns doch sicherlich weiter dienen zum Wohle von uns allen, besonders Deiner Kinder.
Ich bleibe, lieber Walther, Dein Dir aufrichtig ergebener Freund
Patrick O'Gilcock

Mein »aufrichtig ergebener Freund« hätte sicherlich weniger freundschaftlich und weniger ergeben geschrieben, überlegte Walther bitter, wenn er sich nicht klar darüber wäre, dass ich es bin, der die Quelle auch seines wachsenden Vermögens am Sprudeln hält. Hätte er einen Ersatz für mich, der von ihm abhängig ist, so würde er mich lieber heute als morgen ausbooten. Aus der Partnerschaft bin ich schon ausgeschlossen. Dazu hat ihm der Krieg den sicherlich sehr erwünschten Anlass und die Begründung gegeben – und ich kann nichts dagegen einwenden. »Wir erbitten Deinen Rat, lieber Walther« – das muss ich noch sehr bedenken, mein »ergebener Freund«, der sich dauernd auf meinen Sohn beruft – wie ich annehme, zu Recht.

Ich könnte Schluss machen. Ich könnte das Band zerschneiden, das mich mit dem Osten verbindet. Die da im Osten brauchen mich. Ich brauche sie nicht. Was sagte mir Claude? Dass ich ein Cree bin, ob ich will oder nicht. Wenn ich etwas mit Sicherheit weiß, dann ist es dies: Claude ist mir treu für immer. Mehr noch: Omimee ist mir treu für immer. Mit ihr würden die Cree mich zu ihrem Führer machen, wenn der alte Häuptling erst gestorben ist …

Walther saß und sann. Vor ihm breitete sich der große See ins Ungewisse. Die Nacht sank über das lautlose Gefilde, schwer, feucht, vernebelt. Sie würde sehr düster werden. Walther merkte es kaum. Er hatte die Briefbögen langsam und sorgfältig wieder gefaltet und in seiner Rocktasche vergraben.

Das Band zerschneiden? Es wäre verlockend – Omimee knüpft ein neues. Ich will und werde nicht mehr allein sein. Dazu bin ich entschlossen.

Aber Anna darf ich nicht vergessen, meine kleine Tochter. Sie kann nicht mehr fern sein. Die Lastkanus werden nicht mehr lange auf sich warten lassen.

Nein, mein guter Pat O'Gilcock. Ich gebe nicht auf! Noch nicht! Ich gebe nie auf! Das werden sie noch merken!

17

In der Nacht nach der Ankunft des Eilkanus, das dem einsamen Mann am Lac la Ronge den Brief aus Montréal überbracht hatte, schlug das Wetter um. Aber es richtete sich nicht nach der Regel, die sonst für die erste Hälfte des Novembers galt. Diese Regel forderte Frost, Schneesturm und erste tiefe Kälte.

Walther erwachte gegen zwei Uhr morgens so plötzlich, als hätte ihn jemand mit lauter Stimme gerufen. Aber nichts dergleichen war geschehen. Stattdessen war ein Windstoß sausend ums Haus gefahren und hatte die drückende Stille gebrochen. Es blieb nicht bei diesem einen. Schon nach kurzer Zeit wogte und rauschte der Sturm um das Haus, fuhr zuweilen in den Kamin, orgelte darin wie irre und verblies die Asche von der Herdstatt. Walther horchte angestrengt für eine kleine Weile zu der Bettstatt am anderen Giebelende der Hütte hinüber, auf der Claude schlief. Aber der hatte sich von dem urplötzlich aufgesprungenen Sturm nicht wecken lassen. Sein tief und gleichmäßig auf und ab schwellender Atem war deutlich zu hören, wenn das immer noch anschwellende Brausen zuweilen nachließ.

Walther lag flach auf dem Rücken und starrte mit offenen Augen ins Dunkel. Das kleine Fenster war zwar an der Längswand schräg gegenüber als ein etwas helleres, milchiges Viereck zu erkennen, aber Licht spendete es nicht. Zunächst vereinzelt, dann immer dichter zusammenwachsend, begann ein leises Trommelfeuer an die westliche Giebelwand zu prasseln. Im Innern der Hütte unter dieser Wand ruhte Walther unter seinem Bärenfell. Er wollte zunächst seinen Ohren nicht trauen. Dann aber war es nicht zu bezweifeln: Was da ans Haus schlug, das konnte nur Regen sein, schwerer Regen! Aber Regen bedeutete Wärme oder zumindest keine Kälte. Das war eigentlich kaum zu glauben – doch keineswegs zu bezweifeln!

Meine arme kleine Anna, dachte Walther. Wo ist sie jetzt, bei diesem Wetter? Wahrscheinlich irgendwo am Ufer eines wilden Flusses oder eines schäumenden Sees, auf der blanken Erde unter einem umgestülpten Kanu und der Regen rinnt vom Ufer her seewärts, dringt unter das Kanu und durchnässt von unten her ihren Schlafsack. Justin kann beweisen, dass er sie liebt, und wärmt sie vielleicht. Aber ein Feuer kann er ihr nicht anzünden. Bei solchem Sturm und Regen ist kein Feuer zu entfachen. Justin wird verzweifelt sein! Denn solch ein Sturm, der geht nicht in einer Nacht vorüber, der dauert den ganzen Tag oder vielleicht sogar zwei oder drei Tage. Dann ist kein Kanu zu Wasser zu bringen. Sie sind alle schwer beladen und haben keine zwei Handbreit Freibord. Die Wellen aber werden von solchem Sturm im La Ronge mindestens drei oder gar vier Fuß aufgeworfen – und die Kanus schlügen im Handumdrehen voll.

Also müssen die Brigaden liegen bleiben, ohne Feuer, ohne warmes Essen, denn sie kommen keine Meile mehr voran. Durchnässt von oben und von unten, werden sie unter den hochgekippten Kanus kauern, schauernd vor Kälte, Nässe und Hunger. Aber meine kleine Anna wird eher noch vor Ungeduld zittern, endlich bei mir anzukommen.

Kleine Anna? Sie ist längst nicht mehr klein, was bilde ich mir da ein! Sie ist eine erwachsene Frau, die den Mut ihrer Mutter geerbt hat. Sonst wäre sie nicht bereit, sich mit ihrem Justin im Pays d'en haut niederzulassen, dem Indianerland, dem wilden, herrenlosen Nordwesten, dem Niemandsland. Denn wenn auch die wenigen Indianer in dies Land hineingeboren sind wie die Elche, die Bären, die Graugänse – besessen haben sie es nie, sind unstet, bauen kein festes Haus und machen sich die Lachsflüsse streitig. Dies Land gehört keinem außer dem lieben Gott. Und wer sich darin heimisch machen will, der kann sich nur Gott anvertrauen.

Wie sagte doch unser alter Pastor Heersen damals im Konfirmandenunterricht? Kinder, vergesst das nicht: Ein lutherischer Mensch steht in seinem Gewissen Gott immer von Angesicht zu Angesicht gegenüber. Er braucht keinen Mittler und hat auch keinen Helfer, der ihm die Verantwortung abnimmt. Aus schierer Gnade hilft euch Gott durch seinen Sohn. Und wer sich nicht darauf allein verlässt, den holt früher oder später der Teufel.

Wie recht er hatte, der alte Pastor Heersen aus Dövenbostel an der Wilze, im alten Land – und hatte doch nicht die leiseste Ahnung von dem Pays d'en haut, wo dies das einzige Gesetz ist, dessen Geltung nicht zu bestreiten ist.

Verrückt, dass ich gerade jetzt darauf komme, in dieser Nachtstunde! Ich kam von meiner kleinen Anna darauf. Sie wird es schwer genug haben, hier unter lauter Männern. Wenn sie sich inzwischen zur Frau gewandelt hat, wird sie vielleicht begreifen, warum ich Omimee zu mir nehme. Denn das weiß ich nun genau: Ich nehme mir Omimee zur Frau nach der Sitte der Cree. Deren Sitte ist wahrscheinlich ebenso gut wie jede andere, auch die unsere. Die Christen sind sich ja selbst nicht einig. Bei den Katholiken ist die Ehe ein Sakrament, bei den Lutherischen nicht. Das eine ist ebenso falsch wie das andere. Denn ob eine Ehe zum Sakrament wird, darüber entscheiden weder Kirchen noch Pfaffen, sondern allein die Eheleute selbst durch ihr gemeinsames Leben – und das nimmt ihnen keiner ab.

Der Sturm hat es in sich! Omimee in ihrem Zelt am Egg Lake, allein mit ihrer Mutter … Hoffentlich bläst der Sturm ihnen das Zelt nicht über den Haufen. Er wird dort ebenso heulen wie hier. Wenn sie die Zeltstangen nicht fest verankert haben und das Loch an der Zeltspitze gut verschlossen, wird der Sturm die Oberhand gewinnen und sie dem Regen und der Kälte überantworten. Sie gehört dort nicht hin, Omimee, nicht zu den Indianern, die keine vernünftige Vorsorge kennen, die eben hungern, wenn nichts da ist, und eben frieren, wenn es kalt ist. Omimee gehört in ein festes Haus. Sie kann auch von hier aus Kranke heilen, und wenn ihre Mutter nicht im Häuptlingsdorf bleiben will, dann bauen wir ihr hier eine Unterkunft. Diese alten Indianerinnen machen sich immer nützlich. Aber da wird der Häuptling einiges mitzureden haben.

Wie wenig mich doch der Brief erregt, den O'Gilcock mir geschrieben hat. Captain Gorham muss mit ihm einverstanden gewesen sein, sonst hätte er dem Eilkanu irgendeine Nachricht mitgegeben. Er hat ja eine Abschrift erhalten. Dumm ist O'Gilcock nicht. Er sagt sich mit gutem Grund, wenn überhaupt wer einen anderen, nördlicheren Weg zum unteren St. Lorenz weiß, dann auch ich. Es gibt nichts, was in den Ödnissen wichtiger wäre, als die Augen und Ohren offen zu halten und sich alles zu merken, was man erfährt. Auch wenn man es im Augenblick noch nicht verwenden kann.

Diesen nördlicheren Weg gibt es tatsächlich. Er führt vom Michipicoten zum See Abitibi hinüber und von dort über die Wasserscheide nach Süden zum Lac des Quinzes. Dann den oberen Ottawa aufwärts und hinüber zum Lac Saint-Jean. Von dort aus führt er den gewaltigen Saguenay abwärts bis zu seiner Einmündung in den unteren St. Lorenz bei Tadoussac, wo der schon zwanzig Meilen breit ist und das Meer nicht mehr fern, weit unterhalb am Strom von Québec-Stadt und Montréal. Befahren habe ich die Route nie. Aber es gibt sie seit alten Indianerzeiten. Ich könnte sie aufzeichnen. Und es müssen sich Voyageurs oder Indianer finden lassen, die als wegekundige Führer dienen könnten – in Grand Portage oder in Sault de Sainte Marie, vielleicht auch in Québec-Stadt.

Aber nur nicht so eilig, aufrichtig ergebener Freund O'Gilcock! Ich werde mich hüten, dir postwendend meine Kenntnisse preiszugeben. Denn danach brauchtest du mich nicht mehr. Deinen Brief, Freund Cock, muss ich noch sehr gründlich überschlafen. Ich weiß, was ich tun werde: Ich werde mich mit Justin und Anna beraten. Die Schweinefleischfresser, Clautier und seine Leute, die werde ich erst einmal anstellen, um uns beim Bau der Winterquartiere zu helfen. Es ist noch sehr viel zu tun.

Er streckte sich. Mochte der Sturm heulen. Er war wieder eingeschlafen.

18

Mit der Ankunft der sechs Männer des Eilkanus hatte sich das Leben auf dem Handelsposten von Walther McCorssen völlig verändert. McCorssen – hol das Mc der Teufel, dachte Walther. Ohne mein Zutun ist es mir angehängt und ebenso wieder gestrichen worden. Gott sei Dank bin ich es los! Corssen ist allemal genug!

Walther und Claude waren von jeher gut miteinander ausgekommen. Sie hatten sich gern und respektierten einander, wobei der Jüngere die Autorität des Älteren niemals infrage stellte und der Ältere den guten Willen und die frische, kluge Tüchtigkeit des Jüngeren jederzeit mit Ernst und Heiterkeit zugleich als gegeben hinnahm. Claudes gefährliche Begegnung mit dem Bären mit all seinen Folgen hatte die beiden Männer noch enger miteinander verbunden, als es vorher schon der Fall gewesen war.

Zudem empfand Walther eine ihm selbst nicht recht begreifliche Dankbarkeit, die langsam, aber unausweichlich aufgekeimt war und sich verstärkte, je weiter der Tag zurücklag, an welchem Omimee ihr kleines Kanu mit schnellen, kräftigen Schlägen des Paddels vom Ufer in der Willow Bay des La Ronge fortgetrieben hatte, um schließlich als winziger Punkt jenseits der Kimm zu verschwinden. Ja, Dankbarkeit dafür, dass diese bräunlich schöne wilde Frau ihn aus der müden Bahn geworfen und wieder zum Mann gemacht hatte, indem sie ihn beanspruchte, als hätten weder er noch sie eine andere Wahl. Und sie hatten ja auch keine gehabt.

Er brauchte den Namen »Anke« nicht mehr als Freipass für die Brücke, die ihn mit Omimee verband. Anke würde niemals zu ersetzen sein. Anke kam nicht wieder. Aus eigenem Recht und Anspruch hatte die Halbindianerin, die Cree, Omimee – er nannte sie niemals mehr Evangeline – in ihm Wurzeln geschlagen und breitete ein feines Netz von Erinnerungen, Versprechungen und Erwartungen immer dichter in ihm aus.

Claude störte ihn nicht nicht, er bedeutete eher eine Sicherheit dafür, dass Omimee wiederkehren und Walther sie fest für sich gewinnen würde. Das Eilkanu und O'Gilcocks Brief aber hatten den Fortgang des inneren Geschehens unterbrochen. Plötzlich hatte sich Unruhe breitgemacht, Arbeit und Notwendigkeiten kamen von allen Seiten. Die sechs Mann des Eilkanus waren unterzubringen und zu verpflegen, vor allem aber nutzbringend anzustellen. Gilles Clautier erwies sich dabei als ein vorzüglicher Antreiber seiner Leute. Andererseits fand Clautier Walther und sonderbarerweise, wenn auch nicht im gleichen Maße, Claude gegenüber nicht aus einer Haltung der Unterwürfigkeit heraus, die Walther und Claude vergeblich zu lockern versuchten. Gilles schien sich in der Rolle eines ergebenen Dieners des Seniorpartners Walther McCorssen durchaus wohlzufühlen. Es schien ihn auch nicht zu stören, dass Walther, obgleich er sich selbst über sein Verhalten ärgerte, ihn mit steigender Gereiztheit behandelte.

Walther hatte es beinahe schon vergessen, was sechs starke, geschickte Männer unter umsichtigem, zuweilen auch hartem Antrieb zu leisten imstande sind. Sie alle konnten gut mit Axt, Beil und Säge umgehen. Sie fragten nicht danach, ob es regnete oder trocken war, kalt oder warm, stürmisch oder still. Und als Voyageurs waren sie nie im Zweifel darüber gelassen worden, hatten auch selbst nie bezweifelt, dass es ihr Los war, vom ersten Morgengrauen bis in die sinkende Nacht zu arbeiten. Allein die Sonne bestimmte die Zahl der Stunden.

Walther widerstand nicht mehr Claudes ursprünglichem Plan, seinen Handelsposten an der Weiden-Bucht des La

Ronge zu einer kleinen Wildnisfestung, einem Urwaldfort mit quadratischem Grundriss, abstecken und ausbauen zu lassen.

»Wir schaffen es nicht bis zur tiefen Kälte, Claude!«, hatte Walther ohne großen Nachdruck einzuwenden versucht.

Aber Claude, der unversehens in das Amt eines Bauleiters hineingewachsen war, hatte vergnügt erwidert: »Du vergisst, Walther, dass wir morgen oder übermorgen mit weiteren achtzig bis hundert Männern rechnen können. Clautier hat die Brigaden irgendwo bei Bas de la Rivière überholt, nicht mehr weit vom Winnipeg-See. Gewiss sitzt ihnen die Angst im Nacken, dass sie unterwegs einfrieren. Choquette und Luders werden schon dafür sorgen, dass die Kanus vom Fleck kommen. Pass auf, Walther, es dauert jetzt nicht mehr lange, und es wird hier von Männern nur so wimmeln!«

»Und du, mein Junge, vergisst, dass Luders abhanden geraten ist. Ob Gorham einen geeigneten Nachfolger bestimmt hat, wissen wir nicht.«

Claude konnte mit solchen Bedenken nicht viel anfangen. Er stürzte sich mit unvermindertem Eifer in die Arbeit. Und trotz Regen und nasser Kälte, Morast und Sturm ließen sich bald die Umrisse des werdenden »Fort Corssen«, wie Claude es nannte, deutlich und jeden Tag deutlicher erkennen. Für ihn, der aus der Cree-Welt kam, war es übrigens ganz belanglos, ob Corssen oder McCorssen gesagt wurde. Walther war und blieb Walther, das genügte!

Claudes Zuversicht bestätigte sich drei Tage nach dem Abflauen des großen Sturms. Gegen Abend, als die Düsternis schon einfiel wie nasse schwarze Watte, tauchten die so lange und sehnlich erwarteten Lastkanus – alle zehn auf einmal und eng beieinander – als schwarze Schatten vor dem Ufer auf. Sie hatten sich den am Strand wartenden Männern schon von weit her angekündigt. Walther, Claude, Gilles und seine Voyageurs hatten alles stehen und liegen lassen und waren zum Ufer hinuntergelaufen.

Sie waren es, endlich, die von unwahrscheinlichem Glück begünstigten Brigaden des Walther'schen Concerns! Gott sei Dank hatten sie es noch vor dem Eis geschafft, das gegen alle Regel noch immer nicht Seen und Flüsse sperrte. Sie waren es und sangen durch die Nacht aus Leibeskräften, wie es sich für richtige Voyageurs bei der Ankunft gehört. Schon ließ sich unterscheiden, was sie sangen: *Alouette* natürlich, was sonst!

> *Alouette, gentille alouette,*
> *alouette, je t'y plumerai,*
> *je t'y plumerai!*
> *Je t'y plumerai les ailes!*
> *Je t'y plumerai les ailes!*
> *Ah, les ailes, ah, les ailes!*
> *Alouette, Alouette,*
> *Ah!*
> *Alouette …*

> *Lerche, allerliebste Lerche,*
> *Lerche, ich werde dich schon rupfen,*
> *ich werde dich schon rupfen!*
> *Ich werde dir die Flügel rupfen,*
> *werde dir die Flügel rupfen!*
> *Ah, die Flügel, ah, die Flügel!*
> *Lerche, Lerche,*
> *Ah!*
> *Lerche …*

Sie waren schon bei den Flügeln angekommen, denn in jedem Vers wird ja dem armen Vogel ein anderer Körperteil gerupft. Bis sie schließlich nackt dasteht, die arme allerliebste *alouette*!

Natürlich waren sie, die jetzt mit rauschender Bugwelle durch die sinkende Nacht heranfegten – ihr allerblassestes Silber war schon zu ahnen –, genauso erleichtert, endlich ihr Ziel erreicht zu haben. Das Kochfeuer von Clautiers Voyageurs hatte ihnen die Richtung gewiesen – wie die Männer, die sie am Strand erwarteten. Dank sei allen Heiligen und der Schutzheiligen der Voyageurs insbesondere, der heiligen Anna! Sie waren da! Kein einziger Packen der Ladung war beschädigt oder gar verloren gegangen. Und kein Mann der Mannschaft war verletzt, verunglückt oder – drei Kreuze! – elend umgekommen. Kein Einziger, nein! Ein breitschultriger Bursche stürmte aus dem Dunkel auf Walther zu, der sich etwas abseits gehalten hatte, und umarmte ihn, beinahe heulend vor Freude: »Walther, Meister, alter Junge, sie haben mich nicht erwischt! Ich bin wieder da. Walther, mein guter Walther, ich bin wieder da!«

Er hatte es auf Deutsch in Walthers Ohren geschluchzt.

Es war Paul Luders!

Walther rief überrascht, aufs Höchste erfreut: »Paul, ich hörte, du wärst abhanden geraten. Du bist ihnen entkommen? Großartig, Paul! Ich hätte dich sehr vermisst!«

Da war auch mit einemmal Gérard Choquette. Walther hatte seine beiden verlässlichen Brigadisten wieder. Die Welt kam wieder in Ordnung.

Walther rief mit starker Stimme über das von dunklen Gestalten wimmelnde Ufer hinweg: »Gilles! Gilles Clautier, hörst du mich? Zünde ein großes Feuer an, damit wir was sehen können!«

Eine Stimme kam zurück, nicht minder laut: »Wird gemacht, Maître!«

Choquette fragte, und er grinste dabei: »Maître? Sieh einer an: Maître! Ihr seid ja wohl verdammt vornehm geworden während unserer Abwesenheit!«

»Und ob!«, sagte Walther. »Das ist Gilles Clautier. Er stand dem Eilkanu vor, das mir vor acht Tagen einen Brief aus Montréal überbracht hat. Er bemüht sich, die Sitten der Schweinefleischfresser auch hier im Nordwesten einzuführen. Ich bin dagegen, komme aber nicht gegen ihn an. Er ist hartnäckig. Die Brüder werden von den Herren in Montréal derart kurz gehalten, dass sie gar nicht mehr begreifen, wie es auch anders geht. Aber als Voyageur ist Gilles Clautier zweifellos tüchtig. Nehmt euch seiner an, ohne Hänseleien. Mir liegt daran. Vielleicht ist was aus ihm zu machen! Aber du, Paul, wie hast du's geschafft, wieder zu uns zu stoßen? Warst du nicht verhaftet und dann verschwunden?«

»Oh doch, Walther! Der noch sehr grüne englische Leutnant mit seinem Dutzend von Soldaten – lauter mäßig begeisterten Iren und Hannoveranern – musste mich wieder freigeben. Meine und Choquettes Voyageurs hatten zwei Bündel unserer Fracht, in denen Flinten für die Indianer verpackt waren, aufgeschnürt und sich bewaffnet. Der Leutnant hat dann Klugheit für den besseren Teil der Tapferkeit gehalten und hat seine Männer abgezogen, als unsere Leute vor das kleine Gefängnis rückten, hundert Mann stark, und mich herausholten. Mich und gleich auch zwei andere Voyageurs, die ebenfalls hinter Schloss und Riegel saßen. Choquette nahm mich beiseite und riet mir: Mach, dass du hier verschwindest, Paul, sofort! Sieh zu, dass du an der Großen Portage vorbeikommst. Dahinter nimm dir eins von unseren Nordwest-Kanus und fahre den Pigeon River aufwärts, du weißt ja, über den Moose Lake, dann den Mountain Lake bis zur Wattap Portage. Dort warte auf uns. Das hat dann alles geklappt. Meine beiden Mitgefangenen, prächtige Jungen aus Tadoussac vom unteren St. Lorenz, nahm ich gleich mit. Denen stand wie mir der Sinn ins Indianerland, wo es noch keine Leutnants und keine roten Uniformen gibt. Ich habe die beiden in meine Brigade genommen, gute Nordwester! Sie verlangen keine Bezahlung. Wollten nur ins Pays d'en haut, so weit wie möglich. Sie sind gute Voyageurs. Du solltest sie dir ansehen, Walther!«

»Will ich gern tun, Paul, obwohl wir Leute genug haben.

Gilles Clautier hat uns berichtet, du wärst südwärts geflohen, um dich den Rebellen im Süden anzuschließen.«

»Gorham hat mir geraten, dergleichen verlauten zu lassen, bevor ich mich über die Große Portage aus dem Staub machte. Aber was soll ich bei den Amerikanern, wie man jetzt sagt, da in den älteren englischen Kolonien im Süden? Deren ganze Wut richtet sich dagegen, dass sie Steuern und Zölle nach London zahlen müssen. Das geht mich nichts an. Ich gehöre ins Pays d'en haut, zu dir und den Indianern. Nur da fühl ich mich wohl und sicher. Und den beiden Kanadiern aus Tadoussac geht es ähnlich!«

»Kann ich verstehen, Paul. Wie hat sich Gorham bei alldem verhalten?«

»Captain Gorham? Oh, der war großartig! Ohne ihn wäre ich nicht freigekommen. Er hat – als Captain – dem kleinen Leutnant klar gemacht, dass der nicht den ganzen Nordwesten gegen sich aufbringen dürfte. Gorham muss auch gesehen haben, dass es unseren Voyageurs ernst damit war, mich nicht von ein paar Uniformierten festhalten zu lassen. Und die Voyageurs der anderen Concerns, natürlich nur die Nordwestmänner, hätten auf unserer Seite mitgemacht, wenn es hart auf hart gekommen wäre. Was hätte der grüne Bengel von Leutnant mit seinen zwölf armseligen Musketieren ausrichten können? Walther, die Sache ist so: Seit die Amerikaner den Engländern in Boston und in Philadelphia den Gehorsam aufgekündigt haben, ist der Respekt bei vielen Leuten, die sich bisher haben ducken müssen, in die Binsen gegangen. Schließlich sind wir alle Amerikaner – wir im Pays d'en haut am meisten! Uns hilft hier draußen keiner, wenn's schiefgeht! Darum hat uns auch keiner was zu sagen!«

Das waren goldene Worte – und die Männer, die umherstanden, es waren mehr und mehr geworden, spendeten laut Beifall.

Choquette fügte hinzu: »Man konnte deutlich unterscheiden, Walther! Du hättest es miterleben müssen! Die Schweinefleischfresser von den Canots de maître, die machten nicht mit, die hatten die Hosen voll, die sagten: Wir müssen ja wieder zurück nach Montréal – und da nutzt uns das Auftrumpfen gar nichts, da gibt es Gefängnisse genug und den Stock und den Galgen dazu. Es waren wirklich nur die Nordwestmänner, die dem Militär drohten und die auch zugeschlagen hätten. Eher waren die Soldaten auf unserer Seite. Als sie den Paul rausließen, sagten sie ihm: Mach dich schleunigst aus dem Staub. Wir wollten, wir wären an deiner Stelle. Wir hätten vielleicht gar nicht geschossen und wären mit dir ins Indianerland gegangen. Ist es nicht so gewesen, Paul?«

»Ja, das stimmt, Choquette. Aber im Ernstfall hätten sie wahrscheinlich doch geschossen. Wenn man erst den Gehorsam so eingedrillt und eingebläut bekommen hat wie in der Armee des Königs von England, dann funktioniert das allemal, auch gegen den eigenen Willen. Da weiß ich ein Lied von zu singen.«

Walther war bei all dem allzu ausführlichen Gerede unruhig geworden. Paul Luders hat mich gleich gefunden, ehe noch die Boote an Land gehoben waren. Und meine Anna? Und Justin? Sind die gar nicht mitgekommen? Walther nahm Gérard Choquette für einen Augenblick beiseite: »Gérard, habt ihr meine Tochter und ihren Mann nicht mitgebracht?«

»Doch, Walther! Sie hatten ihren Platz bei mir im ersten Boot. Deine Tochter hat durchgehalten wie ein Voyageur. Aber jetzt hatte sie große Sorge, dass ihr Privatgepäck, Haushaltssachen und so weiter, unbeschädigt an Land gelangten. Sie wollte selbst dafür sorgen. Und ihr Mann hat ihr sicherlich nachgegeben. Du musst das verstehen, Walther! Unsere Männer sind alle wie verrückt. Der Krieg irgendwo und die Aufregung wegen Paul Luders … Und dann haben sie alle daran herumgerätselt, was das Eilkanu an dich bedeutete, das uns überholt hat. Dann der Sturm, der uns zwei volle Tage festnagelte, und jede Nacht die Angst vor dem Eis, das die Kanuwege eigentlich längst sperren sollte. Die Männer haben gerudert, wie mit der Peitsche angetrieben, um dem Eis zuvorzukommen. Welch ein Gehetze! Jetzt haben sie's gerade noch geschafft und sind außer Rand und Band. Es wundert mich nicht, dass Anna besorgt ist um ihre Sachen. Wie Frauen so sind ...«

Walther rief mit Donnerstimme, dass es über den Platz zwischen Haus und Seeufer hallte und alles Diskutieren und Geschwätz überdeckte: »Männer, hört her! Hebt die Boote vorsichtig an Land! Die ganze Ladung muss noch unter Dach und Fach geschafft werden. Das große Feuer wird bald leuchten. Claude und Gilles Clautier wissen auf dem Platz Bescheid. Das Wetter hat sich bloß deshalb so lange anständig gezeigt, weil ihr noch nicht da wart. Jetzt seid ihr da, und die Tage werden bald andere Saiten aufziehen. Also an die Arbeit! Inzwischen wird gekocht. Wir haben Fleisch genug: Bär, Büffel und Hirsch. Und wer will, kann auch Fisch haben. Und ich mache ein Fässchen Rum locker. Heißes Wasser bereitet sich jedes Kanu selbst. Und dann tanzen wir die Ronde*. Die glückliche Ankunft muss gefeiert werden!«

Vergnügtes Geschrei und wilde Zustimmung flackerten nach diesen Worten hoch auf. Das war die Sprache, die den Nordwestern zusagte. Beinahe im Nu löste sich das Gewirr. Wenn es darauf ankam, wusste jeder dieser wildnis- und reiserfahrenen raubärtigen Männer mit den zernarbten bloßen Füßen, den über den Waden zusammengebundenen groben Hosen und den verschwitzten formlosen Blusen, was zu tun war. Sie waren mit schmuddligen bunten Schärpen und roten oder gelben Halstüchern, deren lockeren Enden flatterten, geschmückt. Und natürlich trugen sie die stolze Feder an der wollenen Kappe oder dem leidgeprüften Hut – das Abzeichen der freien Nordwest-Voyageurs. Ja, weiß Gott, jeder dieser schwatzlustigen, sangeskundigen, prahlenden, eitlen, tollkühnen, lederzähen, unglaublich stämmigen Männer wusste haargenau, was jeweils zu tun war, wenn es darauf ankam.

Walther Corssen schritt suchend durch das nur scheinbar wirre Gewimmel der vielen Gestalten, die schwer bepackt uferauf und leer wieder abwärts stapften. Wo ist Anna, meine kleine Anna?

Er fand sie ganz am Rand des Durcheinanders. Der rote Flackerschein des großen Feuers reichte kaum bis dorthin. Sie umschritt prüfend einen kleinen Haufen von Packen und Bündeln und zählte offenbar. Sie musste es sein. Die kleine Anna? Sie war so groß wie Walther selbst.

»Anna!«, rief er halblaut. Sie erstarrte. Sie blickte dem Mann entgegen, der sich äußerlich kaum von den übrigen Voyageurs unterschied. Nur wehte ihm keine Feder an der Kappe. Er hatte überhaupt keine Kappe auf, sondern ließ das lange, nicht gestutzte, aber an der Stirn schon lichte Haar im schwachen Seewind wehen. Er ging auch nicht barfuß wie die Voyageurs, solange nicht steiniges Gelände ihnen eine Fußbekleidung aufzwang, sondern trug indianische Mokassins an den Füßen.

Die junge Frau blieb mit hängenden Armen aufrecht stehen und rührte sich nicht vom Fleck. Ihre Augen weiteten sich, ihr Blick bohrte sich in den seinen. Ihre Nasenflügel zuckten, und ein unbewusstes Lächeln blühte um ihre Lippen auf.

Walther blieb einen Schritt vor der schmalen Gestalt im knöchellangen Leinenrock stehen. »Anna!«, kam es über seine Lippen, leiser noch als zuvor.

Als brächen die zwei Silben den Zauber, der sie gefangen hielt, urplötzlich, so jäh warf sie sich in die geöffneten Arme. »Vater, Vater!«, stammelte sie. Tränen rannen ihr übers Gesicht, in dem Walther die Züge des Kindes wiedererkannte, das er – vor wie vielen Jahren? – in der Ferne hatte zurücklassen müssen, um sich dem Zugriff rachsüchtiger Macht zu entziehen. Sie fasste sich: »Justin ist dich suchen gegangen. Es ist ein solches Durcheinander hier. Aber nun sind wir endlich an Ort und Stelle. Ach, Vater, dass ich nun hier bin, bei dir, im Pays d'en haut, bei den Indianern!«

»Ja, Anna, du bist die erste weiße Frau im Nordwesten. Du brauchst keine Angst zu haben, Tochter. Ich bin hier, dein Mann ist da! Hier ist man frei und allein auf sich selbst gestellt, auf jemanden also, auf den man sich, so Gott will, verlassen kann. Und, glaub mir, hundert Männer, alle meine Voyageurs, ließen sich für dich in Stücke reißen!«

Sie löste sich aus seinen Armen, lachte: »Ach, Vater, was nützen mir zerstückelte Männer! Heil sind sie mir viel lieber. Auch wenn ich sie mir dann vom Leib halten muss. Da kommt Justin gerannt!«

Walther spürte es wie einen warmen Strom in seinen Adern: Sie war es, Anna, seine Tochter, Ankes Tochter, die große, nicht mehr kleine Anna. Sie kannte die Furcht, aber sie fürchtete sich nicht. So muss es sein! Ankes Tochter!

19

Walther stürzte sich in die Arbeit, als gälte es, in einer Woche nachzuholen, was in Monaten versäumt und aufgeschoben worden war. Zwar nahmen ihm Claude, Justin, Gérard und Paul manches ab, auch Gilles Clautier zeigte sich unverändert beflissen und dienstwillig – vielleicht sogar noch beflissener –, doch es war hunderterlei zu entscheiden und anzuordnen, was nur der Maître allein bestimmen konnte.

Die Ladungen mussten geprüft und neu aufgeteilt werden. So bald wie möglich sollten je zwei oder drei erfahrene Voyageurs hinausgeschickt werden, fünfzig, hundert Meilen weiter, zum Sandfly- und zum Besnard-See, zum Weyakwin-See und ins Beaver-River-Gebiet, um sich dort mit den weit verstreuten Zeltdörfern der Wälder-Cree vertraut zu machen und ihre Waren, die verlockenden Gaben des weißen Mannes, anzubieten, Pelze dagegen einzutauschen und in den Eingeborenen die Lust zu wecken, Rum und noch mehr Rum zu vertilgen.

Rum und Brandy – das war die Hauptsache! Der ließ sich in unverdünnter Form leicht und in Mengen transportieren. Die festen Fässchen überstanden die Unbilden der langen Kanureisen ohne Schaden und Verlust und ließen sich dann an Ort und Stelle mit dem Wasser einer der wohlschmeckenden Quellen – an solchen war kein Mangel – auf das Drei- bis Vierfache ihres Inhalts verdünnen. Das ergab noch immer ein starkes Getränk, das den Indianern, die Alkohol nicht gewohnt waren, reichlich bescherte, wonach sie mit schnell wachsender Gier verlangten: den Rausch!

Walther schärfte den Männern ein, dass sie das Feuerwasser in die indianischen Dörfer zu bringen hätten und den Indianern nie erlauben durften, sich auf oder in der Nähe der Handelsposten zu betrinken. Es entwickelten sich dann nur allzu leicht wüste Raufereien um mehr und mehr Milch des weißen Mannes. Vor allem müssten zuvor die Pelze auf dem Tisch liegen oder feste Zusagen gegeben werden, dass am Ende des Winters eine entsprechende Zahl von Pelzen geliefert werden würde. Zwei Biberfelle für eine kleine Flasche mit verdünntem Rum. Das war's und nicht weniger!

Die Voyageurs drängten danach, einen solchen Außenposten angewiesen zu bekommen. Da waren sie den Indianern näher, unterstanden nur sich selbst, verdienten Provisionen, und niemand sah ihnen auf die Finger. Und: Man war da draußen nicht nur den Indianern näher, sondern auch den Indianerinnen.

Vor der Station erschien eines Mittags eine kleine Flottille indianischer Kanus, die tief im Wasser lagen. Sie brachten eine große Ladung getrockneten Büffelfleisches von den Assiniboins aus den Prärien, wie Walther es über den Häuptling Saw waw Mickinack vom Egg-See bestellt hatte. Das Fleisch war gegen Nadeln und Ahlen eingehandelt worden, die Walther im vergangenen Sommer dem Häuptling überlassen hatte. Eine stählerne Nähnadel gegen zwanzig Streifen Trockenfleisch, die Streifen handbreit, handdick und armlang. Walther hatte sich keinen Illusionen hingegeben: Der Häuptling würde von den Prärieindianern, zu denen die weißen Händler noch kaum vorgedrungen waren, sicherlich die doppelte Menge Büffelfleisch fordern, vermutlich behielt er einen großen Teil der kostbaren Nadeln und Ahlen für den eigenen Stamm und ergänzte den eigenen Fleischvorrat für den Winter. Auch er würde also von dem Handel profitieren. Andererseits würden die Assiniboins im Süden überzeugt sein, das allerbeste Geschäft bei der Sache gemacht zu haben, denn Büffel gab es bei ihnen zu Millionen, ein Überfluss sondergleichen. An manchen Stellen, etwa an salzigen Lecken*, deckten die Büffelherden die Prärie dicht an dicht wie schwärzliches Gestrüpp. Auch hielten die Assiniboins bereits Pferde und hatten sich zu gewandten Reitern entwickelt. Als solchen war es ihnen zum Kinderspiel geworden, so viele Büffel zu erlegen, wie sie wollten.

Im Gegensatz dazu stellte eine einzige Nähnadel, eine einzige stählerne Ahle, mit denen man sich die Verarbeitung von Leder zu Kleidern, Zelten, Behältern ungemein erleichtern konnte, einen gar nicht abschätzbaren Wert dar, der weder durch zehn noch durch hundert Riegel Trockenfleisch angemessen aufgewogen wurde. Ja, auch die Assiniboins waren der Meinung, ein glänzendes Geschäft zu machen, bekamen sie doch die wunderbaren Nadeln mit Öhr und aus unzerbrechlichem Stahl nach ihrer Meinung halb umsonst. Walther brauchte durchaus kein schlechtes Gewissen zu haben, und er hatte auch keines. Es wurde niemand übervorteilt.

Einen Tag später erschienen in einigen weiteren Kanus mehrere Dutzend struppiger, kräftig gebauter Hunde. Sie begrüßten Walthers Handelsposten mit einem so höllischen Jappen, Bellen und Heulen schon vom Wasser her, dass alle Welt zusammenlief: die Schlittenhunde, die sommers über bei den Indianern am Egg Lake und auch am Nemeiben Lake in Kost gewesen waren. Das Kostgeld betrug ein Fläschchen verschnittenen Rums für drei Hunde. Walther bezahlte die ganze Schuld mit einem Fässchen des so hoch geschätzten und so schnell getrunkenen Saftes aus vergorenem Zuckerrohr, bedeutete aber dem jungen Anführer der Hundekanus, dass das Fässchen dem Häuptling unversehrt auszuliefern wäre. Der junge Krieger, ein Mann mit offenem, freundlichem Gesicht, versprach es hoch und heilig.

Die Hunde beruhigten sich schnell, nachdem sie erst einmal den Kanus, in welchen sie eng gepfercht hatten hocken müssen, entronnen waren. Sie wurden zunächst außerhalb des Lagers untergebracht, in langer Reihe am Waldrand über dem Seeufer festgebunden – Bäume gab es genug dazu –, ein Hund vom andern so weit entfernt, dass die Tiere ihre Nachbarn zwar erblicken, aber nicht erreichen konnten. Sonst wären blutige Beißereien unvermeidlich gewesen.

Stess Atim, der Indianer, der dem Handelsposten die im Winter unentbehrlichen Hunde überbracht hatte, nutzte einen unbeobachteten Augenblick, Walther vertraulich anzusprechen:

»Maître!« Die Eingeborenen hatten sich angewöhnt, Walther mit diesem Titel anzureden, denn so hörten sie es von den meisten der Voyageurs. Ihn mit »Walther« anzureden, scheuten sich die Rothäute. Das wäre ihnen unhöflich vorgekommen. »Maître, ich bin ein jüngerer Vetter mütterlicherseits der dir bekannten Kaskut Omimee, der Heilerin. Ich soll dir vertraulich mitteilen: Der Häuptling sagt Ja, und die Mutter sagt Ja. Mehr weiß ich nicht.«

Walther hatte sich bedankt. Er wusste sofort, was gemeint war: Omimee hatte, wahrscheinlich über die Mutter, die Erlaubnis eingeholt, sich dem weißen Händler vom La Ronge ehelich zu verbinden und damit eine neue Sippe des Unterstammes der Wälder-Cree unter Saw waw Mickinack zu begründen. Walther hatte erwidert: »Bestelle deiner Base Omimee, dass ich froh bin über ihre Nachricht und dass ich zum Eier-See kommen werde, sobald ich meinen Posten hier für den Winter geordnet habe.«

Walthers Auftrag klang sachlich, durchaus gleichmütig, als handele es sich lediglich darum, den richtigen Empfang von vierzig Schlittenhunden zu bestätigen. In Wahrheit hatte die Nachricht, die ihm der junge Cree überbracht hatte, einen heißen Schauer über Walthers Haut gejagt. Sie erregte ihn derart bis ins Tiefste, dass er sich plötzlich außerstande fühlte, die alltägliche Arbeit, so dringend sie ihn auch von allen Seiten forderte, weiter zu verrichten.

Er musste endlich mit sich ins Reine kommen! Er wanderte am Strand entlang, fort von der lärmenden Geschäftigkeit um die Station, fort von dem Lärm der Männer, die mit Axt, Beil und Säge ein halbes Dutzend von Blockhäusern errichteten. Sie erweiterten das alte Haupthaus um zwei große Räume und stellten ein zweites, kleineres Wohnhaus auf, das mitten zwischen den zwei Räumen, auf die das Haus angelegt war, einen Kamin hatte. An Felsbrocken für die Kamine bestand wahrlich kein Mangel. Die groben unregelmäßigen Fugen wurden mit zähem Lehmbrei aufgefüllt, der schnell trocknete und verhärtete.

Walther schritt eilig davon, als hätte er Wichtiges zu erledigen. Niemand hielt ihn auf. Am Waldrand, den Strand entlang, lagen die Schlittenhunde fast alle lang ausgestreckt und hatten die Wolfsköpfe auf die Vorderfüße gelegt. Sie blickten auf den grauen, von trägen, flachen Wellen überwanderten See hinaus, als warteten sie darauf, dass es endlich Winter werde und ihnen die wilde Freude des Reisens, des Trabens, der hechelnd und jachternd überwundenen schneeweißen Strecken abverlangt und gewährt sein würde. Ihre Augen folgten dem einsamen Mann, der vor ihnen am Ufer des Wassers dahinschritt. Sie rührten sich nicht. Seine Absichten galten nicht ihnen, die Hunde merkten es. Er ging sie nichts an. Er nahm keine Notiz von ihnen.

Walther Corsson schritt nachdenklich dahin.

Er war mit sich nicht im Reinen. Der Bescheid, den Omimee ihm verschlüsselt übermittelt hatte, zwang ihn, vor sich selbst Farbe zu bekennen. Ich laufe vor mir weg, herrschte er sich an. Ich mache mir vor, dass die Arbeit mich auffrisst. Ich weiche meiner Tochter aus, auch Justin und sogar Claude, vermeide es, mit ihnen unter vier Augen zusammenzutreffen. Ich sehne mich nach Omimee. Ich kann, verdammt, nachts kaum noch ruhig schlafen. Das muss ein Ende haben. Wenn Anna nicht einverstanden ist mit dem, was ich vorhabe, zum

Teufel, dann eben nicht! Ich bin ihr keine Rechenschaft schuldig, weder vor Gott noch vor den Menschen. Und wenn sie dem Vater keine zweite Frau zubilligt, so kann sie sich mit Justin auf einen Außenposten versetzen lassen. Ich hielte sie gern, aber ich kann sie nicht halten. Ohne Omimee kann ich nicht mehr sein. Noch heute werde ich mit Anna und Justin sprechen, wenn ich sie allein erwische!

Es war, als wollte ihm das Schicksal Gelegenheit geben, sich auf der Stelle zu beweisen. Vor sich zu Boden starrend, war er über den feuchten Sand des Ufers hingestampft. Längst hatte er die Parade der Hunde abgeschritten. Auch das Lager mit seinem Getöse war hinter einem in den See hinausragenden Vorsprung des Landes außer Sicht geraten. So nahm er in seiner Versunkenheit die beiden Gestalten, die ihm am Strand entgegenkamen, erst wahr, als er sie schon dicht vor sich hatte. Es waren Justin und Anna.

»Wo kommt ihr her? Was macht ihr hier so weit draußen?«, wollte Walther wissen, nicht eben freundlich.

Justin erklärte: »Du selbst hast mir aufgetragen, Vater, am Strand entlang nach Weißfichten zu suchen. Wir sind knapp an Wattap. Die Kanus sollen gründlich überholt werden, bevor wir sie für den Winter eingraben. Weißfichten sind hier selten. Aber ich habe einige ausfindig gemacht. Sie werden uns ausreichend Wattap liefern.«

Und Anna ergänzte: »Ich habe Justin gebeten, mich mitzunehmen. Wir haben noch keine Unterkunft für uns allein. Ich wollte auch dem Trubel des Lagers für zwei, drei Stunden entfliehen. Man kommt dort nicht mehr zu sich selbst.«

Walther nickte: »Ja, das stimmt. Deshalb bin ich auch unterwegs. Ich schließe mich euch an für den Rückweg. Wenn ihr nichts dagegen habt?«

Anna schritt schon langsam voran. Die beiden Männer nahmen sie in die Mitte. Walthers anfänglicher Unwille – ein völlig grundloser, wie er sich sogleich sagte, war schnell verraucht. Wenn ich schon mit mir uneins bin, sagte er sich missmutig, brauche ich doch die beiden nicht anzufahren.

Es fiel lange kein Wort zwischen ihnen. Wie ermüdet oder zögernd stapften sie durch den Sand. Und dann geschah es, dass Anna jene Frage wagte: »Freust du dich gar nicht, Vater, dass ich wieder bei dir bin?«

Die bange Frage war nur allzu verständlich, denn Walther hatte sich in der Woche, die seit ihrer Ankunft vergangen war, kaum um seine Tochter gekümmert.

Walther nahm sich zusammen: »Doch, Anna, ich freue mich. Ich habe dich zu lange entbehrt. Nun muss ich mich erst an dich gewöhnen. Vielleicht war ich schon zu lange allein – nur Voyageurs und Indianer …«

Er vollendete den Satz nicht und wandte sich traurig ab, als wollte er das Ehepaar allein weiterlaufen lassen. Annas Herz flog ihm zu. Aber auch jetzt wagte sie nicht, den Abstand, der sie von dem alternden Mann, dem Fremdgewordenen, trennte, zu überwinden. Sie konnte ja nicht ahnen, was ihrem Vater in den Tagen und Wochen vor dem Eintreffen der Kanubrigaden geschehen war.

Walther stapfte dicht am Wasser den beiden voraus. Zuweilen netzten die das Ufer aufwärts leckenden kleinen Wellen mit silbergrauem Schaum seine Mokassins, er nahm es gar nicht wahr. Walther kämpfte mit sich, mit schier unüberwindlicher Scheu, Allervertraulichstes, Innigstes zu offenbaren, Verwirrungen zuzugeben, die vielleicht gar keine Irrungen waren. Es fiel ihm schwer, Anna und Justin nicht mehr als noch so geliebte Kinder, sondern als gleichrangige Gefährten zu sehen. Aber wenn nicht jetzt, dann nie … Er überwand sich.

Er blieb so abrupt stehen, dass die beiden anderen fast gegen ihn angerannt wären. Dann richtete er sein Wort nur an die Tochter, als wäre Justin gar nicht vorhanden: »Anna, ich will dir die Wahrheit sagen: Du hast recht, ich konnte mich nicht recht freuen, dich wieder hier zu haben. Du sollst erfahren, warum das so war oder ist. Ich will wieder heiraten, will mit einer Frau noch einmal eine Ehe beginnen. Ich war lange genug allein. Du wirst das als Verrat an deiner Mutter ansehen, auch wenn es das in Wahrheit nicht ist. Im Gegenteil! Und ich möchte gleich vorweg feststellen: Wenn dir das nicht gefällt, so musst du weichen. Ihr, Justin und du, könntet dann einen Außenposten übernehmen. Könnt an meiner Stelle weiter nach Nordwesten vorrücken, zu den Buffalo Narrows, zum Athabasca-Fluss und -See – wo die auch liegen mögen, Gott allein weiß es … Ich will hier bleiben und mir und ihr ein festes Haus bauen!«

Seine Stimme klang hart und zornig, als hätten die Jüngeren bereits lauter unkluge und lieblose Einwände erhoben.

Die drei standen sich reglos gegenüber wie Kämpfer vor dem Sprung. Das gleichmütige Plätschern der leichten Brandung des Sees wurde hörbar, ebenso die dunkel gestimmte Harfe des Südwestwinds in den Fichtenwipfeln.

Walther starrte die Tochter an, mit finster gerunzelten Brauen, verkniffenem Mund, als wäre er bereit, jeden Einwand grob abzuschrecken.

Aber es kam gar kein Einwand. Annas Blicke wichen nicht von den Zügen des Vaters. Sie war längst zur Frau gereift, mochte der Vater sie auch immer noch in der Rolle des Kindes sehen. Wiederholte sich nicht ein wenig im Vater, was sie an ihrem Justin erlebt hatte, bevor er sich endlich entschloss, sie zu fordern?

Walther sah es sich sachte entfalten: ein Lächeln, zuerst nur um die Augen, dann auch, schon nicht mehr zu bezweifeln, um die Lippen der Tochter, der doch so unverbrüchlich geliebten Tochter. Annas schönes, klares Gesicht entspannte sich, zeigte – nein, Walther, du täuschst dich nicht! – mit einmal eine heitere Gelassenheit.

Mit gänzlich veränderter Stimme, als wäre kein einziger

Augenblick des Missmuts, des Ärgers, des Argwohns vorangegangen, sagte Anna – und es war auch weibliche Neugier, die aus ihren Worten klang: »Ach, Vater, was hast du dir zurechtgedacht! Wie oft haben Justin und ich schon darüber gesprochen, dass du nicht allein bleiben solltest. Du bist doch gar nicht alt. Nein, wenn du wieder heiraten willst – wir würden uns nur darüber freuen, Justin und ich. Und wir würden uns Mühe geben, jede Mühe, deine Frau gern zu haben, Vater.« Leiser und mit abirrendem Blick fügte sie nach einer Sekunde hinzu: »Vater, ich glaube, Mutter würde sich auch freuen, wenn du nun nicht mehr allein sein wirst … Wer ist es, den du heiraten willst?«

Walther Corssen spürte, dass der Strick, der ihm die Brust eingeschnürt hatte, abgefallen war. Anna hat ihn zerschnitten, mühelos. Es fiel ihm ganz leicht zu bekennen: »Es ist Claudes Schwester. Kaskut Omimee wird sie bei den Cree genannt, wo sie aufgewachsen ist. Ihr Vater war ein Kanadier namens Jules Cuiseur, der aus Trois Pistoles stammte am unteren St. Lorenz und sich bis zu seinem Tod den Cree angeschlossen hat. Von ihm bekam die Tochter den Namen Evangeline. Omimee oder Evangeline ist sehr geachtet unter ihren Leuten. Sie ist eine Métisse, gewiss, und hat das Indianerland bisher nicht verlassen. Aber sie ist klug, weiß Kranke zu heilen und ist erfahren in allen Launen und Listen dieses wilden Landes. Du könntest bei ihr in die Lehre gehen, Anna. Sie ist wohl etwa ein halbes Dutzend Jahre älter als du. Und ich hätte nichts dagegen, wenn ihr gute Freunde würdet.« Jetzt hatten sich auch Walthers Züge zu einem Lächeln entspannt. Es war, als habe sich der graue Nebeltag ein wenig aufgehellt. Anna antwortete offensichtlich vergnügt: »An mir soll's nicht scheitern, Vater! Da habe ich wenigstens jemanden, mit dem ich ein bisschen klatschen kann. Und zu zweit wären wir auch ein besseres Gegengewicht gegen die schrecklich vielen Männer!«

Walther breitete seine Arme aus: »Anna, meine kleine

große Anna! Wie schön, dass du gekommen bist! Hierher, ans Ende der Welt!«

Jetzt erst war Anna wiedergekehrt.

Auf die beiden ist Verlass, auf Justin und Anna!

Walther meinte den ganzen Tag und noch lange danach – bevor er sich daran gewöhnt hatte –, dass ihm ein prächtiges und eigentlich unverdientes Geschenk gewährt worden war.

20

Bis in die zweite Hälfte des Novembers behauptete sich das ungewöhnlich milde, wenn auch trübe und nebelfeuchte Wetter. Der Tag war zu einer langen, farblos grauen Dämmerung geworden und die Sonne zu einem kaum noch geglaubten Märchen verblasst. Trotzdem hielt sich unter den wilden Männern, die um Walther Corssens Handelsposten am Lac la Ronge versammelt waren und dem Mann mit dem ergrauenden dichten Haar Gehorsam schuldeten, eine erstaunlich gute Stimmung. In diesem Jahr 1776 schien der Winter das unabsehbare Waldland vom Lac Ile à la Crosse über den La Ronge bis vielleicht zum Lac Deschambault oder gar Amisk vergessen zu haben. So konnten die Männer vom allerersten Morgenlicht bis zum allerletzten Dämmerschein an den Häusern des »Forts Anna«, wie ein galanter Kanadier vom Rivière du Loup es im Scherz neu getauft hatte, weiterbauen. Auch die Palisaden konnten zwischen den im Viereck angeordneten Blockhütten schon aufgerichtet werden. Mithilfe eines einfachen Flaschenzuges wurde Stamm über Stamm gepackt. Schindeln wurden gespalten, geeignete Fichtenstangen zu flachen Dachstühlen verschränkt und vor allem in jedem werdenden Haus ein schwerer, klobiger Kamin aus Felsbrocken einfügt, der als abgestumpfte vierkantige Pyramide innen hohl und an der Basis auf einer Seite offen aufgemauert wurde. In den großen Steinen sollte sich die Wärme des Feuers weit in die Nächte hinein, ja, bis zum Morgen speichern lassen, ohne dass das Feuer während der Nacht geschürt werden musste.

Die Männer brauchten keine Aufsicht. Sie wussten, was zu

tun war und dass sie selbst zu leiden haben würden, sorgte man nicht für den Winter vor. Keiner aber verriet größere Eile als die Voyageurs, die Walther bestimmt hatte, Außenposten einzurichten. Im Kanu waren die für den Handel erforderlichen Waren, die Branntwein- und Schwarzpulverfässchen schneller und einfacher zu befördern als auf jede andere Weise. Und noch waren die Flüsse und Seen offen!

Justin hatte sofort einspringen müssen, um die notwendigen Bestandslisten und Quittungen auszustellen und sich bestätigen zu lassen. Anna ging ihm dabei zur Hand. Die Männer merkten bald, dass »Madame Leblois«, wie Anna respektvoll genannt wurde, ebenso genau zu rechnen verstand wie ihr Mann – oder noch genauer.

In diesen aufgeregten, von beinahe fieberhafter Geschäftigkeit erfüllten Tagen brauchte Walther nur hier und da mit einem kurzen Wort einzugreifen. Wieder einmal wurde ihm bewusst – und in diesen letzten verspäteten Herbsttagen stärker noch als sonst, denn jetzt konnte er sich mit Justin und Anna darüber austauschen –, was für eine großartige Sorte von Männern die Voyageurs waren. Er sagte sich: Zwölf Stunden am Tag sind sie tätig, und wenn es sein muss, auch noch viel länger, und reich werden sie bestimmt nicht dabei. Sie tragen jeden Tag ihre Haut zu Markte, und die nächste Stromschnelle oder holperige Portage kann ihnen das Genick brechen. Immer singen sie, schwatzen, ulken, lachen und sind guter Dinge, selbst abends tanzen sie noch die Ronde, dass der Boden dröhnt. Reich werden sie nicht, reich werden wir, und am reichsten die unter uns, die gut abgeschirmt in fernen Kontoren sitzen.

Justin zuckte die Achseln und meinte dazu: »Darüber zerbreche ich mir nicht den Kopf, Vater! Niemand wird gezwungen, Voyageur zu sein. Jeder kann sich das Kanu voll Tauschwaren packen oder voll Brandy und damit auf eigene Faust ins Indianerland ziehen. Wenn er Glück hat, kommt er mit einer Ladung von Pelzen wieder und tut viel Geld in seinen Beutel. Hat er Pech, so frisst ihn die Wildnis, oder die Indianer erschlagen ihn im Suff. Den allermeisten Voyageurs liegt weder an diesem noch an jenem. Sie wollen mit fünf anderen unverdrossenen Gefährten auf der Ruderbank sitzen und keine Sorgen haben. Sie wollen unterwegs sein und tagtäglich den lieben Gott einen guten Mann sein lassen. Und obendrein kriegen sie noch Geld genug, einmal im Jahr Grand Portage auf den Kopf zu stellen und die Schweinefleischfresser aus Montréal zu verdreschen. Nach ihrer eigenen Meinung leben sie wie die Fürsten, herrlich und in Freuden. Und die Schufterei ist ihnen nur ein Beweis dafür, was für Kräfte sie haben und dass ein echter Voyageur unüberwindlich ist.«

Anna hatte den Worten ihres Mannes hinzugefügt: »Seit ich mit ihnen so weit unterwegs gewesen bin, Vater, habe ich großen Respekt vor ihnen. Du sagtest, ich sei die erste weiße Frau am Ende der Welt. Aber mit diesen fünf Dutzend ehrlicher Burschen im Lager fühle ich mich sicherer als irgendwo sonst.«

Nun wohl, Justin hatte wahrscheinlich recht.

Walthers Gedanken fanden oft genug Zeit, sich auf weite Wanderschaft zu begeben. Walther hatte in Gang gesetzt, was in Gang gesetzt werden musste, um den Winter zu bestehen und das Geschäft des Winters gründlich vorzubereiten. Immer häufiger kehrten seine Gedanken zu Omimee zurück. Der neue Anbau am Haupthaus, das würde ihre Wohnung sein. Claude und Paul Luders konnten im Hauptlager schlafen. Choquette hauste lieber bei seinen Leuten. Für Justin und Anna war ein eigenes Blockhaus zehn Schritt östlich des Haupthauses errichtet worden. Es hatte nur zwei Räume, bot aber Platz genug, und Anna würde es wohnlich machen.

Es geht nicht an, dass ich noch vor dem Frost zum Egg Lake fahre, um Omimee herzubringen, überlegte Walther. Das dauert einige Tage. Der Frost könnte mir dazwischenkommen. Ich darf hier auf keinen Fall länger abwesend sein als unbedingt nötig.

Und dann ist da auch noch O'Gilcocks Brief, gut aufgehoben in meinem Geheimfach in der steinernen Nische hinter dem Kamin im Haupthaus. Irgendwann muss ich mich entscheiden. Soll ich Justin einweihen und Anna? Vielleicht auch Claude und Paul? Ganz gewiss Omimee! Zuallererst Omimee!

Das war ihm plötzlich klar. Sie hatte sich ihm angeboten, hatte nicht gezögert, ihm zu vertrauen. Nun hatte er ihr zu vertrauen. Ehe sie nicht die Stelle eingenommen hatte, die ihr zustand, und über alles Bescheid wusste, würde er O'Gilcocks Brief nicht beantworten.

Der Winter stahl sich schließlich ins Land wie ein Dieb. Er kam über Nacht und auf leisen Sohlen und nicht, wie es sich sonst für die richtigen Nordlandwinter gehört, mit dem Paukenschlag eines Schneesturms.

Walther, der noch mit Claude und Paul Luders im Haupthaus schlief, erwachte des Nachts, ganz und gar durchgefroren. Die Nächte waren noch so warm gewesen, eine stille, rabenschwarze Nacht nach der andern, sodass die Männer es nicht für nötig erachtet hatten, das Feuer im Kamin bis zum Morgen in Gang zu halten.

Walther erhob sich leise. Die ruhigen Atemzüge der beiden jüngeren Gefährten von der anderen Giebelseite her verrieten ihm, dass sie noch fest schliefen. Die Kälte! Mir ist sie bis ins Bett gekrochen. Es muss draußen frieren.

Er zog die Mokassins an und band sie fest, schnallte den Gürtel um die Hosen straffer, griff nach seinem Pelzrock, hob die Tür, während er sie öffnete, ein wenig an, damit sie nicht knarrte, und trat ins Freie.

Was schon seit Wochen verborgen gewesen war, nun hatte es sich von Neuem aufgetan als ein neues Wunder: Der Sternenhimmel spannte seine funkelnden Bögen von Horizont zu

Horizont! Denn auch die Horizonte waren ringsum erkennbar geworden, trotz aller Dunkelheit glasklar gezeichnet – kein Nebel mehr, der sie verhüllte! Die Milchstraße schimmerte, kostbarstem Schmuck ähnlicher als verschütteter Milch! Die Sternbilder prunkten und flimmerten ihre uralten Namen zu dem einsamen Betrachter hinunter. Walther kannte sie alle. Sie grüßten ihn vertraut. Die Plejaden, der Orion, der strahlende Sirius, die Kassiopeia und Capella, der Große und der Kleine Wagen und mit ihm der zuverlässige Freund aller Seefahrer und Wanderer in der zeichenlosen Wildnis: der Polarstern, der geliebte, der nie enttäuschende!

Im Nu war die Wärme, die sich unter dem schweren Wolkendach des Herbstes immer noch gehalten hatte, ins Weltall entwichen. An ihrer Stelle war die eisige Kälte des hohen Himmels eingefallen, schneidend und erbarmungslos. Der Luftzug vom See her stach mit tausend feinen Nadeln in die Haut. Walther lauschte. Noch etwas war anders in dieser Nacht als in denen, die vergangen waren. Sonst hatte der eintönig sanfte Gesang der Wellen im Ufersand nie aufgehört, das Ohr mit seiner leisen Musik zu erfüllen. Nun war er verstummt. Walther brauchte nicht zu bezweifeln, was das bedeutete. Das Wasser des Sees war schon weit hinaus unter Eis.

Eine Sternschnuppe zischte ihre sengende Kurve über das Schattenviolett des Himmels und überstrahlte für eine Sekunde alle Sterne.

»Der Winter«, murmelte Walther vor sich hin. »Der Winter! Nun gibt's keinen Aufschub mehr!«

Frierend trat er ins Haus zurück und entfachte das Feuer. Das ging nicht ohne Geräusch ab. Claude und Paul gesellten sich verschlafen zu ihm, um sich zu wärmen. Erst allmählich kamen sie zu sich.

»Es ist sehr kalt draußen, es hat aufgeklart und friert Stein und Bein. In ein paar Tagen sind die Seen und auch die Flüsse fest zugefroren, wenn es so bleibt.«

Claude gähnte aus Herzensgrund. »Und noch immer kein Schnee! Ein ganz verrücktes Jahr! Wo kommt der Wind eigentlich her?«

»Ja, das vergaß ich zu sagen: Der Wind steht nicht mehr aus Südwest, sondern aus Nordwest bis Nord und ist schneidend eisig.«

»Von daher kommt kein Schnee«, meinte Claude. »Eher aus Südost bis Ost. Wenn es jetzt gleich hart friert, wenn die Gewässer sich schließen und dann erst der Schnee Wasser und Land bedeckt – falls er bei Windstille fällt –, dann geht im kommenden Frühling das Eis erst sehr spät wieder auf.«

So redeten sie ein wenig träge hin und her nach der Gewohnheit aller Männer der Wildnis, für die das Wetter und seine richtige Voraussage unter Umständen die Bedeutung von Leben oder Tod haben kann. Aber auch diese drei, die in der stillen großen Hütte aus entrindeten Fichtenstämmen, die nun von dem prasselnden Feuer im Kamin langsam erwärmt wurde, beisammen saßen, wussten im Grunde, dass das Wetter unberechenbar blieb und dass es nur einen einzigen Schutz gegen seine Launen gab: den Beistand der heiligen Anna, der Schutzpatronin aller Voyageurs. Auch Claude wusste von ihr. Sowohl der unstete Vater als auch Mutter und Schwester hatten ihm den Namen dieser gütigen, hilfreichen Heiligen eingeprägt. Und Paul Luders, der erst als Voyageur angefangen hatte, sein richtiges, ein eigenes Leben zu leben, hatte ebenso den Kinderglauben seiner frankokanadischen Gefährten angenommen. Walther allerdings sagte weder Ja noch Nein, als Claude zu guter Letzt die heilige Anna ins Gespräch brachte, wie es, wenn's um das Wetter ging, wohl jeder Voyageur tat.

Mitternacht mochte längst vergangen sein und aus den Gliedern der drei Männer war die Kälte gewichen. Man sollte sich wieder zum Schlafen legen. Die Nacht war vollkommen still. Doch Walther hatte viel zu bedenken, fühlte sich in dieser ungestörten Stunde versucht, die beiden Gefährten, diese gescheiten, zuverlässigen Burschen, ins Vertrauen zu ziehen.

Er erwog die Möglichkeit, dass der Krieg zwischen England und seinen Kolonien die Kanuroute über die Großen Seen nach Montréal blockieren oder stören könnte. Es wäre denkbar, dass der Krieg sich über Jahre hinstreckte. Was würde dann aus dem Pelzhandel – und den vielen Voyageurs, die von ihm abhingen, die nichts anderes gelernt hatten, als ein Rindenkanu unversehrt über Tausende von wilden Meilen hinwegzubugsieren?

Claude und Paul hockten am Feuer, hatten die Ellenbogen auf die Knie gestützt und die Hände dazwischen verschränkt. Gewöhnlich dachten sie nicht so weit voraus wie der Ältere. Aber jetzt, in solcher Nacht und Einsamkeit, wurden auch sie dazu verführt. Sie wurden wach.

Nachdenklich fuhr Walther fort: »Man müsste eine Route viel weiter im Norden ausfindig machen, die den St. Lorenz näher an seiner Mündung erreicht. Sie würde von den englischen Behörden nicht beargwöhnt werden, gäbe es doch von dort keine Verbindung zu den rebellierenden Kolonien weiter im Süden. Die Amerikaner, die Yankees, könnten über eine solche Route nicht ins englisch gebliebene Nieder-Kanada am St. Lorenz einsickern. Ich weiß zwar, dass es eine solche Route gibt oder sogar zwei. Die eine zweigt vom Nordrand des Oberen Sees nach Nordosten ab, die andere schon zwischen Winnipeg-See und Wälder-See. Aber ich habe weder die eine noch die andere Route je befahren. Wenn man jemanden wüsste, der eine dieser Routen oder beide kennt, müsste man versuchen, sie für uns zu erschließen. Der Pelzhandel wird unter dem Krieg sicherlich leiden. Die Brigaden werden, wenn auch nicht diesseits vom Oberen See und Grand Portage, so doch bestimmt auf dem Huronen-See, auf dem Mattawa- und dem Ottawa-Fluss behindert und womöglich ausgeraubt werden. Wer trotzdem seine Pelze vollzählig und unbeschädigt an die

Ostküste und nach Europa bringt, der wird viel Geld verdienen. Nur die Hudson's Bay Company wird auf alle Fälle glänzende Geschäfte machen. In ihren hohen Norden reicht kein Krieg hinauf.«

Er schwieg. Im Grunde hatte er nur laut gedacht. Der Zwang, dabei zwei Unkundigen die Zusammenhänge darlegen zu müssen, hatte sie ihm auch selbst erst ganz durchschaubar gemacht. Erst jetzt leuchteten ihm die Vorschläge, die O'Gilcock in seinem Brief nur angedeutet hatte, wirklich ein. Doch konnte er nicht erwarten, dass gerade Paul oder Claude imstande wären, ihm weiterzuhelfen. Sie waren zu unerfahren, sie wussten zu wenig.

Sie starrten angestrengt ins Feuer, als wäre aus den um die Fichtenscheite züngelnden Flammen eine Antwort auf die vielen Fragen abzulesen, die Walther angesprochen hatte.

Nun ja, er hätte sich gleich denken sollen, dass die beiden Jüngeren ihm nicht weiterhelfen konnten. Gerade wollte er vorschlagen, sich noch ein paar Stunden aufs Ohr zu legen, als Paul sich räusperte.

»Das leuchtet mir alles ein, Walther. Ich kenne zwar die Nordrouten, von denen du redest, auch nicht und habe nur davon gehört. Aber ich möchte meinen, dass unter den fünf Dutzend Voyageurs, die jetzt noch hier am Platz sind, mehr als einer zu finden sein müsste, der diese Routen schon kennt und sich eingeprägt hat. Wir haben ja, bis auf Gilles Clautier und drei seiner Bootsleute, nur erfahrene Nordmänner im Lager. Wenn es jetzt draußen kalt und klar ist, kriegen wir morgen vielleicht ein bisschen Sonne. Warum rufst du dann nicht die ganze Mannschaft zusammen, stellst die Sache dar und fragst, ob einer die Routen über den See Abitibi zum Saguenay kennt. Vielleicht meldet sich einer. Dann hättest du jemanden, der dir genauer Bescheid gibt. Im Winter wird das sowieso nicht viel nutzen.«

Nein, im Winter nicht.

Oder doch? Walther mochte nicht weiter darüber spekulieren. Jetzt noch nicht. Er musste das erst bedenken. Und nun sollte man wirklich noch ein paar Stunden schlafen.

Klirrender Frost bei wolkenlosem Himmel und nach jeder zu Todesstille erstarrenden Nacht beißende Kälte. Tag für Tag. Und nicht eine einzige Handvoll Schnee weit und breit! Binnen Kurzem hatte sich die Oberfläche des Sees in zumeist spiegelglatten Granit verwandelt.

Die Männer sehnten sich nach Schnee. Diese verrückte, tiefe, trockene Kälte war kaum zu ertragen, war wider die Natur. Die Schlittenhunde an ihren Ketten gebärdeten sich wie irrsinnig. Sie wollten angespannt werden und über weiße Flächen fegen. Ein paar Männer versuchten es mit den Schlitten auf dem längst zuverlässigen Eis des Sees. Die Hunde heulten und wimmerten vor Enttäuschung. Sie fanden auf dem blanken Eis keinen Halt, rutschten, glitten aus und sackten hilflos auf den Bauch. Es wollte ihnen nicht gelingen, die Schlitten von der Stelle zu bewegen.

Die Hunde hatten bis dahin nachts geschwiegen. Aber seit die gnadenlose Kälte eingebrochen war und der dünne Wind unerbittlich aus Norden stand, verging keine Nacht, in der nicht einer von ihnen die große hündische Klage anstimmte und damit den Chor der Übrigen weckte. Mit senkrecht zu den Sternen emporgereckten Schnauzen hockten sie über dem Seeufer im Waldrand auf ihren Hinterbacken und heulten, stöhnten, kreischten den Jammer der Kreatur in die erstarrte Nacht. Die Männer im Lager wurden wach von solchem Konzert aller Verdammten der Hölle, wälzten sich, spürten Frost am Rücken, an den Füßen, am Schädel und fluchten vor sich hin, bis endlich einer das Feuer fütterte und die Wärme und flackernde Helle, das Prasseln und Knacken des brennenden Holzes den Schlafraum endlich wieder gegen die urfeindliche Frostnacht abschirmte.

Es dauerte seine Zeit, ehe sich die Männer mit der schneelosen Kälte abgefunden hatten und wieder in den Rhythmus der gewohnten Arbeit fielen. Es war noch so viel zu tun. Mochte auch dieser oder jener anerkennen: »Immerhin gut, dass wir nicht im Schnee herumwühlen müssen bei der Arbeit im Wald und an den Häusern!« Gehör und Zustimmung fanden seine Worte nicht. Der Kalender aus Holzpflöcken im Innern des Haupthauses neben der Tür, den Walther auf dem Laufenden hielt, zeigte schon das Ende des Novembers an. Schnee musste her, Schnee – die Männer lechzten nach Schnee.

Am letzten Sonntag im November rief Walther gegen Mittag die gesamte Mannschaft des Postens auf den Vorplatz zwischen Haupthaus und dem Eis des Seeufers zusammen. Die gleißende Sonne schwebte halb hoch im leeren blassblauen Himmel. Ließ man sie sich ins Gesicht scheinen, so wärmte sie ein wenig. Aber der Rücken blieb kalt.

Walther stieg auf den Tisch vor der Hütte. Mit lauter Stimme begann er: »Voyageurs, Kameraden! Ich habe euch eingeladen, mich anzuhören, weil ich etwas mitzuteilen und zu fragen habe, was uns alle betrifft. Vielleicht habt ihr es euch schon selbst gesagt, dass der Krieg zwischen England und den aufsässigen Kolonien weiter im Süden den Pelzhandel lahmlegen und die Kanuroute nach Montréal sperren könnte. Das würde für uns alle den Verlust unserer Einkünfte und unter Umständen des täglichen Brotes bedeuten. Wir haben in unserem Concern darüber nachgedacht, wie solcher Gefahr zu beggnen ist. Wir meinen, dass man versuchen müsste, das Pays d'en haut auf einer weiter nördlich verlaufenden Route mit dem unteren St. Lorenz zu verknüpfen. Einer Route, die den von Süden her zu störenden Huronen- und den Nipissing-See ganz vermeidet, vielleicht auch sogar den Oberen See. Es gibt solche Routen, das weiß ich, aber ich habe sie noch nicht befahren. Was ich wissen will, ist dies: Gibt es unter euch einen oder einige, die mit diesen Routen vertraut sind, den Routen also, die zwischen den Großen Seen und der James Bay, dem Südzipfel der Hudson Bay, hindurchführen? Sie müssten für unsere Brigaden ausprobiert und abgesteckt werden. Entweder müsste man im nächsten Frühling mit einer kleinen Ladung von Pelzen versuchsweise nach Osten durchstoßen – oder sich sogar schon jetzt im Winter mit Hundeschlitten und reichlich Proviant auf die lange Reise machen, um noch vor der nächsten Saison vertrauliche Nachricht an unsere Leute in Montréal gelangen zu lassen.«

Ein lauter Ruf aus der Menge unterbrach den Redner: »Kein Schnee, Maître!«

Walther rief zurück: »Weiß ich, Ernest! Aber hab keine Sorge, der Schnee bleibt nicht aus, und wenn wir bis Weihnachten darauf lauern müssten. Ich erwarte jetzt noch keine Antwort, Voyageurs. Ihr werdet die Sache unter euch bereden wollen. Wer dann glaubt, dass er mir, uns, ja eigentlich uns allen helfen kann, der möge sich bei mir melden. Ich danke euch, Voyageurs, dass ihr mich angehört habt.«

Walther sprang vom Tisch, trat ins Haus zurück und zog die Tür hinter sich zu. Er musste den Männern Zeit lassen, mit sich ins Reine zu kommen.

Schon am gleichen Abend sprachen die zwei älteren Voyageurs, die mit Paul Luders zusammen in Grand Portage in Gewahrsam gesessen hatten und mit ihm befreit worden waren, den Maître an: Sie stammten beide aus Tadoussac an der Mündung des Saguenay in den St. Lorenz. Der mächtige Saguenay komme von Westen und habe von jeher die Straße ins Innere bis hinüber zur Hudson Bay gewiesen. Und nicht nur das: Man könnte die Hudson Bay auch im Norden liegen lassen und sich über einige, zum Teil allerdings schwierige Portagen zum Lac Abitibi hinüberschieben, von wo aus dann, den Abitibi-Fluss hinunter, den Missinaibi oder den Kapuskasing hinauf, der Lac Supérieur zu erreichen wäre. Weite

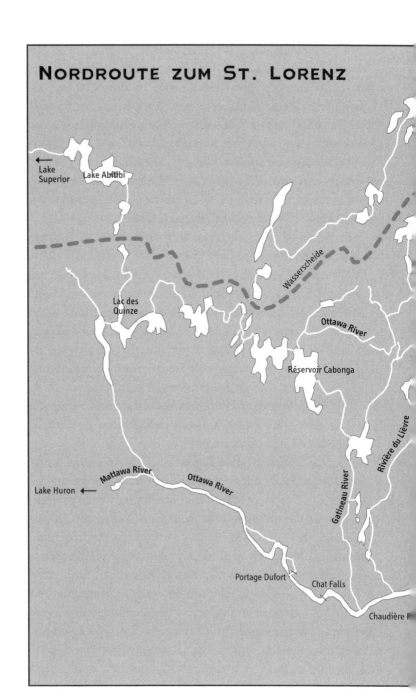

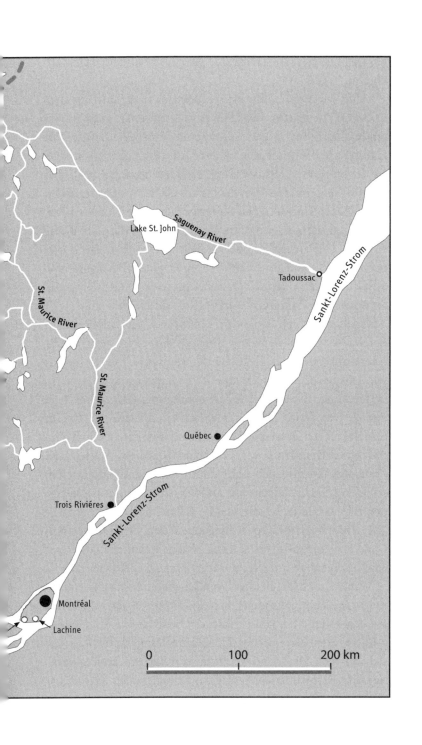

Umwege ließen sich durch ein paar Ost-West-Portagen abkürzen.

»Sind wir erst am Oberen See, Meister, dann sind wir auch in Grand Portage, im Pays d'en haut und weiter im Nordwesten bis hierher zum Lac la Ronge und noch viel weiter. Wir hätten Lust, die Route zu probieren, und erst recht die andere, die schon vom Winnipeg-Fluss ostwärts abzweigt und über den Lac Seul und die Root Portage den Albany-Fluss erreicht, also die Großen Seen, den Superior- und den Huronen-See, überhaupt vermeidet und im Lake Abitibi in die erste Route einläuft. Mit einem guten Nordkanu, leichter Ladung und reichlich Proviant und natürlich einer guten Besatzung von acht Männern sollten wir uns wohl im nächsten Frühling und Sommer nach Tadoussac und Québec durchschlagen.«

Walther saß den beiden im Haupthaus gegenüber. Draußen war schon die Nacht angebrochen, eine eisige, reglose stille Nacht mit maßlosem Geglitzer der Sterne wie die Nächte zuvor. Das Feuer im Kamin strahlte Helligkeit und Wärme bis in den hintersten Winkel des großen Raums. Claude und Paul Luders, dazu Justin und Anna hatten mit Walther das Abendbrot verzehrt. Anna nahm sich der vier gern an. Dann waren die beiden fremden Voyageurs dazugekommen. Walther war, ohne es auszusprechen, sehr damit einverstanden gewesen, seine engsten Gefährten mit anhören zu lassen, was die beiden erfahrenen Leute, die sich Paul Luders in Grand Portage angeschlossen hatten, vorschlagen würden. Doch hatten sich Claude, Paul, Justin und Anna abseits gehalten, saßen auf Claudes Bettstatt aufgereiht und hörten aus der Ferne zu.

Walther hatte die beiden Fremden genau beobachtet, während der eine, ein wendiger, beinahe zierlicher, aber sicherlich äußerst zäher Mann mit rötlichem Schnauzbart und einem großen roten Pompon am Zipfel seiner Wollkappe, ihre Ansicht vortrug. Die Männer gefielen Walther. Es waren reinblütige Kanadier vom alten Schlag der frühen Siedler. In Tadoussac, so erinnerte sich Walther, hatte die französische Besiedlung des unteren St.-Lorenz-Tals ihren Anfang genommen. Wenn irgendwer, dann kannten diese beiden sich in den Einöden aus – Jean Pimard und Norman Masset. Und natürlich wussten sie mit den Indianern umzugehen – weiße Indianer, das waren sie, kühn, eitel, listig, stolz und launisch, beseelt von einem unbändigen Freiheitsdrang, in der Gefahr unerschütterlich!

Der zweite Voyageur, Norman Masset, gefiel Walther eigentlich noch besser als der Sprecher. Er war ungewöhnlich groß und hager geraten für einen Voyageur. Kleinere Männer passten besser in die Kanus. Der grauhaarige Mann, dessen langen Armen ein gewaltig ausholender Paddelschlag zuzutrauen war, sagte den ganzen Abend über nichts, nickte nur ab und zu mit dem Kopf oder schüttelte ihn, wenn er nicht einverstanden war – das aber so deutlich, dass niemand über seine Meinung in Zweifel bleiben konnte und wohl auch begriff, dass gegen ihn nicht anzukommen war.

Walther hatte sich die Rede angehört. Nach einigem Nachdenken nahm er einen neuen Faden auf: »Wenn man nicht bis zum Frühling wartete, wenn man stattdessen die neue Route schon jetzt im Winter mit Hundeschlitten probiert und mit den Indianern am Weg Freundschaft schlösse, dann könnten schon im kommenden Jahr unsere Montréal-Brigaden unter eurer Führung zum Oberen See reisen, nach Michipicoten oder nach Nipigon, und dort mit den Nordwestern ihre Frachten austauschen.«

Diese Anregung gefiel den beiden Voyageurs offenbar nicht. Jean Pimard erwiderte: »Der Winter würde uns nicht schrecken, Meister. Wenn erst die Eingangsstürme vorüber sind, hat man ja manchmal wochenlang ruhiges, kaltes Wetter und kommt bei genügend Proviant gut voran. Aber Hunde sind nicht gerade unser Fall. Auf Kanus und Portagen verstehen wir uns besser.«

Walther wollte den Gedanken schon aufgeben, denn er hatte es sich beinahe gedacht: Voyageurs und Hunde, das passte schlecht zueinander.

Doch ließ sich aus dem Hintergrund Claude vernehmen: »Ich verstehe mich gut auf Schlitten und Hunde, du weißt es, Walther. Ich wünsche mir nichts mehr als eine weite Reise zu machen und mir die rote Feder der Nordmänner zu verdienen. Wenn Jean Pimard und Norman Masset mich als Schlittenführer annehmen würden, brauchten sie sich nicht um die Hunde zu kümmern. Ich habe mich schon mit Paul Luders besprochen. Er schätzt die Strecke, die von hier bis zum unteren St. Lorenz zurückzulegen ist, mit den unvermeidlichen Umwegen, auf zweieinhalb- bis dreitausend Meilen. Wir können bei leidlichem Wetter etwa zwanzig Meilen am Tag bewältigen. Dabei rechne ich Aufenthalte durch Stürme und gelegentliche Rasten bei den Indianern am Weg schon mit ein. Wir würden also höchstens einhundertundfünfzig Tage brauchen. Wir könnten ja bis auf die kurzen Strecken der sommerlichen Portagen stets das Eis der Flüsse und Seen benutzen, hätten also glatte Bahn. Wenn wir uns bald auf den Weg machen, müssten wir gut und gern vor dem nächsten Aufbruch des Eises am St. Lorenz angekommen sein – und die Montréal-Brigaden könnten schon im nächsten Sommer die neue Route benutzen.«

Das war klar und mutig gedacht und machte Claude alle Ehre. Lange sprach niemand ein weiteres Wort. Alle spürten, dass viel auf dem Spiel stand.

Dann verließ Paul Luders seinen Platz und trat neben den Kamin. Ohne die Übrigen anzusehen, wandte er sich an Walther allein: »Walther, dies ist wohl klar: Es ist für den Concern, und für mich erst recht, ratsamer, dass ich nicht mehr in Grand Portage erscheine. Das gilt ebenso für meine ehemaligen Mitgefangenen Jean Pimard und Norman Masset. Auf der neuen Route könnte ich mich bewähren, und am unteren St.

Lorenz kennt mich kein Mensch. Meinen Namen könnte ich verändern. Außerdem, Walther, gerade uns vieren muss daran gelegen sein, den ganzen Versuch geheimzuhalten. Im Kanu brauchen wir mindestens acht Leute. Bei acht Leuten ist ein Geheimnis schlechter aufgehoben als bei vier. Erproben wir die neue Route im Kanu, so werden die Brigaden frühestens im übernächsten Jahr, also erst 1778, den vom Krieg nicht bedrohten Weg benutzen können. Verlassen wir uns aber auf die Schlitten, so gewinnt der Concern ein ganzes Jahr des ungestörten Handels. Wenn Jean und Norman sich mit uns zusammentun, hätten wir die neue Route schon so gut wie im Sack!«

Eigentlich ist die Sache geklärt, dachte Walther. Aber die Entscheidung war ihm zu schnell gefallen für ein so schwieriges und gefährliches Unternehmen.

Da mischte sich Anna unerwartet ein: »Ich will euch nicht dreinreden, Männer. Aber nach allem, was ich weiß, gehört Claude zu seinem Stamm. Der Häuptling hat ihn dir nur ausgeliehen, Vater, damit er für den Stamm seine Kenntnis unserer Sitten und Fertigkeiten erweitert. Wird der Häuptling ihn für eine so weite Reise freigeben? Den Unwillen der Cree können wir nicht riskieren. Und was wird Claudes Schwester Omimee sagen? Sie hat den Bruder gerade erst geheilt. Sie wird kaum glauben, dass er schon wieder stark genug ist für eine beschwerliche Winterreise.«

Dazu hatte sich Claude zu äußern. »Der Häuptling? Ja, ich weiß nicht, was er sagen wird. Wenn ich ihm nicht gehorche, kann ich mich nie mehr bei meinen Leuten sehen lassen. Und jede Eigenmächtigkeit, die ich mir gegen den Entscheid des Häuptlings erlauben würde, fiele auf Walther zurück. Aber ich denke, er wird mich ziehen lassen. Die neue Route käme ja auch den Cree zugute. Auf keinen Fall darf der Plan scheitern, falls ich nicht mit von der Partie sein darf. Ich habe einen Vetter von meiner Mutter Seite her – du kennst ihn schon,

Walther, er brachte euch vor Kurzem eure Hunde –, der gilt als der tüchtigste Schlittenführer im ganzen Stamm. Dem ist keine Reise weit und gewagt genug. Der würde sich euch sofort anschließen, wenn ihr ihn anfordert und der Häuptling zustimmt.«

Walther entsann sich dieses Indianers genau, war er es doch gewesen, der ihm nicht nur die Hunde, sondern auch Omimees verschlüsselte Nachricht gebracht hatte. Omimee – Walthers Gedanken irrten ab. Er vergaß, dass er hier mit den Freunden zusammenhockte, um eine neue Kanuroute zu erörtern, starrte ins Feuer, hatte den Kopf in die Hand gestützt und rührte sich nicht. Omimee – wann bin ich endlich nicht mehr allein, wann bist du endlich mein?

Die fünf Menschen, die Walther in der Hütte mit den niedrigen Wänden und dem hoch darüber gegiebelten Dach Gesellschaft leisteten, verstummten ebenso wie ihr Maître. Alle blickten zu ihm hinüber, der sie plötzlich gar nicht mehr wahrzunehmen schien. Paul Luders lehnte noch immer am Kamin. Claude, Justin und Anna hockten auf dem Rand der mit Moos vollgepackten Bettstatt. Justin hatte sich den ganzen Abend über mit keinem Wort an der Aussprache beteiligt. Aber er hatte, wie es seiner Art entsprach, genau zugehört und beobachtet. Was jeden der Redenden bewegte, war ihm klar geworden. Nur über den Maître blieb er sich im Zweifel: Strebte Walther die neue Route wirklich an? Wollte er sie im Sommer oder lieber im Winter, jetzt gleich also, erproben? Walther kam dem Juniorpartner, mit dem er sich zuvor hätte abstimmen können – oder gar müssen –, irgendwie unverbindlich vor. Und jetzt war er auch noch in dieses seltsame Schweigen verfallen, als wäre er gar nicht anwesend.

Claude und Anna, die beiden Jüngsten, rührten sich nicht. Ihr Respekt vor Walther war vorbehaltlos. Sie empfanden, dass dieser sich nie in Szene setzende Mann mit dem dichten grauen Haar in der Tat »älter« war als sie, das hieß erfahrener, vorsichtiger, misstrauischer – und trotzdem, wenn es darauf ankam, kühner und klüger, als sie es ihren Jahren nach sein konnten. Auch die beiden fremden Voyageurs, Jean Pimard und Norman Masset, saßen stumm wie Walther am Tisch und wagten nicht, das Schweigen abzuschütteln.

Omimee – Omimee – die klingenden Silben geisterten durch Walthers Kopf. Ich bin müde und doch gierig. An ihrer Seite, mit ihr, nach ihr, habe ich fest geschlafen. Was soll das alles, O'Gilcock – dieser habsüchtige Geizhals! Captain Gorham, ein vornehmerer Herr gewiss, verdient aber ebenso gern Geld wie der schmierige Cock! Pancrace Matthieu, ein fröhliche Lieder singender Schinder seiner Voyageurs. Und die andern alle: Paul Luders, ein braver Bursche, der im Grunde nie darüber hinwegkommen wird, dass er ein Deserteur ist. Gilles Clautier, dieser Handlanger O'Gilcocks, ewig beflissen und ewig ergeben. Mein eigener Sohn William samt seiner höchst zielbewussten Martine. O'Gilcock hat William in seinem Brief als Kronzeugen dafür angeführt, dass seine Schäbigkeit vernünftig sei – mit Recht? Mit Unrecht? Wahrscheinlich eher mit Recht ... Nein, ich bin mir meines Sohnes nicht mehr sicher. Der ist so tüchtig, koste es, was es wolle, buchstäblich, dass es einen Hund jammern lässt ...

Und ich selbst, Walther Corssen, entlarvter Mc, jetzt wollen sie mich los sein, die in Montréal und Grand Portage, bin zur Belastung geworden. Aber ich bin weit vom Schuss, solange ich das Pays d'en haut nicht verlasse, und immer noch gut genug, bis auf Weiteres den Indianern die Pelze abzuhandeln ...

Was geht mich das alles noch an? Ich brauche es nicht mehr. Omimee wird mich wärmen. Hier im Nichts, in den Einöden ohne Herrschaft, könnte ich leben und die Jahre vergehen lassen, könnte den Cree beistehen, sich zu wehren gegen meine Leute, für die ein Indianer weniger wert ist als ein Biberfell. Omimee würde mich halten – in ihrer Welt –, so wie

Anke mich gehalten hat in der ihren. Ich selbst, das weiß der liebe Himmel, ich selbst bin nirgendwo zu Hause, ich habe keine Wurzeln, habe sie nicht mehr.

Und nun soll ich vier prächtige Kerle, Claude, Paul, Norman und Jean, ins Ungewisse losjagen? Damit O'Gilcock, William und einige andere, darunter vorläufig auch ich, bessere Geschäfte machen?

Er richtete sich so schroff aus seiner Versunkenheit auf, seine Hand, die den Kopf gestützt hatte, fiel als Faust so hart auf den Tisch, dass die andern erschraken.

»Für heute genug, Leute!«, erklärte der Maître. »Ich muss mir das Für und Wider noch einmal durch den Kopf gehen lassen. Vielleicht melden sich außer euch, Jean und Norman, auch noch andere. Das muss man abwarten. Gute Nacht allerseits.«

21

Einen Tag wartete Walther noch. Dann noch einen weiteren. Aber es meldete sich niemand mehr, der zu einer Kanu- oder gar zu einer Schlittenreise durch entlegenes, nur selten durchstoßenes Gebiet Lust und Mut gezeigt hätte. Walther musste sich eingestehen, dass Paul Luders und die beiden Voyageurs, die sich ihm in Grand Portage angeschlossen hatten, außer ihm selbst die Einzigen waren, die guten Grund hatten, die alte Route zu meiden, wenn dort die englische Kontrolle so dicht wurde, dass kein Verdächtiger mehr durch die Maschen schlüpfen konnte. Gut, sagte sich Walther endlich, es bleibt bei diesen vier. Claude lässt sich nicht ausschließen. Er bedrängt mich. Er will sich in seinen jungen Jahren beweisen und Außerordentliches leisten. Das ist indianisch und vielleicht auch französisch. Ich will ihn nicht ablehnen, wenn der Häuptling und Omimee seinem Wunsch nachgeben.

Aber wenn ich nur vier Männer habe und ihnen eine Ladung Pelze mitgeben will – keine sehr wertvollen, versteht sich! –, dann bleibt nur der Schlitten und als Reisezeit der Winter, denn für das Kanu und eine so weite Fahrt brauchte ich mindestens acht Leute. Kommandieren kann ich niemanden, will es auch nicht. Höchstens Gilles Clautier und seine Schweinefleischesser, die könnte ich kommandieren. Doch das gäbe keine brauchbare Mannschaft. Zu Jean und Norman, Claude und Paul passen nur handfeste Nordmänner.

Er nahm sich Paul Luders beiseite: »Paul, ich habe mich entschieden. Ihr nehmt den besten Schlitten, die besten zehn Hunde und die besten Schneeschuhe! Macht euch so bald wie möglich auf den Weg. Du wirst das Kommando haben, aber ich rate dir, dich, was den Weg anlangt, nach Jeans, was die Hunde anlangt, nach Claudes Weisungen zu richten. Was ihr vorhabt, ist nur zu bewältigen, wenn jeder jeden anderen für voll nimmt und sich alle vier ineinanderfügen. Geht sofort an die Vorbereitungen. Es wäre gut, wenn so wenig wie möglich über die ganze Sache geredet wird! Ich werde dir übrigens einen Brief mitgeben, den du in Montréal dem Seniorpartner Pat O'Gilcock persönlich auszuhändigen hast.«

Paul lachte über sein ganzes ehrliches Gesicht: »Du bist überzeugt, dass wir die Reise bewältigen werden, dass wir nach Tadoussac und schließlich auch nach Montréal durchkommen?«

»Wäre ich nicht davon überzeugt, Paul Luders aus der Heide, so würde ich euch nicht auf diese weite Reise schicken.«

Paul sagte vergnügt: »Fehlt uns nur noch der Schnee, Walther!«

Auch Walther lachte nun: »Merkst du es nicht, Paul? Seit heute Morgen ist die Luft milder. Der Wind steht nicht mehr so eisern aus Nordost, fängt stattdessen an zu schralen*. Heute Nacht haben wir bedeckten Himmel, morgen früh Sturm aus Südost und Schnee! So viel Schnee, dass wir an der Hälfte genug hätten!«

Walther hatte richtig prophezeit. Der Sturm dauerte einen Tag und eine Nacht und ging dann in ein dichtes, knisterndes Rieseln über. Jenes feine Geflüster, mit dem die winzigen Schneekristalle ihre Ankunft am Boden anzeigen.

Es verstummte in der übernächsten Nacht. Walther erwachte von der toten Stille, die nun über Haus und See, das ganze Lager und die unermessliche Einöde gebreitet war. Er hörte sein Herz klopfen wie einen mit weichem Leder umwickelten Hammer. Der große Schnee war da, gefallen auf längst fest- und tiefgefrorenen Boden und fußdickes See- und Flusseis. Die Zeit der Gefangenschaft zwischen Herbst und Winter war vorüber. Nun war die Wildnis wieder offen für jeden, der sich ihr anzupassen wusste.

Und endlich, endlich – ein tiefer Seufzer hob seine Brust –, endlich kann ich den Schlitten anspannen und zu den Cree am Egg Lake fahren und Omimee zu meiner Frau machen.

Bald werde ich dies tun – und Claude mitnehmen. Er soll das Fest seiner Schwester mitfeiern, bevor er auf die große Reise geht zum Abitibi und zum Saguenay.

Omimee, endlich ist der Weg frei.

Omimee, Kaskut Omimee, meine Blaue Taube.

Er war eingeschlafen.

Und spürte nicht, was er sonst oft gespürt hatte: dass draußen hoch in einem Himmel, der sich aufgeklärt hatte, ein grün und purpurnes Nordlicht seine Geisterfahnen wehen ließ. Das erste wahre Winterlicht. Die Farbenschleier aus der Höhe spiegelten sich blasser in der Tiefe wider und huschten lautlos über den Schnee, der nun das Eis des La Ronge makellos bedeckte.

22

Walther hatte sich mit Claude besprochen und erfahren, was er der mütterlichen Sippe zu spenden hatte, um sich nach der Sitte der Cree mit Omimee ehelich verbinden zu können. Und da er selbst nicht zu den Cree gehörte, war auch der Oberste dieses Unterstammes am Egg Lake, der Häuptling Saw waw Mickinack, die Gelbe Schildkröte, angemessen zu entschädigen. Darüber hinaus hatte ein so bedeutender und reicher Mann wie der Händler, der *traiteur,* der *trader* vom La Ronge, dem ganzen Dorf ein großes Fest auszurichten, ein Sauf-, Tanz- und Fressgelage, von dem noch die spätesten Nachfahren berichten sollten.

Walther mochte sich nicht lumpen lassen. Den Häuptling hatte er besonders reich bedacht. Vom Wohlwollen des alten, sich um die Zukunft seines Stammes ständig sorgenden Saw waw Mickinack hing ja auch ab, dass dem Pelzhandel Walthers keine Hindernisse in den Weg gelegt wurden und seine Boten und insbesondere seine weit nach Südost, Süd und West vorgeschobenen schutzlosen Außenposten sich sicher fühlen konnten. Es war entscheidend, dass mündliche Absprachen auf Lieferung von Pelzen gegen einen Vorschuss von Waren eingehalten wurden. Aber das Allerwichtigste war: Allein das Einverständnis des betagten, weisen Häuptlings, seine aufrichtige und freundliche Zustimmung würde besiegeln können, dass Walther durch die Verbindung mit Omimee und ihrer mütterlichen Sippe zu einem vollgültigen und geachteten Mitglied des Stammes aufrücken durfte. Sagte der Häuptling und auf seinen Vorschlag auch der Stammesrat hierzu Ja, so war Walthers Existenz in der herrenlosen Leere und Einöde des Nordwestens gesichert bis an sein Lebensende, so weit die Wälder-Cree sich durchgesetzt hatten. Und das war sehr weit, vom Wälder-See und Lac Seul bis hoch hinauf zum Athabasca, der für Walther noch nebelhaft irgendwo im ferneren Nordwesten ruhte.

Der Häuptling würde Walther irgendwann mit dem Wampun* seiner – dann – schwiegermütterlichen Sippe ausstatten, der der Häuptling ebenfalls angehörte. Das war danach nicht mehr zurückzunehmen. Walther würde als ein Cree anerkannt sein.

Will ich mich denn an die Cree binden?, fragte sich Walther zwischendurch mehr als einmal. Nein! Nur an Omimee, nicht an die Cree! Wie ein Cree kann ich niemals denken. Aber wenn ich mit Omimee die Cree sozusagen geschenkt bekomme, warum nicht? Sie binden sich, ich bleibe frei. Mir geht es nur um Omimee.

Und weil das so war, spendete er wie ein König. Die Cree sollten begreifen, wie hoch er eine der Ihren einschätzte.

Dem Häuptling schenkte Walther das Kostbarste, was er zu vergeben hatte: einen der roten Waffenröcke der britischen Infanterie, mit goldenen Tressen, Knöpfen und hübschen Kordeln geschmückt. Ausgediente Uniformröcke waren zuweilen am Sitz der englischen Kolonialregierung in Québec-Stadt oder in Montréal für billiges Geld zu erwerben. Für indianische Häuptlinge im fernen Hinterland wurden sie zum Sinnbild großer, ferner, beinahe unbegreiflicher Macht. Die englischen Kolonialbehörden waren sehr zurückhaltend darin, den Montréaler Pelzhändlern solche Röcke abzutreten. Sie sollten ihren Wert als besondere Seltenheit bewahren. Aber O'Gilcock war es gelungen, einen solchen Rock zu beschaffen. Walther hatte ihn schon seit zwei Jahren für besondere Gelegenheiten in Reserve gehalten. Jetzt schien ihm eine solche Gelegenheit gekommen.

Saw waw Mickinack legte den Rock sofort an. Der rote

Frack mit den langen Schößen passte ihm sogar einigermaßen. Der Alte strahlte so große Würde aus, dass niemand, auch Walther nicht, die Lächerlichkeit verspürte, auch nicht die Peinlichkeit, die der Szene anhaftete. Der tief zerfurchte indianische Kopf mit den buschigen Augenbrauen und der Adlerfeder im schwarz glänzenden Zopf, die Beine in abgewetzten ledernen Leggings und die Füße in breiten, mit zerstückelten Stachelschweinborsten geschmückten Mokassins – darüber dann der mit goldenen Borten durchaus gegen die militärische Kleidervorschrift fantasievoll herausgeputzte Uniformrock aus rotem Tuch. Es bedurfte in der Tat schon wahrer, echter Würde, damit ein solcher Anblick nicht den Spott herausforderte.

Aber das war nicht alles. Walther ließ, außer dem Rock, den er selbst überbrachte, dem Häuptling durch Claude auch noch ein Fässchen nur halb und halb verschnittenen Rums, ein anderes mit Schwarzpulver, ein Ledersäckchen mit bleiernen Flintenkugeln und ein Kästchen mit wertvollen Flintensteinen für die Zündschlösser der Vorderlader überreichen – alles in allem eine höchst kostbare und reichliche Gabe.

Omimees Mutter und ihre Sippe wurden mit bunten Wolldecken, mit zinnernen Bechern und Schalen, mit Nähnadeln und Pfriemen, mit himmelblauem und feuerrotem Tuch und einigen Waidmessern bedacht.

Für das ganze Dorf aber gab es Branntwein, eins zu drei verschnitten, so viel jeder trinken wollte. Es gab Pemmikan aus der Prärie und frischen Fisch aus dem La Ronge, wo die Voyageurs schon mit der Eisfischerei begonnen hatten. Und dann – höchster der Genüsse! – für jeden eine reichliche Kostprobe Maisbrei, wie ihn die Schweinefleischesser zu ihrem Speck und Salzfleisch aßen. Walther hatte jenem Briefboten aus Montréal, den O'Gilcock ihm geschickt hatte, seine letzten Vorräte aus dem Osten abgekauft, um Omimees Dorf bewirten zu können.

Wahrlich, die Enkel und Urenkel würden noch von dem rauschenden, bis weit nach Mitternacht andauernden großen Fest am Egg Lake berichten, zu dem Walther nach einigem Zögern schließlich auch ein Dutzend seiner bewährten Voyageurs eingeladen hatte. Dem Tag, an dem Omimee und Walther von Sippen und Stammes wegen zusammengegeben wurden!

Walther und Omimee warteten das Ende des Hochzeitsfestes nicht ab. Abseits des Dorfes schirrten sie bei letztem Tageslicht ihre Hunde an und machten sich so gut wie unbemerkt auf die Heimreise zum La Ronge. Walther hatte darauf bestanden, dass die, nach allem, was vorausgegangen war, einigermaßen erschöpfte Omimee endlich, warm in Bärenpelze verpackt, mit ihren Siebensachen auf dem Schlitten Platz nahm. Die Spur war gut vorgebahnt, die Hunde würden es leicht haben. Walther, Claude und der indianische Vetter der Geschwister, der Cree Stess Atim, was »Bruder der Hunde« bedeutete, hatten die Schneeschuhe angelegt und zögerten nicht, in der merkwürdig breitbeinigen Gangart, welche die Schneeschuhe erzwingen, das schon reichlich betrunkene Dorf hinter sich verhallen zu lassen. Ein schon im Abnehmen begriffener Mond würde den Wandernden während der ganzen Nacht leuchten. Der junge, sehnige Stess Atim führte die Hunde. Sie schienen ihm zu gehorchen, als wären sie nie einen anderen Lenker gewohnt gewesen, er hatte sie nur kurz anzusprechen brauchen. Der Indianer nahm die kurzstielige Peitsche mit der langen, dünnen Peitschenschnur nur selten zu Hilfe, und auch dann nur als Warnung, nicht als Strafe.

Es lag Walther daran, so schnell wie möglich sein Fort Anna wieder zu erreichen. Der Schlitten unter Führung von Paul Luders musste ohne weiteren Verzug auf den Weg gebracht werden, nachdem der Häuptling den Plan gutgeheißen hatte. Walther hatte es wieder einmal erstaunlich gefunden, wie nüchtern der alte Indianer die Zusammenhänge durchschaute, die ihn und sein Volk schon so gut wie unlösbar mit der fernen, fremden Welt der Bleichgesichter verknüpften. Kugeln und Pulver, Flinten und stählerne Beile hatten seine Leute instand gesetzt, um sich zu Herren ihrer Feinde aufzuschwingen und die gegnerischen Völker in den Norden abzudrängen – von der unbeschreiblich großen Erleichterung gar nicht zu reden, welche die Werkzeuge, die wollenen Decken und Stoffe und, wie eine Offenbarung neu, die berauschenden Getränke des weißen Mannes für die Indianer bedeuteten.

Jedoch hatte der Häuptling und auch die sonst in diesen Tagen äußerst schweigsame und nach der Sitte kaum in Erscheinung tretende Omimee sich von Anfang an geweigert, Claude zu erlauben, sich der gefahrvollen Reise zum Abitibi und Saguenay anzuschließen.

»Ich brauche Claude hier. Claude hat mehr im Kopf als alle anderen meiner jungen Leute. Ihn darf ich nicht aufs Spiel setzen. Er hat dir hier zur Hand zu gehen, Händler vom La Ronge. Er darf die Länder der Cree nicht verlassen. Aber ich sehe ein, dass du die neue Route nach Osten erkunden musst. Ich werde dir Stess Atim mitgeben, Claudes und Omimees Vetter von ihrer Mutter Seite her, der also zu unserer, jetzt auch deiner Sippe gehört. Niemand im Stamm, auch Claude nicht, weiß besser mit Schlitten und Hunden umzugehen als Stess Atim. Er ist einer meiner tapfersten jungen Krieger. Er wird dich nicht enttäuschen.«

Walther hatte nicht zu widersprechen gewagt – und Claude erst recht nicht.

Und Omimee hatte gebeten: »Walther – ich allein unter vielen weißen Männern – und du wirst nicht immer bei mir sein können ... Lasse mich meinen kleinen Claude behalten, nachdem ich ihm das Leben zum zweiten Mal geschenkt habe.«

Walther hatte eingewendet: »Du wirst Anna im Lager vorfinden, und Justin. Sie erwarten dich. Sie werden dir gefallen. Du wirst nicht nur mich zum Gefährten haben.«

Aber Omimee hatte abgewehrt: »Ach, Walther, das ist alles ungewiss. Claude wird immer auf meiner Seite sein.«

Walther erwiderte mit abgewandtem Blick: »Ich auch, Omimee!« Leise kam ihre Antwort. Sie musste viel nachgedacht haben.

»Du hast viel zu verantworten, Walther, und stets auf schlüpfrigem Grund. Ich werde stets auf deiner Seite sein. Ob du immer auf der meinen sein kannst, das steht noch in den Sternen. Lasse mir Claude!«

Dabei war es geblieben.

23

Walther hatte sich, seinem jungen Freund und Schüler Claude und auch dem sympathischen, geschmeidigen Stess Atim, insbesondere aber den Hunden, keine Ruhe gegönnt. Omimee war immerhin auf dem Schlitten gut aufgehoben und konnte, da der auf dem Fluss- und See-Eis gleichmäßig und ohne zu holpern dahinglitt, schlafen oder zu den Sternen der Winternacht emporschauen und den glitzernden Gürtel des Orion über das dunkelsamtene Firmament hingleiten sehen. Gut fünfundzwanzig Meilen waren zurückzulegen, längst nicht so viel wie die Kanus im Sommer überwinden mussten. Denn die stets gefährdeten Kanus hatten auch bei gutem Wetter die Bögen der Ufer auszufahren und durften sich nie allzu weit auf den gewaltigen, stets von plötzlichen harten Winden bedrohten La Ronge hinauswagen. Nun aber lag der ganze See längst unter festem, dickem Eis. Walther hatte keine Bedenken, quer über den Süden des Sees schnurstracks auf sein Fort Anna zuzuhalten. Der zuverlässige Polarstern wies ihm die Richtung, die er von der Einmündung des Montréal-Flusses in den La Ronge einzuhalten hatte: genau Südost.

Auf der nächtlichen Fahrt wurde kaum ein Wort gesprochen. Die drei Männer hatten genug damit zu tun, sich dem Vorwärtsdrang der Hunde anzupassen, die wohl wussten, dass sie erst im heimatlichen Lager gefüttert werden würden. Doch mochte auch die merkwürdige Unruhe, von der Walther angetrieben wurde, auf die Tiere übergesprungen sein. Das geschieht oft genug in der ungezähmten Wildnis, wo Menschen und Tiere auf nicht erklärbare Weise miteinander verknüpft sind.

Ich bin froh, dachte Walther, dass die Feier mit all ihrem Drum und Dran vorüber ist. Ich habe alles getan, der Stellung Omimees und ihrer Sippe im Stamm zu entsprechen. Von den Cree her wird niemand sie mir streitig machen. Und wenn sie selbst es wünscht, so mag sie sich weiter als Heilerin bewähren. Ich werde sie gewiss nicht daran hindern, im Gegenteil, ihr beistehen. Habe ich einen zu hohen Preis für sie gezahlt? Nein, es gibt gar keinen Preis, der mir für sie zu hoch wäre. Sie soll wissen, wie viel sie mir wert ist. Sie wird mir auf hundertfache Weise eine Hilfe sein, ein Trost.

Dann versickerten solche Gedanken in dem anstrengenden Bemühen, hinter den unermüdlich voranstrebenden Hunden und dem Schlitten nicht zurückzufallen. Den Männern war trotz der tiefen Kälte so warm geworden, dass sie alle drei die Kapuze der Parka auf den Rücken sinken ließen. Walther merkte, dass Claude auch die Handschuhe ausgezogen hatte. Die pelzenen Fäustlinge baumelten ihm an der Lederschnur vom Nacken.

Warum hetze ich Männer und Hunde, fragte sich Walther. Hätte er nicht im Dorf der Cree den nächsten Morgen abwarten sollen? Nein, es ist keine Stunde zu verlieren. Ich muss Luders auf den Weg zum Abitibi bringen. Wenn ich ehrlich sein will, so muss ich bekennen: Es ist mir sehr recht, dass Claude am La Ronge bleibt. Er ist mir unentbehrlich geworden. Wie sonderbar das alles ineinander verwoben ist. Omimee und Claude – auf beide kann ich mich verlassen, mehr noch als auf mich selbst. Beide wollten gleich mir das Saufgelage dieser Nacht am Egg Lake nicht miterleben. Ja – er lachte trocken auf –, für die Indianer bin ich ein mächtiger, überaus reicher Mann, und sie betrachten es noch als hohe Ehre, die ich ihnen erweise, wenn ich ihre alten Sitten und Gebräuche verderbe. Ach, Omimee – gut, dass sie nun bei mir ist! Sie wird das alles auf die Dauer zurechtrücken, wird sich auch mit Anna gut verstehen.

Es war längst heller Tag, als Walther endlich im Südosten am fernen Ufer des vereisten Sees die winzigen Erhebungen erkannte, auf denen sein Handelsposten war. Auch die Hunde schienen das Ziel wahrgenommen zu haben. Sie legten trotz der Erschöpfung, die ihnen, wie auch den Männern, in jedem ihrer Knochen knirschte, noch an Eile und Eifer zu. Omimee tauchte aus ihren Pelzen auf, wandte ihr bräunliches Gesicht zu Walther zurück und lächelte ihn an:

»Ich fürchte, Walther, jetzt werden uns deine Männer im Lager mit gewaltigem Aufwand empfangen – und dieser Tag wird vielleicht wilder werden als der gestrige bei meinen Leuten. Aber auch das wird vorübergehen.«

»Keine Angst, Omimee. Im Fort Anna regiere ich. Die Voyageurs wissen sich zu benehmen, wenn es darauf ankommt. Sie werden uns laut, aber mit Anstand willkommen heißen.«

Doch das war schlecht prophezeit. Schon von Weitem erkannten die Ankommenden, dass sie unterhalb des Forts dicht über dem Eis von einer Reihe von Männern erwartet wurden, die dort standen wie erstarrt, beinahe drohend.

»Hoooo!«

Stess Atims lang gedehnter Ruf brachte die Hunde zum Stehen. Sofort ließen sie sich mit hechelnden Zungen ermattet auf den Bauch fallen. Sehr weit allerdings würde ihre Geduld nicht reichen.

Ehe Walther noch den schneebedeckten Vorplatz hinaufgestiegen war, kamen ihm zwei Gestalten entgegen: Gérard Choquette und Paul Luders.

Gérard sagte: »Wir wollten euch eigentlich höchst feierlich und lustig willkommen heißen, aber den Männern ist die Lust dazu vergangen.«

»Was ist geschehen?«, fragte Walther ungeduldig.

»Wir hatten einen Unglücksfall, und da hatte keiner mehr Lust, vergnügt zu spielen. Es trifft niemanden eine Schuld.

Keiner weiß genau, wie es gekommen ist. Es hat sich ziemlich weit weg vom Lager ereignet. Norman Masset ist tot.«

Norman, der mit Paul Luders in Grand Portage in Gewahrsam gesessen, der sich dann mit dem gesprächigen Jean Pimard den Brigaden angeschlossen hatte und der mit auf die weite Reise zum unteren St. Lorenz gehen wollte? Norman mit dem grauen Haar, maulfaul, aber unverwüstlich – Norman war tot?

Gérard Choquette berichtete: Norman hatte zu den wenigen Männern im Lager gehört, die darauf aus waren, den Winter nicht nur mit jenen Arbeiten zu verbringen, die gemeinhin von den »Überwinterern«, den Voyageurs im Nordwesten, erwartet wurden. Er hatte zu denen gehört, die ihre mageren Einkünfte als Kanuruderer aufbesserten, indem sie nebenbei den Indianern nacheiferten, nämlich Fallen stellten, um Pelztiere zu fangen. Um ihre Fallen auszulegen, mussten sie sich weit entfernen, denn die ständig quirlende Unruhe, die fünf Dutzend Männer im Lager verursachten, schreckte alle wilden Tiere weit in die Wildnis zurück.

Norman Masset hatte Fallen mit starken Ködern ausgelegt, die vor allem die großen Waldwölfe anlocken sollten. Einige Male hatte er auch schon mit ihnen Erfolg gehabt. Gleich nach der Ankunft der Brigaden, ehe noch der große Schnee kam, hatte er seine aus Walthers Vorrat entliehenen vier Fallen an einem Bachbett entlang, etwa fünf Meilen vom Lager entfernt, gut verankert. Zwei Tage vor der erwarteten Rückkehr Walthers hatte er die Fallenstrecke zum letzten Mal kontrollieren und zugleich einem anderen Voyageur übertragen wollen, der Normans Werk fortsetzen sollte, wenn dieser sich auf die weite Schlittenreise zum Saguenay begeben würde.

Auf der Rückkehr von dem langen Marsch hatten die beiden Männer die erste der schon neu beköderten Fallen zwar zugeschnappt, aber leer gefunden. Der Köder war bis zum Eisen abgefressen. Die Spuren im Schnee verrieten, dass kurz zuvor ein offenbar starker Grauwolf mit großer List und Vorsicht die Falle ausgelöst hatte, ohne sich von ihr packen zu lassen – und dass er sich dann gefahrlos an dem frischen Köder, einem Klumpen angegangenen Wildfleischs, gütlich getan hatte.

Normans Gefährte hatte keine Lust verspürt, bei der schmutzigen Arbeit zu helfen, die Falle mit einem neuen Köder zu versehen, sie abermals fest zu verankern, zu spannen und dann mit frischem Schnee alle Spuren zu löschen. Ihm lag daran, die Ankunft Walthers und seiner Indianerfrau keinesfalls zu verpassen und bei den Vorbereitungen zu der geplanten Feier mitzuwirken. Ärgerlich hatte Norman Masset den Kumpan fortgeschickt.

»Dann lauf nur, Raymond! Ich stelle die Falle auch allein. Es muss alles seine Ordnung haben. Lauf nur, ich komme in ein, zwei Stunden nach!«

Aber er war in ein, zwei Stunden nicht nachgekommen. Im Lager hatte man sein Ausbleiben zunächst gar nicht bemerkt. Erst als die Dunkelheit schon hereingebrochen war und Norman auch zur Hauptmahlzeit am Abend fehlte, waren Jean Pimard und Paul Luders aufmerksam geworden.

Sie fanden den Verunglückten am nächsten Morgen. Vor Zorn – vielleicht weil der Gefährte ihn im Stich gelassen hatte, musste er die notwendige Vorsicht im Umgang mit den schweren, außerordentlich kräftig gefederten Großtierfallen vernachlässigt haben. Die Falle hatte ihm den Knochen dicht über dem rechten Handgelenk glatt durchschlagen. Die Hand steckte noch in der zugeschnappten Falle. Aus dem Armstumpf heraus war Norman Masset bald verblutet. Er war sich offenbar sofort darüber klar geworden, dass es keine Rettung für ihn gab. Er hatte sich unweit der Falle, neben der Spur zurück zum Lager, in den Schnee gestreckt, höchst »ordentlich« und gerade auf den Rücken, und hatte sein Leben davonrinnen lassen aus abgespreiztem, handlosem Arm. Es passte ganz und gar zu dem wortkargen, besonnenen Mann.

Als man ihn fand, war das, was einst Norman Masset geheißen hatte, so steifgefroren wie ein Brett und ließ sich verhältnismäßig leicht ins Lager zurückschaffen. Die wilden Tiere hatten den Leichnam über Nacht noch nicht entdeckt. Er war noch nicht angenagt.

Mit einem Toten im Lager war an Feiern nicht zu denken. Die Leiche musste aufgehoben werden, bis der Maître sie gesehen hatte.

Walther, Omimee, Claude und ein paar andere standen um die Pritsche, auf welche man den Verunglückten gebettet hatte. Das Gesicht hatte sich im Tod entspannt. Vielleicht hatte der schnell in den Armstumpf eindringende Frost den Schmerz betäubt. Das Antlitz war blutleer und wächsern unter dem struppigen Bart. Die Augen waren fest geschlossen.

Walther neigte den Kopf, und die andern taten es ihm nach. Er betete laut ein Vaterunser – und dann: *Requiescat in pace* – er ruhe in Frieden! Die Worte hatte er vor langer Zeit von Vater Bosson in Nova Scotia gelernt. Sie gehörten zu jedem katholischen Begräbnis, und Walther hatte sie in den Jahren, seit Père Bosson sie ihm eingeprägt hatte, jammervoll häufig zu sprechen gehabt. Denn Voyageurs und besonders die Überwinterer unter ihnen, die Nordmänner im fernsten Pays d'en haut, lebten gefährlich – und nur wenige von ihnen starben einen natürlichen Tod.

Walther wandte sich an die Umstehenden: »Die Erde ist schon zu tief gefroren. Wir können ihn nicht begraben. Setzt ihn also bei, wie es im Winter üblich ist. Sein Eigentum geht an Jean Pimard. Der war sein Freund.«

Einer fragte: »Wo sollen wir ihn beisetzen, Maître?«

Walther zögerte nur einen Herzschlag lang: »Setzt ihn bei, wo ihr wollt, außerhalb des Lagers. Einen Friedhof wollen wir nicht anlegen. Vergesst nicht ein Kreuz aus gespaltener Fichte.«

Er wandte sich ab. Claude, Luders, Omimee und Choquette folgten ihm ins Haupthaus. Mit einem Blick hatte er festgestellt, dass der Anbau, der fortan ihm und Omimee zur Wohnung dienen sollte, in seiner Abwesenheit sauber und sorgfältig vollendet worden war. Die Männer des Lagers Fort Anna hatten ihn nicht enttäuschen wollen.

Im Haupthaus erwartete ihn Anna.

»Omimee, dies ist Anna, meine Tochter! Anna, dies ist Omimee, meine Frau.«

Die beiden Frauen standen einander gegenüber, gleich schmal und ebenmäßig, mit dunklem Haar beide und mit dunklen Augen, schlankem, hohem Hals, gleich bräunlicher Haut – Omimees nur um einen Schatten dunkler – und gleichermaßen scheu.

Anna war es, die den Abstand überwand. Sie breitete die Arme aus: »Omimee, ich freue mich, dass mein Vater nicht mehr allein ist.«

Oh Anna, dachte Walther, wie du deiner Mutter ähnelst! Wenn es so stand – sie würde Omimee zu sich bekehren, und alles konnte sehr gut werden.

Omimee lächelte nicht. Ihr Gesicht, das die Schönheit beider Rassen in sich zu vereinen schien, blieb ernst. Aber sie erwiderte die Umarmung der Jüngeren beinahe stürmisch.

»Wo ist Justin, Anna?«, wollte Walther wissen.

»Wir wussten nicht, wann ihr eintreffen würdet. Justin ist mit Gilles Clautier unterwegs, den Schlitten für die große Reise zum Abitibi auszuprobieren.«

»Justin? Mit Clautier?« Walther war erstaunt. Er wandte sich an Paul Luders, der mit Claude neben der Tür stehen geblieben war: »Wieso mit Clautier?«

»Als feststand, dass Norman Masset für die Schlittenreise zum St. Lorenz ausfiel, hat sich Gilles Clautier bei Justin gemeldet: Er wäre bereit, an Normans Stelle zu treten. Von den Routen nördlich des Lac Supérieur zum Saguenay hinüber wüsste er einiges, wenn auch nichts von den Routen westlich des Missinaibi. Vor allem hätte er von seinem Maître in Montréal, von Pat O'Gilcock, die strenge Weisung, schnell wieder zurückzukehren. Das hätte sich bisher nicht machen lassen. Aber jetzt böte sich die Möglichkeit von selbst an. Justin wusste gegen Clautiers Angebot nichts einzuwenden und meinte, auch du würdest nichts dagegen haben.«

»Ihr scheint aber nicht sehr angetan davon zu sein, Paul?«

»Das ist wahr. Norman Masset wäre uns, weiß Gott, lieber gewesen. Aber nun ... Es hat sich niemand weiter freiwillig gemeldet. Du wirst auch keinen zu dieser großen Reise befehlen wollen. Gilles Clautier soll mir recht sein. Auf so angestrengter Reise wächst man schließlich zusammen, das weißt du besser als ich.«

»Weiß ich, Paul. Aber Claude wird das Gespann nicht führen, sondern sein Vetter Stess Atim, der beste Hundeschlittenmann, den mir der Häuptling ausleihen konnte.«

»Ich bekam nicht die Erlaubnis, mit euch zu reisen, Paul!«, bekannte Claude kleinlaut.

Walther wartete nicht ab, wie Paul Luders sich zu dieser enttäuschenden Eröffnung stellen würde. Er bestimmte: »Also du, Paul, dazu Gilles Clautier, Jean Pimard und Stess Atim, lauter erstklassige Leute! Ihr dürft keine Zeit mehr verlieren. Heute haben wir schon den sechzehnten Dezember. Das gibt euch im Notfall beinahe fünf Monate, Montréal zu erreichen. Ihr nehmt von hier aus die bekannte Route zum Lac Supérieur, aber an ihrem Schluss nicht über den Tauben-Fluss, sondern über den Kaministikwia zum Supérieur, weiter die am besten bekannte Route, den Michipicoten aufwärts zum Abitibi und Saguenay. Ihr reist übermorgen früh ab. Ich werde Gilles Clautier einen Brief mitgeben für Pat O'Gilcock in Montréal. Alles klar, Paul?«

»Alles klar, Maître!«

Sechstes Buch
La Ronde de la Mort

24

Der Raum war niedrig und warm, das Feuer im Kamin schon zusammengesunken. Aber der Haufen rot glühender Asche, den die Flammen hinterlassen hatten, spendete ein sanftes, verschwebendes Licht. Es war sehr still. Die Winternacht um das Haus herum schwieg, tot und erstarrt.

Sie lag in seinem Arm. Ihr Haupt ruhte auf seiner Schulter. Ihr dunkles Haar hatte sich längst gelöst und über seine Brust gebreitet. Er spürte es wie kühlen Schaum.

Er hatte den Kopf zu ihr gedreht und konnte ihr Gesicht erkennen. War sie eingeschlafen? Ihre Augen waren geschlossen. Ihr Atem hatte sich beruhigt, wehte leise und gleichmäßig. Sie lebte, lebte neben ihm, schenkte ihm ihre Wärme. Sie ist zu mir gekommen, ist bei mir, ihr Leib hat sich mir anvertraut. Sie selbst hat sich mir anvertraut, hat sich in meine Obhut gegeben.

Und ich mich in die ihre!

Ein wunderbares Gefühl der Zufriedenheit und Gelöstheit durchflutete ihn, wie er es seit vielen, vielen Jahren nicht mehr gekannt hatte. Er lächelte in sich hinein. Fast wurde das Verlangen übermächtig, das dunkle, ihm zugeneigte Haupt und die über den bloßen Brüsten gekreuzten Hände zu berühren. Aber dann hätte er sie geweckt – und das wollte er nicht, schien sie doch mit einer Hingabe, ja, Seligkeit zu schlafen, als wäre ihr noch nie erlaubt gewesen, so tief und glücklich zu ruhen.

Es war, als pulsten dort, wo ihre Körper sich berührten, warme Ströme des Entzückens vom Leib des einen in den des anderen.

Meine Frau – zum ersten Mal wagte es Walther, sie lautlos bei diesem schönsten aller Namen zu nennen, die ein Mann zu vergeben hat. Eine Woge der Zärtlichkeit überspülte ihn, schwemmte die Angst, sie zu wecken, beiseite. Mit der freien Rechten hob er eine der dunklen Strähnen ihres Haares von seiner Brust und legte sie um ihren schlanken Hals wie ein Schmuckstück, dem der Schein von der Herdstatt ein paar kupferrote Glanzlichter entlockte.

So leise die zärtliche Berührung auch gewesen war – sie hatte doch genügt, sie zu wecken. Groß schlug sie die Augen zu ihm auf, der sich nun über sie beugte.

Was sie in ihren Augen lasen, bedurfte keiner Worte: Befriedigung, Glück, Vertrauen, erfüllte Lust, vollendete Einheit.

»Walther«, flüsterte sie.

»Evangeline!«, antwortete er und wurde sich nicht bewusst, dass er ihren französischen, nicht ihren indianischen Namen gebrauchte.

Ihr Lächeln vertiefte sich. Sie schloss die Augen von Neuem und drehte den Kopf fort.

Nach einer kurzen Zeit huschte ein Schauer über ihre Schulter. Sie beklagte sich leise: »Walther, es wird kalt. Ich fange an zu frieren. Willst du nicht nach dem Feuer sehen?«

Schuldbewusst erhob er sich sofort, breitete die zu Boden geglittene Felldecke über ihren Leib, griff nach Hose und Hemd und tappte zur Herdstatt hinüber.

»Du hast ›Evangeline‹ zu mir gesagt. Das hast du noch kaum jemals getan. Ich finde es schön. Mein Vater hat mir gesagt, dies sei ein Name, der den Mädchen in seiner alten Heimat oft gegeben wird. Also dort am unteren St. Lorenz in den kanadischen Gebieten, wo nur Französisch gesprochen wird und wo ich noch nie gewesen bin. Er hat mir manchmal von den Dörfern am großen Strom erzählt, wenn er mit mir allein war. Ich war noch ein Kind, aber ich habe alles behalten. Von dir weiß ich viel weniger, Walther. Ich weiß nur, was du jetzt bist: der mächtige Händler vom La Ronge, der hundert Voyageurs unter sich hat – und ich bin deine Frau. Aber so viel ist mir klar geworden, dass du kein richtiger Voyageur bist und nicht vom St. Lorenz stammst. Wer bist du, Walther?«

Wer bist du, Walther?

Wer bin ich? Ich, Walther Corssen, der Händler vom Lac la Ronge?

Wenn es noch eines Beweises bedurft hätte, so bewies ihm diese Frage, dass sie nicht nur seine Frau war, sondern dass sie es auch ohne Rückhalt sein und werden wollte.

Er saß neben ihr auf dem Bettrand. Er berichtete ganz ohne Beschönigung und Zurückhaltung. Sie sollte genau wissen, sollte erfahren, mit wem sie sich für den Rest ihres Lebens verbunden hatte.

Sie unterbrach ihn mit keinem Wort, keiner Zwischenfrage. Sie hatte den Kopf auf die rechte Hand gestützt, blieb bis zur Schulter von der Decke verhüllt. Walther hatte von Zeit zu Zeit nach dem Feuer zu sehen, es stets von Neuem zu füttern. Es musste draußen eine grimmige Kälte herrschen, denn wenn die Flammen verflackerten, strahlte ihre Wärme nicht mehr bis zu der Wand hinüber, an welcher die Bettstatt stand – und Omimee zog sich die Decke fester über die Schultern bis ans Kinn.

Hatte Walther das Feuer abermals geschürt und kehrte er dann wieder auf seinen Platz neben Omimee zurück, so brannten ihm ihre Augen schon von Weitem entgegen, ganz aufgetan, begierig, mehr von ihm zu erfahren, sich seine Vergangenheit anzueignen.

Während er in großen Zügen erzählte, wie ihn sein bisheriges Dasein dorthin gelenkt hatte, wo er sich jetzt befand, kam ihm selbst auf beklemmende Weise zu Bewusstsein, dass er Wandlungen, Umbrüche, knapp unterlaufene Katastrophen durchlebt hatte, die einem anderen kaum begreiflich sein mochten.

Doch Omimee hörte zu. Nicht einen Herzschlag lang schien ihre drängende Anteilnahme nachzulassen. Vielleicht verstand sie manches nicht, was ihr an Umständen und Ereignissen mitgeteilt wurde, da es weit außerhalb ihres Wissens und ihrer Erfahrung lag. Aber mochte sie auch die sachliche Bedeutung dessen, was sich um ihn, den Geliebten, abgespielt hatte, nicht erfassen, so begriff sie doch mit untrüglichem Spürsinn, was die Ereignisse für ihn bedeutet hatten.

Ihre Aufmerksamkeit steigerte sich noch, als Walther, je mehr er sich der Gegenwart näherte, ausführlicher auf Einzelheiten und schließlich auf den Brief des Partners in Montréal, des Patrick O'Gilcock, einging.

Omimee saß jetzt aufrecht im Bett, sie hatte ein Tuch um die bloßen Schultern geschlungen. Das Feuer flackerte, loderte hoch im Kamin. Walther hatte es gerade gespeist. Mitternacht musste schon vergangen sein. Aber die beiden Menschen in der warmen Kammer – eine winzige Kapsel des Lebens in der eisigen Leere der Winternacht –, sie waren hellwach, sie gründeten ihr gemeinsames Schicksal.

»O'Gilcock benutzt die Umstände, die sich in Montréal ergeben haben, um sich Schritt für Schritt in den Besitz des Concerns zu setzen«, sagte Walther abschließend. »Er hofft auf den Zeitpunkt, an dem er mich nicht mehr brauchen wird. Pancrace Matthieu und mich ist er schon losgeworden, und die anderen, Gorham und die beiden Juniorpartner William und Justin …«

»… werden vielleicht auch noch auszubooten oder unterzuordnen sein«, hatte Walther fortfahren wollen. Aber nun erschrak er beinahe über die Heftigkeit, mit der Omimee ihm ins Wort fiel:

»Was redest du da, Walther! Du bist es gewesen, der den ganzen Concern aufgebaut hat. Du bist immer weiter nach Nordwesten gezogen, um die allerbesten Pelze reichlich einzuhandeln. Du schlägst dich seit Jahren durch die harten

Winter und hast eigentlich gar nichts von den großen Verdiensten, die ohne dich gar nicht zustande kämen. Dies ist dein Concern, und wenn einer weichen muss, dann sind es die anderen, nicht du! Das musst du dem O'Gilcock mit aller Deutlichkeit klarmachen!«

Ja, dieser Brief an O'Gilcock ... Er hatte ihn am Tag nach dieser Nacht schreiben wollen. Der Brief sollte Luders und Gilles Clautier auf die lange Schlittenreise zum Saguenay und St. Lorenz mitgegeben werden.

In der Tat: Musste er nicht Widerstand leisten? Galt es jetzt nicht, den Überdruss an den Machenschaften der Rechner und Verdiener in Montréal zu überwinden, um den Concern, der doch sein Kind war, weiter durch die Klippen zu steuern?

Omimee hatte völlig recht: Es wäre falsch, der Müdigkeit, dem qualvollen Unbehagen nachzugeben. Omimee war bei ihm. Er brauchte den Widrigkeiten nicht mehr allein standzuhalten. Ihre Augen schimmerten aus dem Halbdunkel, ein starker Wille sprach aus diesem Gesicht mit den leicht betonten Backenknochen, den dunklen, wie Vogelflügel geschwungenen Brauen, den in der Erregung sich leicht blähenden Nasenflügeln und dem Mund mit den vollen Lippen. Stolz wallte in ihm auf: Meine Frau! Stolz war er auf ihren Stolz, den sie für ihn, für sich, für sie beide beanspruchte. Für sie beide – das war es!

Seine Stimme klang verändert, war voll Zärtlichkeit und freundlichem Spott: »Wenn Gilcock ahnte, wen ich da zur Frau genommen habe, wenn er dich hier sehen könnte – er würde das Fürchten lernen!«

Ihr Gesicht entspannte sich. »Das möchte ich ihm auch geraten haben! Wer dein Feind ist, Walther, wer dich benachteiligen will, der ist auch mein Feind. Und auch der Feind meines ganzen Stammes! Dass du es nur weißt, Walther! Und vergiss nicht, dass der Häuptling zur gleichen Sippe gehört wie meine Mutter – und ich – und durch mich nun auch du!«

»Ich vergesse es nicht. Ich bin ein Cree.«

Er legte seine Hand auf ihre auf der Felldecke verschränkten Hände. Aus ihren Augen flammte ihm ein so wildes Glück entgegen, dass es ihn überwältigte. Er ließ sich zur Seite sinken und bettete seinen Kopf in ihren Schoß. Sie legte ihre Hände über sein Haar und streichelte es sachte.

»Morgen wirst du alle Hände voll zu tun haben. Wir sind zwar müde jetzt, aber ganz wach. Warum benutzt du diese ungestörte Stunde nicht, den Brief an O'Gilcock zu schreiben? Er sollte nur sehr kurz sein. Und du kannst ihn mir vorlesen, wenn du willst. Ich schlafe nicht ein.«

Er richtete sich auf, ein wenig beunruhigt – und doch zufrieden. So musste es sein. Sie nahm es als gegeben hin, dass das gemeinsame Dasein aus langen kalten Tagen und nur aus seltenen kurzen Nächten bestand – und dass die Nächte die Tage zu speisen hatten.

»Gut, Evangeline, ich hole mir Tinte und Papier. Hier ist es warm. Ich setze mich an den kleinen Tisch beim Kamin. Aber du legst dich lieber und schläfst. Du wirst in der letzten Nacht nicht viel mehr geschlafen haben als ich, das heißt überhaupt nicht.«

»Nein, Walther! Ich bleibe wach. Ich schlafe erst, mit dir, wenn du mir vorgelesen hast.«

Walther entzündete eines der kostbaren Talglichter, die er für ganz besondere Fälle in seiner Kleiderkiste aufhob, und tappte, nachdem er die knarrende Verbindungstür entriegelt hatte, in das Haupthaus hinüber, wo er in einem Schubkasten unter dem großen Ladentisch sein Konto- und Tagebuch, dazu Tinte, Federkiele und einen kleinen Vorrat steifen, gelblichen Papiers verwahrte. Hoffentlich war die Tinte nicht eingefroren.

Sie hatte ihn nicht unterbrochen. Als er mit dem beschriebenen Bogen zu ihrem Lager zurückkehrte, lag sie auf dem Rücken, hatte sich gut zugedeckt und blickte ihm aus wachen Augen entgegen. Sie hatte ihr Versprechen gehalten.

Der Schein des flackernden Herdfeuers reichte bis zur Hüttenwand.

Er las vor:

>Am Lac la Ronge, am 17. Dezember 1776
>An Patrick O'Gilcock, Esquire
>Seniorpartner im Concern McCorssen, O'Gilcock & Matthieu
>Montréal

Geehrter Partner, lieber Pat!
Der bewährte Gilles Clautier hat mir Deinen ausführlichen Brief überbracht. Das Wetter hat ihn begünstigt. So konnte er noch vor dem Eis hier eintreffen. Ich durfte ihm die von Dir angeordnete sofortige Rückreise jedoch nicht erlauben, da er mit seinen Leuten und dem Kanu mit Sicherheit unterwegs einfrieren und bei ungünstigen Umständen das Leben seiner Mannschaft und sein eigenes dazu riskiert hätte. Ich stimme indessen vollkommen mit Deiner Meinung überein, dass wir eine nördlichere Route erkunden und baldmöglichst benutzen sollten, die unsere Kanus und Ladungen sowohl der britischen als auch der amerikanischen Kontrolle entzieht. Da sich mir hier wegekundige Leute anboten, darunter auch Dein Gilles Clautier, da auch für jemand, der sich auf Schlitten und Hunde versteht, eine lange Winterreise mit geeigneten Zugtieren, ausreichendem Proviant und Hundefutter und nur geringer Last kein größeres Wagnis bedeutet als eine eilige Kanureise über gefährliche Stromschnellen und schwierige Portagen, habe ich vier erfahrene Männer losgeschickt, die neue Route zu erkunden, Dir diesen Brief zu überbringen und, falls sie den Weg passierbar gefunden haben, im kommenden Frühling – natür-

lich nur, wenn Du einverstanden bist – unsere Brigaden auf der neuen Route ins Pays d'en haut, das heißt bis auf Weiteres zu mir am Lac la Ronge, zu geleiten. Über alle Einzelheiten werden Dir die Männer selbst Auskunft geben, wenn sie bei Dir in Montréal angekommen sind.

Die neue Route einzurichten, scheint mir zurzeit das Wichtigste zu sein. Für weniger bedeutsam erachte ich Deine weiteren Mitteilungen. Vielleicht war es notwendig – das kann ich von hier aus nicht beurteilen –, den Namen unseres Concern abzuändern, um die dortigen Behörden nicht weiter misstrauisch zu machen. Verfrüht kommt es mir jedoch vor, die wahren Besitzverhältnisse, die sich ja hinter der Fassade der Namen verbergen, schon jetzt endgültig zu ändern. Der Krieg wird nicht ewig dauern. Gewinnen ihn die Engländer, so werden sie nicht mehr nötig haben, jeder kleinen Pelzhandelsgesellschaft nachzuspüren, besonders nicht einer solchen wie der unsrigen, die stets ihre Steuern und Abgaben entrichtet hat. Ich bleibe natürlich hier im Indianerland – wie übrigens auch der »Deserteur« Paul Luders –, wo die Engländer nichts zu sagen haben und wohl auch noch in einigen Jahrzehnten nichts zu sagen haben werden. Gewinnen den Krieg aber die sogenannten Amerikaner, so wäre es uns ein Leichtes, mit unserem ganzen Handel von Montréal etwa nach Boston auszuweichen. Niemand könnte uns daran hindern.

Vor allen Dingen müssen wir jetzt unsere Transporte unkontrolliert aufrechterhalten, müssen Verluste durch das Kriegsgeschehen nicht nur abwenden, sondern die besonderen Umstände zu besonderen Gewinnen nutzen. Dies vorzubereiten, schicke ich den Schlitten, zehn Hunde und vier Männer auf die lange Winterreise.

Alle partnerschaftlichen Fragen aber, scheint mir, können nicht einseitig in Montréal gelöst werden. Ich schlage deshalb dringend vor, dass Du, Matthieu, Gorham und ich uns

im Sommer 1777 am Lac Supérieur oder hier treffen, um alle anstehenden Fragen zu besprechen. William kann Dich in Montréal, Justin, der mit den Lastkanus eingetroffen ist, mich hier vertreten. Ich werde Dich und Matthieu im kommenden Sommer nicht in Grand Portage an der Mündung des Pigeon-Flusses, sondern weiter nördlich an der Mündung des Kaministikwia erwarten, um der englischen Wache in Grand Portage nicht aufzufallen.
Ich verlasse mich darauf, dass dieser Brief Dich noch vor dem Aufbruch des Eises im nächsten Jahr 1777 in Montréal erreicht. Du kannst dich also dann den Kanubrigaden zum Lac Supérieur anschließen, und wir treffen uns am Kaministikwia. Sollte das aus irgendeinem Grunde nicht möglich sein, so treffe ich dort auf alle Fälle Gorham und Matthieu. Wir können also mit Mehrheit beschließen, was ich Dir aber keineswegs zumuten will.
Bis dahin werde ich weiter für unseren Concern wie bisher tätig und sicherlich imstande sein, einige Ladungen vorzüglicher Pelze zum Lac Supérieur zu begleiten. Ich stehe nicht an, lieber Cock, darauf hinzuweisen, dass viele Montréaler oder auch amerikanische Concerns, wahrscheinlich erst recht die Hudson's Bay Company, mit Vergnügen bereit wären, sich meiner als Pelzkäufer zu bedienen und mich hoch am Geschäft zu beteiligen. Aber dazu braucht es nie zu kommen!
Ich wünsche Dir und unseren Geschäften alles Gute!
Dein Partner
Walther Corssen (genannt McCorssen)

Walther ließ den großen, harten Bogen sinken und blickte auf. Sie hatte mit gespanntester Aufmerksamkeit zugehört. Mit rauer Stimme sagte sie nun: »Ohne den letzten Absatz wäre der Brief nicht richtig. Aber mit ihm ist er richtig. Mit O'Gilcock ist nur zu reden, wenn er Angst hat. Und die wird er nun wohl bekommen. Nur etwas wundert mich an deinem Brief, Walther.«

»Was ist es, Evangeline?«

»Du bist so fest überzeugt, dass der Schlitten und die drei Männer mit meinem Vetter Stess Atim in Montréal ankommen werden. Du weißt besser noch als ich, was Reisenden zustoßen kann, im Winter eher noch als im Sommer. Wie hätte es uns beruhigt, wenn ein Mann wie Norman Masset mit von der Partie gewesen wäre! Stattdessen nun dieser Gilles Clautier, dem ich nicht traue. Aber Masset liegt unter seiner Steinpyramide begraben, und keiner fragt mehr nach ihm. Du musst auch in deine Rechnung einbeziehen, Walther, dass der Schlitten nicht dort ankommt, wo er ankommen soll.«

Walther schüttelte den Kopf: »Nein, Evangeline! Als möglich einzukalkulieren, dass sie nicht ankommen, das wäre gegen alle Regeln der Voyageurs, also auch gegen meine. Man muss darauf vertrauen, dass man sich durchschlägt und die heilige Anna ihre Hilfe nicht versagt. Geht ein Kamerad verloren, so beklagt man ihn, begräbt ihn und vergisst ihn. Sonst käme man nicht weiter. Aber weiter muss man!«

Omimee beugte den Kopf und flüsterte: »Ja, wie bei den Indianern auch. Aber du solltest doch eine Abschrift des Briefes hierbehalten, damit du auch später noch weißt, was du an O'Gilcock geschrieben hast.«

Das war ein guter Vorschlag.

»Ja, das werde ich tun. Justin oder Anna mögen den Brief abschreiben, bevor ich ihn Paul Luders oder Gilles Clautier aushändige, versiegelt! Justin und Anna müssen Bescheid wissen.«

Sie schliefen, bis der späte Morgen graute, schliefen nebeneinander so tief und fest, wie sie seit vielen Jahren nicht geschlafen hatten.

25

Die Männer des Corssen'schen Fort Anna diskutierten noch einige Tage darüber, ob Norman Masset am Blutverlust gestorben war oder ob er sich, seelisch noch mehr als körperlich angeschlagen, nach dem Zuschnappen der Falle todmüde in den Schnee gerettet hatte und erfroren war, noch ehe er völlig verblutete. Zwar wurde Walther selbst nicht unmittelbar in dieses aufgeregt geführte Streitgespräch einbezogen, aber die Männer baten hintenherum über Justin und Anna die Halbindianerin, die Métisse, die der Maître als Ehefrau zu sich genommen hatte, um ihr sachkundiges Urteil. Denn dass Omimee bei den Cree als eine Heilerin galt, das hatte sich schnell herumgesprochen – und diese indianischen Medizinfrauen genossen unter den kanadischen Voyageurs ein hohes Ansehen.

Man konnte bei Krankheit und sonstigem Unglück die heilige Anna um Schutz und Beistand anflehen, aber es schadete nie etwas, wenn man sich daneben der manchmal sehr vertrackten Kuren und Heilmittel der Indianer bediente. Die stille, schöne, allem Anschein nach nur sich selbst und ihrem Mann zugewandte Métisse hatte auf die rauen Männer von der ersten Stunde an einen tiefen Eindruck gemacht. Nein, diese Métisse ähnelte keineswegs jenen indianischen Kebsweibern*, mit denen sich manche Voyageurs auf Zeit verbanden – woraus zuweilen auch die Dauer wurde: wortarme, fleißige, geduldige Wesen, nicht besonders geschickt, aber stets bereit, die Beine zu spreizen. Omimee erweckte in den Männern eine sonderbare Scheu, einen befangenen Respekt, der durchaus nicht nur vom Maître abgeleitet war, sondern ihr allein gezollt wurde. Dieser Respekt vertiefte sich noch mit der Zeit, schien doch für die Métisse des Maître die Menge der Voyageurs im Lager gar nicht vorhanden zu sein.

So bildete also der merkwürdig bittere Zank um die Ursache von Norman Massets Tod den Anlass, Omimee, »Madame Evangeline«, wie sie bald tituliert wurde, in die Welt der Männer des Lagers einzuordnen, ihr eine bevorzugte Stellung einzuräumen. Walther bemerkte diese Wandlung schon nach kurzer Zeit. Sie befriedigte ihn und er war dankbar dafür. Die Männer erkannten sie nicht nur als Gefährtin ihres Maître an – diese schmalhüftige Gestalt mit dem bräunlichen Gesicht, deren weiches, schmuckloses Lederkleid nie einen Flecken aufwies, deren dunkles Haar – das doch nicht das stumpfe Schwarz indianischen Haares zeigte – entweder in straff geschlungener Flechte zwischen den Schulterblättern abwärts hing oder auch im Nacken zu einem schweren, schimmernden Knoten hochgesteckt war. In der Tat, Madame Evangeline beanspruchte Achtung und Höflichkeit aus eigenem Recht. Und beides wurde ihr nicht verweigert.

Omimee entschied den schwelenden Streit mit wenigen Worten. Anna gab es Justin und Justin ans Lager weiter: der scharfe, in den Armstumpf ungehindert eindringende Frost mochte die Blutung schnell zum Stillstand gebracht haben. Der schwere Schock, den Norman Masset versetzt bekommen hatte, musste ihn derart geschwächt haben, dass er sich nicht aufrecht halten konnte und sich, vielleicht nur für einen Augenblick, in den Schnee gelegt hatte. Eine Ohnmacht mochte ihn übermannt haben. Um der Arbeit willen war er verhältnismäßig leicht bekleidet gewesen. Der Frost, wenn man ihm nachgibt, macht sehr müde. Er war erfroren.

Die Voyageurs wussten, behaupteten wenigstens, es zu wissen: wer sich kampflos dem tiefen Frost* überlässt, der stirbt einen sanften, müden Tod ohne Schmerzen.

Nach dieser Auskunft erstarb die Debatte um seinen jähen

Abschied von heute auf morgen. So war es eben, und es ließ sich nicht ändern. Viele, viele Kreuze säumten die Routen der Kanus. Voyageur zu sein, ein Nordmann insbesondere, das bedeutete, das Leben leicht zu nehmen, es immer neu zu erobern – und irgendwann daran zu scheitern, denn niemand siegt ohne Unterlass. Also: laut beklagt, schnell begraben, bald vergessen – so wurde man noch am ehesten mit dem Gefährten fertig, der es vorgezogen hatte, die Ronde um das lodernde Lagerfeuer am Seeufer nicht mehr mitzutanzen.

Die Eheschließung des Maître war im Fort Anna nicht gefeiert worden. Schon nach wenigen Tagen war es, als hätte es Madame Evangeline stets gegeben – wie ja auch Anna Leblois den Männern der beiden Brigaden auf der langen Kanureise vom Lac Supérieur zum Lac la Ronge eine vertraute Gefährtin geworden war.

Es war so Dringliches und Wichtiges zu verrichten, dass man sich um sozusagen private Angelegenheiten – einen Tod, eine Heirat – nicht viel kümmern konnte. Die große Mehrheit der Voyageurs beneidete die kleine Mannschaft von vier wagemutigen Kameraden keineswegs, die sich auf die lange Schlittenreise zum untersten St. Lorenz machen wollte. Es gab ein paar Männer unter den Voyageurs, welche die Nordroute zum Lac Abitibi und Saguenay schon befahren hatten. Man blieb dort sehr allein und begegnete nur selten anderen Brigaden. Doch hatten diese Männer alle dem Paul Luders, dem das Kommando auf der Schlittenreise übertragen war, ausdrücklich versichert, er dürfe damit rechnen, unterwegs Proviant und Hundefutter ergänzen zu können. Es gebe am Weg eine Anzahl indianischer Dörfer, die sicherlich bereit sein würden, sich von einem kleinen Teil ihrer Wintervorräte zu trennen, wenn man ihnen dafür Waren oder Werkzeuge des weißen Mannes zum Tausch anbot. Luders hatte sich mit Walther und seinen Reisegefährten besprochen und wurde bald mit ihnen einig: Je weniger Gepäck man dabei hatte, desto schneller kam man vorwärts und desto eher konnte einer der Gefährten, den Krankheit oder Erschöpfung geschwächt hatte, für einige Tage dem Schlitten anvertraut werden, ohne dass die Reise unterbrochen zu werden brauchte.

Nachdem erst einmal feststand, dass mit möglichst geringer Last gereist werden sollte, änderte Walther im letzten Augenblick seinen ursprünglichen Plan, dem Schlitten eine Ladung nicht besonders wertvoller Pelze mitzugeben. Stattdessen stellte er mit Justin eilig eine nur kleine, sehr leichte, aber höchst kostbare Ladung allerbester Felle zusammen – wobei ihm nicht nur die Minderung der Schlittenlast vorschwebte, sondern auch der Eindruck, den so vorzügliche Pelze auf O'Gilcock machen würden. O'Gilcock sollte sich gezwungen sehen, anzuerkennen, dass auf Walther und sein Wirken für den Concern im fernen Nordwesten nicht zu verzichten war.

Auch war man schließlich übereingekommen, nur einen geringen Vorrat an Waren, eisernen Werkzeugen, Flinten, bunten Stoffen mitzunehmen und sich lieber auf einige Fässchen unverdünnten Rums zu beschränken. Die erforderten nur geringen Raum auf dem großen niedrigen Schlitten und gestatteten es, die Ladung an Proviant und getrocknetem Fisch für die Hunde zu vergrößern. Leicht und schnell zu reisen – das erschien schließlich allen Beteiligteil als die einzig mögliche Regel für die gefährliche Fahrt ins einigermaßen Ungewisse.

Am Tag vor der Abfahrt des Schlittens hatte Justin sich mit Anna in die Hütte zurückgezogen, die für das Paar errichtet worden war, um den Brief an O'Gilcock, den Seniorpartner in Montréal, abzuschreiben.

Justin und Anna wollten natürlich wissen, was es mit dem Brief auf sich hatte. Dazu hätten sie den Inhalt von O'Gilcocks Brief kennen müssen, der durch den Brief, den sie kopierten, beantwortet wurde.

Walther hatte sie vertröstet: »Kinder, begnügt euch heute mit meiner kurzen Erklärung. Wir müssen jetzt alles daransetzen, den Schlitten richtig auszurüsten und auf den Weg zu bringen. Später, wenn das Lager erst wieder zur Ruhe gekommen ist, werde ich euch genau ins Bild setzen. Justin, hast du die für den Schlitten bestimmten Pelze, das Tauschgut und den Proviant vollständig registriert? Es darf nichts vergessen werden. Sonst stimmt nächstes Jahr unsere Abrechnung nicht.« Justin bekannte, dass er noch einiges nachzuholen, anderes umzubuchen hätte. O'Gilcocks Brief zu erörtern, blieb also zunächst keine Zeit.

Am Morgen des 18. Dezember 1776, ehe noch das erste milchige Licht der Dämmerung das Ende der sternglitzernden, eisig kalten Nacht verkündete, stapften Paul Luders und Gilles Clautier, breitbeinig, wie es die Schneeschuhe erzwingen, vom vereisten Ufer des Lac la Ronge unterhalb des Fort Anna nordostwärts auf das verschneite See-Eis hinaus, um dem Schlitten den Weg zu ebnen.

Bald darauf hatte Stess Atim die ungebärdigen starken Hunde endlich in die richtige Zugordnung gebracht. Dann ließ er die langschnurige Peitsche über die Köpfe der Tiere sausen, rief sein anfeuerndes »*Mush, mush!*« und setzte sich vor dem Leithund in Marsch. Jean Pimard stand am Ende des Schlittens, die Hand an dem langen »Lenker«.

»Macht's gut, Männer! Gott mit euch!«, rief Walther ihnen nach.

»Gott mit uns und die heilige Anna!«, kam die Antwort Jean Pimards zurück, halb verweht schon vom grimmig schneidenden, dünnen Nordwind.

26

Der Schlitten war fort. Das fahle erste Grau des Wintermorgens hatte ihn verschlungen, als hätte es ihn nie gegeben. Die Spur der Kufen und der Schneeschuhe sah man noch einen Tag lang quer über die Willow Bay des La Ronge verlaufen. Dann verwehte sie der nie ruhende, nadelspitze Wind mit dem feinen trockenen Pulver des Schnees.

»Meine vier besten Voyageure habe ich aufs Spiel gesetzt«, sagte Walther zu Omimee an einem späteren Abend.

»Die schlechten würden es nicht schaffen und gingen unter. Du hättest vier Leute verloren und die Route nicht erschlossen. Die vier werden es schaffen mit den zehn besten Hunden, die du ihnen zugeteilt hast. Wir haben keinen vorzüglicheren Hundeführer als Stess Atim. Für ihn geben die Hunde das Letzte her. Und auf Paul Luders kannst du dich verlassen wie auf dich selbst. Er ist zäh, treu und furchtlos. Außerdem zwingen ihn die Umstände und seine Vergangenheit, auf der neuen Route, die nicht kontrolliert wird, Erfolg zu haben. Unter ähnlichem Zwang steht auch Jean Pimard, ein erfahrener Voyageur, wie es nur wenige gibt. Er wird unterwegs für gute Stimmung sorgen und noch dem unangenehmsten Zwischenfall eine lustige Seite abgewinnen und die anderen zum Lachen bringen, auch wenn sie vor Angst oder Erschöpfung eigentlich heulen möchten. Unser alter Häuptling Saw waw Mickinack hat stets darauf gesehen, dass in jedem Trupp, der sich auf weite Fahrt begibt, wenigstens ein Mann den ›Zauber des Gelächters‹ beherrscht, wie wir es nennen. Solche Männer erleichtern die Herzen der Gefährten selbst unter härtesten Umständen. Mit Gilles Gautier bist du nie warm geworden, Walther, aber du hast selbst zugegeben, dass in Montréal unter den Schweinefleischessern sicherlich kein besserer Voyageur aufzutreiben gewesen ist, sonst hätte ihm O'Gilcock nicht das Eilkanu und den Brief anvertraut. Auch er wird alles daransetzen, Montréal zu erreichen, deinen Brief zu überbringen und die Belohnung oder Beförderung einzuheimsen, die Patrick O'Gilcock ihm sicherlich versprochen hat. Er passte nicht recht zu deinen Nordmännern, Walther, das ist wahr. Aber unterwegs wird er sich von keinem der anderen übertreffen lassen, schon um zu beweisen, dass die Nordwester den Schweinefleischessern nichts vormachen können. Du hast Männer abgesandt, von denen erwartet werden kann, dass sie durchkommen. Was anderes hättest du tun sollen?«

Omimee hatte dies sehr ruhig und sicher vorgebracht, so als verstünde es sich ganz von selbst. Walther hatte mit steigendem Erstaunen zugehört. Seit sie ihm nach der Sitte der Cree zugesprochen war, hatte sie sich Walthers Angelegenheiten ganz und gar zu eigen gemacht und bewies immer aufs Neue, wie gut sie beobachtete und zuhörte und wie kühl sie urteilte. Indianisches und Französisches war in ihrem Wesen zu einer neuen Einheit verschmolzen. Ich werde lernen müssen, mich nach ihrem Rat zu richten, dachte Walther. Sie weiß besser, was ich denken muss, als ich selbst.

Bald wurde von dem Schlitten nicht mehr gesprochen. Wie es den vier Männern unterwegs ergehen mochte, darüber ließ sich nur spekulieren, und dazu verspürte niemand Lust. In Walthers Vorstellungen jedoch setzte sich die Überzeugung fest, dass er den Brief O'Gilcocks richtig beantwortet hatte und dass diese Antwort noch vor dem Ende des Winters in Cocks Händen sein würde.

Wer redete noch von Norman Masset? Nach wenigen Tagen niemand mehr. Der schlief unter dem spitzen Berg der über seinem Leichnam aufgetürmten Felsbrocken. Und es gab keinen, der ihm diesen Schlaf missgönnt hätte.

Omimee hatte Justin richtig eingeschätzt. Walther erkannte sehr bald, dass der Schwiegersohn dafür begabt war, den geschäftlichen, vor allem den buchhalterischen Teil von Walthers Aufgaben zu übernehmen. Anna ging ihm dabei eifrig zur Hand, so gewissenhaft sie auch ihren Pflichten als Hausfrau nachkam – und zugleich, im Geheimen, als Beraterin Omimees. Denn diese wusste zwar einen indianischen Hausstand zu führen und in einem Zelt mit dem Kochfeuer in der Mitte Ordnung zu halten. Wie das jedoch in einem Haus mit europäischem Gerät und europäischer Kochweise zu bewerkstelligen war, darüber ließ sich Omimee von Anna gern belehren. Andererseits konnte sie Anna in die Sitten, die Künste, das Denken der Indianer einführen. Die beiden Frauen, die nur um einige Jahre voneinander getrennt waren – wenn auch Omimee wesentlich älter zu sein schien, ernster, erfahrener, prüfender –, entwickelten in kurzer Zeit viel Zuneigung zueinander, verbrachten jeden Tag eine oder mehr Stunden gemeinsam und hatten bald manches Geheimnis miteinander.

Als Anna ihrem Vater in einem ungestörten Augenblick gestand, dass sie für den Monat Mai des Jahres 1777 ein Kind erwartete, erschrak Walther sehr. Wer würde Anna beistehen, wenn sie zum ersten Mal gebären sollte? Dergleichen hatte er überhaupt nicht bedacht.

Aber die Tochter lächelte nur und beruhigte den aufgestörten Mann: »Ich habe gar keine Sorge, Vater. Was soll schon schiefgehen? Evangeline ist ja hier. Sie wird mir helfen, mein Kind zur Welt zu bringen. Auf sie ist Verlass.«

Wieder Omimee, dachte Walther, und »auf sie ist Verlass«.

Ihm wurde warm ums Herz: Nicht nur ich liebe sie – auch Anna lernt, sie zu lieben.

Justin brachte Ordnung in Walthers Geschäfte, die immer umfangreicher und vielfältiger wurden und ihm nur wenig Zeit gelassen hatten, sie in Registern, Zahlen und exakten Aufzeichnungen festzuhalten. Justin verzeichnete genau die kostbaren Pelze, die dem Schlitten unter Luders' Kommando nach Montréal mitgegeben worden waren, aber ebenso sorgfältig wurden der Proviant, das Hundefutter, die Tauschgüter, die Alkoholika registriert und mit den aus Montréal von den Lastkanus mitgebrachten Lieferlisten verglichen und bewertet. Walther konnte aufatmen und sich seiner eigentlichen Aufgabe widmen: die Männer des Fort Anna und jene auf den weit ins Hinterland vorgeschobenen Einzelposten sinnvoll anzustellen und zu beaufsichtigen. Vor allem konnte er sich dem mit fortschreitendem Winter langsam anlaufenden Handel mit den Indianern, dem Erwerb von Pelzen, widmen. In dieser Tätigkeit war er nicht ersetzbar. Von diesem Handel hing es ab, ob der Concern florierte und für die Partner und die vielen Voyageurs Gewinne und Löhne abwarf.

Justin hatte sich zu Walthers Genugtuung auch darangemacht, die Bestände des Lagers mit den früheren Lieferlisten zu vergleichen, sie neu zu bewerten und in ein übersichtliches Register einzutragen. Walther hatte das aus Zeitmangel nie geschafft. Er hatte sich darauf verlassen, dass er selbst und die wenigen seiner Leute, die Tauschgüter und Pelze unverpackt in die Hand bekamen und Ehrlichkeit und Genauigkeit für etwas Selbstverständliches nahmen, worüber man nicht weiter nachdachte. Unehrlichkeit war nicht einmal als bloße Versuchung denkbar.

Eigentlich wurde Walther erst in diesen Wochen zu Beginn des strengen Winters 1776/77 klar, dass er seit Jahren den Indianern zum Winteranfang hohe Vorschüsse gewährt hatte, ohne dass ihn jemals auch nur ein einziger der indianischen Pelzjäger im Stich gelassen, getäuscht oder um den Vorschuss geprellt hätte. Es klang erstaunlich und fast unglaubwürdig, aber die Schuldner lieferten mit großer Gewissenhaftigkeit im Laufe des Winters ihre Pelzbeute ab, bis die Vorschüsse abgedeckt waren. Dabei hätte der weiße Pelzaufkäufer keinen

Zwang ausüben und niemals einen betrügerischen Indianer zur Begleichung seiner Schulden heranziehen können. Noch nie hatte ein Cree oder Chipewyan daran gedacht, seine Verpflichtung zu leugnen – ja, er erfüllte sie noch nach Jahren, wenn widrige Umstände den rechtzeitigen Ausgleich der Schuld verhindert hatten.

Justin und Anna erlebten diese verlässliche Partnerschaft am Lac la Ronge im Fort Anna auf so unmittelbare Weise zum ersten Mal. Ihr Erstaunen brachte Walther erst so richtig zu Bewusstsein, welch einzigartige Handelspartner die Indianer, mit denen er schon seit vielen Jahren umging, waren. Er brauchte keine Verträge zu schließen, es bedurfte keiner Abkommen, kein Darlehen musste verbrieft und versiegelt werden. Ein Nicken des Kopfes genügte, und der indianische Jäger fühlte sich an seine Zusage unverbrüchlich gebunden. Mochte Walther vergessen, wie viel er diesem oder jenem an Stoffen, Werkzeugen, Flintenkugeln oder Pulver vorgeschossen hatte – der Indianer vergaß es nie. Er brachte nach einem, nach fünf oder nach fünfzehn Monaten die Pelze ins Lager, die er versprochen hatte. Eine Buchhaltung war nicht nötig. Alle Verbindlichkeiten regelten sich auf solche Weise mit der Zeit von selbst. Walther hatte sich darauf verlassen und war so gut wie ohne Verluste dabei gefahren. Denn nur wenn ein Jäger in der vereisten, verschneiten Wildnis erfror, wenn er irgendwo in den erstarrten Wäldern mangels jeden jagdbaren Wildes verhungerte oder an einem Unfall zugrunde ging, verlor Walther seinen Einsatz.

Anna wollte es anfangs gar nicht glauben, dass die Indianer selbst dann noch ihre Lieferzusagen einhielten, wenn sie lediglich auf getauften Rum oder Brandy aus gewesen waren und sich für einen, zwei oder drei Tage einen ungeheuren Rausch angetrunken hatten, an dessen Ende stets eine ebenso lange dauernde entnervende Übelkeit die indianischen Köpfe zum Platzen brachte. Auch solche Saufschulden wurden getreulich abgetragen, mochte das »rumreiche« Gelage auch längst zur undeutlichen Erinnerung verblasst sein.

Justins Bestandsaufnahme brachte Walther zu Bewusstsein, über wie dünnes Eis er seit Jahren seine Tauschgeschäfte hinwegbugsiert hatte. Beträchtliche Kapitalien hatte er Jahr für Jahr von Neuem in seine indianischen Pelzjäger investiert.

Er sprach eines Abends mit Omimee darüber: »In der weißen Welt, Evangeline, könnte ich so keine Geschäfte machen. Es wird mir allmählich klar, dass ich Grund habe, stolz darauf zu sein, in den Rang eines Stammesmitglieds der Cree erhoben zu sein. Durch dich, meine geliebte Métisse!«

Auch sie lächelte. In der Sprache der Zärtlichkeit hatten sie allmählich Fortschritte gemacht und übten sich gern darin, wenn sie mit sich allein waren.

»Ein Versprechen nicht zu halten, das ginge gegen die Ehre. Lieber sterben, sagen meine Leute. Ich glaube aber, du vergisst, dass die Indianer die gleiche Ehrlichkeit auch von dir erwarten, von jedem weißen Mann, mit dem sie zu tun haben. Wenn du noch nie schlechte Erfahrungen mit ihnen gemacht hast, so deshalb, weil du sie als deinesgleichen behandelst und sie nach ihren Begriffen noch nie übervorteilt hast. Sie können sich ganz auf deine Rechtschaffenheit und Freundlichkeit verlassen. Wäre das nicht der Fall, so hättest du in ihren Augen deine Ehre verloren, wärst ein ›haarloser Hund‹, wie sie sagen, einer, den man am besten mit einem Knüppel totschlägt, ohne lang darüber nachzudenken. Wer keine Ehre hat, ist kein Mensch, sagen die Cree, ist nicht einmal ein Hund. Ein guter Schlittenhund hat eine Menge Ehre im Leib.«

Was sie sagte, war richtig. Walther hatte es mehr als einmal bestätigt gefunden. Er meinte: »Dann macht sich also Justin zu viel Mühe, wenn er meine simple Kontrolle der eingehenden Pelze durch genaue Bestandsaufnahme und Verbuchungen aller Güter und ihrer Bewegung erweitert? Und Anna wäre ebenfalls über Gebühr damit beschäftigt.«

»Das glaube ich nicht, Walther.« Omimee lächelte noch heiterer. »Wegen meiner Indianer brauchtest du den Aufwand allerdings nicht. Aber wenn ich an den Brief denke, den Patrick O'Gilcock dir geschrieben hat, dann scheint mir, dass du allen Anlass hast, Justin und Anna für ihre Mühe dankbar zu sein. Justin weiß schon, was er tut. Er kennt den Concern nicht nur wie du an deinem Ende hier im fernen Nordwesten, sondern auch am anderen in Grand Portage und Montréal. Wir sprachen schon darüber: Auch Captain Gorham hat den Brief O'Gilcocks einfach passieren lassen, hat ihn nicht aufgehalten, hat weder Ja noch Nein dazu gesagt.«

Ja, so war es. Walther wurde nachdenklich. Wie klar und illusionslos Omimee die Zusammenhänge durchschaute.

»Es wird Zeit«, sagte er, »dass wir Anna und Justin mit dem Brief O'Gilcocks bekannt machen. Seit sie die Abschrift anfertigten, haben sie nicht mehr danach gefragt, werden sich aber einiges zusammengereimt haben. Und Claude möchte ich auch hinzuziehen. Er steht mir jetzt noch viel näher als früher. Er muss Bescheid wissen. Denn alles, was mich so sehr angeht wie O'Gilcocks Brief, das geht nun auch Claudes Schwester an.«

»So ist es, Walther!« Ihre Nasenflügel blähten sich ein wenig. Ihre Augen lachten. Es war der Tag vor Weihnachten. Ihm war, als wäre er unverdient, doch überreich im Voraus beschenkt.

In der Heiligen Nacht hatte ein Nordlicht, das selbst noch die stumpffesten Voyageurs entzückte, alle in die schneidende Kälte hinausgelockt. Die ganze Nordhalbkugel des Himmels bis hinauf in den Zenit war erfüllt von wabernden, wallenden, auch berstenden geistergrünen, roten und lila Flammenspielen. Eine Farbenorgel, die ein loderndes Fortissimo zur lauschenden Wintererde hinunterbrausen ließ, das nur den Augen, nicht den Ohren vernehmbar war.

Walther hatte den Hütten einige Unschlittkerzen* aus seinem kleinen Vorrat gespendet. Die Voyageurs hatten gesungen. Wann sangen sie nicht! Und stets die passenden Lieder. Ihr Vorrat schien unerschöpflich. Dann war gut gegessen und getrunken worden. Viel Auswahl gab es auch für *la fête de Noël* nicht, dafür hielt man sich an den Rum. Als es laut wurde, zogen sich Walther und Omimee unauffällig aus der Runde der überbordenden Fröhlichkeit zurück. Omimee konnte Betrunkene nicht ertragen. Sie machten ihr Angst. Allzu Hässliches, Schreckliches hatte sie schon mit betrunkenen Indianern in ihrem Dorf erlebt.

Walther hatte vergeblich versucht, sie zu beruhigen: »Es sind Franzosen, Evangeline, keine Indianer. Sie werden vergnügt, meine Voyageurs, sogar sehr vergnügt. Aber sie wissen im Allgemeinen, wann sie aufhören müssen, und sie hören dann auch auf. Lass uns noch ein Weilchen unter ihnen bleiben. Wenn du bleibst, freuen sie sich viel mehr, als wenn nur ich ihnen in dieser Nacht Gesellschaft leiste. Anna ist auch noch da mit Justin und Choquette und einigen anderen. Die schirmen sie ab. Du bist mit mir hier vollkommen sicher, bist unter kanadischen Franzosen!«

Aber sie war nicht zu beschwichtigen.

»Walter, nein, ich weiß nicht … Ich will nicht … Komm, lass uns gehen!«

So waren sie gegangen, quer über den weiß verschneiten weiten Innenhof des Fort Anna zu dem Anbau hinter dem Haupthaus, der ihnen als Wohnung allein gehörte. Die Geisterflammen des Nordlichts aus der Höhe leuchteten den beiden auf ihrem Weg. In allen Farben des Regenbogens huschten die Spiegelungen der Aurora boréalis* über den Schnee. Die Schreitenden nahmen es kaum wahr. Die tiefe Verstimmung Omimees übertrug sich auch auf Walther. Er konnte sich ihr nicht entziehen.

An diesem Weihnachtsabend geschah es zum ersten Mal, dass Omimee eine Frage aufwarf, die sie, wie Walther bald erkannte, wahrscheinlich schon seit langer Zeit beunruhigte.

In den langen Nächten des Winters mit den fahl und geisterleise flammenden Nordlichtern und der tiefen, trockenen Kälte über der erstarrten Wildnis herrschte überall das große Schweigen. Selbst der Wind, so schien es, war schließlich eingefroren. Diese Lautlosigkeit war so überwältigend geworden war, dass sie wie ein dunkles Dröhnen in den Ohren lag. Doch das Schweigen und die mit der Zeit in einen gleichmäßigen Ablauf einschwingende Arbeit im Lager, im Wald und im Handelskontor bewirkte, dass Walther und Omimee, dieses merkwürdige Ehepaar, sich von Tag zu Tag mehr aufeinander angewiesen fühlten. Die Frau aus der indianischen Welt, die nach ihren Anlagen, ihrem Aussehen und auch nach ihrem Willen doch keine »Rothaut« war, und schon gar keine »Wilde«. Und der alternde Mann, der sich keinem Land zugehörig fühlte und sich zuweilen doch eingestand, dass er immer noch im alten Erdteil, in der Lüneburger Heide, wurzelte. In diesem Winter passten sich beide aneinander an und waren allerbesten Willens. Und wenn es – unvermeidlich bei so verschiedener Herkunft – Missverständnisse gab oder auch Streit, so glichen doch die Nächte, die langen, stillen Nächte mit den im Kamin dunkelrot glosenden Fichtenscheiten alle Unterschiede wieder aus. Sie glätteten Zweifel und Unwillen, sodass jeder neue Tag unbelastet beginnen konnte.

Omimee war sicherlich mit besonderen Erwartungen in die erste Christnacht gegangen, die sie erlebte. Noch von ihrem Vater hatte sie erfahren, dass es sich für die Menschen aus der weißen Welt um eine ganz besondere Nacht handelte. Freilich hatte sie nicht begriffen, weshalb die Geburt eines Kindes vor mehr als siebzehnhundert Jahren in einem fernen Land, noch dazu in einem Viehstall unter armseligen Hirten und Bauern, für alle nachgeborenen Menschen von bleibender Bedeutung sein sollte. Sie wusste nur zu gut, dass die Geburt ein blutiger und gefahrvoller Vorgang ist – und dass Mütter nur selten imstande sind, gleich nachdem sie geboren haben, aufzustehen und ihr Kind zu wickeln und zu versorgen.

Walther hatte Omimees Fragen, was es mit Noël für eine Bewandtnis habe, nur unvollkommen beantwortet. Er hatte ihr nur einige karge Formeln wie »Gottes Sohn«, »Heiland der Welt«, »Geburt des Erlösers« zugeworfen. Merkwürdig unscharfe, nicht sehr überzeugt und überzeugend klingende Worte, unter denen sie sich nicht viel vorstellen konnte.

Umso mehr hatte sie gehofft, ihr erstes »Fest der Liebe« unter lauter weißen Männern, die doch tagtäglich im Namen Gottes, der Jungfrau und vieler Heiliger schworen und fluchten, würde ihr Aufschluss darüber geben, warum die Pelzhändler und Voyageurs, warum ihr unvergessener Vater und nun auch ihr Ehemann Walther so viel Wesens um die Christnacht gemacht hatten und machten.

Und was war daraus geworden? Die Sache hatte sich als ein Anlass entpuppt, eines der üblichen Besäufnisse zu veranstalten, die zwar hier im Lager unter den Voyageurs nicht so schreckliche Formen annehmen mochten wie in Omimees Häuptlingsdorf unter den Cree, die sie aber hier umso bitterer enttäuschte, als das Wort Noël so große Erwartungen in ihrem weit offenen, auf Neues und Besseres hoffenden Gemüt geweckt hatte.

Sie war bedrückt, und Walther wusste nicht, wie er ihrer verstörten Trauer beikommen sollte, nachdem sie die Tür hinter sich geschlossen, sich aus ihren Pelzröcken geschält und das Feuer auf dem Herd zu heller Flamme entfacht hatten.

Walther spürte, dass Omimee sich ihm entzog. Ein wenig ungeschickt schlug er vor: »Hier haben wir unsere Ruhe,

Evangeline. Keiner stört uns. Soll ich uns vielleicht noch einen heißen Grog bereiten?«

Aber im gleichen Augenblick erkannte er, dass er sich auf einen falschen Weg begeben hatte.

Sie hatte sich nach indianischer Art vor das Feuer gehockt und die Arme um die Knie geschlungen. Wieder lockten die flackernden Flammen kupferne Glanzlichter aus ihrem straff von schweren Flechten nach hinten gezogenen Haar. Immer wenn sie so saß, wie sie im Zelt gesessen hatte, erschien sie ihrem Mann sehr schön – aber auch sehr fremdartig und fern. Sie schwieg und blickte in die Glut.

Ihre Stimme klang belegt, als sie nach langer Pause schließlich das Wort ergriff:

»Früher gab es bei uns keinen Rum und keinen Gin und keinen Brandy. Und dann kamen die Händler und wollten nur eins und immer das Gleiche und immer mehr davon haben: Pelze. Sie gaben uns Nadeln, Flinten und buntes Tuch dafür, verführerische und nützliche Dinge, vor allem aber Rum. Die Indianer haben nie gelernt, wann sie aufhören müssen zu trinken, was die Kanadier gelernt haben, wie du mir beteuerst, Walther. Die Indianer trinken sich von Sinnen, hören nicht eher auf, als bis sie alles ausgetrunken haben, was sie eintauschten. Dann stürzen sie um wie mit der Axt gefällt, aber ehe sie stürzen, prügeln sie ihre Frauen und sogar die Kinder – was es früher nie bei uns gegeben hat. Und auch die Weiber widerstehen nicht und trinken, bis sie ohne Besinnung sind, falls es ihnen gelingt, an Feuerwasser zu kommen. Und dann müssen die Männer wochen- und monatelang durch die verschneiten Wälder ziehen, ihre Fallen auslegen, Pelztiere fangen, Biberburgen aufbrechen, um den Schnaps zu bezahlen, den sie längst getrunken, ausgeschwitzt oder wieder von sich gegeben haben. Und währenddessen sind ihre Familien ohne Nahrung, ihre Kinder ohne Aufsicht und ihre Stämme ohne Krieger, Jäger, Fischer. Ich habe nur einmal versucht, Walther,

Rum zu trinken. Mir wurde schlecht danach. Aber die Männer versichern, dass es herrlich ist, die scharfen Getränke zu genießen, dass man dann die Erde vergisst, den Winter, die Kälte und den Hunger. Sie sagen, dass man selig wird wie auf keine andere Weise sonst. In ihrem Stamm und in ihren Familien sind indianische Männer so gut wie stets freundlich und sorgsam, lieben ihre Kinder und gehen mit ihren Frauen, den Müttern, auf denen ja die ganze Last der Tagesarbeit ruht, verträglich und behutsam um. Wenn sie aber getrunken haben, dann werden sie zu Bestien, verlieren den Verstand, legen sich sogar in den Schnee, um auszuschlafen, und sind am nächsten Morgen erfroren. So ist es im vorigen Winter zwei Männern meines Dorfes geschehen. Wenn die Weißen mit dem Brandy umzugehen gelernt haben, warum haben sie dann die Indianer nicht ebenso belehrt, ehe sie ihnen den Rausch verkauften? Warum musste den Indianern überhaupt der Brandy beigebracht werden? Was nutzt er ihnen? Nichts! Warum verkaufst auch du, Walther, den Cree Rum und Brandy gegen Pelze? Was haben meine Cree in Wahrheit davon? Was hast du davon?«

Sie hatte ihn nicht angesehen, während sie sprach. Jetzt wandte sie ihren Kopf und blickte ihn aus weit geöffneten dunklen Augen an, fragend, zornig und traurig.

Walther erwiderte ihren Blick nur einen Atemzug lang, länger hielt er ihn nicht aus. War er je so infrage gestellt worden? Geriet nicht ins Wanken, worauf sich seit Jahren seine ganze Existenz stützte? Hatte er sich einer Schuld bewusst zu werden?

Stockend brachte er schließlich heraus:

»Auch bei uns gibt es Einzelne, die sich um Sinn und Verstand trinken. Wohin ich auch gekommen bin, seit ich im Nordwesten unterwegs bin, überall haben mir die Indianer die Waren aus der Hand gerissen, die ich ihnen anbot, Beile und Messer, Spiegel und Wolldecken. Aber eifriger noch haben sie Brandy von mir verlangt, bezahlten jeden Preis dafür, haben mich sogar mehr als einmal bedroht, wenn ich ihnen keinen Schnaps verkaufen wollte oder auch wirklich keinen Vorrat mehr besaß. Die Indianer sind erwachsene Männer. Sie würden mich auslachen, wollte ich ihnen Vorschriften machen oder ungebeten Ratschläge erteilen. Ich war anfangs immer in ihrer Hand, nicht sie in meiner. Wie sollte ich mich zu ihrem Lehrmeister aufwerfen? Ich habe mit den Indianern ehrlich Handel getrieben und sie nie übervorteilt. Ich habe ihr Vertrauen erworben. Dass sie lernten, sich zu betrinken, Evangeline, dafür bin ich nicht verantwortlich. Du täuschst dich, Frau! Jeder trinkt gern, und jeder betrinkt sich auch einmal. Dass die Indianer nicht verstehen, Maß zu halten – was kann ich, was sollte ich daran ändern?«

Er hatte sich in einen sonderbaren Unmut hineingesteigert, ohne es zu wollen. Omimee hatte sich erhoben und war in den Schatten neben den steinernen Stützpfeiler des Kamins getreten, als wollte sie einen Abstand zwischen sich und den Mann legen, der sich so erregt verteidigte.

Sie schwiegen sich lange Zeit an, ohne sich zu rühren. Dann flüsterte sie: »Ich mache dir keine Vorwürfe, Walther. Es ist so, wie es ist. Sie wollen ja trinken. Selbst der Häuptling trinkt, bis er umfällt. Sie sind erwachsene Männer, sagst du. Männer sind sie gewiss, das habe ich hundertfach erlebt. Erwachsen sind sie auch, aber trotzdem nicht den Versuchungen gewachsen, die du und deine Leute ihnen anbieten. Niemand hat sie darauf vorbereitet. Du allerdings bist erwachsen. Deshalb bin ich gern zu dir gekommen. Ich gehöre in deine Welt, nicht zu den Cree. Ich bin auf deiner Seite, Walther. Ich habe mich schon entschieden. Sie tun mir nur leid. Sie können sich nicht wehren. Claude und ich, wir haben es gut bei ihnen gehabt. Es war so entsetzlich, wenn gute Männer, waren sie betrunken, sinnlos ihre Frauen schlugen. Ich wollte dich nicht kränken, Walther.«

Walther schloss sie in seine Arme. Sie war den Tränen nahe. Er hatte sie noch nie weinen sehen.

»Evangeline, meine Métisse!«, tröstete er sie. »Wenn wir uns nur wieder einig sind. Merkst du nun, was Weihnachten ist?«

27

Das neue Jahr brachte die sehr tiefe Kälte. Nach der Weise erfahrener Waldläufer trug auch Walther – ebenso wie Choquette, seit er vor einigen Jahren Brigadier geworden war – in der Außentasche seines Pelzrockes stets ein Kügelchen Quecksilber* mit sich herum. Im Sommer wurde das bewegliche silberfarbene Tröpfchen in einer kleinen Büchse aus Holz sorgfältig aufbewahrt. Solange das Kügelchen nach seiner quecksilbrigen Art noch vergnüglich in der hohlen Hand oder auf der glatten Eisfläche in einem Eimer mit gefrorenem Wasser hin und her rollte und sich Mühe zu geben schien, zu entschlüpfen, bestand für die Männer, die im Freien arbeiten oder reisen mussten, keine Gefahr. Sobald aber das kluge Quecksilberbällchen die Lust am Rollen und Entwischen verlor, müde und fest wurde, gab es damit den Männern in der Wildnis ein Zeichen, dass Gefahr im Verzuge ist. Die Erfahrung hatte die Waldläufer darüber belehrt, dass die Kälte dann tödlich hart geworden war. Wer sich dann über Gebühr anstrengte, sodass sein Atem tief und eilig ging, dem drang die nun sehr tiefe Kälte in die Lungen und zerstörte, zerfror sie. Die Männer fingen an zu husten, husteten blutigen Schleim aus dem Schlund, bis sie sich schließlich unter Schmerzen zu Tode husteten.

Wollte das Quecksilber in der Hand nicht mehr rollen und spielen, so führte schon ein leiser Luftzug, der im Gesicht oder an den Händen ein Fleckchen ungeschützter Haut traf, zu bösen Erfrierungen, die bald zu eitern begannen und selbst dann, wenn sie bei linderem Wetter abheilten, tiefe Narben hinterließen.

Wer also nichts riskieren wollte – und wer wollte das schon in der ungezähmten Wildnis, die nicht lange zögert, jeden Leichtsinn mit dem Tode zu bestrafen –, der folgte der Weisung und Warnung des Kügelchens in der Außentasche und vermied, sobald es erstarrte, jede harte Anstrengung im Freien.

Walther hatte für die Tage – und bald auch Wochen – der sehr tiefen Kälte jede Arbeit im Freien, die seine Voyageurs außer Atem gebracht hätte, untersagt. Die Männer gehorchten nur widerwillig, fanden sich aber mit dem Unvermeidlichen ab. Auch im Inneren der Hütten und Häuser blieb immer etwas zu tun, und wenn auch für manchen nichts weiter als sich in den sehr kalten Tagen des Winters einen gehörigen Vorrat an Schlaf für die kurzen Nächte des Sommers zusammenzuschnarchen. Nur die Eisfischerei auf der stahlharten Oberfläche des Lac la Ronge, die hörte nicht auf. Sie bedurfte auch nicht harter Arbeit, solange man nur die Löcher im Eis, durch die hindurch gefischt und geangelt wurde, nicht wieder dick zufrieren ließ. Jede Kanumannschaft unterhielt ihre eigenen zwei oder drei Löcher. Auf frischen Fisch, der aus der Tiefe des großen Gewässers heraufgelockt und gefangen wurde, auf diese einzige frische Nahrung mochten die Männer nicht verzichten.

Die gefährlich tiefe Kälte hielt gewöhnlich nicht allzu lange an, und wenn sie nachgelassen hatte, war es eine Lust, im verschneiten Wald zu arbeiten. Trockene Stämme wurden geschlagen und zerkleinert, um die Herde zu füttern. Gleichmäßig mittelstarke Bäume von bester Gesundheit konnten gefällt werden, um Bauholz für weitere Hütten zu gewinnen. Man zimmerte Tische, Bänke und Schemel. Schließlich war es Zeit, die allmählich reinkommenden Pelze zu pflegen, zu lüften, zu glätten und in Bündeln zu stapeln. Die kleinen Außenposten des Handels mussten in tage-, ja wochenlangen Schlittenreisen mit Proviant und Nachschub an Tauschgütern versehen werden und Justin und Walther brauchten bei der Aufnahme der Bestände an Waren und Fellen Hilfe. Die Hunde wurden gefüttert, angespannt und mit lautstarkem Hü und Hott gespaltenes Brennholz zu den Hütten gefahren. Außerdem galt es, geeignete Bäume im Wald ausfindig zu machen, aus denen sich Kanupaddel und Stakestangen, Ersatzspanten und Rippen für die Boote schnitzen ließen. Das weiß der liebe Himmel: An Arbeit war nie Mangel. Und wem sie nicht genügte, der konnte abends nach dem Essen mitsingen, wenn die Vorsänger der Kanus wieder ein anderes der unzähligen Ruderlieder anstimmten, um die jeweils zehn oder zwanzig Strophen der traurigen, lustigen, anzüglich frechen oder übermütigen Gesänge nicht in Vergessenheit geraten zu lassen. Sie sangen: *A' Saint Malo, beau port de mer* oder *C'était une viell' grand'-mère* oder *Derrièr' chez nous y-a-t un étang*. Und wenn die Wackeren daran noch nicht genug hatten und keiner recht Lust zeigte, sich die Decke über die Ohren zu ziehen, so stampften sie um den Kamin, der sich gewöhnlich in der Mitte der Hütten zum Dach aufrichtete, einen Rundtanz nach dem anderen, dass es bis in den Anbau am Haupthaus hinüberdröhnte, in dem Walther und Omimee ihre eheliche Wohnung eingerichtet hatten.

In einer solchen Nacht, in der die unverwüstliche Lebenslust der Voyageurs die grimmige Kälte unter dem Geflimmer des Sternenhimmels besiegte, saßen sie um den großen Tisch vor dem Licht und Wärme spendenden Kamin beieinander: das nach katholischer Sitte getraute Paar Justin und Anna Leblois, das nach indianischer Sitte vereinte Paar Walther und Evangeline/Omimee Corssen und, als fünftes Rad am Wagen, Omimees Bruder Claude Cuiseur/Mascawa Scou Tay.

Nachdem Omimee nicht aufgehört hatte, Walther zu drängen, hatte er sich endlich aufgerafft, den drei Jüngeren von dem Brief zu berichten, den Patrick O'Gilcock ihm aus Mon-

tréal geschrieben hatte. Noch schien es ihm nicht richtig, die
»Kinder«, wie er sie bei sich nannte, mit dem Streit zwischen
den Seniorpartnern zu belasten. Aber Omimee hatte erwidert:
»Was redest du da, Walther. Sie sind längst keine ›Kinder‹
mehr. Und wir brauchen Bundesgenossen.«
»Wir«, hatte sie gesagt. Walther hatte es nicht überhört.
Nun hatte er den langen Brief vorgelesen und fügte missmutig hinzu: »Es ist ziemlich klar, worauf der gute Cock hinauswill: Er möchte sich zum alleinigen Herrn des Concerns machen – wenn es nicht anders geht, mit Gorham –, aber sicherlich nach Möglichkeit auch ohne ihn. Pancrace Matthieu hat sich offenbar schon damit abgefunden, nichts weiter mehr zu sein als gehobener Angestellter, den man nicht mehr am Gewinn zu beteiligen braucht. Mich möchte Cock auf die gleiche Weise kaltstellen, obgleich er noch nicht sieht, wie er mich als Aufkäufer der Pelze ersetzen könnte. Vielleicht durch Gilles Clautier, durch William oder durch Justin, von denen er wahrscheinlich glaubt, dass sie sich leicht regieren ließen. Cock wird sich sicherlich große Mühe geben, weitere Anklagen und Vorwürfe gegen mich zu sammeln, um mich gefügig zu machen und mich doch am fernen Ende der Kanurouten bei der Stange zu halten.

Die ganze Geschichte macht mir große Sorge. Wenn der Winter so streng bleibt, wie er sich jetzt anlässt, werden wir eine große Menge von vorzüglichen Pelzen eintauschen. Vielleicht reichen dann unsere zehn Kanus nicht einmal für den Rücktransport. Mit unseren Tauschwaren müssen wir haushalten. Die Folge der reichen Ausbeute wird sein, dass die Indianer, nachdem sie in diesem Winter alle guten, starken Tiere in die Falle bekommen haben, im nächsten Winter sehr viel geringere Fänge einbringen werden. Das bedeutet, dass ich dies Feld anderen, langsameren Montréal-Händlern überlassen könnte, selbst aber wieder weiter nach Nordwesten in noch unerschlossene Fanggebiete vorrücken müsste, zum Clearwater, zum Athabasca, zum Peace – Gott weiß, wohin! Hier ist nun mit unserem Fort Anna ein großes Anwesen entstanden, und wir können es nicht einfach aufgeben, allein schon deshalb nicht, weil wir mit unserem Netz von Außenposten die Indianer in diesem Gebiet an unsere Wünsche gewöhnt haben, sodass sie von unseren Tauschgütern gewiss nicht mehr lassen wollen.

Wenn ich die Wahrheit sagen soll: Das Unternehmen hat einen solchen Umfang angenommen, dass es mir über den Kopf wächst. Kommt nun noch ein Zwist zwischen den Gründern und Partnern des Concerns hinzu, so glaube ich nicht mehr an eine für uns alle gleichermaßen ersprießliche und gewinnbringende Zukunft.«

Er schwieg wie erschöpft. Der tiefe Missmut, der ihn erfüllte, legte sich auch seinen Zuhörern bedrückend auf die Seele. Keiner der vier sagte zunächst ein Wort. Jeder erwog, was er gehört hatte.

In der Stille, die sich im Raum ausgebreitet hatte, klang das Stampfen und Singen der Voyageurs, die in dem Schlafhaus an der anderen Seite des Postenplatzes die Ronde tanzten, wie der gedämpfte Pulsschlag eines großen Lebewesens. Auch andere Laute ließen zuweilen aufhorchen. Laute, die dem sorglosen Gelärm der Männer Widerpart zu bieten schienen. Sie klangen wie ferne Kanonenschüsse, manchmal auch wie das verhaltene Kreisen einer riesigen Zweimannsäge. Der scharfe Frost trieb Spalten ins Eis des Sees, donnerte dabei oder sang auch, als würde die tiefste Saite eines tief gestimmten Kontrabasses angestrichen. Es musste noch kälter geworden sein, als die vergangenen Nächte schon gewesen waren.

Schließlich meldete sich Justin zu Wort: »Du solltest für dieses Jahr und vielleicht auch die kommenden hier am Platz bleiben und es wie Gorham oder die Montréaler machen. Es wird kein fremder Händler sich hier eindrängen wollen. Wir haben uns in dem Gebiet westlich und südlich des Lac la Ronge bei den Indianern so gut eingeführt, dass wir keine Konkurrenz zu fürchten brauchen. Außerdem hätte der Häuptling Saw waw Mickinack ein Wort mitzureden. Er wird außer uns keinen anderen Händler dulden, wenn wir ihn weiter so großzügig bedienen wie bisher. Das schließt jedoch nicht aus, dass zum Beispiel ich weiter nach Nordwesten vorstoße. Tun wir das nicht, so kommen uns andere Montréaler zuvor. Du warst ihnen bisher ständig um einige hundert Meilen voraus, Vater, das sollten wir beibehalten. Claude müsste mich begleiten. Ich spreche Cree noch nicht geläufig genug. Und Anna wäre inzwischen hier bei dir, Vater, und bei Omimee gut aufgehoben. Ich habe ja …«

»… deine Antwort an O'Gilcock gelesen«, hatte er fortfahren wollen, wurde aber von Anna und Claude unterbrochen, die zu gleicher Zeit zu sprechen begannen.

Claude hielt sich zurück, als Anna mit heller Stimme verkündete: »Wenn du nach Nordwesten gehst, zum Athabasca oder wohin sonst, dann komme ich mit. Kanus, Indianer und Wildnis haben keine Schrecken mehr für mich. Ich kann paddeln wie jeder Voyageur.«

Dann kam auch Claude zu Wort: »Nach Nordwesten zum Athabasca? Jeden Tag mache ich mich mit dir auf den Weg, Justin. Auf mich kannst du zählen. Und der Häuptling wird nicht widersprechen, denn wir bleiben ja im Gebiet der Cree.«

Leise, und doch den ganzen Raum füllend, wurde Omimees Stimme hörbar: »Anna, du vergisst, dass du im kommenden Mai niederkommen wirst. Du gehörst dann auf lange Zeit deinem Kind und kannst erst wieder ein Kanu besteigen, wenn Justin längst abgefahren ist. Und ich will dir noch etwas anderes sagen, euch allen, ihr sollt es wissen und werdet es nicht weitersagen, vorläufig nicht: Auch ich bekomme ein Kind. Anna wird mir nur drei oder vier Monate zuvorkommen. Und es wäre gut, wenn Fort Anna noch einige

Jahre erhalten bliebe, bis dein Kind, Justin, und dein Kind, Walther, aus dem Gröbsten heraus sind. Das habt ihr nun davon, dass ihr euch als Voyageurs eine Frau genommen habt.«

Sie lächelte, und allen in der Hütte war es, als ob es heller geworden wäre. Das Gestampf der tanzenden Männer und das Paukengedröhn des Eises erreichte ihre Ohren nicht mehr. Was konnte der verschlagene O'Gilcock ihnen anhaben! War nicht ihrer aller Welt im fernsten Pays d'en haut, im hohen Nordwesten, im herrenlos freien Indianerland unangreifbar? Kinder kündigten sich an. Die Zukunft gehörte ihnen, nicht den gierigen Geschäftemachern in Montréal. Sie würden zusammenhalten. Unüberwindlich würden sie sein. O'Gilcock sollte sich die Zähne ausbeißen! Sie wussten es alle. Es brauchte nicht mehr darüber geredet zu werden.

28

Im Februar, als die Tage schon merklich länger wurden, brach nach einem Schneesturm, der die ganze Welt in eine heulende Hölle verwandelte, eine so tiefe Kälte an, wie sie auch über die sehr winterharten Gebiete nur selten hereinbricht. Jetzt zeigte sich, wie richtig es gewesen war, dass Walther und Choquette große Stapel kernigen Brennholzes innerhalb der Hütten längs der Wände hatten schichten lassen – sehr gegen den Willen der Voyageurs, die sich den Wohnraum nicht mit den getürmten Scheiten vollstellen lassen wollten. Es war so kalt, dass jede schnelle Bewegung im Freien gefährlich wurde. An den Augenbrauen und Augenlidern, um die Nase und erst recht an den Bärten setzten sich auf der Stelle Eiskristalle fest und wuchsen schnell zu dichten weißen Wülsten an. Man durfte die Pelzhandschuhe, unförmige Fäustlinge zumeist, im Freien nicht von den Händen ziehen. Wo der beißende Frost die Körperwärme verdrängt hatte und die Haut zu erfrieren begann, bildeten sich sogleich weiße Flecken. Die Männer trauten sich nur noch zu zweit ins Freie, um sich gegenseitig zu warnen, sobald die gefährlichen weißen Flecken im Gesicht des anderen auftauchten. Dann wurde es Zeit, die Parkahaube bis auf einen schmalen Schlitz über das Gesicht zu ziehen oder die behandschuhten Hände über das Gesicht zu drücken. Die Indianer hielten nichts davon, Froststellen mit Schnee einzureiben – und die Voyageurs taten es ihnen gleich. Vorsichtige Erwärmung – das war besser!

Aber auch jetzt ließen die Voyageurs nicht davon ab, durch das See-Eis hindurch zu fischen. Stets waren, bis weit hinaus, vermummte, formlose Gestalten zu erblicken, die unermüdlich einen Arm auf und ab schwenkten. Auf diese Weise hielten sie den Köder, in dem sich der Angelhaken verbarg, an langer Leine durch das Loch im Eis unter Wasser Bewegung. An frischem Fisch mangelte es den Männern also nach wie vor nicht. Der Lac la Ronge war überaus reich an feisten Barschen, Felchen, Hechten und Forellen. Und Walther war sehr damit einverstanden, dass der Fischfang den Winterproviant ausgiebig ergänzte.

Die tiefkalte Luft stach in der Nase wie mit spitzen Nadeln und wenn man sich draußen bewegte, war der Schritt zu zügeln. Man durfte nicht außer Atem geraten. Nach einem Rundgang zu den Hunden und auf dem Eis zu den Fischern sagte Walther zu Justin, der mit Anna im großen Raum des Haupthauses über Listen, seinem großen Bestandsbuch und seinem kleineren Kontobuch saß: »Gebe Gott, dass unsere Schlittenleute nicht auch durch so tiefe Kälte behindert oder womöglich aufgehalten werden! Sie müssten eigentlich schon den Oberen See passiert haben. Bei solcher Kälte können sie nicht reisen. Auch die Hunde machen dann nicht mehr mit. Und wie kalt mag es erst in den Zelten im Cree-Dorf am Egg Lake bei dem Häuptling Saw waw Mickinack sein! Wenn das Feuer in den Zelten zusammensinkt, gewinnt die Kälte sofort die Oberhand.«

Omimee hatte Walther sprechen hören und war aus dem Anbau ebenfalls in den Hauptraum getreten. Sie hatte Walthers letzte Worte noch mitbekommen.

»Ja, es wird sehr kalt manchmal, obgleich wir die Zelte stets mit doppelten Hirschdecken oder auch Bärenfellen abschirmen. Aber meine Leute lernen jetzt, mit Axt, Beil und Säge umzugehen, und werden wohl auch anfangen, Häuser zu bauen, wie wir hier es ihnen vormachen, das heißt, wenn sie genügend Biber fangen, um solche Werkzeuge einzutauschen. Aber wenn es so kalt ist, dann können sie nicht auf Jagd gehen, und viel fischen können sie auch nicht, es sei denn, sie hätten eiserne Angelhaken. Die aber sind auch wieder nur gegen Biber- oder Nerzpelze zu haben. Wir haben oft gehungert und gefroren dazu – und die alten Leute starben meistens im Winter.«

Anna warf ein, fast als wollte sie Widerspruch erheben: »Wenn ich ein indianischer Häuptling wäre, so würde ich keinen weißen Händler in mein Land einlassen und würde meinen Leuten predigen: Was wollt ihr mit all dem neumodischen Zeug! Wir Indianer sind hundert Generationen lang und noch viel länger ohne den weißen Mann und sein Feuerwasser ausgekommen. Wir brauchen ihn auch in Zukunft nicht.«

Alle diese Zusammenhänge waren schon dutzendfach unter ihnen und auch mit manchem Voyageur, der dem Nachdenken nicht aus dem Weg ging, erörtert worden. Sie waren nichts Neues mehr, aber Walther freute sich doch über seine kleine Anna – im Geheimen nannte er sie immer noch so. Und wenn sie sich gelegentlich auf solche Weise auslieff, erinnerte sie ihn sehr an ihre Mutter. Anna erhielt keine Antwort. Was sie gesagt hatte, wurde von niemandem bezweifelt, wenn auch niemand eine Lösung wusste.

Justin sagte: »Walther, wir sind darauf gestoßen, dass du zu Beginn einer neuen Saison immer ziemlich viel an die Indianer verschenkt hast. Anna und ich wissen nicht recht, wie wir das verbuchen sollen, denn es sind ja keine Gegenwerte da, die man einsetzen könnte.«

»Lieber Justin, ich muss mich nach indianischen Sitten richten. Wenn man eine friedliche und freundliche Beziehung herstellen will, sind reichliche Geschenke ganz unerlässlich. Eindrucksvolle Geschenke zur rechten Zeit machen sich bezahlt. Das lässt sich dann nur ungenau an der Güte und Reichlichkeit des Pelzangebotes ablesen – und an der Sicherheit, die wir hier in der Wildnis genießen, und dem guten Willen, der uns entgegengebracht wird. Wir sind bisher vorzüglich dabei gefahren und haben reichlich verdient. Also schreibe einfach ›Geschenke‹ unter ›Allgemeine Unkosten‹, wo ja auch ein neues Kanu oder ein neuer Kochkessel für die Voyageurs verbucht werden muss. Ich sehe ein, dass es sich jetzt empfiehlt, alle Einzelheiten des Geschäfts festzuhalten, damit jeder Nachfolger – oder jeder Nachforscher – prüfen kann, was vor seiner Zeit gespielt worden ist.«

Justin schien nicht ganz mit dieser Auskunft einverstanden zu sein, erhob aber keinen Einwand. Walther begriff in diesen Minuten, dass mit Justin und Anna eine neue Generation begann, Einfluss auf die Form und Art der Geschäfte zu nehmen. Walther hatte – das wusste er selbst – die Wildnis nie verlassen, hatte alles, was er für die Geschäfte und ihre zukünftige Entwicklung zu entwerfen und zu beachten hatte, im Kopf gehabt. Faustregeln hatten genügt. Mochten die da in Grand Portage oder Montréal Ein- und Ausgänge, Unkosten und Gewinne auf Heller und Pfennig berechnen und aufschreiben – er hatte das auf seinem entlegenen Posten nicht nötig gehabt. Er war sparsamer und ehrlicher Haushalter, der von den Indianern und Voyageurs die gleiche Haltung erwartete – und auch so gut wie ausnahmslos gewährt bekam. An Justins und Annas Treue und gutem Willen zu zweifeln, wäre blanker Unsinn gewesen. Doch drang mit ihrer rechnerischen Genauigkeit, die ihnen im Osten selbstverständlich geworden war, sozusagen das ferne Montréal mit seinen Geschäftshäusern, Behörden, Profiten und Steuerpächtern in seine jungfräuliche Einsamkeit vor. Walther selbst hatte dafür gesorgt, dass die Geschäfte wuchsen und wuchsen. Nun hatten sie einen solchen Umfang angenommen, dass registriert und gerechnet werden musste, wenn ein Jüngerer, der nicht von Anfang an dabei gewesen war, sich von den Verhältnissen ein genaues Bild machen wollte.

»Ich verstehe ja nichts von euren Listen und Rechnungen«, wandte sich Omimee aus dem Hintergrund an Anna – mit leiser Stimme, als bäte sie von vornherein um Vergebung, sollte sie etwas Unpassendes vorbringen. »Unser Häuptling, der sich manchmal mit mir besprach, wenn keiner zuhörte, hat mir einmal erklärt: Der Händler vom La Ronge ist ein redlicher Mann und ein Freund der Cree. Wenn er sagt, eine Wolldecke ist zwölf Biberfelle wert, dann ist das so, und daran zu deuten, führt zu gar nichts. Wer rechtschaffenen Männern und Freunden nachspürt, der beleidigt sie. Alle Rechnungen gehen so von selbst auf, und es lohnt nicht, sie erst anzustellen, wenn man weiß, dass der andere ebenso gut willig ist wie man selbst. So war das bisher in der Welt, aus der ich komme. Ist es in eurer Welt anders?«

Anna überließ es Justin zu antworten, ihre Augen hatten es ihm aufgetragen. Auch Justin war ein redlicher Mann und bekannte nach kurzem Zögern: »Ja, es ist anders. Leider. Viel verwickelter und undurchsichtiger. Man schreibt sich höfliche Briefe, schützt widrige Umstände vor, meint es aber in Wahrheit böse und denkt nur an sich selbst. Deshalb empfiehlt es sich, dafür zu sorgen, dass alles, was ausgegeben und eingenommen wurde, genau nachgewiesen wird.«

Justin wandte sich an Walther. Dem kam es so vor, als errötete der Schwiegersohn. Aber an Mut mangelte es ihm nicht.

»Wenn wir schon diese Dinge besprechen, Walther, dann möchte ich gleich noch eine andere Frage aufwerfen. Die letzte, die Anna und mir noch Schwierigkeiten macht, die ich aber ohne deinen Rat nicht beantworten kann. Als du Omimee zur Frau nahmst, hast du dem Häuptling und Omimees Sippe kostbare Geschenke gemacht, wie die Sitte der Cree es erfordert und dem ganzen Dorf am Egg Lake ein großes Fest ausgerichtet. Alles, was dazu nötig war, hast du den Vorräten entnommen, die aus Montréal angeliefert waren. Ich weiß, dass du die Kosten der Hochzeit nicht dem Concern aufbürden willst, denn hier handelt es sich ja um Geschenke, die du nur aus ganz persönlichen, nicht aus geschäftlichen Gründen gemacht hast. Die Kosten sind also deinem privaten Konto anzulasten. Aber in welcher Höhe? Das wage ich nicht zu entscheiden. Soll ich ansetzen, was gegen die Geschenke, wären sie nicht geschenkt, sondern getauscht worden, an Biberfellen zu kassieren gewesen wäre – mit den Preisen, die Biberfelle in Montréal erzielen? Oder soll ich ansetzen, was die Geschenke den Concern in Montréal gekostet haben, zuzüglich der anteiligen Unkosten für den Transport hierher? Ich werde erst dann ein zuverlässiges Bild der Verhältnisse von Fort Anna in Zahlen aufstellen können, wenn ich gesagt bekomme, wie der Aufwand für die Hochzeit anzusetzen ist. Die Geschenke haben ein beträchtliches Loch in unsere Bestände gerissen. Auf dem Papier muss es gestopft werden.«

Anna ergänzte – mit jenem scheuen Lächeln, das sie unwiderstehlich machte, da es einer zärtlichen Bitte um Wohlwollen gleichkam: »Das soll nicht bedeuten, dass Omimee gegen Geld aufzuwiegen ist. Omimee gehört zu uns. Sie ist Vaters Frau und unsere Schwester. Ich bin glücklich, dass sie da ist – und dass ich und sie ein ähnliches Geschick haben werden. Omimee, wir lieben dich alle!«

»Ja«, flüsterte die Angeredete, nichts weiter. Sie zog sich tiefer in den dämmrigen Hintergrund des großen Raums zurück. Ihr Gesicht war nicht erkennbar.

Walthers Antwort klang gereizt: »Ich denke, es wäre besser gewesen, Justin, wir hätten diese Dinge unter vier Augen erörtert. Andererseits – ich habe vor Omimee keine Geheimnisse. Und weder ich noch irgendwer in diesem Bereich hat irgendetwas zu verbergen. Ich bin der Meinung, beanspruchen zu können, dass der Concern mir den Aufwand für meine Hochzeit nicht zu den Montréaler Preisen für die Biberfelle berechnet, sondern von mir nur die Auslagen zurückverlangt, die er selbst in Montréal beim Einkauf der Tauschgüter, mit einem leicht feststellbaren Aufschlag für die Unkosten des Transports bis hierher, gehabt hat. Ich bin ein Seniorpartner des Concerns, ich bin sogar, bei Licht betrachtet, *der* Seniorpartner dieses Concern, den es nämlich ohne mich gar nicht gäbe. Wollte man mir auch noch den Gewinn abverlangen, der mit den für meine Hochzeit entnommenen Gütern vielleicht oder wahrscheinlich in Montréal zu erzielen gewesen wäre – weiß der liebe Himmel, das wäre nicht gerecht!«

Justin erwiderte ebenso ruhig wie bestimmt: »Nein, das wäre wirklich Unsinn, Vater. Ich werde deine Entnahmen dementsprechend verbuchen.«

Anna schloss sich an: »Ach, Vater, dass wir überhaupt darüber sprechen müssen! Omimee ist gegangen.«

Ja, Omimee hatte sich im Hintergrund erhoben und den Hauptraum verlassen, so lautlos wie ein fortgleitender, weghuschender Schatten.

Eine halbe Stunde später ging Walther zu ihr in den Schlafraum, in dem die Glut von der Herdstatt nur noch ein mildes rötliches Licht verbreitete. Er dachte, sie würde schon schlafen, doch dann hörte er im Halbdunkel plötzlich Omimees wache Stimme: »Wer dich und mich infrage stellt, ganz gleich, wie, und ganz gleich, wer, sei er Indianer, Métis oder Weißer, der ist mein Feind, und ich hasse ihn, wie ich nichts sonst hasse. Es gibt Kränkungen, die sind bei uns nur durch den Tod zu sühnen. Ich möchte, Walther, dass du das weißt!«

»Bei uns«, hatte sie gesagt, bei uns Indianern also. Wo hörte in ihr das indianische Wesen auf, wo begann das weiße? Dies blieb in der Schwebe. Er wollte sie nicht anders haben, liebte sie so, wie sie war. Er zog sie an sich und bekannte:

»Ja, meine Métisse, ich weiß es. Ich liebe dich!«

Sie liebten sich.

29

Es kümmerte Walther wenig, war ihm eher Anlass einer verborgenen Erheiterung, dass sein Kind, mit dem Omimee schwanger war, noch um einige Monate jünger sein würde als das Kind, das seine Tochter erwartete, jünger also als sein Enkel. Die Verbindung mit Omimee hatte ihn wunderbar gestärkt – und verjüngt, wie er zugeben musste. Die Seinen – Omimee, Justin, Anna, Claude – zeigten sich stets bereit, ihm Rede und Antwort zu stehen, auch heikle oder vertrauliche Fragen mit ihm zu erörtern. Er fühlte sich stark genug, es mit sämtlichen O'Gilcocks der Welt aufzunehmen.

Der Winter ging vorüber. Er war diesmal sehr streng gewesen, aber umso erträglicher, je reichlicher die indianischen Trapper ihre Pelzbeuten ablieferten, nach und nach ihre Vorschüsse und Schulden ausglichen, um danach vielerlei einzukaufen, was ihr Herz – und das ihrer Frauen und Kinder – begehrte. Justin hatte alle Hände voll zu tun, mit seiner nun sehr genauen Buchführung auf dem Laufenden zu bleiben. Anna konnte ihm nicht mehr dabei helfen. Sie litt unter ihrer Schwangerschaft, was auch Justin belastete.

Anders Omimee. Ihrem Leib war noch nichts anzumerken. Ihr ganzes Wesen schien zu blühen, wie es noch nie geblüht hatte. Sie hielt sich im Fort Anna, unter den vielen Männern, sehr zurück. Aber wer auch immer mit ihr in Berührung kam, spürte den warmen Glanz, der von ihr ausging. Es sprach sich unter den Voyageurs herum: »Der Maître hat Glück gehabt, weiß Gott, und Geschmack hat er auch. Er hat sich die schönste Indianerin ins Bett gezaubert, die weit und breit zu finden ist!«

Walther hörte diese Reden nicht. Aber allzu weit waren

seine Empfindungen von dem Eindruck der Voyageurs nicht entfernt.

Es war ein guter Winter in jeder Hinsicht. Die alles lahmlegenden und gefährlichen Schneestürme hatten nur dreimal ihre stets vergeblichen zorneswütigen Versuche unternommen, die Welt unter mannshohen oder noch höheren Schneewehen zu ersticken. Norman Masset war das einzige Opfer des Winters geblieben. Niemand sonst war verunglückt, erfroren oder verhungert. Die Vorräte hatten gereicht. Das Lager hatte sogar einige indianische Familien, die fernab vom Häuptlingsdorf ihren Winterproviant nicht hoch genug in den Bäumen vor den Wölfen und Bären in Sicherheit gebracht hatten, vor dem Verhungern bewahren können.

Und die Pelze, Biber vor allem, kamen so reichlich ein, dass Walther und Justin Mitte April, als der helle Tag schon vierzehn Stunden dauerte und die Sonne auf dem weißen Schnee die Augen schmerzhaft blendete, erkennen mussten, dass die Kanus für den Transport solcher Mengen zum Oberen See und nach Montréal nicht ausreichen würden.

Ende April gurgelte, rieselte, tropfte und schmatzte es überall. Die Sonne wärmte schon. Gegen Mittag werkten die Voyageurs bereits in Hemd und Hose, bewiesen mit viel Gelächter, Gelärm, mit harmlosen und weniger harmlosen Scherzen, Faxen und Possen, dass sie bester Laune waren und sich auf den Aufbruch zur großen Reise freuten, die nun nicht mehr lange auf sich warten lassen würde.

Aber noch beharrte auf dem See das Eis fußdick, auch wenn sich darauf auch schon riesige Lachen des Schmelzwassers von den Ufern gebildet hatten.

»Sturm brauchen wir, kräftigen Sturm. Die Flüsse steigen und pressen das Eis von unten, bis es aufbricht, und der Sturm fegt es dann beiseite«, beteuerte der erfahrene Choquette jedem, der es hören wollte – und das waren viele.

Ungeduld hatte das Lager ergriffen wie ein Fieber.

»Ich wollte, ich könnte bei dir sein, wenn deine schwere Stunde kommt, Evangeline«, sagte Walther. »Aber wir müssen sofort aufbrechen, wenn das Wasser frei wird. Ich muss O'Gilcock am Oberen See stellen, wenn er von Montréal dort eintrifft.«

»Ja, ich weiß, Walther. Du musst reisen. Ich werde nicht allein sein. Anna ist da und Justin. Es ist gut, dass Justin bleibt. Schade nur, dass du Claude zum Lac Supérieur mitnimmst. Aber der Häuptling will es so haben, und Claude ist auch nicht zu halten.«

»Ich werde euch zwei meiner besten Voyageurs hierlassen, ihr kennt sie beide, Léon Lutin und Florien Buisson, vernünftige Männer, die in keinem Notfall versagen werden. Sie sind gestern von ihrem Außenposten am Lac Meeyomoot zurückgekehrt, haben vorzügliche Geschäfte gemacht – aber zugleich eine Nachricht mitgebracht, die mir einige Sorgen bereitet.«

Walther saß mit Omimee, Anna, Justin und Claude im Hauptraum des Haupthauses um den großen Tisch gegenüber dem gewaltigen Kamin aus Brocken von gewachsenem Fels. Die Tagesarbeit war getan und die abendliche Mahlzeit, die ausgiebigste des Tages, verzehrt. Die fünf speisten beinahe regelmäßig gemeinsam, besprachen dabei und danach, was der vergangene Tag gebracht hatte und was am nächsten zu erwarten und zu verrichten sein würde. Zuweilen gehörte auch Choquette zu der kleinen Runde, in welcher gewöhnlich entschieden wurde, was im Fort Anna zu tun und zu lassen wäre – oder man bat auch den einen oder anderen der Gouvernails oder Avants aus den Kanus dazu, wenn es sich um Aufgaben handelte, die ihren Arbeitsbereich betrafen.

An diesem Abend war der nun auch schon an den Schläfen ergrauende Choquette mit von der Partie. Choquette stellte sofort die Frage: »Was für eine Nachricht, Walther? Ist etwas passiert? Lutin und Buisson erzählen keine Märchen.«

»Ich wollte in diesem Fall, sie täten es. Aber es wird leider stimmen, was sie berichten. Weiter im Süden, am Rand des Waldlandes, wo hier und da schon die Prärie beginnt, haben Montréaler Händler sich so unklug und grobschlächtig benommen, dass es mit den dortigen Indianern Streit gegeben hat. Was eigentlich vorgefallen ist, weiß man nicht, denn von den Händlern hat keiner mehr aussagen können. Die Indianer haben sie im Zorn erschlagen und ihre Tauschwaren geraubt. Die Nachricht, dass es auch üble und womöglich betrügerische weiße Händler gibt, verbreitet sich wie ein Lauffeuer auch unter unseren Cree. Wir werden noch vorsichtiger und gewissenhafter mit ihnen umgehen müssen als bisher. Es darf sich um alles in der Welt nicht die Meinung festsetzen, dass alle Händler aus Montréal über ein und denselben Kamm zu scheren sind.«

Anna warf nachdenklich ein: »Ich habe mir schon manchmal vorgestellt, wie wir wenigen Weißen hier in der unabsehbaren Wälderöde sitzen, als könnte uns keiner etwas anhaben. Die nächsten Weißen sind erst hundert, ja tausend wegelose Meilen entfernt zu finden. Um uns herum, weit verstreut zwar, aber doch in großer Überzahl, nur Indianer! Es könnte einer unter ihnen aufstehen und sagen: ›Werft sie wieder hinaus, die Weißen, sie verderben uns nur!‹ Was dann?«

Anna ging schwer mit ihrem Kind in diesen letzten Wochen vor der Geburt. Die Vorstellung, wie verloren sie und das hilflose Wesen, das sich in ihr regte, im grenzenlosen Pays d'en haut sein würden, mochte ihr so angstvolle Gedanken eingegeben haben. Und nun musste auch noch der Vater fortreisen auf viele Monate, der Vater, erfahren und besonnen wie kein anderer. Auch Justin kam ihm nicht gleich.

Die fünf anderen in der Runde schwiegen bedrückt. Anna hatte nur ausgesprochen, was jeder von ihnen so oder so zuweilen ebenfalls erwogen hatte, um es jedoch stets wieder beiseitezuschieben.

Es war Omimee, die auf Annas Besorgnis einging: »Du brauchst nichts zu fürchten, Anna. Mit mir ist dein Vater jetzt ein Cree geworden, wie Claude und ich. Der Stamm hat sich noch nie über ihn beklagt. Wir wissen schon zu unterscheiden. Solange Walther hier herum das Sagen hat, werden auch seine Voyageurs die Indianer nicht kränken oder gar betrügen. Bislang zieht der Stamm nur Vorteile aus der Tatsache, dass Walther diesen Handelsposten gegründet hat. Ich werde aufpassen, dass das so bleibt. Auch nach der Abfahrt der Kanus sind wir hier ganz sicher – du und Justin, die zwei Voyageurs Lutin und Buisson und ich. Der Häuptling wird uns immer beistehen. Dein Kind wird kommen, Anna, und ich werde dir helfen. Mein Kind wird kommen, und du wirst mir helfen.« Sie lächelte und fuhr fort: »Die Männer sind sowieso zu nichts nütze beim Kinderkriegen. Wir werden schon damit fertig werden. Ich sorge mich nicht.«

Wer Omimee zuhörte, wenn sie in so dunklem, warmem Tonfall sprach, dem wurde das Herz leichter und der Mut kam ganz selbstverständlich.

Am zwanzigsten Mai brach das weithin mit Schmelzwasser überschwemmte Eis des La Ronge. Die Kanus waren längst aus der schützenden Erde gegraben, waren sorgfältig überholt worden und lagen am Seeufer bereit. Die wasserfest verschnürten Packs der Pelze, jedes an die neunzig Pfund schwer, warteten im Fellschuppen darauf, verladen zu werden, sobald die Boote zu Wasser gelassen wurden. Auch der Proviant für die lange Reise zum Oberen See, dem Lac Supérieur, lag bereit. Walther brannte darauf, abzufahren, wollte er doch die Verabredung unterlaufen, sich in diesem Sommer nicht in Grand Portage, sondern am Regnerischen See mit der Brigade aus Montréal und Pancrace Matthieu zu treffen. Er musste die großen Kanus aus Montréal am Lac Supérieur schon abfangen, bevor sie Grand Portage erreichten. An der Mündung des Kaministikwia wollte er auf sie warten.

Es hatte sich als unmöglich herausgestellt, die gesamte Pelzausbeute dieses Winters zu verladen. Die Kanus reichten nicht aus. Man musste den Booten mindestens zwei Handbreit Freibord zugestehen. Es war nicht das erste Mal, dass Walther feststellte: Wir sollten lernen, unsere Kanus selbst zu bauen. Die Indianer haben nie passende Kanus anzubieten.

Am fünfundzwanzigsten Mai fegte wie aus dem Nichts, mit Donner und Geblitz als Vorboten, ein Südsturm über die Wälder heran, der dem Winter den Todesstoß versetzte. In einer einzigen Nacht fegte der Orkan das zu abertausend Schollen zerberstende Eis des Sees nach Norden davon. Bei Tagesanbruch lag das Ufer frei, so weit das Auge reichte.

Wenige Stunden später, am sechsundzwanzigsten, legte die kleine Flottille der zehn Kanus vom Ufer ab. Die Voyageurs sangen:

> *J'ai fait une maîtresse, n'y-a-pas longtemps.*
> *J'ai fait une maîtresse, n'y-a-pas longtemps.*
> *J'irai la voir dimanche, ah oui, j'irai!*
> *La demande à m'amie je lui ferai!*

> *Ich habe mir da ein Mädchen angelacht, sehr lange ist es noch nicht her.*
> *Ich habe mir da ein Mädchen angelacht, sehr lange ist es noch nicht her.*
> *Am nächsten Sonntag werd' ich sie besuchen, aber ja, das werd ich tun!*
> *Und fragen werde ich sie, sagst du Ja, mein Kind, oder sagst du Nein?*

Walther hatte das letzte Boot als Gouvernail und Führer der zweiten Brigade bestiegen und Anna hatte dem Vater nachgewinkt. Doch jetzt waren die Boote vom Ufer aus schon nicht mehr zu sehen und zu hören, obwohl die Voyageurs die elf Strophen des Liedes noch längst nicht zu Ende gesungen hatten.

Am Abend dieses Tages erschien den Zurückgebliebenen die große Stille und Leere in den Häusern, auf dem Hof des Forts und auf dem weiten, noch immer hier und da von altem Schnee gefleckten Vorplatz zwischen Wasser und Haupthaus beinahe beängstigend. Und doch atmeten sie auf. Die lange, wirre Zeit der Vorbereitungen, des Wartens, der verdrießlichen und hitzigen Ungeduld war endlich vorbei.

In der Nacht darauf setzten bei Anna die Wehen ein, sogleich sehr heftig. Justin klopfte an Omimees Fenster. Sie war auf der Stelle wach, schnell in den Kleidern und eilte durch die stürmische Frühlingsnacht, um Anna beizustehen.

Noch ehe der neue Morgen graute, war Justin, der in der Nacht kein Auge zugetan hatte, Vater eines Knäbleins geworden. Mutter und Kind ging es gut. Die beiden Voyageurs, Lutin und Buisson, stellten bewundernd fest: »Das erste weiße Kind im ganzen Pays d'en haut! Armand Leblois, so sollte es heißen!«

Der Frühlingssturm blies dazu die Freudenfanfaren.

30

Walther hatte erwartet, an der Portage de Traite die Brüder Frobisher vorzufinden. Diese Montréaler Händler hatten sich einen guten Platz gewählt. Denn jeder, der mit dem Kanu vom weit verzweigten Stromgebiet des Missinipi-Flusses* in das des Saskatchewan-Flusses hinüberwechseln wollte, musste die Portage benutzen. Die Hudson Bay ließ sich entweder über den Missinipi oder über den Saskatchewan erreichen, über den Winnipeg-See nach Südosten wendend aber auch der Lake Superior und Grand Portage.

Doch am Lac de Traite und an der gleichnamigen Portage wohnte kein einziger weißer Händler mehr. Von ein paar Indianern, die sich in der Nähe des verlassenen Handelspostens niedergelassen hatten, erfuhr Walther, dass die Frobishers inzwischen den trägen, sich hundertfach zu querliegenden Seen erweiternden Missinipi aufwärts vorgedrungen waren und wahrscheinlich am Lac Ile-à-la-Crosse überwintert hätten. Eine Nachricht, die Walther derart beunruhigte, ja erschütterte, dass er keine Lust verspürte, sich um die Portage zu kümmern. Mochten Choquette und die anderen zusehen, wie sie ohne ihn damit fertig wurden. Sie besaßen genügend Erfahrungen mit Portagen jeder Art und Tücke.

Walther hatte sein persönliches Gepäck zum Südende der Portage getragen und sich dort abseits auf einem Pappelstamm niedergelassen, den ein längst verblasener Sturm mit der buschigen Krone ins Wasser gestürzt hatte. Da er nicht völlig entwurzelt war, trieb er trotzdem grüne Blätter. Walther wollte mit sich ins Reine kommen. Frobisher am Lac Ile-à-la-Crosse! Der war ihm also zuvorgekommen! Der stand schon zweihundert oder mehr Meilen weiter im Westen als Walther am Lac la Ronge. Bisher hatte Walther stets die Spitze der in den Nordwesten vorstoßenden Händler, der Montréaler, gebildet. Er hatte stets die besten Pelze eingeheimst und seine Kanus, die im Frühling ostwärts abfuhren, mit immer reicherer Ladung bestückt. Nun war er nicht mehr der »Vorderste«, der Erste, der in die schier grenzenlos nach Westen sich dehnenden Wälder hinaufdrang – in die Wälder und neuen Wälder hinter den Wäldern, so ähnlich hatte Anna es ausgedrückt.

Die Indianer hatten auch von einem gewissen Peter Pond gesprochen, den sie als einen sehr feurigen, beweglichen Mann beschrieben. Auch dieser Pond, so wurde berichtet, habe sich nach der Kanustraße in den weiteren Nordwesten erkundigt, habe nach dem »Fluss des Klaren Wassers« und dem Athabasca-See gefragt und nach den Portagen, die bis dahin zu überwinden wären.

»Dieser weiße Mann, den sie Peter Pond nannten, der schafft es. Der ist nicht aufzuhalten. Der erreicht auch noch den Athabasca, Fluss und See, der selbst für uns Indianer zu weit weg ist. Der bringt es fertig. Der hat Flöhe im Hintern.«

So hatte sich der alte Indianer ausgedrückt, dem Walther die Auskunft verdankte. Ein dürrer Krieger und Jäger mit einem Gesicht, so tief zerfurcht, als wäre es nicht von menschlicher Haut, sondern von der Rinde eines alten Baumes überdeckt.

Und er, Walther? Er hatte sich vom Lauf des Missinipi nicht weiter west- und nordwestwärts leiten lassen, war zum La Ronge südwärts abgebogen, hatte dort zwar überreich Pelze geerntet – war aber nun von anderen überholt worden.

Wenn ich nicht auf Anna und Justin gewartet hätte, wenn mich Omimee nicht gebunden hätte, wenn O'Gilcock mit seinem verdammten Brief nicht den Concern, mich selbst und die Zukunft der Kinder infrage gestellt hätte, dann wäre ich jetzt nicht auf dem Weg nach Südosten, sondern wäre schon im vergangenen Jahr weiter in den leeren Nordwesten vorgestoßen. Nun bin ich, ist mein Concern allen anderen nicht mehr um einige hundert Meilen voraus, die uns bisher die großen Gewinne gesichert haben.

Er warf den Stein, mit dem er eine Weile gespielt hatte, mit zornigem Schwung auf das Wasser hinaus. Der Stein hüpfte ein halbes dutzend Mal über die Wasserfläche, ehe er mit einigen weiteren Spritzern versank.

Ich kann zunächst nichts daran ändern, aber es ist auch noch nicht aller Tage Abend! Jetzt muss ich zusehen, dass ich so früh im Jahr wie möglich den Lac Supérieur erreiche, um unsere Brigaden von Montréal abzufangen und O'Gilcock und auch Matthieu zu stellen. Vielleicht kommen sie schon über die neue Route, die Luders, Gilles Clautier und die anderen inzwischen erkundet haben. Ich werde die beiden zur Raison bringen. Und im nächsten Jahr jage ich Justin zum Athabasca-See hinauf, oder zum Peace hinüber. Die Frauen dürfen uns nicht behindern. Besser noch, ich jage mich selbst weiter nach Nordwesten. Das Pays d'en haut ist mein Land! Und heute Abend noch mach ich ihnen Beine, meinen Voyageurs!

Er machte ihnen Beine – auf seine Art, als einer, der zu ihnen gehörte und ihnen nichts zumutete, was er nicht auch sich selbst zugemutet hätte. Die Männer hatten eigentlich die Ronde tanzen wollen und schon ein mächtiges Feuer entfacht, um das der Rundtanz schwingen sollte. Allen rumorte der Frühling im Blut und in den Beinen. Aber dann sprach es sich herum: Der Maître möchte zu uns reden, nach dem Abendbrot, beim großen Feuer.

Die Mückenplage hielt sich noch in Grenzen. So brauchten die Männer im Abendlicht nicht um sich zu schlagen. Ein Schal oder ein Tuch um den Hals genügte, um den Nacken zu schützen. Sie standen zwischen dem großen Feuer und dem

Ufer des hier noch sehr bescheidenen Oberlaufs des Sturgeon-Weir-Flusses. Das Gemurmel erstarb, als Walther auf eine Proviantkiste stieg.

»Voyageurs, Freunde und Kameraden! Ihr wisst, dass Krieg herrscht zwischen England und den dreizehn Kolonien weiter im Süden. Der Krieg geht uns nichts an. Wir gehören nicht zu den Yankees im Süden und erst recht nicht zu den Briten in Montréal und Québec, wo noch immer vorwiegend Französisch gesprochen wird. Aber das Französisch ist nur geduldet. Wer nicht Englisch kann, ist ein Untertan zweiter Klasse. Wir gehören nicht dorthin. Wir gehören ins Pays d'en haut, wo wir frei sind, wo es keine großen Herren gibt, nur ein paar Indianer, mit denen sich gut auskommen lässt. Dort ist Platz für alle, die sich nicht gern dumme Vorschriften machen lassen.

Wir hängen alle so oder so am Pelzhandel. Unser Concern übernimmt die Pelze und verkauft sie nach Europa weiter, damit wir hier im Nordwesten genügend Tauschwaren geliefert bekommen, um weitere Pelze erwerben zu können. Wir haben, wie ihr wisst, einen Hundeschlitten mit vier Mann und nur leichter Nutzlast auf die Reise geschickt, um eine neue Route zum unteren St. Lorenz zu erkunden. Das ist nun fast ein halbes Jahr her, und der Schlitten muss längst sein Ziel erreicht haben. Die alte Südroute über die Georgian Bay des Huronen-Sees wird von den englischen Behörden scharf kontrolliert.

Das Schicksal der Voyageurs, unser aller Schicksal also, hängt vom Funktionieren des Pelzhandels ab. Wenn die Kanus aufhören zu fahren, müssen die Voyageurs am Hungertuch nagen. Deshalb will ich diesmal unsere Großkanus von Montréal schon vor Grand Portage abfangen, möglichst vor der Mündung des Kaministikwia in den Oberen See, eine Tagesreise vor Grand Portage. Hoffentlich benutzt unsere Brigade von Osten her schon die neue nördlichere Route zum

Oberen See, sodass sie allen englischen Kontrollen entgeht. Übernehmen wir dann die Ladung schon am Kaministikwia, über den man ja ebenso gut nach Westen zum Regnerischen See gelangt wie von Grand Portage über den Tauben-Fluss, dann brauchen wir mit überhaupt keiner englischen Schnüffelei zu rechnen und haben uns auch für die kommenden Jahre unseren eigenen unabhängigen Weg gebahnt.

Es kommt also jetzt darauf an, so schnell wie möglich über den Kaministikwia den Lac Supérieur zu erreichen, damit unsere Kanuflottille von Montréal gar nicht erst nach Grand Portage weiterfährt. Ich fordere euch also auf, Voyageurs, in den bevorstehenden Tagen und Wochen das Äußerste an Kraft zu geben, damit wir so früh wie irgend möglich am Lac Supérieur ankommen. Umso schneller können wir die Ladungen austauschen und uns wieder auf den Rückweg machen und kommen dann vielleicht lange vor dem Frost wieder am Lac la Ronge an.

Bisher waren wir die Händler, die allen übrigen Montréalern stets um ein oder zwei Jahre voraus waren. Jetzt haben uns andere überholt. Das sollte uns gegen die Ehre gehen. Ich will im kommenden Herbst weiter nach Westen vorstoßen, da ein gewisser Peter Pond offenbar nach Nordwesten zum Athabasca strebt. Ich brauche vier oder fünf tüchtige Männer, die mit mir fahren. Überlegt euch in Ruhe, wer von euch Lust hat, mit mir das Kanu zu besteigen. Die Indianer erzählten von großen Gebirgen im fernen Westen. Ich möchte sie sehen. Vielleicht will auch einer von euch sie sehen.

Dies wollte ich euch sagen, Voyageurs. Hat einer dazu etwas anzumerken?«

Die Männer schwiegen.

Dann kam eine helle Stimme aus dem Hintergrund: »Wir sind aber immer nach Grand Portage gefahren, Maître, und nicht zum Kaministikwia!«

Und eine zweite: »In Grand Portage haben wir immer unseren Spaß. Darauf hab ich mich schon den ganzen Winter über gefreut.«

Eine dritte, die beinahe zornig klang: »Einmal im Jahr in Grand Portage für drei Wochen! Das ist das alte Vorrecht von uns Nordmännern. Dabei muss es bleiben!«

Ein anderer nahm es heiterer: »Wer soll denn die Schweinefleischfresser verdreschen, wenn wir gar nicht nach Grand Portage kommen?«

Walther griff das Stichwort auf: »Unsere Schweinefleischer kämen wie wir nach Kaministikwia. Die auf alle Fälle könnten dann nach Herzenslust verdroschen werden. Warum auch nicht! Wem das nicht reicht, der bekommt zwei, drei Tage Urlaub nach Grand Portage, um auch Schweinefleischern anderer Concerns einzubläuen, dass mit richtigen Nordwestern schlecht Kirschen zu essen ist!«

Er hatte die Lacher auf seiner Seite, hatte gewonnen. Aber er kannte seine leicht gekränkten frankokanadischen Voyageurs. Er ließ auch noch abstimmen: »Wer glaubt, dass er unbedingt auf Grand Portage bestehen muss, der hebe die Hand!«

Die Männer traten von einem Fuß auf den anderen. Schüchtern erhob sich hier eine Hand und dort eine, vielleicht zehn Hände im Ganzen.

Walther machte die Gegenprobe: »Wem daran liegt, dass der Concern floriert und wir alle Gewinn und Brot behalten, wer mich also nicht im Stich lassen will und bereit ist, mit mir zum Kaministikwia zu reisen, der hebe die Hand!«

Ein Wald von Händen wuchs auf.

»Ich danke euch, Voyageurs. Es ist entschieden, wir fahren zum Kaministikwia. Und damit auch die Unwilligen zu ihrem Recht kommen: Ich muss gleich nach der Ankunft am Oberen See ein Kanu nach Grand Portage schicken, um unseren Seniorpartner Captain Gorham zu benachrichtigen, dass und wo wir angekommen sind. Wer dann auf Grand

Portage nicht verzichten will, der kann dies Kanu mitbemannen.«

Vergnügtes Geschrei antwortete dem Maître. Alle redeten durcheinander. Choquette erinnerte daran, dass er am unteren Kaministikwia zu Hause war, dass dort Frau und Kind auf ihn warteten. Dort gäbe es ein großes Indianerdorf mit vielen freundlichen Leuten, auch solchen weiblichen Geschlechts. Und an Essen und Trinken wäre kein Mangel. Und warum überhaupt Jahr für Jahr das gleiche Grand Portage? Voyageurs hätten doch immer Spaß daran, einen neuen Fluss zu befahren, unbekannte Stromschnellen zu riskieren und andere Menschen kennenzulernen. Also auf mit dem Maître nach Kaministikwia!

Walther brauchte nicht daran zu zweifeln: Die Burschen gingen mit ihm durch dick und dünn, wenn es darauf ankam. Sie würden rudern wie besessen. Sie erhofften sich gewiss einen Bonus dafür bei der Endabrechnung. Den sollten sie bekommen.

Und dann tanzten sie doch noch die Ronde und sangen durch die milde Nacht, dass die Fische im Fluss sich hoch in die Luft warfen, um zu sehen, was es da Unerhörtes in der sonst so stillen Wildnis gab.

Den Lac la Croix fuhren sie nicht der Länge nach südostwärts aus, sondern verließen ihn nordostwärts, gewannen den Pickerel-See und den »See der tausend Seen«. Dann folgten sie dem Savannen-Fluss hinauf, über die gleichnamige Portage zum Lac du Milieu. Von ihm aus über die nach ihm benannte Portage zum Wasserscheiden-See. Über ihn hinweg zur Prärie-Portage und weiter zum Coldwater-See, in den Jourdain-Bach, der dann bald in den Dog River, den Hunde-Fluss, mündet. Stromabwärts ging es nun den Dog River, über den Dog Lake in den Kaministikwia-Strom. Die großen Kakabeka-Fälle mussten umgangen werden. Aber dann war die breite Wasserbahn frei und leitete die Kanus geruhsam zum großen, meeresweiten Lac Supérieur, dem Oberen See, dem Lake Superior.

Choquette, der Brigadier der ersten Brigade, war wieder einmal daheim angelangt. Die Freude war groß, hatten doch Weib und Kind ihn noch gar nicht erwartet. Die Kanumänner wurden begeistert vom ganzen Dorf willkommen geheißen.

Walther schickte schon am nächsten Morgen ein Boot mit drei Mann zur Pie-Insel hinüber, die vor dem Eingang zur Thunder Bay liegt, in welche der Kaministikwia mündet. An der Ostflanke der Pie-Insel mussten alle Kanus entlangsteuern, um vom Nordufer des Lac Supérieur die Mündung des Pigeon-, des Tauben-Flusses, und damit Grand Portage zu erreichen. Dort waren also die Großkanus aus Montréal abzufangen und sechzig Kanumeilen vor Grand Portage zur Mündung des Kaministikwia umzuleiten.

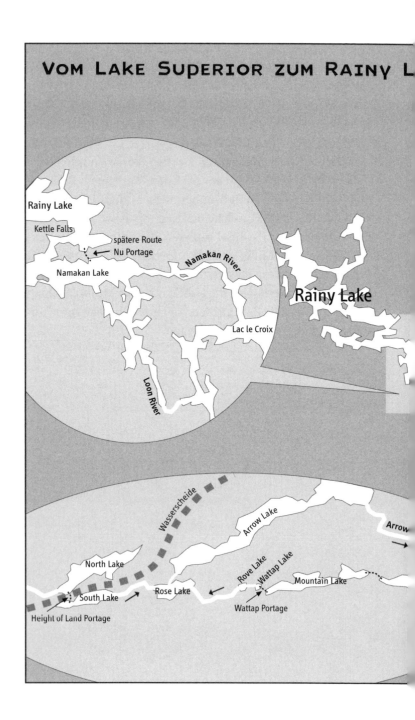

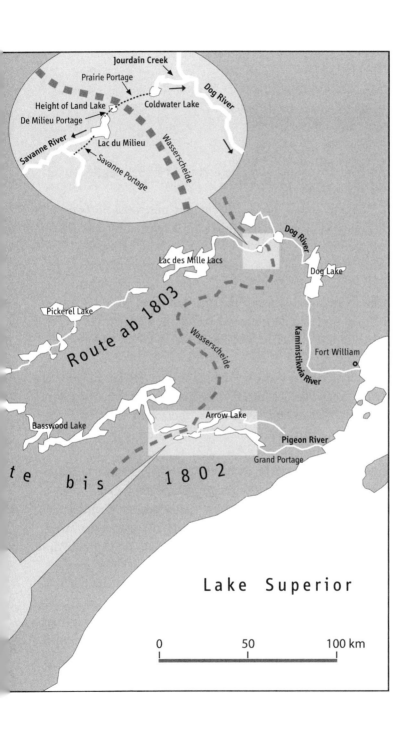

31

Ein paar Augenblicke lang befürchtete Walther, der Boden unter ihm gebe nach.

Vor ihm stand, breit, schwer und mit Muskeln bepackt, Pancrace Matthieu, den Walther vor langen Jahren als Seniorpartner für den Aufbruch ins Pays d'en haut gewonnen hatte. Äußerlich hatte sich Pancrace wenig verändert. Nichts verriet, dass er nicht nur der Führer der Brigade der Großkanus, der Canots de maître, des Concerns, war, sondern auch als der Mitbegründer und Miteigner eines der erfolgreichsten und finanzkräftigsten Pelzhandelskonzerne in Montréal hätte auftreten können.

Pancrace hatte am Ufer der Mündung des Kaministikwia seinen alten Handels- und Kampfgenossen Walther McCorssen mit lärmendem Vergnügen, aber auch ein wenig unwirsch, ja verdrossen begrüßt, als wäre ihm etwas gegen den Strich gegangen.

»Walther, großartig, dich wiederzusehen! Es ist ja schon eine Ewigkeit her, dass wir uns gesprochen haben. Aber, in drei Teufels Namen, warum hast du uns bei der Pie-Insel aufhalten lassen und hierher umgeleitet? Wir waren hervorragend im Zug und hätten als Erste dieser Saison in Grand Portage ankommen können, morgen Nacht oder übermorgen. Jetzt werden die Boote von McTavish und Compagnons uns überholen und vor uns eintreffen.«

Sie standen sich am waldigen Ufer gegenüber. Matthieu war aus dem ersten der großen Kanus gesprungen und schnurstracks auf Walther zugeeilt, der leicht an dem befransten Leder der Waldläufer zu erkennen war.

Walther war verwirrt. Er wusste nicht, was er zuerst erfragen sollte. »Ich verstehe nichts, Pancrace. Habt ihr in Montréal meinen Brief nicht bekommen, mit dem ich Gilles Clautier an Pat O'Gilcock abgesandt habe, per Eilschlitten und mit den besten Hunden und mit drei weiteren tüchtigen Voyageurs? Der Schlitten müsste längst vor eurer Abfahrt in Montréal eingetroffen sein. Er sollte die neue Route erkunden, von der Pat mir geschrieben hatte. Seid ihr schon über die neue Route gekommen, ich meine den Saguenay aufwärts und dann über Abitibi und Michipicoten? Ist Pat nicht mit euch gekommen, wie ich dringend vorgeschlagen hatte?«

Das Gesicht Matthieus hatte sich bei diesem Schwall von Fragen verfinstert. Dergleichen lag ihm nicht. Seine buschigen Augenbrauen zogen sich zusammen. Sein eisengrauer Schnauzbart schien sich zu sträuben:

»Du fragst zu viel auf einmal, Walther. Was redest du da von einem Schlitten und Gilles Clautier? Davon weiß ich nichts. Ein Schlitten ist nicht angekommen, kann auch nach unserer Abfahrt nicht angekommen sein, denn da führte der St. Lorenz schon weit und breit offenes Wasser. Und an Land war auch kein Schnee mehr, der für einen Hundeschlitten gereicht hätte. Und warum sollte Pat O'Gilcock mitkommen? Der bleibt lieber bei seinen Pelzstapeln und Kontobüchern. Und dein Sohn William hat ihm das abgeguckt. Der will in diesem Herbst nach London reisen, um dort unmittelbar zu verkaufen.«

Walther hatte nichts weiter gehört als die Worte »ein Schlitten ist nicht angekommen« – und der Boden wollte unter ihm wanken. Er stammelte: »Aber der Schlitten müsste längst vor eurer Abreise in Montréal gewesen sein.«

»Bei allen Heiligen und der heiligen Anna dreifach, Walther, ich weiß nichts von einem Schlitten! Kannst du mich nicht aufklären, was es damit für eine Bewandtnis hat?!«

Die beiden nicht mehr jungen Männer standen einander

gegenüber wie zwei Kampfhähne und waren doch nichts weiter als von großer Sorge, ja Furcht gepeinigt. Sie merkten nicht, wie sich auch im Kreis der Nordmänner und der Schweinefleischer, die sonst immer so spottsüchtig waren, betroffene Stille ausbreitete, als sie begriffen, dass die Montréaler nichts von einem Schlitten aus dem Pays d'en haut gesehen oder gehört hatten.

Walther versuchte, Matthieu zusammenhängend ins Bild zu setzen. Es gelang ihm schließlich. Matthieu erwiderte: »Wir haben wie immer die Route über den Huronen-See und Sault Sainte Marie benutzt und mussten einige englische Kontrollen über uns ergehen lassen. Aber seit dein und mein Name aus dem Concern verschwunden sind, Walther, werden wir nicht stärker beargwöhnt als die vorwiegend schottischen Concerns. Auch denen trauen die englischen Behörden nicht recht über den Weg. Sie werden uns bald größeren Ärger machen. Lieb Kind bei ihnen ist nur die verdammte Hudson's Bay Company im hohen Norden. An der verdienen all die Großkopfeten in London, wahrscheinlich auch Seine Majestät aus dem Hause Hannover. Andererseits will man uns nicht geradezu abwürgen. Dazu zahlen wir zu gute Steuern und Abgaben.«

»Du kennst O'Gilcocks Brief an mich, Pancrace?«

»Ich weiß von ihm, kenne aber nicht seinen Wortlaut. Ich weiß auch, dass Pat an eine nördlichere Route für unsere großen Kanus denkt – über den Michipicoten oder den Nipigon. Pat hat Gilles Clautier mit dem Brief losgejagt und ihm auf die Seele gebunden, sich postwendend mit deiner Antwort auf den Rückweg zu machen. Meinen Einwand, dass Gilles das unmöglich noch im vergangenen Jahr schaffen könnte, sondern irgendwo einfrieren würde, hat Pat O'Gilcock kaum beachtet. Pat regiert, das kann ich dir sagen, Walther! Er kennt das Pays d'en haut nur vom Hörensagen, und Leute wie Gilles Clautier, der alte Fuchsschwänzer und Speichellecker, die fürchten ihn, als wäre er der Gottseibeiuns persönlich. Du hast ja auch Pats Wunsch respektiert und hast Gilles Clautier mit Hundeschlitten zurückgeschickt, ohne diesen Frühling abzuwarten.«

»Pat hat in der Tat recht, wenn er sagt, dass wir die amerikanische Rebellion und die englischen Kontrollen nach Möglichkeit umgehen müssen. Wenn der Schlitten rechtzeitig angekommen wäre, hättet ihr schon in diesem Jahr die neue Route nehmen können. Ich rücke noch in diesem Jahr weiter nach Westen vor. Wir müssen die Vordersten bleiben. Dafür werde ich sorgen. Und nur wenn ich dafür sorge, wird Pat weiter Grund für seinen Hochmut haben, weil unsere Einkünfte dann trotz des Krieges wachsen werden, oder besser: wegen des Krieges. Du hast dich also einfach ausbooten lassen, Pancrace?«

Der breitschultrige Mann verzog den Mund. »Was heißt ausbooten, Walther? Ich bin kein großer Kaufmann. Für einfache Geschäfte wie am Anfang, dafür reichte es bei mir. Da kam man gerade noch mit dem kleinen Einmaleins zurecht. Aber jetzt? William schreibt von früh bis spät in den Büchern herum und raschelt mit Listen, Rechnungen und Frachtbriefen. Das geht mir schon lange übers Freibord. Meine Sache sind Kanus und schnelle Reisen. Was soll ich mich ärgern und streiten! Ich habe mein Schäfchen längst im Trocknen, habe immer jeden Shilling Gewinn herausgezogen. Dem Concern tat es gut, dass mein Name verschwand. Erster Brigadier bin ich trotzdem geblieben, verdiene auch als solcher nicht übel und brauche mir keine Sorgen mehr zu machen, ob es dem Concern gut geht oder schlecht. Fahren kann ich immer noch und den Kanus der anderen Concerns die Nase abseglen – das habe ich diesmal doppelt gemacht, im Nordkanal und vor St. Ignace. So hab ich Spaß genug für meine letzten Jahre unterwegs. Was will man mehr?«

Ja, was sollte man mehr wollen. Walther war bereit, es einzusehen. Trotzdem fragte er: »Aber es war doch auch dein Concern, Pancrace. Wir beide haben ihn gegründet. Das gibt man nicht auf, bloß weil ein anderer glaubt, die Gelegenheit sei günstig. Außerdem hat Gorham auch noch etwas dazu zu sagen. Ich werde schon morgen ein Kanu auf die letzten paar Dutzend Meilen nach Grand Portage schicken, werde ihm in groben Zügen Bescheid geben und ihm nahelegen, sobald wie möglich zu uns zu stoßen.«

Pancrace hatte sich gefasst. Nachdenklich, aber immer noch verdrossen meinte er: »Captain Gorham? Ach, der will keinen Streit, der will nicht hoch hinaus wie Pat. Der will nur gute Geschäfte sehen. Der hängt seine Fahne nach dem Wind. Pat ist sich natürlich darüber im Klaren, dass Gorham unentbehrlich ist, allein schon wegen seiner guten Beziehungen zu den englischen Ämtern und Militärs. Gorham weiß noch besser, als Pat es weiß, wer und wie hoch aufseiten der Administration geschmiert werden muss, damit wir keinen Ärger bekommen. Ich bin überzeugt, Walther: Wenn Pat O'Gilcock uns wirklich als Partner, wenn auch vielleicht nicht mit Namen, im Concern hätte behalten wollen, hätte er mit gutem Geld in die richtige Hand alle Anklagen und alles Spionieren gegen uns zum Schweigen bringen können. Mit den Beträgen dafür, sicherlich keine Kleinigkeiten, hätte er uns ja belasten können. Diese Belastung habe ich mir erspart, indem ich mich auf den Hauptbrigadier zurückzog. Pat hat nicht versucht, uns bei den zuständigen Stellen sozusagen freizukaufen. Ihm lag daran, uns als Seniorpartner loszuwerden. Meinen Segen hat er. Ich kassiere meine vierhundert Livres im Jahr, und wenn's mir keinen Spaß mehr macht, dann setze ich mich in La Malbaie am St. Lorenz zur Ruhe, eine sehr schöne und friedliche Gegend.«

Walther erwiderte sehr bestimmt: »Meinen Segen hat er nicht! Wenn du nicht mehr mitmachen willst, dann sind immer noch drei Senior- und zwei Juniorpartner da. Pat kann nicht einfach machen, was er will. Ich bin im Indianerland zu Hause, bin niemandem untertan. Und außerdem bin ich es, der den Concern mit Pelzen versorgt. Mache ich nicht mehr mit, so geraten die anderen schnell auf Sand. Jetzt müssen wir erst einmal mit Gorham reden.«

»Gewiss, gewiss, das müssen wir. Aber ich muss mich darum kümmern, dass meine Fracht ordentlich an Land geschafft wird. Und die Kanus müssen aus dem Wasser. Es wird meinen Männern gar nicht recht sein, dass sie diesmal Grand Portage nicht zu sehen bekommen.«

Äußerlich war John Gorham immer noch der Captain Seiner Majestät Rangers geblieben, war makellos von Kopf bis Fuß in graubraunes Leder gekleidet und hatte auch nicht eine einzige Kleinigkeit vom üblichen Anzug der Voyageurs übernommen. Er sprach ein gewähltes Englisch, aber sein Französisch ließ zu wünschen übrig, was ihn jedoch in keiner Weise zu genieren schien. Er konnte alles, was er zu sagen hatte, mühelos auch auf Französisch ausdrücken, wenn auch nur selten korrekt. Da Pancrace Matthieu von jeher mit dem Englisch auf dem Kriegsfuß stand, sprachen die drei Männer am Ufer der »Donnerbucht« des Lac Supérieur Französisch miteinander. Sie hatten sich dem geräuschvollen Treiben der gut anderthalbhundert Männer an der weit zur Bucht sich öffnenden Mündung des Kaministikwia entzogen. Choquette rechnete an diesem Tag mit den Nordmännern ab, unterstützt durch zwei Gehilfen Gorhams, die mit dem Captain von Grand Portage herübergekommen waren. Dasselbe verrichtete der zweite Brigadier mit den Schweinfleischern von Montréal. An solchem Tag gab es viel Hin und Her und auch mehr als eine erregte Streiterei, wenn die Vorschusslisten der Brigadiers durchaus nicht mit der Erinnerung dieses oder jenes Kanumannes übereinstimmen wollten.

Die drei Seniorpartner wanderten gemächlich über den

unbefleckten Sand des Seeufers unter dem Saum des Waldes, der landeinwärts seine dichten Dickichte aufbaute. Alle drei waren vom Ernst dieser Stunde ergriffen, setzten ihre Worte vorsichtig und überlegt und nahmen den Glanz des sommerlichen Tages, das blaue Leuchten des kaum gefächelten Sees und den Duft von den Waldrändern gar nicht wahr. Es ging jedem um seine Existenz.

Nachdenklich sagte Gorham: »Es ist wahrlich blanker Irrsinn, dass die königlichen Behörden dir, Walther, oder dir, Pancrace, oder dem Paul Luders mit Misstrauen begegnen und euch nach so vielen Jahren noch hinterherschnüffeln. Leute wie wir sind es ja, besonders solche wie du, Walther, oder auch solche wie die Brüder Frobisher oder Peter Pond oder der Schweizer Waden oder Samuel Hearne von der Hudson's Bay Company, die das Land stets weiter nach Westen und Norden erschließen. Um der Pelze willen, stimmt – aber früher oder später auch für die mehr oder weniger brauchbaren Vertreter oder Beauftragten des Königs. Wir sind es und natürlich unsere Voyageurs, welche die Grenze des Unbekannten weiter und weiter nach Nordwesten zurückdrängen. Und es kostet den König keinen Pfennig. Im Gegenteil, er kassiert Abgaben von uns, die wir mit immer entlegenerer Wildnis vertraut werden und die Indianer an den weißen Mann und seine Erzeugnisse gewöhnen, indem wir ihn unter unsere Herrschaft bringen, ehe er noch recht begriffen hat, was vorgeht.

Wir verdienen Geld dabei, stimmt wiederum, sogar viel Geld, aber wir bezahlen auf andere Weise einen hohen Preis dafür. Wir leben wie die Heiden. Wir haben keine Frauen außer Indianerinnen – und das ist für gebildete Leute ein zweifelhaftes Vergnügen. Wir schätzen uns schon glücklich, wenn wir irgendwo eine Métisse erwischen. Wir hausen in primitiven Unterkünften und oft genug für Wochen und Monate unter freiem Himmel. Jeden zweiten Tag riskieren wir unsere heilen Knochen und oft genug unser Leben.

Du hast den Schlitten mit Luders und Clautier abgesandt, eine neue Route zu erkunden. Unablässig erkunden wir neue Routen, bis man schließlich genau wissen wird, wo jeder Fluss herkommt, wo die Wasserscheiden liegen. Wir tun das gewiss nicht um der schönen Augen Seiner Majestät willen, aber Seine Majestät braucht nur noch unseren Routen zu folgen, braucht nur noch den Indianern mit bunten Uniformen und ein bisschen Kanonengeböller – ein Pulverfass tut's auch – seine Großmächtigkeit zu demonstrieren, und schon hat sich Majestät abermals ein riesiges, jungfräuliches Land einverleibt. Und wir, die Ersten, die ihr Vermögen und ihren Kopf riskiert haben, erhalten dann die huldvolle Erlaubnis, Steuern zu zahlen und müssen parieren.

Der Schlitten hätte längst da sein müssen, Pancrace, als deine Flottille Montréal und Lachine verließ. Anfang April müsste er gut und gern Montréal erreicht haben. Was schafft er am Tag? Zwanzig Meilen, dreißig Meilen – und bei glatter Bahn und wenn die Hunde gut im Futter sind sogar noch mehr. Machen wir uns nichts vor, Walther! Deine vier Männer sind umgekommen. Der Winter hat sie gefressen, der Sturm, das Eis, die Kälte, der Hunger oder bösartige Indianer. Vielleicht werden wir es nie erfahren. Es sind schon viele verschollen und auf viel weniger entlegenen Routen. Wo Voyageurs unterwegs sind, da stehen Kreuze am Weg. Das kennen wir ja, gehört sozusagen zum Beruf.

Ich habe O'Gilcocks Brief im vorigen Herbst gelesen, Walther, und mich aus gutem Grund nicht dazu geäußert. Das war eine Sache, die allein zwischen dir und O'Gilcock schwebte. Es war nicht zu beurteilen, welchen behördlichen Pressionen Cock in Montréal ausgesetzt war. Du bist der eigentliche Vater des Concerns, Walther. Jede Entscheidung, die du treffen würdest, sollte mir recht sein. Ich würde sie anerkennen und unterstützen. Ich habe oft genug Gelegenheit gehabt, mich auf deine Besonnenheit zu verlassen. Du bist nun nicht willens, deine Partnerschaft am Concern aufzugeben. Gut, ich würde es auch nicht tun. Da deine Antwort auf seinen Brief Cock nicht erreicht hat, hat er bislang keine Ahnung, was du tun willst.

Ich habe lange geredet. Die Rede läuft auf eine Frage hinaus: Was willst du also tun, Walther? Was schlägst du vor?«

Pancrace Matthieu und Walther hatten aufmerksam zugehört. Da hatte einer seine Meinung gesagt, der denken konnte und auch über den Tag und seine Erfordernisse hinausdachte ins Allgemeinere, was vielleicht für Walther, keineswegs aber für Pancrace alltägliche Übung war.

Walther hatte die Antwort schon parat: »Über das Ausscheiden oder den Ausschluss von Seniorpartnern aus unserem Concern können nur alle Partner gemeinsam entscheiden, wobei eigentlich die zwei Juniorpartner mit hinzugezogen werden müssten. Die sollten bei dieser Gelegenheit in den Kreis der Seniorpartner aufgenommen werden. Sie dienen dem Concern nun lange genug und mit Erfolg. Auf alle Fälle müssen die vier Seniorpartner sich treffen. Und das bei mir im Pays d'en haut, damit vor allem Cock einmal erlebt, was dort von allen Beteiligten geleistet werden muss. Ich will noch in diesem Jahr, wenn es irgend geht, bis ins Einzugsgebiet des Athabasca vorrücken, damit der Concern die vordersten Positionen im Indianerland, im Pays d'en haut, behält. Ich kann das keinem anderen überlassen. Das läuft also darauf hinaus, dass Cock im kommenden Herbst entsprechende Nachricht erhält. Über Winter kann er die Geschäfte in Williams Hände legen und sich dann im nächsten Frühling 1778 mit den Großkanus mit Pancrace hierher aufmachen, um Euch zu treffen, Captain Gorham. Ihr kommt dann mit einem zurückkehrenden Nordkanu zu mir, zum Lac la Roche oder Lac la Biche. Choquette wird sich inzwischen um die hiesigen Belange kümmern. Und außerdem: Wir dürfen uns nicht damit abfinden, dass der Schlitten mit den vier

Männern verschollen ist. Du solltest die Kanus über die neue Route im Norden führen, Pancrace. Im Sommer wird das nicht allzu große Schwierigkeiten bereiten. Vielleicht ist irgendwo unterwegs zu erfahren, wo und warum der Schlitten abhanden gekommen ist. Kurzum: Ich bin der Meinung, dass der Concern, der uns allen bisher nur Nutzen gebracht hat, zerbricht, wenn wir uns nicht wieder zusammenraufen. Dazu wäre dann den ganzen Winter 1778/79 über genug Zeit – bei mir draußen im Pays d'en haut!«

Die drei redeten noch eine Weile über die Konsequenzen, die ein solcher Plan mit sich bringen würde. Doch bald war klar, dass es gar keine andere Lösung gab als die, die Walther vorgeschlagen hatte. Ohne große Umstände wurde sie zum Beschluss erhoben.

Der Tag schimmerte wie ein kostbares, kunstvoll ausgelegtes Schmuckstück, doch die drei merkten davon auf der Rückkehr zu ihren Männern nichts.

32

Er sprach mit niemandem darüber, doch in diesem Sommer 1777 am Ufer des großen Binnenmeeres, des Lac Supérieur, wurde Walther Corssen von einer nie ganz nachlassenden Unruhe angetrieben. Selbst mit Claude konnte er nicht darüber reden. Omimee bekam ein Kind von ihm, die Frucht einer jener nächtlichen Stunden, die ihm die Glut der Jugend wiedergeschenkt hatten. Im Juli etwa oder im August, so hatte Omimee ihm noch beim Abschied verraten, würde es geboren werden. Doch an das Kind dachte Walther kaum. Er dachte an sie. Ob sie die Geburt gefahrlos überstanden hat? Ich könnte sie nicht verlieren! Es wäre entsetzlich, wenn ich sie verlöre! Ich würde es nicht ertragen!

Seine Omimee, seine Evangeline, seine Métisse!

Er drängte seine Leute, das Umladen der Pelze und Tauschgüter zu beschleunigen. Wer glaubte, ohne Grand Portage in diesem Sommer nicht auszukommen, der mochte abreisen. Walther hielt ihn nicht, aber er brauchte nicht wiederzukommen. Es war keine Zeit zu verlieren, denn, so erklärte er den Männern, noch in diesem kommenden Herbst wollte er weiter nach Westen vorstoßen, möglichst bis zum Lac la Biche. Wem das nicht gefalle, wer es für allzu mühsam hielt, sich wieder irgendwo in unberührter Wildnis einzurichten, und das gefährlich spät im Jahr, der sollte sich schon jetzt darüber klar werden. In Grand Portage – Gorham hatte es zuverlässig berichtet – lagen Dutzende von erprobten Nordmännern auf der Straße und waren dankbar für jedes noch so wenig verlockende Angebot, wenn es sie nur wieder ins Pays d'en haut entführte. Gorham würde solche Leute finden und rechtzeitig, mit gutem Handgeld ausgestattet, zum Kaministikwia schicken.

Der Krieg im Osten und Südosten des Kontinents hatte bisher die Geschäfte des Concerns kaum gestört. Gorham war allerdings, ebenso wie Walther und Matthieu, der Meinung, dass 1778 die Canots de maître so vorsichtig wie möglich und ohne Aufsehen zu erregen die Nordroute über Abitibi und Michipicoten befahren sollten. Proviant nähme man dann ohnehin für die ganze Reise mit. Und die vielen wehrhaften Voyageurs, die Matthieu – und O'Gilcock, fügte Walther hinzu – dann auf der neuen Route befehligen würden, sollten wohl alle denkbaren Angreifer abschrecken.

Gut, aber wenn Walther 1778 eine vielleicht wiederum größere Ausbeute an Pelzen zu dem Restbestand aus 1777 zu verfrachten haben würde, dann reichten die vorhandenen zehn Nordkanus keineswegs mehr aus. Mindestens fünf weitere Kanus waren schon jetzt unumgänglich notwendig.

Gorham machte Walther einen Vorschlag: »Wäre es nicht ratsam, wenn wir lernten, unsere eigenen Kanus zu fertigen? Ich bin überzeugt, dass du mit Choquette, Claude und ein paar anderen tüchtigen Voyageurs bessere Nordkanus bauen würdest als die Indianer. Die Indianer befördern nie so schwere Lasten wie wir. Wir könnten unsere Fahrzeuge von vornherein fester und tragfähiger bauen.«

»Ich denke schon seit Langem darüber nach, wie ein für unsere Zwecke voll geeignetes Kanu konstruiert sein müsste. Im kommenden Winter werde ich, wenn ich Zeit finde, mein Glück damit versuchen. Du hast ja, statt der erhofften vier, nur drei in Grand Portage auftreiben können. Vielleicht kann ich dir nächsten Sommer Kanus zur Genüge vorführen. Eigenes Fabrikat!«

Er lachte. Der Captain erlag der Versuchung, auszusprechen, was er bisher vorsichtig vermieden hatte: »Das wäre großartig, Walther! Nein, ich muss es bekennen, ohne dich wär der Concern längst nicht so erfolgreich. Es geht nicht an, dass O'Gilcock in Montréal die durch den Krieg entstandenen außergewöhnlichen Verhältnisse dazu benutzt, nach Matthieu nun auch dich aus der Partnerschaft zu verdrängen. Du kannst auf mich rechnen, Walther. Ich werde feststellen, wem man wie viel zahlen muss, damit dein Fall aus den Akten verschwindet. Im Grunde kann ich das besser, als Pat O'Gilcock es jemals könnte. Wer ist denn schon Pat? Ein kleiner Ire mit vermutlich nicht ganz sauberen Händen. Ich hingegen bin immerhin ein mit allen Ehren auf eigenen Wunsch verabschiedeter Captain von Seiner Majestät Rangers, der sich seine guten Beziehungen nach oben stets zu erhalten wusste. Schon seit längerer Zeit heißt es gerüchteweise, dass ich ein wohlhabender Mann geworden sei und besser als irgendwer über alles Bescheid weiß, was im Pays d'en haut vor und hinter den Kulissen passiert. Solche Leute hält man sich oben warm. Das wird dir nicht unbekannt geblieben sein, Walther.«

Nein, es war ihm nicht unbekannt geblieben. Walther bedankte sich und merkte mit Vergnügen, dass er schon lange nicht mehr so vorzügliches Englisch sprechen gehört hatte. Zum Schluss wollte Gorham noch wissen: »Wie steht es mit unseren Junioren, Walther? Wir werden ihre Anteile am Concern über kurz oder lang verdoppeln müssen.«

»Gut, dass du fragst, Captain. Ich hätte es sowieso noch besprochen. Justin Leblois ist absolut ehrlich, fleißig und zuverlässig. Aber er ist ein besserer Verwalter als Kaufmann. Mein Sohn William ist der bessere Unternehmer und wird immer genau wissen, auf welcher Seite das Brot beschmiert und auf welcher es trocken ist. William ist ein gescheiter Bursche, und man kann durchaus damit rechnen, dass er stets unter der Flagge zu finden sein wird, die ihm den größeren Vorteil verspricht. Insofern ist auch er ›absolut‹ zuverlässig.«

Captain Gorham erwiderte: »Du urteilst hart über deinen Sohn, Walther, nicht wahr?«

»Hart, Captain? So würde ich es nicht nennen. Nur ohne Illusionen. Kinder sind Glückssache. Sie lassen sich nicht nach Rezept backen. William steht seinen Mann auf seine Weise. Mehr zu erwarten, wäre nicht nur dumm, sondern auch noch unbescheiden.«

»Wahrscheinlich hast du recht, Walther. Ich habe darin keine Erfahrung, habe sie auch nicht nötig, Gott sei Dank! Justin hast du unter Aufsicht, und William wird schließlich merken, wo er am besten aufgehoben ist. Du willst dich also bald auf den Rückweg zu deinem Fort Anna machen? Das kann ich nur unterstützen. Übrigens: Ist die ›Anna‹ in ›Fort Anna‹ deine Tochter? Und gehst du mit deiner Tochter ebenso ins Gericht wie mit deinem Sohn?«

»Fort Anna – den Namen haben sich die Voyageurs ausgedacht – nach der heiligen Anna, ihrer Schutzpatronin, nicht nach meiner Tochter. Meine kleine Anna? Auf sie kann ich mich verlassen, mehr als auf mich selbst.«

»Und damit auch auf Justin, vermute ich.«

»Richtig, Captain! Wenn zwei sich lieben, folgt gewöhnlich der Mann der Frau. Und fährt meistens gut dabei, denn die Frau denkt gewöhnlich klüger, sobald sie an zwei zu denken hat; an den anderen und sich.«

Gorham lachte: »Weise Worte, Walther. Aber wie gesagt, ich verstehe nichts davon, bin mit meiner Junggesellerei zufrieden.«

»Wenn das so ist, Captain, meinen Glückwunsch!« Auch Walther lachte.

Die aus Montréal von den großen Canots de maître unter Pancrace Matthieu herangeschafften Tauschgüter waren ausgepackt, gelüftet, gezählt, registriert und schließlich wieder zu neuen Packs wasserdicht verschnürt und gestapelt worden.

Die alten und die neuen Kanus waren überholt worden und lagen in Reih und Glied am Ufer bereit. Walther hatte auf die Wünsche der Voyageurs keine Rücksicht genommen und die Großkanus mit ihrer kostbaren Pelzladung schleunigst nach Montréal abgesandt.

Am zwanzigsten Juli schon, Wochen also vor dem üblichen Termin der Abreise ins Pays d'en haut, machte sich auch Walter mit seiner Flottille von fünfzehn Kanus auf den Weg. Er würde schnell vorankommen. Die Boote waren nicht überladen. Die neu erworbenen Kanus waren mit ausgesuchten Nordwestleuten bemannt. Gorham hatte sie in aller Stille und Vertraulichkeit angeheuert. Die kleine englische Wachtruppe in Grand Portage sollte nicht merken, dass der Concern in diesem Sommer 1777 seine Pelze und Waren über den Kaministikwia und nicht über den Pigeon und Grand Portage umschlug.

Pancrace Matthieu hatte einen von Captain Gorham und Walther Corssen unterzeichneten Brief an Patrick O'Gilcock mit auf die Reise bekommen, in dem dieser unmissverständlich »eingeladen« wurde, sich mit Matthieu dem Captain anzuschließen, um Walther für den Winter 1778/79 im Pays d'en haut zu besuchen. Im Schlussteil hieß es:

Denn die Seniorpartner können nur gemeinsam Beschlüsse fassen, welche die Partnerschaft grundlegend verändern.
Und da die Quelle und aller Anfang unseres Unternehmens bei Walther Corssen im Pays d'en haut liegen, müssen wir uns im Herbst 1778 bei ihm treffen, um an Ort und Stelle Einsicht in seine Bücher zu nehmen und sein Geschäftsgebaren kennenzulernen. Damit wären dann die in Montréal obwaltenden Umstände in Übereinstimmung zu bringen.
Die Anwesenheit aller Gründungspartner unter Einschluss des zurückgetretenen Pancrace Matthieu ist deshalb unbedingt erforderlich.
Captain John Gorham. Walther Corssen, gen. McCorssen.

33

Noch nie zuvor, so schien es Walther, hatte er eine so schöne, von jeder Erdenschwere freie Fahrt erlebt wie die Rückreise vom Lac Supérieur zum Lac la Ronge im Spätsommer des Jahres 1777. Gewiss, auch diesmal war man fünfzehn, sechzehn Stunden am Tag unterwegs. Auch jetzt mussten die schwer mit den Tauschgütern der nächsten Saison beladenen Kanus über Strecken heftiger Gegenströmung hinweg getreidelt oder gestakt und brausende Stromschnellen in kühnen Schussfahrten überwunden werden. Es waren schwierige, nackenkrümmende Portagen zu bewältigen. Aber über aller schweißtreibenden Mühe lachte eine starke Sonne. An dem hohen, leuchtend blauen Himmel schwammen strahlend weiße, bauschige Wolken, die an jedem frühen Nachmittag aus dem Nichts geboren wurden. Märchenschlösser, die sich gegen Abend ebenso sachte wieder auflösten.

Walther hatte nie daran gedacht, den großen Herrn zu spielen, den Maître, wie die stolzen Händler auf der Route Montréal Grand Portage. Er war ein Nordmann und kein Schweinefleischer wie die Ruderer der Großkanus und er gehörte zu seinen Voyageurs. Er hätte es lächerlich, sogar unerträglich gefunden, als Maître inmitten eines Kanus behäbig Platz zu nehmen, als Passagier sozusagen, und sich von den Milieux, dem Avant und dem Gouvernail höchst bequem transportieren zu lassen. Viel lieber stand er selbst als Gouvernail und Brigadeführer der ersten Brigade von fünf Kanus im Stern des vordersten Bootes. Mit dem langen, schmalen Paddel und dem Avant im Bug des Bootes, tat er das Seine, den Flottillen den richtigen Weg durch die Strudel und Wallungen der Ströme und über die blanken Seen hinweg zu weisen. Er wusste, dass es keine bessere Methode gab, mit der Schar seiner Voyageurs als ihr unbestrittener Führer zu verwachsen. Genauso wie sie stand er sechzehn Stunden am Tag im schwankenden Boot und schwang das lange Paddel des Gouvernails, ohne sich auch nur ein einziges Mal in der Beurteilung von Sog und Strömung, Wassertiefe und Rückstau, Strudel und Abtrieb zu irren.

Sie waren über die schimmernde Bahn des Regnerischen Flusses geglitten, als wäre die Reise ein langes Fest. Die Strömung hatte die Kanus auf ihren starken Rücken genommen und fortgetragen. Doch die Voyageurs hatten es sich nicht nehmen lassen, mit ihren Paddeln nachzuhelfen und die Boote zu sausender Fahrt anzustacheln, sodass die Bugwellen über die Wasser schäumten wie silberne Bordüren. Sie sangen dabei, dass es von den dunklen Wälderwänden am Ufer widerhallte. Wenn es je eine Lust war zu leben, dann auf solcher Reise durch die duftende Wildnis des späten Sommers. Die Plage der Insekten hatte schon nachgelassen und verging von Tag zu Tag mehr.

Im großen, hundertfach verschlungenen und zerbuchteten »See der Wälder« ruhten die Inseln, kleine und große, mit runden, wolligen Rücken, als schliefen dort gewaltige, aber friedliche Untiere mit dem Kopf im funkelnden Wasser.

Als die Boote hinter Bas de la Rivière auf den unabsehbaren Winnipeg-See hinausglitten, den unberechenbaren und bösartigen, zeigte sich auch dies gefürchtete Gewässer von seiner angenehmsten Seite. Es breitete sich glatt wie ein schimmernder Spiegel vor den Augen der beglückten Voyageurs in die vom zartblau milchigen Dunst des Schönwettertages verhüllte Ferne.

Wie von einem Gefühl des Sieges fühlte Walther sich in all diesen makellosen Tagen getragen. Er hatte sich durchgesetzt. Er hatte nicht nachgegeben wie Matthieu. Er hatte Pelze geliefert wie noch nie. Er hatte Matthieu beschämt und Gorham für sich gewonnen. Nun fuhr er zurück in sein herrenloses Königreich – mit wertvoller Fracht, einer Flotte von schnellen Kanus und mit fast hundert ausgesuchten Nordmännern, auf die er sich verlassen konnte.

Und auf ihn wartete – so Gott es wollte! – seine Frau mit seinem Kind und seine Tochter mit seinem Enkel. Konnte es einen handfesteren Beweis dafür geben, dass er seiner Sinne und seiner Kräfte noch mächtig war? Und auch dafür, dass ein zwar harter, zuweilen aber auch sehr gütiger, ein keineswegs katholischer, sondern immer noch sehr lutherischer Gott ihn in der Hand hielt, freilich auch jederzeit zermalmen konnte? Vielleicht ging er gnädig mit ihm um, trotz all seiner Fehler, Irrtümer und Unterlassungen. Manchmal lächelte Walther über sich selbst, wenn er sich bei solch geheimen, allerdings nur seltenen Überlegungen überraschte. Die alte Heimat hat mich so geprägt – und ich werde es nicht los. Sei's drum! Wenn man weiß, wo man herkommt und wo man hingehört, ist man ganz gut aufgehoben.

Würde er nicht noch in diesem Jahr weiter nach Westen vorstoßen als irgendein anderer Händler aus Montréal, mochten sie nun Peter Pond oder Blondeau, Pangman, Graves oder wie auch immer heißen, die möglichen Konkurrenten, die Gorham erwähnt hatte? Der Allererste, darüber machte sich Walther keine Illusionen, war doch keiner mehr von ihnen. Irgendwann war ihnen überall ein einsam und unverzagt durch die Ödnisse schweifender, mit nur wenigen Tauschwaren ausgerüsteter frankokanadischer Coureur de bois vorausgegangen, der seine mühsam genug erworbenen Kenntnisse von Land und Leuten nach Osten an den St. Lorenz zurückgetragen und auch preisgegeben hatte, wenn er danach gefragt wurde. Diese nur selten mit Namen bekanntgewordenen allerersten Erkunder des Westens und Nordwestens hatten viele Flüsse und Seen mit französischen Bezeichnungen versehen, die vielfach auch von den Indianern übernommen wurden. Denn die Coureur de bois, das waren furchtlose und gleichzeitig friedfertige Männer, die den Indianern Respekt und Freundschaft abnötigten.

Vielleicht komme ich wirklich noch in diesem Herbst bis zum Lac la Biche, dem »See der Hirschkuh« und den Biber-Fluss aufwärts, dessen Wasser sich im Lac Ile-à-la-Crosse, dem »See mit der Insel wie ein Krummstab«, mit dem des gewaltigen Missinipi-Flusses verbindet. In den Missinipi geht ja auch mein Lac la Ronge über.

Wie schon oft in seinem Leben berauschte Walther sich an der Vorstellung weiter Reisen, unbekannter Ströme und noch nie erschlossener Ödnisse. Dies war der Rausch, den er nicht entbehren konnte. Der Zustand einer hellsichtigen Trunkenheit, die nicht taumeln machte und schließlich lähmte, sondern alle Sinne und Kräfte zu höchster Schärfe und Stoßkraft anspornte und äußerste Leistung entfachte.

An diesem Abend tanzte er die Ronde mit um das lodernde Lagerfeuer, was er schon lange nicht mehr getan hatte. Man war noch einen Kanutag von der Einmündung des riesigen Saskatchewan-Stroms in den Winnipeg-See entfernt. Die Nacht wölbte sich mit tausend Sternen klar und milde über dem See. Ein aufgehender, schon nicht mehr gerundeter Mond rollte eine schmale glitzernde Silberbahn über das vom Nachthauch überfächelte Wasser. Ja, wenn es je eine Lust war zu leben, dann in solcher Sommernacht am Ufer eines gewaltigen Gewässers im innersten Herzen eines unerschlossenen Erdteils.

Am Tag darauf näherten sich Walthers Kanubrigaden der schon in der Ferne erkennbaren Einmündung des Saskatchewan in den Lake Winnipeg. Die Sonne stand tief, und Walther hielt bereits nach einem Lagerplatz für die Nacht Ausschau, wollte aber doch so weit in die Flussmündung einfahren, dass auch ein Sturm auf dem See seine Weiterreise nicht behindern würde. Seine Aufmerksamkeit war ganz auf das Ufer und seine drei weit nach Norden vorgeschobenen Landzungen gerichtet, nach links also. Um die westlichste von ihnen musste er scharf nach Süden wenden, um in den Saskatchewan einlaufen zu können.

Claude, der als Hinterster der Ruderer unmittelbar vor Walther auf der schmalen Querbank hockte und im schnellen Takt der anderen sein Paddel durchs Wasser stemmte, drehte den Kopf zu Walther und nickte nach rechts hinüber. »Sieh dort! Von Norden kommt ein Dutzend Kanus den See herunter, steuert wie wir in den Saskatchewan.«

Claude hatte scharfe Augen. Er hatte sich nicht getäuscht. Winzig klein noch, aber unverkennbar bewegte sich dicht unter dem aufragenden Ufer des schon zur abendlichen Ruhe verklärten Sees eine Anzahl von schwärzlichen Punkten heran, die nichts weiter bedeuten konnten als Kanus. Eine kleine Flottille von Kanus der gleichen Art wie die ihren.

Walther winkte das Boot Choquettes zu sich, der am Kopf seiner Brigade einige Kanulängen rechtsab seine Boote angeführt hatte. Das Kanu schoss heran und strebte nun dicht neben Walthers Fahrzeug vorwärts.

Walther rief: »Sie wollen wie wir in den Saskatchewan, Gérard! Sie kommen von Norden. Es muss sich um Boote der Hudson's Bay Company handeln, die von der York Factory an der Hudson Bay kommen. Wer soll sonst hier von Norden her unterwegs sein um diese Jahreszeit!«

»Stimmt, Walther! Es sind Hudson's-Bay-Kanus. Nichts anderes ist möglich. Sie sind mit ihrem Winterbedarf auf dem Weg zum Cumberland House. Wir werden für einige Tage mit ihnen die gleiche Route verfolgen, den Saskatchewan aufwärts, bis wir dicht vor ihrem Ziel nach Norden abbiegen zum Lac Namew und zum Sturgeon-Fluss. Willst du mit ihnen oder neben ihnen unser Camp für die Nacht aufschlagen, Walther?«

»Nein, keinesfalls! Ich will jedem Ärger oder Streit aus dem Weg gehen. Wir sind hier in einem Gebiet, das sie noch als zu ihrer Handelskonzession gehörig betrachten können. Wir halten uns getrennt, lassen sie als Erste einfahren und lagern dann am anderen Ufer des Stromes. Aber bevor es dunkel wird, mache ich ihnen einen Höflichkeitsbesuch. Du wirst mich begleiten, Choquette, und auch du, Claude! Vielleicht erfährt man etwas, das zu wissen sich lohnt.«

Gerade noch im letzten Augenblick war Walther eingefallen: Die maßgebenden Leute da drüben werden nicht Französisch sprechen können oder wollen. Choquette und Claude werden mir also nicht viel nutzen als Begleiter. Sie sprechen kein Englisch. Ich werde das allein verrichten müssen. Dann kann ich mir auch noch zwei weitere Voyageurs als Ruderer mitnehmen und komme da drüben großartiger an.

Walthers Brigaden hatten ihr Lager auf der Ostseite der Flussmündung aufgeschlagen, nachdem die Kanus der Hudson's Bay Company auf der Westseite Station gemacht hatten. Ihre Feuer schimmerten von Weitem herüber, zu hören war nichts.

An diesem Abend nahm Walther kein Paddel in die Hand. Er ließ sich hinüberrudern. Noch war es hell genug, um Walthers Boot, als es sich über die sanfte Strömung dem westlichen Ufer näherte, schon von Weitem auszumachen. Das hatte Walther beabsichtigt. Er wollte nicht etwa für einen Feind oder Späher gehalten werden. Er beobachtete, dass sich einige Männer aus dem Lager der Hudson's-Bay-Leute zum Ufer hinunterbewegten. Auf diese kleine Gruppe von Männern ließ er seine Ruderer zuhalten.

Claude stieg über Bord und verhielt das Kanu neben einem der Länge nach ins Wasser gestürzten, schon halb vermorschten Baum so geschickt, dass Walther trockenen Fußes an Land steigen konnte.

Ein großer, starkknochiger Mann löste sich aus der Gruppe, die das Kanu oberhalb des Sandstrandes erwartete. Er war nicht in Leder gekleidet wie Walther, sondern trug über einer formlosen Hose ein am Hals offenes grobes Leinenhemd mit bauschigen Ärmeln.

Walther gab seinen Leuten ein kurzes Zeichen, im Boot zu bleiben und auf ihn zu warten. Dann ging er dem fremden Mann entgegen, hob die Hand zum Gruß: »Good evening, Sir! Ich wollte mich Ihnen vorstellen, da wir so nahe beieinander lagern. Ich bin Walther Corssen, Seniorpartner des Montréaler Concerns Corssen, O'Gilcock & Matthieu. Wir sind auf dem Weg zum Lac la Ronge und weiter zum Lac la Biche im Athabasca-Land.«

»Sehr erfreut, Sie kennenzulernen, Mr Corssen. Ich bin William Tomison von der Hudson's Bay Company, auf dem Weg von Fort York an der Bay nach Cumberland House am Saskatchewan. Kommen Sie herauf! Trinken Sie einen Whisky mit mir!«

Einen Whisky? Natürlich, Walther hatte einen Schotten vor sich. Von den Hebriden, wenn er sich nicht verhört hatte und die harte Aussprache, die knarrenden R, richtig einordnete. Aber er mochte sich auch täuschen. Er nahm die Einladung an. Er hatte mit ihr gerechnet.

Die beiden Männer musterten einander unauffällig. Walther fand Gefallen an dem kantigen Schädel, dem mageren, eckigen Gesicht des Mannes, der sich, da der Abend kühl wurde, eine dicke wollene Joppe über sein Hemd gezogen hatte. Die Joppe war ihm nach knapper Anweisung von einem jüngeren Voyageur aus einem kleinen, abseits errichteten Zelt mit merkbarem Diensteifer herangebracht worden. Die Männer der Hudson's-Bay-Kanus hielten sich fern von dem Feuer, an dem dieser Mr Tomison mit Walther Platz genommen hatte, hielten sich respektvoll fern – das war kaum zu bezweifeln.

Walther fand bestätigt, was er stets für müßigen Klatsch gehalten hatte, wie er so in allen Männergesellschaften die Runde macht. Voyageurs erzählen gern viel und übertreiben noch lieber. Das hatte Walther von jeher erlebt. In diesem Fall aber war ihm offenbar nichts Falsches mitgeteilt worden: Unter den Angestellten der Hudson's Bay Company wurde eine strenge Rangordnung eingehalten. Ein Postenchef, ein *chief trader* oder Haupthändler, der war in seinem Bereich beinahe allmächtig. Er war ein Herr und Vorgesetzter, nahm kein Paddel in die Hand und trug erst recht kein Pack, kein Pièce, über die Portagen. Er schlief nicht unter freiem Himmel oder einem aufgestülpten Kanu, musste mit Mister oder Sir angeredet werden und hielt Distanz zu seinen Leuten.

Walther hob den Zinnbecher. Der Whisky war ihm – auf seinen Wunsch zur Hälfte mit Wasser verdünnt – von dem jungen Voyageur kredenzt worden, der dem Schotten als eine Art Leibdiener zugeordnet zu sein schien. Die beiden Männer tranken sich zu.

»Cheerio, Mr Corssen!«

»Cheerio, Mr Tomison! And thanks for the drink!«

Man sprach über das Wetter. Alle Kanufahrer sprachen zunächst über das Wetter, wenn sie sich trafen, denn davon hing ihr Wohl und Wehe und das ihrer Reisen ab. Dann wurde erörtert, wie lange man wohl brauchen würde, die Grand Rapids, die »Großen Stromschnellen« des Saskatchewan kurz vor seiner Mündung zu umgehen und auch, dass man eine Vereinbarung treffen müsste, um zu verhindern, dass die Männer sich auf der Portage gegenseitig in die Quere kämen. Walther beschloss die Debatte nach einigem Hin und Her mit heiterer Gebärde. Der harte, rauchige Whisky begann sie schon aufzulockern, die beiden Männer, die sich mit geheimem Misstrauen beobachteten, um zu erfahren, wes Geistes Kind der andere war. Auf den ersten Blick gefielen sie einander recht gut. Aber Vorsicht blieb geboten.

»Sie werden mir schon erlauben müssen, Mr Tomison, Ihnen und Ihren Leuten den Vortritt zu lassen, unterwegs und an den Portagen. Bis fast zu Ihrer Station Cumberland House haben wir ja die gleiche Route. Ich bin mir durchaus bewusst, dass wir uns hier im Einzugsbecken der Hudson's Bay, also in einem Gebiet befinden, in welchem Ihrer Company das Monopol des Pelzhandels zugesprochen ist, durch königlichen Freibrief. Wir anderen Händler aus Montréal haben keine königliche Charter, kamen hierher auf eigene Faust. Das Land ist groß genug. Und vielleicht entwässern gar nicht alle seine Flüsse und Ströme zur Hudson Bay. Wer will schon wissen, wohin die Ströme alle fließen. Nicht einmal die Indianer können darüber genau Auskunft geben. Aber«, Walther lachte, »ich halte es gern mit dem altertümlichen Anstand. Wenn ich schon die Ehre habe, zufällig Kanus der Hudson's Bay Company an der Mündung des Saskatchewan zu treffen und mit ihnen für mindestens eine ganze Woche dieselbe Route zu benutzen, dann muss man schon den Brigaden der Gesellschaft mit den älteren Rechten den Vortritt lassen. Wenn nicht anders möglich, gebe ich Ihnen sogar einen ganzen Tag Vorsprung, damit sich unsere Leute nicht ins Gehege kommen. Die Voyageurs sind nun einmal hitzige Burschen. Wir werden sie kaum ändern. Und weder Ihnen, Mr Tomison, noch mir kann daran gelegen sein, dass sich unsere Leute in die Haare geraten und dann natürlich auch solche lassen müssen.«

Ich muss ihn fragen, ob er von den Hebriden stammt, dachte Walther. Es sollte mich sehr wundern, wenn es nicht so wäre. Der Schotte drehte seinen Whiskybecher eine Weile in den Händen, verzog schließlich das faltige Gesicht zu einem Grinsen und bohrte seine blassblauen Augen unter den rötlichen struppigen Augenbrauen in die seines Gastes: »Vielen Dank, Mr Corssen, für Ihre Entgegenkommen! Ich nehme es gern an. Aber Sie brauchen wirklich keinen ganzen Tag zu verlieren. Zwei, drei Stunden Vorsprung sollten uns auch genügen. Ich werde meine Leute anhalten, keine Zeit auf den Portagen zu verlieren. Offen gestanden, Mr Corssen, ich hätte solche Freundlichkeit von einem Händler aus Montréal gar nicht erwartet. Ihr lebt doch davon, uns die Routen abzuschneiden und die Pelze abzujagen, die von Rechts wegen an unsere Faktoreien an der Hudson Bay geliefert werden müssten.«

Das war einigermaßen grob und geradezu herausgesagt, was Walther immerhin zu schätzen wusste, denn es fehlte den Worten jeder drohende Unterton. Dergleichen hatte er erwartet und war auch entschlossen gewesen, auf einen groben Klotz einen groben Keil zu setzen, wenn es nötig werden sollte. Eigentlich hatte er sich nur deshalb getrieben gefühlt, dem Brigadier der Hudson's Bay Company einen Besuch abzustatten. Er hielt es aber für ratsam, den Ausfall des Schotten für eine scherzhafte Übertreibung zu nehmen. Er zeigte also nach wie vor ein heiteres Gesicht.

»Aber, Mr Tomison, wenn wir Bösewichte aus Montréal nichts weiter täten als das, könnten wir unseren Handel bald an den Nagel hängen. Ich gebe zu, wir genieren uns nicht, ab und zu einige Pelze in unsere Kanus zu packen, die sonst vielleicht in Ihren Lagern an der Hudson Bay gelandet wären. Aber in Wahrheit sind doch wir es gewesen und vor uns die frankokanadischen Coureurs de bois, die als Erste in den fernen Westen und Nordwesten vordrangen und das taten, worauf es bei dem ganzen Geschäft am meisten ankommt, nämlich: die Indianer an die Tauschgüter aus England, Deutschland, Frankreich zu gewöhnen. Und wir haben in all den Jahrzehnten da draußen nie einen Beauftragten der Hudson's Bay Company getroffen. Die blieben an der Hudson Bay sitzen, stiegen in kein Kanu und nahmen die Mühe und Gefahr der Portagen nicht auf sich, sondern warteten darauf, was die Indianer aus dem unbekannten Hinterland ihnen anlieferten. Wir können – heute erst recht nicht, da auch die Company ihre Vertreter ins Hinterland vorschickt, nach dem

Vorbild der Montréaler, wie Sie zugeben müssen – keinen Indianer daran hindern, seine Pelze den Missinipi oder Hayes abwärts an die Bay zu liefern. Wir haben also Ihren Königlichen Freibrief, die berühmte Charter, so verstanden, dass sie für all die Pelze galt und gilt, welche die Küste der Bay erreichen. Soweit ich weiß, hat das auch kein Montréaler bisher bestritten oder in der Praxis zu durchkreuzen versucht. Ich für meinen Teil und damit mein Concern – wir sind nur immer weiter nach Westen gegangen. Wenn Sie sich jetzt im Indianerland Stützpunkte nach unserem Muster einrichten, wie Ihr Cumberland House am Saskatchewan, dann drängen Sie in Gebiete, die lange vorher von Französisch sprechenden Männern erschlossen worden sind. Mag das Kapital dazu heute auch zum Teil schon aus der Tasche von Leuten stammen, die Englisch reden, so auch in meinem Concern.

Ich selbst werde noch in diesem Herbst, wenn alles gut geht und Gott will, zum Lac la Biche vorrücken. Wenn die Angaben der Indianer stimmen, habe ich damit die Gebiete, in denen Ihre Company ein gewisses Vorrecht auf die anfallenden Pelze beanspruchen kann, endgültig verlassen, denn der Lac la Biche entwässert zum Athabasca, der Athabasca aber auf keinen Fall mehr zur Hudson Bay. Wohin er sonst sein Wasser schickt, darüber lässt sich nur spekulieren. Keiner weiß es genau, auch kein Indianer – soweit ich sie bisher befragt habe. Bin ich erst am Lac la Biche, so kann ich bei schlechtestem Willen keinen Anlass mehr entdecken, der uns in Gegensatz zueinander bringen könnte. Ohnehin gehören alle diese Gebiete westlich der Großen Seen und der Hudson Bay, wenn sie überhaupt jemandem gehören, den Indianern, die lange vor uns da waren. Aber was heißt das schon: sie ›gehören‹ diesem oder jenem! Die Indianer haben gar keine Vorstellung, was Eigentum oder Besitz an Land bedeutet. Sie sind unstet und machen sich höchstens Jagdgründe oder Fischgründe streitig. Indianer gibt es nur sehr wenige, verschwindend wenige.

Wälder, Hügel, Felsen, Wasser, wilde Tiere und Fische aber gibt es im Überfluss. Auf ein paar Weiße mehr oder weniger, die wie die Kanadier vom St. Lorenz verschiedene Indianerrouten miteinander verknüpft haben und schließlich mit dem Kanu in den fernsten Nordwesten gelangten, ach, auf uns wenige Weiße kommt es nicht an. Das Land ist groß genug für uns alle. Hunderte und Tausende von leeren Meilen nach allen Richtungen.

Was soll man da lange rechten und rechnen! Dies Land gehört niemandem und keiner hat höheren Anspruch darauf als der andere. Dies Land, das wir Pays d'en haut nennen, das ›Land da oben hinten‹, das gehört ausschließlich dem lieben Gott und nach ihm jedem anderen, dem Gott die Chance gibt, es zu nutzen und zu durchdringen. Die Indianer haben nicht viel daraus gemacht, das brauche ich Ihnen nicht zu sagen, Mr Tomison. Und wenn wir mit weißer Hautfarbe diesem Land ein wenig Gewinn abverlangen, so kann keiner von irgendwo, bestimmt nicht vom monateweit entfernten Europa her, ein Vorrecht vor dem anderen in Anspruch nehmen!«

Walther hatte sich mit steigendem Erstaunen sozusagen selbst zugehört. Was war da in ihn gefahren? Wie kam es, dass er gerade jetzt in deutliche Worte gekleidet hatte, was ihn schon seit Jahren bewegte? Aber der grobknochige Mann vor ihm an der anderen Seite des Feuers mit seinen kalten, forschenden, blassblauen Augen hatte es aus ihm hervorgelockt. Er empfand, dass dieser misstrauische und versteckt hochmütige Vertreter der Königlich Privilegierten Company ihm im Geheimen das Recht bestritt, dort zu sein, wo er war und zu tun, was er tat. Das hatte seinen Widerstand geweckt wie noch nie zuvor und ihn die Sätze finden lassen, die er dem Schotten hingeworfen hatte wie einen Fehdehandschuh.

Aber der andere schien nicht willens zu sein, diesen Handschuh aufzunehmen. Eine ganze Weile blieb Tomison stumm, blickte Walther nicht an und starrte in die Flammen. Wahrscheinlich war es ihm seit vielen Jahren nicht mehr vorgekommen, einer unabhängigen und für ihn fremdartigen Denkweise Aufmerksamkeit schenken zu müssen. Tomison war ein harter, aber nicht unverständiger Mann, der sich aus kärglichsten Anfängen hatte hochdienen müssen – ein ziemlich bitteres Unterfangen im Bereich der »Merchant Adventurers of England trading into Hudson's Bay«. Saß er an diesem späten Abend unter den aufglimmenden Sternen im grenzenlosen, herrenlosen Pays d'en haut einem Mann gegenüber, den er bei Licht betrachtet »Bruder« nennen konnte? Tomison hob den Becher mit dem scharfen Getränk. Trink aus, Walther von Gottweißwoher! Dann erwiderte er zögernd:

»Mein lieber Mr Corssen, ich bin bisher nur sehr wenigen Händlern aus Montréal begegnet, aber ich will mich häuten lassen, wenn die alle von demselben Kaliber gewesen sind wie Sie! Man kann darüber streiten, ob Sie recht haben, wenn Sie sagen, dies weite Land hier gehöre in Wahrheit keinem anderen als dem lieben Gott, und wir anderen alle, die Indianer, die Montréal-Händler und meine Leute von der Bay samt den dazugehörigen Voyageurs und den allmählich aussterbenden Coureurs de bois, wir allesamt wären nur ungebetene Eindringlinge in diesem wilden Garten Gottes. Ich muss mich ebenso wie Sie den unberechenbaren und manchmal tückischen Launen dieser Einöden anvertrauen und mich durchwinden, so gut es geht – und manchmal geht es gar nicht gut, das weiß der liebe Himmel. Wir fordern dem Land einen hohen Tribut ab und verführen die Indianer, den Tribut für uns zu kassieren. Wir, die wir hier mitten in der fernsten Ferne sind, mit tausend Meilen Nichts vor uns und tausend Meilen Nichts hinter uns, wir merken schon – wenigstens von Zeit zu Zeit –, dass wir hier nur durch Gottes unverständliche Gnade geduldet sind. Sie sind ein Protestant, Mr Corssen, nicht wahr? Ich bin auch einer. Aber glauben Sie mir, die Herren in London, die Anteilseigner der Hudson's Bay Company sind, die werden nicht von solchen Sentimentalitäten geplagt. Ebenso wenig, davon bin ich überzeugt, werden Ihre Partner in Montréal von solchen Empfindungen beunruhigt. Sie unterscheiden sich nicht von den Indianern oder meinetwegen auch den Bären und Wölfen. Solange sie keiner hindert oder aufhält, nehmen sie als ihr Eigentum, was sich ihnen bietet. Sie denken keinen Augenblick darüber nach. Und wenn einige Zeit vergangen ist und niemand hat sie inzwischen totgeschlagen, dann ist es wahrhaftig ihr Eigentum. Man muss es nur beanspruchen. Und Seine Majestät in London – wir Schotten haben mit dem König von Großbritannien nicht viel im Sinn – verteilt großmütig Privilegien in einem Land, das ihm nie gehört hat und das ihm erst durch diejenigen zuwächst, die er vorher, ohne auch nur den Schatten eines Anrechts darauf zu besitzen, privilegiert hat. Und genauso unverfroren wie die großen Herren in London machen wir uns dann hier breit. Wir im Namen der Hudson's Bay Company und die Montréaler in ihrem eigenen Namen. Wir haben uns im Grunde nicht viel vorzuwerfen, Mr Corssen, und es ist mir sehr wertvoll, Gelegenheit zu haben, mit Ihnen feststellen zu dürfen, dass wir alle frei in der Luft schweben – und dass uns keiner helfen kann, wenn wir abstürzen. Es sei denn, wir helfen uns selbst. Aber es ist ja noch sehr viel Platz westwärts, und die Indianer sind, soweit meine Erfahrungen reichen, überall gleich dumm und verkaufen für ein Fässchen Brandy nicht nur ihre Pelze, sondern sogar ihre Seele.«

Er hielt inne, als müsste er sich berichtigen, fuhr aber gleich fort:

»Das heißt, nicht immer. Im vergangenen Winter scheint südlich der James Bay ein peinliches Unglück passiert zu sein. Kurze Zeit, bevor ich mich von York Factory mit meinen Kanus auf den Weg zum Saskatchewan machte, kam dort ein Segelboot von Moose Factory und Fort Rupert an, vom Südende der James-Bucht im Süden der Hudson Bay. Der Kapitän berichtete, dass irgendwo in der Nähe des Abitibi-Sees ein Schlitten und vier Mann abhandengeraten sind. Das Einzugsgebiet der James-Bucht von Süden her über die Flüsse Albany, Abitibi, Harricanaw, Nottaway, Rupert und ein paar mehr, das ist ja nun seit annähernd hundert Jahren auch Einzugsgebiet des Handels meiner Company. Da hat nun wirklich außer unseren Leuten kein Fremder etwas zu suchen, wenn er die Bay nicht vorher um Erlaubnis gefragt hat – und die wird nicht erteilt. Die Indianer wissen das sehr genau und richten sich danach. Wir haben sie immer ehrlich bedient, sind mit Alkoholika so sparsam wie möglich umgegangen und haben die Eingeborenen zu unseren Freunden und Bundesgenossen gemacht. Die Indianer sind, stärker noch als wir selbst, davon überzeugt, dass zwischen der James-Bucht und den Großen Seen weiter im Süden kein weißer Fremder erwünscht ist und demzufolge auch keiner unterstützt werden darf.

Was das für ein Schlitten gewesen ist, woher er kam, wohin er unterwegs war, das weiß ich nicht. Auf alle Fälle gehörte er nicht zur Hudson's Bay Company, muss also wohl von einem der Montréaler Concerns ausgesandt worden sein. Die Burschen hatten wahrscheinlich damit gerechnet, sich unterwegs verproviantieren zu können. Aber die Indianer wussten natürlich, was sie ›ihrer‹ Hudson's Bay Co. schuldig waren und haben den Schlittenleuten nichts verkauft. Sie hätten selbst nicht genug für den Winter, haben sie ihnen gesagt. Nun sind das sicher erfahrene Nordmänner gewesen. Sie boten ein ganzes Fässchen Rum für eine Ladung Proviant und Hundefutter. Unverdünnten Jamaicarum! Sie müssen also schon ziemlich verzweifelt oder ausgehungert gewesen sein. Denn wer gibt schon auf einer Winterreise seinen kleinen Vorrat an der einzigen Medizin preis, die im Winter Wert hat? Jedenfalls, das hätten sie nicht tun sollen. Die Geschichte muss sich Ende Januar oder Anfang Februar zugetragen haben – bei mörderischer Kälte. Die Indianer konnten der Versuchung nicht widerstehen, lieferten den gewünschten Proviant und das Hundefutter, haben sich dann aber gleich über den unverdünnten Rum hergemacht. Wie konnte es anders sein, sie kippten nach kurzer Zeit um. Einer von ihnen hat sich im Suff in den Schnee fallen lassen, ist nicht mehr hochgekommen und prompt erfroren. So etwas geschieht ja nicht zum ersten Mal.

Der Stamm machte den Schlittenfahrern den Vorwurf, vergifteten Rum geliefert zu haben. Verrückt, aber so sind sie, die Rothäute, wenn sie wild werden. Es gab keine lange Gerichtsverhandlung. Die Männer wurden totgeschlagen und skalpiert, aber nur drei von ihnen, darunter offenbar ein junger Cree. Der Vierte ist davongekommen mitsamt dem Schlitten, den Hunden und dem Proviant. Er hatte sich herausgehalten und sich den Anschein eines großen Zauberers gegeben. Die Indianer wagten nicht, ihn anzurühren und waren froh, dass er nicht länger verweilte. Ob er durchgekommen ist nach Osten oder Süden, weiß keiner. Die Indianer haben das Ganze unserem Händler in Moose Factory berichtet, als sie gegen Ende des Winters dort ihre Pelze anlieferten. Sie erwarteten eine große Belobigung und Belohnung dafür, dass sie den Fremden den Garaus gemacht hatten. Die hätten am Abitibi ohnehin nichts zu suchen gehabt …«

Walther hatte mit steigender Erregung zugehört. Er bemühte sich, seinen Atem zu beherrschen und blickte starr ins Feuer. So entsetzlich unerwartet hatte sich ihm das Schicksal des Schlittens, seines Schlittens, offenbart, dass er beinahe die Fassung verlor. Doch durfte er sich nichts anmerken lassen. Er raffte sich dazu auf, zu fragen – es kam sehr gepresst heraus, sodass Tomison verwundert zu ihm hinüberblickte: »Nun, und? Sind die Indianer belobigt worden?«

»Wahrscheinlich. Ich kann es nicht mit Sicherheit sagen. Sicher ist nur, dass der Company sehr daran gelegen ist, keine Außenseiter in ihre sozusagen angestammten Handelsbezirke eindringen zu lassen. Ich vermute, dass die Montréalhändler das gleiche Interesse haben. Meinen Sie nicht auch, Mr Corssen?«

»Gewiss, Mr Tomison, wir sind uns nicht besonders grün, wenn wir uns in die Quere kommen, aus Versehen meistens. Mein Concern hat sich immer bemüht, den anderen voraus zu sein. Dann stört man sich nicht. Aber ich würde nicht daran denken, befreundete Indianer anzuweisen, anderen Weißen keine Unterstützung zu gewähren.«

»Sie haben mich missverstanden. Die Company hat die Indianer nicht aufgefordert, fremde Weiße als Feinde zu behandeln.«

»Vielleicht nicht als Feinde, die auf der Stelle in die ewigen Jagdgründe zu befördern wären – aber bestimmt auch nicht als Freunde. Wie sollen da die ›dummen Indianer‹, um ihren Ausdruck zu gebrauchen, die Grenze erkennen, wo die Feinde aufhören und die Freunde anfangen!«

»Das mag schon sein. Hier im Indianerland ist es meistens schwierig, genau auszumachen, was gut ist und was böse. Wir sind ja nicht hier, Sie nicht und ich nicht, um den Indianern oder gar uns die Vorzüge eines Gott wohlgefälligen Lebens klarzumachen, sondern um Geschäfte zu tätigen, möglichst lukrative Geschäfte. Danach hat sich alles andere zu richten. Verhält man sich nicht entsprechend, so machen mir meine Vorgesetzten in York Factory und London und Ihnen wahrscheinlich ebenso Ihre Partner in Montréal das Leben schwer. Ist es nicht so?«

In der Tat, es war so. Walther konnte nicht widersprechen.

Die beiden Männer, beide nicht mehr jung, verstanden sich eigentlich erstaunlich gut, genossen sogar diese Stunde eines vertrauten Gesprächs, das sie von Gleich zu Gleich miteinander führen konnten, während sie sonst stets daran zu denken hatten, dass sie mit jüngeren, abhängigen, untergebenen Gefährten redeten.

Sie tranken beide ein wenig über den Durst in dieser klaren Nacht und verabredeten schließlich, sich auch an den kommenden sechs oder sieben Abenden zu treffen. Denn man würde ja nun für einige Tage die gleiche Wasserstraße befahren, die gleichen Portagen bewältigen müssen und voraussichtlich nicht weit voneinander das Nachtlager aufschlagen.

»Allerdings habe ich nur Rum oder Grog anzubieten, Mr Tomison. Whisky gibt es bei mir nicht, was mir nun allerdings leidtut.«

»Kein Grund zur Trauer, Mr Corssen. In der äußersten Not trinkt ein Schotte sogar Rum. Also morgen Abend!«

Es ging schon auf Mitternacht. Walther musste seine Ruderer erst wecken. Sie hatten sich im Kanu der Länge lang zum Schlafen gelegt, jeweils zu zweit dicht aneinander, um sich zu wärmen. Verschlafen und schlecht im Takt trieben sie das Boot auf das dunkle Wasser hinaus. Ein Wachfeuer in ihrem Lager wies ihnen die Richtung. Sie sprachen kein Wort.

Jetzt erst, da Walther nicht mehr zu reden oder zuzuhören brauchte, stürzten die Trauer, der Zorn, der Jammer über ihn herein. Bis dahin hatte er das beiseitedrängen müssen. Gilles Clautier, Jean Pimard, Stess Atim, Paul Luders – sie waren nicht mehr am Leben. Und er, Walther, hatte sie auf die weite Reise in den Tod geschickt. Einer war davongekommen. Er überlegte angestrengt: Nur Paul traue ich zu, sich noch im letzten Augenblick durch irgendeinen Trick zu retten. Paul fällt immer auf die Füße. Aber wo ist er am Ende geblieben?

Würde es sich jemals entschleiern? Eine Antwort auf diese Frage gab es nicht. Aber etwas anderes glaubte Walther an den Abenden, die diesem Abend folgten, deutlich herauszuhören. Er verstand es, die Unterhaltung mit Tomison stets wieder auf die Umstände zurückzulenken, unter denen die drei Männer den Tod gefunden hatten, die er mit dem Expressschlitten zu O'Gilcock auf die Reise geschickt hatte. Sein Partner bei den abendlichen Gesprächen am Lagerfeuer schien dem leisen

Drängen Walthers, mehr über den Untergang der Schlittenmänner zu erfahren, gar nicht ungern nachzugeben. Denn der Schotte war, wie Walther bald erkannte, bei all seiner Härte und seinem Hochmut, den ihm seine Stellung aufzuerlegen schien, ein grundehrlicher und wohlwollender Mann.

Walther ging nun schon seit vielen Jahren mit Indianern um. Es war nicht ihre Art, widersprach viel mehr ihrem Wesen ganz und gar, Hungernde abzuweisen. Dass sie es in diesem Fall getan hatten, war nur so zu erklären, dass die großmächtige Hudson's Bay Company ihnen dergleichen, wenn auch nicht befohlen, so doch nahegelegt hatte, sofern es sich um Bleichgesichter handelte, die sich nicht auf die Company berufen konnten. Tomison gab es schließlich mehr oder weniger zu. So war es nun einmal: Pelze waren wichtiger als das Leben einiger belangloser Voyageurs. Es graute ihnen beiden vor diesem Eingeständnis. Sie sprachen es auch nicht aus. Doch im Grunde waren sie sich einig, wenn auch bitterste Konkurrenz sie trennte, trennen musste. Sie schieden voneinander als Freunde. Walther bog mit seinen Brigaden zum Namew- und Biber-See* nach Norden ab. Tomison hatte sein Cumberland House so gut wie erreicht.

34

Zweierlei Folgen ergaben sich für Walther aus den nächtlichen Gesprächen mit Tomison, dem Mann von den fernen Hebriden, der sich bei aller Treue gegenüber der Hudson's Bay Company seinen Verstand bewahrt hatte.

Die erste dieser Folgerungen prägte sich sehr deutlich in Walthers Bewusstsein ein: Ich will keinem anderen, sei es der Company oder sei es einem anderen Concern aus Montréal, in die Quere kommen, und keiner soll mir in die Quere kommen. Ich muss es schaffen, wieder gehörigen Abstand zwischen mich und alle übrigen Händler zu legen. Und wenn mir Peter Pond und vielleicht schon weitere auf dem Weg in den Nordwesten zuvorgekommen sind, so muss ich mehr westwärts, anstatt nordwestwärts, vorstoßen. Auf meine Cree kann ich mich als Wegweiser verlassen. Die Cree in Omimees Stamm, die Leute des alten Saw waw Mickinack, werden eine große Klage anheben, wenn ich ihnen berichte, dass einer ihrer besten jungen Krieger, Stess Atim, in die ewigen Jagdgründe entrückt ist – in meinem Dienst und Auftrag. Ich werde seiner Sippe ein großes Totengeld bezahlen müssen. Es wird mich noch fester mit dem Stamm verbinden. Und der Alte wird sagen: Wie recht ich hatte, dass ich Claude nicht ziehen ließ, dass ich ihn nicht aufs Spiel setzte. Jetzt wäre er und nicht Stess Atim verspielt! Er ist doch für den Stamm unersetzlich! Und Omimee wird dankbar sein, dass ihr der Bruder erhalten blieb.

Ich will nicht nur keinem anderen Händler im Weg sein, sondern will erst recht jene Gebiete hinter mir wissen, in denen die Hudson's Bay Company ein Erstrecht des Handels glaubt beanspruchen zu können. Ihr Königlicher Freibrief ist zwar nichts weiter als ein lachhafter Fetzen Papier, wenn man ihn an der ungeheuren Wirklichkeit dieses Erdteils misst. Aber die Company hat in der weißen Welt zumindest den Schein des Rechts auf ihrer Seite – und das ist meist ebenso gut wie das Recht selbst. Und wenn Leute wie Tomison – und die Macht, die hinter ihm steht – mich und meinen Concern ernsthaft oder bösartig behindern wollten, würde ich auf die Dauer den Kürzeren ziehen. Deshalb muss ich meinen Handel so weit nach Westen oder Nordwesten verlegen, dass mir keiner mehr sagen kann, ich säße und handelte noch an Flüssen oder Seen, die ihre Wasser letztlich der Hudson Bay zuführen. Denn nur auf diese Gebiete bezieht sich der Königliche Freibrief. Zum Lac la Biche also muss ich hinüberdringen. Der entwässert über den Fluss der Hirschkuh in den Athabasca – und der Athabasca fließt nicht in die Hudson Bay. Das haben mir die Indianer immer wieder versichert. Wohin fließt er aber? In das Nordmeer? In den Großen Ozean? Keiner scheint es genau zu wissen. Nur, dass er nicht zum Einzugsgebiet der Hudson Bay, also auch nicht zu dem der Hudson's Bay Company durch die Königliche Charter zugesprochenen Gebiet gehört, das ist sicher!

Was sich als Zweites aus der Bekanntschaft mit Tomison für Walther ergeben hatte, gehörte in einen völlig anderen Bereich: Tomison hielt gemäß den Vorschriften seiner Company auf strengen Abstand zwischen sich und seinen Voyageurs, selbst noch den Avants und Gouvernails und Brigadiers unter ihnen. Das hatte seine Vorteile, stärkte die Autorität und machte das Befehlen leichter. Auf Walther allein, als dem einzigen Seniorpartner im gesetzesfernen Pays d'en haut, ruhte alle Verantwortung. Er allein hatte geradezustehen für alles, was in seinem Bereich geschah. Sollten die anderen also gehorchen, soweit er es nicht vorzog, sie zu Rate zu ziehen.

Walther war stark damit beschäftigt, in Gedanken den weiteren Vorstoß nach Westen noch in diesem Herbst 1777 vorzubereiten. Auf diesem letzten Abschnitt der Rückreise zu seinem Handelsposten wurde der Lac la Ronge schon zu Vergangenheit. Der Lac la Ronge entwässert in den Missinipi River, und der unbezweifelbar in die Hudson Bay! Also fort vom Lac la Ronge!

Fast wollte er seinen Augen nicht trauen, als ihn an der Bootslände unterhalb des Fort Anna zwei Frauengestalten erwarteten, beide mit je einem sorgsam gehüteten Bündel im Arm.

Erschrocken und beschämt sagte er sich, während ihm die fünf Menschen am Ufer schon aus der Ferne zuwinkten: Was mögen die Frauen durchgemacht haben, Omimee und meine kleine Anna?

Er kam dem Voyageur zuvor, der als Erster in seinem Kanu saß, stieg über Bord und watete ans Ufer. Die beiden Frauen strahlten ihn an, traten ihm als Erste entgegen. Er wandte sich an Omimee: »Meine Frau, ich bin wieder da, bin wieder bei dir, Gott sei Dank!« Sie bot ihm das Bündelchen:

»Dein Sohn, Walther! Alles ist gut gegangen. Er soll Valentin heißen, wie wir es vor deiner Abreise besprochen haben!«

Valentin? Ein schöner Name! Er beugte sich über Omimees Arm. Das Kind, ein winziges Wesen, hatte die Augen geschlossen. Es schlief. Winzig das Gesichtchen, nichts weiter als Geborgenheit verratend, winzig die beiden Fäustchen über dem Wickeltuch. Es war schon so lange her, dass er ein ganz kleines Kind zu Gesicht bekommen hatte. Waren sie alle so winzig? Und dies war sein Sohn? Nicht das Kind, Omimee bildete die Gewähr dafür, dass es so war. Sie schien ihm noch schöner geworden, Omimee, Evangeline, seine Métisse! Er flüsterte: »Meine Frau, unser Sohn! Ich danke dir, Omimee!« Er wagte nicht, seine Hand zu erheben und sie zu berühren. Allzu viele

Augen waren auf ihn und die Frauen gerichtet. Omimee lenkte ab:

»Du musst auch deinen Enkel begrüßen, Walther. Anna wartet schon. Dein Enkel ist drei Monate älter als dein Sohn. Du bist ein großer Mann, Walther!«

Ja, da war seine kleine Anna. Das Wesen in ihrem Arm schien ihm schon etwas mehr Gesicht zu haben. Es schlief auch nicht, sondern blickte das fremde, bärtige Gesicht, das sich ihm prüfend näherte, mit weit offenen Augen an. Um den kleinen Mund schien ein Lächeln aufblühen zu wollen, ein Anblick, der Walther sonderbar rührte, ja erschütterte. Er richtete sich auf. Anna, die Tochter, nahm er samt Enkel in seine Arme: »Anna, ich bin glücklich, dass ihr es beide überstanden habt, ohne Schaden zu nehmen. So hoffe ich wenigstens. Wie soll mein Enkel heißen?«

»Dein Enkel, Vater, heißt Armand Leblois!«

Armand Leblois – natürlich! Justin trat herzu. Die beiden Männer schüttelten sich die Hand. »Justin, mein Junge! Alles in Ordnung hier bei euch?«

»Alles in Ordnung, Vater. Du wirst zufrieden sein!« In der Tat, er durfte zufrieden sein, nachdem er erst einmal Justins Bericht gehört und Einblick in seine peinlich sauberen und vollständigen Bücher und Listen genommen hatte.

35

Es wäre verlockend gewesen, sich nun nach der langen, harten Reise am Lac la Ronge in dem längst recht wohnlichen Fort Anna niederzulassen, die Freundschaft mit dem weisen alten Häuptling Saw waw Mickinack zu pflegen und in aller Ruhe die Außenposten einzurichten. Es hätten nur die richtigen Voyageurs dafür ausgesucht und einige junge Cree aus dem Häuptlingsdorf angeworben werden müssen, die dann weit umher ins Land gezogen wären mit der Nachricht: Der Händler vom La Ronge, der in den Schildkröten-Clan eingeheiratet hat, ist wieder da! Er hat eine reiche Auswahl von Decken, Beilen, Fallen, Flinten, Tuchen, Scheren und vielen weiteren nützlichen Dingen mitgebracht. Auch kräftiges Feuerwasser hätte er zu verkaufen. Er wartet nun darauf, dass ihm Pelze angeboten werden, ist aber, wie stets, auch bereit, die Pelzausbeute des bevorstehenden Winters großzügig zu bevorschussen.

Walther hätte sich – das war die stärkste Verlockung! – einfach dem Frieden und der Freude hingeben können, all seine Sorgen und Gedanken mit Omimee auszutauschen, sich ihren warmen, wilden Nächten zu überantworten und am Tage mit seiner noch viel schöner und stolzer gewordenen Métisse die heitere Lust zu teilen, für das Kind zu sorgen und mitzuerleben, wie seine Lebensgeister sich langsam entfalteten.

Aber die Tage und Wochen in Grand Portage und die Nachtgespräche mit dem Schotten Tomison hatten in ihm die alte Unruhe mit so unwiderstehlicher Gewalt heraufbeschworen, dass Walther nach der Ankunft im Fort Anna kaum dazu kam, sich auch nur einen einzigen Tag des Innehaltens und

Zufriedenseins zu erlauben. Der Zwang »Weiter nach Westen, immer weiter nach Westen!« hatte sich seiner fiebriger bemächtigt denn je. Gerade weil Omimee und der kleine, fröhlich krähende Valentin ihm verführerisch nahelegten, zu verweilen und auszuruhen, bestand er vor sich selbst umso unerbittlicher darauf, sich wieder dem Sog nach Westen auszuliefern.

Omimee widersprach nicht, wie eine weiße Frau widersprochen hätte und wie auch Anna zu widersprechen nicht aufhörte. Indianer sind unstet. Sie hängen ihr Herz nicht an einen bestimmten Platz. Es genügt ihnen, wenn sie ihre vertraute Landschaft, wenn sie Wälder, Ströme und Hügel nicht zu verlassen brauchen, wo immer sie sich auch finden.

Omimee erwiderte nichts weiter als: »Gewiss, Walther, ich bin morgen schon bereit zu reisen, wenn du es für nötig hältst.« Sie war Indianerin genug, um zu begreifen, dass Jäger, Fischer, Beerensammler in Bewegung bleiben müssen. Walther hatte sich davor gefürchtet, der Mutter und dem Kind eine lange, beschwerliche Kanureise zumuten zu müssen. Dass Omimee ihm so selbstverständlich Folge leistete, bestürzte ihn fast und erfüllte ihn dann mit Dankbarkeit.

Was anzuordnen war, brauchte nicht lange überlegt zu werden. Justin würde das Kommando im Fort Anna und über die auch in diesem Winter 1777/78 einzurichtenden Außenposten übernehmen. Er würde versuchen müssen, genauso gute Geschäfte zu machen, wie sie Walther im Winter zuvor gelungen waren. Doch sollte er im Auge behalten, dass die gesamte Unternehmung früher oder später – möglichst früher! – in den ferneren Westen verlegt werden musste, um das der Hudson's Bay Company zugesprochene Handelsgebiet endgültig hinter sich zu lassen. Manchmal empfand es Walther wie einen Fluch, der über ihm hing, spürte es wie einen würgenden Kloß in der Kehle: Werde ich ihr nie entgehen, dieser mir ewig folgenden, mich ständig bedrohenden englischen

Macht? Bleibe ich ewig auf der Flucht? Glaubte ich nicht bereits, ich wäre so vogelfrei und unabhängig wie ein Indianer? Weiter nach Westen also! Omimee und das Kind sind mit mir, hindern mich nicht, sind mir ein Unterpfand meiner Freiheit.

Die große Menge der Voyageurs musste beim Fort Anna bleiben. Mit nur zwei Kanus wollte Walther den Vorstoß zum Lac la Biche, der schon ins Gebiet des Athabasca gehört, versuchen. Der Häuptling würde ihm zwei routenkundige Männer mitgeben. Einer von ihnen gehörte auch zur Sippe der Schildkröten. Er war ein Onkel Omimees und Claudes von ihrer Mutter Seite her. Beide waren ältere, erfahrene Kanuleute.

Als Milieux für seine zwei Boote empfahl Justin die beiden Voyageurs, die auf Walthers Geheiß zur Unterstützung Justins am Lac la Ronge verblieben waren, Léon Lutin und Florien Buisson. Diese ebenfalls nicht mehr jungen Männer hätten sich stets als besonnene Meister der Waldweiten erwiesen, wären unverwüstlich in ihrer guten Laune und verstünden es besonders geschickt, mit den Indianern umzugehen, wie auch aus ihren Erfolgen als Außenhändler am Lac Meeyomoot abzulesen sei.

Und dann natürlich Claude! Der war kaum noch als »junger Krieger« anzusehen. Er war zum Mann gereift, vereinte in sich das Beste aus der indianischen und aus der kanadischen Welt und war bei jedermann gern gesehen und anerkannt.

Im Übrigen mochte Walther keinen Voyageur in seine beiden Kanumannschaften hineinbefehlen. Das war auch nicht nötig, denn es meldeten sich mehr Freiwillige, als er überhaupt verwenden konnte – nicht nur Voyageurs, sondern auch junge Cree aus dem Häuptlingsdorf. Dort galt es längst als besondere Ehre und Auszeichnung, in den Dienst des Händlers vom La Ronge einzutreten, der ein Glied des Schildkröten-Clans geworden war.

Omimee und Claude berieten Walther vertraulich, welche drei der jungen Krieger und Kanuruderer aus dem Häuptlingsdorf er auswählen sollte. Was seine Voyageurs anbetraf, so hatte er in den vergangenen Wochen genügend Gelegenheit gehabt, sich über die Tüchtigsten unter seinen Bootsleuten ein Urteil zu bilden. Es freute und befriedigte Walther nicht wenig, dass nur solche Männer sich zur Weiterreise in den Westen meldeten, die er selbst ausgesucht hätte, wenn er hätte aussuchen und befehlen müssen. Offenbar war es ihm gelungen, sich das Zutrauen gerade der Tüchtigsten zu erwerben. Es tat ihm gut, dass er dies nicht zu bezweifeln brauchte.

Walther stellte für die beiden Kanus eine wohlüberlegte Auswahl von Tauschwaren zusammen, damit er im kommenden Winter 1777/78 die Cree zwischen Lac la Biche und Athabasca River daran gewöhnen konnte, für ihn auf Pelzjagd zu gehen und ihm ihre Beute im Tausch gegen Waren anzubieten.

Im kommenden Frühjahr 1778 – so hatte es Walther mit Justin, Choquette und den zwei weiteren Brigadeführern besprochen und dann verfügt – sollten die über Winter eingehandelten Pelze mit dem noch im Fort Anna lagernden Rest der Felle aus der vergangenen Saison zum Kaministikwia am Lac Supérieur mit der Mehrzahl der Kanus in Marsch gesetzt werden. Was dann an Tauschwaren und sonstigen brauchbaren Dingen noch übrig wäre, sollte in zwei oder drei Kanus verladen und zu seinem neuen Standort am Lac la Biche transportiert werden. Der Häuptling würde mit einem oder zwei wegekundigen Führern aushelfen, die dann so rechtzeitig den vom Lac Supérieur anrückenden Brigaden entgegenfahren könnten – bis zur Portage de Traite oder den Pelican Narrows –, um sie ohne Umwege ebenfalls zum Lac la Biche zu geleiten. Mit ihnen würde Walther dann die drei anderen Seniorpartner, Pat O'Gilcock, Pancrace Matthieu und John Gorham, am Lac Ja Biche als Besucher empfangen. Das lag zwar noch in weiter Ferne, aber diese Aussicht beunruhigte Walther von Zeit zu Zeit wie eine sich unvermeidlich heranschleichende Gefahr. Er schob den Gedanken daran beiseite.

Es war auch zu einer beschlossenen Sache geworden, das Fort Anna im Jahre 1778 zunächst völlig aufzugeben. Walther hatte geschwankt, ob er es vielleicht doch noch mit einer stark verminderten Mannschaft besetzt halten sollte. Aber dann berichtete ihm der Häuptling, der sich zum Fort Anna hatte rudern lassen, um seinen Tribut in Empfang zu nehmen, ihm sei zugetragen worden, der Händler Etienne Walden aus Montréal beabsichtige, im Jahre 1779 am Lac la Ronge ebenfalls einen Handelsposten einzurichten. Er, der Häuptling, hätte nichts dagegen, biete doch jeder neue Händler aus Montréal die Gewähr dafür, dass die Jäger des Stammes ihre Pelzbeute gleich im Land loswerden konnten und dass der Zustrom erwünschter Erzeugnisse des weißen Mannes nicht abreißen werde.

Walther sagte sich: Doppelt richtig also, zum Lac la Biche vorzustoßen! Ich entgehe damit nicht nur jedem Einspruch der Hudson's Bay Company, denn ich verlasse ja ihr Chartergebiet, sondern ich bin auch den Montréalern wieder um viele Kanutage voraus.

Im ersten Morgengrau des dritten September 1777 legten die beiden Kanus von der Bootslände des Fort Anna ab. Walther stand als Gouvernail im ersten Boot. Als Avant diente ihm einer der Indianer aus Omimees Heimatdorf, der mit dem Wasserweg den Missinipi aufwärts bis zum Lac Ile-à-la-Crosse und dann den endlosen Biber-Fluss aufwärts bis zu jener Portage vertraut war, die, über die Wasserscheide hinweg, nur drei Meilen weit zum Lac la Biche hinüberführte.

Walther hatte Claude zum Gouvernail des zweiten Bootes bestimmt. Der war verständig und würde keinen der älteren Voyageurs vor den Kopf stoßen. Außerdem war er der Bruder von Madame Evangeline, und die frankokanadischen Voyageurs sahen durchaus ein, dass der Maître Corssen seinem angeheirateten Verwandten eine Chance gab, sich auf langer Reise als ein Meister der Kunst des Kanus zu beweisen.

Omimee war mit dem Kind im Arm in der Mitte von Walthers Boot gut aufgehoben. Die Männer bemühten sich um Mutter und Kind mit rührender Fürsorge. Fast war es Walther zu viel geworden und erst recht der noch immer scheuen Omimee, die sich in der Gesellschaft der vielen weißen Männer mit ihren lauten Gesängen nach wie vor befangen fühlte.

Es dauerte genau einen Monat, bis die beiden Kanus ihr Ziel, den Lac la Biche, erreichten. Mit untrüglicher Sicherheit hatten die indianischen Führer den Weg gewiesen. Die Merkzeichen der Landschaft waren ihrem Gedächtnis genauestens eingeprägt. Wie alle Kinder der Wildnis fanden sie einen Weg, den sie einmal begangen oder befahren hatten, immer wieder. Doch Walther entdeckte auf dieser schnellen Reise, dass auch die Cree künstliche Wegweiser nicht verschmähten, wenn die Natur nicht dafür gesorgt hatte, dass unverkennbare Wendemarken die jeweils einzuschlagende Richtung oder Abzweigung kenntlich machten. Die Cree entästeten dann an weithin sichtbarer Stelle des Ufers, auf einer Landzunge etwa oder einem Hügel, eine einzeln stehende Fichte bis zum Wipfel hinauf, sodass der Stamm nur noch die allerobersten Zweige wie eine Quaste an dünnem Stiel in den Himmel hob. Diese Zeichen waren auf weite Entfernung schon vom Wasser her erkennbar, denn dergleichen Wipfel waren in den Wälder sonst nirgendwo zu entdecken.

Der Missinipi stellt ein höchst verwickeltes, vertracktes Gewässer dar, dessen Lauf sich zahllose schmale Seen quer in den Weg legen, die der Strom, während er gemächlich nach den günstigsten Zu- und Abflüssen suchend, alle queren muss.

Endlich war man in den lang gedehnt nach Süden weisenden Lac Ile-à-la-Crosse eingetreten, auf dem sich bei strahlendem, windlosem Herbstwetter wie auf einem Silberspiegel schnell und ohne Mühe vorwärtskommen ließ.

In den Südostzipfel dieses ruhevollen Sees, der von dunklem Wald eingerahmt wurde, mündete der Beaver River, der Biber-Fluss, der jeden Pelzhändler aufhorchen ließ. Die zwei Kanus fuhren in den Biber-Fluss hinein, um ihn fortab bis zu seinem Quellsee – an die fünfhundert Meilen erst südwärts, dann westwärts weiter – nicht mehr zu verlassen. Die Strömung, gegen die anzurudern war, erwies sich als nicht allzu stark. Die nasse Straße war nun nicht mehr zu verfehlen. Portagen, soweit sie überhaupt notwendig wurden, bewirkten nur geringe und nicht besonders mühselige Verzögerungen der Reise.

Schließlich, nach der längsten auf der ganzen Reise vom Lac la Ronge zu bewältigenden Tragestrecke, hinweg über den kaum zu bemerkenden Landrücken, der hier die Gewässer der Hudson Bay von denen des arktischen Meeres trennte, öffnete sich die weite Fläche des Lac la Biche, des Sees der Hirschkuh, die hier vor Jahren irgendeinem längst verschollenen frankokanadischen Voyageur begegnet sein mochte, sodass er dem See diesen Namen gegeben hatte.

Die weite Reise war ohne Zwischenfälle verlaufen. Omimee und das Kind hatten keinen Anlass zu Sorgen oder Misslichkeiten gegeben. Der kleine Valentin hatte sich zum Erstaunen der bärtigen Männer in dem Monat der Bootsreise kräftig weiterentwickelt. Nichts ging dem Kleinen ab. Da die Männer nichts von Müttern und kleinen Kindern verstanden und sich einbildeten, die Frau des Maître und ihr kleines Kind wären höchst zerbrechliche Geschöpfe, konnten sie nicht genug tun, um das Kind und seine Mutter zu hüten, zu stützen, warm einzupacken und mit zuweilen beängstigender Neugier alle Regungen des Kindes zu beobachten und ausführlich zu besprechen – wie ein Dutzend verliebter Großväter angesichts eines einzigen Enkels ...

Die Männer bestanden auch darauf, sofort das Ufer anzusteuern, wenn der kleine Valentin sich störrisch zeigte und zu quäken anfing. Er hatte dann Hunger, natürlich, kleine Kinder haben alle naslang Hunger. Das hatte man sich irgendwann sagen lassen. Am Ufer richteten drei, vier Voyageurs im Nu einen Sitzplatz hinter einem passenden Gebüsch oder hinter einem aus Fichtenzweigen schnell aufgesteckten Schirm her, damit Omimee dem winzigen Schreihals die Brust geben konnte. Die Männer wandten sich alle ab, sicherten aber zugleich nach allen Seiten, dass Mutter und Kind keinen Schaden nähmen oder in ihren intimen Geschäften gestört wurden. Und stets machten sich bei solchen Aufenthalten zwei oder drei der Voyageurs auf die Suche nach weichem Waldmoos. Es gab nichts Besseres, wenn man keine Windeln hatte. Es erfüllte seinen Zweck sogar viel reinlicher und schonender, als es irgendein grobes Tuch konnte. Die Voyageurs sorgten eifrig dafür, dass an dicken Bäuschen duftigen Mooses im Kanu nie Mangel herrschte.

War der Kleine gestillt und selig eingeschlafen, so wurden Mutter und Kind vorsichtig wieder im Boot verstaut, wobei Walther sich allerdings das Oberkommando nicht nehmen ließ. Dann waren die Voyageurs glücklich, dass die schwierige Zeremonie wieder einmal zu gutem Ende gebracht war. Verhinderte Väter, das waren die meisten von ihnen. Und sie nahmen es keineswegs übel, dass das Kind ihre Pipes jeden Tag von Neuem durcheinanderbrachte. Nachdem sie gemerkt hatten, dass »Valentinchen« sich im Schlaf durch ihre Lieder nicht stören ließ, sangen sie, dass es schallte, sobald es weiterging:

C'est en m'y promenant, le long de ces prairies,
Dans mon chemin rencontre Marguerite, m'amie.
Je sais bien quelque chose
Que je ne veux pas dire,
Ah,
Que je ne dirai pas.

Als ich durch die Auen ging, freute ich mich, sie zu treffen.
Sie ist das Mädchen, dem ich gut bin, Margarete, keine süßer!
Ich weiß da eine Sache, eine Sache oder zwei!
Ah!
Doch ich verrate sie dir nicht!

Die beiden Cree, die den Booten als routenkundige Führer dienten, beteiligten sich nie an den Gesängen, hörten ihnen aber offenbar nicht ungern zu. Mutter und Kind aber hielten sie einer deutlich geäußerten Anteilnahme nicht für würdig. Ihr Ernst und ihre Schweigsamkeit schienen undurchdringlich. Nur Claude wusste mit ihnen umzugehen.

Omimee vergaß mit der Zeit, dass sie sich vor den lauten, lustigen, gern hochfahrenden Männern manchmal gefürchtet hatte. Nein, diese hier, die Walther ihr ausgesucht hatte, das waren treuherzige, zuverlässige Burschen, leicht erregbar zwar, aber niemals bösartig.

Walther aber war seit langer Zeit zum ersten Mal wieder mit sich einig. Vor ihm lag die wilde Welt, leer, groß, von keinem Anspruch mehr bedroht, der nicht aus ihr selbst stammte.

Bei goldenem Herbstwetter begannen die Männer gleich nach der Ankunft mit dem Bau zweier schlichter Behausungen. Die kleinere sollte im Vorderteil das Warenlager und das »Kontor« aufnehmen, während der hintere Teil für die Wohnung des Maître und seiner Familie bestimmt war.

Diesem Haus war ein Verschlag zur Unterbringung der erhofften Pelze und Felle angefügt. Das zweite, größere Blockhaus sollte den Voyageurs zur Unterkunft dienen.

Fünf Wochen später wurde der letzte Hauch des Indianersommers vom Heulen des ersten Schneesturms verschlungen. Das Eis auf dem See hielt nun auch schweren Lasten stand und die Nordlichter ließen jede zweite oder dritte Nacht ihre grünen Geisterfahnen wehen, wallen und flattern. Der Schnee hüllte die Welt in dichten, blendend weißen Flaum und die Flüsse und Bäche waren schließlich mit einer glasig harten Decke gefrorener Strömung bezogen. Die ersten indianischen Jäger erschienen in der kleinen Niederlassung am Lac la Biche, um die ersten Pelze dieses Winters anzubieten und einen kupfernen Topf, eine flauschige rotbunte Wolldecke, vielleicht auch einen Becher Rum zu erstehen. Bei eisiger klarer Nordluft brach der Hochwinter an, in dem sich manchmal für Wochen kein Lüftchen regt, sodass die Schneeborten selbst auf den dünnsten Birkenzweigen ihre Balance nie verlieren. Für Walther begann das Jahr, in dem er glücklicher war als je in seinem Leben. Die Männer arbeiteten im Wald oder fischten durch das Eis. Die beiden Indianer aus Omimees Dorf und Claude gingen auf Jagd und fingen bald damit an, eine *trap-line*, eine Fallenstrecke, anzulegen, um sich ebenfalls am eigentlichen Geschäft der neuen Station zu beteiligen. Auf jene unwahrscheinlich schnelle Art, die von jeher das Staunen der Bleichgesichter erregte, hatte sich die Kunde von der Ankunft Walthers und seiner Leute bei den weit umher in den Wäldern hausenden Cree, bei bedeutenden und unbedeutenden Stämmen und Stammesgruppen, herumgesprochen. Der Anführer der weißen Leute, so hieß es, habe Frau und Kind bei sich im Lager. Dass er Böses im Schilde führe, sei also ganz ausgeschlossen. Seine Frau gehöre dem gleichen großen Clan an wie der große alte Häuptling Saw waw Mickinack. Und in den beiden kräftigen Blockhäusern am Lac la Biche könnten die Indianer lang begehrte, lang entbehrte Erzeugnisse der Bleichgesichter eintauschen. Außerdem gäbe es, verhältnismäßig billig und sehr mühelos, Waren, die man früher auf weiten Umwegen von der fernen Hudson Bay hatte heranschaffen müssen, über schier endlose Kanurouten durch ferne feindliche Länder – oder die man anderen Indianern abschwatzen musste gegen doppelten und dreifachen Tauschwert. Die Indianer am See La Biche, den Fluss La Biche abwärts bis hinüber zum großen Athabasca und zum Tawatinaw-Strom schätzten sich also glücklich, als wahres Geschenk des Himmels einen freundlichen, wohlwollenden Trader in ihrer Mitte zu haben, der nicht nur ihre Sprache beherrschte, sondern sich auch noch eine Cree mit »heilenden Händen« zur Frau genommen hatte.

Die kleine, weltverlorene Siedlung der Bleichgesichter schwamm in den grenzenlosen Einöden als eine friedliche Insel, die durch nichts und niemanden infrage gestellt wurde. Sie ruhte wirklich in der Hand Gottes, einzig und allein in ihrer Obhut – und wo konnte sie besser aufgehoben sein!

Es bewährte sich nun, dass Walther die Voyageurs, mit denen er seine zwei Kanus bemannt hatte, sorgfältig ausgewählt hatte. Hinzu kam, dass die ständig spürbare Anwesenheit einer in ihrer Welt einmaligen Frau und des kleinen, energisch sein Recht verlangenden Valentin einen mäßigenden und tröstenden Einfluss auf die wilden Männer ausübte, welche die beiden Walther'schen Kanus über den Missinipi und den lang gedehnten Biber-Fluss heraufgerudert hatten. Was sie täglich vor Augen hatten, weckte in mehr als einem Voyageur die Sehnsucht, unter den Schönen des Landes ebenfalls Umschau zu halten.

Sie alle galten ja dank Walthers Rechtschaffenheit im Handel und dank ihrer eigenen Vorsicht und Umgänglichkeit im Verkehr mit den Eingeborenen als Freunde und Helfer des roten Mannes. Sie alle, diese nicht mehr ganz jungen Voyageurs, hatten längst begriffen, dass es aus den indianischen Wäldern ebenso wieder herausschallte, wie man in sie hineinrief.

Walther hatte nichts dagegen einzuwenden, dass einige seiner Voyageurs, darunter auch die bewährten Léon Lutin und Florien Buisson, sich abseits der beiden Haupthäuser ein kleines Blockhaus bauten und zwei schweigsame, mandeläugige Mädchen mit blauschwarzem, glattem Haar zu sich nahmen.

Sie machten sich im Lager nützlich und erwarteten, als verstünde es sich von selbst, die Weisungen Omimees und befolgten sie wortlos.

Walther achtete jedoch darauf, dass sich solche Verbindungen streng nach der Sitte der Cree vollzogen, dass also die Mädchen sich in ihrem Bereich als die Ehefrauen der Voyageurs und diese sich als angeheiratete Glieder der Sippen und Stämme betrachten konnten. Er wollte sich einfügen in diese noch so gut wie unberührte Welt der Cree am Lac la Biche und mittleren Athabasca. Und da er der erste weiße Mann war, der sich in dieser weit entlegenen Landschaft als ein großzügiger Freund unter Freunden niederließ, war er mit seinen Leuten hochwillkommen. Die Häuptlinge und Stammesräte der dort wohnenden Indianer stimmten zu, als er ankündigte, im nächsten Herbst werde eine kleine Flotte von Kanus den Biber-Fluss heraufkommen mit einem Angebot von Gütern des weißen Mannes, die ein Vielfaches von dem kleinen Vorrat ausmachen würden, welchen er den Indianern in diesem Winter sozusagen versuchsweise anbot. Die Indianer sollten schon jetzt darauf bedacht sein, genügend Pelze zu stapeln. Dann würden sie sehr leicht und schnell in den Besitz von Äxten, Hämmern, stählernen Angelhaken, Luchs- und Wolfsfallen und sogar von Flinten, Pulver und Blei gelangen – von einem gelegentlichen Trunk Rum oder Gin gar nicht zu reden.

Walther hatte hier – er begriff es durchaus – jungfräuliches Gebiet erreicht. Er war der Erste, der dies weite Land erschloss. Es schien auf ihn gewartet zu haben.

Omimee, manchmal auch Claude, wussten stets mit wenigen Worten ins rechte Licht zu setzen oder auch vom Tisch zu wischen, was dem Maître oder den Voyageurs im Umgang mit diesen, des weißen Mannes noch völlig ungewohnten Indianern Rätsel aufgab oder sich gar zu einer Gefahr auswachsen konnte – oftmals ohne böse Absicht.

Omimee war der gute Geist der werdenden Niederlassung der Kanadier am Lac la Biche. Auch sie war in ihr »Eigentum« gelangt. Kein alter Häuptling machte ihr hier noch Vorschriften. Ihr Clan der Schildkröten mit seinen starren Verboten und Vorschriften war jenseits der Wälder versunken, aber sein Wampun schützte und bestätigte sie auch am Lac la Biche und bei den dort vorbeiziehenden Clans. Oft wurde sie als Heilerin in Anspruch genommen. Die beiden Cree aus ihrem Häuptlingsdorf, die den Walther'schen Kanus als Führer gedient hatten, waren nicht faul, den Ruf Omimees unter den Stammesbrüdern am Lac la Biche zu verbreiten. Omimee verweigerte ihre Hilfe nie, ließ sich aber stets ausdrücklich darum bitten. Sie vergaß auch nie, die Bittenden darauf hinzuweisen, dass ihre Kenntnisse und Mittel vielleicht nur in ihrer Heimat wirksam wären, dass sie sich hier, in einem fernen Land, vielleicht nicht mehr unbedingt auf sie verlassen könnte. Eine Warnung, die von den Indianern am La Biche verstanden und gewürdigt wurde.

Aber sie hatte kaum Misserfolge zu verzeichnen. Sie blühte. Sie regierte mit sanfter Hand und fast unbemerkt. Sie umwob ihren kleinen Sohn und ihren Mann mit so warmer Zärtlichkeit, erfinderischer Glut und Liebe, wobei sie eine letzte Scham und Scheu nie ganz verlor. Walther fühlte sich in diesem Jahr vom Herbst 1777 bis zum Herbst 1778 zum ersten und einzigen Mal in seinem Leben von seiner Vergangenheit los und ledig gesprochen. Ein neues Leben war ihm geschenkt worden. Noch einmal! Um ihn her wuchsen nach und nach die klobigen Blockhäuser aus dem Schnee, die im kommenden Herbst und Winter die große Mannschaft des Concerns – seines Concerns! – beherbergen sollten. Die Häuptlinge ringsum waren ihm wohlgesonnen. Die wilden Wälder hatten längst alle Feindlichkeit verloren, sie waren die Mauern, die ihn vor allen Gewalten jener fernen Welt schützten, der er entstammte.

Und Omimee ist mir zugetan. Sie wird nie woanders zu finden sein als an meiner Seite.
Er fühlte im Dunkel nach ihrer Hand, fand sie und berührte sie. Gleich schloss sie sich um die seine.

Als der Frühling schon in den Wipfeln brauste und der Schnee schon zusammengesunken war, trugen Walther, Claude, einer der Indianer und jene vier Voyageurs, die sich nicht mit Indianerinnen zusammengetan hatten, eins der Boote und eine ansehnliche Zahl von Pelzballen über die Wasserscheide zum Quellsee des Biber-Flusses hinüber, fanden ihn aber noch unter Eis, während der Lac la Biche schon fast eisfrei gewesen war. »Der Fluss wird das Eis schon gebrochen haben. Wir tragen die Lasten weiter bis zum Ausfluss des Bibers. Dann könnt ihr gleich losfahren!«, meinte Walther. Nochmals also war eine Wanderung über das Ufereis des Quellsees, oft durch tiefes, auf dem Eis stehendes Schmelzwasser, zu unternehmen. Aber das lohnte sich, wie sich bald zeigte. Der Biber-Fluss war weit offen und floss mit starker Strömung. Walther sagte:
»Claude, ihr werdet eine sehr schnelle Reise haben, den Biber und den Missinipi abwärts. Ihr werdet die Brigaden vom Fort Anna an der Einmündung der Route vom La Ronge in den Missinipi vielleicht gerade noch abfangen. Wenn nicht, dann versucht, sie einzuholen, damit ihr eure Pelze loswerdet. Schließt euch ihnen an bis zum Lac Supérieur und kommt mit ihnen im Herbst zurück – und mit Gorham, Matthieu und O'Gilcock. Ich weiß nicht, wo Justin, Anna und das Kind den Sommer verbringen wollen, oder ob sie auch auf dem Weg zum Oberen See sein werden. Auf alle Fälle wird Fort Anna mit dem Ende dieses Sommers vollständig aufgegeben. Wir vereinigen uns im Herbst alle am Lac la Biche. Beeilt euch mit der Rückreise, denn der Weg ist um einen Monat länger. Aber das haben wir ja alles hundertmal besprochen. Ich wiederhole es noch einmal vor aller Ohren, damit alle wissen, was

verabredet ist. Also, fahrt wohl allesamt, mit Gott und der heiligen Anna!«

Der hinterste Rudermann, der kleine, dickliche Jules Pradier, schob das beladene und besetzte Kanu vom Ufer fort, stieg geschickt hinein, und schon schoss das Boot in die Strömung des hoch gehenden Biber-Flusses hinaus. Claude als Gouvernail hatte keine Zeit zurückzublicken.

Walther machte sich auf den beschwerlichen Rückmarsch. Er würde bis in die Nacht hinein wandern müssen, obgleich der Apriltag schon wesentlich länger dauerte als die Nacht. Aber Omimee würde auf ihn warten – und das Kind und der Friede seiner Wohnstatt.

Während er sich durch verkrusteten Schnee, zähen Morast und eisiges Schmelzwasser vorwärtskämpfte, fiel ihm ein: Dies ist der Anfang des Sommers, an seinem Ende werde ich mich mit den Partnern auseinanderzusetzen haben. Eine Last wollte sich ihm auf die Seele legen. Er wehrte sie ab und wälzte sie mühsam beiseite.

Dieser Sommer, dieser lange, einsame Sommer, der gehört uns noch ganz allein!

36

Der Herbst hatte sich bereits endgültig verabschiedet. Das Gold, das Zitronengelb, der Purpur der Birken, Pappeln, Espen, Weiden und prunkenden Ahorne – sie waren ganz und gar verblasst, zu Boden gesunken und erloschen. Die entlaubten Bäume verschwammen nun ohne eigene Gestalt im schwärzlich dichten Saum, den die zum Ufer des Sees vordringenden Fronten der Heere von Fichten, Tannen und Kiefern bildeten. Der Wind wehte kalt und regenschwer von Südwest über die Wälder und verhieß nichts Gutes. Die kleinen Wellen des Sees setzten mageren Schaum am Ufer ab, ein schmales, grau silbernes Band, das die Bögen des Ufers nachzeichnete und sich erst in der Ferne verlor.

Um sich auch im bevorstehenden Winter bewegen zu können, hatte Walther von den Indianern ein gutes Gespann von acht Schlittenhunden erworben und ihnen einige Hütten gezimmert. Doch bisher hatten die Huskys ihre Behausungen bei jedem Wetter verachtet. Walther hatte sich geärgert, dass er wieder einmal nicht ausreichend indianisch, sondern nach der Weise des im Übrigen fast schon vergessenen »alten Landes« gedacht und gehandelt hatte. Jetzt aber hatte das gnadenlose Wetter des späten Herbstes die Hunde zum ersten Mal aus der alles durchdringenden Nässe in den Schutz ihrer Hütten getrieben. Walther fühlte sich getröstet: Er hatte sie nicht ganz umsonst gebaut.

Mit Bedacht hatte er den neuen Posten am Lac la Biche unweit des Ortes am Seeufer angelegt, dort, wo die Tragestrecke vom Quellsee des Biber-Flusses herüber die weite Wasserfläche des Sees der Hirschkuh, dessen Abfluss, der Fluss La

Biche, schon zum Athabasca strebte. An dieser schmalen Nahtstelle zwischen zwei gewaltigen Stromsystemen würde ihm kein einziges Kanu entgehen, das aus dem riesigen, vom Athabasca entwässerten Gebiet nach Osten zum Biber-Fluss, zum Missinipi und zum unteren Saskatchewan fuhr. Hier hatte er sozusagen ein Netz ausgespannt, in dem sich alle Pelze verfangen würden, die aus dem fernen Westen kamen, wo ungeheure Gebirge, rasende Stromschnellen und Wasserfälle jedem Kanu die Weiterfahrt verwehrten. So hatten es ihm die Indianer unbezweifelbar berichtet.

Walther hatte die Umstände richtig eingeschätzt. Noch vor dem Ende des Sommers hatte er seinen beschränkten Vorrat an Tauschwaren bis zur Neige ausgeschöpft. Er musste die Jäger, die ihm gut aufbereitete Pelze von vorzüglicher Qualität in großer Zahl anlieferten, auf die Brigaden vertrösten, die gegen Ende des Herbstes aus dem Osten eintreffen und eine reiche Auswahl an Erzeugnissen des weißen Mannes mitbringen würden.

Die Tage und Wochen vergingen. Bald würde der Wind umschlagen, der Regen versiegen, Frost einfallen und vielleicht sogar schon ein vorzeitiger Schneesturm die Welt unter weißem Flaum ersticken. Doch der Pfad der Portage, die den Quellsee des Bibers mit dem Quellsee des La Biche verband, blieb leer und verwandelte sich schließlich, als der eisige Nieselregen nicht aufhören wollte, in qualligen und zugleich steinigen Morast.

Die besonnte Heiterkeit und Ausgeglichenheit der vielen sommerlichen Stunden und Abende mit Omimee und dem Kind, das gemächliche, geduldige Handeln mit den Indianern, die gleichmäßig fortschreitende Arbeit an den Unterkünften für die im kommenden Winter zu erwartenden Voyageurs – all dies Glück und das Gleichmaß der sich zu goldener Kette reihenden Tage voller Geschäftigkeit, sie waren unmerklich langsam, jedoch unaufhaltsam zerronnen, je weiter der Herbst fortschritt. Sie waren einer ständig wachsenden Spannung gewichen.

Was konnte nicht alles geschehen sein! Zwanzig Kanus mit wertvoller Ladung Tausende von Meilen durch ungezähmte Wildnis bis hierher in den fernsten Westen zu bugsieren, einen guten Reisemonat weiter noch als zum Lac la Ronge – welch ein im Grunde tollkühnes, aberwitziges Unterfangen! Dennoch, manchmal rechnete Walther nachts, wenn er schlaflos dalag und sich nicht viel bewegen durfte, um Omimee an seiner Seite nicht zu wecken: Selbst wenn die zwanzig Kanus mit ihrer gesamten Ladung verloren gingen, es würde den Concern nicht umwerfen! Sie hatten in den vorausgegangenen Jahren vorzüglich und ohne Rückschläge verdient. Sie hatten hart gearbeitet, keine Mühe und Entbehrung gescheut und waren um geschäftliche Schachzüge und kluge Einfälle nie verlegen gewesen. Sie alle: Pancrace, John, William, Justin und er, Walther, der im fernsten Vorfeld seine Haut zu Markte getragen hatte, als wäre das Ganze nur ein tapferes Spiel – was es ja auch war …

Draußen stieß der Sturm in heulenden Böen ums Haus. Wie gut, dass Walther die Schindeln des Daches mit Steinen beschwert und das Dach selbst mit Stricken aus rohem Leder am Boden verankert hatte! Zwanzig Kanus können nicht verloren gehen. Aber solch Wetter nagelt sie irgendwo fest. Und gegen den hochgehenden Biber-Fluss anzukämpfen, Meile für Meile, ist eine Schinderei, eine die Muskeln zerreißende Qual sondergleichen! Viel Zeit blieb ihnen nicht mehr! Besseres Wetter ist jetzt kaum noch zu erwarten. Der Oktober neigt sich dem Ende zu. Was mache ich im Winter ohne Waren und Proviant?

Er wälzte sich auf die andere Seite. Vorsichtig! Ich will Omimee nicht stören.

Plötzlich drang ihre Stimme aus der Dunkelheit, wach und klar: »Du solltest dir nicht so viel Sorgen machen, Walther!

Auch wenn die Brigaden ausbleiben – wir brauchen sie im Grunde nicht. Sie brauchen uns. Wir haben das Hundegespann. Außerdem sind wir hier in den Jagdgründen der Cree, sie würden mit uns ihren letzten Fisch teilen. Uns kann nichts geschehen, gar nichts. Ich habe keine Furcht.«

Sie hatte keine Furcht, das war gewiss. Er antwortete ebenso ruhig: »Ich fürchte nur, dass wir im kommenden Winter keine Waren haben und unsere Versprechungen nicht einlösen können, gegen die uns viele Pelze zugesagt oder schon geliefert sind.«

»Indianer sind sehr geduldig. Sie wissen, dass du sie nicht betrügst. Und sie wissen auch, dass die Wildnis mit den Menschen Fangball spielt, wenn es ihr gerade in den Sinn kommt. Walther, ich glaube, dass etwas anderes dir schon lange die Nachtruhe stört …«

»Was ist es, Omimee?«

Ihre Stimme aus der Dunkelheit klang verhalten, aber hart:

»Du fragst dich, ob es richtig war, die Partner zu zwingen – denn du hast sie gezwungen! –, dich hier im hintersten Pays d'en haut aufzusuchen. Ich habe darüber nachgedacht. Es war richtig. Die anderen haben es sich vielleicht nicht klargemacht. Aber ich habe es von Anfang an gewusst. Hier in meinem Land, hier unter den Cree, zu denen du und unser Kind, zu denen Claude und nun auch die Voyageurs gehören, die Cree-Mädchen geheiratet haben, hier sind wir die Stärkeren, hier gilt unser Gesetz und nicht das der Fremden von weit her, die dich immer geängstigt und verfolgt haben. Wer hier gegen dich ist, der ist gegen mich und die Cree. Er würde es bereuen.«

»Du liest in mir wie in einem aufgeschlagenen Buch«, sagte Walther. »Ich will den Kampf nicht, der mir bevorsteht. Er ist mir aufgezwungen. Ich werde ihn hinhaltend führen, werde um einen vernünftigen Ausgleich besorgt bleiben. Aber sie irren sich, wenn sie meinen, mir etwas absprechen zu können, was ich allein mir erworben habe. Dies ist mein Concern – und er bleibt es!«

Ihre Hand tastete nach der seinen. »Er bleibt es, Walther!« Ihre Hand drängte sich in die seine. »Komm!«, flüsterte sie.

Der Regen war schwächer geworden und versiegte schließlich ganz. Doch nach wie vor verdunkelten die Wolken den Himmel. Unablässig quollen sie schwarzgrau von Westen auf, zogen in flachen Bogen über den unruhigen See und verschwanden hinter dem Wipfelgewoge der Wälder. Nur sehr zögernd trocknete der Boden ein wenig ab. Es wurde kälter. Aber Masquâ, der zweite jener Indianer, die Walther als Führer vom Lac la Ronge mitgenommen hatte, war der Meinung, dass Schnee und Frost noch eine Weile auf sich warten lassen würden. Walther gewann ein wenig Zuversicht zurück. Er erinnerte sich auch, dass er in der Vergangenheit um diese Jahreszeit stets mit wachsender Sorge und Unruhe auf die Ankunft der Brigaden gewartet hatte, gepeinigt von der Vorstellung, die Kanus mit den sehnlich erhofften Tauschwaren könnten den Weg verloren haben und irgendwo gescheitert sein. Aber noch in jedem Jahr waren sie eingetroffen. Gewiss, es hatte manchmal Verluste gegeben. Aufs Ganze gesehen aber fielen die Rückschläge überhaupt nicht ins Gewicht.

Der trübe Tag gegen Ende Oktober war vergangen wie seine Vorgänger: mit harter Arbeit an den Unterkünften für die Brigaden. Walther selbst hatte sich abgemüht, ein Blockhaus, aufgeteilt in drei Kammern, so wohnlich zu gestalten, dass die drei Seniorpartner darin ihr Quartier aufschlagen konnten. Sie würden auch hier im fernsten Pays d'en haut gewisse Ansprüche stellen und sich von der Menge der Voyageurs abheben wollen. Für Gorham und O'Gilcock galt das bestimmt. Matthieu war leichter zufriedenzustellen. Aber Walther wollte auch durch solche Äußerlichkeiten wie gleich große Schlafkammern deutlich machen, dass Pancrace Matthieu für ihn immer noch, ebenso wie Gorham und O'Gilcock, ein gleichberechtigter Seniorpartner war.

Bis in die Dunkelheit hinein hatte Walther den Tischen in den drei Räumen den letzten Schliff zu geben versucht. Es war schon zu dunkel geworden, um unter dem Dach noch recht erkennen zu können, was man unter den Händen hatte. Aber das Wichtigste war getan.

Walther trat vor die Tür. Im Freien war es noch einigermaßen hell. Er blickte sich um. Der Himmel hatte sich nicht verändert. Dichte Schwärme von Wolken trieben nach Osten. Zu seiner Rechten breitete sich der große Lac la Biche ins Ungewisse, schwarz und unruhig im stößigen Wind. Zu seiner Linken lastete jenseits des breiten Uferstreifens die dunkle Barrikade des Waldes. Fünfzig Schritte über den feuchten, festen Sand des Gestades entfernt, duckte sich in den Saum der hohen Fichten das Haupthaus, aufgeteilt in das Kontor der werdenden Station und das Quartier Walthers und seiner kleinen Familie.

Auf halbem Weg zum Haus buchtete der Rand des Waldes landeinwärts ein. Dort trat neben einem schmalen Wasserlauf, der seine Feuchte nach so vielen Regentagen im Ufersand verlaufen und versickern ließ, der Pfad der Tragestrecke ins Freie, die vom Quellsee des Biber-Flusses drei Meilen weit herüberführte.

Omimee würde schon mit dem Abendbrot warten. In der Wand des Haupthauses war ein kleines Viereck rötlich gelb erhellt. Omimee hatte im Innern des großen Kontors, der dem Maître zugleich als Wohnraum diente, das Feuer in dem gewaltigen Kamin aus Felsbrocken entfacht und wohl auch schon einen Kienspan in die Fuge über dem Sims gesteckt, um bei seinem Licht das Kind zu versorgen.

Schon auf dem Pfad zu seiner Wohnung ließ ihn eine kaum wahrnehmbare Bewegung unter den Bäumen innehalten. Dort kam wer. Seine Voyageurs konnten es nicht sein. Die hockten längst bei ihren indianischen Frauen in den Hütten abseits im Wald, wärmten sich und aßen. Die kleinen Behausungen lagen versteckt und im Windschutz hinter Dickichten.

Ein Ruf scholl aus dem Halbdunkel. Zu verstehen waren die Worte nicht, aber Walther erkannte aus ihrem Tonfall, was sie bedeuten sollten: »Gut Freund!«, rief dort einer, um sich anzukündigen. Und nochmals: »Gut Freund! Hier kommt gut Freund!«

Täusche ich mich? Nein, ich täusche mich nicht. Das ist Matthieus Stimme! Sie schallte vom Ende der Portage herüber. Pancrace Matthieu! Die Brigaden, die lange erwarteten, waren sie endlich gekommen? Wo Pancrace war, da waren die Brigaden!

Walther lief der Stimme entgegen. Nicht eine, drei Gestalten lösten sich aus dem Dunkel.

»Ich bin es, Walther Corssen!«, rief Walther ihnen entgegen.

Patrick O'Gilcock, John Gorham und Pancrace Matthieu umringten ihn und schüttelten ihm die Hände.

»Boote und Ladungen liegen noch am Ostende der Portage. Morgen wird alles herübergeschafft. Heute wären die Männer nicht mehr weit gekommen. Nur wir drei haben uns mit unserem leichten Gepäck auf den Weg gemacht. Claude hat uns versichert, dass wir es gerade noch vor der vollen Nacht schaffen würden bis zum Lac la Biche. Das hat auch gestimmt. Aber der Weg hierher ist die Hölle! Nichts als Morast und spitzes Gestein!«

Gorham hatte diese Auskunft gegeben.

»Gut, dass ihr allein vorausgegangen seid!«, sagte Walther. »Die Träger unter Last wären nicht durchgekommen. Der Weg ist grundlos. Dabei haben meine Leute vor einiger Zeit schon die schlimmsten Hindernisse beiseitegeräumt. Ich zeige euch gleich eure Quartiere. Ich hoffe, ihr seid damit einverstanden. Auf alle Fälle sind sie besser als ein Lager unter freiem Himmel. Ich werde euch sofort Basil Caron schicken, einen der wenigen Voyageurs, die über Sommer hiergeblieben sind. Er wird Feuer machen bei euch, damit es warm wird und ihr euch heißes Wasser zum Waschen bereiten könnt. Danach treffen wir uns alle zum Essen im Haupthaus, da drüben. Meine Frau wird inzwischen die Mahlzeit fertig haben.«

»Deine Frau, Walther?«, fragte O'Gilcock verwundert.

»Ja, meine Frau, wer sonst! Ich hoffe, du hast nichts dagegen einzuwenden, Pat?«

»Oh, nicht das Geringste, Walther. Ich wundere mich nur, da ich dich seit langen Jahren stets nur als unbeweibten Witwer erlebt habe.«

John Gorham lenkte ab: »Hast du schon Pelze eintauschen können, Walther?«

»Eine Menge! Und konnte mir auch eine große Zahl für den kommenden Winter sichern. Ich war nur völlig leergekauft. Gut, dass ihr endlich da seid. Mit zwanzig oder mehr Kanus, wie ich hoffe. Wir werden sie alle für die Rückreise füllen können. Was macht der Krieg im fernen Süden?«

»Der schleppt sich so hin. Es sieht nicht so aus, als ob die dreizehn Kolonien mit ihrer Unabhängigkeitserklärung durchkommen werden, der von 1776. Die Engländer lassen nicht nach, die Rebellen zu bedrängen – mit regulären Truppen, meistens deutschen Söldnern oder von ihren deutschen Fürsten verkauften Soldaten. Die Rebellen haben nur schlecht ausgebildete Milizen. Man kann sagen, die Engländer sind wieder obenauf, kontrollieren auch die Kanurouten nur noch nachlässig. Wir haben die alte Route benutzt, die über den Huronen-See, und sind nur am Mattawa und in Sault Ste. Marie befragt worden.«

O'Gilcock mischte sich von Neuem ein: »Du hättest den Schlitten nicht über die Nordroute zu jagen brauchen. Ich bin dabei meinen besten Voyageur losgeworden, Gilles Clautier.«

»Du bist es gewesen, Pat, der mir in seinem langen Brief

dringend nahegelegt hat, die Nordroute zu erkunden. Ich konnte im fernen Pays d'en haut nicht beurteilen, wie der Krieg die Verhältnisse im Osten verändert. Ich hörte inzwischen von einem Händler der Hudson's Bay Company, dass einer von den vier Leuten, die auf die Schlittenreise gegangen sind, am Leben geblieben ist. Wer ist es?«

O'Gilcock schnarrte: »Leider, wie gesagt nicht Gilles Clautier, sondern ein zweifelhafter Bursche namens Paul Soldat. Ich hätte ihn, wäre es nach mir gegangen, am liebsten der englischen Behörde ausgeliefert. Aber dein Sohn William hat darauf bestanden, dass ihm nichts geschieht. Nur kein Aufsehen machen und alte Geschichten aufrühren, hat er gesagt. Wir haben ihn dir wieder mitgebracht. Frage du ihn, warum er allein übrig geblieben ist, wie er Schlitten, Ladung, Hund nach Montréal gebracht hat, warum die anderen drei ins Gras beißen mussten. Außerdem sagte ich mir: Er kennt die Nordroute jetzt. Vielleicht wird das noch einmal gebraucht!«

Walther gab keine Antwort. Einer also war wirklich am Leben geblieben, war wieder auf die Füße gefallen, war nun wieder hier. Nicht umzubringen der Bursche, Gott sei Dank, denn »Paul Soldat«, das konnte nur Paul Luders sein.

Schweigend schritten die vier Männer durchs Dunkel. Sie waren alle erregt und noch zu keinem klaren Wort fähig, nicht einmal zu einem klaren Gedanken.

Da war das Blockhaus, das Walther für die drei gebaut hatte. Er stieß die Tür auf: »Ein Kienspan steckt am Kamin. Andere liegen bereit. Feuerzeug habt ihr im Gepäck. Ich schicke euch also gleich Basil Caron herüber mit einem Arm voll Brennholz. Er wird Feuer machen. In einer guten Stunde dann bei mir zum Essen!«

Walther wanderte durch die Finsternis zu seinem Haus hinüber, tief in Gedanken. Die andere, die Außenwelt, war so unendlich fern gewesen. Nun hatte er selbst sie in sein entlegenes Pays d'en haut gerufen.

37

Es dauerte einige Tage, bis sich die vielen lauten und unruhigen Männer, die mit einer sehr reichhaltigen Auswahl von Tauschgütern am Lac la Biche erschienen waren, für die Arbeiten des Herbstes und Winters einteilen und anstellen ließen. Walther, Claude, Choquette und vor allem Justin hatten alle Hände voll zu tun. Das Wetter meinte es gnädig. Die Tage lösten sich kaum aus den Nebeln des Morgens und sanken bald wieder in sie zurück. Aber es regnete nicht mehr, wenngleich eine alles durchdringende kühle Feuchte nicht mehr weichen wollte. Die Tage und Nächte waren nur mäßig kalt und blieben gleichmäßig farb- und gestaltlos, als wären sie nur halb fertig und dann lieblos vergessen worden. Die Männer des schnell sich ordnenden neuen Lagers am Lac la Biche widmeten sich der allerdings dringlichen Aufgabe, ihre Unterkünfte wohnlich zu machen und die Waren aus- und umzupacken. Walther wollte auch hier die tüchtigsten Voyageurs zu zweit oder dritt auf Außenposten setzen, um den Indianern, die den weißen Mann meist nur vom Hörensagen kannten, so angenehm wie nur möglich die Vorteile zu demonstrieren, die der Fang von Pelztieren, insbesondere von Bibern, ihnen zuschanzen würde.

Walther hatte die vergangenen Monate gut genutzt, hatte sich mit den Häuptlingen am Fluss La Biche und den Athabasca hinauf und hinunter bekannt gemacht. Besonders in den biberreichen Landstrichen gegen Süden zum Missawawi-See, zum Amisk-Fluss, nach Kikino und zum Tawatinaw-Fluss hatte er Bezichungen angeknüpft. Er sprach längst Cree wie ein Cree, hatte auch nichts einzuwenden, wenn seine indianischen Begleiter ihn als Mitglied des hoch angesehenen Schildkröten-Clans vom Lac la Ronge ansprachen. So blieb er zwar den Indianern ein Bleichgesicht, hatte sich aber ein Heimatrecht in ihrer Welt erworben und war kein feindlicher Fremder.

Walther fand zunächst gar keine Zeit, sich viel um die drei Seniorpartner zu kümmern. Er überließ es ihnen selbst, sich ein Bild von den Umständen zu machen, mit denen er in all den Jahren ganz allein auf sich selbst gestellt hatte fertig werden müssen. Früher oder später, darüber war sich Walther durchaus im Klaren, würde der zwischen ihm und O'Gilcock schwelende Zwist offen ausbrechen. Der Ire hatte sich, jedenfalls bildete er sich das ein, zum Herrn des von Walther begründeten Concerns aufgeworfen und war nur gekommen, diesen Tatbestand offenkundig zu machen und die anderen Partner zu zwingen, ihn anzuerkennen. Sein Selbstbewusstsein und seine Anmaßung waren durch den Reichtum, den er inzwischen aus den Gewinnen des Concerns in seinen privaten Säckel abgeleitet hatte, ins Ungemessene gewachsen.

Allerdings hatte es bislang nie zur Diskussion gestanden, ob und in welchem Umfang Pat O'Gilcock in Montréal sich einen größeren Anteil an den Gewinnen abgezogen hatte, als ihm zukam. Denn die drei anderen Seniorpartner saßen weit vom Schuss und waren mit den Beträgen, die ihnen aus dem Concerngewinn zuflossen, mehr als zufrieden gewesen. Sie hatten gar nicht danach gefragt, ob noch mehr hätte »herauskommen« müssen. Nur O'Gilcock selbst, der den Verkauf der Pelze verwaltete, war imstande, zuverlässig anzugeben, ob die erzielten Profite das Doppelte, Fünf- oder gar Vielfache des eingesetzten Kapitals darstellten. Gorham und Walther waren sich bewusst, dass die Ursache für den außerordentlichen Erfolg der Handelspartnerschaft zwar auch in der Geschicklichkeit O'Gilcocks – und sicherlich auch Williams – beim Endverkauf der Pelze zu suchen war, dass aber vor allem das

Ausbleiben jeglichen Rückschlags, jeglichen kostspieligen Verlustes von Waren, Kanus und Pelzen dazu beigetragen hatte, die Gewinne von Jahr zu Jahr kräftig zu steigern. Dieser reibungslose Ablauf war aber nur dadurch ermöglicht worden, dass jeder der Seniorpartner sich unter den vier wichtigsten Aufgaben vor allem jener mit besonderem Eifer angenommen hatte, die ihm selbst am besten »lag«:

Walther Corssen erschloss im fernen und immer ferneren Pays d'en haut stets neue Handelsgebiete, in denen die Indianer noch nach den Erzeugnissen des weißen Mannes hungerten und nach seinem Feuerwasser dürsteten. Gebiete also, in denen die Indianer bereit waren, aus bislang noch unbeanspruchten wilden Beständen einen hohen Preis an Pelzen für die Tauschgüter anzulegen, die ihnen das Dasein in der ungebändigten Wildnis so außerordentlich erleichterten.

Patrick O'Gilcock hatte am Ostende der dreitausend Meilen langen Kanuroute dafür zu sorgen gehabt, die Tauschwaren aus Europa möglichst preiswert ein- und die Pelze aus dem fernen Westen möglichst teuer zu verkaufen.

John Gorham hatte den schnellen und zugleich peinlich geordneten Austausch der Ladungen am westlichen Lac Supérieur, die Anwerbung und Auswahl der Voyageurs, die Kontrolle der Frachten und die Handelslizenzen zu überwachen gehabt. Außerdem hatte er als alter Militär sein organisatorisches Geschick in Grand Portage, diesem Hexenkessel, in dem sich Osten und Westen nicht immer sehr friedlich trafen, glänzend bewiesen.

Pancrace Matthieu schließlich war für die Kanus mit ihren kostbaren Ladungen unterwegs verantwortlich gewesen.

Dieser eng verschränkten Zusammenarbeit war der Erfolg des Concerns zu verdanken. Gorham und Walther Corssen hatten das mit aller Deutlichkeit erkannt. O'Gilcock überschätzte seine Leistung bei Weitem, da sich erst am Ende des schwierigen Zusammenwirkens das Ergebnis in klingende

Münze verwandelte und weil er selbst sowieso überzeugt war, dass ihm an Schläue, List und Geschick niemand das Wasser reichen konnte. Am wenigsten dachte Pancrace Matthieu über diese Dinge nach. Ihm genügte es, als unbestritten Erster unter den Voyageurs unterwegs zu sein, kein Kanu und keine Ladung zu verlieren und nach jeder Saison ein hübsches Sümmchen als Gewinnanteil zu kassieren. Wie O'Gilcock diesen errechnete, das bewegte ihn kaum, er konnte es auch nicht nachprüfen.

Gérard, der gute, bewährte Choquette, war es, der seinem Maître als Erster das heimlich bohrende Unbehagen zu Bewusstsein brachte, das sich Walthers seit der Ankunft der Brigaden und der drei anderen Seniorpartner bemächtigt hatte. Choquette hatte Walther schon am ersten Abend beiseite genommen, nachdem die Seniorpartner gegessen, Matthieu und O'Gilcock sich zur Feier der glücklich beendeten Reise unmäßig betrunken hatten und in ihren Kammern auf die wohlvorbereiteten Mooslager gesunken waren.

»Walther«, hatte Choquette seinem Maître anvertraut, »ich soll dich von Paul Luders grüßen. Er ist mit hier bei den Voyageurs, heißt aber nicht mehr Luders, sondern nennt sich seit seiner Ankunft in Montréal nach der verunglückten Schlittenreise Paul Soldat. Das kann man gut französisch aussprechen. In Montréal kannte ihn niemand. So segelt er also seit dem Sommer vorigen Jahres unter diesem Namen. Auch bis Grand Portage traf er keinen, der ihn gekannt hätte. Gorham hat sofort mitgespielt, ebenso Justin und Anna, die dann an Gorhams Stelle in Grand Portage zurückblieben. Und die Nordmänner von Grand Portage bis hierher haben ebenfalls gleich begriffen, dass ihr alter Kamerad Luders als Paul Soldat erst einmal wieder im Pays d'en haut sein wollte. O'Gilcock und Matthieu ahnen auch jetzt noch nicht, dass er der seinerzeit gesuchte Paul Luders ist. Hier könnte sich Paul ja nun offenbaren. Er will es aber dir überlassen, ob du es für richtig hältst, O'Gilcock und Matthieu reinen Wein einzuschenken. Sie würden wahrscheinlich wütend werden, weil man sie getäuscht hat.«

Walther entschied sofort: »Nein, er soll weiter ›Soldat‹ heißen – verrückter Name, aber er passt ja auf ihn. Wie kam es, dass er dem Massaker am Abitibi entging?«

»Das will er dir selbst erzählen. Er sagt, er sei dem Maître Rechenschaft schuldig. Der Maître, das bist für ihn nur du!«

»Gut, gut! Sage ihm, es hätte keine Eile. Ich bin froh, dass er wieder da ist. Er soll eine passende Gelegenheit abwarten. Ich werde ihm einen Wink geben.«

In der Woche, die diesem Gespräch folgte, hatte Walther Paul Soldat alias Luders nicht zu Gesicht bekommen. Weit mehr als hundert Männer machten sich weit umher am Lac la Biche zu schaffen. Walther bemühte sich nicht, Paul zu finden. Es genügte ihm zunächst zu wissen, dass sich sein treuer Gefolgsmann wieder eingefunden hatte.

Hinzu kam, dass Walther von jenem merkwürdigen Unbehagen befallen wurde, das Choquette nach der ersten Woche – wiederum vertraulich – seinem Maître zu erklären versuchte:

»Du sagst, Walther, dass dir die Voyageurs sonderbar vorkommen, übel gelaunt, ein bisschen widerspenstig, als ginge ihnen etwas gegen den Strich. Nun, ich kann dir verraten: Das stimmt. Es sind ja fast alles Nordmänner, die meisten schon seit Jahren im Dienst des Concerns. Sie waren gewohnt, dass du sie ebenso wie Gorham in jeder Beziehung für voll nahmst, als Gefährten gleichen Ranges. Dass du der Patron warst und sie die Angeworbenen auf Zeit, das spielte dabei, waren wir erst im Pays d'en haut, keine Rolle. Sie brauchten nie herumkommandiert zu werden und verrichteten, was unterwegs oder am Handelsposten zu tun war, in eigener Verantwortung. Wenn du oder deine Brigadeführer – so wie ich oder

Claude – mit diesem oder jenem nicht einverstanden waren, dann hat man vernünftig darüber geredet und sich auf die beste Lösung geeinigt. Niemand brauchte sich zurückgesetzt zu fühlen. Das war auf dieser Reise anders. Schon am Lac Supérieur haben Matthieu und mehr noch Pat O'Gilcock angefangen, herumzukommandieren. Dies passte ihnen nicht und jenes nicht und hatte ›abgestellt‹ zu werden. Es gab weit und breit nur einen, der alles besser wusste, das war O'Gilcock. Ich – und auch Claude –, wir hatten alle Hände voll zu tun, die Männer bei der Stange zu halten. Unsere Leute sind keine Schweinefleischfresser und haben auch allen Grund, sich nicht wie solche behandeln zu lassen. Walther, lass dir sagen, wenn du nicht dafür sorgst, dass unsere Nordmänner wieder ihr Recht und ihr Ansehen bekommen, wie sie es gewohnt sind – von dir, von mir und überhaupt hier im Indianerland –, dann kriegen wir in diesem Winter schweren Ärger. Und das wäre schrecklich! Denn es sind, aufs Ganze gesehen, gute Leute. Wir kennen sie ja! Besonders aufgebracht sind sie über Matthieu. Pat O'Gilcock, so sagen sie, das ist der Oberpatron aus Montréal. Den juckt sein vieles Geld im Hintern. Der spielt sich bloß auf wie alle Briten, die Schotten und alles, was Englisch spricht. Aber Matthieu, der sollte Bescheid wissen. Er kommt doch genau wie wir vom St. Lorenz und kennt das Kanuwesen in- und auswendig. Aber er macht sich zum Hanswurst dieses hochgestochenen Iren. Dem sollte man gelegentlich die Kehrseite verbläuen. Walther, wenn du die Männer nicht wieder in die Reihe bringst, dann wird es im Winter ungemütlich werden.«

»Und Gorham?«, fragte Walther nach diesem Wortschwall verdrossen.

»Ach, Gorham, der ist englisch, nicht schottisch oder irisch. Der ist ein vorsichtiger Mann, mischt sich nicht ein, ergreift niemandes Partei. Mit Gorham gibt's keinen Ärger, aber natürlich auch nie Spaß. Vielleicht ist er im Grunde noch hochmütiger als Pat. Aber er lässt es nie merken. So hat er keine Feinde. Freunde allerdings auch nicht.«

Das traf sicherlich den Nagel auf den Kopf. Die beiden Männer schwiegen sich eine Zeit lang an. Dann begann Choquette noch einmal:

»Das Beste wäre, Walther, du machtest den beiden klar, dass sie unser entlegenes Pays d'en haut am gründlichsten kennenlernen, wenn sie sich auf einen vorgeschobenen Außenposten setzen und dort im Kleinen auf eigene Faust mit den Indianern Handel treiben. Ein paar Schweinefleischer aus den Großkanus des Ostens haben wir ja am Lac Supérieur übernehmen müssen. Die gibst du den beiden mit und dazu einen oder zwei der Cree vom La Ronge als Dolmetscher.«

»Fragt sich bloß, Gérard, ob sie gehen wollen! Loswerden möchte ich sie auch. Unruhe unter meinen Männern kann ich nicht gebrauchen. Wie kamen die beiden mit den Indianern aus?«

»Matthieu weiß natürlich, dass man die Indianer sich selbst überlassen muss. Sie sind nicht umzubiegen und verstehen unsere Art nicht. Aber O'Gilcock hat sich gleich mit ihnen angelegt, behandelte sie schlechter noch als seine elendesten Schweinefleischer. Es hätte ein Unglück gegeben, wenn Gorham nicht eingegriffen hätte – nur dies eine Mal, aber so zornig und bestimmt, dass O'Gilcock in diesem Fall schleunigst die Fühler einzog. Er hat sogar ein Versöhnungsgeschenk gemacht. Ich war dabei, wie Gorham dem Iren erklärte: Wenn du dir von den Cree den Schädel einschlagen lassen willst, bitte, wie es dir beliebt! Aber nicht hier im Lager und auf langer Reise. Dann suche dir eine andere Gegend dafür aus. Pat musste nachgeben, voller Wut. Hat seitdem um die Cree unter uns einen Bogen gemacht. Aber ohne Indianer könntest du die beiden nicht auf Außenposten setzen.«

»Man müsste ihnen zwei sehr besonnene Indianer beigeben. Es ist sehr gut, dass der Häuptling uns nur Leute des

Schildkröten-Clans mitgegeben hat. Die fühlen sich als Omimees und meine Verwandten. Meine Frau steht bei ihnen als Heilerin in höchster Achtung. Sie haben sogar ein wenig Angst vor ihr, glaube ich. Sie werden nie etwas tun, das für uns nachteilig sein könnte. Was Omimee ihnen aufträgt, werden sie getreulich verrichten.«

»Dann soll ihnen Omimee aufgeben, die Reden und Anweisungen der beiden nicht ernster zu nehmen, als man die Sprüche von Kindern nimmt – die Herren aber im Übrigen vor unangenehmen Folgen bewahren, wenn sie Dummheiten machen. Und das werden sie bestimmt tun. O'Gilcock hat sich das Saufen angewöhnt und Matthieu muss mithalten. Das kann bei tiefer Kälte böse ausgehen. Und hier wird es sehr kalt!«

Ja, es wurde sehr kalt – und das ohne Übergang. Auf leisen Sohlen schlich sich der Winter ins Land, buchstäblich über Nacht. Am Morgen war der See schon weit hinaus mit Eis bedeckt, derselbe See, der am Tag zuvor noch gemächlich seine kleinen Wellen ans Ufer geschäumt hatte. Dann hatte es zu schneien begonnen. In ganz feinen Flocken rieselte es aus einem seltsam lichten Himmel, so leicht und fein wie weißer Staub. Der Wind ging nur sachte, hatte auf Nord zu Ost gedreht und schnitt wie mit haarscharf geschliffenen dünnen Messern. Manchem wurden die Ohren weiß, der nicht gleich erfasste, dass das Wetter andere Saiten aufgezogen hatte. Wurde er nicht von einem Gefährten rechtzeitig aufmerksam gemacht, so setzte sich der Frost in den Ohren fest. Das konnte sehr unangenehm werden, führte zuweilen zu langwierigen Eiterungen oder gar zu Entstellungen.

Immerhin war es dem Lager am Lac la Biche vergönnt gewesen, sich bei noch leicht erträglicher Temperatur vollends für den Winter einzurichten. Allmählich schien sich auch die Stimmung unter den Voyageurs zu bessern, seit sich ihnen als oberste Instanz im Lager nur Walther anbot. Zwar hatte Pat O'Gilcock anfangs versucht, seine Vorstellung davon, wie der Posten anzulegen wäre, unter den Männern durchzusetzen. Aber Walther war von Choquette gewarnt. Im Beisein von Gorham hatte er Pat O'Gilcock deutlich gemacht:

»Hör mal gut zu, Pat! Wir sind nicht in Montréal mit Bütteln, Offizieren und Soldaten an jeder zweiten Straßenecke. Wir schwimmen hier auf einem sehr gebrechlichen Floß fern von jedem rettenden Ufer im großen Ozean des Indianerlandes. Keiner hat das Vorrecht, dies Floß zum Wanken zu bringen. Auch du nicht. Hier draußen im Pays d'en haut, dreitausend Meilen von Montréal mit seinen Herren und Behörden, gelten andere Regeln. Ich kenne sie. Du kennst sie nicht. Nimm also zur Kenntnis, dass allein ich hier das Kommando habe, niemand sonst, auch du nicht, Seniorpartner. Ich rede dir auch nicht in deinen Kram in Montréal, obgleich es vielleicht gut wäre, wenn man sich gelegentlich austauschte. Also nochmals: Ich habe die Weisung ausgegeben, dass die Männer nur auf mich zu hören haben. Das werden sie tun, verlass dich drauf! Wenn du dich also nicht blamieren willst, dann vermeide in Zukunft jedes Kommandieren.«

Pat war hochgegangen wie von einer Tarantel gestochen: »Wer hat wem hier was vorzuschreiben?! Es wird sowieso höchste Zeit, dass wir reinen Tisch unter uns machen. Wenn du es darauf anlegst, können wir auf der Stelle damit anfangen. Du glaubst wahrscheinlich, mein lieber Walther, ich hätte inzwischen von dem langen Brief, den ich dir geschrieben habe, einiges zurückzunehmen. Du irrst dich. Nichts ist zurückzunehmen. Der Krieg gegen die rebellischen Kolonien ist noch längst nicht zu Ende. Die englischen Behörden spielen verrückt wie eh und je. Seit du und Matthieu offiziell nicht mehr zu den Eigentümern unseres Concerns gehören, seit William und seine kluge Frau Martine sich wirklich mit Geschick in Kanadier verwandelt haben, seit ich endlich im vorigen Jahr die Leute im Aufsichtsamt für den Pelzhandel ausfindig machte, auf die es ankommt, die also einen gut gepolsterten Händedruck erwarten – seither hat der Concern völlige Ruhe. Ich muss ein hübsches Stück Geld nebenbei weglaufen lassen, Gott sei's geklagt, aber ich spicke wenigstens nicht die Falschen, wie es andere Concerns tun – und dann wird ihnen doch alles beschlagnahmt oder mit Steuern und Gebühren weggezaubert, weiß der Himmel in wessen Taschen! Es ist mein Werk allein – und ein wenig auch Williams, das gebe ich zu –, dass wir als Concern überhaupt noch existieren. Nicht nur das – wir machen auch noch gute Geschäfte! Aber doch nur deshalb, Walther – da bilde dir nichts ein! –, weil du ausgeschieden bist. Ohne mich gäbe es den Concern gar nicht mehr. Mitgeholfen haben Gorham und William oder Martine. Über Justin und Anna bin ich mir im Zweifel. So steht es. Und wenn du es ganz deutlich haben willst, mein lieber Walther Corssen, genannt McCorssen, dieser Concern, hier im Indianerland, am Lac Supérieur und in Montréal oder sonstwo, dieser Concern bin ich!«

Er schien zu schäumen. Den andern war das nichts Neues. Aber dies wurde selbst Gorham zu viel, der sonst nur ungern Partei ergriff. Seine Stimme klang eisig:

»Patrick O'Gilcock, wenn du dich lächerlich machen willst, so ist das deine Sache. Aber erwarte nicht, dass dich wer ernst nimmt. Es stimmt, wir sind hier etwas weit ab vom Schuss, ich am Lac Supérieur und Walther im Indianerland – und es mag richtig gewesen sein bei den Verhältnissen in Montréal, sowohl Corssen wie Matthieu aus unserer Fassade herauszunehmen. Deinem eigenen Urteil allein, offen gestanden, Pat, würde ich nicht trauen. Aber da Williams und Martines Auffassungen sich mit den deinen offenbar decken, glaube ich, dass es richtig war, die Namen McCorssen, Matthieu, auch Luders übrigens, überhaupt die ganze Herkunft und Vergangenheit des Concerns unter dem Mantel der christlichen

Nächstenliebe verschwinden zu lassen. Im Übrigen, nimm gefälligst dies zur Kenntnis: Ich bin niemandes Zweiter. Außerdem: Ohne Walther gäbe es diesen Concern nicht. Ohne die Pelze, die er aus der entlegensten nordwestlichen Einöde herausgeholt hat, wärst du in deinem Montréal nie zu was gekommen, wir alle nicht. Und drittens ist mir hier vieles klar geworden, hier, wo man sich auf nichts weiter berufen kann als auf die eigene Vorsicht und Kenntnis der Wildnis und die ganz persönliche Fertigkeit, mit hundert Voyageurs und unberechenbaren Indianern den langen, gefährlichen Winter über auszukommen und sie sogar zu unserem Nutzen einzuspannen. Die Aufschrift an dem Topf, aus dem wir Partner reichlich schöpfen, mag zu ändern gewesen sein. Der Topf selbst aber hat der gleiche zu bleiben! Und da ich nun einmal rede, will ich kein Blatt vor den Mund nehmen. Ich sage es offen: Nach meiner Meinung wärst du in Montréal zu ersetzen, Pat. Durch mich zum Beispiel, wohl auch schon durch William und Martine. Walther aber hier draußen ist nicht zu ersetzen. Wir haben noch keinen Rückschlag erlebt, keinen Zank mit den Voyageurs gehabt – obgleich mit Nordmännern nicht leicht auszukommen ist. Vor allem: Wir haben uns die Indianer zu Freunden gemacht – wozu mehr Fingerspitzengefühl gehört, als du in deinem ganzen Leben aufbrächtest. Es bleibt also dabei, dass wir Partner von Gleich zu Gleich miteinander verkehren. Den braven Matthieu hast du breitgeschlagen. Wir andern sehen keinen Grund, die alte Ordnung zu verändern. Wem das nicht passt, der soll ausscheiden. Uns, das heißt mir, Walther, William und Justin, passt es. Nimm das zur Kenntnis, Pat!«

Die drei hockten im großen Hauptraum des Hauses am Feuer. Die Flammen waren langsam erloschen. Die dunkelrote Glut, die zurückblieb, verbreitete immer noch eine milde Wärme. Etwas abseits der Feuerstelle führte eine Tür in die beiden hinteren Räume des Hauses, in denen Walther mit

Frau und Kind hauste. Omimee hatte sich wie stets, wenn Geschäfte oder Angelegenheiten des Lagers besprochen wurden, zurückgezogen. Kind und Mann zu versorgen, auch diesem oder jenem Voyageur oder Indianer an der Hintertür zu raten und zu helfen, was allzu oft von ihr erwartet wurde, all dies beanspruchte sie zur Genüge. An diesem Abend hatte sie den Hauptraum sofort verlassen, als sich die Stimmen Walthers, Gorhams und O'Gilcocks dem Hause näherten.

Gorham hatte gesagt, was er zu sagen hatte. Er war noch immer der Captain! O'Gilcock auf seinem Schemel hatte seine Beine weit von sich gestreckt und die Arme über der Brust gefaltet. Er sagte zunächst kein Wort. Zwar gehörte der Captain zu den wenigen Leuten, die O'Gilcock respektierte, aber geschlagen gab er sich nicht. Nach einer Weile knurrte er:

»Ich höre immer wieder, dass zu dem Handel mit den Indianern besonderes Talent gehört. Walther hier im Pays d'en haut wäre nicht zu ersetzen? Nun, ich habe zwar in der Vergangenheit Indianer nur totgeschossen, im Süden, an der Indianergrenze, in Kentucky oder auch damals in Nova Scotia – nach der alten guten Regel, dass es nur eine Sorte von ›guten‹ Indianern gibt, tote nämlich. Hier stimmt das nicht, da die Indianer uns die Pelztiere fangen müssen. Ich verstehe mich auch auf die Wilden und sage, wir könnten noch viel bessere Geschäfte machen, wenn wir uns gar nicht erst so viel Mühe gäben, Tauschwaren heranzuschaffen und anzubieten, sondern nur mit Schnaps bezahlten. Rum oder Brandy lassen sich am leichtesten transportieren, dann verdünnen und auf die drei- oder vierfache Menge bringen. Die Burschen gieren danach, und man hätte sie dauernd am Bändel, könnte diktieren, wie viele Biberfelle für einen großen Krug Branntwein zu bezahlen sind. Ich hätte große Lust, mich mit Matthieu, ein paar Voyageurs und einigen Cree aus dem Lager auf einen gut gelegenen Außenposten zu setzen und den Handel auf meine Weise zu probieren. Ich bin überzeugt, dass ich mehr an Pelzen einsammle als irgendwer sonst – und dann können wir uns ja nochmals unterhalten. Ich stelle inzwischen fest: Als Partner des Concerns sind Walther und Matthieu nicht tragbar bei den jetzigen Verhältnissen in Montréal. Für diese Verhältnisse bin ich nicht verantwortlich. Alles, was den Engländern verdächtig ist, muss entfernt werden. Walther, Matthieu, auch solche Leute wie dieser Luders, sind nur noch im Indianerland verwendbar, und dort nur gegen Lohn wie jeder andere Voyageur.«

Walther Corssen antwortete, äußerlich ganz ruhig: »Vielen Dank, Pat, für deine Offenheit! Nun wissen wir wenigstens, was jeder vom andern zu halten hat. Ich bin mit deinem Vorschlag einverstanden. Probiere den Indianerhandel einen Winter lang auf deine Faust! Der beste Außenposten, den ich dir anbieten kann, wäre wohl die Stelle, wo der La-Biche-Fluss in den Athabasca mündet, zwei knappe Kanutage von hier. Dein Freund Matthieu wird sicherlich mit von der Partie sein. Ein paar kundige Voyageurs und Indianer kann ich dir zur Seite stellen. In wenigen Tagen ist das Eis fest. Schnee gibt's mehr als genug. Brauchbare Schlittenhunde, Proviant, Hundefutter – das ist alles vorhanden oder lässt sich beschaffen. In drei, vier Tagen könnt ihr euch auf den Weg machen. Vielleicht bist du der Kluge, sind wir die Dummen. Wenn du bis zum Ende des Winters bewiesen hast, dass du mehr auf die Beine bringst, als ich bisher gebracht habe, gebe ich mich geschlagen und trete meine Anteile am Concern ab – an den Meistbietenden oder an meine Kinder.«

O'Gilcock zeigte sich verblüfft. Offenbar hatte er nicht erwartet, so schnell beim Wort genommen zu werden. Captain Gorham half nach: »Das ist ein sauberer Vorschlag, Walther. Dir, Pat, bleibt nichts anderes übrig, als einverstanden zu sein.«

O'Gilcock zog ein süß-saueres Gesicht, er fühlte sich überrumpelt: »Gut, wenn Matthieu mitmacht. Aber das wird er wohl. Und wenn wir mit reichlich Proviant und Hundefutter versehen werden. Außerdem beanspruche ich die Hälfte von allem Rum, Gin und Brandy, der für den Winter zur Verfügung steht.«

»Sollst du haben, Pat!«, erwiderte Walther. »Aber ich warne dich vor Zeugen: Die Indianer geraten außer Rand und Band, wenn sie zu viel Schnaps trinken. Hinterher fragen sie dann, ob ein Brummschädel alles ist, was sie für ihre Pelze bekommen, und werden garstig. Ich warne dich, Pat!«

Pat wischte die Worte mit einer Handbewegung beiseite: »Spar dir deine Nächstenliebe, Walther! Ich habe mit Indianern noch nie viel Umstände gemacht und bin immer gut dabei gefahren. In meinen Augen sind Rothäute nur halbe Menschen. Auf einen mehr oder weniger kommt es nicht an.«

Er hatte offenbar noch mehr auf der Pfanne, zögerte aber fortzufahren. Das gab Walther Zeit zu einem Einwurf – und seine Stimme klang jetzt unverhüllt feindselig: »Ich glaube, auch unter anderer Flagge bisher nicht gerade schlecht gefahren zu sein. Aber wenn du deiner Sache so sicher bist – in diesem Land trägt jeder seine Haut zu Markte so klug oder so dumm, wie er lustig ist. Wer sie verspielt, ist sie los und sieht sie nie wieder.«

»Und nach deiner Meinung soll mir das blühen, nicht wahr, Walther? Gib dich keinen falschen Hoffnungen hin! Im Übrigen, wenn wir schon beim Abrechnen sind, so will ich gleich zur Sprache bringen, was mir am Lac Supérieur aufgefallen ist, als ich dort nach der Ankunft der Nordbrigaden Justins Jahresabschluss für die Geschäfte im Pays d'en haut durchackerte. Du hast am Egg Lake ein großes Fest gefeiert, hast prächtige Geschenke gemacht, Walther, und anscheinend für das ganze Häuptlingsdorf die Zeche bezahlt. Deine großzügigen Gaben hast du dem Bestand des Concernpostens an Tauschwaren entnommen. Du hast in der Abrechnung dem Concern nur gutgeschrieben, was der dem Posten dafür berechnet hat, die Selbstkosten also. Das hast du eigenmächtig getan, Walther. Wir anderen Partner haben unsere Zustimmung nicht gegeben. Nach meiner Meinung hättest du dem Concern zu deinen Lasten gutschreiben müssen, was mit den von dir entnommenen Tauschwaren beim Pelzeinkauf zu erzielen gewesen wäre, also schätzungsweise das Fünf- bis Zehnfache. Und wenn schon das nicht, so hättest du mindestens noch die anteiligen Kosten für den Transport der von dir entnommenen Güter von Montréal bis ins Pays d'en haut tragen müssen. Wenn du hier Feste feierst, Walther, so will ich nicht ungefragt an den Unkosten beteiligt werden.«

Captain Gorham mischte sich nicht ein. Aber auch er blickte Walther fragend an. Walthers Puls hatte sich beschleunigt. Seine Ohren brannten. Der Zorn wollte ihn würgen. Er beherrschte sich mühsam.

»Wenn ein Seniorpartner dem Vorrat Dinge für den eigenen Gebrauch entnimmt, so hat er dafür die Selbstkosten des Concerns zu tragen, nicht mehr. Das versteht sich wohl von selbst. Ich gebe zu, es handelte sich damals um eine große Entnahme. Ich will auch nicht feilschen. Das Ganze ist mir widerlich. Wenn die Partner der Meinung sind, dass ich zu viel entnommen habe, gut, so möge man mir berechnen, welchen Wert die dem Concern entgangenen Pelze gehabt hätten, und mich dafür belasten. Ich werde mich der Ansicht der Mehrheit beugen, obgleich ich, sieht man die Sache von dieser Seite an, durch die damaligen Aufwendungen den Concern im Land der Cree sicherer verankert habe, als es je auf andere Weise hätte geschehen können.«

Captain Gorham sagte begütigend: »Wenn wir erst anfangen, uns gegenseitig die privaten Pfennige nachzuzählen, die wir wahrscheinlich alle dann und wann aus der Concernkasse abzweigen oder abzweigen müssen, dann haben wir uns bald bei den Haaren. Du hättest keine Mehrheit gegen dich, Walther. Ich habe selbstverständlich angenommen, dass die große Entnahme damals letzten Endes auch dem Concern dienlich wäre. Die Junioren sind sicherlich der gleichen Meinung. Pancrace Matthieu würde keinen Augenblick daran zweifeln, dass du zu jeder Entnahme berechtigt bist – sofern er es noch wagt, sich deiner Ansicht zu widersetzen, Patrick O'Gilcock. Die Concernwaren sind dazu da, dem Tauschhandel mit den Indianern Profite zu entlocken. Dass wir uns untereinander die gleichen Profite abverlangen sollten, Pat, das ist grotesker Unsinn!«

Die Sache war so gut wie entschieden. Captain Gorham neigte nicht dazu, viel zu reden, und war, wenn er es tat, kein Freund von großen Worten. Aber wenn er einmal sein Urteil abgegeben hatte, ließ sich kaum etwas dagegen einwenden.

Patrick O'Gilcock war in den fernen Westen gereist, weil er geglaubt hatte, dass Montréal, dass alles, was an Ansehen mit dem Namen dieser Stadt verbunden war, ihm ein unwiderstehliches Übergewicht vor den andern verleihen würde und dass er nur zu erscheinen brauchte, um es bestätigt zu bekommen. Im Pays d'en haut wurde nun klar, dass Montréal das Ende, aber nicht den Anfang des weitgedehnten Unternehmens darstellte, dem die Partner sich verschrieben hatten. Oder, wie Gorham es später ausdrückte, als er mit Walther allein war: Der Hund kann mit dem Schwanz wedeln, aber nicht der Schwanz mit dem Hund.

Patrick O'Gilcock war kein Dummkopf, gewiss nicht. Er hatte zu begreifen, dass er vorläufig keine Aussicht hatte, sich durchzusetzen. Doch verführte ihn sein Missmut, einen letzten Pfeil abzuschießen. Er drehte die Hände umeinander, als fröre er, bog den Kopf zurück, grinste breit und schnarrte überlaut:

»Grotesker Unsinn ist es, was ich gesagt oder gefragt habe, meinst du, Captain? Wird der Unsinn nicht noch viel grotesker, Captain, wenn ich einmal ohne blumige Umschreibung ausspreche, was uns zugemutet wird? Erstens ganz allgemein:

Indianer, Voyageurs und anderes Kroppzeug so zu behandeln, als wären es richtige Menschen – und zweitens, im Besonderen: den guten Walther zu finanzieren, wenn er sich eine nette Beischläferin, irgendeine indianische Schlunze, ins Bett holt! Wir tun das ja auch gelegentlich, bezahlen es aber aus der eigenen Tasche.«

Die beiden Männer wurden einer Antwort enthoben. Die Tür zum Nebenraum flog auf. In dem halbdunklen Viereck stand Omimee. Mit der Rechten stützte sie sich an den Rahmen, als fürchtete sie zu fallen. Im Dämmerlicht war zu erkennen, dass Tränen ihr Gesicht überströmten. Sie rief – mit einem schrillen, gefährlichen Unterton in der Stimme: »Ich habe alles gehört. Ich konnte gar nicht anders. Ihr habt ja geschrien! Du!« Sie wies mit dem Finger auf O'Gilcock: »Du, dich hasse ich. Sieh dich vor! Komme mir nie wieder unter die Augen! Walther, zeige dem schmutzigen Hund die Tür!«

Gorham machte der Szene ein Ende: »Schluss jetzt! Mach, dass du wegkommst!« Er packte den Iren am Arm, öffnete die schwere Bohlentür und schob ihn zum Ausgang ins Freie. Bevor er selbst das Haus verließ, wandte er sich noch einmal zurück: »Es tut mir sehr leid, Omimee! Es tut mir sehr leid, Walther!«

38

Es war schwierig und gab viel Ärger im Lager am Lac la Biche, als die Außenposten eingerichtet werden sollten. Der Winter hatte ohne Übergang sein hartes Regiment aufgerichtet. Jede Hoffnung, dass die Kälte im auslaufenden Jahr 1778 noch einmal weichen und die Gewässer noch einmal befahrbar sein würden, musste unter Schnee und Eis begraben werden. So waren also die jeweils ein bis drei Tagesreisen entfernten Posten, die Walther im vorausgegangenen Sommer schon ausgewählt, vorbereitet und mit je einem kleinen Blockhaus versehen hatte, im November und Dezember des Jahres nur mit Hundeschlitten erreichbar. Sie konnten nicht so reichlich mit Tauschgütern ausgestattet werden, wie dies über offenes Wasser mit geräumigen Kanus möglich gewesen wäre. Die meisten Voyageurs verstanden sich auch nicht auf die keineswegs sehr friedlichen, sogar gefährlichen Schlittenhunde und wollten nichts mit ihnen zu tun haben. Es waren zwar genügend Gespanne im weiteren Umkreis des oberen Biber-Flusses und des Lac la Biche bis hinüber zum großen Athabasca aufzutreiben gewesen, aber Walther hatte die indianischen Treiber mit anheuern müssen, um seine Waren und Männer über das Gebiet zu verteilen, das er in diesem Winter für den Pelzhandel erschließen wollte.

Es hatte den Unwillen der Voyageurs erregt, dass Pat O'Gilcock für seinen großen Posten am Zusammenfluss der Ströme La Biche und Athabasca eine besonders reichliche Ausstattung mit Tauschwaren, besonders aber den Löwenanteil der geistigen Getränke beanspruchte. Pat machte gar keinen Hehl daraus, dass ihm die Bedürfnisse und Wünsche der übrigen Voyageurs gleichgültig waren. Er war entschlossen zu zeigen, was aus den *bloody indians* im Handel herauszuholen sei und dass man mit Alkohol die größten Erfolge erzielen könne.

Walther beschäftigte sich lediglich mit den Voyageurs, die er für die Außenposten bestimmt hatte, und sah zu, dass sie so schnell wie möglich aus dem Hauptlager verschwanden. Um O'Gilcock kümmerte er sich nicht. Er hatte keine Einwände erhoben, als Captain Gorham ihm nach jener schrecklichen Nacht des Streites im Haupthaus vorgeschlagen hatte:

»Walther, überlasse O'Gilcock mir. Er soll seinen Willen haben. Ich bin wie du überzeugt, dass er Schiffbruch erleiden wird. Da Matthieu auf seiner Seite ist, vielleicht auch William, wie er behauptet, steht die Sache unter uns Partnern wie drei zu drei. Du selbst hast ihm die Probe aufs Exempel angeboten. Also muss sie ihm ermöglicht werden. Ich kann natürlich verstehen, dass du nichts mehr mit ihm zu tun haben willst. Aber im Geschäftlichen sind wir immer noch aufeinander angewiesen. Ich rate dir auch, Walther, die bösen Reden Pats an jenem Abend nicht allzu wichtig zu nehmen. Erstens hatte er zu viel getrunken, was er und Matthieu jetzt offenbar mit Begeisterung betreiben. Und zweitens wirst du wissen, wie im Osten unter Männern über Verbindungen mit Indianerinnen geredet wird. Dort sind die Indianer und erst recht die Indianerinnen seit mehr als hundert Jahren an den Verkehr mit den Voyageurs gewöhnt und entsprechend verdorben. Dass hier im fernsten Indianerland davon noch keine Rede sein kann, weiß O'Gilcock nicht. Du solltest also Pats widerliche Bemerkung über deine Frau nicht allzu tragisch nehmen.«

Walther musste zugeben, dass der Captain in seiner nüchternen Art die Geschehnisse angemessen zurechtgerückt hatte. Er antwortete verdrossen: »Gut, Captain, ich gebe dir freie Hand, Pat auszustatten, wie du es für richtig hältst. Ich werde dir und ihm keine Hindernisse in den Weg legen. Er wird mir mit allzu viel Schnaps die Indianer vergrämen, wird sie uns zu Feinden machen. Denn sobald sie aus dem Rausch erwachen und merken, dass sie die Pelze, das Ergebnis eines vielleicht ganz schweren Winters, für ein paar Tage kotzjämmerlicher Übelkeit weggegeben haben, fühlen sie sich betrogen. Ihre Enttäuschung und Wut wird dann gefährlich. Aber sei's drum! Vielleicht verbrennt er sich die Finger, und der ganze Spuk, den er veranstalten wird, vergeht zu blauem Dunst. Und dann ist er draußen, so wahr mir Gott helfe! Sieh zu, Captain, dass O'Gilcock sobald wie möglich aus dem Lager verschwindet. Er ahnt wahrscheinlich nicht, dass für Indianer Rache zur Pflicht wird, wenn sie beleidigt worden sind. In dieser Hinsicht ist meine Frau Indianerin und ich kann sie nicht tadeln.«

Gorham hatte sonderbar nachdenklich erwidert: »Ich könnte es auch nicht, Walther. Aber ich glaube, wir alle können nur wünschen – das gilt auch für dich –, dass Gras über die Geschichte wächst.«

Dabei war es geblieben. O'Gilcock gehörte zu den Ersten, die einen der Außenposten des Hauptlagers bezogen. Wohlausgestattet mit zwei Schlittenladungen von Rum und Brandy, ließ er sich für den Winter an der Mündung des La Biche in den Athabasca nieder. Gorham hatte ihm drei erfahrene Voyageurs, Schweinfleischfresser, und zwei Indianer als Helfer zur Seite gestellt. Pancrace Matthieu hatte nicht gezögert, sich O'Gilcock anzuschließen. Er schien die Gesellschaft O'Gilcocks der des Captains oder Walthers vorzuziehen.

Omimee trat im Lager erst wieder in Erscheinung, als O'Gilcock und seine sechs Leute über das Eis des Sees La Biche nordwestwärts verschwunden waren. Walther sagte sich: Sie hat nur noch gelacht, wenn sie mit dem Kind spielte. Vielleicht wird sie jetzt auch mit mir wieder einmal lachen.

39

Walthers und Gorhams Erwartungen erfüllten sich nicht. Die Nachrichten, die im Laufe des Winters 1778/79 ins Hauptlager am Lac la Biche zurückdrangen, ließen kaum Zweifel darüber, dass O'Gilcock mit seiner Methode, den Indianern so viel Alkohol zu liefern, wie sie nur haben wollten, außerordentliche Erfolge erzielte. Der Rausch bedeutete in diesen bis dahin vom weißen Mann und seinen Verführungen noch kaum erreichbaren Gebieten etwas so unerhört, so grausam Neues, dass kein Indianer, der sich nicht von den Gefährten auslachen lassen wollte, darauf verzichten mochte, sich wenigstens einmal der beglückenden Seligkeit des Anfangs hinzugeben und sich dann um Sinn und Verstand zu trinken. Auch schien den Indianern, die mit dem Rum und seinen Folgen noch keine Erfahrungen gesammelt hatten, der Rausch zunächst jeden Preis wert zu sein. Es hatte bis dahin im indianischen Bereich nichts Vergleichbares gegeben. Deshalb mochte jeder, selbst ein wahnwitziger Preis der »richtige« sein.

Und O'Gilcock zögerte nicht, sich den verschnittenen Rum aus Jamaica und Barbados teuer bezahlen zu lassen. Matthieu hielt wacker mit. Er hatte seit Langem gelernt, seine ärmeren Landsleute, die frankokanadischen Voyageurs, als bloße Mittel zum Zweck zu betrachten, zum Zweck, die Kanubrigaden des Concerns so schnell wie möglich ostwärts und westwärts über die Wasser und Portagen zu hetzen. Er fragte nicht viel danach, wer unterwegs liegen blieb, erkrankte, verunglückte oder erschlagen wurde. Das Schicksal der Indianer, die für einen großen Krug Branntwein die Mühen und Gefahren eines harten Winters in den Wind schlugen und nichts herbeibrachten, Hunger und Not von Frau und Kind abzuwehren, kümmerte Pancrace Matthieu, gelehrigen Schüler des ehemaligen Skalpjägers und Indianertöters Patrick O'Gilcock, noch viel weniger als das Ergehen der überforderten Voyageurs.

Walther hatte ein Gebiet geöffnet, in dem die Indianer den weißen Mann bis dahin nur vom Hörensagen gekannt und über das »feurige Wasser« nur spekuliert hatten. Dass hier am fernen Athabasca Leute wie O'Gilcock und Matthieu eine riesige erste Ernte an Pelzen einheimsen würden, war im Grunde vorauszusehen gewesen.

Walther und auch Captain Gorham hatten sich verrechnet. Schon Ende März, als der Winter mit einem letzten grimmigen Vorstoß das Land noch einmal in tiefen Schnee versinken, in schneidender Kälte erstarren ließ, lösten O'Gilcock und Matthieu ihren Außenposten auf. Sie hatten alles, was sie an geistigen Getränken mitgenommen hatten, bis zum allerletzten Rest an den Mann gebracht.

Im Triumph zogen sie ins Hauptlager ein. Den restlichen Proviant und all ihr Zeug hatten sie am Athabasca zurückgelassen. Ohnehin hatten sie die Schlitten überladen müssen mit vielen Bündeln kostbarer Pelze.

Das ganze Lager war zusammengeströmt, soweit die Männer nicht weit entfernt auf den vorgeschobenen Außenposten saßen, auf ihren Trapplinien unterwegs waren oder die Alltagsarbeit, die im Hauptposten am Lac la Biche niemals abriss, sie nicht im Wald, in den Hütten oder auf dem vereisten See festhielt.

Da waren sie also, die Seniorpartner aus dem Osten, Patrick O'Gilcock und Pancrace Matthieu, die ungeliebten, ja hier bei den Nordmännern sogar gründlich verhassten hochfahrenden Kerle – und brachten Pelze in einer Fülle und Qualität, dass selbst die besten Ergebnisse vergangener Jahre daneben verblassten. Weiß der Teufel, die Zeiten waren schlecht und unsicher. Aber diese gerissenen Burschen aus dem fernen Schweinefleischer-Osten, die wussten anscheinend auch aus den widrigsten Umständen Kapital zu schlagen. Und jetzt, so schien es, befanden sie sich in allerbester Stimmung. Es konnte nicht schaden, sich bei ihnen anzubiedern. So sparten die Voyageurs an jenem grimmig kalten und beißend windigen Märznachmittag nicht mit Hochrufen und wirrem Geschrei der Bewunderung, als die hoch bepackten Schlitten mit den hechelnden Hunden davor bei der Hütte, in welcher die Pelze gelagert wurden, zum Stillstand kamen.

Walther Corssen und Captain Gorham waren gerade mit dem Sortieren der Pelze beschäftigt, die sich im Laufe des Winters im Hauptlager angesammelt hatten. Das Getöse auf dem Vorplatz war nicht zu überhören.

Die beiden Männer traten ins Freie.

Patrick O'Gilcock schien den rauschenden Empfang, den ihm die Voyageurs bereiteten, als eine Huldigung zu genießen. Er hatte die Schneeschuhe schon von den Füßen gelöst. Er schien außer sich vor Übermut. Er hat getrunken, fuhr es Walther durch den Kopf.

O'Gilcock löste sich von den Schlitten und stapfte unsicher auf Walther und den Captain zu, blieb einige Schritte vor ihnen stehen, machte mit weit ausholenden Armen eine Geste übertriebener Ehrerbietung und schrie, dass jeder es hören konnte. »Sei mir gegrüßt, früherer Seniorpartner des Concerns, genannt Walther McCorssen! Wir haben Pelze eingebracht wie noch nie! Wär ja auch noch schöner, wenn wir klugen Leute aus Montréal euch Hinterwäldler im Pays d'en haut nicht alle in den Sack stecken könnten! Es ist entschieden, Walther. Wir haben bewiesen, wer es besser kann und wer unersetzlich ist. Du bist es bestimmt nicht. Und ich erinnere dich an unsere Abmachung! Ich grüße auch Sie, Captain Gorham! Wir beide sind nun endlich unter uns, wie es sich gehört!«

Mit noch lauterer Stimme wandte er sich an die Voyageurs: »Leute, Nordmänner, Büffelfleischfresser! Dieser Concern trägt fortab den Namen O'Gilcock, Gorham und keinen sonst! Leute, die schlechten Zeiten sind vorbei. Leute, fortab gilt mein Kommando! Wir werden alle leben und verdienen wie die Fürsten. Das muss gefeiert werden. Schluss mit der Arbeit für heute! Heute wird mit den Vorräten nicht gespart. Heute Abend schlagen wir uns alle den Bauch voll, so viel hineingeht. Und dann wird einer gehoben, wird die Ronde getanzt. Und wer als Letzter noch auf den Beinen steht, der bekommt von mir fünf Pfund Sterling als Sonderprämie. Alle sind eingeladen – bis auf die schmutzigen Indianer. Die will ich nicht sehen bei unserem Fest. Die haben nur Wert, wenn sie Pelze bringen. Also wir fangen an. Und ein Fässchen zum Anwärmen wird gleich aufgelegt.«

Walther und der Captain waren wieder in das Pelzlager zurückgetreten, als O'Gilcock die Voyageurs zu seiner Siegesfeier einzuladen begann. Er hatte nicht einmal versucht, auch nur den Anschein aufrechtzuerhalten, als habe außer ihm noch irgendwer im Lager Befehle zu erteilen.

Gorham murrte: »Er ist schon betrunken. Matthieu wird es auch sein. Ich werde Choquette suchen und ihn anweisen, die Schlitten ordentlich entladen zu lassen und die Hunde zu versorgen. Im Übrigen ziehen wir uns lieber ins Haupthaus zurück, ins Kontor. Ich bin froh, dass ich mir da den Verschlag zum Wohnen und Schlafen angebaut habe. Mögen die beiden im Seniorpartnerhaus ihren Rausch allein ausschlafen. Wie ich O'Gilcock kenne, wird er zuvor alles vollkotzen und dann umkippen, wie mit dem Beil gefällt. Matthieu besteht dann gewöhnlich darauf, sich im Schnee schlafen zu legen, weil ihm ›zu heiß‹ ist. Morgen Nachmittag wird man mit Pat erstmals vernünftig reden können. Dergleichen habe ich schon in Grand Portage erlebt mit den beiden, und das nicht nur einmal. Was machen wir mit den Indianern? Pat würde sie hinauswerfen, wenn sie mitfeiern wollten. Sie werden wütend sein, dass sie ausgeschlossen sind!«

»Omimee wird mit ihnen reden, wird sie in die Pflicht nehmen, dafür zu sorgen, dass kein Betrunkener zu Schaden kommt. Die Indianer dürfen sich nicht blicken lassen, solange Pat oder Pancrace noch ihrer Sinne mächtig sind. Die beiden würden unflätig werden. Und ob die Indianer dann nicht zuschlagen würden – ich wage es nicht auszuschließen ...«

»Ich auch nicht, Walther! Drücken wir uns durch den Hinterausgang. Du musst schleunigst mit Omimee reden. Hoffentlich kann sie uns helfen. Sonst gibt es heute Nacht eingebeulte Schädel. Was willst du selbst tun, Walther? Du nimmst Pats besoffenes Geschwätz hoffentlich nicht ernst?«

Walther hatte sich bereits zum Gehen gewandt und öffnete die kleine Hintertür des Lagerhauses. Mit sonderbarem Gleichmut bekannte er: »Machen wir uns nichts vor, Captain! Ich habe verloren. Ich weiß zwar, dass solch ein Erfolg nur einmal und ganz am Anfang zu erzielen ist. Im nächsten Winter würden ihn die Indianer umbringen. Aber zunächst hat er mich ausgestochen und weiß es, nüchtern oder betrunken. Für mich ist es das Ende. Ich will auch nicht mehr streiten. Aber darüber reden wir später. Jetzt muss ich erst einmal ungesehen ins Kontor gelangen und Omimee bitten, uns zu helfen. Captain, du instruierst am besten sofort Choquette und Paul Soldat. Die behalten gewöhnlich den Verstand.«

Es zeigte sich, dass Omimee bereits Bescheid wusste. Walther wunderte sich nicht mehr darüber. Stets pflegte einer ihrer Sippenbrüder leise an die Küchentür des Haupthauses zu klopfen und der Heilerin mit ein paar Worten auszurichten, was sich im und um das Lager ereignete.

»Ich werde den Cree beibringen, dass sie in dieser Nacht eine besonders verantwortungsvolle Aufgabe zu übernehmen haben. Ich werde sie an ihre Sippenpflicht erinnern, aber auch ein besonderes Geschenk, auch Schnaps, versprechen müssen. Du bist gar nicht gefragt worden, Walther?«

»Nein, weder gefragt noch eingeladen, Omimee. Ich bin dieser Dinge überdrüssig. Ich gebe auf.«

Ihre Stimme hatte wieder jenen schneidenden Unterton. Nur ein einziges Mal hatte Walther ihn bisher vernommen, damals, als sie sich gegen O'Gilcocks Schmähung verwahrte: »Aufgeben, Walther? Ich nicht! Hier ist indianisches Land. Ich habe einen Sohn! Leute wie Pat O'Gilcock und Pancrace Matthieu verderben die Cree und schaffen Feindschaft zwischen Rot und Weiß. Das lasse ich nicht zu. Du warst immer ein Freund der Cree und bist heute selbst ein Cree! Durch mich, Walther! Und unser Sohn ist ein Cree. Wir geben nicht auf, nie! Rufe mir meinen Vetter Masquâ, den ›Bären‹, damit ich ihm sage, was zu tun ist. Ich will mich außerhalb dieser vier Wände heute Abend nicht sehen lassen.«

Es wunderte Walther, dass er nicht lange nach Masquâ, dem Cree aus Omimees Häuptlingsdorf, zu suchen brauchte. Er schien nahe dem Haupthaus schon darauf gewartet zu haben, gerufen zu werden.

Omimee bat: »Walther, schirme uns ab! Es darf keiner merken, dass ich mit Masquâ spreche. Es darf uns keiner überraschen. Es dauert nicht lange.«

Walther machte sich draußen zu schaffen. Aber kein einziger Voyageur schien sich um das Haupthaus zu kümmern. Bei dem großen Schlafhaus der Voyageurs, bei den Proviantschuppen und um die Küchenhütte herum herrschte großes Geschrei und viel Hin und Her. Alle wollten ein gewaltiges Sauf- und Fressfest feiern, jetzt, da der Winter noch einmal mit erbarmungsloser Kälte zurückgekehrt war. Man hatte offenbar einen neuen obersten Maître, mit dem sich gut zu stellen zweifellos empfehlenswert war. Voyageurs sind nicht dumm, sie merken, wie der Hase läuft, und wissen nur allzu gut, dass man Feste feiern muss, wie sie fallen.

Gorham hatte sich früh verabschiedet und die knarrende Tür zu dem Anbau des Kontors hinter sich zugezogen. Seit den vergangenen Weihnachtstagen hatte er sein Quartier in dem dreiteiligen Blockhaus, das Walther schon im vergangenen Herbst für die Seniorpartner vorbereitet hatte, aufgegeben. Es war ihm zu einsam und kalt dort gewesen. Der kleine Anbau am Haupthaus, von Walthers Wohnung durch den großen Kontor- und Handelsraum getrennt, wie Walther es vorgeschlagen hatte, war dem Captain gerade recht. Omimee kochte für den Gast mit. Unmerklich war er ein Glied der Familie geworden, nahm Anteil am Wachsen und Gedeihen des kleinen Valentin und konnte sich auch bald – wie er sich eingestehen musste – dem sanften Einfluss dieser gewöhnlich stillen, sehr klugen und verborgen stolzen Métisse nicht entziehen. Auch berührte es ihn, einen Mann nicht ohne Bildung und ausgestattet mit großer Erfahrung und Menschenkenntnis, stets wieder von Neuem, wie schön diese Frau war. Eine fremdartige, doch gar nicht befremdende Frau. Eine Frau, von der trotz all ihrer Scheu stets eine leise Verlockung ausstrahlte. Leise, ja, auch gefährlich ... Daran zweifelte Gorham nicht.

Nach dem kurzen Abendbrot war Gorham bald aufgestanden: »Ich schlage vor, Walther, das Haus zu verrammeln, die Sperrbalken vorzulegen. Wir werden nicht viel von der Feier zu hören bekommen. Es wird fürchterlich kalt diese Nacht. Sie werden also im Schlafhaus tanzen und saufen. Aber wer weiß, auf was für irrsinnigen Schabernack dieser verrückte Ire und die besoffenen Voyageurs kommen mögen. Am besten ist, sie finden verschlossene Türen – und dahinter regt sich nichts.«

Omimee meinte: »Die Voyageurs tun uns nichts, und meine Cree werden auf dem Posten sein, Captain.«

»Ach, Omimee«, erwiderte Gorham, »du kennst die Iren nicht. Sie sind unberechenbar und, wenn sie hassen, gefährlicher als der gefährlichste Indianer. Und O'Gilcock hasst Walther, weiß der Himmel, warum – und er hasst dich, Omimee. Und wenn er betrunken ist – nun, ich bin für Balken vor den Türen.«

Die tiefe Verachtung des Engländers für die Iren sprach aus Gorhams Warnung. Er erwartete keine Antwort und erhielt auch keine. Doch Walther verwahrte das Haus von innen, als gälte es, einer feindlichen Belagerung standzuhalten.

Sie legten sich bald zu Bett, nachdem der Kleine noch einmal gefüttert und versorgt worden war. Sie sprachen kaum ein Wort, legten sich leise nieder, trösteten sich, wärmten sich, einten sich, lösten sich zärtlich voneinander und fielen fast ohne Übergang in tiefen Schlaf. In ihre stille Kammer drang aus der sternenklaren, tief kalten Frostnacht kein Laut.

Walther wehrte sich gegen das Erwachen. Er hielt die Augen geschlossen. Er wusste, Mitternacht ist längst vorüber, aber bis zum Hellwerden fehlen noch mindestens zwei Stunden.

Warum bin ich schon wach? Irgendetwas hat mich geweckt. Aber was? Er lauschte – hörte aber nichts weiter als das ruhige Wehen von Omimees Atem. Mir ist auch immer noch leidlich warm. Trotzdem, wenn ich schon wach geworden bin, könnte ich Feuer anzünden im Hauptraum, damit die Kaminwand, die uns wärmt, gar nicht erst ganz erkaltet.

Vorsichtig schlug er die Decken zurück, um Omimee nicht zu stören. Hielt inne. Jetzt hatte er etwas gehört, einen leichten, flachen Knall, dem eine Art Prasseln folgte. Er erkannte den Laut sofort: Feuer, das sich in trockenes Holz frisst!

Feuer? Jetzt? Wo?

Es war ein ganz verstohlener Laut gewesen. Nur hörbar, weil die vollkommene Stille der Winternacht die Welt regierte. Und plötzlich wusste Walther: Draußen, irgendwo abseits, brennt ein großes Feuer.

Er tastete nach seinen Kleidern – legte schnell die Leggins an, den Pelzrock, die Mokassins, die Pelzstiefel.

Das Fenster im Schlafraum gab kein Licht. Es wurde nachts durch eine Holztafel abgedichtet, damit die Kälte nicht hereinkam. Am Tag ließ die über die kleine Öffnung in der Wand gespannte, dünn geschabte Hirschblase einiges Licht herein. Walther tappte in den Hauptraum hinüber. Dort war das Fenster wesentlich größer. Das Viereck war von außen dunkelrot erleuchtet: Feuer also, Feuer, Feuer! Walther riss die Tür zu Gorhams Schlafraum auf und rief hinein: »Captain, es brennt irgendwo! Captain, Feuer!«

Er stürzte zur Tür des Hauses, zerrte den Sperrbalken aus seinen Krampen* und war im Freien. Die Kälte sprang ihn an wie ein Raubtier. Er beachtete es nicht, denn: Da, dreißig Schritte vor seinen Augen brannte das Blockhaus, das er für die drei Seniorpartner des Concerns gebaut hatte, brannte mit einer einzigen spitz- und hochlodernden Flamme.

Es war vollkommen windstill. Die Sterne glitzerten. Da war er wieder, der Laut eines zerberstenden Stammes, gefolgt von zischendem Prasseln. Eine Funkenfontäne sprühte zur Seite. Das Dach war schon eingestürzt. Im Innern des Hauses schien das Feuer noch lustiger zu brennen. Im Innern mochten die Hölzer trockener sein als an der Außenseite.

Es gab nichts zu retten oder zu löschen. Womit hätte man löschen sollen? Mit Schnee? Mit Eis?

Nur gut, dass die Häuser der Station so weit entfernt voneinander errichtet waren, dass der Brand des einen die andern nicht gefährden konnte.

In dem großen Schlafhaus der Voyageurs, in dem die Männer gefeiert, gegessen, getrunken und die Ronde getanzt hatten, rührte sich nichts. Das Schlafhaus lag am fernen Rand der Station, jenseits der Proviant- und Fellschuppen.

»Die schlafen ihren Rausch aus und haben nichts gemerkt.« Gorham war zu Walther ins Freie getreten. »Aber

O'Gilcock und Matthieu? Wo sind sie? Waren sie schon im Haus, als das Feuer ausbrach? Oder haben sie bei den Voyageurs genächtigt?«

Walther und Gorham hatten sich der lichterloh brennenden Hütte so weit genähert, wie es die Glut gestattete. Obgleich die Wände schon eingestürzt waren, ließ sich doch noch erkennen, dass die Tür des Hauses nicht geschlossen gewesen war.

Gorham gab mit heiserer Stimme zu bedenken: »Wenn die beiden schwer betrunken nach Hause gekommen sind, Feuer gemacht haben an der falschen Stelle und sich dann irgendwo hingehauen haben, dann ist ihnen der Brand unversehens über den Hals gekommen. Sie konnten sich, betäubt wie sie waren, nicht retten.«

»Aber die Tür steht offen, Captain! Vielleicht sind sie gar nicht mehr im Haus gewesen.«

Die beiden Männer begannen, das brennende Haus in so engem Kreis zu umschreiten, wie die sengende Hitze es nur irgend gestattete.

Sie stießen auf eine formlose dunkle Masse im Schnee, zerrten an den Lumpen, die halb verkohlt waren, begriffen schließlich, was sie vor sich hatten: Matthieu war es, Pancrace Matthieu, oder das, was von ihm noch übrig geblieben war. Die Leiche stank nach verbranntem Leder und Fleisch, war aber bereits brettsteif gefroren.

Choquette und Paul Soldat waren plötzlich bei Walther und Gorham. Paul sagte: »Er hat sich in Sicherheit bringen wollen, hat wahrscheinlich schon gebrannt, ist dann in den Schnee gestürzt und eine Viertelstunde später erfroren.«

Ja, so musste es geschehen sein. Man brauchte nicht weiter darüber nachzudenken.

Und Patrick O'Gilcock?

Paul Luders und Gérard Choquette konnten lediglich berichten, dass sie selbst sich der allgemeinen Sauferei möglichst ferngehalten hatten. Allerdings habe O'Gilcock darauf bestanden, dass sich keiner ausschließe. Aber sie wären doch einigermaßen bei Verstand geblieben und hätten beobachtet, dass am Schluss zwei Indianer die Seniorpartner in ihr Haus, das nun verbrennende, hinübergeschleppt hätten, denn auf den eigenen Füßen hätten Pat und Pancrace sich nicht mehr fortbewegen können. Mehr wussten Gérard und Paul nicht. Also musste man die Indianer befragen. Vielleicht wussten die Indianer, wie das Rätsel zu lösen war.

Doch die Indianer …? Die Indianer hatten über Nacht das Lager verlassen, allesamt. Sie hatten die beiden Schlitten genommen, auf denen O'Gilcock und Matthieu ihre Pelzbeute herangebracht hatten, und waren über die vorgezeichnete Schlittenspur zum Athabasca verschwunden.

Es gab ihn nicht mehr, den Patrick O'Gilcock, den hartgesottenen, großsprecherischen Iren. Es gab ihn nicht mehr, den Pancrace Matthieu, den Meister des Kanus, den unerbittlichen Antreiber der Voyageurs, den Frankokanadier vom unteren St. Lorenz, der reich geworden war, ohne recht zu wissen, was ihm der Reichtum nutzen sollte.

Es gab sie beide nicht mehr, den einen, der alles Erdenkliche unternommen hatte, um Oberseniorpartner des Concerns McCorssen, O'Gilcock & Matthieu zu werden, und den andern, der sich damit abgefunden hatte, Unterseniorpartner zu sein. Ihm war alles recht gewesen, solange man ihm nur erlaubte im Heck des vordersten Kanus seiner Brigaden die wilden Gewässer der grenzenlosen Ödnisse hinauf und hinunter zu gondeln.

Von Matthieu, der erst verbrannt und dann erfroren war, ließ sich wenigstens noch ein jämmerlicher Rest begraben. Über seinen Leichnam wurde eine Pyramide von Felsen und Steinen errichtet, weit abseits des Lagers am Waldrand über dem See, damit die wilden Tiere sich nicht an dem Toten vergingen. In den Erdboden konnte man ihn nicht versenken, der war noch zu tief gefroren.

Von O'Gilcock fanden die Voyageurs in der Asche des Blockhauses nicht viel mehr als eine silberne Schnalle, die zu seinem Hosengürtel gehört hatte und die den Männern wohlbekannt war. Die brennenden Wände mussten über der Pritsche zusammengestürzt sein, auf die sich Pat hatte fallen lassen, als die Indianer den sinnlos Betrunkenen nach Hause geschafft hatten. Es war nichts von O'Gilcock übrig geblieben, was ein Begräbnis gelohnt hätte.

Als die Voyageurs im Laufe des Tages nach der Katastrophe allmählich zu sich kamen und ihre schmerzenden Schädel langsam wieder einen klaren Gedanken fassen konnten, erhob sich sofort unter ihnen die Frage: Warum hat Matthieu noch das Haus verlassen können und O'Gilcock nicht? Wie hat überhaupt das Haus, von dem nur der steinerne Kamin stehengeblieben war, Feuer gefangen? Gewiss, das wussten sie alle, man konnte nicht vorsichtig genug sein mit offenem Feuer in den hölzernen Hütten. Brannten sie erst einmal irgendwo, dann brannten sie gleich lichterloh. Soweit man sich besinnen konnte, war O'Gilcock maßlos betrunken gewesen und wäre wohl im Schlafhaus der Voyageurs liegen geblieben, hätten ihn die Indianer nicht in das Haus der Seniorpartner geschleift, das nun bloß noch ein Aschenhaufen war – und den Matthieu dazu.

Die Indianer? Ja, um alles in der Welt, warum waren sie über Nacht verschwunden, allesamt, hatten sich dabei der guten Gespanne bedient, die den beiden Verunglückten auf ihrem Außenposten am Athabasca zugeteilt gewesen waren? Die Indianer – warum hatten sie sich bei grimmiger Kälte lautlos aus dem Staub gemacht?

Wie ein giftiger Nebel senkte sich lähmende Furcht in die Herzen der Männer des Handelspostens am Lac la Biche. Walther und der Captain waren von dieser Furcht schon früher angefallen worden, als sie sich eingestehen mussten, dass alle Cree, auch Masquâ, der Bär, ohne eine Nachricht oder ein Zeichen zu hinterlassen, das Weite gesucht hatten.

Alle spürten es nun: Wir sind nur eine kleine Schar, sind grenzenlos verlassen im unabsehbaren Indianerland, ganz allein auf uns gestellt und können keine Hilfe herbeirufen, wenn die Indianer uns an den Kragen wollen, wenn sie – Rache nehmen wollen. Denn das brauchte keinem der Voyageurs erklärt zu werden: O'Gilcock und Matthieu hatten die Unwissenheit und die Gier dieser doch nicht klug gewordenen Wilden schamlos ausgebeutet und hatten Not und Elend über die fernen Dörfer heraufbeschworen. Sie hatten die Kinder der Wildnis dazu gebracht, sich vor sich selbst schämen zu müssen. Nichts verletzte das empfindliche Selbstbewusstsein der Rothäute bitterer als dies! War das aber geschehen, dann war höchste Gefahr im Verzug.

Captain Gorham, Gérard Choquette, Paul Soldat, Walther Corssen und Omimee hatten sich am späten Abend im großen Kontor versammelt, um sich darüber einig zu werden, welche Folgerungen aus dem gewaltsamen Tod der zwei Seniorpartner zu ziehen, ob und welche Entschlüsse nun zu fassen waren. Es hatte sich von selbst verstanden, dass Omimee an der Beratung teilnahm.

Wenn Omimee gebraucht wurde, sei es, dass einer der Männer sich mit der Axt in den Fuß geschlagen oder ein anderer sich den Magen verdorben hatte, so griff sie mit ruhiger Bestimmtheit ein.

Nun, da die Indianer über Nacht aus dem Lager verschwunden waren, wusste vielleicht nur ein Mensch wie Omimee – mit indianischem Blut, aber mit weißem Verstand – den sonderbaren, vielleicht Unheil bedeutenden Auszug der Rothäute zu erklären. Niemand wagte, sie unmittelbar zu befragen. Sie saß ein wenig außerhalb des Kreises hinter dem

Schemel ihres Mannes, ließ zuweilen ihre dunklen Augen schweifen und schwieg zu den unbeholfenen Versuchen der Männer, mit den vielen Rätseln fertig zu werden.

»Ich frage nochmals«, beharrte Choquette, »warum ist nur Matthieu ins Freie gelangt, als das Feuer ausbrach? Ich kenne doch O'Gilcock, habe mehr als einmal erlebt, dass er nie ganz den Verstand verlor, auch wenn er noch so betrunken war. Er wird ja nicht an seiner Schlafpritsche festgebunden gewesen sein.«

Paul sagte: »Es ist nur ein Haufen Asche übrig geblieben. Ich stellte mir vor: O'Gilcock hat sich auf sein Lager fallen lassen und ist, vom Schnaps betäubt, sofort eingeschlafen. Matthieu hat noch Feuer im Kamin anstecken wollen. Das Haus muss ausgekühlt gewesen sein. Dabei hatte er im Tran das Feuer gar nicht im Kamin, sondern in einer Ecke entfacht. Oder der Kienspan zum Leuchten ist ihm aus der Hand gerutscht. Aber das hätte er gemerkt – oder nicht? Er muss schon geschlafen haben, als das Feuer Macht gewann. Er brannte schon, lief hinaus, wurde dann im Schnee ohnmächtig und ist erfroren. Das geht schnell bei dieser Kälte. Aber hol's der Teufel! Was geschehen ist, wird nie herauszubekommen sein.«

Gorham überlegte nüchtern: »Die Indianer haben die beiden am Schluss in ihr Haus geschafft. Das steht fest. Sie werden sie auf ihre Betten gelegt und dann Feuer im Kamin entfacht haben, damit die Kälte sich im Haus nicht durchsetzt. Vielleicht ist ihnen dabei ein Missgeschick passiert. Und dann hielten sie es für ratsam zu verschwinden. Doch das sind alles nur Vermutungen. Wer will wissen, was Indianer denken ...«

Als hätte er ein Signal gegeben, wanderten alle Augen zu der Frau im Hintergrund. Aber Omimee schien sich nicht an der Debatte beteiligen zu wollen. Sie blickte vor sich zu Boden, als merkte sie nichts. Ihr schönes Gesicht blieb ernst, unbewegt – oder undurchdringlich.

Walther fasste zusammen, was nach den verschiedenen Mutmaßungen anzunehmen war: »Wir können nicht hingehen und von den Indianern Rechenschaft verlangen. Hier gibt es keine Gesetze und keine Gerichte. Wenn überhaupt irgendetwas, dann gelten hier nur indianische Vorstellungen. Unsere Außenposten sind dem guten Willen der Indianer ganz und gar ausgeliefert. Und selbst wir hier im Hauptlager mit unseren vierzig oder fünfzig Mann – uns hilft keiner, wenn wir uns nicht selbst helfen und mit den Indianern in Frieden auskommen. Die nächsten Soldaten sind tausend Meilen weit entfernt oder noch weiter – und ich sage dazu: Gott sei Dank! Sollten die beiden eines gewaltsamen Todes gestorben sein, was ich für denkbar halte, so haben wir keine Möglichkeit, mit den Indianern darüber zu rechten. Wir können nur hoffen, dass sie besser unter uns Weißen als wir Weißen gewöhnlich unter ihnen zu unterscheiden wissen.«

In das Schweigen, das diesen Worten folgte, klang plötzlich die Stimme Omimees: »Sie wissen zu unterscheiden, Walther, wissen es sehr genau!«

Vor dem Haus auf dem Vorplatz war es laut geworden. Die Unruhe drang ins Innere. Draußen stritten einige Männer leise miteinander, sie konnten sich offenbar nicht entschließen anzuklopfen.

Walther rief: »Was ist? Wer ist draußen? Kommt ins Haus!«

Die Tür öffnete sich knarrend. Ein Schwall eisiger Luft drang herein. Im Halbkreis drängten sich viele Voyageurs. Léon Lutin und Florien Buisson, die beiden vorzüglichen Männer, traten ins Kontor, schlossen hinter sich die Tür, drehten ihre Kappen in den Händen und versuchten, sich und die Kameraden zu erklären.

»Wir haben alle große Sorge, Maître. Die Indianer sind plötzlich nicht mehr da. O'Gilcock und Matthieu sind verbrannt, und keiner kann sagen, ob das ein Unglück war oder etwas anderes. Maître, die Männer fürchten sich. O'Gilcock hat die Indianer schändlich übers Ohr gehauen, wir wissen das. Maître, wir denken, man muss sich auf das Schlimmste gefasst machen. Maître, wir meinen, du solltest die Waffen ausgeben, die wir noch auf Lager haben, dazu Pulver und Blei. Damit wir uns wehren können. Und Wachen müssen aufgestellt werden. Und die Außenposten sollte man einziehen, sobald wie möglich, Maître. Das meinen wir und erwarten deine Zustimmung.«

Den Männern war nicht sehr wohl in ihrer Haut. Das war ihnen deutlich anzumerken.

Plötzlich, ehe noch Walther oder Captain Gorham wussten, was sie antworten sollten, hatte sich Omimee erhoben, schritt zu den beiden Voyageurs hinüber und legte Léon Lutin ihre Hand auf die Schulter: »Léon, guter Mann, ihr braucht nichts zu fürchten, gar nichts. Waffen, wozu Waffen? Sie machen nichts besser, sie sind überflüssig! Alles bleibt ruhig. Legt euch schlafen. Wir sind so sicher wie bisher. Ich glaube zu wissen, warum die Indianer geflohen sind. Sie hatten von mir den Auftrag, darauf zu achten, dass bei dem Fest niemand zu Schaden kommt. Nun ist das doch geschehen. Sie fürchten, dass wir sie verantwortlich machen. Sie sind es natürlich nicht und werden wiederkommen, wenn sie erfahren, dass wir ihnen nichts vorwerfen. Keinem ist ein Vorwurf zu machen. Wir haben davon auszugehen, dass O'Gilcock und Matthieu ihrem eigenen Ungeschick und ihrer Trunkenheit erlegen sind. Dies allein ist die Wahrheit.«

Allen wurde klar: Omimee hat ausgesprochen, was getan und gedacht werden musste. Es gab keine andere Wahl.

Schließlich brachte Léon Lutin stockend heraus: »So ist es wohl, Madame! Wir sind Ihnen zu Dank verpflichtet. Ich werde den anderen Voyageurs Bescheid geben. Wir brauchen also keine Sorge zu haben. Es geht alles weiter wie bisher.«

Omimee wandte sich zum Gehen. Ihr schien alles Notwendige gesagt. Trotzdem wiederholte sie: »Sicherlich, Léon, es geht weiter wie bisher, bei uns und mit uns. Gute Nacht, Männer! Ihr braucht mich wohl nicht mehr.«

Sie schloss die Tür hinter sich.

Die Männer redeten noch eine Weile halblaut miteinander. Sie fühlten sich auf eigentümliche Weise beschämt. Es war nichts zu fürchten, Omimee hatte es gesagt. Natürlich, gar nichts war zu fürchten. Man war gut mit den Indianern ausgekommen. Wozu auch so viel Aufregung! Den meisten Voyageurs ist es nicht bestimmt, im Bett zu sterben. Sie werden von der Wildnis gefressen, der eine so, der andere so. Und Pancrace Matthieu war ein großer Voyageur gewesen, bei allem, was man sonst gegen ihn sagen mochte. Und dieser Pat O'Gilcock, der Ire? Den hatte der Teufel geholt, wer sonst? Dem brauchte niemand eine Träne nachzuweinen.

40

Im März und April des Jahres 1779 ordneten sich die Verhältnisse beinahe von selbst. Omimee hatte darauf bestanden, dass der von O'Gilcock und Matthieu aufgegebene Posten an der Einmündung des La Biche in den Athabasca wieder besetzt wurde – und zwar von Walther selbst, von ihr mit dem Kind und Paul Luders/Soldat. Einige erfahrene Kanadier wie Jules Pradier, Basil Caron, Léon Lutin und Florien Buisson, die mit den Cree vertraut waren, als wären sie selbst Indianer, sollten mit dem Maître zum Athabasca ziehen. Ein paar Indianer würden sich ebenfalls einfinden. Sie alle würden die Pelzbrigaden im Frühling nicht ostwärts begleiten, sondern während des Sommers ein neues Hauptlager am Athabasca anlegen.

Walther sollte einen gut sortierten Vorrat von nützlichen Tauschgütern zum Athabasca mitnehmen, sollte den Indianern dort großzügige Vorschüsse gewähren, mit Schnaps aber sehr sparsam umgehen. Den Indianern sollte deutlich gemacht werden, dass O'Gilcock Rum und Brandy verschwendet hätte. Nun gäbe es also nur Decken, Beile, Glasperlen oder Messer, um Pelze einzutauschen.

Walther und Gorham merkten kaum, wie klug und bestimmt Omimee aus dem Hintergrund die wichtigsten Stichworte gab.

Walther würde wie bisher dem Concern im entlegensten Pays d'en haut die Pelze einkaufen. Auch Justin würde im Herbst zum Athabasca umsiedeln, um den Schwiegervater zu unterstützen. Walther spürte es bis in die Fingerspitzen: Am Athabasca und weiter in den Gebieten im Norden, Westen und Süden, da wartete jungfräuliches, noch unerschlossenes Land, in dem noch kein Weißer Handel getrieben hatte. Da kam er jenem Peter Pond nicht ins Gehege, der 1778 über die Methye-Portage zum Clearwater-Fluss, hinab zum unteren Athabasca-Fluss und diesen hinab bis zum See Athabasca vorgestoßen war, wie Walther aus übereinstimmenden Erzählungen indianischer Jäger erfahren hatte. Den Indianern blieb nur wenig verborgen. Noch auf Jahre hinaus würde es ein Leichtes sein, große Mengen bester Pelze vom mittleren und oberen Athabasca-Land Winter für Winter einzuhandeln. Walther und Justin würden alle Hände voll zu tun haben.

Captain Gorham würde wiederum seinen Posten am Lac Supérieur beziehen, an der Nahtstelle zwischen Osten und Westen, und alle Fäden in der Hand behalten.

William und Martine aber würden O'Gilcock fortan ersetzen. Dass sie dazu fähig waren, bezweifelten weder Gorham noch Walther.

Die Kanuflottille des Concerns zwischen Montréal und Grand Portage oder Kaministikwia würde Gérard Choquette als oberster Brigadier anführen. Die Canots de Nord zwischen dem Lac Supérieur und dem Athabasca sollte Paul Soldat übernehmen.

Walther dachte: Wie gut, dass Justin und Anna im Herbst zum Athabasca übersiedeln werden. Wir können uns dort endlich feste Häuser bauen. Den Posten gebe ich so bald nicht wieder auf. Und mein kleiner Valentin und Annas Armand können zusammen groß werden. Und Omimee ist nicht mehr allein. Anna und Omimee verstehen sich gut.

Omimee wird mir nie verraten, was sie vor der Brandnacht Masquâ, dem Bären, und den anderen Cree aufgetragen oder auch nur nahegelegt hat.

Ich werde sie nicht danach fragen.

Ich will es nicht wissen.

Sie trägt es allein, meine Omimee, meine Métisse!

41

Die Jahre, die nun folgten, 1780 und 1781, wurden zu den erfolgreichsten, die der Concern – er nannte sich nun Gorham, William & Leblois – je erlebt hatte. Die Gebiete, die Walther am mittleren und oberen Athabasca erschloss, erwiesen sich als märchenhaft ergiebig. Solche Mengen vorzüglicher Pelze, wie Walther sie im Frühsommer 1779 auf die Reise nach Osten schickte, waren allerdings später nicht mehr aufzubringen. Das war nur einmal zu erreichen gewesen, als O'Gilcock und Matthieu im Wesentlichen nichts weiter als Schnaps zum Tausch angeboten hatten. Captain Gorham, Walther Corssen und alle anderen erfahrenen Nordwestmänner unter den Voyageurs des Concerns waren sich darüber völlig einig, dass es sich um alles in der Welt nicht empfahl, die wilden Methoden des Indianerhandels, die O'Gilcock für richtig gehalten hatte, weiter zu betreiben.

Gorham hatte sich mit der Pelzflottille – fünf Brigaden zu je fünf Booten! – auf den weiten Weg zum Lac Supérieur gemacht. Walther verlegte im Sommer das Hauptlager vom See La Biche an die Einmündung des Flusses La Biche in den Athabasca-Fluss. Dort erreichten ihn die stolzen Brigaden mit den Tauschwaren des Concerns für die Saison 1780/81 unter dem unermüdlichen und zuverlässigen Paul Soldat und brachten zugleich den zum Seniorpartner aufgerückten Justin Leblois, seine Anna und den kleinen, prächtig gedeihenden Armand an den Athabasca. Auch sie hatten ein ganzes Bündel von Neuigkeiten auszubreiten. Trotz der riesigen Entfernungen im Pays d'en haut und der Menschenleere der grenzenlosen Wildnis, wo die Zahl der Bären oder Elche die der weit verstreuten Indianer, erst recht die der Weißen um das Hundertfache übertreffen mochte, wanderten alle Nachrichten, die für das Überleben in der Einöde von Bedeutung sein konnten, ungemein schnell. Peter Pond hatte sich am großen Athabasca-See weiter im Norden, etwa acht bis zehn Kanutage von der Mündung des La Biche in den Athabasca-Fluss entfernt, endgültig niedergelassen und machte auch dort ein glänzendes Geschäft. Am Lac la Ronge saß der Schweizer Waden.

Weiter im Süden aber, am gewaltigen Saskatchewan und Nord-Saskatchewan, versuchten gleich ein Dutzend anderer Montréaler Concerns, aber auch, wie am großen Winnipeg-See, die stets entschlossener ins Landesinnere drängende Hudson's Bay Company durch ihre meist sehr vorsichtig und »indianerklug« vorgehenden Beauftragten, sich gegenseitig den Löwenanteil an der Pelzbeute abzujagen. Da die Montréaler sich gern auf den Rum als bequemstes und billigstes Tauschmittel beschränkten, hatte es schon mehr als einmal Unheil gegeben. Einige allzu bedenkenlose Händler hatten ins Gras beißen müssen.

Justin hatte sicherlich recht, als er ein langes Gespräch im Winter 1780/81 – draußen donnerte es zuweilen, wenn die Kälte lange Risse in das Stromeis spaltete – mit den Worten beendete: »Wenn nicht alles täuscht, wird die Konkurrenz in den nächsten Jahren mörderisch werden. Wir haben vorläufig Glück, weil Walther vom La Ronge aus nicht nach Nordwest und auch nicht nach Südwest vorgedrungen ist, sondern genau nach Westen. Der lange Biber-Fluss vom See Ile-à-la-Crosse ist schwierig für die Kanus. Aber wir brauchen nicht mit anderen Händlern zu rechnen – und unsere Voyageurs sind nicht unterzukriegen. Aber früher oder später werden sich die verschiedenen Montréal-Concerns zusammentun müssen, anstatt sich mit sauberen oder unsauberen Mitteln das Wasser abzugraben. Sonst nehmen wir alle zusammen

Schaden, und die Hudson's Bay Company, der wir das Fürchten nur für eine Weile beigebracht haben, setzt uns alle matt. Sie kann ihre Händler nach einem umfassenden Plan verteilen und ausrüsten. Wir Montréaler machen uns gegenseitig das Leben schwer. Wenn wir uns nicht zusammenschließen, werden wir vereinzelt, wie wir vorgehen, schließlich den Kürzeren ziehen und aus dem Geschäft gedrängt werden.«

Das hatte sehr einleuchtend geklungen, aber Walther meinte, für den eigenen Concern müsste so lange wie möglich der Vorteil genutzt werden, in einem Gebiet Handel treiben zu können, das noch von keinem anderen Händler berührt war. Gewiss, das leuchtete erst recht ein. Auch Gorham würde nicht anders entscheiden. Und Justin, Paul und wer sonst noch in die Erörterung einbezogen wurde, Basil, Léon und Florien, dachten nicht daran, Walthers Autorität infrage zu stellen.

Walther konnte allmählich das Leben leichter nehmen als früher. Justin nahm dem Älteren einen großen Teil der Alltagsarbeit ab. Hinter den Kulissen der von den Männern bestimmten kleinen Welt besprach sich Walther stets mit Omimee und Anna. Mehr als einmal konnten die beiden klugen, schönen Frauen voreilige Entschlüsse verhindern oder auch kühne Pläne durch ihren Rat fördern.

Eine Sorge allerdings wollte nicht weichen. Gerade weil der Handel sich immer noch gleichmäßig ausdehnte, mangelte es in jedem Jahr von Neuem an standhaften Kanus. Auf die Indianer war nicht recht Verlass: Manchmal lieferten sie bestellte Kanus zur vereinbarten Zeit, oft genug aber auch nicht. Ohne es ausdrücklich beschlossen zu haben, legte es Walther allmählich darauf an, den Bau der Kanus in eigener Regie zu übernehmen. Er bemühte sich, alles über Kanus in Erfahrung zu bringen, was die Cree darüber zu sagen wussten, und bald begann er, Kanus selbst zu bauen.

Dabei ging ihm Masquâ, der Bär, zur Hand, dieser ewig

finstere, gleichwohl unverbrüchlich treue, besonders Omimee ergebene Cree, der ursprünglich vom Lac la Ronge stammte und nach dem Tod von O'Gilcock und Matthieu mit allen anderen Indianern aus dem Lager verschwunden gewesen war. Er hatte sich am Athabasca, wie viele seiner Sippe, wieder eingefunden. Niemand hatte den Versuch gemacht, ihn zu befragen, ob und was er über die verhängnisvollen Ereignisse jener Brandnacht auszusagen hätte.

Nur Walther hatte Masquâ beiseite genommen: »Masquâ, du weißt, dass du meiner Verschwiegenheit vertrauen kannst. Wie war das damals?«

Aber der bärenhafte Indianer hatte Walther unter gesträubten Brauen mürrisch angeschaut, hatte den grauhaarigen Kopf geschüttelt, sich umgewandt und war grußlos davongegangen.

Es verstand sich von selbst, dass Walther ihn nie mehr befragte. Wieder einmal wurde deutlich: Hier im fernsten Indianerland war der gute Wille von allen Seiten die einzige Gewähr für Frieden und Sicherheit. Gesetze und Ordnungen gab es vielleicht innerhalb der indianischen Sippen. Sonst nirgendwo. Der gute Wille aber durfte niemals getäuscht oder überfordert werden.

Masquâ hatte schon viele Kanus nach Art der Cree gebaut, er wusste genau Bescheid, wo die beste Birkenrinde für die Außenhaut der Kanus, die besten Spanten, Querstreben, Bodenplanken, Bug- und Heckhölzer zu beschaffen und wie sie zu behandeln waren.

Und schon im Herbst 1780 beschäftigte sich Walther mit der Frage, wie die indianischen Kanus für die Zwecke des Lastentransports zu verbessern wären. Das allerdings konnte er mit Masquâ nicht erörtern. Nach indianischer Auffassung war nur gut, was von den Vätern überliefert war. Es musste wieder und wieder nachvollzogen werden. Paul Soldat jedoch, der sich zu einem leidenschaftlichen Voyageur, einem strengen, ja harten Führer der Kanubrigaden entwickelt hatte, nahm brennenden Anteil an Walthers Überlegungen und geizte nicht mit praktischem Rat.

Es war Paul Soldat nicht allzu schwer gefallen, sich bei den Voyageurs durchzusetzen, wurde ihm doch nachgesagt, er habe als Einziger die schreckliche Schlittenreise über den Abitibi zum Saguenay überstanden und die Hunde und die wertvolle Ladung unbeschädigt nach Montréal gebracht – allein im tiefsten Winter und durch feindliches Gelände. Seine drei Gefährten waren unterwegs erschlagen worden. In den Augen der Voyageurs war für alle Zeiten ausgezeichnet, wer solche Leistung vorzuweisen hatte.

Nur seinem Maître Walther hatte Paul gestanden, wie er damals davongekommen war. Während der Verhandlungen mit den Indianern am Abitibi, die sich weigerten, dem fremden Schlitten Proviant und Hundefutter zu verkaufen, hatte Paul, um sich bei den Indianern Ansehen zu verschaffen, eine Auswahl von Taschenspielerkunststücken vorgeführt, die er teils noch von zu Hause mitgebracht, teils beim englischen Militär aus Langeweile erlernt hatte. Wie schon oft, hatte er auch damals bei den Indianern mit seinen harmlosen Tricks ehrfürchtiges Staunen und schließlich furchtsame Scheu erregt. Dies mehr noch vielleicht als das Fässchen Rum, das Gilles Clautier schließlich ins Spiel gebracht hatte, mochte die Indianer bewogen haben, den gewünschten Proviant zu liefern. Paul war klug genug gewesen, die Schlitten sofort zu beladen, fahrfertig zu machen und abseits über dem Flusseis bereitzustellen. Inzwischen hatten seine drei Gefährten mit den Indianern trinken und parlieren müssen. Dann hatten die Indianer in einem plötzlichen Wutausbruch die Gefährten erschlagen, als diese ihnen weiteren Rum und Brandy weder liefern konnten noch wollten.

Als Paul dazukam, war es schon zu spät. Die Gefährten lagen in ihrem Blut. Paul hatte abermals den großen Zauberer gespielt, hatte die Betrunken mit wilden Grimassen und Gebärden erschreckt. Sie hatten nicht gewagt, ihn anzugreifen. Langsam hatte er sich in den Waldrand über dem Fluss zurückziehen können, hatte den Schlitten erreicht und war geflohen. Ein glücklicher Zufall führte ihn zwei Tage später zu einer Indianersippe, die sich der Hudson's Bay Company nicht verpflichtet fühlte. Dort hatte er einen alten Indianer als Führer zum Saguenay anheuern können. Der Alte hatte es nach indianischer Art nicht eilig gehabt und schätzte besonders die reichliche Nahrung unterwegs, sodass Paul erst mit großer Verspätung nach Montréal gelangte – nicht mehr als Paul Luders, sondern als der Voyageur Paul Soldat. Paul war mit vielen Wassern gewaschen. Er hatte nicht viel Gutes in seinem Leben erfahren und war gerade deshalb seinem Maître Walther Corssen wie einem Vater oder älteren Bruder zugetan. Denn Walther hatte ihm geholfen, an einer entscheidenden Wende seines Daseins in die ersehnte Freiheit auszubrechen.

Fast sah es so aus, als sollte an der Einmündung des La Biche in den Athabasca eine kleine Stadt entstehen, so stolz reihten sich die stämmigen braunen Blockhäuser des Handelspostens über dem Hochufer. Walther hatte abgelehnt, was einige vorgeschlagen hatten, nämlich die Siedlung als Fort, als Urwaldfestung anzulegen.

Omimee hatte gesagt: »Wenn wir nie vergessen, dass wir die Freunde der Indianer sind und dass Freundschaft erhalten werden muss, dann sind wir hier so sicher wie ein Vogel im Nest. Dann sind wir wie Cree unter Cree.«

Im Herbst 1781 gebar Anna ihr zweites Kind, wiederum einen Sohn, dem die Eltern den Namen Walther gaben. Ohne Omimee hätte Anna die unerwartet schwere und schmerzenreiche Geburt wohl nicht überstanden.

Ja, Walther wusste: Sie ist es, Omimee, meine Métisse, die

das Lager zusammenhält, ohne dass die Männer es merken. Auch ich merke kaum, dass sie in allem, was lebenswichtig ist, die richtigen Entscheidungen – nein, nicht selbst trifft oder gar anbefiehlt, sondern nur nahelegt und von anderen treffen lässt.

Seine Métisse? Ach, er besaß sie nicht. Sie besaß ihn. Mit keinem Wort hatte sie je versucht, die Vorgänge jener Brandnacht aufzuklären. Ewig rätselte Walther daran herum. Im Laufe der Monate und Jahre wurde ihm zur Gewissheit, dass sie auch damals alle Fäden in der Hand gehalten hatte. Er wusste, dass er nie aufhören würde, sie zu lieben. Sie, seine Métisse, der dies wilde Land gehorchte. Sie, seine Métisse – um seiner eigenen Seele, seines Leibes und seines Lebens Seligkeit – und Sicherheit – willen.

Und so liebte er sie.

Und sie gab ihm so überreichlich viel dafür.

42

Als Claude gegen Ende des Sommers 1781 mit dem Trockenfleisch für den Winter zum zweiten Mal aus dem Süden in das Walther'sche Hauptlager an der Einmündung des La Biche zurückkehrte, brachte er besorgniserregende Nachrichten mit. Wie seit den Jahren am Lac la Ronge und am Lac la Biche hatte Walther auch 1781 einen Trupp von angeheuerten Cree unter Führung des geschickten und verständigen Claude in jene südlich der Wälder sich ins Unendliche dehnenden Steppengebiete ausgesandt. Auf diesen Prärien weideten die schwärzlichen, wolligen Heerscharen der Büffel zu Millionen. Die dort umherziehenden, vorzüglich berittenen Jägerstämme, Sioux vor allem, kannten keinen Mangel an Fleisch und tauschten gern gegen die begehrten Waren des weißen Mannes ihren Überfluss an Trockenfleisch, Pemmikan, ein. Das enthob die Händler im Waldland des Nordens der Notwendigkeit, über tausend und mehr Kanumeilen aus dem Osten Winterproviant heranzuschaffen. Stattdessen konnten in den im Herbst west- und nordwestwärts strebenden Kanus der Montréaler Concerne umso größere Mengen von Tauschwaren und Rum transportiert werden. Eine viel wertvollere und viel weniger Platz in Anspruch nehmende Ladung.

Die Zahl der Händler aus Montréal und die der Handelsbeauftragten der Hudson's Bay Company hatte im Laufe der Sechziger- und Siebzigerjahre des Jahrhunderts erstaunlich zugenommen. Walthers Concern hatte davon allerdings nicht allzu viel gespürt, da Walther – von ganz wenigen Ausnahmen wie etwa Peter Pond, Alexander Henry oder den Frobishers abgesehen – den übrigen Händlern stets um mehr als nur eine Nasenlänge voraus gewesen war.

Die klugen Prärieindianer, allen voran die schnellen Sioux, hatten schon nach wenigen Jahren begriffen, dass sie, die zwar keine Pelze und Biberfelle anzubieten hatten, trotzdem den Händlern beinahe unentbehrlich geworden waren, da sie ihnen Proviant für die langen, schneereichen Winter in den nördlichen Wäldern lieferten. In diesem Jahr 1781 nun bewiesen die Sioux, dass sie eine Grundregel händlerischen Verhaltens schnell begriffen hatten: dass nämlich bei knapper werdendem Angebot notwendig gebrauchter Güter die Preise dafür nahezu beliebig zu steigern sind. Zwar ließen sich die unzähligen Scharen der Büffel, die das begehrte Pemmikan hergaben, nicht merklich verringern. Wohl aber war es möglich, die Büffel vom Rand der Waldgebiete fernzuhalten und so weit nach Süden abzudrängen, dass sie von den Einkäufern der Händler aus dem Norden nicht mehr erreicht werden konnten. Die Prärieindianer hatten es dann in der Hand, Pemmikan an den Rand der Wälder in die wartenden Kanus nur dann zu liefern, wenn damit eine möglichst große Menge der Erzeugnisse des weißen Mannes einzutauschen war. So kamen die Sioux in der zweiten Hälfte des Sommers 1781 auf den großartigen Einfall, das Gras der Prärien südlich der Wälder in Brand zu stecken und damit die Büffelweide über ungezählte Quadratmeilen hinweg zu vernichten. Die Büffelherden waren damit weit in den mit Kanus kaum noch erreichbaren Süden abgedrängt. Die Kanuleute besaßen keine Pferde, konnten auch nicht reiten, hatten also von heute auf morgen sündhaft hohe Preise für den unentbehrlichen Pemmikan zu zahlen, den ihnen die Sioux nur in kleinen Portionen anlieferten.

Claude hatte also nicht annähernd jenen Vorrat an Winterproviant ins Lager an der Mündung des La Biche einbringen können, den Walther für den Winter 1781/82 und die große Schar der im Spätherbst zu erwartenden Voyageurs anlegen musste. Es blieb Walther nichts anderes übrig, als Claude und seine Cree-Ruderer nochmals reichlich mit Tauschwaren zu versehen und auf eine zweite Einkaufsreise zu den Sioux zu schicken. Claude schaffte, was schier unmöglich schien: Noch ehe die Kanubrigaden aus dem Osten am Athabasca eintrafen, frachtete er eine zweite Ladung Pemmikan heran, allerdings auch diesmal eine geringere Menge, als Walther erhofft hatte. Claude hatte abermals erhöhte Preise zahlen müssen. Die Verpflegung würde knapp werden im Winter, wenn es nicht gelang, sie durch Fischfang und Jagd wesentlich zu ergänzen – und damit war in den Wäldern niemals mit Sicherheit zu rechnen. Claude erzählte bei seiner Rückkehr von einem Gerücht, das er bei den Sioux gehört hatte und die Männer und Frauen am Rivière la Biche und Athabasca in Schrecken versetzte. Sollte es auf Wahrheit beruhen, bedeutete es noch viel Schlimmeres als nur verknappten Proviant. Bei den Indianern viel weiter im Südosten, am großen Missouri und Mississippi, sei eine fürchterliche Seuche ausgebrochen und breite sich mit reißender Geschwindigkeit nach Westen und Norden aus. Wen die Krankheit anfalle, der sei dem Tod preisgegeben. Nur ganz wenige blieben übrig und waren entsetzlich geschwächt. Niemand wusste, um was für eine Krankheit es sich handelte. Sie gehe, so hieß es, mit blutigen Ausschlägen im Gesicht und am ganzen Körper einher und verschone weder Kinder noch Greise. Nur der alte Masquâ erinnerte sich, dass ihm seine Mutter von einer ähnlichen Plage berichtet hatte, die vor etwa fünfzig Sommern, auch von Osten her, wie ein Waldbrand von Stamm zu Stamm gesprungen war und weithin ganze Sippen ausgelöscht hatte.

Walther, Justin, Anna brauchten nicht lange zu rätseln. Wenn Claudes Berichte stimmten, dann waren es die Schwarzen Pocken, die von Südosten heranzogen. Kein Kraut war gegen sie gewachsen. Auch Omimee wusste keines. Sie besaß von den Pocken nicht einmal eine Vorstellung.

Claude erzählte auch, wie und wo die Seuche auf die Indianer der Prärie übergegriffen hatte. Einer der Männer, von denen er Pemmikan eingehandelt hatte, war gerade aus dem Südosten angereist, um einige Messer und Beile einzutauschen. Er hatte berichtet: Weiter im Südosten, am Ohio vielleicht, hatten die Sioux einen Yankee-Siedler überfallen. Die umherziehenden Sioux hassten die weißen Siedler, die Amerikaner, die in immer größerer Zahl nach Westen vordrangen und in den Indianern nichts weiter als lästiges, hinderliches Unkraut sahen, das nur wert war, vernichtet zu werden.

Zu ihrem Erstaunen fanden die Sioux bei dem Überfall keinen Widerstand. Die Bleichgesichter lagen krank auf ihren Betten und konnten sich nicht wehren. Ihre Gesichter waren mit Ausschlag bedeckt. Die Sioux erschlugen sie, wie man räudige Hunde erschlägt, und zogen ihnen die Kopfhaut ab. Dann raubten sie die armseligen Hütten aus. Besonders begehrt waren die Kleider der Bleichgesichter aus Leinwand oder Wollstoff. Im Triumph kehrten die Krieger zu ihren Zelten zurück. Sie waren es, die als Erste von der Krankheit ergriffen wurden. Etwa vier Wochen, nachdem die Sioux mit den kranken Weißen in Berührung gekommen waren, war keiner von ihnen mehr am Leben. Die Weißen hatten sich gerächt, rächten sich furchtbar und bald hundertfach, denn nun sprang die Seuche von Sippe zu Sippe, von Stamm zu Stamm.

Am zwölften Tag nach seiner Abfahrt aus dem Süden war Claude mit seinen indianischen Kanuruderern wieder im Hauptlager angekommen und hatte von der Seuche auf den Prärien berichtet. Am Tag danach erwachte nicht nur er, sondern auch die Indianer, die in den Kanus den Proviant herangeschafft hatten, mit sonderbaren Schmerzen an allen Gliedern. Bald erbrachen sich die Männer würgend und wurden glühend heiß vor Fieber. Entsetzen! Entsetzen im ganzen Lager!

Am nächsten Tag rötete sich die Haut der Kranken an Gesicht und Körper. Die Rötung verschwand am dritten Tag, und am vierten milderte sich auch das Fieber.

Schon glaubten Omimee, Walther und Justin aufatmen zu können. Doch eine Nacht später und am Morgen darauf bildeten sich an den Köpfen der Kranken, bald auch über den Rumpf bis zu den Beinen hin linsengroße rote Knötchen, aus denen Bläschen und dann Pusteln hervorwuchsen. Und von Neuem und stärker noch tobte das Fieber in den geschundenen Körpern. Die Gesichter schwollen unförmig an. Claude, der schöne, kühne Métis, war kaum noch zu erkennen. Aus den Pusteln waren eitrige Geschwüre geworden.

Omimee pflegte den Bruder, sie alle pflegten die Kranken mit einer Hingabe, die auch von dem Ekel, der die Gesunden heimlich würgte, nicht gemindert wurde. Am elften Tag nach ihrer Ankunft im Lager starben Claude und seine indianischen Gefährten, die mit ihm bei den Sioux gewesen waren. Sie hatten sich in schmutzige, vereiterte Leichen verwandelt, die ihrem früheren Bild nicht mehr ähnlich sahen.

Walther hatte inzwischen andere Cree nicht abwehren können, die wie stets im Herbst ins Lager kamen, um sich für die Jagd im bevorstehenden Winter ausrüsten zu lassen. Weder Walther noch die Besucher ahnten, dass die Seuche mit den Jägern zu den entlegensten Dörfern wandern würde. Claude und seine Gefährten waren kaum begraben, als Omimee jene Abgeschlagenheit und jene Schmerzen in allen Gliedern spürte, mit denen die Krankheit bei Claude begonnen hatte. Am zehnten Tag danach war Omimee tot. Die Seuche hatte ihr edles, klares Gesicht so grausam entstellt, dass Walther sich abwenden musste, als er der Geliebten die Augen zugedrückt hatte.

Es starb mit der Mutter der kleine Valentin. Es starben die Indianer zu Hunderten und Tausenden. Sie flohen vor der Seuche in die tiefste Tiefe der Wälder. Es half ihnen nichts. Sie nahmen die Krankheitskeime dorthin mit und erlagen den

Pocken doch. Es starb der alte Häuptling Saw waw Mickinack am Egg Lake und mit ihm fast sein ganzes Dorf. Es starben die Indianer, die mit den Kanubrigaden kurz vor dem Frost im Hauptlager eingetroffen waren. Die Seuche schwächte die Sioux, sodass sie auf Jahre hinaus den Händlern und Siedlern nicht mehr gefährlich werden konnten.

Die Seuche raffte drei Viertel, nach anderen Berichten neun Zehntel des Stammes der Cree dahin. Die Cree bedrohten nun die Stämme im Westen, Norden und Osten, die sie einst zu Paaren getrieben hatten, nicht mehr. Aber auch diese Stämme wurden furchtbar geschwächt.

Sonderbarerweise schienen die Bleichgesichter gegen die Seuche gefeit zu sein. Nur wenige erkrankten. Um die Todesfälle unter den Weißen nachzuzählen, reichten die Finger einer Hand. Die Seuche suchte sich ihre Opfer nur unter Menschen, die indianisches Blut in den Adern hatten. Walther verlor nur drei seiner Voyageurs. Alle drei waren zur Hälfte indianischen Bluts.

Der Pelzhandel brach zusammen. Die indianischen Jäger, die sonst die Pelze angeliefert hatten, nachdem sie von dem Handelsposten für die Jagdsaison auf Kredit ausgerüstet worden waren, erschienen gar nicht erst, um sich abzumelden, weil sie schon vorher umgekommen waren, oder sie gingen mit ihren schon entnommenen Gütern irgendwo in den Wäldern zugrunde. Im Februar 1782 war es nicht mehr zu bezweifeln: Selbst mit den Ergebnissen des vergangenen Sommers und Herbstes vor dem Ausbruch der Seuche würde der Winter 1781/82 nicht einmal ein Viertel der Pelze und Felle erbringen, die im Durchschnitt während der vergangenen fünf Jahre erzielt worden waren.

Die Außenposten aber mussten besetzt gehalten werden. Die Voyageurs der fünfundzwanzig Kanus wollten ernährt, die im Winter unentbehrlichen Hundegespanne mussten gefüttert werden. Zum ersten Mal blieb Walther, blieb der Concern auf dem größten Teil der über tausend Meilen herangefrachteten Tauschwaren sitzen. Der Proviant allerdings wurde im Lager gefährlich knapp. Denn weit umher waren in den indianischen Dörfern hier und da ein paar Leute am Leben geblieben, Männer, Frauen, Greise, Kinder, aber alle so geschwächt und erschöpft, dass sie in den verwüsteten Dörfern neben Dutzenden, ja Hunderten steif gefrorener Leichen nicht mehr für sich selbst sorgen konnten. Walther und seine Männer nahmen sich dieser Elenden, soweit es in ihrer Macht stand und sie mit dem Schlitten erreichbar waren, nach Kräften an und teilten mit ihnen ihre ohnehin kargen Rationen.

Auf Jahre hinaus würde, wenn überhaupt, Pelzhandel in diesen Gebieten nur in begrenztem Umfang möglich sein. Nur sehr allmählich würden die in die fernsten Wälder geflohenen Cree sich wieder einfinden – und auch dann nur als ein kläglicher Rest des einstmals kraftvollen und starken Volkes. Vielleicht rückten andere, früher abgedrängte Stämme, die von der Seuche nicht erreicht worden waren, aus dem ferneren Westen an ihre Stelle. Vielleicht begann ein neues wogendes Wandern, Drängen, Kämpfen der indianischen Völkerschaften untereinander. Auf alle Fälle war der Pelzhandel, der Frieden und Sicherheit erforderte, aufs Schwerste gefährdet.

Justin, Anna, Paul Soldat, Lutin, Buisson und Walther Corssen hielten Ende April 1782 über dem Hochufer des Athabasca Kriegsrat. Es war schon Milde in der Luft zu spüren. Nach sonnigen Tagen rieselten überall die Schmelzwasser. Die Tage wurden lang. In wenigen Wochen, vielleicht schon sehr bald, würden die Ströme das Eis sprengen.

Man kam überein, den großen Vorrat an unverbrauchten Tauschgütern am Athabasca zu stapeln, sich dann aber so bald wie möglich mit dem Gros der Voyageurs und Kanus, dazu der geringen Ausbeute an Pelzen auf den Rückweg zum Lac Supérieur zu machen.

Justin aber und Anna mit dem kleinen Armand und ihrem zweiten Kind, dem winzigen, vergnügten Walther junior, dazu die bewährten älteren Voyageurs Léon Lutin, Florien Buisson, der kleine, dickliche, aber unverwüstliche Jules Pradier und der grimmige, aber gleichwohl stets hilfsbereite und umsichtige Basil Caron, diese acht würden am Athabasca bleiben, um alte Beziehungen zu erhalten, vielleicht neue zu knüpfen und das Warenlager so gut wie möglich zu verwerten.

Walther würde mit den Kanus, die von Paul Soldat angeführt wurden, zum Lac Supérieur reisen, um sich mit Gorham, möglichst auch mit William darüber zu verständigen, wie der Concern erhalten, wie die Geschäfte weiter betrieben werden konnten.

Noch am Abend vor der Abreise der Kanus brachte Justin seinen alten Lieblingsgedanken noch einmal aufs Tapet:

»Vater, alle Concerns blicken jetzt wie auch wir in eine sehr dunkle Zukunft. Wir werden alle zugrunde gehen, wenn wir uns weiter die Handelsgebiete streitig und die Indianer abspenstig machen. Die starken Concerns müssen sich zusammentun und ihre Lose in einen Topf werfen. Die bösartige Konkurrenz muss aufhören. Die Händler im Nordwesten müssen zu einer Company zusammenwachsen, sonst bläst uns früher oder später die Hudson's Bay Company das Lebenslicht aus.«

»Gewiss hast du recht, Justin. Ich werde mit Gorham in diesem Sinne reden. Wir werden uns entsprechend bemühen.« Die Zusage hatte müde geklungen, beinahe gleichgültig. Justin und Anna hatten sich voll geheimen Jammers daran gewöhnen müssen, dass Walther nicht mehr bei der Sache – dass er eigentlich schon abgetreten war.

Dort, wo in Walthers Wesen Omimee und ihr Kind angesiedelt waren, wo Omimee – »meine Métisse« – hundert feine Wurzeln in Walthers Herz gesenkt hatte, klaffte eine unsichtbare, ewig schmerzende rohe Wunde.

Siebtes Buch
Unterhalb der Großen Schnellen

43

Am 3. September 1783 schlossen das königliche England und die dreizehn Kolonien, die auf amerikanischem Boden gegen das Mutterland rebelliert hatten, in Versailles Frieden miteinander. Ohne die Hilfe Frankreichs wären die Rebellen wohl besiegt worden. Stattdessen traten sie nun, geeint zu den »Vereinigten Staaten von Amerika«, als unabhängige Republik auf die Bühne der Geschichte. Doch war es den »United States« nicht gelungen, die englischen Gebiete des Nordens der Krone zu entreißen. Das Kernland des Nordens, die Französisch sprechenden Gebiete am unteren St. Lorenz um die Städte Québec und Montréal, dazu Neubraunschweig, Neuschottland, Neufundland und die Prinz-Eduard-Inseln, blieben englisch.

Wo weiter im Westen die Grenze zwischen den – noch gar nicht in Besitz genommenen, noch gar nicht erforschten – Zonen der Amerikaner und der britischen Macht verlaufen würde, das war noch völlig offen. Nur im Norden war der Pelzhandel annähernd ins Vorland der hohen Gebirge vorgedrungen, die sich weiter im Westen als unüberwindbarer Wall den Kanus entgegenstellten.

Im Norden hatte der Handel, der niemals weiße Menschen in großer Zahl in den Westen verpflanzt hatte, Freundschaft und Frieden zwischen Indianern und Weißen gefordert und gefördert. Im Süden, im Amerikanischen, widersetzten sich die kriegerischen indianischen Reiterstämme der Prärien erbittert und schließlich verzweifelt der Landnahme durch die unaufhaltsam, in stets steigender Flut westwärts drängenden weißen Bauern, Viehzüchter und Abenteurer. Hier erhob sich gesetzlos Gewalt gegen Gewalt. Dergleichen ereignete sich im Norden, im Bereich des heutigen Kanada, so gut wie überhaupt nicht.

Gegen Ende des Jahres 1783 zog sich Walther Corssen endgültig aus der tätigen Teilnahme an den Geschäften des Concerns Gorham, William & Leblois zurück. Er war nach dem schrecklichen Seuchenjahr 1781/82 nicht wieder ins ferne Pays d'en haut zum Athabasca zurückgekehrt. Er hatte sich am Lac Supérieur der Aufgaben Gorhams annehmen müssen, denn Gorham war mit den Canots de maître, den halb leeren, nach Montréal weitergereist, um William neu zu verpflichten und als Seniorpartner einzusetzen. Der Name Corssen war dort allmählich abhanden geraten und nur William – als Hauptname – zurückgeblieben. Auch die Hinterlassenschaften von Patrick O'Gilcock und Pancrace Matthieu waren zu ordnen.

Den letzten Anstoß dazu, die aktive Mitarbeit am Concern einzustellen, war für Walther er Entschluss des Concerns, sich der unvermeidlich zusammenwachsenden North West Company anzugliedern. Walther hatte sich nicht dagegen ausgesprochen. Er musste einsehen, dass nach den katastrophalen Seuchen eine Vereinigung jener Handelsgruppen, die einige Jahre des Misserfolgs zu überstehen fähig waren, allen Beteiligten nur Vorteile bringen würde, sowohl den Überwinterern im fernen Pays d'en haut als auch den Verwaltern und Gebern des Kapitals in Montréal, zu deren Anwalt sich insbesondere William gemacht hatte. Von der neuen Nordwest-Gesellschaft und ihren siebzehn Anteilen wurden dem Walther'schen Concern später zwei volle Anteile zugesprochen, ein sehr befriedigender Anfang!

Als das geschah, war der Concern schon nicht mehr der Walther'sche. Walther hatte es schließlich abgelehnt, der neuen Gesellschaft zu dienen. Sein Leben lang – er hatte die Sechzig überschritten – war er allein auf sich selbst gestellt gewesen, hatte Erfolg und Misserfolg auf die eigenen Schultern nehmen müssen. Auf seine alten Tage wollte er sich nicht mehr daran gewöhnen, nach den Beschlüssen und Anweisungen von Gesellschafterversammlungen und Mehrheiten zu verfahren. Er wollte allein bleiben.

Er hatte zwei Frauen verloren, das war genug. Er hatte sie beide von ganzem Herzen geliebt. Sie waren sein Leben gewesen, hatten ihm Sinn, Licht und Wärme gespendet. Sie waren ihm beide vor der Zeit genommen worden. Er trat seine Beteiligung am Concern zur Hälfte an seine Tochter Anna Leblois, zur anderen Hälfte an seinen Sohn William ab. Er verlangte keinen Gegenwert von den Kindern.

Die ungezähmte Wildnis des Pays d'en haut war ihm längst zur Heimat geworden. Sie würde ihn nie im Stich lassen, würde ihm Obdach, Nahrung und Kleidung gewähren, wie sie es seit ungezählten Jahrhunderten den Indianern gewährte. Er wollte frei sein und bleiben, in Gottes Namen vogelfrei! Aber, siehe, die Vögel unter dem Himmel, sie säen nicht und ernten nicht, und ihr himmlischer Vater ernährt sie doch. Dem hatte er nichts hinzuzufügen.

Er brauchte nicht lange zu überlegen. Dort, wo er vor Jahren William Tomison, dem Trader der Hudson's Bay Company, begegnet war, unterhalb der Großen Schnellen des Saskatchewan, wo der gewaltige Strom in den Winnipeg-See mündet – dort wollte sich Walther niederlassen. Dort war er weit genug entfernt von den äußersten Vorposten der britischen Macht am Lac Supérieur. Dort, wo sich viele Kanuwege trafen, aus allen Himmelsrichtungen in der Tat, dort würde er stets aus erster Hand erfahren, was in der Welt vorging, besonders in »seiner« Welt, der des Nordwestens.

Er hatte mitgeholfen, diese Welt zu erschließen. Sie gehörte ihm, gehörte ihm in einem viel weiteren Sinn, als ihm etwa die Anteile am Concern gehört hatten.

So erfuhr Walther zu seinem Schrecken, dass sein Nachfolger am Lac la Ronge, der Schweizer Waden, sehr wahrscheinlich von Peter Pond und einem gewissen Le Sueur erschlagen worden war. Und er sagte sich, dass auch Wadens Tod nie aufgeklärt oder gesühnt werden würde.

Walther baute sich seine Hütte abseits der Stelle, an welcher die Kanus der Nordwest und Hudson's Bay Company üblicherweise rasteten. Dort herrschte zuweilen große Unruhe. Es verlangte ihn nach Stille, nur ungern wurde er ohne Vorankündigung gestört. Denn er machte nun wahr, was ihm schon lange vorgeschwebt hatte: Er ging daran, das vollkommene Kanu für weite Fahrten auf Seen und Strömen, den Schnellen und Flachwassern des Nordwestens zu bauen. Geeignete Birken, Kanubirken, Silberbirken, deren Rinde die Außenhaut des Kanus lieferte, wuchsen zur Genüge am Saskatchewan-Strom und am Winnipeg-See. Man musste nur wissen, wo sie zu finden waren, und durfte die Mühe nicht scheuen, unter Umständen lange nach den brauchbarsten Stämmen in den Wäldern zu suchen. Nach solchen nämlich, die eine möglichst fleckenlose, fehlerfreie Rinde aufwiesen, kerzengerade und astlos im Unterstamm gewachsen waren und sich leicht schälen ließen.

Walther glich seine Boote denen der Cree an, die er schätzen gelernt hatte und deren Konstruktion und Bauweise er am besten kannte. Doch sicherte er sie am Bug und Heck durch stärkere Kurvhölzer, verstärkte auch die Bespantung fast auf das Doppelte und zog das Freibord um eine gute Handbreit höher.

Schon die ersten, wie ihm schien, noch längst nicht ganz gelungenen Kanus wurden ihm von durchreisenden Brigaden, die das eine oder andere ihrer Boote schon allzu oft hatten flicken müssen, gern abgekauft.

Er belächelte sich manchmal, fragte sich: Bekomme ich auf meine alten Tage noch einmal Spaß an einer neuen Aufgabe? Kanus zu bauen, immer bessere Kanus, die drei, vier Tonnen

Traglast aufnehmen können, dazu sechs Ruderer? Warum nicht! Und er blieb nicht lange allein. Paul Luders oder Paul Soldat, wie er sich beharrlich nannte, hatte sich seinem früheren Maître zugesellt. Er mochte nicht mehr fahren, hatte den Dienst im Concern quittiert, seit mit dem Übergang zur North West Company unterwegs andere Sitten eingeführt worden waren.

»Ich kann dir helfen, Walther. Ich weiß jetzt mehr von Kanus als die Indianer. Ich lasse nicht zu, dass du hier allein hockst. Du hast mir mehr als einmal geholfen.«

Walther sagte nicht Ja und nicht Nein dazu. Aber Paul fragte nicht weiter, blieb da und ging bald in Walthers Arbeit auf.

Und noch ein Dritter fand sich ein. Er ließ die Brigade abfahren, der er eigentlich verpflichtet gewesen war. Er hieß Mes coh Thoutin, was in der Cree-Sprache etwa »Roter Wind« bedeutete. Er gab sich als der einzige Sohn von Masquâ, dem Bären, aus dem Häuptlingsdorf am Egg Lake zu erkennen. Er gehörte zu den sehr wenigen Angehörigen des Schildkröten-Clans, die die Seuche überstanden hatten. Doch war sein Gesicht durch viele tiefe Pockennarben entstellt. Er war unterwegs von anderen Voyageurs wegen seines grotesk verwüsteten Antlitzes gehänselt worden. Das hatte er nicht ertragen und war lieber ausgestiegen, als er hörte, wo Walther zu finden wäre. Sein an den Pocken verstorbener Vater hatte ihm viel von dem Maître Walther Corssen erzählt. Mes coh Thoutin war bei dem vorzüglichsten Kanubaumeister des Häuptlingsdorfes am Egg Lake in die Schule gegangen und geizte nicht mit seinen Kenntnissen. Sowohl er als auch Paul Soldat verbanden sich bald mit zwei braunen Mädchen des Landes und heirateten sie mit allem Umstand nach der Sitte der Stämme am unteren Saskatchewan.

Die drei Männer produzierten schließlich im Jahr bis zu dreißig Kanus, die bald hoch im Kurs standen unter den Voyageurs und Gouvernails im ganzen Pays d'en haut. Es fiel Walther nicht schwer, seine wunderbar ausgewogenen, starken und doch nicht allzu schweren Boote ständig an den Mann zu bringen. Sie waren sogar gesucht.

Dem Ehebündnis Pauls entsprossen Kinder. Dem Cree Mes coh Thoutin und seinem scheuen Weib mit den langen schwarzen Zöpfen erging es nicht anders. Der Indianer wusste sich vor Freuden nicht zu lassen, als sein erstes Kind, ein Sohn, mit ganz glatter, reiner Haut, am ganzen rundlichen Körperchen ohne eine einzige Pockennarbe, geboren wurde.

Walther wurde dem kleinen Kreis seiner Leute – und auch den Indianern im weiteren Umkreis – zu einem mit respektvoller Scheu und noch scheuerer Liebe verehrten »alten, weisen Mann«. Er durfte, wenn er wollte, den Großvater spielen und tat es mit Vergnügen, doch nur selten. Aber die wirklich schwere Arbeit nahmen ihm die beiden jüngeren Männer ab. In seinem kleinen Wohnhaus aus schweren Stämmen versorgten ihn die »Schwiegertöchter«. Er genoss es sogar, sein trauriges Glück.

Manchmal gestand er Paul:

»Wir hätten wenigstens einmal bis zum hohen Gebirge nach Westen vorstoßen müssen. Ich habe es nicht zu Gesicht bekommen. Vielleicht schaffst du es mit Thoutin, wenn ich nicht mehr da bin.«

»Unsinn, Walther«, hatte Paul zur Antwort gegeben. »Wir wollen noch eine ganze Flottille von schönen Kanus zu Wasser bringen und viel Geld damit verdienen. Du kannst uns nicht im Stich lassen, denn ohne dich geht das nicht.«

Walther hatte lächelnd abgewinkt.

An einem schönen Herbsttag des Jahres 1788 fuhr Walther am Nachmittag auf den Winnipeg-See hinaus, um zu fischen. Das tat er immer dann, wenn er mit den Gedanken an Anke und Omimee allein sein wollte.

Keiner hatte es beobachtet, aber sicher ist, dass einer jener Stürme, die urplötzlich über den Winnipeg-See herfallenden und oft bei klarstem Wetter aufkommen, den Fischenden weit vom Ufer überrascht haben muss. Gewiss hatte er in seiner Versunkenheit die geringen Vorzeichen des drohenden Unwetters nicht beachtet, hatte das Ufer nicht mehr erreicht und war gekentert. Das Kanu trieb kieloben zwei Meilen südwärts an Land. Der Leichnam des Ertrunkenen wurde nicht gefunden. An der Stelle, an welcher das Kanu entdeckt worden war, wurde dem Maître Walther Corssen ein Kreuz aus Birkenstämmen aufgerichtet. Eine grobe Tafel besagte:

**WALTHER CORSSEN AUS DEUTSCHLAND,
64 JAHRE ALT,
ERTRUNKEN AM 1. OKTOBER 1788.
GOTT SEI IHM GNÄDIG!**

So wurde er geehrt wie alle Voyageurs, die längs der nassen Straßen ihr Leben ließen. Sie starben ja sehr selten eines natürlichen Todes, die ewig Fahrenden, die Meister der Kanus im wege- und gesetzlosen Pays d'en haut.

Kanada ist ein sehr großes Land, das zweitgrößte auf dieser Erde nach Russland mit Sibirien. Ein einziges Menschenleben wie das von Walther Corssen aus der Lüneburger Heide reichte keineswegs aus, ein so riesiges Gebiet mit überaus harten Wintern und glorreich leuchtenden Sommern in seiner ganzen Breite vom Atlantischen Ozean im Osten bis zum Pazifischen Weltmeer im Westen zu durchmessen. Das Kanu ist ein kühnes zwar, aber auch ein sehr gebrechliches Vehikel – und der Pelzhandel, der die viele tausend Meilen überspannenden Fahrten finanzierte, erlaubte keine Lust- oder Forschungsreisen.

Walther Corssen war weit nach Westen vorgestoßen, aber

die gewaltige Gebirgsbarriere, die sich noch ferner im Sonnenuntergang aufrichtet, hatte er nur als ein Gerücht, nicht aber in der Wirklichkeit erlebt – und erst recht nicht die hohe See, die auf der fernen Seite der Gebirge unabsehbar wogt.

Doch die Kugel war ins Rollen gebracht. Sie rollte westwärts weiter und ließ sich nicht aufhalten. Walther Corssen war darüber gestorben. Seine Kinder und Enkel indessen, die jüngeren Freunde und Gefährten ließen sich fortreißen und waren unter den ersten Menschen mit weißer Haut, die von Land, von Osten her das Meer hinter den Bergen zu Gesicht bekamen.

Das wird nach den Romanen *Ans dunkle Ufer* und *Wälder jenseits der Wälder* in einem dritten Band erzählt werden.

Glossar

Ahle, Pfriem nadelartiges Werkzeug zum Löcherstechen, z. B. in Leder

Aurora borealis das Nord- bzw. Polarlicht

Biber-See siehe *Lake Beaver*

Bootslände Bootsanleger

Bülte feste, mit Gras bewachsene Stelle im Moor

Büttel jemand, der diensteifrig das ausführt, was die Obrigkeit von ihm verlangt

Capella Stern im Sternbild »Fuhrmann«; er ist einer der hellsten Sterne am Himmel

Coureur de bois siehe *Waldläufer*

Cree eigentl. Volk der Kenistenoag, die Franzosen machten daraus »Cristinaux«, was abgekürzt zu »Cree« wurde

Faktorei bis zum 19. Jh. Bezeichnung für eine (überseeische) Handelsniederlassung europäischer Kaufleute

Faktur Rechnung für eine gelieferte Ware, Lieferschein

Fant unreifer junger Mann

Freibord über dem Wasserspiegel liegender Teil des Schiffsbords

Fuß 1 Fuß entspricht 0,3048 Metern, 3 $^1/_3$ Fuß entsprechen etwa 1 Meter

Gallone 1 kanadische Gallone entspricht 4,5 Litern, 1 amerikanische Gallone sind 3,78 Liter

Großkopfeter einflussreiche Persönlichkeit

Hirschfänger kurzes Seitengewehr des Jägers, mit dem angeschossenes Wild getötet wird

Hocke mehrere zusammengestellte Getreidebündel

Indianersommer, Indian Summer Zeit im Spätsommer und Frühherbst in Kanada und den USA, in der das Laub der Wälder orangerot gefärbt ist

Jabot Rüsche zum Verdecken des vorderen Verschlusses an eleganten Herrenhemden des 18. Jh.s

kalfatern die Fugen eines Schiffs abdichten

Kanu leichtes kielloses Boot aus Baumrinde; die indianischen Kanus waren etwa fünf, die Nordwest-Kanus der Voyageurs gut acht und die großen Montréal-Kanus zwölf Meter lang

Kebsweib Nebenfrau

Kenistenoag siehe *Cree*

Kienspan Span aus Kiefernholz, der früher als kleine Fackel zur Beleuchtung benutzt wurde

Kimm Meereshorizont

koppheister kopfüber, koppheister gehen: untergehen, scheitern

Krampe u-förmiger Haken mit spitzen Enden zum Befestigen von Draht, Ketten usw.

Lake Beaver, Biber-See heute: Amisk Lake; Amisk bedeutet in der Cree-Sprache »Biber«

League Wegstunde; 1 League entspricht etwa 4,8 Kilometern

Lean-to Anbau

Lecke Stelle zum Salzlecken für Vieh oder Wild

Maat Unteroffizier der Marine

Maulaffen feilhalten mit offenem Mund untätig herumstehen und gaffen

Missinipi River, Missinipi-Fluss heute: Churchill River

parlieren rasch und eifrig reden

Pays d'en haut alter frankokanadischer Ausdruck für das ferne, unbekannte Innere des amerikanischen Nordwestens; übersetzt heißt es so viel wie »Das Land von oben her«

Pfriem siehe *Ahle*

Quecksilber wird bei Temperaturen unter -40° C fest, wie wir heute wissen; die Methode, sich von einem Quecksilberkügelchen vor tiefem Frost warnen zu lassen, blieb noch bis weit ins 20. Jh. üblich

Qui vivra, verra! eine frz. Redensart, die so viel heißt wie »man wird sehen« oder »die Zukunft wird es erweisen«

radebrechen stümperhaft sprechen

Ranger mit der indianischen Kampfweise vertrauter Waldläufer unter militärischem Kommando

Ronde geselliger Kreistanz

Schlunze Schlampe

schralen seemännischer Ausdruck für: fortwährend die Richtung ändern

Spant rippenähnliches Bauteil zur Verstärkung der Außenhaut von Schiffsrümpfen

Spieß, Spießrute dünner, spitzer Zweig; der Lauf durch eine Gasse von 100–300 Soldaten, die den straffällig Gewordenen mit Spießruten auf den nackten Rücken schlugen, war im 18. Jh. eine militärische Strafe

St. John River der Hauptstrom in der heutigen kanadischen Provinz Neubraunschweig (New Brunswick)

Statut-Meile 1 Statut-Meile entspricht etwa 1,61 Kilometern

Steinzucker alter, verhärteter Honig, der scheibenweise aus den Waben geschnitten wurde und die Konsistenz von Zucker hat

Stern des Bootes Heck

tiefer Frost entspricht nach unseren heutigen Maßeinheiten mindestens -25 °C

Tournois frz. Silbermünze, in Tours zum ersten Mal 1266 geprägt

treideln ein Boot vom Ufer aus auf einem Kanal oder Fluss ziehen

Unschlittkerzen Talgkerzen

vermaledeien verfluchen

Waldläufer, Coureur de bois meist französischstämmige Männer, die sich durch die Wildnis im Westen Kanadas schlugen und vom Pelzhandel mit den Indianern lebten; sie waren mit der Lebensweise der Indianer vertraut und hatten viel von ihnen darüber gelernt, wie man in der Wildnis überlebt und sich bewegt; viele lebten mit Indianern zusammen

Wampun zu Strängen aufgereihte weiße und violette Muschelscheibchen, die, in Gürteln zu bestimmten Mustern geformt, den Charakter von Urkunden annahmen, also auch von Ausweisen, die Verträge, Sippenzugehörigkeiten und Übereinkünfte bestätigten; Wampuns wurden auch als Geld benutzt

Wattap lange, dünne, sehr zähe Saugwurzeln der Weißfichte; sie wurden von den Indianern und nach ihrem Vorbild von den Voyageurs dazu benutzt, die steifen Lappen aus Birkenrinde miteinander zu vernähen, aus denen die Außenhaut der Kanus gebildet wurde; über Winter wurden die Kanus in der Erde vergraben und froren ein, so wurden sie bis zum Frühling allen Einflüssen der Witterung und allen Beschädigungen durch Tiere oder Menschen entzogen

Wega Stern im Sternbild der »Leier«; er ist der fünfhellste Stern am Himmel

Nachwort zur Geschichte des kanadischen Pelzhandels

Am 2. Mai 1670 hatte Englands König Karl II., ohne zuvor das Parlament in London zu befragen, einer Anzahl von einflussreichen Männern – allen voran seinem tüchtigen Vetter, dem deutschen Prinzen Rupert von der Pfalz – das alleinige Recht verliehen, mit den Gebieten um die nach ihrem Entdecker genannte Hudson Bay im hohen Norden Nordamerikas Handel zu treiben. Vor allem ging es um den Erwerb von Pelzen von unvergleichlicher Qualität. Um diesen Reichtum abzuschöpfen, wurde auf königlichen Erlass hin die Gesellschaft »Merchant Adventurers of England trading into Hudson's Bay«, kurz die »Bay« genannt, gegründet. Es ging ihr zunächst ausschließlich darum, jene kostbaren Pelze und Felle aus den entlegensten Einöden bei den dortigen Indianerstämmen gegen die handwerklichen Erzeugnisse Europas – aber auch gegen Rum und Brandy – einzutauschen.

Ein Teil jener Landstriche war allerdings schon früher, wie es in der königlichen »Charter«, der Verleihungsurkunde, hieß, anderen Untertanen Seiner Majestät zugesprochen worden oder gehörte einem anderen »christlichen Fürsten«. Dass diese Gebiete vielleicht als Besitztum der von jeher dort lebenden Menschen, der Indianer, anzusehen wären, davon war in der Charter der Merchant Adventurers of England trading into Hudson's Bay ebenso wenig die Rede wie in den älteren Charters, durch die der König von England weiter im Süden an der nordamerikanischen Atlantikküste seinen Günstlingen und ihren Leuten das Recht der Besiedlung und Nutzung des Landes zugesprochen hatte.

Im Norden dieser älteren englischen Kolonien, wie Massachusetts, Connecticut, New York bis hinunter nach Virginia und Carolina, hatte um die Mündung und den Unterlauf des St.-Lorenz-Stroms das französische Amerika, Kanada genannt, mit Québec und Montréal, und um die Bay of Fundy das ebenfalls französische Akadien oder L'Acadie bestanden. Diese Kolonien waren als Folge des für Frankreich verlorenen Siebenjährigen Krieges ebenfalls unter englische Herrschaft geraten.

Im Gegensatz zu den harten und hochmütigen Engländern verstanden sich die Franzosen mit den Indianern überall gut und machten sie mit erstaunlichem Geschick zu ihren Freunden. Sie waren den St. Lorenz und den Ottawa aufwärts vorgedrungen, hatten die großen amerikanischen Seen erreicht und waren dann von dem am weitesten westwärts gelegenen, dem Oberen See, dem Lake Superior, über hundertfach verästelte Wasserwege in den fernen Westen und Nordwesten des Kontinents vorgestoßen. Genauso waren andere französische Kanufahrer und Waldläufer – und christliche Missionare, Jesuiten zumeist – vom großen Michigan-See aus nach Südwesten und Süden gezogen, hatten den Mississippi in seinem Oberlauf erreicht und sich schließlich von seiner Strömung mitten durch das unerforschte Amerika zum Mexikanischen Golf hinunter leiten lassen. Dort trafen sie wiederum auf Franzosen, die hier Neu-Orléans und die Kolonie Louisiana gegründet hatten. Im Westen und Nordwesten aber lockten die kostbaren Pelze, die umso kostbarer waren, je weiter her sie aus dem winterkalten Norden stammten.

Die Hudson's Bay Company hatte den Reichtum an Pelzen im Nordwesten angezapft, indem sie das französische Kanada am St. Lorenz im Norden umging. Über See drang sie durch die Hudson-Straße in das gewaltige Inlandsmeer, die Hudson Bay oder -Bucht, ein und legte an ihrer Süd- und Süwestküste feste Stützpunkte für den Pelzhandel mit den Indianern an.

Über die vielen Ströme, die in die Hudson Bay fließen, kamen die Indianer von weit her, um die Pelze, die sie über Winter fingen, gegen Messer und Beile, rotes Tuch und Glasperlen, Nähnadeln und »Feuerwasser« – dies vor allem! – einzutauschen. Die Vertreter der Hudson's Bay Company brauchten sich fast ein Jahrhundert lang überhaupt nicht von der Küste der Meeresbucht fortzubewegen. Sie hatten es nicht nötig, sich ins Innere des unabsehbaren Landes aufzumachen. Die Indianer waren so begierig, sich ihr hartes Dasein in einer wilden, kargen Umwelt durch die Erzeugnisse Europas zu erleichtern, vor allem auch, ihre Sorgen in Rum zu ertränken, dass sie es auf sich nahmen, sich sogar schnell daran gewöhnten, ihre Beute an Pelzen über Hunderte, ja Tausende von Meilen an die Küste der Hudson Bay zu frachten. Dort konnte die kostbare Ware gesammelt, gesichtet, verpackt und auf Seeschiffe verladen und sozusagen unmittelbar aus dem Herzen Amerikas nach Europa versandt werden. Die Bay ließ sich also die Pelze bringen. Die Indianer hatten die dagegen einzutauschenden Güter aus Europa von der Bay abzuholen. Die Bay machte es sich einfach – und verdiente für ihre vornehmen Teilhaber in London riesige Gelder.

Die Franzosen dagegen konnten in ihrem »Canada« die Seeschiffe den St. Lorenz aufwärts nur bis Montréal in den Kontinent hineinsegeln. Oberhalb von Montréal sperrten Wasserfälle und Stromschnellen die weitere Fahrt landeinwärts. In Montréal aber war man noch weit von den Gebieten entfernt, die die besten Pelze lieferten. Die Gegenden am mittleren St. Lorenz und am Ottawa, der wenig oberhalb von Montréal in den St. Lorenz einmündet, lieferten schon früh keine brauchbaren Pelze mehr. Allzu schnell hatten sich die dort umherziehenden Indianer an die wunderbaren Dinge gewöhnt, welche die Leute, die über das Meer gekommen waren, lieferten, die sie aber nur gegen die Felle von Ottern, Luchsen, Füchsen, Mardern, am ehesten aber gegen solche von Bibern hergaben. Die Biber mit ihren leicht erkennbaren und leicht zerstörbaren Dämmen und Burgen vermehren sich nicht besonders schnell. Sie wurden von den Indianern, die die Tauschgüter der Europäer ersehnten, in diesem Falle der Franzosen aus Montréal, schonungslos gejagt und waren in wenigen Jahren und Jahrzehnten bis auf geringe Restbestände, welche die Jagd nicht mehr lohnten, ausgerottet. Wenn man also gute Pelze ergattern wollte, mussten die Händler aus Montréal weiter und weiter den Ottawa aufwärts reisen. Von listigen indianischen Zwischenhändlern wollte man auf die Dauer nicht abhängig bleiben.

Die Franzosen, die in den Siedlungen am St. Lorenz nach dem Muster des französischen Mutterlandes von hohen Herren, den Seigneurs, den königlichen Beamten und Offizieren, auch von der keineswegs sehr weitherzigen katholischen Geistlichkeit, an harten Zügeln gegängelt wurden, lernten früh das freie Leben in den fernen Wäldern zu schätzen. Nur selten verirrte sich dorthin ein missmutiger Beamter der Krone oder einer der in ihren Puderperücken und Jabots* dahertänzelnden Herren Marquis oder Vicomtes, die der Allerchristlichste König mit gewaltigen Ländereien am großen Strom ausgestattet hatte.

In den Augen der Indianer wurde man selbst zum König, auch wenn daheim der Vater in Tadoussac oder in Beaupré nur ein einfacher zinspflichtiger Kleinbauer gewesen war. Man brauchte nur sein Kanu mit Messern, Äxten, Goldborten, Spiegelchen und natürlich auch Rum oder einem Fässchen Rotwein zu beladen und sich den von jeher vorgezeichneten und gut erkundeten Kanurouten der Indianer anzuvertrauen, um überall von den zumeist umgänglichen, durchaus nicht immer wilden »Wilden« freundlich, ja begeistert empfangen zu werden. Für Menschen, die noch in der Steinzeit steckten, bedeutete ein stählernes Beil, ein halbes Dutzend kräftiger Nähnadeln, ein scharf geschliffenes Messer, bald auch eine Muskete mit Pulver und Blei einen unwahrscheinlichen Fortschritt. Die Indianer waren gern bereit, für solche nie zuvor für möglich gehaltene Erleichterung des Daseins Pelztiere zu fangen, die man bis dahin nicht einmal besonders beachtet hatte. Für ein gutes Jagdmesser mit Hirschhorngriff zahlten sie zwei oder drei Biberpelze. Für den französischen Waldläufer, der die erstandenen Pelze an den staatlichen Aufkäufer in Montréal gegen harte Louisdors weitergab, blieben unter guten Umständen an die tausend Prozent Profit übrig – wahrlich ein Dasein und Geschäft, das sich von der Plackerei auf den Wildnisfarmen am St. Lorenz oder am Richelieu aufs Angenehmste unterschied.

Es dauerte allerdings nicht lange, bis die königlich französischen Beamten und Offiziere und auch die stolzen Seigneurs, die Grundherren, merkten, dass da simple Kerle ohne Rang, Patent und Namen Geschäfte machten, die natürlich nicht ihnen, sondern der Krone oder den von dieser begünstigten Aristokratie, den Grundherren am St. Lorenz, zustanden, denn so war es von Gott gewollt … Wer also den Ottawa, bald auch den Mattawa aufwärts, zum See Nipissing, den »Französischen«, den French-Fluss, abwärts und gar zum großen Huronenen-See ziehen wollte, der brauchte eine königliche Erlaubnis und hatte sich außerdem zu verpflichten, die eingehandelten Felle zu amtlich festgesetzten Preisen an die königlichen Aufkäufer abzuliefern.

Es verstand sich beinahe von selbst, dass die französischen Waldläufer alles daransetzten, diese Bestimmungen zu umgehen. Es war gefährlich und unbeschreiblich mühsam, sich im indianischen Rindenkanu die wilden Ströme hinaufzuschleichen, tückische Stromschnellen, schwierige, oft halsbrecherische Portagen zu bestehen und vielleicht und unversehens in die zuweilen grässlich blutigen Fehden der indianischen Stämme untereinander verwickelt zu werden. Warum sollte man die Frucht so großer Mühe anderen abtreten, die sich nur auf verbriefte Ansprüche, aber keineswegs auf Leistung berufen konnten?

Die indianischen Handelspartner hatte man sich mit viel Geschick und Einfühlung, oft mit massiver Schmeichelei vielfach zu Freunden gemacht, und oft genug hatte man auch in die indianischen Stämme hineingeliebt und -geheiratet. In der Tat, es hatte sich gelohnt, von den Indianern nicht nur die Künste der Wälder und Wildnis, den Bau und die Beherrschung der schwankenden Rindenkanus auf den schäumenden Flüssen und den träumenden Seen zu erlernen, sondern sich auch ihre Behutsamkeit und List anzueignen.

Es ist einer der vielen Witze der Weltgeschichte, dass gerade die Gier und der Hochmut der königlichen Beamten und der adligen Seigneurs in der französischen Kolonie Kanada am unteren St. Lorenz unmittelbar dafür verantwortlich sind, dass die Engländer die französischen Besitzungen im Norden durch die Hudson-Straße umgingen und die riesige, tief in die Mitte des Nordens von Nordamerika vorstoßende Hudson Bay erreichten. Von den südlichen Küsten dieses gewaltigen Ablegers des Atlantischen Ozeans, besonders von seinem südlichsten Zipfel, der James Bay aus, konnten sie den sagenhaften Reichtum des amerikanischen Nordens und Nordwestens an edelsten Pelztieren unmittelbar anzapfen – und das ohne Umwege über die salzige See hinweg, die sich bis zu den Gestaden Englands dehnt.

Zwei Franzosen waren es nämlich gewesen, die bereits um die Mitte des 17. Jahrhunderts als Erste über Land, genauer gesagt mit dem Kanu, nicht nur die großen amerikanischen Seen, besonders den fernsten und nördlichsten, den See Superior, erpaddelten, sondern auch gleich von dort weiter nach Westen bis an die Grenze der Prärien und nach Norden vordrangen, wo sich ihnen die meeresweite Wasserfläche der Hudson Bay öffnete. Die Namen dieser beiden Männer, die wahrhaft die Bezeichnung »Waldläufer« verdienen und die noch heute unvergessen sind: Médard Chouart, besser bekannt als »des Groseilliers«, und Pierre-Esprit Radisson. Von ihren Reisen in den Westen brachten sie eine immer größere und bessere Auswahl an kostbaren Pelzen mit. Bis dahin waren die Pelze durch die Vermittlung indianischer Zwischenhändler, Huronen und Ottawas, zu den französischen Aufkäufern nach Montréal gelangt. Die eigentlichen Trapper, die überaus geschickten Jäger und Fallensteller, die Stämme der Cree und Chippewa nämlich, hausten und zogen viel weiter im Norden und Osten umher. Die wesentliche Leistung von Radisson und Groseilliers bestand darin, mit kluger Verwegenheit bis zu den wahren Lieferanten der Pelze vorgedrungen zu sein und dabei die Land- oder Kanuverbindungen zu den unabsehbaren Nordländern erkundet zu haben, die sich im Süden und Westen um die Hudson Bay ausbreiten.

Natürlich neidete die französische Kolonialverwaltung den beiden kühnen Männern die unerwartet hohen Gewinne aus diesen Reisen. Als die beiden erneut bei dem Gouverneur um die Erlaubnis nachsuchten, eine weitere Handelsreise ins ferne, sagenumwitterte Hinterland des Erdteils antreten zu dürfen, bestand die Verwaltung der Kolonie darauf, dass Groseilliers und Radisson zwei Regierungsleute mitzunehmen und ihre voraussichtlichen Profite zur Hälfte mit der Verwaltung der Kolonie, im Wesentlichen wohl mit dem Herrn Gouverneur und seinen Freunden und Standesgenossen, zu teilen hätten.

Aber Groseillier und Radisson hatten es in den Wäldern verlernt, als brave Untertanen Seiner Allerchristlichsten Majestät den eigensüchtigen Befehlen der königlichen Beamten zu gehorchen. Sie pfiffen auf die Lizenz und machten sich im Sommer 1661 mit einer kleinen Schar befreundeter und wegekundiger Saulteurs-Indianer den Ottawa aufwärts zum Lake Superior auf den Weg, an dessen Südufer sie überwinterten. Unterwegs hatten sie auf dem Ottawa-Fluss ein Scharmützel mit den gefürchteten Irokesen zu bestehen, den Freunden der Engländer weiter im Süden, die das französische Kanada und sein Hinterland Jahrzehnte hindurch beunruhigten und auch brandschatzten. Im darauf folgenden Jahr umrundeten die beiden Männer den Lake Superior nach Norden, folgten in ihren Kanus den Flüssen Michipicoton, Missinaibi und Moose nach Norden und erreichten die James-Bucht der Hudson Bay. Hier, an der Mündung des Rupert-Flusses, verbrachten sie den Sommer, jagend und fischend. Vor allem aber trieben sie Handel und machten sich die Indianer, die vorzüglichen Cree, die schon gelernt hatten, die Biber zu schonen, um sie nicht auszurotten, zu Freunden.

Für den Winter kehrten die beiden an den Superior-See zurück und erreichten, nachdem das Eis auf Flüssen und Seen vergangen war, im Sommer 1663 schließlich wieder Montréal und entluden aus den vielen Kanus, mit denen sie ankamen, eine Fülle vorzüglichster Pelze, vor allem Biber.

Die einzige Stelle aber, bei der sie ihre Ausbeute anbieten und in Geld verwandeln konnten, war das königliche Pelzmonopol. Radisson und Groseilliers hatten ihre Rechnung ohne den Wirt gemacht. Sie durften zwar den Mangel an einer königlichen Lizenz so lange für gleichgültig halten, wie sie sich im fernen Niemandsland, im »Indianerland«, im Pays d'en haut, herumtrieben. Wollten sie aber den eingehandelten Schatz an Pelzen versilbern, so hatten sie wohl oder übel unter die erpresserische Fuchtel des Königs von Frankreich zurückzukehren. Sie hatten sich darauf verlassen, dass die außerordentlichen Erfolge, die ihr unlizenzierter Ausflug zu den Crees an der James Bay und dem Land im Westen des Lake Superior eingebracht hatte, ihnen die Dankbarkeit der königlichen Verwaltung der Kolonie sichern würde. Hatten sie doch dem französischen Pelzhandel einen neuen Weg ins fernste Innere des Kontinents gewiesen, der eine ständig sprudelnde Quelle von Einnahmen für den Ausbau und Aufbau der Kolonie erschloss.

Doch hat das Wort »Dankbarkeit« von jeher nicht zum bevorzugten Wortschatz der Machthaber gehört. Die prächtigen Pelze, die Radisson und Groseilliers aus den Wäldern mitgebracht hatten, waren allzu verlockend. Es handelte sich um selbst noch nach heutigen Begriffen – nach drei Jahrhunderten ständiger Geldentwertung – sehr beträchtliche Summen. Die dem Gouverneur der Kolonie unterstehende Monopolverwaltung für den Pelzhandel setzte den Wert der von den beiden Waldläufern eingebrachten Felle auf etwa 56 000 Pfund Tournois* an, was etwa 1,1 Millionen Franken entsprechen würde – in damaligem Geldwert. Aber – wie Radisson berichtet – gestand ihm der Oberbeamte des Monopols, dass die Felle in Frankreich einen Wert von 600 000 Pfund Tournois, also von rund dreizehn Millionen Franken, darstellen würden. Ein kaum glaubhafter, auf alle Fälle riesiger Betrag, der für die königliche Monopolverwaltung einen Profit von über tausend Prozent bedeutete. In der Tat, mit Pelzen ließ sich Geld verdienen. Und wer zuerst kam, schöpfte die Sahne ab. Zeit war nicht zu versäumen.

Und das war das beinahe groteske Ende der Geschichte. Die beiden Waldläufer wurden um den größten Teil des Gewinns aus ihrer zweijährigen Reise ins Ungewisse erleichtert. Sie hatten, außer den üblichen Abgaben, noch hohe Bußgelder zu bezahlen. »Der Gouverneur ölte sich die Backen damit«, schrieb Radisson. Ein Ausdruck, der den späteren Waldläufern sehr geläufig blieb. Nur etwa ein Drittel des ohnehin bösartig niedrig angesetzten Schätzwerts verblieb ihnen.

Die beiden versuchten, sich in Paris zu beschweren, wurden jedoch abgewiesen. Die königliche Schatulle war niemals ausreichend gefüllt. Geld, das einmal eingenommen war, wurde nicht wieder herausgegeben.

Radisson und Groseilliers hatten sich bis dahin als gute Franzosen und Katholiken gefühlt. Die Schäbigkeit der Könige von Frankreich verärgerte, erboste sie so gründlich, dass sie zur Konkurrenz überliefen. Sie wandten sich nach Boston an die Neuengländer, um dort Interessenten für den Pelzhandel über die Hudson-Straße und Hudson Bay zu gewinnen – also unter Umgehung des französischen Kanada am St. Lorenz von Norden her. Die Engländer hatten 1664 den Holländern Neu-Amsterdam abgenommen und die Niederlassung in New York umgetauft. Sie waren den Hudson-Fluss hinaufgefahren und hatten alle übrigen festen Plätze der Holländer ausgehoben. Zugleich hatten sie die Freundschaft der kriegerischen und weithin gefürchteten Iroquois, der Irokesen, gewonnen, was sich in der Zukunft außerordentlich vorteilhaft für sie auswirken, die Franzosen aber teuer zu stehen kommen sollte.

Oberst George Cartwright war es, der die englische Herrschaft am Hudson durchgesetzt hatte. Er wandte sich anschließend nach Boston, um Grenzstreitigkeiten zwischen den jungen englischen Kolonien an der Atlantikküste zu schlichten. In Boston hörte Cartwright von Radisson und Groseilliers und ihren für den Pelzhandel wahrhaft epochemachenden Erfahrungen. Er erkannte sofort, dass sich über die Hudson-Straße und die Hudson Bay, die beide außerhalb des französischen Einflussbereichs lagen, mithilfe dieser landes- und indianerkundigen Franzosen ein unmittelbarer Zugang zu den Quellen des Pelzhandels eröffnen ließ.

Cartwright brachte die beiden Pelzhändler vor den englischen König in Oxford, wohin sich Karl II. vor der Pest in London geflüchtet hatte. Wenn sich auch noch manche Verzögerungen und Schwierigkeiten ergaben, England lag mit den Holländern im Krieg, so fanden die Franzosen doch bei den Engländern jenes Verständnis für ihre kühnen Pläne, das sie in Montréal und Paris vergeblich gesucht hatten.

Am 25. September 1668 warf der englische Segler *Nonsuch*, nachdem er mit Radisson und Groseilliers an Bord nördlich an Labrador vorbei durch die Hudson-Enge in die Hudson Bay gefahren war, seinen Anker in der Mündung des später Rupert River genannten Gewässers aus, im äußersten Südosten des James Bay, die der Fortsatz der Hudson Bay war. Radisson und Groseilliers hatten nicht zu viel versprochen. Ein Zugang von hier zum Pazifischen Ozean, die berühmte Nordwestpassage, wollte sich zwar nicht finden lassen, aber Pelze gab es in Menge und von unvergleichlicher Qualität. Eben um diesen Reichtum abzuschöpfen, wurde 1670 die bereits erwähnte Gesellschaft der Merchant Adventurers, der Abenteurer-Kaufleute, die Hudson's Bay Company, gegründet, welche die Geschichte des hohen Nordens Nordamerikas wesentlich bestimmen und formen sollte und bis zum heutigen Tage höchst aktiv geblieben ist.

Die Franzosen hatten zwar die beiden Pioniere Groseilliers und Radisson den Engländern in die weit geöffneten Arme getrieben, aber auch sie hatten begriffen, was sich im fernen Nordwesten holen ließ. Jahr für Jahr zogen französische Waldläufer mit königlich französischer Pelzhandelslizenz in schwer beladenen Kanus in den Westen und Nordwesten und kehrten im Jahr danach mit vielen Pelzen zurück. Dass die Hudson's Bay das Handelsmonopol beanspruchte, kümmerte die Franzosen wenig. Sie fingen die ostwärts zu den englischen Stützpunkten an der Bay wandernden Kanuflottillen tief im Hinterland ab und machten den Indianern klar, dass sie ihre Pelze nicht erst nach Osten an die Hudson Bay zu schaffen brauchten – eine weite und anstrengende Reise! –, sondern schon an Ort und Stelle den Rum und die Messer eintauschen konnten, auf die sie aus waren. Nicht nur im fernen Europa, sondern auch im entlegensten Amerika verschärfte sich so der Streit zwischen den Interessen der beiden Großmächte England und Frankreich von Jahr zu Jahr. Der

Siebenjährige Krieg endlich brachte die Entscheidung. England setzte Frankreich unmissverständlich, nachdrücklich und endgültig vor die amerikanische Tür. Während des Siebenjährigen Krieges, also bis 1763 und auch noch darüber hinaus, war der Pelzhandel auf den französischen Routen allmählich zum Erliegen gekommen. Soweit die Coureurs de bois überhaupt noch im fernen Hinterland unterwegs waren und nicht von ihrer Regierung, die mit der englischen im Entscheidungskampf um Nordamerika lag, beansprucht wurden, schafften sie ihre im Westen eingehandelten Pelze auf südlicherer Kanustraße lieber nach Albany, nach New York oder Boston. Von dortaus war schon zuvor westwärts gehandelt worden und durch die in vorzüglicher Qualität eintreffenden Pelze wurde man auf das Land weiter im Nordwesten jenseits des St. Lorenz und Ottawa, des Lake Superior und des Huronen-Sees aufmerksam.

Die Hudson's Bay Company hatte sich während dieser schwierigen und unsicheren Jahre so gut wie ungestörter Geschäfte erfreuen können. Die umgänglichen französischen Waldläufer hatten sich nie für zu fein gehalten, mit einem indianischen Häuptling oder Krieger Brüderschaft zu schließen, erst recht nicht, sich nach indianischem Ritus mit einer braunhäutigen, schwarzhaarigen, glutäugigen Schönen vom Stamm der Cree, der Chippewa oder gar der Sioux ehelich zu verbinden. Aber diese fröhlichen, sangeslustigen Männer vom unteren St. Lorenz, die den Indianern des Nordwestens die ersehnten Güter des weißen Mannes, dazu seinen Rum und Brandy bis vor die heimatlichen Wigwams gebracht hatten, blieben nun aus. Die Bay beherrschte von Norden her den Pelzhandel unangefochten. Die Indianer hatten keine andere Wahl, als die winters erbeuteten Pelze in beschwerlicher Reise an die Küste der Hudson Bay zu schaffen, wo sie dann allerdings sehr korrekt und ehrlich von der Hudson's Bay Company gegen Feuerwasser und verlässliche Erzeugnisse des englischen Gewerbefleißes eingetauscht wurden. Die Anteilsinhaber der Chartered Company in London, die »Kaufmännischen Unternehmer«, die Merchant Adventurers der Bay, darunter so gut wie alle Persönlichkeiten, die in der Umgebung des englischen Königs Einfluss besaßen, sie rieben sich die Hände.

Nun waren die Lilien des königlichen Frankreich in den Staub gesunken. Über der Zitadelle der französischen Hochburg Québec wehte die englische Flagge, die Wälle, Mauern und Batterien der französischen Seefestung Louisbourg an der Nordostküste Neuschottlands waren geschleift, die französische Kolonialverwaltung war sang- und klanglos den härteren, aber auch zuverlässigeren Methoden der englischen Beamten und Militärs gewichen, das königlich französische Pelzhandelsmonopol hatte sich in blauen Dunst aufgelöst, und die keineswegs auf den Kopf gefallenen Yankees aus den älteren englischen Kolonien weiter im Süden des amerikanischen Ostens, aber auch manch ein unternehmungslustiger Kopf in England selbst und erst recht in Schottland sagte sich:

Wo die Franzosen gutes Geld verdient, wo sie die Wege ins Pays d'en haut erschlossen haben, da wird sich auf Englisch ebenso viel verdienen lassen wie ehedem auf Französisch. Im Norden zwar, von der Hudson Bay aus, lässt sich die Bay nicht in ihre Vorrechte hineinreden oder handeln, aber im Westen und Nordwesten, dort sollte einiges zu machen sein, nachdem jetzt jeder, der Englisch sprach, zu den Siegern gehörte. Die Franzosen würden froh sein, wenn man ihnen erlaubte, wenigstens noch die zweite Geige zu spielen. Das allerdings wird man ihnen nicht verweigern dürfen, denn allein unter den Frankokanadiern sind die Männer zu finden, die das unabsehbare Hinterland im pelzreichen Westen und Nordwesten wahrhaft erfahren und erschlossen haben, die mit den Indianern umzugehen wissen und sich auf die Kunst und Bewältigung weiter Kanureisen verstehen. Auch gab es immer noch einige reiche Leute im Kanada der Franzosen, die über bedeutendes Geschick und langjährige Erfahrung im Pelzhandel mit den Indianern verfügten.

Wenn die Bay nicht gewesen wäre! Ihren mächtigen Herren in London lag nicht das Geringste daran, nach dem gewonnenen Krieg gegen Frankreich auch im ehemals französischen Land am St. Lorenz die freien Sitten zuzulassen, die sich in den älteren englischen Kolonien weiter im Süden durchgesetzt hatten – und die zehn Jahre später, 1775, dazu führen sollten, dass dreizehn Kolonien sich vom Mutterland lossagten und ihre Unabhängigkeit erklärten, womit die Vereinigten Staaten auf die Bühne der Geschichte traten. Die »Schmutzkonkurrenz« der französischen Waldläufer, die den Indianern die Waren Europas »ins Haus« geliefert hatten, durfte nicht wieder um sich greifen. So wurde also, um sozusagen auf dem Verordnungswege Chancengleichheit herzustellen, von der englischen Regierung bestimmt, dass nur noch in Michilimackinac, an der Enge zwischen dem Huronen- und Michigan-See und nur einen guten Kanutag weit von der Portage entfernt, die vom Huronen-See zum Oberen See führte, mit den Indianern Pelzhandel getrieben werden durfte. An dieser Portage zum Lac Supérieur, dem Oberen See, bei den dort zu umgehenden Stromschnellen hatten die Franzosen schon 1668 Sault de Sainte Marie gegründet, was etwa »Wildwasser der Heiligen Mutter Gottes« bedeutet.

Jene Verordnung aber war als ein böser Rückschritt gegenüber der französischen Zeit anzusehen, wie die in Montréal auf eine neuerliche Öffnung des Westens wartenden Coureurs de bois und ihre Geldgeber – soweit diese es nicht vorgezogen hatten, nach Frankreich zurückzukehren – den nun hereindrängenden, Englisch sprechenden Pelzaufkäufern und Unternehmen immer wieder klarmachten. Dem englischen Gouverneur wurde verdeutlicht, dass man nicht willens war, sich wie unter den Franzosen böswillig einschränkende

Vorschriften gefallen zu lassen. Der Unwille verdichtete sich schließlich zu jener Denk- und Bittschrift, die am 30. März 1766 dem Gouverneur Murray überreicht wurde.

Michilimackinac sollte, so hieß es, als Umschlagplatz für den westlichen Pelzhandel durchaus seine Bedeutung behalten. Es wäre sogar zu empfehlen, dass dort eine starke Garnison sich des Schutzes der Verbindungswege von Osten, von Montréal, des Schutzes der Weißen überhaupt, annähme. Im Übrigen aber würde der Gouverneur gebeten, die längst erkundeten Wasserstraßen in den Nordwesten wieder freizugeben, auch den Händlern das Überwintern im Indianerland zu gestatten, die Handelslizenzen also für längere Zeit als ein Jahr auszustellen. Denn ein Jahr wäre zu kurz, um die Tauschwaren über den Oberen See hinaus ins Landesinnere zu schaffen und dann die eingehandelten Pelze wieder herauszufrachten. Die verbrieften Rechte der Bay um die Hudson Bay wolle man achten, soweit ihr Einfluss- und Handelsbereich überhaupt schon abgesteckt werden könnte. Im Übrigen aber sei der Westen *free for all*, frei für alle, und dürfte nicht durch Paragrafen eingeengt werden. Die weitere Entwicklung lässt sich aus der Romanhandlung ablesen.

Der Pelzhandel von der Hudson Bay und vom St. Lorenz aus hat die ungeheuren Weiten des heutigen mittleren und westlichen Kanada westlichem Einfluss und schließlich der Kontrolle unter englischer Flagge geöffnet, die dann zur staatsrechtlichen Beschlagnahme und zur Besiedlung durch Menschen aus Europa führte. Welcher Art die Rechte waren, die den Ureinwohnern des gewaltigen Landes zustehen mochten, danach wurde kaum, wenn überhaupt, gefragt. Das lag nicht nur und nicht einmal in erster Linie am bösen Willen des weißen Mannes, sondern vor allem auch daran, dass die Indianer selbst keine Vorstellung von den Begriffen und Regeln besaßen, die das Denken der Weißen bestimmten: von

Eigentum an Land, staatlicher Oberhoheit, vereinbarter Grenze oder von Rechten des Einzelnen, die auch außerhalb der Sippe oder des Stammes galten. Der Pelzhandel verknüpfte die Indianer in weniger als einem Jahrhundert (etwa 1700 bis 1800) unlöslich mit der Welt des weißen Mannes, machte sie von ihr abhängig, ohne dass sie es merkten. Als sie es um die Mitte des vorigen Jahrhunderts hier und da begriffen, war es längst zu spät. Sie waren neben der schnell wachsenden Masse der weißen Siedler zu einer bedeutungslosen Minderheit geworden. Den Machtmitteln des englischen Staates hatten sie nichts Vergleichbares entgegenzusetzen. Immerhin ist dem Pelzhandel, seinen furchtlos und unermüdlich sich unter die Indianer mischenden Agenten, zu verdanken, dass die Erschließung Kanadas sich auch noch im fernsten und wildesten Westen fast ganz und gar ohne die Gewalttaten und Gräuel vollzogen hat, welche die Frühgeschichte des US-amerikanischen Westens beflecken.

A. E. J.

Von A.E. Johann ebenfalls bei Thienemann erschienen:
Ans dunkle Ufer

Johann, A.E.:
Wälder jenseits der Wälder
ISBN 978 3 522 20021 9

Umschlaggestaltung und -typografie: Michael Kimmerle,
unter Verwendung des Fotos 1002416 von f1online, Frankfurt/Main
Vor- und Nachsatz, Karten im Innenteil: Roman Lang
Innentypografie: Kadja Gericke
Schrift: Minion, Raveline
Satz: KCS GmbH, Buchholz/Hamburg
Reproduktion: immedia 23, Stuttgart
Druck und Bindung: Friedrich Pustet, Regensburg
©2009 by Thienemann Verlag
(Thienemann Verlag GmbH), Stuttgart/Wien
Printed in Germany. Alle Rechte vorbehalten
5 4 3 2 1°   09 10 11 12

www.thienemann.de
www.a-e-johann.de

Ein Leben für die Bank
von Inge Barth-Grözinger

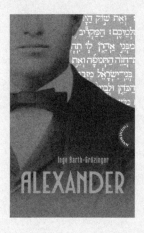

Alexander
368 Seiten
ISBN 978 3 522 20042 4

Alles beginnt mit einem Traum, dem Traum von Emanzipation und Karriere: Alexander, Sohn eines jüdischen Getreidehändlers und Geldverleihers aus der schwäbischen Provinz, ist fasziniert von den Möglichkeiten, die seine Zeit bietet. Technische Erfindungen bedeuten Fortschritt für Wirtschaft und Industrie, Bismarck eint das deutsche Reich, Juden genießen endlich dieselben bürgerlichen Rechte wie Christen.
Alexander nutzt seine Chancen, steigt ein in die väterliche Bank Pflaum & Söhne in Stuttgart, knüpft Verbindungen zu führenden Unternehmern und Finanzfachleuten – und gehört bald selbst zu den profiliertesten Bankiers. Klug managt er Wirtschaftskrise und Börsenkrach, vermehrt den Pflaum'schen Reichtum, gründet Bankfilialen in Berlin und Wien.
Doch auf dem Weg zu Erfolg, Reichtum und Macht hat Alexander zweierlei zurückgelassen: seine große Liebe Sofie – und seine jüdischen Wurzeln ...

www.thienemann.de

In hundert Jahren vielleicht
von Gabriele Beyerlein

Es war in Berlin
720 Seiten
ISBN 978 3 522 20043 1

Die Fabrikarbeiterin Clara Bloos und die Adlige Margarethe von Zug – zwei junge Frauen von völlig unterschiedlicher Herkunft, deren Wege sich doch immer wieder kreuzen. Die eine kämpft um ihr Überleben und das ihrer jüngeren Schwester Lisa, die andere will sich aus starren Konventionen befreien und ihrem Leben Sinn geben. Beide sehnen sich nach Liebe – und lieben denselben Mann: den Dichter Johann Nietnagel, der wie Clara in der Mietskaserne wohnt und wie Margarethe aus den „besseren" Kreisen stammt, als Sozialist für ihre Familie jedoch völlig inakzeptabel ist ...

www.thienemann.de

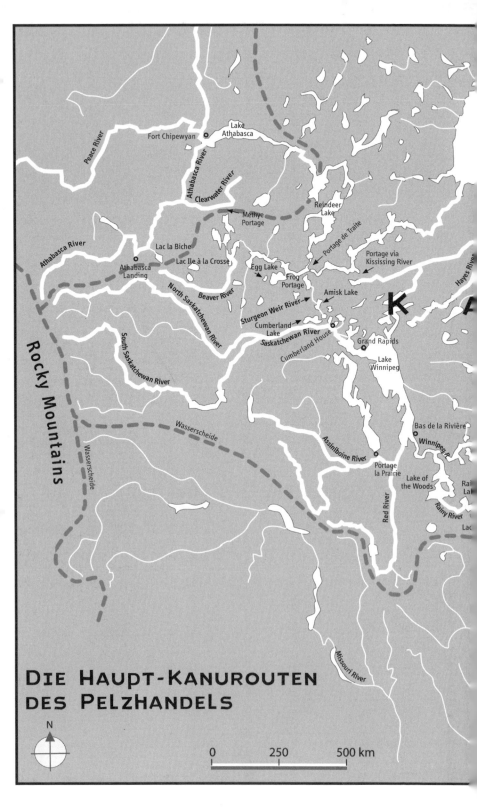